민주주의의
모델들

Models of Democracy, 3rd Edition by David Held
Copyright © 2006 by Polity Press
All Rights reserved

Korean translation edition © 2010 by Humanitas Publishing Inc.
Published by arrangement with Polity Press Ltd., Cambridge, UK
through Bestun Korea Agency, Seoul, Korea.
All rights reserved

이 책의 한국어 판권은 베스툰 코리아 에이전시를 통해 저작권자와 독점 계약한 후마니타스(주)에 있습니다.
저작권법에 의해 한국 내에서 보호를 받는 저작물이므로 어떤 형태로든 무단 전재와 복제를 금합니다.

민주주의의 모델들

1판 1쇄 | 2010년 3월 17일
1판 8쇄 | 2019년 9월 17일

지은이 | 데이비드 헬드
옮긴이 | 박찬표

펴낸이 | 정민용
편집장 | 안중철
책임편집 | 최미정
편집 | 강소영, 윤상훈, 이진실

펴낸 곳 | 후마니타스(주)
등록 | 2002년 2월 19일 제2002-000481호
주소 | 서울 마포구 신촌로14안길 17(노고산동) 2층
전화 | 편집_02.739.9929/9930 영업_02.722.9960 팩스_0505.333.9960

블로그 | humabook.blog.me
S N S | humanitasbook
이메일 | humanitasbooks@gmail.com

인쇄 | 천일_031.955.8083 제본 | 일진_031.908.1407

값 25,000원

ISBN 978-89-6437-111-4 03300

이 도서의 국립중앙도서관 출판시도서목록(CIP)은 e-CIP 홈페이지(http://www.nl.go.kr/ecip)에서
이용하실 수 있습니다(CIP제어번호: CIP2010000750).

MODELS OF DEMOCRACY

민주주의의 모델들

데이비드 헬드 지음 | 박찬표 옮김

후마니타스

• 차례 •

제3판 서문 9
서론 16

1부 | 고전적 모델들

1장 고전적 민주주의 : 아테네 ········ 31
정치적 이상과 목표 35 | 제도적 특징 45
고대 민주주의의 배타성 46 | 비판 53

2장 공화주의 : 자유, 자치 그리고 적극적 시민 ········ 65
정치적 동물의 쇠락과 재등장 67 | 공화주의의 개조 71
공화주의, 선출제 정부 그리고 인민주권 80
시민으로서의 삶으로부터 시민적 영광으로 86
공화국과 일반 의사 94 | 공적인 것과 사적인 것 105

3장 자유민주주의의 전개 : 국가에 대한 지지와 반대 ········ 117
권력과 통치권(주권) 125 | 시민권과 입헌 국가 130
권력분립 137 | 파벌의 문제 146 | 책임과 시장 155
자유와 민주주의의 전개 163 | 전제 권력과 과대 성장 국가의 위험 166
대의 정부 172 | 여성의 종속 178
'정부의 목표'에 대한 경쟁적 개념들 185

4장 직접민주주의와 정치의 종식 ········ 191
계급과 계급투쟁 193 | 진보로서의 역사와 자본주의 발전 196
국가에 관한 두 이론 203 | 정치의 종언 214
마르크스주의에 대한 경쟁적 개념들 229

2부 | 20세기 이후의 변형

5장 경쟁적 엘리트주의와 기술 관료적 비전 ········· 243
계급, 권력 그리고 갈등 247 | 관료제, 의회 그리고 국민 국가 251
경쟁적 엘리트주의 민주주의 260 | 기로에 선 자유민주주의 269
민주주의의 최후의 흔적? 274 | 민주주의, 자본주의 그리고 사회주의 281
'고전적' 민주주의 대 현대 민주주의 285 | 기술 관료적 전망 294

6장 다원주의, 법인 자본주의 그리고 국가 ········· 305
집단 정치, 정부 그리고 권력 309 | 정치, 합의 그리고 권력 분포 320
민주주의, 법인 자본주의 그리고 국가 327
축적, 정당화 그리고 제한된 정치 영역 334 | 대의제도의 형태 변화 344

7장 전후의 안정에서 정치적 위기로 : 정치적 이상의 양극화 ········· 353
정통성 있는 민주적 질서인가 억압적 정체인가? 359
과부하 국가인가 정당화의 위기인가? 364
위기 이론 : 평가 373 | 법, 자유 그리고 민주주의 380
참여, 자유 그리고 민주주의 395

8장 소비에트 공산주의 이후의 민주주의 ········· 411
역사적 배경 413 | 경제적·정치적 자유주의의 승리인가? 417
새롭게 요구되는 마르크스주의와 '아래'로부터의 민주주의? 426

• 차례 •

9장 숙의 민주주의와 공공 영역의 옹호 ······ 437
이성과 참여 440 | 민주주의 이론의 한계 444
숙의 민주주의의 목표 450
올바른 공적 논증이란? 불편부당주의와 그에 대한 비판 453
숙의 민주주의 제도 467 | 가치 다원주의와 민주주의 479

3부 | 오늘날 민주주의의 의미는 어떤 것이어야 하는가?

10장 민주적 자치 ······ 487
민주주의의 매력 491 | 자치의 원칙 494 | 원칙의 실행 503
고전적 민주주의 이론과 20세기 민주주의 이론의 유산 509
민주주의 : 양면의 과정 517
민주적 자치 : 양립 가능한 것과 양립 불가능한 것 527

11장 민주주의, 국민국가, 전 지구적 체제 ······ 541
민주적 정통성과 국경 544
지역적·전 지구적 흐름 : 과거와 현재의 비교 547
주권, 자치 그리고 괴리 550
보다 전 지구적인 시대에 민주주의를 다시 생각함 : 세계시민 민주주의 566
유토피아적 기획? 574

감사의 말 578
옮긴이 후기 580
참고문헌 591
인명 찾아보기 620
용어 찾아보기 624

MODELS OF DEMOCRACY

모델 차례	모델 1	고전적 민주주의 **61**
	2.1	보호 공화주의 **95**
	2.2	계발 공화주의 **103**
	3.1	보호 민주주의 **162**
	3.2	계발 민주주의 **184**
	4	직접민주주의와 정치의 종언 **234**
	5	경쟁적 엘리트주의 민주주의 **303**
	6	다원주의 **332**
	7	법치 민주주의 **391**
	8	참여 민주주의 **405**
	9	숙의 민주주의 **480**
	10.1	민주적 자치 **526**
	10.2	세계시민 민주주의 **572**

그림 차례	그림 0	민주주의의 유형들 **22**
	1.1	고전적 민주주의 : 아테네 **44**
	2.1	도시 공화정 : 통치 구조의 쇄신 **72**
	2.2	공화주의의 유형 **78**
	4.1	마르크스 위기 이론 **200**
	5.1	정당 체제와 대의제의 영향력 침식 **264**
	5.2	자본주의로부터 사회주의로 : 슘페터 이론의 핵심 요소들 **284**
	6.1	조합주의와 의회·정당 정치의 침식 **348**
	7.1	민주주의 모델의 이론적 궤적 **356**
	7.2	과부하 정부 : 자유민주주의적 복지 체제의 위기 **366**
	7.3	정당화 위기 : 민주적 자본주의 국가의 위기 **367**
	7.4	정치체제를 수용하는 이유나 근거 **375**

표 차례	표 3.1	밀이 제시하는, 관료에 의한 정부 운영의 장점과 단점 **177**
	4.1	생산양식의 요소들 **197**
	4.2	사회주의와 공산주의의 대강의 특징 **220**
	10.1	계발 공화주의, 자유주의, 마르크스주의의 핵심 교의 **504**

일러두기

1_고유명사의 우리말 표기는 국립국어연구원의 외래어 표기 용례를 따랐으며, 용례가 정해지지 않은 경우나 일반적으로 굳어진 표현의 경우 이에 따랐다.
2_본문에서 사용하고 있는 [ ]는 저자의 첨언이며, 독자의 이해를 돕기 위한 옮긴이의 첨언이나 간략한 옮긴이 주는 [-옮긴이]로 표기했다. 단, 긴 설명을 요하는 옮긴이 주나 인물 소개는 각주를 사용했으며, 번호 없이 ● 표시를 했다. 각 장의 속표지와 본문에 사용된 그림과 만평, 인물 사진과 이에 대한 설명 등은 모두 편집자가 독자의 이해를 돕기 위해 삽입한 것이다.
3_본문에 사용된 문장부호 가운데 큰따옴표와 작은따옴표의 사용은 한글 사용 용례에 따라 일괄 수정하는 것이 어려워 부득이 하게 원서의 문장부호를 기준으로 했다. 이에 따라 직접 인용에는 작은따옴표가, 강조에는 큰따옴표가 사용되었다. 나머지는 기존 관행에 따라 단행본은 겹낫표, 논문은 큰따옴표 등을 사용했다.

『민주주의의 모델들』의 본문 편집 과정에는 후마니타스 편집진 외에도 많은 독자 분들의 조언이 있었습니다. 편집 과정에 참여해 주신 김미정, 김종훈, 노정태, 박종석, 배관표, 송준모, 오창동, 정진아 선생님들께 감사드립니다. 후마니타스는 책을 만들어 가는 과정에서 독자 분들의 참여와 조언을 받고 있습니다. 많은 참여 부탁드립니다. www.humanitasbook.co.kr

제3판 서문

자칫 한 시대나 자국의 문화에 근거해 지나치게 일반화하기 쉽기는 하지만, 제3판에 추가된 새로운 내용은 혼란한 시기에 쓰였다. 9·11 사태와 그에 뒤이은 아프가니스탄전(2002)과 이라크전(2003)은 전 세계에 걸쳐 파급효과를 미쳤다. 1990년대에는 비교적 안정적으로 보였던 민주주의가 지금은 안팎으로부터 심각한 압박에 직면해 있다. 안보 위협, '테러와의 전쟁', 이라크 '체제 전환' 시도나 여타 중동 국가를 변형시키려는 시도 등이 전개되면서, 민주주의와 관련해 광범위한 불안과 걱정이 나타나고 있다. 민주주의 정체政体는 시민들에게 안전을 가져다줄 수 있는가, 격동의 시기에 민주주의 정체는 번영을 유지할 수 있는가, 민주주의 정체는 내부에 만연한 실망이나 무관심에 맞서서 또한 무차별적 폭력을 서슴지 않는 격렬한 외부 반대 세력에 맞서서 충분히 방어될 수 있는 이상을 간직하고 있는가 등과 같은 의문이 그것이다. 기독교와 유대교 근본주의 집단의 성장 및 이슬람 근본주의 집단의 부상은, 현대 정치제도의 정당성 내지 정교 분리 원리에 대한 회의를 불러일으키고 있으며, 나아가 민주주의의 기본적 인간관 — 자유롭고 평등하며, 적극적인 도덕적 행위자이자, 자기 결정과 정치적 선택 능력을 갖춘 존재 — 이 도전받는 상황에서 민주주의의 가능성 그 자체에 대한 의문을 불러일으키고 있다. 서구 민주주의에서 다른 무엇보다 안보가 우선시됨에 따라, 민주주의의 주요 성과물이나 민주주의가 전제하는 자유와 권리 가운데 일부가 무력화되거나 이전으로 되돌려질 위험이 뚜렷이 나타나고 있다. 또한 정교 분리나 국가와 시민사회의 분리에 반대하는 문화·종교 세력이 '민주주의'를 자신의 적 가운데 하나로 간주할 위험도 존재한다.

최근에 나는 『지구 규약』Global Covenant(2004)에서 이런 경향과 반응들의 일부를 분석한 바 있지만, 이 책 『민주주의의 모델들』의 목적은 왜 인간사에서 민주주의가 그렇게 중요하고 논쟁의 대상이 되는지, 왜 민주주의는 여러 약점에도 불구하고 가능한 모든 통치 제도 가운데 여전히 최선의 것으로 남아 있는지 등을 밝히는 데 있다. 민주주의는 인간의 모든 문제에 대한 만병통치약이 아니다. 하지만 민주주의는 가장 설득력 있는 정당성의 원리 — '인민의 동의' — 를 정치 질서의 기초로 제시한다. 다가올 세기에 매력적이고 옹호될 수 있는 민주주의 개념이 널리 확산되려면, 이런 원리와 함께 그것에서 야기된 여러 논쟁을 이해하는 것이 중요하다.

지금 여러 난제들에 직면해 있기 때문에, 우리는 민주주의가 현재 우리가 살고 있는 시대의 것임을 자칫 잊기 쉽다. 과거 언젠가 민주주의의 시대가 있었다 하더라도 말이다. 불과 몇 십 년 전만 해도 그렇게 강고해 보였던 국가사회주의는 동유럽과 중부 유럽에서 붕괴되어 버렸다. 민주주의는, 그 본질적 요소의 많은 부분을 볼 때, 서구에서 안정되어 있을 뿐만 아니라 서구를 넘어서까지 적절한 통치 모델로서 원칙적으로 광범하게 채택되고 있는 것으로 보인다. 세계의 주요 지역들에서 민주주의 과정과 절차는 공고화되어 왔다. 1970년대에는 전 세계 국가의 3분의 2 이상을 권위주의로 부를 수 있었지만, 이 비율은 급격히 낮아져, 현재는 권위주의 국가가 3분의 1 이하이며, 민주주의 국가의 수는 늘어났다. 민주주의는 지금 정치적 정통성의 주된 기준이 되었다.

따라서 고대에서 현재에 이르기까지 민주주의 이야기는 비교적 행복한 이야기처럼 보인다. 점점 더 많은 국가에서 시민 유권자들은 원칙적으로 공적 의사 결정자들에게 책임을 물을 수 있게 되었다. 다른 한편 공적 의사 결정자들은 자신들의 유권자 — 한정된 지역 안의 '인민' — 의 이익을 대표하고 있다. 하지만 민주주의 이야기가 이런 발전상으로 끝나는 것은 아니다. 남아프리카공화국 같은 여타 지역에서의 정체 변화와 마찬가지로, 중·동부 유럽 전역에서 민주주의 운동의 승리는 굉장히 중요한 사건이었지만, 그 이후에도 민주주의 사상이나 실천과 관련된 여러 중요한 문제들이 여전히 미해결 상태로 남아 있다. 민주주의는 하나의 사상으로서나 정치적 실체로서나 근본적으로 논쟁의 대상이 되고 있다. 민주주의 역사를 둘러싸고 상반된 해석이 대립하고 있을 뿐만 아니라, 민주주의의 고대적 개념과 근대적 개념이 혼합됨으로써 민주주의 이론의 핵심 용어들에 대한 애매모호하고 모순적인 논의들이 산출되고 있다. 예컨대, '정치 참여'의 진정한 의미, '대표'의 의미, 시민들이 정치적 대안 가운데 자유롭게 선택할 수 있는 권능의 범위, 민주적 공동체에서 구성원 지위의 본질 등을 둘러싼 논쟁이 그것이다.

이런 것들은 중요하고 또 당면한 문제들로서 현재 수많은 정치 논쟁의 대상이 되고 있다. 하지만 이런 주요 관심사들이 민주주의 사상이나 실천과 관련된 현재의 의제를 충분히 포괄하지는 못하고 있다. 민주주의의 현재적 의미를 밝히려면 추가적인 질문을 검토해야 하기 때문이다. 민주주의의 '대내적' 또는 '국내적' 특징에 대한 질문뿐만 아니라 '대외적' 특성과 결과에 대한 질문이 그것이다. 그 이유는 새로운 천년이 시작되는 시기의 가장 두드러진 정치적 특징 가운데 하나가 민주주의의 일국적 경계선을 초월하는 이슈의 등장에 있기 때문이다. 경제적 세계화 과정, 환경 문제, 소수자 권리의 보호 등은 국제 공동체 모두에게 점점 더 중요한 문제가 되고 있다. 일국적 민주주의의 성격과 한계는, 환경적·사회적·경제적 세계화 과정과 관련해 ─ 즉, 인간의 사회조직이나 사회적 권력의 행사 등이 초대륙적 규모로 또는 지역 간 규모로 변화하는 것과 관련해 ─ 재검토되어야 한다.

물론 전 지구적 문제의 등장이 전혀 새로운 것은 아니다. 문제의 중요성은 상당히 커졌지만, 많은 문제들은 수십 년 동안, 일부는 수백 년 동안 존재해 왔던 것들이다. 그러나 동서 간의 낡은 대립이 종식된 지금, 에이즈AIDS 확산, '발전도상 세계'의 부채 부담, 일국적 관할을 벗어난 금융 자원의 흐름, 마약 거래, 국제 범죄, 테러 등과 같은 지역적·전 지구적 문제들이 국제 정치의 긴급한 현안이 되고 있다. 그럼에도 이런 문제들에 대한 의사 결정을 어디에서 어떻게 어떤 기준으로 내릴 수 있을지는 여전히 근본적으로 모호한 채로 남아 있다.

새롭게 제기되고 있는 지역적·전 지구적 문제에 대한 민주주의 이론의 탐구는 아직 걸음마 단계에 있다. 민주주의 이론은 국민국가 경계 내부로부터 등장하는 도전들에 대해서는 자세하게 검토해 왔고 논쟁을 벌여 왔다. 하지만 국민국가 자체가 민주주의 사상의 중심에 계속 남아 있을지에 대해서는 진지하게 탐구하지 않았다. 국가들과 사회들 간에 복잡한 상호 연계와 상호 관계가 급격히 증가함에 따라 또한 일국적 세력·과정과 국제적 세력·과정이 뚜렷이 상호 교차하게 됨에 따라 제기되는 문제들은 대체로 검토되지 않은 채 남아 있다.

민주주의 사상이 현재 직면하고 있는 도전은 수적으로 많을 뿐만 아니라 본질적인 것들이다. 1987년 발행된 이 책의 초판은 두 가지를 주된 목표로 했다. 첫째는, 핵심적인 민주주의 논의들에 대한, 무엇보다도 고대 그리스에서 현재에 이르는 서구 전통의 민주주의 논의들에 대한 소개와 해설을 제공하는 것이었다. 둘째는, 책의 결론에서 내가 직접 제기하는 문제 — 오늘날 민주주의의 의미는 어떤 것이어야 하는가? — 에 답하기 위해서, 시대적으로 이어져 온 민주주의 사상들에 대한 비판적 설명을 제시하는 것이었다. 이런 목표는 1996년 출판된 재판에서도 유지되었지만, 목표를 좀 더 철저히 수행하기 위해 여러 면에서 개정이 필요했다. 개정은 초판 이후의 정치적 변화 — 그중 일부는 초판에서 분석하지 않았거나 예상치 못했던 — 를 고려하기 위한 것이었다. 나아가 초판 이후 10년간 정치사상 분야에서 수행된 상당한 조사나 연구 성과를 검토하기 위해서도 개정이 필요했는데, 그중 일부는 고전적 민주주의 유산의 여러 측면뿐만 아니라 현대 정치사상과 개념들에 대한 우리의 이해를 바꿔 놓은 것들이었다. 또한 초판 이후 내 스스로가 몇몇 측면에 대해 견해를 변경하게 되었고, 이런 내용이 재판에 유익하게 반영될 수 있었다.

제3판을 내게 된 배경에도 비슷한 일련의 문제가 존재한다. 지금 우리 세계에 큰 영향을 미치고 있는 정치적 변화상들을 고려하기 위해서, 또한 이전 정치 전통의 여러 측면들에 대한 우리의 해석 방식에 변화를 가져온 새로운 이론적·역사적 연구에 비춰 보기 위해서, 개정이 필요했던 것이다. 개정의 또 다른 이유는, 정치 이론 내지 사회 이론 분야에서 이루어진 논쟁의 결과로 민주주의 사상에 새로운 혁신이 나타났기 때문이다. 이에 따라 숙의 민주주의에 대한 장(9장)이 새로이 추가되었다. 숙의 민주주의는 민주적 논증의 질과 정치적 행위의 정당화 문제에 관심을 둔다. 숙의 이론가들이 초점을 둔 것은 시민의 자질 계발, '정제되고' '사려 깊은' 정치적 선호의 장려, 정치적 합리성 — 타인에 대해 [자기주장의-옮긴이] 정당성을 증명한다는 개념과 밀접히 연관된 — 등이었다. 이는 별도의 장에서 주의 깊게 분석할 가치가 있는 중요한 개념들이다.

부분적으로 이 책의 초판과 재판은 방송통신대학Open University 강좌인 "민주주의 : 고전 시대부터 현재까지"를 위한 교재로 만들어졌다. 방송통신대학의 많은 동료들이 초판과 재판에 대해 자세한 논평을 해주었다. 나는 특히 도나 디킨슨, 브램 기벤, 데이비드 골드블라트, 폴 루이스, 토니 맥그루, 데이비드 포터에게 감사드린다. 나아가 초판과 재판을 준비하면서 다른 대학의 친구나 동료들의 논평으로부터도 크게 도움을 받았다. 그중에서 특히 데이비드 비담, 리처드 벨라미, 존 던, 앤서니 기든스, 존 키인, 조엘 크리거, 켄틴 스키너, 미셸 스탠워스, 존 B. 톰슨에게 감사드린다.

처음 시작한 지 거의 20여 년 만에 방송통신대학 강좌는 폐지되었지만, 이 책은 전 세계적으로 민주주의 사상에 대한 입문서로서 이용되고 있다. 제3판을 발전시키는 데에는 킬리언 맥브라이드가 특히 도움을 주었다. 그는 숙의 민주주의 문헌(지금은 방대한)을 나에게 안내해 주었고, 필요할 때는 공명판이 되어 주었다. 나는 그에게 깊이 빚지고 있다. 앤 본, 닐 드 코트, 앤디세이러, 엘렌 맥킨레이, 길 머틀리, 브레프니 오코너, 슈 포프, 마리안 루터 등은 원고의 출판 과정에서 없어서는 안 될 도움을 주었다. 그들 모두에게 사의를 표한다.

나는 부친인 피터 헬드에게 특히 많은 신세를 지고 있다. 제3판을 그에게 바친다. 그는 현명하고 사려 깊은 시민이며, 큰 후원자이자 대화 상대이기도 하다.

끝으로 나는, 이전 판에서처럼 내 아이들에게 감사를 표하고 싶다. 그들은 인생에는 단지 폴리스나 만족스러운 시민이 되려는 것 이상의 것이 있음을 항상 보여 주기 때문이다. 고마워, 로사, 조슈아 그리고 제이콥.

서론

민주주의 사상사는 호기심을 불러일으키며, 민주주의 역사는 우리를 곤혹스럽게 한다.

인상적인 두 가지 역사적 사실이 있다. 첫째, 아주 다양한 견해를 가진 정치 지도자들이 모두 민주주의자임을 자처하고 있으며, 모든 종류의 정권들이 자칭 민주주의라고 말하고 있다. 하지만 이 정권들이 말하고 행하는 바는 근본적으로 상이하다. 민주주의는 현대 정치 생활을 정당화해 주는 것 같다. 규칙 제정과 법 집행은 '민주적'일 때 정당하고 타당한 것으로 보이는 것이다. 그러나 항상 그랬던 것은 아니다. 고대 그리스에서 현대에 이르기까지 대다수의 정치사상가들은 민주주의 이론과 실천에 대해 극히 비판적이었다. 민주주의에 대한 보편적인 헌신은 극히 최근의 현상이다.

둘째, 오늘날 많은 국가들이 민주적이지만, 그 나라들의 정치제도의 역사를 살펴보면 민주주의 제도의 허약함과 취약성이 그대로 드러난다. 20세기 유럽의 역사만 보더라도, 민주주의란 창출하고 유지하기 극히 어려운 통치 형태임을 분명히 알 수 있다. 파시즘과 나치즘 및 스탈린주의는 민주주의를 완전히 말살할 지경까지 이르렀다. 민주주의는 치열한 사회적 갈등을 통해 발전해 왔으며, 종종 그런 갈등 속에서 희생되기도 한다. 이 책은 민주주의 사상에 관한 것이다. 하지만 사상을 탐구함에 있어서 민주주의 사상과 실천의 역사적 측면으로부터 동떨어져서는 안 될 것이다.

'민주주의'democracy라는 단어는 16세기에 프랑스어 démocratie로부터 영어에 들어 왔는데, 원래 출처는 그리스어였다. '민주주의'는 demokratia에서 유래하는데, 그 어근의 의미는 인민demos과 지배kratos다. 민주주의는, 군주제나 귀족제와 달리, 인민이 지배하는 통치 형태를 의미한다. 민주주의는 인민 사이에 어떤 형태의 정치적 평등이 존재하는 정치 공동체를 의미한다. '인민에 의한 지배'rule by the people는 명확한 개념처럼 보이지만, 이런 겉모습은 현혹적인 것이다. 민주주의 사상의 역사는 복잡하며, 상충하는 개념들로 특징지어진다. 많은 영역에서 이견과 논쟁이 존재한다.

민주주의의 정의와 관련된 문제는 '인민에 의한 지배'의 각 구성 요소 — '지배', '에 의한 지배', '인민' — 마다 제기된다. 우선 '인민'에서 시작해 보자.

- 누가 '인민'으로 간주될 것인가?
- 어떤 종류의 참여가 인민에게 예상되는가?
- 어떤 조건들이 참여에 도움이 되는 것으로 추정되는가? 참여를 촉진하는 것과 저해하는 것, 혹은 참여의 비용과 편익은 대등할 수 있는가?

'지배'라는 개념도 많은 문제를 야기한다.

- 지배의 범위는 어느 정도나 넓게 또는 좁게 해석되어야 하나? 무엇이 민주적인 활동의 적절한 영역인가?
- '지배'란 '정치적인 것'을 다루는 것이라고 한다면, 이것이 의미하는 바는 무엇인가? 지배는 ① 법과 질서를 다루는 데에서 그치는가, 아니면 ② 국가들의 관계, 나아가 ③ 경제, ④ 가정 혹은 사적 영역 등을 다루는 데까지 확장되는가?

'에 의한 지배'는 복종의 의무를 의미하는가?
- '인민'의 지배에 복종해야 하는가? 복종 의무가 있는 경우는 어떤 것이고, 반대할 수 있는 경우는 어떤 것인가?
- 공공연히 그리고 적극적으로 '불참하는 자들'에게는 어떤 역할이 허용될 것인가?
- 민주주의가 인민의 일부에 대해 또는 정당한 지배의 영역 밖에 있는 자들에 대해 강압적 수단을 사용할 권리가 있다면 어떤 상황에서 그런가?

이견이 발생할 수 있는 영역은 이 정도에서 그치지 않는다. 고대 그리스에서 현재에 이르기까지, '인민에 의한 지배'가 성공하는 데 필요한 전제 조건이나 일반적 조건과 관련해 근본적으로 상이한 견해들이 제시되어 왔다. 예컨대, 민주주의를 이해하고 지지할 수 있으려면 우선 읽고 쓸 줄 아는 능력이 필요한가? 민주주의를 유지하기 위해서는 일정 수준의 사회적 부가 필요한가? 민주주의는 국가 비상시나 전시에도 유지될 수 있는가? 이런 질문을 비롯한 수많은 다른 이슈들을 살펴보면, 민주주의의 의미가 아직도 미확정인 채로 남아 있고 아마 앞으로도 그러할 것이 확실함을 알 수 있다.

역사를 보면 '인민'의 의미를 일정 집단 — 특히 유산자, 백인 남성, 교육받은 남성, 남성 일반, 특별한 기술이나 직업의 소지자, 백인 성인, 성인 일반 ─ 에 한정하려는 중요한 시도가 많이 있어 왔음을 알 수 있다. 또한 무엇을 '인민'에 의한 '지배'로 간주할 것인가를 둘러싼 다양한 생각과 논쟁에 대한 인상적인 이야기도 존재한다. 한 논평자는 이와 관련해 가능한 여러 입장을 다음과 같이 편리하게 정리한 바 있다.

1. 모든 사람이 통치해야 한다. 즉, 입법, 정책 결정, 법의 적용, 정부 행정에 모두가 관여해야 한다.
2. 모든 사람은 중요한 의사 결정, 즉 법률 일반과 정책 일반을 결정하는 데 직접 관여해야 한다.
3. 지배자는 피지배자에게 책임을 져야 한다. 달리 말하면, 지배자는 피지배자에게 자신의 행위를 정당화할 의무를 지며, 피지배자에 의해 해임될 수 있어야 한다.
4. 지배자는 피지배자의 대표들에게 책임을 져야 한다.
5. 지배자는 피지배자에 의해 선택되어야 한다.
6. 지배자는 피지배자의 대표들에 의해 선택되어야 한다.
7. 지배자는 피지배자의 이익을 위해 행동해야 한다(Lively 1975, 30).

부분적으로 이런 입장들은 민주주의를 정당화하는 각기 다른 방식에 근거하고 있다. 민주주의는, 여러 대안 가운데, 다음과 같은 근본적 가치나 선 가운데 하나 또는 그 이상을 달성하는 데 가장 근접해 있다는 근거에서 옹호되어 왔다. 즉, 정당한 권위, 정치적 평등, 자유, 도덕적 자기 발전, 공익, 공정한 도덕적 절충, 모든 사람의 이익을 고려하는 구속력 있는 결정, 사회적 효용, 욕구의 충족, 효과적 결정 등이 그것이다. 이런 여러 입장들이 충돌해 온 역사를 보면, 민주주의의 의미를 둘러싼 두 입장 간의 갈등이 발견된다. 민주주의는 어떤 종류의 인민 권력(시민들이 자치와 자율적 조정에 관여하는 생활 형태)을 의미하는가 아니면 의사 결정의 보조 기구(권력자로 선출된 자, 즉 '대표'의 결정을 이따금씩 정당화하는 수단)를 의미하는가를 둘러싼 갈등이 그것이다. 민주주의의 범위는 어디까지여야 하는가? 민주주의는 어떤 생활 영역에 적용되어야 하는가? 달리 말하면, 다른 중요한 목표를 보전하기 위해 민주주의는 분명하게 제한되어야 하는가?

이런 질문들은 아주 어려운 문제들이다. 이 책의 주된 목적은 민주주의의 여러 유형을 분석하는 것이다. 이런 작업은, 왜 어떤 입장이 다른 것보다 더 매력적인지를 밝히는 데에는 도움이 되겠지만, 앞에서 살펴본 문제들을 해결하지는 못한다. 이 책에서 나는 민주주의의 주요 유형에 초점을 맞추면서, 현재 우리 앞에 있는 몇 가지 정치적 대안을 제시하게 될 것이다. 그러나 이런 대안들이 단순하고 명료하게 드러나지는 않는다는 점을 밝혀 두어야 한다. 민주주의 역사는 종종 혼란스럽고 당혹스럽다. 그 이유는 민주주의가 아직 진행 중인 역사이기 때문이기도 하고, 문제가 매우 복잡하기 때문이기도 하다(R. Williams 1976, 82-87). 한편 수많은 이슈들에 대한 나의 설명이나 평가는, 이런 종류의 설명이 모두 그러하듯이, 진행 중인 민주주의 역사 속의 어느 특정 입장으로부터 도움을 받고 있다는 점을 밝혀 둘 필요가 있다. 그 입장이란, 곧 우리의 정치·사회·경제 생활에 대한 민주주의의 영향력이 확대되고 심화될 경우에만 민주주의 사상과 실천은 궁극적으로 보호될 수 있다는 믿음이다. 이런 관점의 정확한 성격과 내가 그런 관점을 갖는 이유는 뒤에서 명백하게 설명될 것이라고 기대하지만, 그것은 내가 필연적으로 어떤 민주주의 사상가들을 다른 사람보다 더 좋아한다는 것을 의미한다.

이 책은 세 부분으로 나누어진다. 1부는 네 개의 고전적 민주주의 모델을 다룬다. 고대 아테네의 고전적 민주주의 사상, 공화주의의 자치 공동체 개념(보호 공화주의와 계발 공화주의라는 두 유형으로 세분),[1] 자유민주주의(보호 민주주의와 계발 민주주의라는 두 유형으로 세분), 마르크스주의의 직접민주주의 개념이 그것이다. 2부에서는 치열한 정치적 토론과 갈등을 낳았던 다섯 개의 좀 더 최근의 민주주의 모델에 대해 탐구한다. 경쟁적 엘리트주의 민주주의, 다원주의, 법치 민주주의, 참여 민주주의, 숙의 민주주의가 그것이다. 3부에서는 민주주의 이론과 실천의 핵심 문제 몇 가지를 검토하고, 오늘날 민주주의의 의미는 어떤 것이어야 하는가라는 문제를 다루게 될 것이다. 나는 이 문제를 추적하기 위한 수단으로, 국민국가의 맥락 안에서뿐만 아니라 국가들 간에 또한 사회들 간에 밀접한 상호 연계가 발전하고 있는 상황에 비추어 볼 때, 민주주의의 유산이 오늘날 어떤 적실성을 갖는지를 평가할 것이다.

따라서 이 책의 관심사는 가장 초기의 민주주의 개념에서부터 시작해, 거의 2천 년간에 걸친 민주주의 사상의 쇠퇴, 르네상스 시기와 16세기 말 이래 전제군주와 절대주의 국가에 대항한 자유주의의 투쟁 과정에서 점진적인 민주주의 관념의 재등장, 18세기 말과 19세기에 자유주의 및 마르크스주의 양 전통에서 전개된 민주주의 사상의 변화, 민주주의의 현대적 관점들 간의 충돌 등을 모두 망라하게 될 것이다. 이 책의 초점을 이렇게 맞춤에 있어 나는 주로 서구 민주주의 발전 과정에 집중할 것이다. 왜냐하면 여러 민주주의 유형들의 전개에 대한 이야기는, 상당 부분 서구에서 가장 분명하게 구체화되어 나타났던, 특정의 정치사상과 실천들의 형성에 대한 이야기이기 때문이다. 민주주의의 본질에 대한 논쟁은 유럽 및 북미의 지적 전통 속에서 특히 집중적으로 이루어져 왔다. 물론 민주주의의 본질에 관한 중요한 논의들이 오로지 유럽과 북미에서 비롯되었다거나 또는 그곳에서만 완전히 이해되고 표현되었다고 주장하는 것은 결코 아니지만 말이다(Bernal 1987; Springborg 1992).

1_공화주의의 모든 개념이 민주적인 것은 아님을 유념해야 한다. 2장과 3장에서는 공화주의의 주요 개념들 및 그것과 민주주의의 관계에 대해 탐구할 것이다.

그림 0 민주주의의 유형들

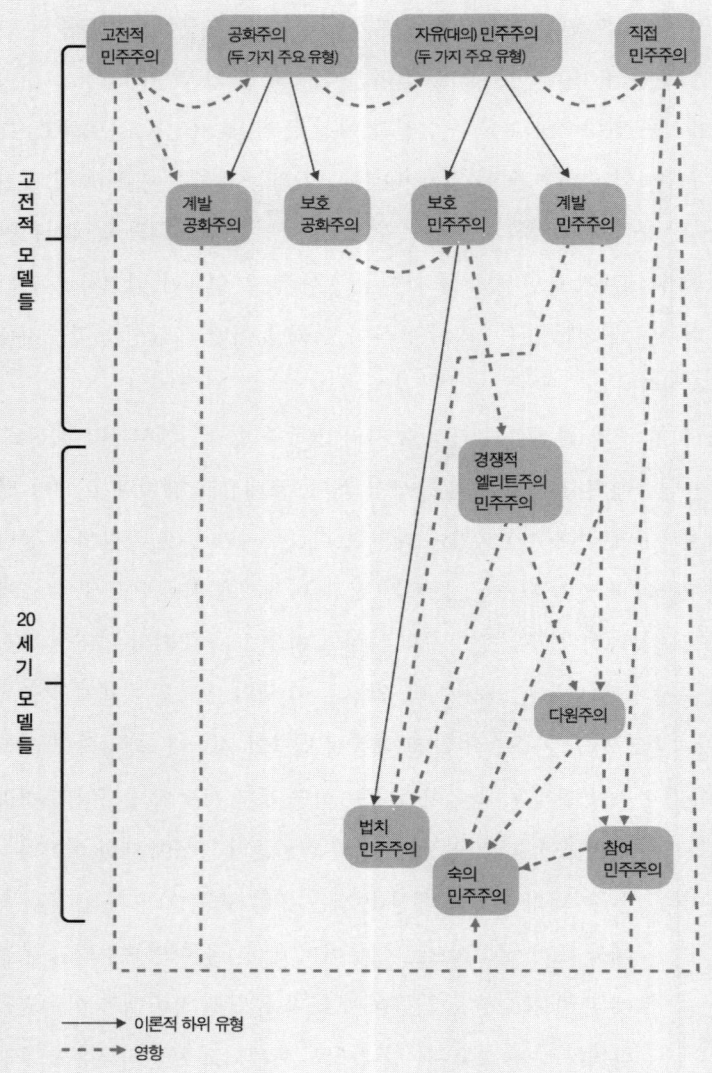

이 책에서는 서구의 민주주의 전통에 초점을 두겠지만, 다른 사상 줄기나 정치적으로 다른 지역의 중요성에 대해서는 다음 기회에 소개하고자 한다.[2]

이 책의 핵심이 될 민주주의의 여러 모델들은, 각 모델 간의 전반적 관계와 함께 〈그림 0〉에서 제시되고 있다. 민주주의 모델 가운데 한 가지를 제외한 다른 모든 것들은 크게 두 가지 포괄적 유형으로 묶어 분류될 수 있다. 직접 또는 참여 민주주의(시민들이 공공 업무에 관한 의사 결정에 직접 관여하는 체제)와 자유 또는 대의 민주주의(선출된 '공직자들'이 '법의 지배'의 틀 내에서 시민들의 이익과 의견을 '대표'하는 책임을 지고 있는 지배 체제)가 그것이다.[3] 때때로 이 포괄적 분류 명칭은 여러 민주주의 모델을 하나로 묶어 설명하기 위해 사용될 것이다. 하지만 포괄적 분류 명칭은 아주 제한적으로만 사용될 것이다. 왜냐하면 이 책의 주된 목적 가운데 하나는, 직접·참여 민주주의와 대의·자유 민주주의라는 두 개의 일반 개념이 제시하는 것보다 훨씬 광범위한 민주주의 논의들에 대해 설명하고 평가하는 것이기 때문이다. 예를 들면, 고전적 민주주의, 계발 공화주의, 직접민주주의, 참여 민주주의 등은 모두 '직접민주주의'라는 포괄적 유형으로 분류할 수 있지만, 그들 간의 차이점에 대해서도 알아야 할 점이 많이 있는 것이다. 그것들을 단순히 직접민주주의의 여러 형태로서만 초점을 맞춰 바라보는 것은 그들 간의 중요한 차이점 — 좀 더 복잡한 분류 체계가 마땅히 필요한 차이점 — 을 놓칠 위험이 있다. 자유민주주의의 '여러 유형들'에 대해서도 비슷한 지적을 할 수 있다. 따라서 나는 〈그림 0〉에서 제시된 용어들을 일반적으로 사용할 것이다. 이들 용어가 사용되는 맥락에 유의한다면, 논의 중인 민주주의가 어느 유형에 속하는지에 관한 모호함이

2_ 어떤 사상이 특정한 문화나 국가에서 기원한다고 해서 그 사상의 가치나 유용성이 꼭 그 지역에만 국한되는 것은 아니라는 점을 유념해야 한다. 자기 결정이나 자치라는 용어를 단지 그것이 나온 최초의 사회적 맥락과 관련해서만 평가할 수는 없다(특히 이 책의 10, 11장을 참조).

3_ 9장에서 살펴볼 숙의 민주주의는, 두 유형으로의 구분이라는 이런 틀을 정면에서 깨뜨리려고 시도한다.

나 개별 유형들 간의 유사점과 차이점에 대한 모호함 등은 해소될 수 있을 것이다.[4]

민주주의의 발전 과정은 길고도 치열한 다툼의 역사를 포함하고 있다. 민주주의 이론 분야는 광범위한 연구와 논쟁들로 이루어져 있다. 오랜 시대에 걸쳐 변화해 온 민주주의 담론 — 민주주의의 핵심 개념과 이론 및 관심사 — 의 의미를 파악하기 위해서는 이와 같은 역사와 논쟁을 모두 이해해야만 한다. 이 책에서 나는, 민주주의 분야를 관통하는 길을 내기 위해서, 여러 민주주의 모델의 핵심적 견해나 주장에 대한 지도와 함께 그에 대한 일련의 비판적 고찰을 제시할 것이다. 그러나 이 책이 상당한 범위의 문제를 포괄한다고는 하지만, 어디까지나 선택적이라는 사실을 강조해야만 한다. 네 개의 고전적 모델(그리고 그 하위 유형들)을 택함에 있어서는, 모든 사상과 이론을 피상적으로 일별하기보다는 몇 개의 핵심적 사상과 이론을 깊이 있게 다루는 것이 더 바람직하다는 지침을 따랐다. 따라서 혹자가 보기에는 민주주의 이론에 중요한 기여를 했다고 판단되는 정치 전통 — 예컨대, 무정부주의 전통 — 에 대한 분석이 논의에는 포함되지 않았다. 누락된 다른 부분도 있다. 애초에 나는 민주주의 이론의 주요한 이론적 궤적 각각에 대해 그 기원과 근원 및 맥락을 상세히 설명하려고 계획했다. 하지만 책 분량을 적절히 유지하기 위해 그런 시도는 포기해야 했다. 대신 나는 각 모델에 대한 간략한 역사적·이론적 소개를 제시했다. 또한 나는 고전적·현대적 정치 논쟁에서 핵심적으로 중요하다고 생각되는 '민주주의 모델들'만을 선택했음을 강조해 두어야 하겠다.

[4] 용어와 관련된 추가적인 문제가 있다. 최소한 현대 서구 정치사상에서 자유주의는 가장 중심적인 정치 전통 가운데 하나다. '근대' 서구 세계는 우선 자유주의적이 되었고, 광범위한 갈등을 거친 후 나중에 가서야 자유민주주의적이 되었다는 사실에 유념해야 한다(2, 3장을 참조). 예나 지금이나 자유주의자들이 모두 민주주의자인 것은 결코 아니었으며, 그 역도 마찬가지라는 사실이 강조되어야 한다. 그러나 자유주의의 발전은 자유민주주의 발전에 필수적이었다. 따라서 나는 어떤 맥락에서는 자유주의와 자유민주주의 이론을 각기 다른 정치사상 형태로 다루겠지만, 다른 맥락 특히 이 책의 뒷부분에서는 '자유주의'라는 용어를 자유주의와 자유민주주의 모두를 내포하는 것으로 사용할 것이다. 이 용어들이 사용되는 맥락이 용어의 의미와 관련한 모호함을 해소해 주기를 희망한다.

이 책에서 사용된 접근법에 대해, 그리고 그런 접근법의 기본적 가정에 대해 추가로 강조해 두고 싶은 세 가지 사항이 있다. 첫째는, '모델'이라는 개념5에 대해서다. 이 책에서 사용된 모델이라는 용어는, 어떤 민주주의 유형의 주요 구성 요소나 기본적 연관 구조를 밝히고 설명하기 위해 고안된 이론적 구조물을 말한다. 공적 생활의 어떤 양상이나 일군의 제도들은, 다른 사회현상과 연관되어 있는 관계 속에서만 제대로 이해될 수 있다. 따라서 모델이란, 정치 영역의 여러 양상들 및 그런 양상들이 구축되는 데 필요한 핵심 조건들 — 경제적·사회적 조건을 포함하는 — 에 대한 구상이나 개념 등의 복합적 '체계'라 할 수 있다.

나아가 민주주의 모델에는, 곧 보게 되겠지만, 필연적으로 서술적·설명적 진술과 규범적 진술 — 즉, 사물이 어떤 상태로 있는지 또 왜 그런 상태로 존재하는지에 관한 진술과, 사물이 어떤 상태로 있어야만 하는지에 대한 진술 — 이 불안한 균형을 이루고 있음을 알 수 있다. 고전적인 그리스 사상가들은 대개 자신의 작업을 서술적인 동시에 처방적인 것으로 생각해 윤리나 정치, 인간 행동의 여러 조건 등에 대한 통합적 가르침을 제시했다. 이에 반해 홉스에서 슘페터에 이르는 여러 '근대' 사상가들은, 자신들이 기본적으로 '과학적인' — 그들이 파악하기로는 비규범적인 — 작업에 종사한다고 주장했다. 홉스는 도덕과 정치를 날카롭게 분리함으로써 정치사상의 전통을 근본적으로 변화시켰다. 그에게 정치적 분석이란, 명료한 원리와 엄밀하게 추론된 연역에 입각한 '시민과학' civil science●이었다. 19세기 말과 20세기에 사회과학(특히 '정부'학 및 사회학)의 등장은, 민주주의 연구가 과학의 탐구 방식에 기초해야 한다는 견해를 더욱 강화시켰다. 민주주의의 의미를 해석하는 데 있어

5_민주주의의 '모델들'이라는 착상을 하는 데 있어서 나는 맥퍼슨의 저작(Macpherson 1977)에 빚지고 있다. '보호' 민주주의, '계발' 민주주의라는 용어도 그의 저작(Macpherson 1966; 1973; 1977)에서 나온 것이다. 그러나 나는 이 개념들을 상당히 다른 식으로 전개시켜 갈 것이다.
● 홉스에 있어 시민과학이란, 자연과학에 대비되는 개념으로, 국가의 쇠락을 막기 위해 시민의 의무를 설정하는 정의와 정책의 과학을 말한다.

'과학적 방법'에 큰 무게가 두어지게 되었던 것이다. 그러나 '과학'이 모든 분야에서 '철학'에 승리해 온 것은 결코 아니다. 민주주의 이론에 대한 순수 경험적 접근법은 광범위하게 비판받아 왔다. 더구나 정치 분석에 이용한 방법이 무엇이라고 주장해 왔건 간에, 모든 민주주의 모델에는 서술적 진술과 규범적 진술이 혼합되어 있음을 발견할 수 있다. 이에 대해 한 논평자는 다음과 같이 지적한다.

> 몇몇 민주주의 사상가들은 그들의 이론이 그런 혼합물이라는 것을 분명하게 깨달았다. 그러나 일부 학자들은 깨닫지 못했고, 일부는 심지어 부인하기까지 했다. 존재하는 것은 무엇이건 정당하다는 암묵적 가정에서 출발한 사람들은, 자신들이 여하튼 어떤 가치판단을 하고 있다는 사실을 부정하는 경향이 있다. 존재하는 것은 무엇이든지 부당하다는 암묵적 가정에서 출발하는 자들은, 자신들의 윤리적 주장에 큰 무게를 둔다(그것이 실행 가능하다는 것을 보여 주려고 시도하면서). 그리고 이런 양극단 사이에서 강조점을 어디에 두느냐와 관련해 상당한 범위의 여지가 존재한다(Macpherson 1977, 4).

민주주의의 과거, 현재, 가능하다면 미래의 모델들을 검토함에 있어 중요하게 살펴봐야 할 것으로는, 각 모델의 핵심적 특징, 각 모델이 권하는 바, 민주주의의 바탕이 되거나 될 수 있는 사회의 특징에 대해 각 모델들은 어떻게 상정하고 있는지, 인간의 정치적 능력에 대해 각 모델은 근본적으로 어떻게 생각하고 있는지, 각 모델은 그것이 생각하고 선호하는 바를 어떻게 정당화하는지 등이 있다. 또한 민주주의 모델을 평가함에 있어서는 이론적 주장의 특징과 일관성, 경험적 진술의 타당성, 처방의 실용성 등에 주목해야 한다.

둘째로, 나는 다양한 민주주의 모델을 제시함에 있어 나 자신의 '편견'을 엄격히 통제함으로써 모델에 대한 정확한 설명을 제공하고자 한다. 하지만 모든 '설명'은 해석 ― 특유의 개념·신념·기준의 틀을 담고 있는 해석 ― 을 포함한다. 그 같은 틀은 이해를 가로막는 장벽이 아니라 이해의 필수적 요소다(Gadamer 1975). 왜냐하면 해석 과정에서 우리가 동원하는 틀은, 우리가 무엇을 '보고' 무엇을 중요한 것으로 인지하고 기록할지를 결정해 주기 때문이다. 따라서 어떤 특정한 해석을 현상에 대한 유일하게 정확하거나 최종적인 이해로 간주하는 것은 불가능하다. 현상의 의미는 새로운 시각에 의한 미래의 해석에 항상 열려 있다. 해석은 항상 도전에 개방되어 있다. 이 책에서도 내 자신의 관심·기준·신념의 일부, 즉 '편견'이 필연적으로 나타날 것이다. 나는 시민들이 원칙적으로 의사 결정에 대한 자신들의 참여와 숙의를 광범위한 영역(정치적·경제적·사회적)에까지 확장시켜 나갈 수 있는 민주주의가 가장 바람직하고 매력적인 민주주의 유형이라고 믿고 있다. 하지만 이런 민주주의의 유형의 조건·특징·원리를 규명하는 데에는 기존 모델 가운데 어느 하나만 가지고는 불충분하다고 생각한다. '민주주의 모델'을 평가하는 나의 접근법은, 부분적으로, 민주주의가 지금까지 어떤 것이었고 지금 어떤 것인지에 대한 고찰뿐만 아니라 어떤 것일 수 있는지에 대한 고찰도 포함하게 될 것이다.

끝으로, 이 책에서 나는 무엇보다 민주주의 '사상'에 초점을 맞추겠지만 그렇다고 해서 정치나 사회를 형성하는 데 사상만이 결정적으로 중요했다는 의미는 아니다. 오히려 나는 일반적으로, 사상이란 그에 맞은 역사적 조건이나 구조적 힘과 연계되었을 때에만 제도적 유형의 특징과 작동을 변경시킬 수 있는 영향력을 발휘한다고 생각한다. 그러나 이런 진술도 조심스럽게 제한적으로 받아들여져야 한다. 왜냐하면 특정 정치사상의 충격이 강력한 영향력을 가지면서 지속되거나 아주 극적인 결과를 야기하는 상황이 분명 존재하기 때문이다. 역사 과정에서 사상이 차지하는 위상은 쉽게 일반화할 수 없는 것이다. 하지만 '사상'과 '사회적 조건' 간의 관계가 어떠하든 간에, 민주주의 모델에 대한 고찰은 그 자체 정당성을 갖는다. 정치 생활의 여러 측면에 대해 회의나 냉소가 만연해 있는 오늘날과 같은 세계에서는 특히 그러하다. 이런 세계에서는, 시민들이 자신의 삶을 좀 더 효과적으로 틀짓고 조직할 수 있도록 정치 — 민주정치 — 를 변화시켜 나갈 가능한 방법을 탐구하는 것이 그 어느 때보다도 중요하다. 무엇보다도 민주주의 사상과 실천 및 제도가 어떻게 전개되어 왔고 결말지어졌는지를 파악하려는 시도 없이 이런 과업이 가능하리라고 생각하기는 어렵다.

    따라서 이 책은 포괄적으로 네 가지를 목표로 한다. 첫째, 주요한 민주주의 모델을 그 핵심 사상이나 대체적인 역사적 조건 등의 측면에서 소개하는 것이다. 둘째, 각 모델의 특징을 이전 모델과 대비하여 제시하는 것이다. 셋째, 비평가들의 평이나 이 책에서 내가 개진하는 일반적 주장과 관련해 각 모델의 장단점을 탐구하는 것이다. 넷째, 결론으로서 민주주의에 대한 새로운 이해를 제시하는 것이다(검토되어야 할 추가적인 문제를 안고 있는 것이지만). 시종일관 나는, 독자들로 하여금 이 책의 여러 주장이나 입장에 대해 자주적으로 사고해 볼 완전한 기회를 가질 수 있게 하려고 노력했다. 하지만 내가 개진하는 비판적 견해에 대해 독자들로 하여금 흥미를 갖게 하고 싶은 것도 분명하다. 이 책은 입문서인 동시에 해설서인데, 독자들을 도시국가의 정치에서부터 국민국가로, 궁극적으로는 국제정치와 전 지구적 전환의 영역으로 인도할 것이다. 이런 민주주의 이야기는, 정치 공동체의 성격이 근본적으로 변화해 온 것에 대한 이야기이며, 또한 우리가 대면하고 있거나 미래에 대면하게 될 주요한 정치적 가능성의 일부에 대한 이야기다.

ial models

1부
고전적 모델들

1장
고전적 민주주의 : 아테네

민회는 바로 아크로폴리스 서쪽에 위치한 프닉스 언덕의 벌판에서 개최되었다. 현재 프닉스 언덕에는 민회가 열린 장소였음을 표시하는 관목과 당시 민회의 발언자가 딛고 올라섰던 단상(speaker's platform or bema)이 여전히 남아 있다. 페리클레스는 이 단상 위에서 뛰어난 연설로 아테네 시민의 마음을 사로잡았다.

_클렌체(Leo von Klenze), 〈아테네 아크로폴리스〉(1846).

"우리의 통치 체제는 이웃의 제도들을 모방하지 않았음을 말하고 싶습니다. 우리가 다른 누구를 흉내 낸 것이 아니라 다른 이웃에게 모델이 되었습니다. 우리의 정체는 민주주의라고 불립니다. 왜냐하면 권력이 소수의 손에 있는 것이 아니라 전체 인민의 손에 있기 때문입니다."

_페리클레스

기원전 5세기에 아테네는 그리스의 여러 경쟁하는 공동체들 가운데 가장 혁신적이고 세련된 '도시국가' 또는 폴리스polis로 부상했다.[1] 그리스가 그렇게 발전하고 예외적으로 '민주적'인 생활양식을 확립할 수 있었던 이유가 이 책의 주된 관심사는 아니지만, 간략히 언급할 필요는 있다.

기원전 800년부터 500년까지 도시적 양식의 문명이 그리스 세계에서 서서히 형성되었다. 내륙 깊숙한 곳에서는 거의 찾아보기 힘들었지만, 수많은 소규모 공동체들 — 대개 조밀하게 짜여진 — 이 해안선을 따라 나타났다(Finley 1963; 1973a 참조; P. Anderson 1974a, 29-44). 당초에 이 도시들은 대부분 지방 왕정에 의해 통치되었지만, 이후 대개 폭력적 갈등을 거친 후에, 벌족 및 부족적 권력 집단에 의해 지배받게 되었다. 한 논평자에 의하면, 그 도시들은 기본적으로 '농부와 지주들이 모여 사는 집결지였다. 그 시대의 전형적인 소규모 성시城市의 경우 경작자들은 도시의 성곽 안에 거주하면서 매일 밭으로 일하러 나갔다가 밤에 돌아오곤 했다. 물론 도시의 영토에는 항상 주변 농지가 포함되어 있었고, 그곳에 정착해 순전히 농업에 종사하는 인구도 있었다'(P. Anderson 1974a, 29-30). 내륙 및 해상

[1] 나는 그리스어 용어인 폴리스(polis)를 나타내는 용어로 '도시국가', 때로는 '도시 공화국'을 사용할 것이다. 몇몇 학자들이 '도시 공화국'이라는 용어를 더 선호하는 것과 관련된 문제 — '국가' 개념이 언제 처음으로 확립되었는가와 관련된 문제 — 는 2장과 3장에서 다룰 것이다.

무역의 발전은 특히 입지 조건이 좋은 해안 도시의 발전을 촉진했고, 그중 일부는 지속적인 성장을 누리게 되었다.

초기 도시국가의 정치적 연속성은 참주 혹은 독재자의 등장(기원전 650년경부터 510년경까지)에 의해 중단되었다. 이들은 토지 소유나 상업과 무역을 통해 새로이 부자가 된 자들의 이익을 대변했다. 벌족·부족적 정치 질서는 좀 더 전제적인 체제로 대체되었다. 하지만 이런 체제의 안정성은 연합 및 동맹의 변화에 따라 좌우되는 취약한 것이었다. 사회의 일부는 부를 축적했지만 빈곤한 계급, 특히 무토지 소유자, 소농, 소작농들의 상태는 향상되지 않았다. 인구가 증가함에 따라 특권 계층에 대한 압박이 가중되었고, 격렬한 사회 갈등의 시기가 뒤따랐다. 복잡하고 치열한 도시 정치 속에서 세력 균형을 유지하기 위해 종종 양보가 불가피했는데, 이는 소농과 중농은 물론이고 몇몇 범주의 소작농들의 경제적 자립을 강화시켜 소·자작농 공동체의 형성을 가져왔다. 이런 양상은 다른 곳에서도 나타났지만 특히 아테네에서 두드러졌다(Hornblower 1992, 3-4 참조). 적당히 번성한 농민이나 소작농들을 공동체 방위의 핵심으로 만든 군사 조직상의 중요한 변화에 의해 이 집단들의 지위는 더욱 향상되었다(Mann 1986, 197-204 참조). 이런 변화는 다른 어떤 요인보다도 도시국가의 미래 정치 구조에 큰 영향을 끼치게 되었다.

노예제가 확대됨에 따라 점점 더 많은 독립적인 시민들의 활동 영역이 실질적으로 확대되었다(이 점에 대해서는 뒤에서 좀 더 자세히 논하고자 한다). 광업·농업·수공업 분야에서 노예 경제의 형성은 '그리스 도시 문명의 급격한 번영을 가능케 했고 …… 노예 노동자를 배경으로 자유 시민들의 존재가 이제 전면적으로 부각되었다'(P. Anderson 1974a, 36-37; Dickenson 1997, ch. 2 참조). 그리스 도시 공동체들의 동질성과 연대감은 더욱 확대되었다. '내부인'(시민)과 '외부인' 사이에 뚜렷한 구획선이 그어졌는데, 노예 외에도 다른 공동체로부터 이주해 와서 재정착한 사람들은 아무리 존경받을지라도 모두 외부인에 귀속되었다. 문자 해독률의 증가는 도시 공동체의 동질성을 더욱 강화시켰고, 인민과 물자에 대한 관리와 통제를 촉진했다(하지만 고대 세계는 아직 구전 문화가 지배적이었다).

도시국가의 '정체'에도 혁신이 잇따라 수세대 동안 전승되어 온 성문 및 불문의 법규범이 변화되었다(Finley 1975 참조). 6세기 중엽에 최초의 '민주' 정체가 키오스Chios●에서 등장한 것 같고, 다른 지역에서도 나름의 특징과 개성을 지닌 민주정체가 형성되었다. 아테네가 이런 발전의 정점에 서있었지만, 전체 자유 시민에게 참정권을 부여하는 새로운 정치 문화는 그리스 문명 전역으로 확산되었다(Hornblower 1992, 1-2 참조). 이런 초기 민주주의의 등장이 단일한 일련의 사건들로부터 연유한 것이 아니며, 오히려 민주주의의 발전은 여러 세대에 걸친 지속적 변화의 과정으로 특징지을 수 있다는 점이 강조될 필요가 있다. 하지만 앞에서 언급한 발전 양상들이 어째서 민주주의라는 정치형태의 창출을 가져왔는지에 대한 의문은 여전히 남는다.

이것은 어려운 문제이며 어떤 대답도 충분히 명쾌하지는 못할 것이다. 여러 요소들을 강조할 수 있겠지만, 민주적 생활 방식을 키운 것은 비교적 소규모의 조밀한 공동체라는 상황과 그 속에서 경제적·군사적으로 독립적인 시민들의 등장이라는 요소의 결합인 것 같다(Finley 1983 참조; Mann 1986, ch. 3; Dunn 1992, chs. 1-3). 정치 변화는 불과 수천 명의 사람들이 하나의 도심이나 주변 시골에 밀집해서 살아가는 지리적·사회적으로 구획된 공동체 내에서 발생했다.[2] 이런 공동체에서는 의사소통이 비교적 용이하고 소식이 빨리 전파되기에 특정의 사회·경제적 제도의 효과는 즉각적으로 나타난다. 정치적 과실과 책임의 문제를 회피하는 것은 거의 불가능하고, 대규모의 복

2 상당한 기간 동안 최대의 도시국가였던 아테네 시민의 규모는 5세기에 대략 3만~4만 5천 명으로 추정된다.
● 에게해 서부에 있는 섬으로 부근의 작은 섬들을 합쳐서 키오스 주를 이르며, 주도(州都)는 키오스다.

잡한 사회가 직면하는 것과 같은 정치적 참여의 장애물도 아직 두드러지지 않았다. 비록 고전적 그리스 민주주의의 최종적 붕괴가 공적 업무에 광범위하게 참여할 수 있는 모든 역사적 기회의 종식을 의미하는 것은 아니지만, 공동체의 규모와 복잡성, 그리고 정치적 이질성의 정도 등과 같은 요소는 민주주의 이론에서 매우 중요한 의미를 가진다. 아테네에서도 인민은, 엄격하게 아테네 혈통을 이어받은 성인 남자 자유민으로만 구성되었다는 점을 기억해야 한다.[3]

정치적 이상과 목표

아테네 민주주의의 발전은 근대 정치사상의 영감의 원천이 되어 왔다(Finley 1983; Bernal 1987). 물론 몇몇 핵심 사상들 — 예컨대 인간은 '권리'를 가진 '개인'이라는 근대 자유주의 개념 — 의 경우는 아테네에서 바로 그 연원을 찾을 수 없지만, 시민들 간의 평등·자유·법과 정의의 존중 등과 같은 아테네 민주주의의 정치적 이상은 서구의 정치적 사고에 영향을 미쳐 왔다. 하지만 투키디데스Thucydides(기원전 460년경~399년), 플라톤Plato(기원전 427년경~347년), 아리스토텔레스Aristotle(기원전 384~322년)를 비롯해 아테네의 사상과 문화를 고찰했던 그리스의 위대한 사상가들은 결코 아테네의 유산을 무비판적으로 받아들이지 않았다(Jones 1957; Farrar 1992). 그들의 저작은, 지금까지 민주주의 이론과 실천의 한계를 평가한 여러 저작들 가운데 가장 도전적이고 지속적인 영향을 미친 내용을 담고 있다. 놀라운 것은, 저작과 사상을 통해 고전적인 민주적 폴리스를 정당화하고 또 그 세부적 내용을 전해 주는 고대 그리스의 주요한

[3] 시민이 아닌 자에게 시민권이 인정되는 경우는 극히 드물었는데, 핵심 '주권' 기구인 민회의 승인을 받은 경우에만 가능했다.

민주주의 이론가들이 결코 존재하지 않는다는 사실이다. 번성했던 이 문화에 대한 우리의 기록은 단편적 저술, 비판적 반대파의 저술, 사학자와 고고학자의 발견 등 다양한 출처로부터 조각조각 모은 것이 될 수밖에 없다.

아테네 민주주의의 이상과 목표는, 뛰어난 시민이자 장군이고 정치가였던 페리클레스Pericles가 했다고 하는 유명한 장송 연설에서 인상적으로 열거되어 있다. 실제 연설 이후 약 30여 년 뒤에 투키디데스에 의해 아마 재구성되어 기록되었을 이 연설문은 아테네의 정치적 강점과 중요성을 찬양하고 있다(Finley 1972 참조). 특히 다음의 두 구절은 주목할 만하다.

우리의 통치 체제는 이웃의 제도들을 모방하지 않았음을 말하고 싶습니다. 우리가 다른 누구를 흉내 낸 것이 아니라 다른 이웃에게 모델이 되었습니다. 우리의 정체는 민주주의라고 불립니다. 왜냐하면 권력이 소수의 손에 있는 것이 아니라 전체 인민의 손에 있기 때문입니다. 사적인 분쟁을 수습해야 하는 문제가 있을 때 모든 사람은 법 앞에 평등합니다. 누군가를 다른 사람에 앞서 공적 책임을 갖는 자리에 앉히고자 할 때 고려하는 것은 그가 특정 계급에 속하는가의 여부가 아니라 그가 가진 실질적 능력입니다. 국가에 기여할 수 있는 능력을 가지고 있는 한 어느 누구도 빈곤하다는 이유로 정치적으로 무시되지 않습니다. 그리고 우리의 정치 생활이 자유롭고 개방적이듯이, 상호 관계 속의 일상생활 역시 그러합니다. 이웃이 자신의 방식대로 삶을 즐긴다면 그것에 간섭하지 않습니다. 실제로 해가 되지 않더라도 감정을 상하게 할 험악한 얼굴을 그에게 보이지 않습니다. 우리는 사생활에서는 자유롭고 관용을 베풉니다. 하지만 공적 업무에서는 법을 준수합니다. 우리들이 법을 깊이 존중하기 때문입니다.

우리들은 우리가 권위 있는 자리에 앉힌 자에게 복종하며, 법 그 자체 특히 억압받는 자를 보호하기 위한 법을 준수하며, 위반하면 수치로 인정되는 불문법에 따

폰 폴츠(Von Folz), 〈페리클레스의 장송 연설〉.

릅니다.

…… 아테네에서 각 개인은 자신의 일뿐만 아니라 국가의 일에도 관심을 가집니다. 자신의 일에만 대체로 전념하는 사람들도 정치 일반에 대해 아주 잘 알고 있습니다. 이것이 우리의 특징입니다. 우리는 정치에 관심이 없는 사람을 자기 일에만 신경 쓰는 사람이라고 하지 않고, 아테네에서 전혀 하는 일이 없는 사람이라고 말합니다. 우리 아테네인들은 정책에 대한 결정을 우리 자신들이 스스로 내리거나 적절한 토의에 회부합니다. 말과 행동 사이에 모순이 존재한다고 생각하지 않

기 때문입니다. 가장 나쁜 것은 결과에 대해 충분히 논의하지 않고 행동에 뛰어드는 것입니다(페리클레스의 장송 연설. Thucydides, *The Peloponnesian War*, 145, 147).

위의 구절에서 중요한 논점을 이끌어 낼 수 있다. 페리클레스는 모든 시민이 공동생활을 창출하고 육성하는 데 참여할 수 있고 또 실제로 참여해야 하는 공동체를 묘사하고 있다. 공식적으로 시민들이 공공 업무에 참여하지 못하게 막는, 지위나 부에 기초한 어떤 장벽도 존재하지 않는다. 인민demos은 입법 및 사법 기능에 참여하는 최고의 권위, 즉 주권을 가진다. 아테네의 시민권 개념은 이런 역할을 맡는 것 특히 국가 업무를 직접 맡는 것을 의미했다. 페리클레스의 지적처럼, '우리는 정치에 관심이 없는 사람을 자기 일에만 신경 쓰는 사람이라고 하지 않고, 아테네에서 전혀 하는 일이 없는 사람이라고 말한다'는 것이다.

아테네 민주주의는 시민적 덕성의 원칙에 대한 보편적 헌신, 즉 공화정 도시국가에 대한 헌신 내지 공적 업무와 공동선에 사적 생활을 종속시키는 것 등으로 특징지을 수 있다. 페리클레스의 지적처럼 사람들이 '자신의 방식대로' 즐겁게 살기 위해서는 관용이 필수적이지만, '공적인 것'과 '사적인 것'은 결합되어 있었다. 아테네 민주주의자들은 '개인의 덕성은 시민의 덕성과 동일하다'고 보는 경향이 있었다(Lee 1974, 32 참조). 개인은 오직 폴리스 내에서 그리고 폴리스를 통해서 시민으로서만 자신을 올바르게 성취하고 명예롭게 살 수 있다. 왜냐하면 윤리와 정치는 정치 공동체의 삶 속에 융합되어 있기 때문이다. 이런 공동체 내에서 시민은 권리와 의무를 가진다. 하지만 권리가 사적 개인에게 속하는 것은 아니며, 개인의 사적 목표를 보호하는 틀을 유지하는 데 전념하는 국가에 의해 의무가 강제되지도 않는다

(Sabine 1963, 16-17 참조). 오히려 시민의 권리와 의무는 그의 소재所在와 관련된 것이었다. 즉, 시민의 권리와 의무는 시민이라는 그의 존재로부터 따라오는 것이었다. 그것은 '공적인' 권리이며 의무였다. 이후에 나타나는 자유주의적 입장과 대조적으로 아테네식 개념의 정치는 사람들에게 많은 것을 요구했지만, 그것은 사람들의 자율 능력에 대한 침해가 아니라 지지로 간주되었다. 정치 질서는 사람들이 본래 가진 바를 표현하고 실현하는 수단으로 제시되었다(Farrar 1992, 37). 완성된 선한 삶은 폴리스 내에서만 가능했다.

국가와 사회의 구분, 전문화된 공직자와 시민의 구분, '인민'과 정부의 구분은 마키아벨리Niccolò Machiavelli(1469~1527)나 홉스Thomas Hobbes(1588~1679)로부터 시작된 근대 특유의 것으로서, 아테네 도시국가 정치철학의 일부가 결코 아니었다. 아테네 도시국가는 자율적 통치의 과정에 활동적으로 참여하는 시민의 개념을 찬양했기 때문이다. 즉, 통치자는 곧 피치자였다. 모든 시민이 법에 대해 토론하고 결정하고 집행하기 위해 모였다. 직접 참여라는 삶의 방식의 원칙이 바로 통치의 원칙이었다. 통치 과정 그 자체가, 페리클레스가 적절한 토의라고 부른 것, 즉 이세고리아isegoria ─ 주권 기관인 민회에서의 동등한 발언권 ─ 에 의해 보장되는 자유롭고 제한 없는 토론에 기반하고 있었다(Finley 1973b, 18-19). 따라서 고대의 민주적 폴리스는, 상이한 배경과 특징을 가진 사람들이 '선에 대한 그들의 이해와 판단을 정치적 상호 작용을 통해 표출하고 또 변경'하는 것을 가능케 하려는 시도로 이해될 수 있을 것이다(Farrar 1992, 38). 그들의 주장에 의하면, 의사 결정과 법의 기초가 되는 것은 단순히 관습이나 습관이나 난폭한 힘이 아니라 확신 ─ 좀 더 나은 논의의 힘 ─ 이었다(공적인 숙의의 중요성은 이후 오랫동안 정치 이론에서 다시 강조되지 않았다. 이에 대해서는 이 책 2, 3, 9장 참조). 국가의 법은 시민들의 법이었다. 법 앞에서 모두는 평등하며, 따라서 페리클레스의 말대로 '우리는 법을 지킨다'. 법은 참주정과 대조되며, 따라서 자유는 법에 대한 존중을 의미했다. "아테네인들은 자신이 어떤 구속도 받지 않아야 한다고 생각하지 않았다. 하지만 다른 사람의 자의적 의사에 단지 복종하는 것을 의미하는 구속과, 정당하게 존중되어야 하며 이런 점에서 스스로 부과하는 것이 되는 규칙을 법률 안에서 인정하는 그런 구속을 분명히 구분했다"(Sabine 1963, 18). 법률이 공동생활의 틀 안에서 올바르게 제정된다면, 그것은 정당하게 복종을 명할 수 있다. 이런 의미에서 법의 지배, 정당한 절차, 법률의 합법성 검토 절차● 등의 개념은 아테네 도시국가의 정치 속에서 최초로 표현되었다고 할 수 있다.

시민들이 자신의 능력과 기술을 개발하고 실현할 수 있는 '자유롭고 개방된' 정치 생활을 누리는 것에 대해 아테네인들은 대체로 자랑스러워했던 것으로 보인다. 능력과 장점의 차이는 인정되었다. 예컨대 모든 사람이 육군과 해군의 지휘·통솔 능력을 가진 것은 아니라는 점이 명백히 인식되었다. 그러나 페리클레스가 "우리 도시는 그리스의 교육장"이라고 자랑스럽게 외쳤을 때 그가 말하고자 한 것은, '우리 시민 개개인이 삶의 모든 다양한 측면에서 스스로가 그 자신의 정당한 지배자이자 주인임을 보여 줄 수 있고 더구나 비할 데 없이 우아하고 다양하게 그렇게 할 수 있는' 그런 생활 방식이었다(Thucydides, *The Peloponnesian War*, 147-148). 독립성, 지위, 교육, 예술, 종교, 그리고 무엇보다 도시 공동생활에의 참여 등을 통해 개개인은 자신의 '육체적 능력'과 공공선의 텔로스$_{relos}$(목표)를 실현할 수 있었다. 그리고 도시국가에서 시민의 적절한 역할과 자리를 확보하고 실현하는 것이 바로 정의의 의미였다.

고대 민주주의에 대한 가장 뛰어난 서술 가운데 하나는, 기원전 335년에서 323년 사이에 기술된 아리스토텔레스의 『정

● 민회에서 채택된 법률에 대해서도 비합법성 기소가 들어올 경우 법정에서 재심사의 대상이 되었다. 물론 이 법정 역시 추첨으로 구성되었다.

치학』에서 찾아볼 수 있다. 이 책은 '적법'하고 항구적인 통치 모델을 검토하는 중에, 비록 아리스토텔레스 자신은 찬성할 수 없었던 모델이었지만, 민주주의에 대한 자세한 설명을 제공하고 있다(사실 그는 민주주의를 좋은 정부에서 '벗어난 것'이라고 말했다). 아리스토텔레스는 민주주의의 '주장, 윤리적 기준, 그리고 목표'를 분석하고, 많은 그리스 민주정체들의 핵심적 특징을 날카롭게 지적하고 있다. 길게 인용할 필요가 있는 다음 구절의 두 번째 단락은 아마 고전적 민주주의 제도에 대한 가장 뛰어나고 간결한 진술로 생각된다.

민주정체의 기본 원리는 자유다. 사람들은, 오직 이런 정체에서만 사람들이 자유를 함께 나눈다고 넌지시 비추면서, 항상 이렇게 말한다. 모든 민주정은 자유를 그 목표로 하기 때문이라고 그들은 말한다. '번갈아 가면서 지배하고 지배받는 것'이 자유의 한 요소이며, 민주적인 정의의 개념은 능력·실적에 기초한 평등이 아니라[4] 사실 산술적 평등이다. 무엇이 공정한 것인가와 관련해 이런 생각이 지배적이 되면, 대중이 최고 권력을 가져야 하며, 다수가 결정한 것은 무엇이든 최종적인 것이 되고 정의를 구성하게 된다. 왜냐하면 시민 개개인이 평등해야 하기 때문이라고 사람들은 말한다. 그 결과 민주주의에서는 빈자가 부자보다 더 많은 주권적 권력을 갖는다. 왜냐하면 빈자가 더 수가 많고, 다수의 결정이 최고 권력을 갖기 때문이다. 이것이 자유의 한 특징이며, 모든 민주주의자들은 이를 자기 정체의 결정적 원리로 삼는다. 자유의 또 다른 특징은 자기가 좋아하는 대로 사는 것이다. 왜냐하면 이것이 자유로움의 기능이며, 그 반대인 자기 좋아하는 대로가 아니게 사는 것은 노예의 기능이기 때문이라고 그들은 말한다. 이것이 민주주의를 정의하는 두 번째 원리이며, 이로부터 '지배받지 않는다'는 관

[4] 페리클레스가 생각하는 민주적인 평등 원칙은 능력·실적을 분명히 인정하는 입장을 보여 준다. 이와 대조적으로 아리스토텔레스는, 민주적인 평등 개념은 조건과 결과의 평등이라고 강조한다. 아리스토텔레스가 『정치학』에서 이 두 종류의 평등에 대해 논한 것은, 이런 중요한 차이점에 대한 최초의 진술 중의 하나에 속한다(Aristotle, *The Politics*, 195-198 참조).

념, 가능하다면 어느 누구에게 의해서도 지배받지 않거나, 최소한 교대로만 지배받는다는 관념이 나타난다. 이것['교대로 지배받는다']은 평등에 기초를 둔 그런 자유에 이바지한다.

이런 원칙들, 이렇게 생각해 낸 규칙으로부터 다음과 같은 민주주의의 특징이 도출된다. ⓐ 모든 사람들에 의해, 모든 사람들 속에서, 공직자를 선출한다. ⓑ 모든 사람이 각자를 지배하고, 각자는 번갈아 가면서 모든 사람을 지배한다. ⓒ 모든 공직 또는 적어도 경험이나 기술을 필요로 하지 않는 그런 공직은 추첨에 의해 충원한다. ⓓ 공직에 취임하는 데 어떤 재산 소유 요건도 존재하지 않거나 가능한 한 최저 요건만 존재한다. ⓔ 전쟁 관련 직책을 제외하고는, 동일 인물이 동일 공직을 연임할 수 없거나 극소수나 소수의 공직만 연임할 수 있다. ⓕ 모든 공직 또는 가능한 한 많은 공직의 임기를 짧게 한다. ⓖ 모든 사람이 배심원이 된다. 즉, 모든 사람들로부터 선출된 자들이 모든 문제나 중요한 문제, 즉 정체에 영향을 미치는 문제, 조사, 개인들 간의 계약 등처럼 가장 중요한 문제에 대해 판결을 내린다. ⓗ 모든 문제나 적어도 가장 중요한 문제에 있어 민회가 주권적 권위를 갖는다. 공직자들은 어떤 문제에 대해서도 주권적 권능을 갖지 못하거나, 혹은 가능한 최소한의 문제에만 그런 권능을 갖는다. …… 다음으로 ⓘ 민회·법정·공직에 봉직하는 모두에게(또는 적어도 공직, 법정, 평의회 및 민회의 중대 모임, 공동 식사를 해야만 하는 공직에) 보수가 정기적으로 지급된다. 또한 ⓙ 좋은 가문·부·교육이 과두제의 특징이라면, 그 반대인 한미한 가문, 낮은 소득, 무의식적 직업이 민주정의 특징으로 간주된다. ⓚ 어떤 공직도 종신직이 아니다. 만일 예전에 바꾼 이후에도 그런 직책이 여전히 남아 있다면, 그 권능을 빼앗고, 그 자리는 선발된 후보자들 중에서 추첨으로 충원한다.

이것이 민주정체들의 공통된 특징들이다(Aristotle, *The Politics*, 362-364)

아리스토텔레스에 의하면, 민주주의자에게 자유와 평등은 불가분의 것이다. 자유의 두 가지 기준이 있는데, ① '번갈아 지배하고 지배받는 것'과 ② '자신의 선택대로 사는 것'이 그것이다. 첫 번째 기준을 통치의 유효한 원리로 확립하기 위해서는 평등이 필수적이다. '산술적 평등' 없이는 '다수'[의 일반 시민들-옮긴이]가 주권자가 될 수 없다. 고전적 민주주의자들에 의하면 '산술적 평등', 즉 시민들이 통치 업무에 대해 동등한 몫을 갖는 것이 가능한 것은 ① 참여에 금전적 보수가 주어지기 때문에 시민들이 정치에 종사해도 생활이 쪼들리지 않으며, ② 시민들이 동등한 투표권을 가지며, ③ 원칙상 공직을 맡을 동등한 기회가 있기 때문이다. 이렇게 이해하면, 평등은 자유의 실제적 기초가 된다. 그것은 또한 자유의 도덕적 기초다. 인민이 통치에 동등하게 관여해야 한다는 믿음이 자유의 첫 번째 기준('번갈아 지배하고 지배받는 것')을 정당화하기 때문이다. 이와 같이 평등에 대한 강한 헌신은, 아리스토텔레스를 포함한 여러 사람이 주장했듯이 두 번째 기준('자신의 선택대로 산다')에 따른 자유 개념과 충돌할 수 있다. 하지만 민주주의자들은 한 시민의 자유가 부당하게 타인의 자유를 침해하지 않으려면 선택에 일정한 제한이 있어야 한다고 단언한다. 개별 시민들이 '번갈아 지배하고 지배받는' 기회를 갖는 한 평등과 관련된 위험은 최소화될 수 있으며, 따라서 자유의 두 기준은 충족될 수 있다. 그렇다면 아리스토텔레스의 설명대로, 고전적 민주주의는 자유를 의미하며 자유는 엄격한 정치적 평등을 의미한다. 아리스토텔레스가 인간은 폴리스 내에서만 완성될 수 있는 정치적 동물이라는 관념 — 르네상스 정치사상의 발전에 큰 영향을 미친 — 을 전반적으로 지지했음에도 불구하고 민주주의에 대해 심각한 유보를 표시한 것은 바로 이 점 때문이었다(이 책 2장 참조).

그림 1.1 고전적 민주주의 : 아테네

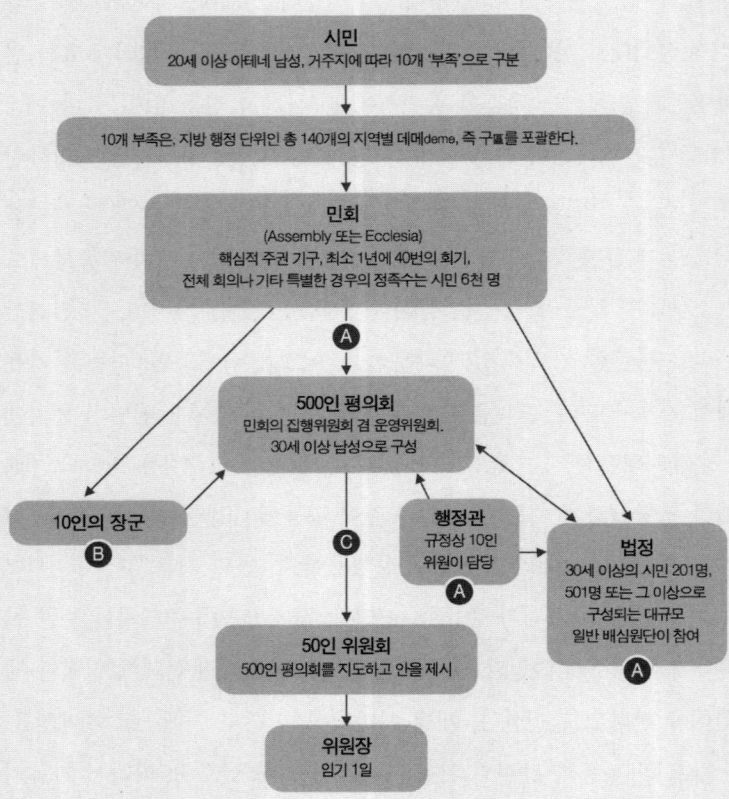

선거 또는 선출 방법

A. 10개 부족은 500인 평의회에 각각 50명의 평의원을 보내는데, 이들은 데메로부터 뽑힌다. 데메는 대체로 크기에 비례해 500인 평의회나 기타 공직에서 자신들을 '대표'할 후보자를 뽑는다. 후보자의 최초 선택은 추첨에 의해 결정된다. '뽑힌' 자들은 후보자 '풀'에 들어간다. 최종적으로 실제로 공직을 맡게 되는 후보자는 이 풀로부터 다시 추첨에 의해 뽑힌다[추첨은 지원자 중에서 행해진다―옮긴이]. 이런 방법은 모든 사람들의 공직 담당 기회를 동등하게 한다. 공직 임기는 짧으며(1년), 일반적으로 연임 허용 규정은 없다. 뽑힌 공직자는 모두 보수를 받으며, 일정 회수의 민회 참석에도 보수가 지급된다.

B. 시민 전체의 직접선거에 의해 선출되며 연임이 가능하다.

C. 50인 위원회는 500인 평의회가 돌아가며 맡는데, 1년 임기의 10분의 1씩 맡게 된다.

클레이스테네스(Kleisthenes)가 확립한 헌정에 근거. 이는 기원전 507년 개혁을 거쳐, 기원전 460년대와 403년에는 공직에 대해 보수를 지급하고 민회 참석 수당을 지급하는 것으로 개정되었다.

출처 : Finley 1963; 1983; Sabine 1963; P. Anderson 1974a; Hornblower 1992.

제도적 특징

고대 민주주의의 진정한 급진성은 아리스토텔레스가 두 번째 단락에서 묘사한 제도들에서 좀 더 뚜렷이 확인된다. 마르크스Karl Marx와 엥겔스Friedrich Engels가 고대 민주주의를 영감의 원천으로 삼은 것은 하등 놀라운 일이 아니다. 그들이 진정한 민주 질서의 모델로 설정한 1871년 파리코뮌에 대해 묘사한 것을 보면, 아테네와 놀랄 만큼 많은 공통점이 보인다. 〈그림 1.1〉은 아테네의 기본적인 제도적 구조를 제시하고 있다.[5]

아테네의 핵심적 주권 기구인 민회는 전체 시민으로 구성된다. 민회는 1년에 40회 이상 회합하며, 정족수는 6천 명이었다(안건을 적절하고 유효하게 처리하는 데 필요한 최소한의 참석 인원). 공공질서 유지에 관한 법적 틀, 재정, 직접 과세, 도편추방, 대외 업무(육해군의 수행에 대한 평가, 동맹 체결, 전쟁 선포, 평화 체결 등을 포괄) 등과 같은 주요 의제들은, 심의와 결정을 위해 민회에 참석한 시민들에게 제출되었다. 민회는 아테네 국가의 정치적 공약을 결정했다. 공동의 이익 안에서만 문제가 올바로 해결될 수 있다는 믿음에 따라 항상 만장일치homonoia가 추구되었다. 하지만 의견이 크게 차이가 나거나 사적 이익이 충돌할 가능성도 명확히 인식되었으며, 민회는 해결하기 어려운 문제를 다수결 원칙에 따른 공식 표결에 회부했다(Larsen 1948). 투표는 판단의 차이를 드러내는 방법인 동시에 긴박한 문제의 해결책에 정당성을 부여하는 절차적 장치였다. 그리스인들은 아마 여러 입장과 의견이 충돌하는 상황에서의 의사 결정을 정당화하기 위해 공식적 투표 절차를 창안한 것 같다. 하지만 합의를 여전히 이상으로 여겼다. 대다수의 문제들이 투표에 부쳐졌는지도 분명치 않다(Mansbridge 1983, 13-15 참조).

---

5 _ 아테네 민주주의의 기본 구조는 이전부터 내려온 많은 조정 기구들 — 예컨대 원로평의회(Areopagus) — 을 배경으로 하여 발전했고, 이런 기구들과 나란히 존속했으며, 심지어 기원전 320년대 말 아테네 민주주의의 종말 이후에도 계속 영향력을 발휘했다(Hornblower 1992 참조).

민회는 자체 안건을 준비하고 법안을 기초하거나 새로운 정치적 발의안과 제안을 접수하는 중심 장소가 되기에는 너무 큰 기구였다. 공적 결정을 조직하고 제안하는 책임은 500인 평의회가 맡았는데, 평의회는 다시 좀 더 능률적인 50인 위원회의 지원을 받았다. 50인 위원회 위원의 임기는 한 달이었고, 위원장의 임기는 단 하루였다. 법정도 민회와 비슷한 원리에 따라 조직되었다. 도시의 행정 기능은 '행정관들'에 의해 수행되었는데, 이 지위도 10인 위원이 맡도록 함으로써 권력이 분산되었다. 나아가 독재정치의 위험을 방지하고 직접선거와 연계된 보호-피호보 관계의 등장을 막기 위하여, 통치자나 전반적인 국가 체제의 책임성을 유지할 수 있는 다양한 선출 방식 — 윤번제, 추첨, 직접선거 등 — 이 개발되었다.

고대 민주주의의 배타성

아테네 민주주의의 혁신적 내용들은 상당 부분 그 배타성에 근거하고 있었다. 고전적 폴리스는 협동, 단결, 참여, 공적 심의, 극히 제한된 시민권 등을 특징으로 한다. 국가는 시민의 생활에 깊숙이 미치고 있었지만, 오직 인구의 일부만을 포용할 뿐이었다. 시민들은 행정, 군복무, 입법, 배심원, 종교의식, 경기, 축제 등과 같은 활동에 함께 참가할 뿐만 아니라, 국가에 전혀 관여할 수 없는 많은 사람들을 감시하고 통제하는 데에도 함께 했다. 먼저, 아테네 정치 문화는 성인 남성의 문화였다. 20세 이상의 아테네 남성만이 시민으로 활동할 자격이 있었다. 고대 민주주의는 가부장들의 민주주의였다. 여성은 정치적 권리가 전혀 없었으며, 시민적 권리도 엄격히 제한되었다(기혼 여성은 미혼 여성보다 시민권 측면에서 나았지만). 고전적 민주주의가 이룬 성취는, 정치적으로 전혀 인정받지 못한 여성(그리고 어린이) 노동과 가사 노동에 직접적으로 연계되어 있었다.[6]

아테네에는 공적인 과정에 참여할 자격이 없는 대규모의 거주민이 있었다. 수세대 전에 가족이 아테네에 정착한 '이주민'이 여기에 속했다. 하지만 정치적으로 배제된 가장 큰 집단은 아마 노예 인구였을 것이다. 페리클레스 시대의 아테네에서 노예 대 자유 시민의 비율은 최소 3 대 2로서, 노예 인구는 8만에서 10만으로 추정된다(Andrewes 1967; P. Anderson 1974a). 노예는 집안에서뿐만 아니라 농업, 산업, 광산 등 거의 모든 형태로 이용되었다. 아테네 민주주의는 노예제와 불가분의 것으로 보인다. 아테네 정치 생활의 형식적 원리와 실제적 원리 간의 괴리는 놀라울 정도다. 고전적인 정치적 평등의 개념은 모든 성인의 '동등한 권력'에 대한 개념과는 거리가 멀었다. 정치적 평등이란 같은 신분(아테네에서 태어난 성인)을 가진 사람에게만 해당하는 평등의 한 형태였다. 더욱이 곧 언급하겠지만, 같은 신분이 곧 같은 정치적 영향을 발휘할 기회를 의미하는 것도 사실 아니었다. 전설적인 민주주의는 '시민들의 전제정치'라 할 수 있는 것과 밀접히 연계되어 있었다.

따라서 도대체 아테네를 민주주의라고 부르는 것이 정당한가라는 질문이 제기될 만하다. 분명 고대 아테네의 정치는 매우 비민주적인 토대 위에 기초하고 있었다. 하지만 M. I. 핀리가 말했듯이, '소수에 의한 통치'와 '다수에 의한 통치' 사이의 선택 — 비록 그 '"다수"가 인구의 소수였다'고 하더라도 — 은 '중요한 선택'이었으며, 또한 여러 집단들이 스스로 요구하고 쟁취하기 위해 투쟁했던 '권리들'이 중요한 의미를 지녔다는 점은 강조할 만하다(Finley 1983, 9). 아테네 민주주의의 놀라운 업적과 엄격한 한계, 두 측면 모두를 평가할 필요가 있는 것이다.

---

[6] 아테네 출신의 자유 여성은 '시민'으로 인정되었지만, 그것은 오직 혈통적 목적에서였다. 그들은 정치에 참여할 수 없었다. 그들의 시민권은 시민 아들을 생산하기 위한 수단적인 것이었다(Dickenson 1997, ch. 2 참조).

도시 공화국의 제한된 구성원 자격과 이것이 불가피하게 초래한 갈등과 긴장에 관한 문제를 잠시 제쳐 두고 새로운 민주 질서의 내부적 특징에 초점을 맞춘다면, 혁신적인 아테네 정치형태로 말미암아 생겨난 난제들을 어렴풋이나마 파악할 수 있을 것이다. 아테네가 기원전 5세기와 4세기를 넘어서 유지될 수 없었던 것은 거의 틀림없이 이 문제들 때문이었다. 기록된 역사를 통해 고대 민주주의의 실제 경험이나 관행 등에 접근하는 것은 거의 불가능하다. 하지만 크세노폰Xenophon의 저작에서 우리는 아테네 정치에서 가장 주목되면서도 부정적인 특징에 대한 흥미로운 이야기의 하나를 발견할 수 있다(Rodewald 1974). 아래의 인용문에서 그는 기원전 406년경에 발생한 일련의 사건과 논쟁에 대한 묘사(또는 재창조)를 통해 우리가 앞에서 본 여러 제도들의 모습을 그려 보여 주고 있다. 그것은 아테네에 확립되어 있던 놀라운 정치적 책임성 — 실질적인 공적 의사 결정 과정에 대한 시민들의 직접적 참여 — 과 함께, 그것이 가진 난점의 몇몇 원인을 뚜렷이 보여 준다. 다음 인용문은, 승리했지만 많은 병사를 죽게 방치한 아테네 해군의 유명한 승리에 대해 이야기하고 있다. 원정군은 불가피한 상황이 아니었음에도 난파선에 병사를 남겨 익사하게 만든 죄로 고발되었다.● 우리가 볼 수 있는 다른 많은 서술들처럼, 이 이야기도 민주주의 이념에 결코 공감하지 않았던 누군가에 의해 기록되었다는 점을 잊어서는 안 될 것이다. 하지만 당시의 실제 정치 생활을 생생히 그려 주고 있는 것 같기에 여기에 전재할 가치가 있다.

● 기원전 431년부터 404년까지 아테네가 주도하는 델로스동맹과 스파르타 주도의 펠로폰네소스동맹 간에 그리스의 주도권을 둘러싸고 펠로폰네소스전쟁이 치러진다. 기원전 410년경부터 전세가 스파르타 쪽으로 확연히 기운 위기 상황에서, 아테네는 기원전 406년 아르기누사이 해전에서 대승을 거두게 된다. 하지만 이듬해에 아리고스포타모이 해전에서 대패함으로써 제해권을 완전히 상실하게 되어 결국 기원전 405년 스파르타에 항복하게 된다. 크세노폰이 전해 주는 이야기는, 기원전 406년 아르기누사이 해전의 승리 뒤에 벌어진 비극에 관한 것이다.

인민들은 귀국한 장군들을 코논을 제외하고 모두 해임시켰다. 전투에 참여했던 장군들 가운데 두 명, 즉 프로토마코스와 아리스토게네스는 아테네로 돌아오지 않았다. 나머지 여섯 명인 페리클레스식[유명한 페리클레스의 아들], 디오메돈, 리시아스, 아리스토크라테스, 트라실로스, 에라시니데스 등이 귀환했을 때, 당시 유력한 대중 정치인이자 전쟁 구호 기금의 관리자였던 아르케데모스가 에라시니데스에 대해 벌금 부과를 제안하면서 그를 고소했다. 법정은 에라시니데스의 수감을 결정했다. 그 후 장군들은 500인 평의회에서 전투와 맹렬했던 폭풍우에 대해 진술했다. 티모크라테스는 이 장군들도 구금하고 민회에 회부할 것을 제안했다. 평의회는 장군들을 구금시켰다.

그 후 민회가 열렸다. 많은 사람이 장군들을 공격했는데, 특히 테라메네스는 난파된 사람들을 왜 구출하지 않았는지 그 이유를 설명하라고 장군들에게 요구했다. …… 장군들은 각자 자신을 변호하는 발언을 했지만, 법에 의한 발언 기회를 누리지 못했기 때문에 아주 간략하게밖에 할 수 없었다. 장군들은 당시 상황을 다음과 같이 설명했다. 그들 자신은 적군을 쫓아가야 했고, 난파선을 구하는 일은 이전에 장군으로 봉직했던 유능한 몇몇 선장에게 맡겼다. …… 구출 작전의 실패에 대해 누군가 책임을 져야 한다면 구출 임무를 떠맡은 자들이 될 수밖에 없다. 장군들은 이어서, '단지 그들이 우리를 비난하기 때문에, 책임을 져야 할 것은 그들이라는 허위 주장을 하려는 것이 아니다. 구조를 불가능하게 만든 것은 맹렬한 폭풍우였다는 것이 우리의 주장이다'라고 덧붙였다. 장군들은 함께 항해했던 조타수 등을 증인으로 내세웠다. 이런 주장을 통해 그들은 민회를 거의 설득시키기에 이르렀다. 많은 시민들이 일어서서 그들을 위한 보석 보증인이 되겠다고 제안했다. 하지만 너무 늦어서 기립 표를 세기가 불가능했기 때문에 사건을 민회의 다음 회의로 연기하기로 결정했다. 또한 장군들이 받을 재판의 종류에 대한 초안을 평의회로 하여금 작성하도록 결정되었다.

그 후 가장과 가족들이 함께 모이는 아파투리아 축제가 다가왔다. 이를 이용해 테라메네스와 그 지지자들은 축제에 온 사람 중에서 검은 옷을 입고 짧은 머리를 한 사람들을 마치 망자의 친척인 것처럼 민회에 참석하도록 조처한 다음, 칼릭세노스로 하여금 평의회에서 장군들을 공격하도록 시켰다. 마침내 민회가 열렸는데, 평의회는 칼릭세노스가 제출한 바로 그 동의안을 민회에 제출했다. 다음과 같은 내용이었다. '장군들을 고발하는 발언과 장군들의 자체 변론을 전번 회의에서 들었기 때문에, 아테네 시민들이 이제 할 일은 선거구별로 투표를 실시하는 것이다. 각 선거구마다 두 개의 항아리가 있다. 해전에서 승리한 자들을 구출하지 못한 죄를 장군들이 범했다고 생각하는 사람은 각 선거구별로 첫 번째 항아리에 투표하고, 그렇지 않다고 생각하는 사람은 두 번째 항아리에 투표하라는 고지가 전령에 의해 선포될 것이다. 그들이 죄를 범했다라고 결정된다면 사형될 것이며, 11인[7]에게 넘겨지고 재산은 몰수될 것 …… 임을 결의한다.'

그때 한 사람이 나서서 자신은 밀가루 통에 매달려 살아남았는데, 당시 물속으로 가라앉던 사람들이 자신에게 만일 구조된다면 조국을 위해 가장 용감하게 싸운 자들을 장군들이 구출하지 않았음을 인민들에게 전해 달라 했다고 말했다.

뒤이어 불법적 제안을 했다는 이유로 칼릭세노스에게 소환장이 발부되었다. 페이시아낙스의 아들인 유리프토레모스와 몇몇 사람들이 이를 주창했으며, 인민의 일부도 이에 대한 찬성을 표시했다. 하지만 대다수는, 인민이 무엇이든 자신이 원하는 바대로 하는 것이 허용되지 않는다면 터무니없는 일이라고 소리쳤다. 리키스코스는 이런 주장을 펴면서, 소환을 취소하지 않는다면 소환한 자들도 장군들과 같은 표결에 의해 재판할 것을 제안했다. 군중들이 다시 찬성한다고 소리치자 그들은 결국 소환을 취소할 수밖에 없었다.

그때 의장단의 몇몇 사람이 평의회가 제출한 동의안은 불법이기 때문에 투표에 부치지 않을 것임을 선언했다. 그러자 칼릭세노스가 다시 연단에 올라, 유리프토레모스에게 했던 것과 같이, 그들을 고소했다. 군중들은 그들이 그 동의안을 투표에 부치

7_이 구절 번역자의 설명에 의하면, 11인이란 '매년 추첨에 의해 뽑히는, 특히 감옥과 사형집행을 책임 맡고 있는 관리들의 위원회'다(Rodewald 1974, 128).

지 않는다면 그들 역시 기소되어야 한다고 소리쳤다. 공포에 사로잡힌 의장단은 모두 동의안 처리에 동의했다. 유일한 예외는 소프로니스코스의 아들인 소크라테스였다. 소크라테스는 법에 반하는 것은 결코 할 수 없다고 말했다.

다시 유리프토레모스가 일어나 장군들을 변호하는 다음과 같은 발언을 했다.

'아테네인들이여! 나는, 한편으로는 내 친척이고 친애하는 사람이지만 페리클레스를 고소하기 위해 또한 내 친구이지만 디오메돈을 고소하기 위해서, 다른 한편으로는 그들을 변호하기 위해서, 또 다른 한편으로는 공동체 전체에 가장 유익할 것 같은 조치를 제안하기 위해 연단에 나왔습니다. 내가 제안하는 방책은 여러분들이 나를 비롯한 다른 누구에 의해서도 오도되지 않도록 해줄 것입니다. 또한 이 방책은 잘못을 범한 자들을 처벌함에 있어 충분한 정보를 가지고 행동하고, 개별적으로든 집단적으로든 여러분이 원하는 어떤 처벌이라도 그들에게 내리는 것을 가능하게 해줄 것입니다. 내가 제안하는 것은 그들에게 자신들을 변호할 최소한 하루의 기회를 허락하자는 것입니다. 그리하여 여러분이 다른 사람이 아닌 스스로의 판단에 의거할 수 있도록 하자는 것입니다. …… 아테네인들이여, 이들에게 합법적인 재판, 즉 각 개인에 대한 개별적 재판의 기회를 부여합시다. 이런 절차를 따른다면, 아테네 시민 여러분의 결정에 의해, 죄를 범한 자는 극형을 받을 것이며 죄가 없는 자는 풀려날 것입니다. 여러분들은 그들에게 합법적 재판을 부과함으로써 애국심이 명하는 바를 준수하고 또한 선서한 바를 준수하게 될 것입니다. …… 여러분은 무엇을 두려워합니까. 여러분으로 하여금 그렇게 성급한 행동을 원하도록 만드는 것이 무엇입니까? ……'

연설을 마친 뒤 유리프토레모스는, 장군들을 칸노노스의 칙령에 따라 개별적으로 재판해야 한다는 동의안을 제출했다. 평의회가 제출한 안은 단 한 번의 투표로 장군들 모두에 대해 한꺼번에 판결을 내려야 한다는 것이었다. 두 안에 대한 거수 결과 처음에는 유리프토페모스의 안이 채택되었다. 하지만 메네클레스가

(불법성을 주장하며) 선서를 하고서 이의를 제기한 결과 새로 투표가 행해졌고, 이번에는 평의회의 제안이 채택되었다. 그리하여 전투에 참여했던 여덟 명의 장군을 대상으로 투표가 행해졌다. 투표 결과 그들은 유죄로 결정되었으며, 아테네에 있던 여섯 명의 장군은 사형에 처해졌다.

얼마 지나지 않아 아테네인들은 후회하게 되었고, 인민을 기만했던 자들을 예비 고소하기로 표결했다. 또한 그들에 대해 재판에 회부될 때까지 담보를 제출하도록 표결했다. 칼릭세노스도 그중에 포함되었다. 다른 네 명에 대해서도 고소가 제출되었으며, 이들은 자신에 대한 담보로 구금되었다. 하지만 재판에 회부되기 전 시민 소요 와중에 그들은 탈출했다. 칼릭세노스는 아테네로 [나중에] …… 돌아왔지만, 모든 사람들로부터 혐오받았고 결국 굶어 죽었다(Xenophon, *History of Greece* 1.7 in Rodewald 1974, 2-6).

크세노폰의 이야기는 아테네 도시국가의 여러 특징들, 특히 관리들과 시민들이 민회에 대해 책임지는 모습, 군 지휘관에 대한 인민의 통제, 광범위한 공개 토론, 대중 집회에 의한 결정 등을 선명하게 드러내 보이고 있다. 그것은 또한 아테네 참여 정치의 구체적인 여러 모습들, 즉 인민의 완전한 참여가 웅변술에 의해 좌우되는 모습, 경쟁적 지도자 집단 간의 충돌, 비공식적인 정보와 음모의 연결망, 신속하고 단호한 조치를 기꺼이 감행하려는 적대적 파벌의 등장, 순간적인 격정에 대한 민회의 취약성, 대중적 결정들의 취약한 기반, 충동적 행동을 견제할 체제의 부재로 인한 전반적인 정치 불안의 가능성 등을 생생히 보여 주고 있다(Rodewald 1974, 1-2, 19 참조). 되돌릴 수 없는 성급한 결정으로부터 민주주의를 보호하기 위해, 나중에 여러 가지 헌정상의 견제 방안이 아테네 민주주의 구조에 추가되었다. 이런 변경은, 제정 법률과 절차를 보호할 수 있는 헌정 틀과 인민주권 간의 균형을 맞추려는 시도였다. 하지만 이런 변화가 그런 목적을 달성하는 데 충분했는지는 의문이다(완강한 적대자에 직면한 상황에서, [민주주의를 보호하는 데-옮긴이] 헌정 절차만으로 충분할 수 있을지 말이다).

아테네 정치는 아주 격렬했고 경쟁적이었던 것 같다. 그뿐만 아니라 민회와 평의회는 '명문가' 출신 — 연줄을 넓히고 이익을 추구할 충분한 시간을 가진 부유한 기득권 가문의 엘리트들 — 에 의해 지배되기 쉬웠다. 견고한 헌정 체제나 통치 체제에 의해 권력이 조직화되지 못했기 때문에 정치투쟁은 종종 매우 개인적 형태를 띠게 되었고, 도편추방이나 사형을 통해 적대자를 물리적으로 제거하는 것으로 귀결되곤 했다(Finley 1983, 118-119). 물론 이런 정치투쟁이 빈발했다고 과장하거나, 크세노폰의 이야기를 아테네 정치에 대한 전형적 묘사로 지나치게 강조하는 경향이 있는 것이 사실이다. 또한 아테네가 상대적으로 오랫동안 정치적 안정을 누렸던 사실이 쉽게 망각되기도 한다. 그렇지만 아테네의 정치적 안정은 정치체제의 내적 작동보다는 성공적인 '정복 국가'의 역사에 의해 좀 더 잘 설명될 수 있을 것이다.[8] 전쟁의 승리는 아테네의 발전을 가져다주었고, 전쟁이나 군사적 충돌이 없는 해는 거의 없었다. 그리고 군사적 성공은 거의 모든 계층의 아테네 시민에게 물질적 혜택을 가져다주었으며, 이것이 시민들 사이에 공통의 기반 — 승리가 계속되는 한 견고하게 유지될 수 있는 — 을 형성하는 데 기여했음이 틀림없다.

비판

8_이런 특징은 핀리(Finley 1983)가 뛰어나게 지적하고 있다.

민회에 참석해 발언을 하거나 공직을 가질 수 있는 아테네 시민들의 동등한 권리는, 비록 모든 시민들의 평등한 권력을 만들어 내는 데에는 분명 이르지 못했지만, 그것만으로도 아테네 비판자들에게는 두려운 것으로 간주되기에 충분했다. 플라톤도 그중 한 사람이다. 『국가』The Republic 에서 플라톤이 민주주의에 가한 비판은 자세히 살펴볼 필요가 있다. 왜냐하면 민주주의를 정기적 투표 이상의 어떤 것을 의미하는 것으로 간주할 경우, 그에 대해 지금도 종종 가해지는 여러 비판점들이 『국가』에 담겨 있기 때문이다. 또한 민주주의를 단지 정기적 투표만을 의미하는 것으로 간주한다고 하더라도, 그에 대해 혹자(법치 민주주의자)들이 가하는 비판이 『국가』에 담겨 있기 때문이다.

플라톤의 청년기는 아테네의 패배로 끝난 펠로폰네소스전쟁의 그림자가 짙게 드리운 시기였다. 기원전 399년 소크라테스Socrates의 재판과 죽음으로 극에 달한 지도자와 도덕적·법적 규범의 타락, 그리고 아테네의 붕괴 등에 환멸을 느낀 플라톤은 소수가 정치적 통제권을 행사해야 한다는 견해에 점점 더 다가서게 되었다(Lee 1974, 11 이하). 그는 과두정(스파르타의 군사적 귀족정을 모델로 한 통치 체제), 금권정(부자에 의한 통치), 민주정(인민에 의한 통치), 전제정(한 사람의 독재자에 의한 통치)이라는 네 가지 유형의 정체를 배경으로 자신의 견해를 제시했다. 민주주의에 대한 플라톤의 논의는 기본적으로 아테네에서 자신이 경험한 바에 의존하고 있다. 네 가지 정체 모두에 대해 비판적이었지만 플라톤은 민주주의에 대해 특히 혹평하고 있다. 플라톤이 정의한 민주주의란, '동등하든 그렇지 않든 간에 모든 사람을 동등하게 대우'하고 '모든 개인이 자신이 좋아하는 바를 자유롭게 하는 것'을 보장하는 그런 형태의 사회였다(Plato, The Republic, 375, 376).⁹ 플라톤에 따르면, 정치적 평등과 자유에 대한 이런 공약은 민주주의의 중좌인 동시에, 가장 탄식스러운 특징

9_플라톤이 사실상 여기에서 남성 시민에 대해 언급하고 있으면서도, '모든 남자들'(all men)을 '개인들'(individuals)과 같은 것으로 간주하고 있다는 점에 주목하기 바란다.

의 근거이기도 하다.

민주주의는 상호 연계된 일련의 단점을 가지고 있다(Lee 1974, 27-30 참조). 이런 약점은 무엇보다도 『국가』에 나오는 유명한 두 가지 은유인 선장(*The Republic*, 282)과 '크고 힘센 동물'의 사육사(*The Republic*, 288) 이야기에서 찾아볼 수 있다. 선장의 이야기부터 시작하는 것이 좋을 것이다.

한 척이건 여러 척이건 배 위의 상황이 다음과 같다고 생각해 보자. 선장(또는 선주)은 선원들보다 크고 힘도 세지만, 약간 귀가 멀고 눈도 잘 보이지 않으며 항해술도 별로 없는 사람이다. 선원들은 모두 자기가 키를 잡아야 한다고 생각하면서 항해를 둘러싸고 싸우고 있다. 그들은 결코 항해술을 익힌 적이 없으며, 누가 그것을 가르쳐 주었다거나 또는 그것을 배우는 데 시간을 들였다는 말도 할 수 없다. 사실 그들은 항해술이란 가르침 받을 수 없는 것이라고 하면서, 그럴 수 있다는 사람은 누구든지 죽이려고 한다. 그들은 선장을 둘러싸고서 선장으로 하여금 키를 자신에게 넘기도록 하는 데 전력을 쏟고 있다. 한 파벌이 다른 파벌보다 우세한 경우, 경쟁자들은 그들을 죽여 바다로 던지고 정직한 선장을 약이나 술 등으로 기절시킨 다음, 배를 장악하고 배 위의 것을 마음대로 먹고 마시면서 짐작하겠지만 만취해서 흥청망청 배를 몰아갈 것이다. 결국 그들은 폭력이나 사기로 선장을 조정하는 데 협잡할 수 있는 방법을 아는 자를 칭송하면서 그의 항해술이나 바다에 대한 지식을 칭찬하고, 그 외의 모든 사람은 쓸모없다고 비난한다. 그들에게는 진정한 항해사가 되려면 계절과 하늘과 별과 바람을 비롯하여 배를 정말 조종하는 데 필요한 전문 분야에 대해 배워야 한다는 개념이 없다. 배를 통제하는 데 필요한 전문 기술을 습득하는 것은 불가능하며, 항해술 같은 것은 존재하지 않는다고 그들은 생각한다. 배 위에서 이런 일이 벌어지고 있다면, 선원들은 진정한 항해사를 십중팔구 그들에게 전혀 도움이 되지 않는, 말만 번드레하거나 별만 쳐

라파엘로의 〈아테네 학당〉 가운데 플라톤과 아리스토텔레스.

다 보는 사람으로 간주하지 않겠는가?(Plato, *The Republic*, 282)

'진정한 항해사'란, 필요한 기술과 전문 지식을 갖춘, 정당하게 지배할 수 있는 최고의 자격을 갖춘 소수를 의미한다. 왜냐하면 인민(선원)은 충동과 감정, 편견 등에 따라 일을 처리하기 때문이다. 그들은 안전한 항해, 즉 올바른 정치적 판단에 필요한 경험도 지식도 가지고 있지 않다. 나아가 그들이 숭배할 수 있는 지도자란 아첨꾼밖에 없다. '정치인들은 …… 스스로를 인민의 친구라고 자칭할 때 …… 존경을 받는다'(*The Republic*, 376). '군중들과 어울리고 군중들의 인기를 바라는' 사람은 바로 [앞에서 말한-옮긴이] '선원에 …… 비유'될 수 있다(*The Republic*, 283). 민주주의에는 엄밀한 의미에서 지도력이 있을 수 없다. 지도자들이 대중적 평판에 의존하고 따라서 자신의 인기와 지위를 유지하기 위해 행동하기 때문이다. 대중의 요구에 순응하고 정치 전략의 기초를 [대중들에게-옮긴이] '납득될' 수 있는 것에 둠으로써 정치 지도력은 약화된다. 주의 깊은 판단, 어려운 결정, 거북한 대안, 불유쾌한 진실 등은 대체로 회피되지 않을 수 없다. 민주주의는 현자를 무시하고 주변부로 몰아낸다.

더욱이 자유와 정치적 평등에 대한 요구는 권위의 유지나 질서, 안정 등과 양립할 수 없다. 개인들이 자기 좋은 대로 하면서 자신의 능력이나 기여에 상관없이 동등한 권리를 요구한다면, 단기적으로는 매력적이고 다양한 사회가 만들어질 것이다. 하지만 장기적으로 그것은, 정치적·도덕적 권위에 대한 존경을 침식시킬 방종과 자유방임을 낳게 될 것이다. 젊은이들은 더 이상 교사를 두려워하거나 존경하지 않게 된다. 젊은이들은 연장자에게 끊임없이 도전하고, 연장자들이 '젊은이의 흉내를 낸다'(*The Republic*, 383). 요약하면, '시민들은 신경질적이 되어 최소한의 구속에 대해서도 참지 못해 분개하고, 결국에는 …… 어떤 지도자도 단호히 거부하면서 모든 법률을 무시하게 된다'(*The Republic*, 384). '무례함이 훌륭한 예의범절로, 방종이 자유로, 무절제가 관대함으로, 뻔뻔함이 용기로' 불린다(*The Republic*, 380). 그릇된 '쾌락의 평등'은 '민주적 인간'으로 하여금 아무런 생각 없이 그냥 하루하루 살아가도록 이끈다. 따라서 사회 통합은 위협을 받게 되고, 정치적 삶은 점점 파편화되며, 정치는 파벌 간 분쟁으로 가득 차게 된다. 각 파벌들이 전체 국가의 이익보다 자신의 이익을 고집함에 따라 분파적 이익 간의 격렬한 갈등이 불가피하게 뒤따른다. 공동체의 선과 사회정의에 대한 광범위한 헌신은 불가능하게 된다.

이런 상황은 반드시 끊임없는 음모와 공작과 정치적 불안, 즉 고삐 풀린 욕망과 야망의 정치로 이어진다. 관련자들은 모두 공동체의 이익을 대변한다고 주장한다. 하지만 모든 사람은 사실 자기 자신과 이기적인 권력욕을 대변할 뿐이다. 플라톤의 생각에 따르면, 재산이든 권좌든 자산을 가진 자들은 필연적으로 자신이 공격받고 있음을 발견하게 될 것이며, 특히 부자와 빈자 간의 갈등이 격렬해질 것이다. 플라톤은 이런 상황이 민주주의의 붕괴를 가져올 것이라고 주장했다. '어떤 것이든 극단은 격렬한 반발을 낳기 쉽다. …… 따라서 극단적 자유로부터 사람들은 극단적 예속을 얻게 될 것이다'(*The Republic*, 385). 파벌 간의 투쟁에서 지도자들은 특정 주장이나 운동을 촉진하도록 부추겨지며, 이런 민중의 지도자들은 공격으로부터 자신을 보호할 '개인 호위대'를 비교적 쉽게 요구할 수 있게 된다. 그런 지지를 확보하게 되면 민중의 수호자는 '국가 통제권'을 장악하는 데 바짝 다가서게 된다. 민주주의가 분쟁과 갈등에 빠지게 되면, 민중의 수호자가 모든 대립을 종식시킬 분명한 비전과 확고한 방향 및 약속을 제시하는 것처럼 보일 수 있다. 스스로의 선택으로 참주를 지지하는 것이 매력적인 대안이 된다. 하지만 물론 일단 국가권력을 장악하게 되면, 참주는 오직 자신만을 돌보는 경향이 있다.

플라톤에게 참주정은 그 자체 민주주의의 문제점에 대한 견실한 해결책이 아니었다. 참주가 '진정한 항해사'인 경우는 극히 드물다. 플라톤은, '크고 힘센 동물'(인민 대중)에 관한 두 번째의 유명한 은유에서, 동물 사육사가 짐승의 기색이나 욕구나 습관에 대한 연구를 통해 짐승 다루는 법을 아는 것은 불충분하다고 지적한다. 짐승을 적절하게 돌보고 훈련시키려면, 그 동물이 좋아하고 원하는 것 중에서 어떤 것이 '칭찬할 만하고 수치스러운지, 좋고 나쁜지, 옳고 그른지'를 아는 것이 중요하다(*The Republic*, 288). 플라톤의 입장을 간단히 말하면, 세상의 문제는 철학자('수호자' 계급)가 통치할 때 해결될 수 있다는 것이다. 왜냐하면 충분히 교육받고 훈련받은 철학자만이 '지혜의 통치' 속에서 삶의 모든 요소를 조화시킬 수 있는 숙의 능력을 가지고 있기 때문이다. 소크라테스에 이어 플라톤도 '덕성은 지식이다'라고 믿었다. 즉, 개인이나 집단 모두에게 '선한 생활'은 객관적 현상이라는 것이다. 그것은 어떤 일정 시기의 다양한 존재 양태와 무관하게 존재하며, 체계적 연구를 통해 파악될 수 있다. 철학자가 권력을 맡기에 적합하다는 것은 그가 엄하게 배운 지식에 의해 정당화된다. 가장 이로운 방식으로 사물들을 배치하는 철학자의 능력을 고려한다면, 계몽된 전제정의 원리가 통치의 원리가 되는 것이 바람직할 것이다.

플라톤의 입장을 구체적으로 길게 살펴볼 필요는 없다. 『국가』에서 플라톤이 제시한 견해는 '무엇이 정의인가'라는 질문에 답하기 위한 것이었다는 점을 알면 충분하다. 플라톤에 의하면, 여러 계급의 개인들이 자신에게 적합한 역할(크게 나누면 지배자, 군인, 노동자)을 찾을 수 있는 자연스러운 노동 분업이 존재한다. 철학자의 임무는, ① 각 종류의 노동에 적합한 덕성(지혜, 용기, 절제)을 장려해 주고, ② 개인들로 하여금 각자 올바른 기능을 수행할 수 있도록 보증해 줄 그런 노동 분업에 대해 조사하고 연구하는 것이 된다. 개인과 국가는 유기적 통일체로 간주된다. 사람들이 자신의 역할을 수행하고 욕구를 충족시키며 자아를 실현하고 그리하여 효율적이고 안전하며 강력한 국가 안에서 생활할 수 있으려면, 그 유기적 통일체가 건강해야만 한다(Ryle 1967 참조). 이런 조건들이 구비될 때, 정의가 우세할 수 있으며 선한 생활이 실현될 수 있다(Annas 1981 참조).

플라톤의 견해나 좀 더 일반적으로 고대 그리스 사상에서 국가가 보호해 주는 자유란, 개인 그 자체를 위한 것이 아니라, 우주 속에서 자신의 역할을 완수할 개인의 능력을 위한 것이라는 점에 유의해야 한다. 이런 이론은, '사회적 관계를 ["개인"으로서의 인간 간의] 계약이나 합의라는 관점에서 묘사하고 따라서 국가를 주로 선택의 자유를 유지하는 데 관련된 것으로 파악하는 이론'과 뚜렷이 구분된다(Sabine 1963, 49). 아마 플라톤은 17세기 이후 자유주의 전통에서 지배적으로 나타나는 이런 견해에 질색했을 것이다. 그의 저작은 '공적인 것'과 '사적인 것' 사이의 조화로운 통일이라는 관점을 옹호했다. 국가는 시민들이 자신의 천직을 행할 수 있는 기반을 확보해 준다.

『국가』에서 플라톤이 제시한 견해는 이후의 저작 특히 『정치가』와 『법률』에서 수정되었다. 여기에서 플라톤은, 이상 국가에 반대되는 실제 국가에서는 어떤 형태이든 인민의 동의와 참여 없이 지배가 유지될 수 없음을 인정했다. '공적' 권력을 맡은 사람 — 철인왕 — 이 행사할 수 있는 정당한 권력의 범위를 정해 주는 하나의 방법으로서 법의 지배의 중요성도 역시 인정했다. 특히 군주제와 민주제의 요소를 결합한 '혼합 국가'의 개념을 제시하고 있는데, 이는 나중에 아리스

10_정치 세력들로 하여금 서로 맞서게 하기 위해 그리고 세력 간의 균형을 달성하기 위해 상이한 조직 원리들을 배치하는 '혼합 국가'의 개념은 정치 이론과 실천의 역사에서 커다란 중요성을 갖는다. 확증할 수는 없지만 플라톤은 이런 생각을 정교화한 최초의 인물일 것이다. '혼합 국가' 또는 권력분립 이론은 나중에 마키아벨리, 로크, 몽테스키외의 사상을 검토할 때 다시 논의할 것이다.

모델 1 고전적 민주주의

- **모델을 정당화하는 원리**
  - 시민들은 자유롭게 번갈아 가며 지배하고 지배받기 위해서 정치적 평등을 누려야 한다.

- **핵심적 특징**
  - 입법 및 사법 업무에 시민이 직접 참여.
  - 시민으로 구성된 민회가 최고 권력을 가짐.
  - 최고 권력의 범위에는 도시의 모든 공적 업무가 포함.
  - 다양한 방법으로 공직 후보자를 선출(직접선거, 추첨, 윤번).
  - 일반 시민과 공직자를 구별 짓는 어떤 권한의 차이도 없음.
  - 전쟁 관련 직위를 예외로 하면, 동일인이 같은 직위를 연임할 수 없음.
  - 모든 공직의 임기는 단기간.
  - 공무에 대한 보수 지급.

- **일반적 조건**
  - 농업 후배지를 가진 소규모의 도시국가.
  - 시민들에게 '자유' 시간을 창출해 주는 노예경제.
  - 남성들이 자유롭게 공적 직무를 맡을 수 있도록 해주는 가사 노동, 즉 여성 노동.
  - 비교적 소수에게 제한된 시민권.

토텔레스와 르네상스 공화주의자들이 발전시킨 입장을 앞지르는 것이었다.[10] 심지어 플라톤은 비례 투표 체제를 고안하기도 했는데, 한참 뒤인 존 스튜어트 밀 John Stuart Mill 같은 사상가들의 저술에서 그와 유사한 것이 발견된다[지적 능력에 비례한 복수 투표제를 의미한다-옮긴이]. 하지만 전체적으로 이런 착상들을 체계적으로 발전시키지는 않았다. 자신이 생각하는 바람직한 통치 체제 구상에 민주주의 요소를 도입하려 한 플라톤의 시도가 새로운 민주주의 모델에까지 이르지는 못했던 것이다.

〈모델 1〉에 요약된 고전적 민주주의 모델과 그에 대한 비판은 모두 근대 서구 정치사상에 지속적으로 영향을 미쳤다. 전자는 여러 민주주의 사상가들의 영감의 원천이 되었고, 후자는 민주정치의 위험성에 대한 경고로 영향을 미쳤다. 하지만 고전적 민주주의 모델이나 그 비판이 고대 도시국가 시기 이후에 곧바로 이론적·실제적 영향을 미쳤던 것은 아니었다. 그 모델이 유럽 정치사상에 재진입하기까지는 이탈리아 르네상스와 이탈리아 도시공화국의 번성을 기다려야 했다. 그리고 루소Jean-Jacques Rousseau와 마르크스 및 엥겔스에 와서야 비로소 시민의 직접 참여 사상의 여러 측면들이 충분히 재고찰되고 재표현되고 재주창되게 된다(이 책 2장 및 4장 참조). 다른 그리스 정치사상가들의 비판적 의견과 함께 플라톤의 비판은 비교적 최근에 특히 깊은 영향을 미쳤다. 민주주의의 도덕적 한계를 지적하는 '강도나 절박함에서' 그의 저작을 '뛰어넘는 것은 결코 없었다'(Dunn 1979, 17). 플라톤의 비판을 어느 정도나 심각하게 받아들여야 하는지, 그의 비판을 다른 민주주의 모델에도 적용할 수 있는지 등과 같은 문제는 나중에 반드시 다시 다뤄야 할 것이다. 플라톤과 비슷한 입장들이 역사적으로 중요한 위상을 점해 왔던 것은 분명하다. 민주주의 이론에 대한 한 비판자가 강조했듯이, '정치사상가의 압도적 다수는 …… 민주정의 괴팍함, 민주정치의 무질서, 민주적 기질의 도덕적 타락 등을 강조해 왔다'(Corcoran 1983, 15). 18세기 초까지 자신의 견해를 자세히 남긴 사상가 가운데, 민주주의를 정치 생활을 조직하는 바람직한 방식이라고 생각한 사람은 거의 없었다.

강력한 국가이자 군사 강국인 제국이 등장하는 상황에서, 아테네 민주주의가 퇴락한 원인은 내부적 요인과 대외적 운수의 부침 모두에서 찾을 수 있을 것이다. 아테네 국가는 노예 — 특히 필수 불가결한 곡물 수입 자금의 원천인 라우레이온Laureion 은광에서 일하는 — 에 크게 의존하는 생산 체제에 기초하고 있었다(P. Anderson 1974a, chs. 1, 2 참조; Hansen 1991). 이런 경제구조는 국내외의 소요나 갈등에 취약했다. 아테네 국가의 급진 민주적 성격은 이런 취약성을 증대시켰던 것 같다. 중핵이 되는 관료가 부재하고 '정부' 내에 기껏해야 느슨하게 통합·조정되는 제도적 분업만이 존재했기 때문에, 경제를 운영하거나 확대된 교역·영토 체제를 관리하는 데 있어 점점 어려움이 가중되었던 것이다. 더구나 전투 기술과 무기 및 용병 배치 등의 변화로 말미암아 전쟁 비용이 증가하는 상황에서, 아테네는 스스로의 정치·사회 구조를 허물지 않고는 좀 더 대규모의 다양한 군사력을 중앙에서 조정하는 것이 불가능했다(Mann 1986, 223-228 참조). [아테네와 달리-옮긴이] 좀 더 광범위하게 조직되고 권위주의적인 국가는 이런 어려움에 봉착하지 않았기에, 아테네는 다른 그리스 도시들과 함께 결국 자신의 독립적 지위를 잃고 경쟁자인 제국과 강대국에 통합되었다.

아테네 도시국가는 공화정 로마와 여러 가지 공통점이 있었다(Finley 1983, 84 이하 참조). 둘 다 압도적으로 대면對面 사회였고 구전 문화였다. 통치 업무에 인민이 참여했고 중앙 집중적 관료 통제는 거의 없었다. 나아가 철저한 공적 의무감과 시민적 덕성, 또는 '공화국'에 대한 책임, 즉 공적 영역의 고유 업무에 대한 책임의 전통 등을 조장하고자 했다. 하지만 현대 학자들이 대체로 인정하듯이, 아테네가 민주공화국이었음에 비해 로마는 기본적으로 과두적 체제였다. 헬레니즘적 국가 개념이 로마 사상가들(특히 키케로)의 저작에 들어 있고 시민 태생의 농민이나 해방된 노예들이 정치 공동체에 포함되었지만, 로마 정치의 모든 측면은 엘리트들에 의해 확고히 지배되었다. 형식적으로는 인민의 참여를 공약했지만, 실제로 인민에 의한 통제는 매우 제한되었던 것이다. 이런 체제가 유지될 수 있었던 근거와 이유는, 로마의 군대 역사, 즉 놀라운 영토 팽창과 정복의 기록에서 설명될 수 있을 것이다.

2장에서 보게 되겠지만 로마는 자치적 질서와 관련된 사상이 확산되는 데 근원적인 영향을 미쳤다. 하지만 고대 세계 이후로 민주주의 사상과 실천의 역사에서 특히 중요하게 살펴봐야 할 것은 고전적 그리스 전통 특히 아테네 민주주의 모델의 유산이다.

2장
공화주의 : 자유, 자치 그리고 적극적 시민

그림은 이탈리아의 시에나 시청 '9인 정부의 회의실'에 있는 로렌체티(Ambrogio Lorenzetti)의 〈좋은 정부의 알레고리〉.
각각의 사람들은 정의, 조화, 평화, 힘, 신중, 관용, 중용, 정의 등을 상징한다.

"공화국은 인민의 일이다. 그리고 어떤 방식으로든 결합해 있는 사람들의 집단 모두가 인민인 것은 아니다. 인민이란 법과 권리에 대한 공통의 합의에 의해 그리고 상호 이익이 되는 것에 참여하려는 갈망에 의해 결합한 상당한 수의 사람들의 모임이다."

_키케로

고대 아테네에서 시민이란 '판결을 내리고 공직을 맡는' 데 참여하는 사람이었다(Aristotle, *The Politics*, 169). 자유민 성인 남성에게 시민권이란 공적 업무에의 참여를 의미했다. 시민권에 대한 이런 고전적 정의는 두 가지 점에서 주목할 만하다. 첫째, 고대 그리스인들의 관점에서 보면 현대 민주주의에서, 의원들이나 공직자를 제외한다면, 시민을 발견하기 어려울 것이라는 점이다. 그들은 현대 정치에서 적극적 관여의 범위가 매우 제한되어 있는 사실을 가장 비민주적인 것으로 간주했을 것이다(Finley 1973b 참조). 둘째, 고전적인 그리스의 시민권 개념은, 그것이 처음 창출되던 당시나 그 이후에도 거의 모든 공동체에서 외면받았다(Bernal 1987 참조). 기록된 정치사를 볼 때, 고대 민주주의는 극히 비전형적인 체제인 것이다. 인간이 단지 지배자의 충성스러운 신민이 아니라 정치 질서에 적극적으로 참여하는 시민, 즉 그들 국가의 시민이 될 수 있다는 사상은 최초의 인간 결사체로부터 초기 르네상스를 거쳐 절대주의가 붕괴될 때까지 거의 지지를 받지 못했다. 2장에서는 르네상스 공화주의 전통의 담론과 실천에서 시작해, 적극적 시민권이라는 이상이 어떻게 부활했는지에 대해 다룰 것이다. 하지만 이런 놀라운 정치적 발전에 대해 탐구하기 이전에, '공화국의 적극적 시민'이라는 이상이 정치 이론과 실천에서 그렇게 오랫동안 사라졌던 이유를 설명해 줄 몇 가지 요인들을 검토해 볼 필요가 있다.

정치적 동물의 쇠락과 재등장

서구에서 적극적 시민의 이상 — 그의 진정한 존재는 정치적 행동 속에서 또 그것을 통하여 확인된다는 — 이 쇠락한 이유를 충분히 설명하기는 어렵다. 하지만 정치적 동물homo politicus의 반대가 기독교 신앙의 믿음의 동물homo credens인 것은 명백하다. 즉, 능동적 판단이 필수 요건인 시민은 독실한 신자에 의해 대체된 것이다(Pocock 1975, 550). 기독교의 등장으로 말미암아 지배자와 피치자의 삶에서 세속적인 고려 사항이 실제로 사라지게 되었다고 주장하는 것은 오류일 것이다. 하지만 기독교의 등장이 권위와 지혜의 원천을 시민(또는 '철인왕')으로부터 내세의 대리인으로 바꾼 것은 분명하다. 기독교의 세계관은 정치적 행동의 근거가 되는 원리를 폴리스의 원리에서 신학적 틀로 전환시켰다. 인간은 도시에서 살도록 만들어졌다는 헬레니즘의 인간관은, 인간이 어떻게 하면 신과 교통하면서 살아갈 수 있는가라는 문제로 대체되었다(Pocock 1975, 84). 폴리스가 정치적 선의 구현체라는 그리스적 관점과는 대조적으로, 기독교적 세계관에 의하면 선은 신의 의지에 복종하는 것이었다. 단일의 종교적 진리가 존재한다는 생각이 종교개혁에 의해 산산조각날 때까지 수세기 동안 기독교 유럽을 사로잡았던 것은, 바로 이런 신의 의지를 어떻게 해석하고 세속 권력 체계와 연관·통합할 것인가라는 문제였다.

생산하는 삶을 살아가기 위해 인간이 받아들여야만 하는 [세속적인-옮긴이] 규칙이나 목적에 관한 질문을 기독교가 무시했던 것은 분명 아니었다. 기독교가 수많은 공동체 위에 강요되었던 것은 사실이다. 하지만 인간사 속에서 상당한 역할을 하면서 인간을 끌어당긴 가치나 열망 등을 제공해 주지 않았더라면, 기독교는 결코 세계종교가 될 수 없었을 것이다(MacIntyre 1966, ch. 9. 특히 114-120 참조). 더구나 고대 세계의 몇몇 지역에서 그토록 중시했던 여러 이상들에 대한 관심을 기독교가 완전히 버렸다고 생각하는 것은 오류다. 예컨대 정치적 평등의 이상은 기독교에서도 상당 부분 유지되었다. 비록 전혀 다른 맥락 속에 삽입되었지만 말이다. 당시는 대부분의 사람이 최저 생존 수준 또는 그 이하의 삶을 살아가는, 경제적 잉여의 수준이 극히 낮았던 시기였다. 그런 세계에서 '신 앞에서 인간의 평등'이라는 기독교의 주장은, 어느 누구도 도덕적·정치적으로 우월한 권리를 갖지 않는 공동체의 가능성을 내비치면서, 사회 전체적으로 정치적 평등의 가치가 유지될 수 있었던 유일한 기반이었다(MacIntyre 1966, 114-115). 그런 상황에서는 종교적으로나마 평등을 꿈꾸는 것이 최소한 좀 더 나은 삶의 비전을 유지하는 한 방법이었다. 기독교가 노예제나 농노제를 포함해 여러 제도들을 정당화하는 데 이용되었던 것은 사실이다. 하지만 기독교에는 상호 모순적인 요소들이 내포되어 있었고, 그중 일부는 이후에 기독교 자체를 곤경에 빠뜨리는 단초가 되기도 했다.

기원후 410년에서 423년 사이에 저술된 성 아우구스티누스St Augustine의 『신국』The City of God은 종종 세속권에 대한 교권의 우월성을 주장한 가장 권위 있는 진술로 간주되어 왔다. 교회의 역사는 '세상 속에서 신이 나아간 도정'이며 진정한 기독교도는 '현세의 일시적 삶'의 문제에 초점을 맞추어서는 안 된다는 아우구스티누스의 주장은 중세 유럽에 막대한 영향을 미쳤다. 로마제국이 몰락하던 초기 국면에 저술된 『신국』은, '세속적인 것에 대한 욕망'이라는 말에 '신국을 향한 갈망'이라는 재갈을 물릴 것을 강력히 권고했다. 신이 보내 주는 광휘는 진정한 신자를 '미래에 약속된 영원한 축복'으로 인도할 수 있다는 것이다.

민주적 폴리스의 본질에 대한 광범위한 고찰이나 민주주의 정치철학을 풍부하게 해줄 포괄적인 저작들이 중세에는 나타나지 않았다. 몇몇 중요한 정치적 혁신이 유럽에서 일어나기는 했지만, 그것이 새로운 형태의 주요한 민주적 체제로 구체화되지는 못했다(Poggi 1978, ch. 2). 분명 당시의 많은 정치 이론은 유럽 중심적이었기 때문에 중세 유럽 외부에서 일어난 중요한 발전상을 적절히 파악하고 이해하기는 어려웠다. 하지만 13세기 성 아퀴나스St Thomas Aquinas(1225~74)의 저작이 나올 때까지, 교부 특히 아우구스티누스가 정치사상에 미친 영향은 심대했으며, 정치사상의 상대적 침체를 설명해 주는 중요한 요인이 되었다(Coleman 2000 참조).

세속적 지배의 영역과 영적 지배의 영역 간의 구분은 아퀴나스에 의해 재검토되었다. 아퀴나스는, 재발견된 아리스토텔레스의 저술(수세기 동안 서구에는 잊혀 있다가 13세기 중반 아랍어에서 라틴어로 번역되었다)을 기독교의 핵심 교의와 통합하고자 했다. 아퀴나스의 저술에는 혼란스러운 측면이 많은데, 군주제가 최선의 통치 형태이지만 무제한적 권위를 부여받아서는 안 된다는 주장도 그중 하나다. 그의 견해에 따르면, 군주의 지배는 자연법 ― 즉, 인간의 이성에 드러나는 '신법의 일부' ― 을 군주가 준수하는 한도 내에서만 정당화된다. 국가는 종교적 교의를 해석하는 권능을 가지고 있지 않다. 따라서 교회는 통치자에 대해 '심판하는 위치'에 설 수 있다. 나아가 통치자가 자연법을 계속해서 침해한다면 그에 대한 반란은 정당화된다. 따라서 자유민주주의 전통이 발전하는 데 핵심이 되는 제한 정부 사상은 아퀴나스에 의해 일찍이 제시되었던 셈이다. 비록 그의 궁극적 관심은 기독교 공동체의 발전이었지만 말이다.

중세에서 사회는 하나의 전체 — 즉, '존재의 거대한 연쇄' 안에서 신이 정한 신분과 질서의 계층구조 — 로 인식되었다. 따라서 세속적 정치권력의 개념, 즉 근대적 권력 형태 같은 개념은 존재하지 않았다. 교황이나 신성로마제국 황제의 신정주의적 지위에 맞서는 어떤 이론적 대안이나 대안적 정치 이론도 존재하지 않았다.[1] 기독교 유럽의 통합은 무엇보다도 이런 권위에 의존하게 되었다. 이런 질서는 편리하게 '기독교적 만국 사회' 질서로 묘사되어 왔다(Bull 1977, 27). 기독교적 만국 사회는 무엇보다도 기독교에 의해 형성되고 구성된 것으로 이해되었다. 그 사회는 분쟁과 갈등을 해결할 권위를 신에게서 찾았으며, 종교적 교의가 일차적인 정치적 준거점이었다. 인간 공동체의 보편적 속성에 대한 가정이 기독교적 만국 사회를 압도하고 있었다. 따라서 국민국가의 등장과 종교개혁이 야기한 갈등에 의해 서구 기독교 왕국이 도전에 직면하게 된 이후에야 비로소, 새로운 정치적 통제 형태가 전반적으로 발전해 나가는 데 필요한 기반이 형성되고 근대국가의 개념이 나타나게 된다.

중세 유럽의 경제는 농업이 지배적이었는데, 산출된 잉여는 [그에 대한 소유권을-옮긴이] 주장하는 경쟁적 세력들에 의해 모두 장악되었다. 그런 주장이 성공적일 경우 그것은 정치권력을 창출하고 유지하는 기반이 되었다. 기독교 세계를 배경으로 복잡하게 연결된 왕국이나 공국*들이 발전해 나갔다. 이와 함께 도시에서는 새로운 권력 중심이 등장했다. 도시 및 도시 동맹들을 지탱한 것은 교역과 수공업, 상당히 높은 자본

---

1 신성로마제국은 8세기부터 19세기 초까지 여러 형태로 존속했다. 5세기에 한동안 로마제국의 명칭은 사라졌는데, 교황 레오 3세(Leo III)에 의해 800년에 다시 부활되어 프랑크왕국의 국왕인 샤를마뉴대제에게 부여되었다. 그 후에 신성로마제국 황제의 칭호는 게르만 왕조들의 것이 되었다. 하지만 실질적인 의미는, 제국의 의미와 마찬가지로, 시기에 따라 상당한 차이가 있었다. 전성기에 신성로마제국은, 서구 기독교 세계의 파편화된 권력 중심을 가톨릭교회의 후원 아래 정치적으로 통일된 기독교 제국으로 통합하고 집권화하려는 시도를 상징했다. 신성로마제국 밑으로 연합한 정치적 조직체는 독일에서 스페인까지 그리고 프랑스 북부에서 이탈리아에까지 펼쳐져 있었다. 하지만 신성로마제국의 실질적인 세속적 권력은 항상 봉건 유럽의 복잡한 권력 구조와 가톨릭교회에 의해 제한되었다(P. Anderson 1974b 참조; Mann 1986; Held 1992).
* 공국(公國)이란 군주가 아니라 대공, 공작 등이 통치하는 소국(小國)을 말한다.

축적 등이었다. 도시들은 다른 지역과 구분되는 사회·정치 구조를 형성하고, 종종 특허장에 기초한 독립적인 통치 체제를 누렸다. 그 가운데 이탈리아의 피렌체, 베네치아, 시에나 등과 같은 도시국가가 가장 유명한데, 유럽 전역에 걸쳐 수백 개의 도시 중심지들이 발전했다. 물론 도시 중심지라는 요인이 통치 양식이나 정치적 정체성을 결정지은 유일한 요인은 아니었지만, 그것은 시민 생활과 정치사상이 나아갈 독특한 새로운 궤도의 기초가 되었다. 특히 이탈리아에서 그러했다.

공화주의의 개조

11세기 말 공화주의는 어느 정도 부활의 시기를 맞게 되었다. 당시 북부 이탈리아의 여러 공동체들은 그들 자신의 '집정관', 즉 황제와 교황의 법적 통제권 주장에 맞서 자신들의 재판 업무를 관장할 '행정관'을 세웠다(Skinner 1992, 57-69 참조). 12세기 말에 이르러 집정관 체제는 새로운 정부 형태로 대체되었다. 사법 및 집행 업무에서 최고권을 행사하는 포데스타podestà라는 행정관을 장으로 하는 통치 평의회를 갖춘 정부 형태가 그것이다. 그런 평의회는 피렌체, 파도바, 피사, 밀라노, 시에나 등에 존재했으며, 이에 바탕해 12세기 말에 이르러 실질적으로 이들 도시는 독립적인 도시국가 또는 몇몇 논평가들이 선호하는 개념인 도시 공화정이 되었다.[2] 더욱이 포데스타는 선출직이었고 임기가 엄격히 제한되었으며, 평의회에 책임을 졌다. 또한 궁극적으로 도시의 시민들 — 그 도시에서 태어나거나 계속 거주한 자로서 과세 대상 재산이 있는 남성 가장 — 에게 책임을 지웠다. 〈그

2_국가라는 개념을, 치자와 피치자 모두로부터 분리되어 있는, 일정한 영토에 대해 **최종적** 관할권을 가진, 불편부당하고 법적으로 한정된 권력의 체계를 의미하는 것으로 사용한다면, 그것은 16세기 말에 창안된 것으로 생각하는 것이 가장 타당하다(3장 참조).

그림 2.1 도시 공화정 : 통치 구조의 쇄신

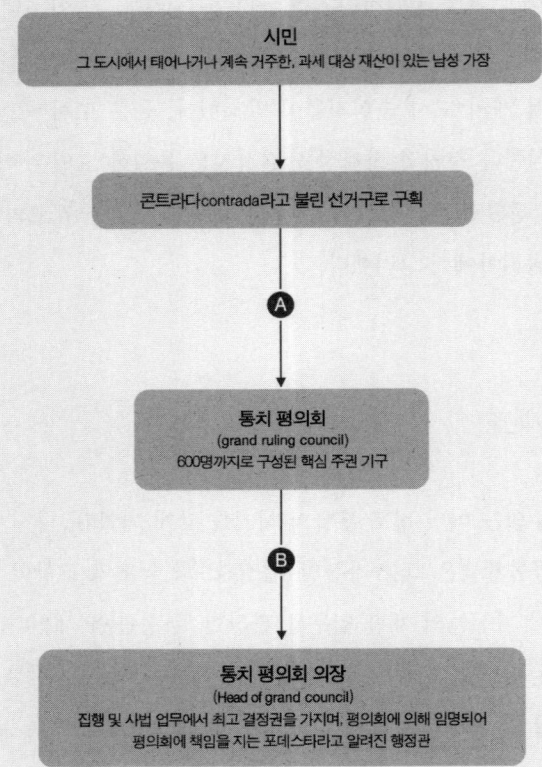

선거 또는 선발 방법

A. 투표권이 있는 시민들이 일반적으로 추첨을 통해 누가 평의회에 나가서 선거인으로 일할지를 결정한다.
B. 평의회는 수시로 추첨을 통해 20명까지로 구성된 선발 위원회를 수립한다. 여기에서 평의회를 이끌 적절한 인물이 누구인지를 숙고해 3명의 후보 이름을 평의회에 제출하면, 평의회에서 최종적으로 결정한다. 선출된 관리(즉, 포데스타-옮긴이)는 시로부터 급료를 받으며 임기는 1년인데, 임기 종료 이후 바로 이어서 최소 3년 동안은 평의회에 들어올 수 없다.

출처: Skinner(1992)의 내용을 개조한 것이다.

림 2.1)은 도시 공화정의 일반적인 제도의 구조를 묘사하고 있다.

고전적 아테네 민주주의 시기의 정치 참여의 범위와 깊이라는 잣대로 보면, 이탈리아 도시 공화정은 그다지 특별하거나 혁신적인 것처럼 보이지 않을 것이다. 하지만 [경제적 잉여에 대한 권리를 둘러싼 경쟁적-옮긴이] 주장들과 권력들이 중층적으로 복잡하게 얽혀 있던 봉건 유럽의 권위 구조에 비추어 볼 경우, 그런 발전은 놀라운 것이었다. 무엇보다도 역사학자 켄틴 스키너가 서술했듯이, '그것은 통치 조직이란 신이 부여한 권력 형태로 간주되어야 한다는 지배적 가정에 대한 명백한 도전을 의미했다'는 점에서 주목할 만하다(Skinner 1992, 57). 따라서 오랫동안 근대 유럽과 미국의 역사에서, 전제적·절대주의적 지배자들 — 자신들만이 국가의 일에 대해 정당한 결정권한을 갖고 있다고 주장하는 — 에게 도전했던 사람들에게 이탈리아 도시 공화정이 영감의 원천이 되어 왔던 사실은 놀라운 일이 아니다. 하지만 이탈리아 도시 공화정을 민주주의로 간주하는 데에는 유보가 필요하다(Skinner 1992, 58-60).

아테네에서도 그러했듯이 시민은 아주 배타적인 남성 집단만으로 구성되었다. 처음에는 대개 귀족이 포데스타로 지명되었다. 이런 상황은 종종 시민들의 불만과 소요를 가져왔고, 배제된 시민 집단은 결집하여 자신들만의 별도의 평의회와 기구를 만들게 되었다. 이는 다시 정치 갈등을 고조시켰고, 그 결과 폭력과 무정부적 상태가 간헐적으로 나타나기도 했다(이런 사례에 대한 가장 유명한 언급은 셰익스피어William Shakespeare의 『로미오와 줄리엣』에서 찾아볼 수 있는데, 몬터규 가문과 캐퓰렛 가문 사이의 전투에 대한 묘사가 그것이다). 역설적으로 많은 후대의 정치사상가들은, 이런 경험 사례를 고찰하고서 이탈리아 도시 공화정이 초기에는 고전적 영감을 주었지만 무질서와 허약성을 초래하는 방안이라는 결론을 내리고, 강력한 군주정체로의 복귀가 필요하다고 주장하게 되었다. 18세기 말까지 자치적 정체로서 생존한 도시 공화정은 베네치아가 유일했다. 나머지는 훨씬 이른 시기에 새로운 세습 권력 체제에 의해 대체되었다.

이탈리아 도시 공화정을 민주주의로 간주하는 데 유보가 필요한 두 번째 이유는, '민주주의'라는 단어의 사용과 직접 관련이 있다. 공화정이 전개된 처음 1세기 동안 공화정 지지자들은 민주주의라는 용어 자체를 몰랐다. 아리스토텔레스의 『정치학』이 13세기 중반에 재등장한 뒤에야 민주주의는 유럽 정치 언어의 일부가 되었다. 그 후 아리스토텔레스의 용법대로 민주주의라는 단어는 경멸적 의미를 띠었고, 사회 하층의 정치와 연관되었다. 즉, 공공의 이익보다는 가난한 자를 위한 통치, 그리고 '보통의 사람'들이 전제적이 되어 모든 사회적 차이나 기득권을 없애 버리고 평등하게 만들겠다고 위협할 수 있는 권력 형태(Acquinas, *De regimine principum*, 2-82 참조)라는 것이다(이는 민주 정부에 대한 19세기의 회의론을 예고해 준다). 사실 르네상스 공화주의의 몇몇 특징들은 민주정치의 형태라기보다는 귀족주의적 또는 귀족적 공화주의의 형태로 생각하는 것이 훨씬 타당하다. 분명히 도시 공화정의 옹호자 중에서 어느 누구도 자신을 '민주주의자'로 부르지 않았다. 아마 그들의 정부가 '민주주의적'이라는 생각을 가졌다면 그들은 추방되었을 것이다. 현대의 민주정체는 보편적 참정권이나 모든 성인들이 정부에 반대하거나 공직에 출마할 권리 등을 강조한다(이 책 3장 참조). 이런 점에서 이탈리아 도시 공화정은 현대의 민주정체와 유사한 점이 거의 없다는 사실에 유의해야 한다.

그렇지만 도시 공화정이 민주주의 이론과 실천에 기여한 바는 상당히 크다. 기독교 군주제주의가 지배적인 상황에서 자치가 가능하다는 중요한 본보기를 제시한 제도적 혁신이었다는 측면에서 그러하며, 또한 새로운 정치에 대해 숙고하고 그에 대한 지식을 제공해 준 광범한 정치 협정과 텍스트 등을 볼 때에도 그러하다. 도시 공화정은, 고전 시대 이후의 정치사상에서 자기 결정과 인민주권을 지향하는 논의와 주장이 계발된 최초의 사례로서 기록된다. 그리고 그것은 이탈리아뿐만 아니라 종교개혁과 17, 18세기 정치적 담화의 부활 이후 유럽과 미 대륙에까지 광범위한 영향을 미치게 되었다.

르네상스 공화주의론의 핵심은, 정치 공동체의 자유는 공동체가 그 자체의 권위 이외의 다른 어떤 권위에 대해서도 책임지지 않는다는 데에 달려 있다는 것이다. 자치 정부는 자유의 기초다. 지도적인 사회 세력에게 특정의 역할을 부여하는 헌정 틀 내에서 자신들의 공동 업무를 운영하는 데 참여하는 시민들의 권리 역시 자유의 기초가 된다. 이런 입장에 따르면, 시민들의 자유는 자신이 스스로 선택한 목표를 방해받지 않고 추구하는 것이었다. 그리고 최고의 정치적 이상은 자주적이고 자치적인 인민의 시민적 자유다. 온전한 공동체는 '궁극적인 주권적 권위를 보유·유지해야' 하며, 공동체와 여러 통치자들이나 최고 행정관들에게 '선출된 공직자로서의 지위 이상의 지위'를 부여해서는 '안 된다'(Skinner 1989, 105). 그런 '통치자들'은, 공동체 자체의 덕을 촉진하기 위해 공동체에 의해 창출된 법이 효과적으로 집행되도록 보증해야 한다. 왜냐하면 그들은 전통적 의미에서의 지배자가 아니라 정의의 '대행인' 또는 '집행인'이기 때문이다.

르네상스 시기 이탈리아 도시 생활의 독특한 발전은 정치권력, 인민주권, 시민의 관심사 등에 대한 새로운 개념과 인식을 촉발시켰다. 많은 도시 공화주의자들은 자신들의 새로운 신념의 기원을 고대 그리스와 로마에서 찾았다. 하지만 특별히 그들에게 영감을 제공한 것은 로마공화정이었다. 그들이 보기에 고대 그리스의 민주정은 불안정, 내분, 내적 유약함 등을 가져오는 경향이 있었다. 이와 달리 로마는, 자유를 덕성뿐만 아니라 시민적 영광 및 군사적 힘과도 연계시킨 통치 모델을 제시했다. 로마는 정치적 참여와 명예와 정복을 결합한 정치 개념을 제공했다. 그리하여 로마는 군주제의 주장 ― 자신의 신민들에 대해 개인적[즉, 군주 개인의 것이고 군주 개인에게 귀속되는-옮긴이] 권위를 향유하는 군주만이 법과 안전과 효율적인 권력 행사를 보장할 수 있다는 ― 을 폐퇴시킬 수 있는 정치 개념을 제공했다. 이런 맥락에서 많은 공화주의자들에게 '자유란 전제군주의 자의적 권력으로부터의 자유를 의미했으며, 통치에 참여함으로써 그들의 공동 관심사를 운영할 수 있는 시민들의 권리 역시 자유의 중요한 일부였다. "덕"이란 자기 자신이나 가족의 이해관계보다 공동선을 기꺼이 우위에 두는 영웅적 정신이나 애국주의, 공적 정신 등을 의미했다'(Canovan 1987, 434).

공화주의자들은 자신들의 주장을 뒷받침하기 위해 키케로Cicero(기원전 106~43년), 살루스티우스Sallustius(기원전 86~35년경), 리비우스Livius(기원전 59~기원후 17년) 같은 인물들의 고전적 저작이나 특히 고대 로마공화정의 역사나 찬사 등에 크게 의존했다. 원칙적으로 시민의 공동사에 봉사하도록 통치 기구를 어떻게 구성할지에 대한 비전은 키케로의 『국가론』*De re publica*에 제시되어 있다.

> 공화국(res publica)은 인민의 일(populi res)이다. 그리고 어떤 방식으로든 결합해 있는 사람들의 집단 모두가 인민인 것은 아니다. 인민이란 법과 권리에 대한 공통의 합의에 의해 그리고 상호 이익이 되는 것에 참여하려는 갈망에 의해 결합한 상당한 수의 사람들의 모임이다(*De re publica*, 124).

살루스티우스는 로마의 흥기를 로마가 성취한 자유에 연결지었다. 그리고 시민들이 영예를 가장 성공적으로 스스로 추구할 수 있는 것은 시민적 덕성이 보편화되었을 때라고 주장했다. 그는 '믿을 수 없겠지만 전체국가(로마)가 급속한 발전을 이룬 것은 자유를 확보했을 때였다. 사람들의 마음을 사로잡은 것은 영예에 대한 욕구였다'(The Conspiracy of Catiline, 179)라고 열정적으로 서술했다. 그리고 리비우스는 『로마사』History of Rome에서 공화주의 권력의 발전은 종교적·세속적 권위에 대한 존중과 전체 인민들의 '정신의 겸손함, 공명정대함, 고결함' 등에 직접 연결지을 수 있다고 주장했다. 그런 정신 구조가 지속될 수 있는 것은 시민적 덕성이 분파주의를 통제할 때다. 즉, 공공선을 위해 시민들에 의해 수행되는 시민의 공동사가 실제 정치를 타락시키는 경향 — 공적 사무에서 사적 이해관계를 추구하는 것 — 을 압도할 때 그것은 가능하다. 이처럼 로마의 위대함은 시민의 덕성과 연결되었지만, 몇몇 저술가들은 그것을 또한 로마 제도의 균형, 특히 혼합정체 — 뒤에서 보겠지만, 공적 영역에서 활동하는 모든 주요 사회 세력들에게 비록 제한적이나마 어떤 역할을 인정해 줌으로써 분파주의를 미리 막으려는 정체 — 와 연결지었다.

하지만 거의 모든 정치사상이 그러하듯이 르네상스 공화주의 전통이 하나의 단일체인 것은 아니었다. 사실 분석적으로 보면 공화주의는 두 가닥으로 뚜렷이 구분될 수 있다. '시민적 인본주의적 공화주의'와 '시민적' 또는 '고전적 공화주의'라고 부를 수 있는 가닥이 그것이다(Skinner 1986 참조). 나는 이를 '계발' 공화주의와 '보호' 공화주의로 부를 것이다. 그 이유는 '계발'과 '보호'라는 두 용어가, 공화주의와 자유주의 내에서 정치적 자유와 참여가 이야기되고 강조되는 상이한 방식을 포괄적으로 보여 줄 수 있는 보편성을 지니고 있기 때문이다. 앞으로 보게 되겠지만 이 두 용어는 자유주의와 공화주의 전통의 내부는 물론이고 두 전통을 교차하는 중요한 차이점을 포

그림 2.2 공화주의의 유형

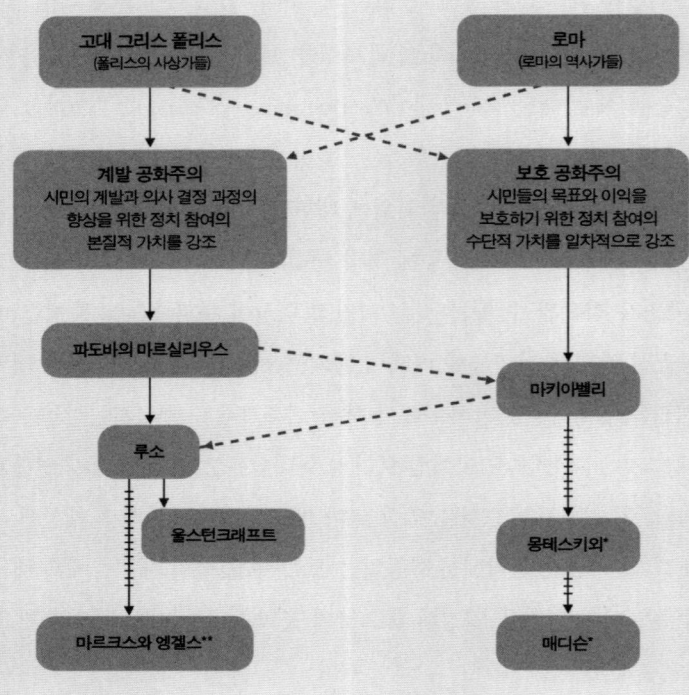

→ 2장에서 논의되는 공화주의의 각 가닥에 속하는 정치사상가들
---▶ 두 형태를 가로질러 미치는 영향력
+++++ 이후의 사상 흐름과 결합된 영향력
* 3장에서 논의
** 4장에서 논의

주 | 이 그림은 공화주의의 주요한 두 형태 및 그와 연관된 주요 인물들을 소개하는 일차적 수단으로 제시된 것이다. 물론 이 두 가닥 간에 수많은 상호 영향이 오고갔을 뿐만 아니라 각 가닥에 속한 정치 이론가들 사이에도 상당한 차이점이 존재한다. 또한 저술가들은 때로는 이 두 분석 유형 사이를 옮겨 다니기도 했다.

착하고 있다. 가장 포괄적 의미로 말하자면, 계발주의 사상가들은 시민이 인간적 존재로서 발전하는 데 있어 정치 참여의 본질적 가치를 강조한다. 반면에 보호주의 사상가들은 시민들의 목적과 목표, 즉 그들의 개인적 자유를 보호하기 위한 정치 참여의 수단적 중요성을 강조한다. 계발 공화주의 이론의 토대가 되는 것은 고전적 민주주의의 유산과 그리스 폴리스 사상가들 속에서 발견되는 주제들이다. 특히 폴리스 사상가들이 자기실현의 수단으로서 폴리스와 정치 참여의 본래적 가치에 대해 탐구했던 내용이 중요하다. 이런 관점에 의하면 정치 참여는 좋은 삶에 반드시 필요한 측면이다. 이와 대조적으로 공화정 로마와 그 역사가들의 영향에서 연원을 찾을 수 있는 보호 공화주의 이론은 시민적 덕성의 심각한 취약성을 강조한다. 또한 인민이든 귀족이든 군주든 어느 한 주요 집단의 정치 참여에만 전적으로 의존할 경우 시민적 덕성은 부패하기 쉽다는 점을 강조한다. 따라서 보호 공화주의 이론가들은 시민들의 개인적 자유가 보호되기 위해서는 모든 시민이 집단적 의사 결정 과정에 관여하는 것이 결정적으로 중요하다고 강조한다.

계발 공화주의는 파도바●의 마르실리우스Marsilius의 저작에서 심오하고도 인상적으로 표출되었다. 가장 정교한 진술은 18세기 루소(1712~78)의 저작에 와서 이루어졌으며, 울스턴크래프트Mary Wollstonecraft는 중요한 비판적 통찰을 추가했다. 보호 공화주의는 마키아벨리와 가장 밀접하게 연결될 수 있는데, 이 역시 몽테스키외Charles Louis de Secondat, Baron de Montesquieu(1689~1755)와 매디슨James Madison(1751~1836) 같은 인물들에 의해 정교화되었다. 〈그림 2.2〉는 공화주의의 이런 두 가닥을 요약한 것이다. 이런 발전을 연대기적으로 파악함에 있어서 먼저 아래에서는 파도바의 마르실리우스에게 초점을 맞추고자 한다.

● 이탈리아 북부 베네토 주에 있는 도시로서, 이탈리아어로는 Padova, 영어로는 Padua라고 한다. 12~14세기에 자유도시로서 번영을 누렸고, 15세기에서 1798년까지는 베네치아공화국의 지배를 받았다.

공화주의, 선출제 정부 그리고 인민주권

르네상스 공화주의 사상의 형성 과정은 라티니Brunetto Latini(1294년 사망), 루카Lucca●의 프톨레미Ptolemy(1327년 사망), 지롤라미 Remigio de' Girolami(1319년 사망) 등과 같은 여러 사상가들의 저작을 통해 추적할 수 있다(Rubinstein 1982 참조). 하지만 선출제 정부와 인민주권의 중요성에 대해 일찍이 가장 뛰어나게 기술한 것 가운데 하나는 파도바의 마르실리우스의 저작, 특히 『평화의 옹호자』Defensor pacis에서 찾아볼 수 있다. 마르실리우스는 '권력의 충만함'을 내세우는 교황 절대주의자들의 주장을 반박하고, 교회를 능가하는 세속 통치자의 권위를 확립하려 했다. 법은, 인민의 의사가 총회에서 표출되는 것을 통해, '모든 인민 또는 인민의 좀 더 중요한 부분'●●에 의해 만들어져야 한다고 그는 주장했다(Defensor pacis, 29-49 참조).[3] 성직자의 권력은 신법을 가르치고 종교적 의식을 집행하는 데 그쳐야 한다. 마르실리우스는 선출된 정부가 통제하는 세속적 정체를 옹호하면서 전통적 교회 권력과 지배적인 왕정 개념에 정면 도전했다. 어느 해석자가 적절히 표현했듯이 『평화의 옹호자』는 '당시의 건전한 사람들이 진저리친 책이었다. 교황이나 추기경, 사회질서 유지를 특히 걱정했던 저술가들이 이단자들을 비난할 때면 …… "저주받은 마르실리우스"의 사상을 지녔다라고 고발했다'. 마르실리우스주의자라는 것은, 수세기 뒤에 마르크스주의자에게 붙여진 것과 비슷하게, 전복적이고 파괴적인 것으로 간주되었다(Gerwirth 1980, xix).

[3] 교황의 '권력의 충만함'이라는 교의는 13, 14세기에 정교화되었다. 그것의 통상적 의미는, 그리스도의 대리자인 교황은 모든 세속적 요구와 주장보다 우월한 권위를 가지며, 교황은 영적인 사항뿐만 아니라 세속적인 일에서도 최고의 통치자라는 것이다. 이런 해석에 대해서는 논란이 있을 수 있지만, 교의의 정확한 의미를 둘러싼 논쟁은 여기에서 그다지 중요하지는 않다. 논점은 마르실리우스가 통치의 모든 측면에서 교황의 권위의 범위를 제한하려 했다는 것이다.

● 이탈리아 중북부 토스카나 주에 있는 도시.

●● 마르실리우스는 입법권은 '인민이나 시민 집단 전체 또는 그 중요 부분'에 속한다고 주장한다. 여기에서 인민은 정치 공동체의 구성원 전체(즉, 노예나 외국인을 제외한 자유민)를, 시민 집단은 '정치 공동체의 행정적·심의적·사법적 활동에, 자신의 신분에 따라 참여하는 자'(즉, 자유민 성인 남자)를 의미한다. '중요 부분'이 의미하는 바를 두고는 (특히 그것이 엘리트주의적 내용을 포함하는지를 둘러싸고) 여러 해석이 있어 왔는데, 가장 일차적으로는 '공동체의 다수 집단'을 뜻하는 것으로 해석되고 있다. 이에 대해서는 박은구, 『서양중세 정치사상 연구』, 혜안, 2001, 231-283쪽 참조.

파도바의 마르실리우스, 『평화의 옹호자』(1324) 초판에 실린 권두 목판 그림.

실제로 마르실리우스는 교황 요한 22세John XXII에 의해 이단으로 낙인찍혀 뉘른베르크로 피신해야만 했다.

마르실리우스 사상의 핵심 주제는 세 가지다(Gewirth 1951; 1980 참조). 첫째는 인간이 가장 자연스럽게 원하는 바인 '흡족한 생활'을 누리기 위한 기초이자 원칙적으로 이성의 산물인 시민 공동체에 대한 강조다. 이런 기본 입장에 의하면, 공동체의 각 부분들은 이런 목적의 달성에 기여하는 바가 무엇인가라는 관점에서 정의될 수 있다. 정부도 그런 목적이 달성되도록 보증하는 수단에 불과하다. 정부는 당연히 통제 기능으로 구성되어 있는데, 그런 기능은 ― 제대로 수행된다면 ― 시민들로 하여금 잘살도록 하고 또 자기 앞의 기회를 실현할 수 있도록 하려는 것이다. 정부가 단일 파벌이나 집단, 특히 '품위 없는 대중'(마르실리우스에 의하면 농부, 장인, 금융업자)의 사적 이익을 위해서가 아니라 공익을 위해 활동할 때, 정부의 기능이 제대로 수행되는 것으로 나타난다. 마르실리우스는 '절제된' 통치 형태와 '병든' 통치 형태를 구분했는데, 그 기준이 된 것은 무엇보다도 공동선을 위해 행동하느냐의 여부였다(*Defensor pacis*, 32).

두 번째의 핵심 주제는, 정치 결사체를 붕괴시킬 수 있는 인간사에 상존하는 분쟁 때문에 정부의 일은 끝이 없다는 마르실리우스의 판단으로부터 전개된다. 인간 사이의 갈등은 불가피하며 따라서 공동체의 평화와 번영을 위해서는 강제적 권위의 효과적 집행이 필수적이다. 경쟁적 권위(무엇보다도 교회와 국가의 권위)는 법과 질서의 침식을 초래하는 비결이다. 단일의 강제적 권위는 시민적 결사체의 생존 조건이다. 효율적 통치는 강제적 권위의 효율적인 전개에 기초한다. 좋은 정부는, 덕성을 추구하는 공동체로부터 유래하기보다는, 강제력에 의해 뒷받침되고 공익을 위해 통치하는 통치자로부터 나온다.

이런 주장들은 공화주의적 공동체 개념과는 상당히 거리가 먼 것처럼 보일 수 있다. 하지만 궁극적인 '입법자' 또는 공동체의 정당한 정치적 권위의 근원은 '인민'(*Defensor pacis*, 32, 45)이라는, 마르실리우스의 대작을 관통하는 세 번째 주제를 고려하면 위의 주장들이 의미하는 바가 충분히 드러나게 된다. 공동체가 지향할 목표가 제대로 해석되었는지 여부에 대한 시금석은 인민의 의사다. 인민의 의사는 강제적 권력이 정당하게 전개될 수 있는 유일한 근거다. 법을 만드는 권한은 '시민 전체'에 속한다. 즉, 그들만이 법을 결정할 권한을 가진다(*Defensor pacis*, 47). 질서 있는 시민 공동체에서 법과 질서의 원천은 '인민이나 시민 전체 또는 그것의 좀 더 중요한 부분이다. 이는 선거를 통해서 또는 시민 총회에서의 발언으로 표명된 의사를 통해서 나타나게 되며, 일시적 고통이나 처벌을 통해, 사람들의 시민적 행위와 관련해 어떤 것은 해도 되고 어떤 것은 안 해도 된다고 결정하거나 명령하게 된다'(*Defensor pacis*, 45). 권위와 힘이 정당하게 전개되는 것은 올바르게, 즉 시민의 **동의**하에 전개될 때다.

마르실리우스에 의하면, 인민의 의사는 한 사람에 의한 통치(왕정, 영주의 지배)나 소수에 의한 통치(귀족정)보다 훨씬 효과적으로 공공의 이익을 위하는 정부를 보증해 준다. 다수에 의해 만들어진 법은, 다른 형태의 통치자들에 의해 만들어진 법보다 뛰어나고 우수하며 또한 지켜질 가능성이 크다. 그것이 더 우수한 것은, 개인들이 자신의 견해나 목적을 다른 사람의 그것에 비추어 공개적으로 검증할 경우 자신의 것을 수정하거나 타인에 맞추어 조정해야 하기 때문이다(*Defensor pacis*, 46-47). 마르실리우스가 설명하듯이, '공통적인 법의 유용성은 전체 다수에 의해 더욱 잘 간파된다. 왜냐하면 어느 누구도 고의로 자신을 해치지는 않기 때문이다. 제안된 법률이 공동체나 다른 모든 사람들의 이익보다도 한 사람이나 소수의 이익에 편향되었는지를 누구라도 주의해서 살필 수 있고, 그것에 대해 저항할 수 있다'(*Defensor pacis*, 47). 따라서,

> 법을 만드는 권한은 …… 오직 한 사람에게 속해서는 안 된다. …… 왜냐하면 그 한 사람은, 무지나 악의 또는 이 둘 모두에 의해, 공동체의 이익보다도 자신의 사적 이익을 목표로 하여 악법을 만들 수 있고, 그리하여 법이 전제적이 될 수 있기 때문이다. 같은 이유로 법을 만드는 권한이 소수에 속해서는 안 된다. 왜냐하면 과두제에서 볼 수 있듯이, 그들 역시 공동 이익을 위해서가 아니라 일정한 소수의 이익을 위해 법을 만드는 짓을 할 수 있기 때문이다. 따라서 법을 만드는 권한은 시민 전체나 시민의 좀 더 중요한 부분에 속해야 한다. 왜냐하면 시민 모두가 법에 의해 정당하게 규제되어야 하고 또한 누구도 고의로 스스로를 해치거나 부당한 조치를 원하지 않을 것이기에, 그 결과 모두 또는 대부분은 시민의 공동 이익에 이바지하는 법을 원하게 될 것이기 때문이다(*Defensor pacis*, 48-49).

시민에 의해 그리고 시민을 위해 만들어진 법은 질서 있는, 즉 공정한 공동체를 유지할 수 있는 법적 구조를 확립한다. 이런 상황에서 공동체는 또한 평화로운 공동체가 될 가능성이 크다. 왜냐하면 시민들의 동의로 만들어진 법은 시민들이 준수할 의무를 느끼는 법이기 때문이다. 각자가 '법을 자신에게 부과하는 데' 열심인 경우, 그 법은 '모든 시민들에 의해 좀 더 잘 준수된다'(*Defensor pacis*, 47).

이런 주장들을 통해 마르실리우스가 모든 시민들이 동시에 통치해야 한다고 말하려 했던 것은 아니었다. 오히려 그가 주장한 정부 구상은 〈그림 2.1〉에서 묘사된 것과 다르지 않다. 즉, 그 정부는 인민주권을 구축하고, 자치 평의회를 만들며, 시민 생활의 '통치자'나 '행정관' — 모든 시민의 이익을 위해 법을 유지하는 것이 그의 의무인 — 을 선거를 통해 수립한다(*Defensor pacis*, 22-33). 원칙적으로 모든 시민은 공직에 출마할 수 있고 공적 생활에 참여할 기회를 번갈아 가며 누린다. 마르실리우스의 결론은 '선출된 왕'이 '좀 더 자발적인 신민'을 통치하는 것이었으며, 또한 선거의 방법만이 '최선의 통치자'와 그 결과 적절한 정의의 기준을 확보할 수 있다는 것이었다(*Defensor pacis*, 32-33). 끝으로 이런 정의의 '적절한 기준'을 유지하기 위해 '통치자'가 필요하지만 그는 대리인으로서 재직하는 것임을 마르실리우스는 강조했다. 따라서 선출된 자들은 '절대적 의미에서의 입법자가 아니며 또한 그럴 수도 없다. 그들은 상대적 의미에서, 즉 제1의 입법자와 시민 전체의 권위에 부합하는 한에서 단지 특정 시간 동안에만 입법자일 뿐이다'(*Defensor pacis*, 45). 집행 및 사법 관리들은 인민을 근거로 하여 재직하는 것이기 때문에, 만일 그들이 공공 이익을 추구하지 않는다면 권력에서 제거될 수 있다.

마르실리우스가 생각한 시민이란, 고전적 아테네 민주주의나 아리스토텔레스의 정치 개념과 마찬가지로, '시민 공동체에 참여하는 자', 즉 정부에 참여하거나 정체의 '숙의 또는 사법 기능'에 참여하는 자였다(*Defensor pacis*, 49; Aristotle, *The Politics*, 169 참조). 시민권이란 공공선의 실현을 지향하는 공동의 일에 관여하는 수단이며, 정치 참여는 공공선을 달성하기 위한 필수 매개물이라는 것이다. 한편 마르실리우스는 역시 선례에 따라서, '어린이, 노예, 외국인, 여성은 그 방식은 상이하지만 시민과 구분된다'고 뭉뚱그려 말했다(*Defensor pacis*, 46). 이들 집단이 '상이한 방식으로' 배제되는 이유에 대한 자세한 설명을 기대할 수도 있을 것이다. 하지만 자격과 관련해 마르실리우스가 제시한 유일한 언급은 시민의 아들인 소년에 관한 것이었다. 그들이 영원히 배제되는 것으로 누군가가 생각하면 안 되기 때문이다. 마르실리우스는 '시민의 아들은 단지 나이만 모자랄 뿐 근접한 가능성에 있어 시민이다'라고 단언했다(*Defensor pacis*, 46. 강조는 추가). 시민권의 범위는 그 도시에서 태어나거나 오랜 기간 거주한, 과세 재산을 가진 여러 계층의 남성까지이며, 그 외의 모든 사람들은 배제된다. 이 점에 대해서는 설명이 필요 없을 것이다.

당시의 거의 모두가 그러했듯이, 마르실리우스의 시민권 개념도 정치 참여 개념을 수반하고 있었다. 하지만 그것은 오직 소규모 공동체에만 적용될 수 있는 것 — 도시 공화국의 자치 — 이었다. 몽테스키외와 같은 후대의 공화주의 사상가들에게는 매우 중요한 문제가 되었던, 대규모의 확대된 영토에 대한 공화주의 정부의 적실성(이 책 3장 참조)에 대해 고찰한 공화주의자는 거의 없었다. 모든 성인을 포괄하는, 현대의 지배적 민주주의 형태인 자유민주주의와 조금이라도 유사한 제도나 절차를 주창한 자는 아무도 없었다(Skinner 1992, 63; 이 책 3장). 르네상스 공화주의자들은, 인민 정부란 그들의 지역공동체에 대해 확고한 (소유권에 기초한) 이해관계를 가진 자들에게만 적용되는 자율적 통치 형태라는 점을 당연시했다. 그들만이 지역공동체에서 나타나는 공적 관계와 의무의 네트워크를 발전시키고 향유할 수 있다고 생각했던 것이다.

　마르실리우스의 인민주권론에서도 교회나 왕권 등 이전의 지배 권력이 주장하던 무제한의 권위가 역시 발견된다. 왜냐하면 '그의 인민주권론은, 어떤 다른 가치나 집단이나 제도를 인민의 의사라는 권위로 누를 수 있는 절대주의를 수반하고' 있기 때문이다(Gewirth 1980, xli). '인민'의 권위는 원칙적으로 일원적이고 견제받지 않으며 궁극적으로 일방적이다. 달리 말하면, 정치권력이 효과적인 것이 되려면 불편부당하고, 한계가 있어야 하며, 그리하여 국가 직무를 위임받은 자[즉, 통치자-옮긴이]의 권력으로부터도 그리고 통솔받는 자의 권력으로부터도 국가의 권력이 명백히 구분될 수 있어야 한다는 논점을 지지하는 주장은 어디에도 발견되지 않는다 — 그런 논점은 후대의 자유주의적 입헌주의자들이나 원칙상 지배자와 피지배자로부터 분리된 근대적 정체를 주창했던 자들이 절박하게 표명했던 바였다. 도시 공화주의자들이나 그 주창자들은 시민이 존경하는 자들의 판단을 신뢰했으며, 고대 자치 정부의 이론과 실천을 신뢰했다. 그들에게 있어 자치 정부란 신뢰받는 '클럽 회원들' 사이의 직접민주주의 형태였다. 그것은 통치자와 피치자 모두의 선의나 사려분별을 의심하게 된, 좀 더 회의적인 시대에 맞는 인민 통치의 특징을 고찰한 것은 아직 아니었다.

시민으로서의 삶으로부터 시민적 영광으로

마르실리우스가 『평화의 옹호자』를 출판하던 시기에 이르러, 선출제 정부는 파도바에서 쇠퇴하면서 세습 통치로 대체되었다. 파도바 정치를 특징지었던 내분과 파벌 분쟁은 다른 여러 도시에서도 유사하게 나타났다. 이탈리아 공적 생활의 여건이 불안정한 상황에서 공화주의의 이상을 지키려는 시도에는 특별히 설득력 있는 논의가 필요했다. 고대의 공화정들이 이미 쇠퇴하고 패퇴했다면, 완전히 변화된 상황에서 고전적 폴리스의 가치가 어떻게 어떤 방식으로 적응·유지될 수 있을지는 절박한 문제였다. 이 문제를 마키아벨리보다 잘 이해한 사람은 없었다. 마키아벨리는 선출제 정부와 참여 정치형태를, 시민의 복지와 시민의 영광의 가능성에 연결시켜 주창했다. 이런 연관성은 아마 다른 어느 곳보다도 그의 출생지인 피렌체에서 쉽게 도출되었을 것이다. 피렌체는 르네상스 시기에 가장 발전했던 곳이었기 때문이다. 마키아벨리는 고대 세계의 정치사상과 새롭게 등장하는 유럽 정치 질서 모두에 굳게 발 딛고서 공화주의적 전통의 논의, 즉 보호 공화주의론을 제시할 수 있었다. 그것은 자립과 자치와 [이를 위한-옮긴이] 영광스러운 노력의 조건을 시민의 참여에서 찾으려는 것이었다. 피렌체의 정치 문화는 이런 여러 관념들을 명료하게 표출해 주었고, 마키아벨리의 정치학에 풍부한 맥락을 제공해 주었다.

흔히 근대국가의 최초의 정치사상가로 간주되는 마키아벨리는 국가의 권력과 시민의 권력 사이의 적절한 균형을 어떻게 찾을 수 있는가를 두 권의 핵심 저작을 통해 탐구하고자 했다. 『군주론』The Prince과 『로마사 논고』 The Discourses가 그것이다. 너무나 오랫동안 『군주론』이 마키아벨리의 주저로 간주되었는데, 이로 인해 그의 저작에 대한 매우 왜곡된 독해가 초래되었다. 현대 학자들의 주장처럼 『로마사 논고』를 좀 더 강조한다면(Gilbert 1965 참조; Pocock 1975; Skinner 1981), 여러 면에서 강력하고 특징적인 견해를 발견할 수 있다. 마키아벨리는, 세 가지 주요한 정부 형태인 군주정과 귀족정 및 민주정은 본래 불안정하며 쇠퇴와 타락이 순환적으로 나타나는 경

"저녁에는 집으로 돌아와서 서재에 들어갑니다. 들어가기 전에 나는 하루 종일 입었던 진흙과 먼지가 묻은 옷을 벗고 궁정에서 입는 옷으로 정장을 합니다. 그렇게 적절히 단장을 한 후 옛 선조들의 궁정에 들어가면 그들은 나를 반깁니다. 그리고 거기에서 나만의, 그 때문에 내가 태어난 음식을 먹습니다. 나는 그들과 얘기하는 것을 주저하지 않으며, 그들의 행적에 대해서 궁금한 것이 있으면 그 이유를 캐묻습니다. 그들은 정중하게 답변을 하지요. 네 시간 동안 거의 지루함을 느끼지 않으며, 모든 근심과 가난의 두려움을 잊습니다. 죽음도 더 이상 나를 두렵게 하지 않습니다. 나 자신을 완전히 선조들에게 맡깁니다.
우리가 읽은 것을 기록해 놓지 않는다면 지식이란 있을 수 없다고 단테가 말했기 때문에, 나는 그들과 대화를 통해 얻은 성과를 기록해서 『군주국에 관하여』라는 소책자를 썼습니다."

_마키아벨리가 프란체스코 베토리에게 보낸 편지 중에서

향이 있음을 고전 역사에 대한 연구를 통해 알 수 있다고 주장했다. 플라톤이나 아리스토텔레스의 지적과 유사한 내용을 담고 있는 구절에서 마키아벨리는, 초기의 긍정적 발전 시기를 지나면 군주정은 참주정으로, 귀족정은 과두정으로, 민주정은 무정부 상태로 타락하게 되며, 그리고 나서 다시 군주정이 등장하는 경향이 있다고 주장했다(*The Discourses*, 104-111). 고대 민주주의를 만들어 냈던 세대가 죽게 되었을 때 다음과 같은 상황이 나타났다.

> 개인에게나 공직자에게나 어떤 존경도 표해지지 않게 되었다. 모두가 하고 싶은 대로 하게 됨에 따라 온갖 종류의 불법행위가 난무하게 되었다. 그 결과는 불가피했다. 몇몇 선한 사람의 제안에 따라 또는 어쨌든 이런 무정부 상태에서 벗어나야 했기 때문에 군주제가 다시 복원되었다. 그리고 여기서부터 단계별 이행을 거쳐 다시 무정부 상태로 복귀하게 된다. …… 이것은 스스로 통치하는 것이던 또는 통치받는 것이던 모든 공동체가 거치게 되는 순환이다(*The Discourses*, 108-109).

마키아벨리는 '상층계급의 오만'과 '일반 공중의 방종'으로부터 자신을 방어하지 못했기 때문에 타락하게 되었던 민주정의 한 예가 바로 아테네라고 지적했다(*The Discourses*, 110). 정치의 세계는 항상 잠재적 혼돈과 유동성의 세계라고 마키아벨리는 주장했다.

그 이전의 마르실리우스나 그 이후의 홉스나 로크John Locke(1632~1704) 등과 달리, 마키아벨리는 정부가 표방하고 지켜야 할, 조직체의 어떤 주어진 원칙(예컨대 국가를 개인의 선한 생활이나 자연권을 촉진하는 것으로 파악하는 고정된 관점)이 존재한다고 믿지 않았다. 정치 생활이 어떠해야 하는지를 정해 주는 어떤 자연스러운 틀이나 신이 부여한 틀이란 존재하지 않는다. 오히려 이 세계에 질서를 창출하는 것이 정치의 과제다. 마키아벨리는 정치를, 권력을 획득하고 이용하고 보유하기 위한 투쟁으로 생각했다. 따라서 정치는 사회를 구성하는 가장 중요한 요소로서 사회생활에서 특별한 지위를 부여받는다. 플라톤 이후의 많은 다른 정치사상가들처럼, 마키아벨리는 이기적이고 게으르고 의심 많으며 필요에 의해 강요되지 않으면 어떤 좋은 일도 할 수 없는 것이 '일반적 인간'이라고 생각했다(The Discourses, 200-201, 256-257 참조). 그렇다면 사람들은 어떤 상황에서 정치적 질서를 지지하고 국가에 헌신할 것인가라는 질문이 제기된다. 좀 더 마키아벨리적인 용어로 표현하면, '시민적 영광*을 얻기 위해 필요한 바는 무엇이든 기꺼이 하려는 마음', 즉 덕성virtue이 어떻게 사람들에게 스며들게 할 수 있는가?[4]

마키아벨리는 시민적 덕성을 고취하는 데 결정적인 두 가지 제도적 장치를 강조했다. 법의 집행과 종교적 숭배를 장려하는 것이 그것이다. 특히 전자는 사람들로 하여금 공동체의 이익을 자신의 이익보다 우위에 두도록 만드는 기반을 제공한다. 즉, 법은 '시민을 선하게 만들' 수 있다. 하지만 어떻게 선한 법과 나쁜 법을 구별할 수 있는가. 그 대답은, 시민의 문화와 탁월함을 촉진하는 데 법이 어떻게 이용되어 왔는지를 역사적으로 조사함으로써 밝혀질 수 있다. 모든 단일 헌정 구조들의 불안정성은, 군주정·귀족정·민주정의 요소를 결합한 통치 체제만이 덕성의 기반이 될 그런 문화를 촉진할 수 있음을 말해 준다. 그런 정체의 가장 좋은 예는 마키아벨리가 보기에 로마였다. 집정관과 원로원, 인민의 호민관으로 이루어진 로마의 '혼합정체'는 로마가 지속적으로 영광을 성취하는 데 직접적 연관이 있었다.

4_내가 이런 방식으로 질문을 던지고 그 대답을 찾아가는 것은, 이 주제와 관련된 마키아벨리의 저작을 뛰어나게 분석한 스키너의 방식을 따른 것이다(Skinner 1981, 51-77).
* 마키아벨리의 시민적 영광(civic glory) 개념은 두 가지 측면을 갖고 있다. 첫째는 개인의 명예욕이 정치 공동체 구성원들의 인정을 통해 충족될 때 성취되는 사적 목표라는 측면이다. 즉, 시민적 영광을, 개인의 도덕성 또는 공동체에 대한 헌신의 결과로서가 아니라, 이기적 인간을 정치 공동체에 헌신하도록 유도하기 위한 교육적 기제로 제시한 것이다. 예를 들면, 개인적 덕성의 최상위에 공화정의 창건자 또는 공화정이 번영할 수 있는 토대를 만든 사람들만이 향유할 수 있는 영광을 위치시킴으로써, 이기적 욕망에 사로잡힌 권력 지향자들을 공적 헌신으로 유도하려는 측면이 있다. 둘째는 소속된 정치 공동체의 존속과 번영을 공유함으로써 얻어지는 시민적 자부심과 연관된 측면이다. 이는 로마공화정의 제국주의적 팽창까지도 시민적 영광으로 이해함으로써 물리적 힘을 좀 더 현실주의적으로 용인하는 것이다.

마키아벨리는 역사 연구를 통해 이런 결론에 도달했는데, 중요한 점은 이것만이 아니었다. 마키아벨리의 논리 역시 이론적으로 혁신적인 것이었다. 그에 의하면, 개별 정체의 결점을 보완하도록 조직된 '혼합정체'는 경쟁적 사회집단 특히 부자와 빈자의 이해관계의 균형을 잡아 주는 데 가장 뛰어나리라는 것이었다. 마키아벨리의 주장을 후대의 주장 ─ 국가 내의 권력 분립이나 정당 경쟁에 기초한 대의 정부론 ─ 과 혼동해서는 안 된다. 하지만 그의 주장은 그런 원리의 주요한 측면을 예고한 선구라 할 수 있다. 만일 부자와 빈자가 모두 통치 과정 안으로 끌어들여진다면, 그리고 그들 간의 공직 배분을 통해 자신들의 이익이 표출될 정당한 통로가 마련된다면, 그들은 일정한 형태의 상호 조정을 받아들이지 않을 수 없을 것이다. 그들은 자신의 입장과 처지를 항상 예의 주시하면서 자신에게 불리한 법률이 결코 통과되지 못하도록 최대한 노력할 것이다. 그 결과는 모든 당사자들이 결국 동의할 수 있는 법체계가 될 것이다. 마키아벨리는, 당시를 지배했던 전통적 사고와 달리, 적대적인 사회 세력과 이견의 존재가 선하고 효율적인 법률의 가능성을 침식시키기는커녕 그 조건이 될 수 있다고 주장했다(Skinner 1981, 63-66). 마키아벨리는, 정치에 기꺼이 참여하는 것이나 자치적 정치체제만이 자유의 기초가 될 수 있는 것이 아니라, 시민들이 자신의 이익을 촉진하고 방어할 수 있는 통로가 되는 갈등과 불일치 역시 자유의 기초가 될 수 있다는 결론에 도달했다. 이는 전통적 사고와 전혀 다른 것이었다.

이탈리아 도시국가들이 상호 경쟁하면서 전쟁을 벌이던 16세기의 시대적 배경을 고려할 때, 마키아벨리의 견해는 특별한 의미를 띤다. 왜냐하면 그는 공동체들이 자유를 향유할 수 있을 때에만 '영토나 부'를 증진할 수 있다고 주장했기 때문이다(*The Discourses*, 275). 외부의 힘에 의해 부과된 것이던 '현지' 참주에 의해 부과된 것이던, 참주정 아래에서 도시나 국가는 결국 쇠퇴하게 된다. 반면에 자유를 누릴 수 있다면 그 공동체는 번성하게 될 것이다. 마키아벨리는 자신이 태어난 도시가 계속 그러하기를, 또한 통일된 이탈리아가 장차 그러하기를 바랐다. 비록 수미일관한 것은 아니었지만, 마키아벨리가 자신의 논지를 뒷받침하기 위해 든 사례는 고대 아테네와 로마였다. 파벌 분쟁이 있었던 고대 아테네나 원로원과 평민원 간의 갈등이 있었던 로마는, 자유를 누리면서 비교적 단기간에 '크게 성장'한 도시의 본보기라는 것이다(*The Discourses*, 275).

하지만 자유를 보존하기 위해서는 혼합정체만이 아닌 그 이상의 어떤 것이 필요하다. '항구적인 경계'가 그것이다. 한편에서는 파벌의 특수이익이 다른 한편에서는 경쟁 국가들이 자유에 끊임없이 위협을 가해 온다. 전자를 억누르기 위해 혼합정체가 필수적이지만, 경쟁 국가들의 도전에 대처하는 최선의 방안은 자신이 봉쇄당하기 전에 그들을 봉쇄하는 것이다. 팽창정책은 한 집단의 자유를 보존하기 위해 반드시 필요한 전제 조건이다. 힘의 이용은 자유를 유지하는 데 없어서는 안 될 요소인 것이다. 이런 주장을 통해서 마키아벨리는 분명히, 대내외적으로 국가나 공동체의 목표를 개인의 목표보다 우위에 두었다. 즉, '국가적 이유'가 개인의 권리보다 우선하는 것이다. 한 개인의 의무는 무엇보다도 시민으로서 요구되는 의무인 것이다. 그런데 마키아벨리는 시민으로서의 삶이 [개인으로서의 삶보다-옮긴이] 우선한다는 이런 고전적 강조점을 '권력정치'의 필요조건과 직접 연결시켰다. 그 결과 정치술政治術로서의 정치와 끊임없는 권력 추구가 개인의 이익이나 개인적인 도덕보다 우선한다는, 좀 더 '대중적인' 현대적 의미의 '마키아벨리주의'가 등장하게 되었다. 마키아벨리는 이렇게 자유주의의 딜레마(이 책 3장, 124쪽 참조)의 일부를 앞서 다루었던 셈이지만, 결국에는 어떤 수단을 사용해서라도 사회를 유지하는 데에 우선적 가치를 둠으로써 근본적으로 반

자유주의적 방법으로 그 딜레마를 해결했다.

정치란 불확실한 것이다. 자유와 정치적 안정을 창출하기 위해서는, 법에 의지하고 힘의 사용을 최소화하는 것이 항상 가능하지는 않을 수도 있다. 마키아벨리는 분명 전제정보다 자유를 선호했지만, 후자를 유지하기 위해 전자가 종종 필요할 수도 있다고 생각했다. 그의 판단은 자유롭고 자치적인 인민에 대한 동경과 법을 만들고 지킬 강력한 지도자에 대한 동경 사이에서 불안하게 동요했다. 두 가지 선택지를 조정하기 위해 마키아벨리가 잠정적으로 시도한 것은, 국가를 창업하고 타락으로부터 막아내는 데 필요한 정치와 일단 국가가 올바로 확립된 뒤에 그것을 유지하는 데 필요한 정치의 종류를 구분하는 것이었다. 민주주의 요소는 후자에게는 필수적이지만, 전자에게는 전혀 맞지 않는 것이었다.

하지만 일반적으로 마키아벨리는 유럽의 실제 정치 환경에서 '자유로운 정부'란 불가능하지는 않지만 유지하기 어렵다고 믿었다. 요컨대 뛰어난 전제군주가 국가와 사회의 미래상을 위압적으로 제시해 질서와 조화의 가능성을 창출할 필요성이 분명히 존재했다. 자유로운 국가는, 그 생존 조건을 확보해 줄 강력한 팽창 국가에 의존하게 될 것이다. 좋은 국가란 무엇보다도 안전하고 안정된 국가였다. 피치자를 통치자로부터 보호하고 또한 피치자를 상호 간에 보호하기 위해 민주주의 요소가 필요하다고 한 점에서, 마키아벨리의 사상에는 민주주의 이론의 싹이 발견된다. 하지만 그의 사상의 다른 측면과의 관계를 고려할 때 그것의 위상은 아주 취약한 것이었다.

그뿐만 아니라 마키아벨리가 민주정체의 요소를 옹호했다고 할 때, 그 의미를 명확히 하는 것이 아주 중요하다(Plamenatz 1963, 36-40 참조). 그가 생존했던 시대의 기준에 따를 때 그는 민주주의적이었음이 강조되어야 한다. 그는 단지 부자나 귀족만 공적 업무에 관여하는 것보다 훨씬 광범위한 맥락에서 정치 참여를 생각했다. 고대 그리스 민주주의자들이나 파도바의 마르실리우스와 같은 여러 공화주의 사상가들처럼, 마키아벨리는 장인과 소상인을 포함하는 통치 과정을 원했다. '인민' 또는 시민이란, 공공 업무에 실질적으로 이해관계가 걸려 있다고 생각되는, '자립의' 수단을 가진 자들이어야 한다. 외국인, 노동자, 노예, '부양가족'(여성과 어린이를 포괄하는 범주) 등은 그런 이해관계를 가진 자로 간주되지 않았다(Pitkin 1984 참조). 시민이란, 분명히 그곳 출신으로서 '그 나라에 이해관계가 있는' 사람이었다. 공공 업무는 바로 그런 사람들의 업무다. 더구나 그가 생각한 자치 공동체 개념은 아직 근대 자유주의와 민주주의 사상의 핵심이 되는 여러 요소들을 구현한 민주주의 개념이 결코 아니었다. 예컨대 계급이나 인종, 성 등과 무관하게 구축된 개인의 민주적 권리나 다수결 등의 요소는 전혀 없었다. 하지만 자기 결정 옹호론을 자기 보호 옹호론과 밀접히 연계시킨 그의 독특한 정치관은 정치사상에서 근본적 중요성을 지닌다. 그 내용은 〈모델 2.1〉에 요약되어 있다. 〈모델 2.1〉을, 내가 계발 공화주의 주도자로 간주하는 루소의 저작과 대비해 보는 것은 유용할 것이다.

공화국과 일반 의사

앞에서 보았듯이 보호 공화주의자들은 정치 참여가 자유의 필수 조건이라고 생각했다. 즉, 자치 공화국은 정치과정에의 관여를 요구한다. 나아가 자유는 공공 영역에 참여할 수 있는 것, 이기적 관심사를 공공선에 예속시키는 것, 이것이 가져오는 개인적·집단적 복리 확대의 기회 등에 의해 특징지어진다. 이와 같이 폴리스에 완전한 일원으로서 참여하는 것의 중요성을 두

모델 2.1 보호 공화주의

- **모델을 정당화하는 원리**
  - 정치 참여는 개인적 자유의 기본 조건이다. 시민들이 스스로 통치하지 않는다면, 타인에 의해 지배될 것이다.

- **핵심적 특징**
  - 모든 주요 정치 세력들이 공적 생활에서 적극적 역할을 할 수 있도록 하는 혼합정체와 연관된, '인민'과 귀족·군주 간의 세력 균형.
  - 집정관 선출, 통치 평의회 위원 등 여러 가능한 메커니즘을 통해 이루어지는 시민 참여.
  - 자신의 이해를 촉진하고 방어하는 경쟁적 사회집단들.
  - 언론·표현·결사의 자유.
  - 법의 지배.

- **일반적 조건**
  - 소규모 도시 공동체.
  - 종교적 숭배의 지속.
  - 독립적 장인과 상인들의 사회.
  - 정치에서 여성, 노동자, '피부양가족'의 배제(남성 시민이 공공 영역에 참여할 기회는 확대).
  - 경쟁하는 정치 결사체들 간의 격렬한 갈등.

드러지게 다시 강조한 이가 루소다. 루소는, 르네상스기의 여러 공화주의자들처럼, 민주주의에 대한 고대적 사고와 근대적 사고 사이에 위치하고 있다. 하지만 그는 18세기라는 전혀 상이한 배경에서 활동했기에, 군주의 절대주의적 주장과 그에 맞선 자유주의적 비판 양자 모두를 대상으로, 참여를 강조하는 그런 입장을 재천명하고자 했다. 작은 도시 공화국인 주네브[제네바-옮긴이]에서 태어난 루소는 사람들이 쉽게 모일 수 있고 다른 사람들에 대해 용이하게 알 수 있는 '집회 정치'의 이상을 지키고자 했다. 이것이 소규모 국가에 맞는 민주주의임을 루소는 알고 있었다. 또한 자기 앞에서 전개되고 있는 세계는 상업망의 확산, 산업 발전, 대규모 국가, 규모로 인한 복잡한 문제 등을 안고 있기에 그가 생각한 이상적 조건과 맞지 않는다는 점도 인식하고 있었다. 하지만 공화주의 이상의 핵심에 대한 루소의 언급은 지금까지 개발된 것으로는 가장 급진적인 것 가운데 하나 — 가장 급진적인 것은 아닐지라도 — 라고 할 수 있다. 그리고 그것은 시민의 권리와 의무에 대한 새로운 견해와 연계되어 있다. 루소의 입장을 고찰하는 것이 중요한 이유는 단지 그의 사상에 담긴 의미 때문만은 아니다. 그는 프랑스대혁명기를 휩쓴 사상에 큰 영향(확실치는 않지만)을 미쳤고, 몇몇 학자들에 의하면 자유민주주의의 맞상대인 마르크스주의 전통의 발전에도 큰 영향을 미쳤다(예컨대 Colletti 1972 참조).

루소는 18세기의 마키아벨리로 묘사된다(Pocock 1975, 504). 루소는 공공 영역에 대한 책임과 의무의 중요성을 강조하면서 자신이 선호하는 정치 체제를 '공화정'이라 불렀다. '공화국'의 적절한 형태에 대한 루소의 언급은 분명 그 이전의 선배 공화주의자들에게 빚지고 있다. 마키아벨리처럼 루소는 '민주주의' 개념에 비판적이었다. 그는 민주주의를 고전 아테네에 연결지었는데, 루소가 보기에 아테네만으로는 정치적 이상이 되기에 불충분했다. 왜냐하면 아테네는 입법 기능과 집행 기능의 명백한 분리를 구체화하는 데 실패했고, 그리하여 불안정과 파멸적 내분, 위기 시의 우유부단함 등에 빠지게 되었기 때문이다(*The Social Contract*, 112-114, 136 이하). 더구나 루소는 그의 선배들처럼, 옹호할 만한 정부 형태에 대한 자신의 생각과 공화정 로마의 유산 간의 연속성을 강조하는 경향이 있었다(사실 아테네의 유산과 연속성을 가진 요소를 확인하는 것도 어렵지는 않다). 루소는 마키아벨리를 '신사이자 훌륭한 시민'이라고 부르는 등 그를 존경했던 것처럼 보인다. 하지만 루소는, 마키아벨리의 저작을 당대의 실제 공화국의 권력 구조와 타협한 것으로 간주하기도 했다(*The Social Contract*, 118). 루소는 최소한 이상적 정부에 대한 이론적 저술 작업에서 그와 같은 타협을 일체 받아들이려 하지 않았다. 그 결과 진정한 형태의 '공화국'에 대한, 여러 면에서 독창적인 — 그리고 독창적인 것으로 인정받게 된 — 해석을 발전시켰다.

루소는 1762년 출판된 그의 고전 『사회계약론』 The Social Contract에서 문명 정부가 발전하기 이전인 원래의 '자연 상태'에서 인간들이 어느 정도나 만족해 했는지를 탐구했다. 이 시기에 인간은 근본적으로 평등했고, 다양한 자연환경에서 다소 고립적이지만 자유로운 생활을 했다. 하지만 개인의 연약함, 이기적 욕망, 공통의 재난, 자연 재해 등 인류의 보전을 가로막는 여러 장애물로 인해, 인간은 이런 원래 상태에서 벗어나 새로운 제도를 개발하도록 내몰렸다. 인류는 '그들의 생존 방식을 변경'하지 않았더라면 '멸망'했을 것이다(*The Social Contract*, 59). 법을 만들고 강제하는 조직체에 의해 지탱되는 협력 체제를 확립함으로써만 생존과 본성의 개발, 이성 능력의 실현, 자유의 완전한 경험 등이 가능하다는 것을 그들은 깨닫게 되었다. 그리하여 사람들은 함께 결합하여 '사회계약' — '공식적으로 언명되지는 않았겠지만 …… 모든 곳에서 암묵적으로 수용되고 인정된' 새로운 합의와 동의의 기초 — 을 통해 모든 개인을 평등하게 대우하고 모두에게 자신의 능력을 안전하게 계발할 기회를 제공하는 법률 아래에서 함께 생활할 가능성을 창출하게 되었다(*The Social Contract*, 60). 이렇게 형성된 공적 결사체는 '한때는 도시로 불렸고, 지금은 공화국 또는 정체로 알려져 있다'(*The Social Contract*, 61). '모든 구성원의 집합적 힘과 함께 각 구성원의 신체와 재산을 보호해 줄 결사체, 그리고 그 밑에서 각 개인이 타인과 일체가 되면서도 그 전처럼 자유롭게 남을 수 있는 …… 그런 형태의 결사체를 어떻게 발견할 것인가'

(*The Social Contract*, 60), 이것이 루소의 근본적 질문이었다.

루소는 개인을, 자신의 삶을 규율하는 법을 직접 제정하는 데 원칙적으로 관여하는 존재로 생각했다. 그는 적극적으로 참여하는 시민의 개념을 주장했다. 모든 시민은 무엇이 공동체에 최선인지를 결정하고 적절한 법을 제정하기 위해 함께 모여야 한다는 것이다. 피치자는 통치자여야 한다. 루소에게 자치의 이상은 그 자체 목적으로 설정된다. 공적 업무를 살펴 처리하는 데 참여할 기회를 제공하는 정치 질서를 이루기 위해서는 단지 국가만으로는 안 되고 어떤 유형의 사회를 형성해야 한다. 국가의 업무가 일반 시민의 업무 속에 통합되어 있는 사회가 그것이다(*The Social Contract*, 82, 114 참조. 일반적 설명은 book 3, chs. 1-5). 루소는 마키아벨리 이후 국가와 시민사회, 정부와 '인민'을 구분해 온 사조에 강력히 반대했다(뒤에서 보겠지만, 루소도 '정부 권력'에 대한 접근 기회는 물론이고 정부 권력 그 자체를 제한하고 분할하는 것이 중요함을 인정했다). 그에게 있어 주권은 인민에게서 유래하며, 인민 속에 머물러 있어야 한다(Cranston 1968, 30). 유명해도 마땅한 다음 구절에서 그는 이렇게 말했다.

장 자크 루소

> 주권은 대표될 수 없으며, 같은 이유에서 양도될 수 없다. …… 인민의 대리인(deputy)은 인민의 대표자(representative)가 아니며 그렇게 될 수도 없다. 그들은 단지 인민의 대행인(agent)일 뿐이며, 아무 것도 최종적으로 결정할 수 없다. 인민이 자기 스스로 승인하지 않은 어떤 법률도 무효다. 그것은 전혀 법이 아니다. 영국인들은 자신들이 자유롭다고 믿고 있다. 그들은 심각하게 오해하고 있다. 그들은 의원을 선출하는 동안에만 자유롭다. 의원이 선출되자마자 인민은 노예가 된다. 그들은 아무 것도 아니다(*The Social Contract*, 114).

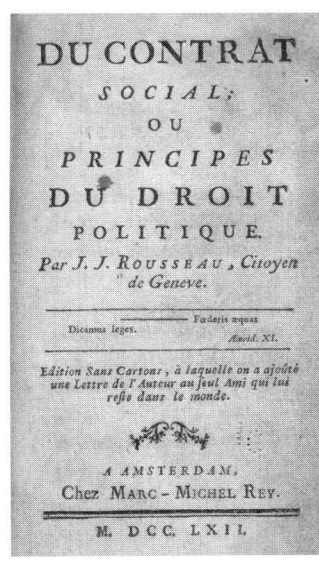

『사회계약론』의 원 제목은 『사회계약, 또는 정치권의 원리』(Du contrat social, ou: principes du droit politique)로 1762년 네델란드에서 출판되었으며 총 네 편(권)으로 되어 있다.

루소는 이 책의 주제를 다음과 같이 간략히 묘사하고 있다.
"인간은 자유로운 존재로 태어났다. 그러나 인간은 모든 곳에서 쇠사슬에 얽매여 있다. 자기가 다른 사람들의 주인이라고 생각하고 있는 사람도 사실은 그들보다 훨씬 더 심한 노예 상태에 놓여 있다. 어떻게 하여 이런 변화가 생겼는가? 나는 알 수 없다. 무엇이 그것을 정당한 상태로 만들 수 있는가? 이 문제에 대해서는 나는 대답할 수 있다고 생각한다."

시민의 역할을 하는 것이 개인이 동경할 수 있는 최고의 것이다. 시민들에 의한 권력의 신중한 행사, 그것은 자유를 유지할 수 있는 유일하게 정당한 방법이다. '일반 의사의 최고 명령'은 시민에 의해 만들어져야 한다(일반 의사란 공론에 의해 만들어진 공익 또는 공공선에 대한 생각을 의미한다). 동시에 시민은 그것에 의해 구속되어야 한다(The Social Contract, 60-61). 루소는 '공익'에 대해 견해가 엇갈릴 수 있음을 인정했고, 다수결 규정을 받아들였다. 즉, '최대 다수의 투표는 항상 나머지 사람들을 구속한다'(The Social Contract, 153). 그러나 인민은 '일반 의사'를 표출하는 데 적극적으로 참여하는 한에서만 주권자다.

루소의 입장을 파악하기 위해서는 '일반 의사'와 '전체 의사'를 구별하는 것이 중요하다. 그에 따르면, 그것은 공익에 대한 판단과 개인적 기호나 욕망의 단순한 집합 간의 차이다(The Social Contract, 72-73, 75). 시민들이 법규 체제에 복종하게 되는 것은 오직 공론에 의해 도달된 합의라는 이유에서다. 왜냐하면 사람들은 마음속의 보편적 선을 통해 스스로에게 지시하는 법만을 진정으로 따르기 때문이다. 그런 법은 시민들이 자유롭게 선택한 의무— 공동체의 복리를 염두에 두고서 하나의 전체로서 행동하는 시민 집합체가 받아들인 — 이며, 이것이 '정치적 권리'의 근거를 구성한다(Manin 1987, 338-368 참조; 현대 숙의 민주주의 요소와의 흥미로운 유사점에 대해서는 이 책 453-458쪽의 불편부당주의에 대한 논의를 참조).

루소는 마음대로 하는 것independence과 자유liberty를 엄밀하게 구별했다.

> 마음대로 하는 것과 자유를 혼합하려는 시도가 많이 있어 왔다. 둘은 기본적으로 너무 상이하여 서로를 배척한다. 모든 사람이 자신이 원하는 대로 한다면 당연히 타인에게 불쾌한 일도 종종 하게 될 것이다. 이것은 자유로운 국가로 제대로 불릴 수 없다. 자유는 자신의 욕구에 따라 행동하는 것이라기보다는 타인의 의사와 욕구에 복종하지 않는 것이다. 또한 자유는 타인의 의사를 우리의 의사에 예속시키지 않는 것이다. 타인에 대한 지배자는 누구든 그 자신도 자유롭지 못하다. 그리고 지배하는 것은 오히려 복종하는 것이다(*Oeuvres complètes de J. J. Rousseau*, 편지 8, Keane 1984a, 255에서 재인용)

마음대로 하는 것이란 타인의 입장과 의사를 고려하지 않고 이기적 계획을 추구하는 것을 의미한다. 이와 대조적으로 자유는 일반 의사를 창출하고 제정하는 데 참여함으로써 달성된다. 그것은 시민들이 모두 '동일한 권리'를 향유할 수 있다는 점에서 시민들 간의 평등을 확립한다(*The Social Contract*, 76, 46 참조).

루소가 말하는 '동일한 권리'란, 단순히 동일한 정치적 권리를 의미하거나 또는 단순히 모든 시민에게 모든 정치 규칙을 동일하게 적용하는 것을 의미하지는 않았다. 법적으로 정치적 권리가 아무리 평등하다고 하더라도 부와 권력의 엄청난 불평등에 직면할 경우 시민들은 보호받지 못할 것이라고 그는 주장했다. 루소는 소유권을 신성한 것으로 간주했지만, 육체의 안전과 정신의 독립을 위한 개인적 필요에 부합하는 만큼의 재산에 대한 제한적 권리로 소유권을 이해했다. 경제적 의존에서 벗어난다면, 시민들은 자율적으로 판단하는 것에 대해 두려워하지 않아도 될 것이다. 그렇게 되면 시민들은 생계에 대한 위협을 무릅쓸 필요 없이 자신의 견해를 계발하고 표현할 수 있기 때문이다. 루소는 '어떤 시민도 타인을 살 만큼 부유하지 않고, 자신을 팔아야만 할 정도로 가난한 사람도 없는' 상태를 바랐다(*The Social Contract*, 96). 주요한 이익 다툼이 조직적 파벌 분쟁 — 일반 의사 형성의 기반을 절망적으로 붕괴시킬 — 으로 전개되지 않도록 막아 줄 수 있는 것은 경제적 조건의 전반적 유사성밖에 없다. 그러나 루소는 간혹 생각하는 것처럼 절대적 평등의 주창자는 아니었다. 평등을 '권력과 부의 정도가 모두에게 절대적으로 동일해야 한다는 것으로 간주해서는 안 된다. 그것은 권력이 폭력으로까지 나아가서는 안 되며 법과 권위에 의해서만 행사되어야 한다는 것으로 받아들여져야 한다'(*The Social Contract*, 96)는 점을 루소는 명백히 했다.

루소는 입법 기능과 집행 기능이 명백히 분리된 정치체제를 옹호했다. 전자는 인민에 속하며 후자는 '정부' 또는 '군주'에 속한다. 인민은 입법 회의를 구성하며, 국가의 권능을 구성해 낸다. 한 사람 또는 그 이상의 행정관이나 사법·행정관*으로 구성된 '정부' 또는 '군주'는 인민의 법을 집행한다(*The Social Contract*, book 3, chs. 1, 11-14, 18).[5] 그런 '정부'는 편의

5_여기서는 자세히 다루지 않지만, 루소가 추가적으로 제시한 제도도 있다. 예컨대 입법자(Lawgiver)가 그것이다(*The Social Contract*, 83-88, 95-96 참조). 비판적 논의로는 Harrison(1993, 59-60) 참조.

* 행정관(magistrate)은 사법권과 행정권을 함께 가진 로마의 최고위직에서 유래하는 말로서, 사법권을 가진 행정관을 의미한다.

성 때문에 필요하다. 즉, 인민은, 공공 집회를 조정하고 커뮤니케이션 수단으로 기능하며 법을 입안하고 법률 체제를 집행하고 보호할 정부를 필요로 한다(*The Social Contract*, 120). 정부는 시민 간의 합의의 결과이며, '일반 의사의 명령'을 준수하고 실행하는 한에서만 정당하다. 그렇게 하지 않는다면 정부는 취소되고 변경될 수 있다. 정부의 인원은 직접선거를 통하거나 추첨을 통해 선출되기 때문이다(*The Social Contract*, 136-139, 148).

〈모델 2.2〉에 요약되어 있는 루소의 공화 정부 개념은, 여러 면에서 자유주의 전통을 통틀어 자유와 참여를 직접 연결하려는 시도의 극치를 보여 준다. 더구나 정당한 정부의 원리와 집합적 이익을 위한 자치의 원리를 연계시킨 것은 그 당시 정체(특히 구체제)의 정치적 원리에 대한 도전이었을 뿐만 아니라, 후대의 자유민주주의 국가의 정치 원리에 대한 도전이기도 했다. 왜냐하면 그의 자치 정부 개념은 가장 급진적인 것 가운데 하나로서, 자유민주주의의 일부 핵심 가정 ― 특히, 민주주의란 시민에게 이따금씩만 책임지는 특정한 유형의 국가에 붙여지는 이름이라는 생각 ― 에 대해 근본적인 이의를 제기했기 때문이다.

그러나 루소의 사상은 수미일관된 체계를 보여 주거나 직접적 행동에 필요한 처방을 제시하지는 않았다. 그는 복잡한 대규모 인구 밀집 사회에서 야기되는 문제를 통찰하기는 했지만, 응당 해야 할 정도로 그것을 추적하지는 않았다(예컨대 *The Social Contract*, book 3, ch. 4 및 이 책 3부를 참조). 더구나 루소는 자신이 구상한 민주적 이성의 모델이 실현되면 역사가 궁극에 도달하게 될 것이라고 생각하지 않았다. 그는 역사가 좀 더 나은 삶을 향해 진보한다고 생각하지 않았다. 반대로 그는 계몽주의의 진보관에 대해 회의적이었다. 자연 상태를 벗어난 뒤로 인간은 정치·경제 세력과 여러 형태의 경쟁적·이기적 행위 등을 구속에서 해방시켰고 이것이 문화를 창출했지만,

모델 2.2 계발 공화주의

- **모델을 정당화하는 원리**
  - 누구도 타인의 지배자가 될 수 없게 하기 위해, 또한 모든 사람이 공익을 위해 스스로 결정하는 과정에서 동등한 자유와 동등한 계발 기회를 누릴 수 있도록 하기 위해, 시민들은 정치적·경제적 평등을 누려야 한다.

- **핵심적 특징**
  - 입법 기능과 집행 기능의 분리.
  - 입법부를 구성하는 공공 집회에 시민들이 직접 참여.
  - 공적 이슈에 대해 만장일치가 바람직하지만, 이견이 있을 경우 다수결의 표결 규정.
  - 행정관 또는 사법·행정관이 집행부 지위를 장악.
  - 집행부는 직접선거나 추첨에 의해 임명.

- **일반적 조건**
  - 소규모의 비(非)산업적 공동체.
  - 소유권이 다수의 사람들에게 확산되어 있고, 시민권은 재산 보유에 의해 좌우됨. 즉, 독립적 생산자들의 사회.
  - 남성들이 (집 밖) 일과 정치를 자유로이 하도록 해주는 여성의 가사 서비스.

비싼 대가를 치러야 했다(Masters 1968 참조; J. Miller 1984). 타락과 사회적 부정과 불의는 대체로 '진보'가 만들어 낸 불평등으로부터 뒤따라 나왔던 것이다. 윤리적인 민주적 정치 공동체가 구축될 수 있는 가망이 있다면 이런 불평등을 틀림없이 극복해 내겠지만, 그럴 전망은 극히 낮다는 것이 루소의 견해였던 것 같다.

루소는 공동체 정부의 민주적 특징을 강조했지만, 이는 자신이 민주정체에 부과한 여러 제약 요소와 쉽게 어울리지 않는다. 첫째로, 그 역시 모든 여성을 인민, 즉 시민에서 배제했다. 빈민 역시 배제한 것 같다. 여성이 배제된 이유는, 남성과 달리 여성의 건전한 판단 능력은 '극단적 욕망'에 의해 둔화되며, 따라서 정치적 문제에 직면해 남성의 보호와 지도가 '필요하기' 때문이다(Rousseau, *Émile*, 특히 book V 참조; Pateman 1985, 157-158). 시민권에는 소규모 재산 자격(토지)이나 타인에게 의존적이지 않을 것 등의 조건이 있었기에 빈민도 배제된 것 같다(Connolly 1981, ch. 7 참조).

주목할 만한 또 다른 난제가 있다. 루소는 결국 전제정의 함의를 가진 민주주의 모델을 주창한 것으로 평가되어 왔다는 것이 그것이다(예컨대 Berlin 1969, 162-164 참조). 이런 비난의 근저에는, 개인의 목표나 소망 앞에서 다수 세력은 너무나 막강하기 때문에 '인민의 주권'은 '개인의 주권'을 쉽게 파괴할 수 있다는 우려가 자리하고 있다(Berlin 1969, 163). 문제는 루소가, 소수는 다수의 결정에 동의해야 한다고 생각했을 뿐만 아니라 민주적 다수가 결정할 수 있는 범위와 관련해 어떤 제한도 설정하지 않았다는 점이다. 사실 루소는 '시민 종교'를 통해 공동의 신앙을 강제하는 동시에 시민교육이 개인의 의사와 공익 간의 간격을 메워야 한다고 생각했다(*The Social Contract*, book 4, ch. 8. 특히 185-187). 이런 입장으로 인해 야기된 문제들이 루소의 비전의 모든 측면에 대해 치명적 결함을 야기했다고는 할 수 없지만, '공적 권력'이 '사생활'의 모든 면에 가하는 위협을 적절히 고찰하는 데 루소가 실패했다는 결론은 피하기 어렵다(Harrison 1993, ch. 4 참조. 이 문제는 이 장의 다음 절 및 3장에서 다시 다룰 것이다).

루소의 최우선적 관심은 비산업적 공동체 — 즉, 그가 그토록 동경했던 고국인 '주네브 공화국'과 같은 공동체 — 에서 민주주의의 미래를 어떻게 그릴 것인가에 있었다. 그의 민주주의 비전은 많은 것을 생각하게 만드는 도전적인 것이었다. 하지만 그것은 국민국가의 급속한 구축과 산업혁명 — 18세기 말에 속도를 더하면서 전통적인 공동체 생활을 붕괴시키기 시작한 전혀 다른 종류의 변화 — 에 직면한 그런 세계의 정치에 대한 설명으로 체계적으로 연결되지 못했다. 이런 새로운 사태의 전개와 관련해 민주주의의 특징을 고찰하는 작업은 다른 사상가들에게 맡겨졌다. 그들 가운데 많은 사상가들은 루소의 사상을 유토피아적이라거나 '근대적 조건'에 맞지 않는 것으로 간주했다. 하지만 모든 민주주의 이론가들의 평가가 그러했거나 또 지금 그런 것은 결코 아니다. 이하의 장에서 보게 되듯이, 적지 않은 사상가들이 공화주의 전통의 핵심 '교훈' — 시민은 '결코 군주를 믿어서는 안 되며', '인민의 이익을 위해 활동하는 정부를 확보하고자 원한다면 우리 인민이 우리 자신의 정부로 활동하는 것을 어떻게든 확보해야 한다' — 으로 복귀했기 때문이다(Skinner 1992, 69). 이런 교훈이 지속되고 있는 이유는, 근대 정치의 지배적 민주주의 모델인 자유민주주의에 대한 비판적 평가를 통해 밝혀질 수 있을 것이다. 하지만 그 이전에, 아직 충분히 검토되지 않은 공화주의 개념 체계의 기본 요소 — 성별화된 시민권 개념 — 와 관련해 공화주의 사상의 의미를 좀 더 자세히 살펴볼 필요가 있다.

공적인 것과 사적인 것

한 비평가가 적절히 지적했듯이, 공화주의 사상사는 '여성성과 여성을 기분 나쁘게 무시'하고 있다(Phillips 1991, 46). 이런 '남성 풍조'에 맞선 인물이 울스턴크래프트(1759~97)다. 공적 영역과 사적 영역 간의 상호 연관성에 대한 그녀의 선구적 연구는 앞으로 다루게 될 것이다. 울스턴크래프트의 작업이 자치 공동체나 민주 정부의 새로운 모델로 귀결된 것은 아니지만, 민주주의의 실현 가능 조건에 대한 분석에 크게 기여한 것으로 마땅히 이해되어야

아름다운 메리가 처음으로
어여쁜 여성이 모여 선 무도회장에 들어섰을 때,
청춘 남녀들이 그녀 주위에 모여들어
이렇게 말했네.
"저 여자는 천상에서 온 천사 같아.
황금시대가 되돌아온 것 같군.
저 여자의 눈빛은 어떤 광채보다도 아름답고
입을 여니 오월이 찾아온 것 같군"
……
어떤 이들은 그녀가 도도하다고 했고,
어떤 이들은 그녀를 창녀라고 불렀으며,
일부는 그녀가 지나가면 문을 닫아걸기도 했네.
축축한 냉기가 그녀를 덮쳤고, 홍조는 모두 사라지고,
뽀얀 살결과 아름다운 입술의 색조도 흔적이 없네.
_윌리엄 블레이크, "메리"

• 그림은 오피(John Opie)가 1797년경에 그린 울스턴크래프트의 초상.

한다. 그녀의 작업은 지금까지 논의된 사상 전통의 장점과 한계점들을 새롭게 조명해 주고 있다.

울스턴크래프트는 프랑스혁명 및 18세기 말 유럽 전역에 확산된 급진주의의 의미에 대해 고찰하면서, 루소 저작의 여러 부분에 대해 경탄했다. 그런 사건들과 루소가 제기한 쟁점 등에 고무되어 울스턴크래프트는 사회·정치 이론에서 가장 놀라운 팸플릿의 하나인『여권의 옹호』Vindication of the Rights of Woman를 1791년 저술했다(1792년 출판). 이 책은 그녀가 참여한 급진 서클 — 고드윈William Godwin이나 페인Thomas Paine도 일원이었다 — 내에서 열광적으로 수용되었지만, 다른 진영에서는 경멸과 조소의 대상이 되었다(Kramnick; 1982; Taylor 1983; Tomalin 1985 참조). 처음 출판된 이래 이 책에 대한 평판도 대체로 비슷했다. 그 이유는 바로 이 책의 주장 때문이었다. 그녀의 주장은 J. S. 밀의 저작이 나온 뒤에야 정치 이론에서 다시 관심을 받았지만, 그 후 여성의 종속 문제를 다룬 밀의 저작과 함께 잊혔다. 울스턴크래프트는 지금까지 민주주의의 주요 이론가의 한 사람으로 거의 간주되지 않았다. 하지만 그래서는 안 된다.

울스턴크래프트는 자유와 평등이 상호 연계되어 있다는 주장을 수용했다. 루소처럼 그녀는 '동전 한 푼을 지출할 때마다 결과를 따져야만 하는' 사람은 '가슴과 마음'의 자유를 누릴 수 없다고 생각했다(Vindication, 255). 루소처럼 그녀는, 재산에 대한 지나친 존경이나 유산계급으로부터 수많은 '이 세상의 악과 부도덕'이 유래한다고 주장했다. 사고 능력이나 실력의 검증과 무관하게 지배계급에게 권위 의식을 심어 주는 부의 세습 체제로부터 자유로울 때, 그리고 빈곤으로부터 자유로울 때, 적극적이고 식견 있는 시민이 형성될 수 있다. 울스턴크래프트는 빈곤이 정신을 야만적으로 만든다고 보았지만 다른 한편으로 타인의 부에 얹혀사는 것도 오만과 상습적 게으름을 조장한다고 확신했다(*Vindication*, 252-253, 255). 인간의 능력은 사용될 때 비로소 계발될 수 있으며, '어떤 필요성이 처음 바퀴를 움직이게 하지 않는다면' 그 능력은 결코 사용되지 않을 것이다(*Vindication*, 252). 또한 루소처럼 울스턴크래프트는, 시민들이 그들의 세계에 대한 계몽된 이해를 얻으려면, 그리고 정치 질서가 이성과 건전한 판단에 의해 다스려지려면, 사회에 더욱 많은 평등이 이루어져야 한다고 주장했다. 대담함의 전형을 보여 주는 다음과 같은 문장에서 그녀는 이렇게 선언했다.

> 문명을 저주로 만들어 버린 신분의 불합리한 구분은, 이 세계를 방탕한 전제군주와 간사하고 시기심 많은 종으로 나눔으로써, 모든 계급의 사람을 거의 같은 정도로 타락시켰다. 왜냐하면 삶과 관련된 의무를 이행하는 데 존경이 주어지지 않고 지위에 존경이 주어지기 때문이다. 그리고 의무가 이행되지 않을 때, 덕성을 강화시킬 정도로 강력한 감동이 일어나는 것은 불가능하다 — 감동은 덕성의 자연스러운 보상이기도 하다(*Vindication*, 256-257).

하지만 루소와 달리, 더 폭넓게 말해 공화주의 전통과 달리, 울스턴크래프트는 여성과 어린이의 이해관계를 '개인', 즉 남성 시민의 이해관계에 편입시키는 정치사상의 지배적 조류를 받아들일 수 없었다. 울스턴크래프트는 남성과 여성 및 어린이 간의 이해관계가 동일하다는 어떤 가정에도 비판적이었다. 특히 루소가 그렸던 남성과 여성 간의 적절한 관계 — 여성에게 공적 생활의 역할을 부여하지 않은 — 에 대해 비판적이었다(*Vindication*, ch. 5). 개인적 자유와 평등의 원칙이 왜 여성에게는 적용되지 않는가라는 질문을 그녀가 처음 제기한 것은 아니다. 하지만 울스턴크래프트는, 그 이전이나 이후 수세대 동안 어느 누구보다도 이 문제를 중요하게 분석했다

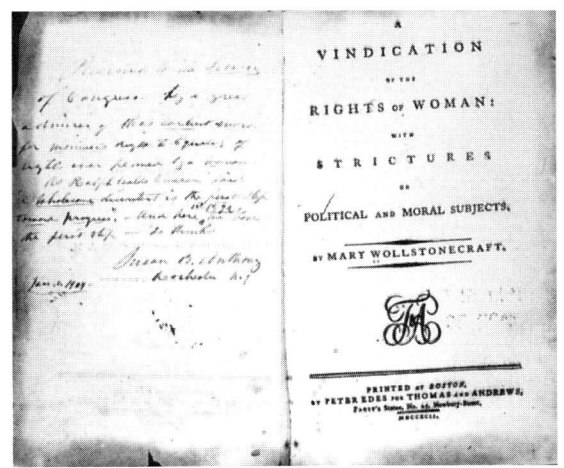

1972년에 출간된 『여권의 옹호』 미국판 속표지와 미국 여성참정권 운동가 앤서니(Susan B. Anthony)가 남긴 메모.

『여권의 옹호』는 다음과 같은 구절로 시작한다.
"역사책에 그려진 과거와 오늘날의 현실을 살펴볼 때 내 가슴은 서글픈 분노로 무너질 듯했고, 남녀가 애초부터 전혀 다르게 태어났든지, 지금까지 세계 역사가 아주 불평등했든지 둘 중 하나라는 생각을 하자 한숨이 절로 나왔다."

(1700년에 출판된 Mary Astell, *Some Reflections upon Marriage* 참조). 울스턴크래프트가 보기에, 여성의 정치적 해방이라는 이슈를 탐구하지 않고 빠트린 것은, 개별 여성과 남성의 삶의 평등뿐만 아니라 이성과 도덕 그 자체의 성질에도 악영향을 미쳤다. 그녀의 견해에 따르면, 남성과 여성의 관계는 대부분 부당한 억측(남녀의 자연적 차이점에 대한)이나 불공평한 제도(결혼 계약에서부터 국가 내에 여성 대표자가 전혀 없는 것에 이르는)에 기초해 왔다. 그녀의 표현에 따르면, 이런 사태는 인간성을 완성하고 행복을 유지하려는 인류의 노력을 파괴하는 것이었다(*Vindication*, 87, 91). 근대 세계가 전제정으로부터 자유롭게 되려면, '왕의 신성한 권리'뿐만 아니라 '남편의 신성한 권리'에도 도전해야 한다(*Vindication*, 127). 이런 입장이라면, 그렇게 많은 사람에게 『여권의 옹호』가 두렵게 여겨진 사실이 전혀 놀랍지 않을 것이다.

울스턴크래프트는 널리 받아들여지고 있는 여성상 — 연약하고 변덕스러우며 '자립할 수 없고' 수동적이며 '욕망의 하찮은 대상'이라는 — 에 대해,

여성이 가엾은 피조물에 머물러 있다면 그것은 여성이 길러지는 방식 때문이라고 주장했다(*Vindication*, 81-83). 문제는 여성의 타고난 능력이 아니라 여성이 처한 교육과 환경의 현저한 부적절함이다. 일상적 가사에 고립되고 제한된 기회에 의해 제약됨으로써, 완전한 시민이 될 수 있는 여성의 능력은 계속해서 침범되고 침식된다. 여성들은 '여성의 이상'을 배우며 이를 떠받들도록 모든 측면에서 강요받는다. 즉, 여성은 섬세하고 예의 바르며 세상사에는 무관심하도록 교육받는다. 여성들의 삶의 지위는, 여성들로 하여금 시민의 의무를 이행하지 못하도록 가로막아 왔고 그 결과 여성들을 심각하게 퇴화시켰다(*Vindication*, 257-258). 예를 들면, '숙녀'의 지위와 교육은 '새장 속의 유폐'에 필요한 자질을 계발하는 데 맞추어진 것 같다. '여성들은 새처럼 스스로 즐기면서 이 횃대에서 저 횃대로 허세를 부리면서 잘난 체 옮겨 다니는 것 외는 하는 것이 없다. 여성들이 일하지 않고 먹고 입는 것을 제공받는 것은 사실이다. 하지만 그것은 건강과 자유와 덕성과 교환된다'(*Vindication*, 146). 요약하면 여성의 현재와 가능한 미래는 선천적 차이의 문제가 아니라 인간적·역사적 제도의 산물이다.

따라서 울스턴크래프트는, 자의적·전제적 권력에 도전해 온 대부분의 사상가들이 받아들였던 '몇 가지 단순한 원칙'에 맞게 정치적 관계들을 재고할 필요가 있다고 주장했다(*Vindication*, 90). 인간이 '짐승'보다 우월한 것은, 이치를 따지고 경험을 통해 지식을 축적하며 덕성의 삶을 살 수 있는 능력 때문이다. 인간은 이성과 도덕의 명령에 따라 자신의 존재를 규정할 수 있고 또 그럴 권리가 있다. 인간은 세계를 이해하고 자기 본성의 완성을 추구할 능력이 있다(*Vindication*, 91). 울스턴크래프트는 이런 고전적 계몽주의의 교의에 호소했다. 하지만 그녀 이전의 거의 모든 사상가들과 달리, 울스턴크래프트는 그런 교의를 급진주의와 자유주의 사상에 공통적이었던 '남성 우위적' 가정에 대립시켰다. 남성과 여성은 모두 신이 부여한 이성의 능력을 가지고 태어났지만, 이런 능력은 너무나 자주 '남성의 말과 행위에 의해' 부정당해 왔다(*Vindication*, 91). 울스턴크래프트는 '남성의 추상적 권리에 대해 논의하고 설명하는 것이 가능하다면, 여성의 권리 역시 같은 논리에 의해 동일하게 주장될 수 있을 것'이라고 언명했다(*Vindication*, 87). 그리고 여성이 공적 생활과 사적 생활 모두에서(시민, 아내, 어머니로서) 유능하게 되려면, 무엇보다 먼저 합리적 존재로서의 자신의 의무를 다해야 한다고 결론지었다(*Vindication*, 259).

여성들이 그 의무를 가능한 한 잘 수행할 수 있으려면, 17세기와 18세기에 몇몇 사람들이 주장했던 바인, 여성 교육의 성격을 바꾸는 등의 방법을 통해 여성의 지위를 개혁하는 것만으로는 부족하다. 왜냐하면 이성의 지배가 여러 형태의 자의적 권위에 의해 억눌려 있기 때문이다. 특히 인상적인 구절에서 그녀는, '문명의 진보에 저주를 가하고, 오성을 억압하는 것은 바로 백해무익한 고관대작들이다'(*Vindication*, 99)라고 말했다. 울스턴크래프트는 권력과 권위의 원천을 세습 재산과 직위 체계에 두고 있는 사람들에게 비판을 집중했다. 특히 귀족·교회·군대의 세 가지 제도 집단이 혹독한 비판을 받았다. 그들의 특권과 게으른 삶, 아무런 생각 없는 계획 등 — 부와 나태와 어리석음이 만들어 내는 부패한 관계 — 은 여성뿐만 아니라 열심히 일하는 수많은 부류의 노동자들을 억압하고 있다(*Vindication*, 260, 317). 따라서 이성의 지배가 확고히 수립되려면, 정치체제 전반 — '만일 그것을 정중하게 체제라 부를 수 있다면, 부자의 욕망을 채우기 위해 빈자를 짓밟는 세금을 고안해 내고 하인과 종을 양산해 내는 체제' — 이 개조되어야 한다(*Vindication*, 256). '사회에 어떤 기성의 강압도 없을' 때에만 '양성은 …… 정당하게 제자리를 찾을' 것이라고 울스턴크래프트는 단언했다(*Vindication*, 88).

여성과 남성이 자유를 누리기 위해서는, 사회적·정치적·종교적 의무뿐만 아니라 스스로 선택한 목표를 추구할 수 있는 기회와 조건이 주어져야 한다. 울스턴크래프트가 천명한 이런 입장과 관련해 특히 강조되어야 할 것은, '공적인' 영역과 '사적인' 영역 간의 깊은 연관성이 제시되고 있다는 점이다. 즉, 한편에서 시민권 및 정부 참여의 가능성과 다른 한편에서 양성 간의 불평등한 관계 속에 깊이 뿌리박고 있는, 그런 가능성에 대한 장애물 간의 연관성이 그것이다. 울스턴크래프트의 논지는, 사적 관계 영역의 재편 없이 진보적 정치 변화란 거의 불가능하며, 또한 통치 제도의 주요한 변경 없이 '사적인 것'의 만족할 만한 재편이 있을 수 없다는 것이다. 또한 그녀는 사적인 의무(어른이든 어린이든 자신에게 가장 가까운 사람에 대한 의무)도 '오성[이성]에 의해 마음이 넓혀지기 전에는 올바르게 이행되지 않을 것'이며, '남성의 전제'가 종식되지 않으면 공적인 덕성도 제대로 계발될 수 없다는 것을 보여 주려 했다. 왜냐하면 공적인 덕성은 사적인 [덕성]의 집합이기 때문이다(*Vindication*, 316, 318). 결국 여성해방은 이성적으로도 도덕적으로도 자유의 핵심 조건이다.

울스턴크래프트가 추구한 실천적 변화를 보면, 국가 교육 체제, 여성을 위한 새로운 직업 기회('여성은 …… 간호사뿐만 아니라 의사도 될 수 있다'), 그리고 '웃음을 불러일으키겠지만' '정부 심의'에 여성이 '직접 참가하는 것' 등이 있었다(*Vindication*, 252 이하). 이런 변화를 통해 여성은 사회에 크게 기여할 수 있는 기회를 누리게 될 것이다. '자신의 시민적 의무를 방기하는 여성이라면 시민법의 보호를 개인적으로 원해서는 안 된다. 남편 생존 시에는 자신의 생활을 위해, 남편 사후에는 부양을 위해, 남편이 주거나 남긴 돈에 여성이 의존해서는 안 된다. 자기 소유의 것이 전혀 없는 인간이 어떻게 관대할 수 있으며, 자유롭지 못한 사람이 어떻게 덕성을 가질 수 있겠는가?'

(*Vindication*, 259). 자신을 부양하고 타인의 복지에 기여할 재정적 수단을 갖게 될 때, 여성은 마침내 정치체제의 평등한 일원이 될 수 있을 것이다. 사회 질서와 정치 질서는 여성과 남성 모두에게 이롭도록 변화될 것이며, 질서는 권위가 아닌 이성 그 자체에 기초하게 될 것이다.

울스턴크래프트의 작업은 사회과정과 정치과정 간의 상호 관계를 밝힘으로써 민주주의의 조건을 새롭게 인식시키는 데 크게 기여했다. 20세기까지 공적 영역과 사적 영역 간의 관계를 그녀만큼 예리하게 추적한 저술가는 거의 없었다. 또한 불평등한 성관계가 어떻게 공적 영역과 사적 영역 모두에 걸쳐서 삶의 질에 해악을 끼치는지를 그녀만큼 잘 밝혀낸 사람도 없었다. 그녀의 급진적 주장은, 남녀 모두가 참여할 수 있는 민주주의는 어떤 복합적 조건 아래에서 발전할 수 있는가라는 새로운 질문을 제기했다. 울스턴크래프트 이후, 민주정치 과정에 참여할 수 있으려면 필요한 조건이 남녀 간에 어떻게 상이한지에 대한 연구를 정치사상가들이 외면할 수 있으리라고는 상상하기 어려웠다. 하지만 그런 방향의 연구를 실제 수행한 사람은 비교적 소수에 불과했다(Pateman 1988 참조). 울스턴크래프트도 이해했겠지만, 그 원인의 일부는 정치 기구와 학술 기구를 남성이 지배했기 때문이 분명하다. 하지만 그녀 사상 자체의 모호함도 한 원인이 되었다.

먼저 울스턴크래프트의 작업은, 예컨대 그녀 이전의 루소나 이후의 J. S. 밀이 했던 것처럼, 선명한 대안적 민주주의 모델에까지 이르지 못했다. 울스턴크래프트의 주장은, 로크의 『통치론』*Two Treatises of Government* 제2 논문 *Second Treatise* 이후 익숙해진 자유주의 원리와 좀 더 급진적인 참여 민주주의 원리 사이를 불안하게 배회했다. 『여권의 옹호』에서 그녀는 자신의 분석에 함축된 정치적 의미를 다루게 될 또 다른 책이 곧 저술될 것이라고 밝혔지만(*Vindication*, 90), 그 계획은 결국 실현되지 못했다. 정부와 국가 본연의 역할에 대한 울스턴크래프트의 정확한 견해가 무엇인지는 유감스럽게도 불분명하다. 그녀는 여성(과 남성 노동자)의 정부 참여를 확대해야 한다고 종종 이야기했고 투표권 확대를 명백히 주장했지만, 이런 견해들이 정부의 형태나 한계와 관련해 갖는 의미를 명확히 밝히지는 않았다. 함축된 의미를 끌어낸다면, 그 견해들은 한편으로는 자유민주주의 모델, 다른 한편에서는 혁명적 민주주의 이념이라는 서로 상이하고 때로는 경쟁적인 방향을 지향하는 것 같다(Taylor 1983, 1-7 참조).

'여성에게 이야기함에 있어서 …… 나는 특히 중산층 여성에 주목한다. 왜냐하면 그들은 가장 자연스러운 상태에 있기 때문이다'(*Vindication*, 81)라고, 울스턴크래프트는 스스로 자기 저술의 관련 독자층을 한정지었다. 그 경계의 다소 놀라운 의외성은 그녀의 입장을 밝히는 데 있어 어려움을 가중시킨다. '가장 자연스러운 상태'에 있는 여성이 도대체 무슨 뜻인가라는 질문은 차치하고라도(이 구절은 그녀가 다른 곳에서 사회적 관계의 역사성을 강조했던 것과 상당히 상치된다), 그녀가 중산층 여성의 권리만 옹호했는가라는 문제가 제기된다. 비록 당시로는 그런 입장을 취하는 것만으로도 상당히 급진적인 것이었지만(울스턴크래프트 스스로 지적하고 있듯이, 그녀 이전에 여성 지위에 관심을 가졌던 대다수 저술가들은 대체로 상층계급의 '숙녀'만을 대상으로 했다), 자신의 주장을 중산층에 한정해 적용하려 한 것은 기이하다. 해방된 여성은 '가사의 굴종적 부분으로부터 그녀의 손을 벗어나게 해줄 하녀'(*Vindication*, 254-255)를 가지게 될 것이라고 기술한 것을 보면, 그녀가 그렇게 제한하려 했다는 사실은 더욱 분명해진다. 그녀가 주장한 많은 내용이 모든 여성의 조건과 큰 관련이 있었음에도 불구하고, 울스턴크래프트는 모든 여성에게 그것을 적용한 것 같지는 않다. 실제로 해방된 여성은 하녀를 필요로 하는 것처럼 보인다. 이런 견해의 증거는 또 있다. 울스턴크래프트는 '빈민층'의 여성(및 남성)에 대해 논하면서, 하녀일이나 수공업을 하도록 정해진 빈민층 여성은 개혁된 사회에서도 인도적 배려나 특별한 교육을 받아야만 약간이나마 계몽될 수 있을 것이라고 말하고 있다(Kramnick 1982, 40-44; *Vindication*, 273 이하).

하지만 울스턴크래프트는 민주주의에 대한 논의에서 핵심적인 문제를 제시했다. 그것은 '개인'을 단지 남성으로만 간주하지 않는다면 모든 민주주의론이 장차 다루어야 할 문제였다. 실제로 이 문제를 다룬 소수 가운데 한 사람이 J. S. 밀이었다. 밀은 성$_{gender}$에 관한 고려를 자유민주주의론에 대한 새로운 해석에 통합하려고 시도했다(이 책 178-185쪽을 참조). 물론 밀의 정치사상은 아주 중요하다. 하지만 밀조차도 성에 관한 문제 제기가 민주주의와 관련해 가지는 함의를 철저히 추구하지 않았음에 유의해야 한다. 울스턴크래프트 사상의 여러 함의와 적실성은, 현대 페미니즘이 등장하면서 비로소 제대로 평가받게 되었다(7장과 10장 참조).

공화주의 : 결론

르네상스 이탈리아에서 부활된, '자치'의 측면에 대한 관심은 17~18세기의 영국, 미국, 프랑스에 중대한 영향을 미쳤다. 시민으로서의 삶이 어떻게 구성되어야 하고 공적 생활은 어떻게 유지될 수 있는가라는 문제는 여러 사상가 및 정치적 실천가들이 직면한 문제였다(Pocock 1975; Ball 1988, ch. 3; Rahe 1994 참조). 하지만 상이한 맥락은 전혀 상이한 결과를 낳았다. 영국에서 공화주의 사상의 흐름은 지속적으로 영향을 미쳤지만, 그것은 대개 군주제적·종교적 관념이 지배하는 강력한 토착적 사상 흐름과 얽히게 되었다. 이에 따라 군주와 신민의 관계가 주된 관심사이자 문제가 되었다(Pocock 1975, part III 참조; Wootton 1992). 미국에서 공화주의 개념은 계속 논쟁거리였다. 하지만 그것이 함축한 의미는 극적일 정도로 변했고, 적극적 시민이라는 이상이 가지는 의미도 변했다. 미국 헌법을 둘러싼 논쟁에서 미국의 국부國父 가운데 몇몇은 고대 공화주의와 르네상스 공화주의를 거부하면서, 대규모 인구와 확장된 영토, 복잡한 상업망을 가진 국가에 맞는 새로운 공화주의 질서를 창시하려고 시도했다(Ball 1988, ch. 3 참조; Rahe 1994, 3-18). 혁명기 프랑스에서 공화주의 사상은 최고 최상의 지위를 유지했고 구舊군주제 질서에 대한 중대한 도전의 일부가 되었다. 하지만 프랑스에서도 공화주의 사상은 여러 차례 변화를 겪었는데, 특히 혁명의 궤적 — 대중적 반란에서 테러로 — 이 널리 이해되게 된 이후에 그러했다.

다양한 이유로 말미암아, 사람들의 생각은 정치 공동체의 기초를 덕성 있는 시민이나 시민의 자제[즉, 사익 추구를 자제하고 공익을 우선하는 것-옮긴이]에 의존하는 것과 반대되는 쪽으로 바뀌게 되었다. 그리고 정치의 영역을 신중하게 규정하고 제한하며, 시민사회에서 개인의 에너지를 해방하고, 법과 제도에 의해 보증되는 시민과 정부 간의 새로운 균형을 제공할 필요성을 더욱 강조하는 쪽으로 방향이 전환되었다. 시간이 지남에 따라 공화주의 전통에 의해 해석되었던 자유의 기본적 의미도 변화되었다. 점진적으로 자유는 '정부에 참여할 인민의 권리'라는 공적·정치적 자유의 의미를 덜 불러내게 되었고, '정부 특히 입법부에 의한 침해에 반대해 권리를 보호한다'는 개인적·사적 자유의 의미를 점점 더 불러내게 되었다(Wood 1969, 608-609; 이에 대한 토론에 대해서는 Ball 1988, 54 이하). 옛 단어는 새로운 의미를 띠게 되었고, 다른 정치 용어 내지 정치 전통의 가닥과 다시 접합되었다. 3장에서는 이런 정치 사조의 강점과 약점에 대해 살펴보기로 한다.

3장
자유민주주의의 전개 : 국가에 대한 지지와 반대

"나의 이 저술이, 언젠가 어느 주권자의 손에 들어가, 사심으로 가득 차 있거나 혹은 질투심이 많은 해석자에게 현혹되지 않고, 그가 스스로 생각하며(이 저작은 짧고, 내 생각에는 명료하기 때문이다), 또한 그가 온전한 주권을 행사하여 이것이 공적으로 교육될 수 있도록 보호한다면, 이 사변적인 진리는 실천적인 이익으로 바뀔 것이다. 나는 그런 일말의 희망을 품어 본다."
_토머스 홉스

MODELS OF DEMOCRACY

근대 자유주의와 자유민주주의 사상의 등장을 가져온 역사적 변화는 엄청나게 복합적이었다. 정당한 권위의 범위를 둘러싼 군주와 신분 계급들* 간의 투쟁, 지나친 과세와 사회적 의무의 중압에 저항한 농민들의 반란, 교역과 상업 및 시장 관계의 확산, 기술 특히 군사기술의 변화, 군주제 국가(특히 영국, 프랑스, 스페인)의 공고화, 르네상스 문화의 영향 확대, 종교 분쟁 및 가톨릭주의의 보편적 주장에 대한 도전, 교회와 국가 간의 투쟁 등이 모두 영향을 미쳤다. 뒤에서 순차적으로 이런 새로운 사태들에 대해 살펴보게 되겠지만, 우선 '절대주의' 국가의 개념부터 명확히 하는 것이 유용할 것이다.

15세기부터 18세기까지 유럽에는 두 가지 상이한 형태의 정체가 지배적이었다. 프랑스, 프러시아, 오스트리아, 스페인, 러시아 등의 '절대적' 군주국이 그 하나이고, 영국 및 네덜란드의 '입헌적' 군주국과 공화국이 다른 하나다(Mann 1986, ch. 14 참조). 이 두 유형의 정체 간에는 개념적으로, 제도적으로 중요한 차이가 존재한다. 특히 국가와 사회의 관계사라는 관점에서 볼 때 그 차이점들은 실제보다 더 두드러진다. 입헌 국가에 대해서는 곧 논의하기로 하고, 우선 절대주의에 초점을 맞추어 보자.

* 신분 계급(estates)이란 중세의 세습적 신분에 기초한 계급을 말한다. 흔히 성직자는 제1신분, 귀족은 제2신분, 일반 평민 또는 시민은 제3신분으로 불린다.

절대주의를 특징짓는 것으로는, 대규모의 강력한 정치 구조 안으로 소규모의 취약한 정치 단위들을 흡수하는 것에 기초한 국가형태의 등장(16세기 초 유럽에는 정도의 차이는 있지만 독립적인 정치 단위체가 500여 개나 있었다), 통합된 영토에 대한 통치 능력의 강화, 재정 관리의 변화와 확대, 영토 전역에 대해 집행되는 강화된 법·질서 체제(군대의 중앙집권화의 강화와 연계된), 단일의 최고 지배자에 의한 좀 더 '지속적이고 예측 가능하며 효율적인' 통치의 적용 등이 있다(Poggi 1978, 60-61). 절대주의 통치자의 실제 권력이 종종 과장되기는 했지만, 이런 변화는 위로부터의 '공적 권위'의 실질적 중대를 의미했다(P. Anderson 1974b 참조). 분명 절대주의 통치자들은 자신만이 국가 업무에 대한 정당한 결정 권한을 갖는다고 선포했다. 이런 견해를 가장 뚜렷이 선언한 이는 루이 14세였다. 그에 의하면,

> 최고 권력은 오직 내 개인에게 속한다. 법정이 그 존재와 권위를 갖는 것은 오직 나로 인한 것이다. …… 권위는 오로지 나의 이름으로만 행사될 수 있다. …… 입법권은 배타적으로 나에게 속하기 때문이다. 모든 공공질서는 나로부터 나온다. 왜냐하면 내가 공공질서의 최고 수호자이기 때문이다. …… 국가의 권리와 이익은 …… 내 자신의 그것과 반드시 통합되어야 하고, 오직 내 손에 달려 있다(Schama 1989, 104에서 재인용).

절대주의 군주는 세속법의 모든 문제에 대해 궁극적 권위를 주장했다. 하지만 이런 포괄적 권한은 신의 법에서 유래하는 것으로 이해되었다는 점에 주의해야 한다. 왕의 정통성은 '신이 부여한 권리'에 기초한 것이었다.

절대주의 군주는, 점점 중앙집권화된, 또한 불가분의 최고 권력 — 즉, 최고 권력sovereign power 또는 통치권sovereignty* — 에 대한 주장에 입각한 그런

통치 체제의 정점에 위치했다. 이런 통치 체제는 궁정 생활의 일상이나 의례 등으로 표출되었다. 또한 궁정과 연계된 새로운 행정 기구 ― 이는 상설 관료 기구 및 상비군의 단초가 된다 ― 가 발달했다(Mann 1986, 476). 17세기 프랑스 군주정이 절대주의 궁정의 최고 모델이라면, 호엔촐레른 왕가** 하의 프러시아는 '내각의 원형'을 보여 주는 최고의 예가 될 것이다(Poggi 1990, 48). 이런 '원형들'은 전례 없이 다양한 활동 영역을 진흥하고 규제하는 데 있어 국가의 관여를 확대했다. 절대주의는, 국가 내부의 사회·경제·문화·법적 편차는 축소하고 국가 간의 편차는 확대하게 되는, 국가 형성 과정을 추동하는 데 기여했다(Tilly 1975, 19).

이런 변화에 대한 한 해석에 따르면, 국가의 행정 권력이 확대될 수 있었던 것은 상당 정도 사회 구성원에 대한 국가의 정보 수집과 축적 능력이 신장되고, 이에 따라 신민들에 대한 국가의 감독 능력이 강화되었기 때문이었다(Giddens 1985, 14-15, 198 이하; P. Anderson 1974b, 15-42 참조). 그러나 이처럼 국가의 최고 권위가 확대되고 행정 중심이 더욱 강력해지긴 했지만, 정점[즉, 절대주의 국가나 군주―옮긴이]으로의 권력 집중 현상만 일어난 것은 아니었다. 왜냐하면 행정 권력이 증대함에 따라 국가가 협력적 방식의 사회관계에 의존하게 되는 측면도 커졌기 때문이다. 국가가 단지 강권력만으로 직무를 관리하고 직위와 활동을 지속하는 것은 더 이상 불가능하게 된 것이다. 그 결과 통치자와 피치자 사이에 더욱 큰 상호 관계가 형성되었고, 더욱 큰 상호 작용이 수반되었다. 또한 하위 집단들이 통치자에게 영향을 미칠 수 있는 기회가 더욱 많

* sovereignty란 일정 영토에 대해 행사되는 최고의 권력을 의미하는데, 대외적 관점에서 볼 때는 '주권'으로, 대내적 관점에서 볼 때는 '통치권'으로 해석될 수 있다. 중세의 봉건제 아래에서 봉건 제후들에게 분산되어 있던 권력이 절대 군주에게 집중됨에 따라, 또한 군주의 세속 권력이 교황으로 대표되는 종교적 속박으로부터 벗어남에 따라 근대 국가권력이 형성되는데, 이런 근대국가의 권력을 뒷받침한 개념이 sovereignty라 할 수 있다. 대표적인 사상가는 보댕(J. Bodin)과 홉스인데, 전자는 프랑스 종교전쟁의 혼돈을 극복하기 위해, 후자는 영국 내전이 야기한 위기를 극복하기 위해 각각 sovereignty 이론을 주창했다. 이 책에서는 문맥에 따라 sovereignty는 주권, 통치권, 최고 권력 등으로, sovereign은 주권적, 최고 권력의(형용사인 경우), 통치자(명사인 경우) 등으로 번역했다.

** 호엔촐레른 왕가(Hohenzollern dynasty)는 1415년부터 1918년까지 존속한 독일의 왕가다. 1701년에는 프로이센 왕이 되어 합스부르크가에 견줄 만한 세력을 누렸으며, 19세기에는 독일 민족 통일의 중심이 되어 1871년에 독일제국이 성립되자 황제의 칭호를 가졌다.

이 만들어졌다. 요약하면, 절대주의는 그 자체 내에, 새로운 형태의 국가권력을 발전시키는 추동력과 그것을 제한하는 추동력 — 입헌주의와 (궁극적으로) 통치 과정에 유력 집단의 참여 — 을 함께 창출한 것이다.

근대국가의 근인은 절대주의 및 그로부터 시작된 국가 간 체제였다. 절대주의는 그 자체의 수중에 정치권력을 응축하고 중앙집권화하면서, 또한 중앙 통치 체제의 창출을 시도하면서, 국민적·세속적 권력 체제를 향한 길을 닦았다. 하지만 적절한 국가형태에 대한 새로운 사고방식을 촉발하는 데 기여한 모든 사태들 가운데 가장 중요한 것은 프로테스탄트 종교개혁일 것이다. 왜냐하면 종교개혁은 유럽 전역에서 단지 교황의 지배권과 권위에 도전한 것 이상을 수행했기 때문이다. 종교개혁은 가장 단호한 방식으로 정치적 의무와 복종에 대해 의문을 제기했다. 가톨릭교회, 프로테스탄트 통치자, 특정 종파 가운데 누구에게 충성을 바쳐야 하는가는 쉽게 풀 수 없는 문제였다. 16세기 후반기 유럽 전역에는 격렬한 종파 간 분쟁이 만연했고, 이는 독일의 30년 전쟁에서 최고조에 이르렀다. 이런 사태는 종교가 결정적 불화 요인이 되고 있음을 명백히 보여 주었다(Sigler 1983 참조). 어떤 특정 신앙을 떠받들 통치자의 의무로부터 국가권력이 분리되어야 한다는 것이 점점 분명해졌다(Skinner 1978, 352). 경쟁적 종파들 모두가 중세 교회가 주장했던 그런 종류의 특권을 스스로 확보하려 함으로써 야기된 통치의 딜레마를 뚫고 나갈 방법은 그 길밖에는 없었던 것이다.

하지만 정치사상에 지속적 영향을 미친 것은 단지 종교개혁이 야기한 분쟁만이 아니었다. 왜냐하면 루터Martin Luther와 칼뱅Jean Calvin의 가르침은 그 핵심에 '개인'으로서의 인간이라는, 기존 질서를 뒤흔드는 개념을 담고 있었기 때문이다. 새로운 교리에서 개인은 신 앞의 단독자, 모든 행위의 주권적 심판자, 신의 의지를 해석하고 이행하는 데 직접 책임지는 존재로 이해되었다. 이는 근원적이고 역동적인 영향력을 가진 개념이었다. 우선 그것은 교회라는 직접적인 '제도의 후원'으로부터 개인을 풀어 놓아주었고, 그리하여 '자기 운명의 주인'으로서의 개별 행위자라는 관념 ― 이후의 정치적 사고의 핵심 부분 ― 을 고무하는 데 일조했다. 또한 그것은 도덕적·종교적 실천과 직접 충돌하지 않는 모든 영역에서 세속적 활동의 자율성을 인가했다(이 책 5장 및 베버의 『프로테스탄트 윤리와 자본주의 정신』 참조). 이런 사태의 진전은, 종파 간의 그리고 종교와 세속 권력 간의 투쟁에 의해 시작된 정치적 변화의 계기와 결합되면서, 국가와 사회의 본질을 새롭게 재검토하도록 크게 자극했다.

비유럽 세계의 발견에 따라 다양한 사회·정치 제도가 가능하다는 인식이 유럽에서 늘어나게 되면서 이런 자극은 더욱 강화되었다(Siegler 1983, 53-62 참조). 유럽과 '신세계'의 관계, 비유럽인의 권리(만일 있다면)의 성격 등에 논의의 초점이 맞추어졌고, 이에 따라 정치의 본질에 대한 복수의 여러 해석이 가능하다는 인식이 더 선명해졌다(S. Hall and Gieben 1992, ch. 6 참조). 물론 실제 해석의 방향은 각 국가의 배경 내지 전통에 따라 달리 나타났다. 정치의 성격의 변화는 전 유럽에 걸쳐 상이하게 경험되었던 것이다. 하지만 정치사상의 새로운 시대를 연 사건이나 과정들의 중요성은 아무리 강조해도 모자랄 것이다.

근대 유럽 정치사상에서 국가 개념은, 주어진 영토를 관리·통치할 능력을 가진 비인격적이고 특권적인 법적 또는 입헌적 질서 개념으로 흔히 연결된다. 이런 개념은 고대 세계(특히 로마)에서 최초로 나타났지만, 16세기 말까지 주요한 관심 대상이 되지는 못했다. 중세적 정치 사고에는 그런 구성 요소가 없었다. 정치적 권리와 의무가 종교적 전통이나 군주의 권력, 봉건적 소유권 체계 등과 밀접히 연계되어 있는 한, 비인격적인 주권적 정치 질서 — 즉, 한 영토에 대한 최고 관할권을 갖고, 지배자와 피지배자로부터 분리된, 법적으로 한계지워진 권력 구조 — 라는 개념이 지배적이 될 수는 없다. 같은 맥락에서, 인간은 자신이 속한 국가의 시민이 될 권리를 가진 '개인' 또는 '인민'이라는 사상이 광범위하게 유포되어 통용되게 된 것은 그런 제도[종교적 전통이나 군주의 권력, 봉건적 소유권 체계-옮긴이]가 가하는 구속력이 약화된 이후에야 가능했다.

이 시기에 등장한 정치사상의 전통 가운데 두 가지가 중요하게 되었다. 앞 장에서 논의한 공화주의 전통과 자유주의 전통이 그것이다. 자유주의 전통의 최초의 주창자 가운데는 홉스 및 로크가 있었다. 홉스는 절대주의에 대한 지지와 전제정에 대한 자유주의의 투쟁 사이의 흥미로운 전환점을 나타낸다. 이와 달리 로크는 자유주의적 입헌주의 전통의 시작을 뚜렷이 보여주는데, 이는 18세기부터 시작된 유럽 및 미국 정치 지형의 변화 속에서 지배적 흐름이 되었다.

'자유주의'의 의미를 명확히 하는 것이 중요하다. 자유주의는 논쟁적 개념이고 그 의미가 역사적으로 달라지기도 했지만, 여기에서는 전제정과 절대주의 체제 및 종교적 불관용에 맞서 선택의 자유와 이성 및 관용의 가치를 지지·고무하려는 시도를 의미하는 것으로 사용될 것이다(Macpherson 1966; Dunn 1979; Pateman 1985; Rahe 1994 특히 후기 참조). 한편에서 성직권과 교회에 대해 다른 한편에서 '전제군주' 권력에 대해 도전하면서, 자유주의는 교회와 군주의 권력을 제한하는 것과 함께 양자로부터 독립적인 독특한 사적 영역을 규정하고자 시도했다. 이런 기획의 핵심 목표는 종교의 지배로부터 정체를 해방시키고 정치의 간섭으로부터 시민사회(개인 생활, 가족 및 직업 생활)를 해방시키는 것이었다. 점차 자유주의는 종교적·경제적·정치적 문제 ― 사실상 일상생활에 영향을 미치는 모든 문제 ― 에서 개인이 자유롭게 자신의 선호를 추구할 수 있어야 한다는 교의와 결합되었다. 이런 목표를 상이하게 해석하는 자유주의의 여러 '변형들'이 존재하지만, 개인들의 이해관계를 조화시키는 핵심 메커니즘으로서 입헌 국가와 사적 소유, 그리고 경쟁적 시장경제를 주창한다는 점에서 이들 모두는 공통적이었다. 특히 최초의 (그리고 가장 영향력 있는) 자유주의 교의에 의하면, 개인은 '자유롭고 평등'하며, 출생과 함께 타고난 양도할 수 없는 권리, 즉 '자연권'을 가진다고 상정되었다. 하지만 처음부터 이들 '개인'은 (또다시) 남성으로 간주되었다는 점이 언급되어야 한다(Pateman 1988 참조). 관심의 초점이 된 것은 일반적으로 재산을 소유한 남성 개인이었다. 그리고 새로운 자유는 무엇보다 먼저 신중간계급 사람 또는 부르주아지(시장경제의 성장으로부터 바로 직접 이득을 얻고 있던)를 위한 것이었다. 뛰어난 사상가들도 공적·사적 생활에서 남성의 지배에 대해 대체로 아무런 의문을 제기하지 않았다.

　자유주의 정치 이론이 직면한 핵심 문제는, 비인격적이고 법적으로 한계지워진 권력 구조로서의 국가 개념을 신민의 권리와 의무에 대한 새로운 견해와 어떻게 조화시킬 것인가였다. 국가권력의 정당한 근거로 인지되는 '주권 인민'에 '주권국가'가 어떻게 연결되어야 하는가 그것이 문제였다. 대부분의 자유주의 내지 자유민주주의 이론은 권력과 권리, 권력과 법, 의무와 권리 간의 균형을 찾아야 하는 딜레마에 직면하게 되었다. 왜냐하면 국가는 '자유로운 교역' 및 상업과 가정생활이 번성할 수 있는 안전한 기반을 제공하기 위해 강제력을 독점해야 하지만, 국가의 강제 능력과 조정 능력은 국가의 대행자가 시민 개인의 정치적·사회적 자유에 간섭하지 않도록 또한 상호 경쟁 관계 속에서 그들의 특수이익을 추구하는 데 간섭하지 않도록 제한되어야만 했기 때문이다.

자유주의의 특징을 좀 더 충분히 이해하기 위해서는 그 전개 양상을 세부적으로 검토하는 것이 중요하다. 자유주의 전통의 등장 및 그것이 주권, 국가권력, 개인 권리, 대표의 메커니즘 등과 관련해 제기한 문제들을 이해할 때 비로소 18세기와 19세기에 등장하기 시작한 새로운 자유민주주의 모델의 기초를 파악할 수 있다. 이 장에서는 그 두 가지 모델인 '보호' 민주주의(⟨모델 3.1⟩)와 '계발' 민주주의(⟨모델 3.2⟩)에 대해 각각 검토할 것이다. 이 두 모델은 앞 장에서 소개한 공화주의 모델과 비슷한 측면을 가진다. 보호 민주주의는, 사람들이 자기 이익을 추구하고 사적 동기에 의한 선택을 할 수 있다면, 타인에 의한 지배를 막는 유일한 방법은 책임 있는 제도의 창설을 통하는 것이라고 단언한다. 계발 민주주의의 주장에 의하면, 정치적 참여는 그 자체로 바람직한 목표이며, 적극적이고 식견 있고 관여하는 시민을 계발할 수 있는 하나의 (유일한 것이 아니라면) 핵심 메커니즘이다. 이들 두 사조 모두에서 공화주의의 영향을 받은 요소들을 발견할 수 있지만, 양자 모두가 초기 자유주의 사상에 그 기원을 두고 있다는 점을 파악하지 못한다면 제대로 된 이해는 불가능하다. 따라서 이 장에서는 이제 후자, 즉 초기 자유주의 사상을 살펴보는 것에서 시작하고자 한다. 특히 군주와 성직자의 권력의 본질이나 범위에 대한 근대 초기의 논쟁에 대해 살펴볼 것이다. 이 논쟁에서 홉스는 결정적인(다소 애매하지만) 위치를 차지한다.

권력과 통치권(주권)

대작 『리바이어던』(*Leviathan*, 1651)에서 홉스는, 마키아벨리가 생각했듯이, 자신의 목적을 보장해 주는 강력한 지위와 '좀 더 강렬한 즐거움'을 항상 추

홉스의 『리바이어던, 또는 교회 및 시민 공동체의 내용, 형태, 권력』(Leviathan, or The Matter, Forme, and Power of a Common-Wealth Ecclesiastical and Civil, London: Andrew Crooke, 1651) 표지 삽화. 이 그림은 주권자가 한 손에는 무기인 칼을, 다른 손에는 정의의 홀(笏)을 휘두르면서, 제왕처럼 당당한 거인 걸리버와 같이 주변 배경 위로 높이 치솟은 거대한 인물로 보여 준다. 자그마하고 번영하는 도시가 아래의 계곡에 평온하게 자리 잡고 있으며, 기하학적으로 정돈된 배치는 배경에서 솟아오른 거인이 가능케 한 평화와 질서를 명백히 상징하고 있다. 이 그림은 홉스 사상의 완벽한 요약처럼 보인다. 즉, 평화의 축복은 사회가 절대적인 권위에 전적으로 복종할 때에만 보장된다는 것이다. 하지만 주목해야 할 가치가 있는 또 다른 특징이 있다. 이 주권자의 막강한 육신은 이른바 그 자신의 것이 아니다. 그 윤곽은 축소된 신민들의 모습으로 완전히 가득 채워져 있다. 달리 말하면, 주권자는 그들을 통해서만 존재한다.

토머스 홉스

구하는, 근본적으로 이기적인 존재로 인간을 그렸다. 이익 갈등과 권력투쟁은 인간의 조건을 특징짓는다. 홉스는 '모든 인간의 일반적 경향, 죽음에서만 멈추는 영속적이고 끊임없이 계속되는 권력 욕구'를 강조한다(Leviathan, 161). 이런 시각에 의하면, 인간이 서로를 존경하고 신뢰하며 계약을 이행하고 정치적으로 협동하게 될지도 모른다는 생각은 정말로 가망이 없는 것 같다. 하지만 영국 내전®을 배경으로 한 저술에서 홉스는, 자기 이익에 대한 일관된 관심이 반드시 끝없는 갈등과 전쟁을 가져다주는 것은 아니며 또한 그렇지 않을 것임을 보여 주려 했다. 홉스는 이를 입증하고 나아가 이를 통해 국가의 적절한 형태를 확립하기 위해 '사고의 실험'을 도입했다. 그 '실험'은 개인과 국가의 관계를 고찰할 때 제기되는 몇몇 쟁점들을 가장 예리한 형태로 드러내 주기 때문에 간략히 검토할 만한 가치가 있다.

홉스는 개인들이 자연 상태에 있는 상황을 가정했다. 자연 상태란 자신의 생명을 지키기 위해 모든 수단을 사용하고, 자신이 바라는 누구에 대해서도 원하는 바를 무엇이든 행하고, 가지려 하거나 가질 수 있는 모든 것을 소유·이용·향유할 '자연적 권리'를 누리는 상태, 즉 규칙을 집행하고 행위를 구속할 '공동의 권력' 또는 국가가 없는 상태다(Leviathan, part I, ch. 13-15). 그 결과는 생존을 위한 부단한 투쟁, 즉 홉스가 말한 유명한 '만인의 만인에 대한 투쟁'이다. 이런 자연 상태에서 개인들은 삶이 '외롭고 초라하며 험악하고 야수적이며 짧은 것임'을 발견하게 된다. 따라서 그들은 좀 더 안락한 상태를 확보함은 물론이고 손해를 막고 일찍 죽을 위험을 피하기 위해 어떤 자연법이나 규칙

● 영국 내전(English Civil War)은 1642년부터 1651에 걸쳐 전개된 왕당파와 의회파 간의 무력 충돌로, 1651년 의회파의 승리로 귀결되었다. 흔히 청교도혁명이라 일컬어지는 이 내전의 결과 찰스 1세가 처형(1649년)되었고, 군주제가 폐지되어 영국은 공화국이 되었다. 이후 의회파 지도자로 호국경에 오른 크롬웰이 독재로 치달으면서 의회를 해산하기에 이르렀고, 결국 1658년 크롬웰의 사망과 함께 공화정은 붕괴되고 왕정으로 복귀하게 된다.

을 준수할 필요가 있다는 사실을 발견하게 된다(*Leviathan*, part 1, ch. 13). 자연법이란 다른 사람도 그렇게 할 것이라고 믿을 충분한 근거가 있다면 타인을 대함에 있어 개인이 반드시 지켜야 할 것들이다(Plamenatz 1963, 122-132 참조). 홉스는 자연법에 대해 다음과 같이 말하고 있다. 즉, '그들은 가장 평범한 능력을 가진 자도 이해할 수 있는 하나의 쉬운 요점을 받아들이기로 계약하게 된다. 즉, 네가 너 자신에게 행하지 않을 것을 타인에게 행하지 말라는 것이다'(*Leviathan*, chs. 14, 15). 그가 자연법에 대해 말한 바에는 애매모호한 점이 많이 있다(무엇보다, 자연법과 '신의 의지'의 관계). 하지만 여기에서 그런 문제들에 대해 관심을 가질 필요는 없다. 왜냐하면 홉스가 보기에 핵심 문제는 다음과 같은 것이기 때문이다. 어떤 조건에서 개인들은 모든 것을 할 수 있는 자신의 권리를 포기할 만큼 서로를 신뢰하게 되며, 그 결과 안전과 평화에 대한 그들의 장기적 이익이 유지될 수 있는가? 일부 사람으로서는 사정에 따라 계약을 깨뜨리는 것이 유리한 상황에서 개인들은 어떻게 상호 거래하고 계약을 맺을 수 있는가? 그들의 삶에 대한 규제를 확실히 보증해줄, 사람들 간의 계약은 필요하다. 하지만 그것은 불가능한 목표처럼 보인다.

[이런 문제에 대한-옮긴이] 홉스의 주장을 요약하면 다음과 같다. 개인들은 기꺼이 그들의 자치의 권리를, 그들을 위해 행동할 권한을 위임받는 강력한 단일 권위에 양도할 것이다. 왜냐하면 모든 개인이 동시에 그렇게 하면, 효과적인 정치적 지배와 장기적인 안전과 평화의 조건이 창출될 것이기 때문이다. [그 결과-옮긴이] 통치자sovereign와 신민 사이의 독특한 권위 관계가 창출될 것이다. 또한 독특한 정치권력, 즉 최고 권력 또는 통치권 — 통치자로 확립된 개인이나 의회에 의한, 국가권력의 공인된 따라서 정당한 행사 — 이 수립될 것이다. 신민들은 통치자에 복종할 의무를 갖게 될 것이다. 왜냐하면 '통치자'의 직職은 그들의 합의의 산물이며, '통치권'이란 이렇게 합의

된 직위의 속성 — 그것을 차지한 사람의 속성이라기보다 — 이기 때문이다(Benn 1955 참조; Peters 1956; Skinner 1989, 112 이하).

특히 홉스의 견해에 따르면, 통치자의 직職은 자기 영속적이고 분할되지 않아야 하며 궁극적으로 절대적이어야 하지만, 인민이 수여한 권위에 의해 수립된다(*Leviathan*, 227-228). 명령할 수 있는 국가의 권리와 신민의 복종 의무는 '동의' — 만일 실제로 사회계약이 있었다면 개인들이 동의했을 상황 — 의 결과다. 홉스의 국가 개념에는 오늘날 우리가 대의적이라고 부르는 요소는 거의 없지만, 홉스는 사실상 인민이 통치자를 통해서 통치한다고 주장하고 있다. 통치자가 그들의 대표인 것이다. '수많은 인간들이 한 사람 또는 한 인격에 의해 대표될 때에 그들은 하나의 인격이 된다'(*Leviathan*, 220). 복수의 목소리와 이익은 통치자를 통해서 '단일 의사'가 될 수 있으며, 주권 국가에 대해 말하는 것은 그런 단일성을 가정한 것이라고 홉스는 주장한다. 따라서 그의 입장은, '왕의 신성한 권리'나 전통의 권위에 대한 주장을 거부하고 동의에 의한 정부의 중요성을 주장하는 자들과 일치하고 있다. 하지만 대개 이런 주장이 어떤 종류의 인민주권이나 민주적 대의 정부의 필요성을 함축하는 것으로 결론 내려지는 데 반해, 홉스의 결론은 정반대 방향으로 나아갔다(이 문제에 대한 좀 더 충분한 논의는 Held 1995, ch. 2 참조).

홉스의 입장은, 사회·정치 질서를 보증할 충분한 국가권력과 개인의 자유 양쪽 모두를 확립할 필요성에 몰두했던 근대 자유주의의 출발점에 위치하고 있다. 그것은 자유주의 형성에 결정적 기여를 했다. 그러나 마키아벨리 사상과 마찬가지로, 홉스의 입장은 근본적으로 자유주의적 요소와 비자유주의적 요소를 결합시킨 것이었다. 홉스의 입장은 자유주의적이었다. 왜냐하면 홉스는 인간 본성이 표출될 수 있는 최적의 조건을 밝히고, '자유롭고 평등한' 개인으로 구성된 세계를 준거로 사회와 국가의 최적 형태를 설명하거나 도출하고자 했기 때문이다. 또한 홉스는, 인간사를 규제하고 사회 안의 일정한 자립과 선택권을 안전하게 확보하기 위해서뿐만 아니라 그런 규제를 합법화, 즉 정당화하기 위해서라도, 계약 또는 협정을 체결하는 데 있어서 동의의 중요성을 새로운 방식으로 강조하고자 했기 때문이다. 하지만 홉스의 입장은 또한 매우 비자유주의적이었다. 그의 정치적 결론은, 사회적·정치적 삶의 조건을 확보하고 법을 창출하는, 실질적으로 전능한 통치자의 필요성을 강조하기 때문이다. 실제로 홉스가 당대 영국인들에게 계약을 맺으라고 요구한 것은 아니었다. 그가 요구한 것은, 그런 계약이 행해졌다고 가정할 경우 뒤따를 의무의 합당함을 인정하라는 것이었다(*Leviathan*, 728; Macpherson 1968, 45 참조). 그의 이런 의무 개념은 개인의 권리와 국가 권력 사이의 균형을 철저하게 후자 쪽으로 기울게 만들었다. 근대국가의 최고 권력은 확립되었으나 자주적 행위를 할 수 있는 시민 — 물론 '높은 신분'과 상당한 재산을 가진 남성 시민 — 의 지위는 근본적으로 양보되었다. 홉스는 교역과 상업 및 가부장적 가족이 번성할 수 있는 영역, 즉 시민사회를 국가 간섭으로부터 자유롭게 지키려고 했다. 하지만 결국 그의 작업은 국가 행위를 충분히 제한하는 데 필요한 개념이나 제도를 명료히 밝히는 데 실패했다.

시민권과 입헌 국가

분할될 수 없는 권위의 명령에 의해 지배될 때에만 개인들은 서로 간에 '평화롭고 안락한' 삶을 찾을 수 있다는 홉스주의적 주장에 대한 로크의 유명한 반론은 보호 민주주의 전통의 모든 것을 예견해 주고 있다. 그는 이런 식으로 주장했다. '이것은 인간이, 스컹크나 여우로부터 받을지도 모르는 해악을 피하기 위해서는 조심하면서도, 사자에게 잡아먹히는 것에는 만족해 하는 정도가 아니라 안전하다고 느낄 정도로 어리석은 존재라고 생각하는 것이다'(Locke, *Two Treatises of Government*, 372, para. 93). 달리 표현하면, 서로도 완전히 믿지 못하는 인간이 자신의 이익을 돌봐 줄 전능한 통치자를 신뢰하리라는 것은 믿기 어렵다는 것이다. 로크는 국왕의 권력에 일정한 입헌적 한계를 부과한 영국의 1688년 혁명●과 그 귀결을 지지했다. 그는 모든 영역에서 압도적인 거대 권력의 개념을 거부했다. 그에게 '정부' 제도는, 시민의 '생명, 자유, 재산'을 보호하기 위한 '수단'으로 이해될 수 있고 또 그렇게 이해되어야 했다. 즉, 정부의 존재 이유는, 신의 의지에 의해 정해진 그대로 그리고 법에 의해 보호되는 그대로, 개인의 권리를 보호하는 것이다(Dunn 1969, part 3).

로크는, 홉스가 그러했듯이, 자연권을 부여받은 개인이 앞서 존재하며 정치 세계의 성립은 그로부터 뒤따라 나온다고 생각했다. 홉스처럼 그가 관심을 가졌던 것은, 정당한 정부는 어떤 형태를 취해야 하며 안전과 평화 및 자유의 조건은 무엇인가라는 것이었다. 하지만 이런 문제에 대한 그의 사고나 착상의 방식은 전혀 달랐다. 로크는 1690년 처음 출판된 『통치론』의 중요한 제2 논문에서, 개인은 원래 자연 상태에 있었다는 명제로부터 출발한다. 자연 상태란, '허가를 청하거나 어떤 다른 사람의 의지에 종속되지 않고, 자연법의 한계 내에서 자신이 적절하다고 생각하는 대로 자기의 소유물과 인격을 처리하고 자신의 행동을 규제하는 완전한 자유의 상태'다(*Two Treatises*, 309, para. 4).[1] 인간 결사의 기본 형태인 이런 자연 상

1_이렇게 주장함으로써 로크는 후대의 다른 사람들이 따라올 중요한 단서를 제시하고 있다.

● 1688년 혁명은 제임스 2세의 전제 정치에 반발한 의회 세력이 네덜란드의 오렌지공 윌리엄과 연합하여 일으킨 혁명을 말한다. 흔히 명예혁명이라 한다. 그 결과 제임스 2세가 해외로 망명하게 되고, 윌리엄과 메리 부처가 윌리엄 3세, 메리 2세로 왕위에 공동으로 오르게 되는데, 그 과정에서 윌리엄과 메리 부처는 의회가 제시한 '권리 선언'을 인정한 뒤에야 왕위에 오를 수 있었다. 이후 어떤 영국의 왕조도 의회를 무시하는 무소불위의 권력을 행사할 수 없었다. 명예혁명은 영국의 의회 민주주의를 출발시킨 시발점으로 평가된다.

태는 자유의 상태이지 '방종의 상태'는 아니다. 개인들은 신에 대한 의무에 구속되며, 자연법에 의해 통치된다. 자연법은 자살해서는 안 되며, 서로를 지키려고 노력해야 하고, 서로의 자유를 침해해서는 안 된다는 등의 도덕의 기본 원칙을 제시해 준다(『통치론』에서 자연법의 정확한 의미를 집어내기는 어렵다). 자연법은 인간 이성에 의해 파악될 수 있다. 하지만 그것은 '무한히 현명한 조물주'인 신이 만든 작품이다(Two Treatises, 311, para. 6).

존 로크

자연 상태에서 인간은 자유롭고 평등하다. 왜냐하면 이성이 그들로 하여금 합리적일 수 있도록, 즉 자연법을 따를 수 있도록 하기 때문이다. 나아가 그들은 자연권을 누린다. 타인의 권리를 존중할 의무와 마찬가지로, 자신의 일을 주관하고 범칙자에 맞서 자연법을 집행할 권리가 우선적으로 전제되고 상정되는 것이다. 개인은 자기 자신의 노동을 결정·처리하고 소유물을 소유할 권리를 가진다. 소유권이란 '생명, 자유, 재산'에 대한 권리다(Two Treatises, 395, para. 123). 그런데 로크는 '소유권'이란 말을 물건에 대한 배타적 사용을 의미하는 좀 더 좁은 의미로 쓰기도 했다(Macpherson 1962 참조; Plamenatz 1963; Dunn 1969).

로크에 의하면, 자연법의 준수는 자연 상태가 전쟁 상태가 아님을 보증한다. 하지만 자연 상태에서 개인들의 자연권이 항상 보호되는 것은 아니다. 어떤 '불편'이 존재하기 때문이다. 즉, 모든 개인들이 타인의 권리를 완전히 존중하는 것은 아니다. 자연법의 집행을 각 개인에게 맡길 경우 너무나 많은 재판관이 존재하게 되어 자연법의 의미에 대한 해석의 충돌이 나타나게 된다. 사람들이 느슨하게 조직되어 있으면 외부로부터의 침략에 취약하게 된다(Two Treatises, 316-317, para. 13). 겪게 될 가장 핵심적인 '불편'은,

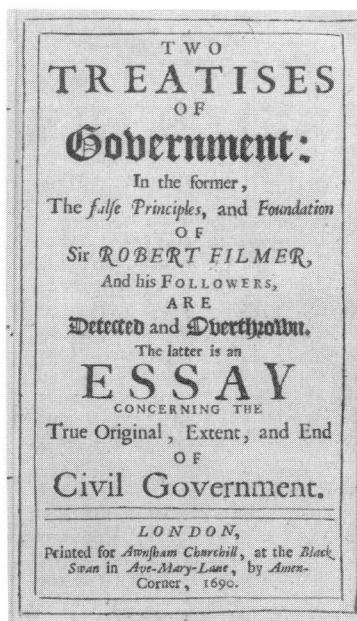

흔히 『통치론』으로 알려진 글의 원 제목은 『통치에 관한 두 논문』(*Two Treatise of Government*)이다. 이 글은 원래 각기 다른 시기에 쓰인 두 개의 긴 논문으로 구성되어 있는데, 통상 첫 번째 논문을 "제1 논문: 로버트 필머 경 및 그 추종자들의 그릇된 원칙과 근거에 대한 지적과 반박"(The First Treatise of Government : The False Principles and Foundation of Sir Robert Filmer and His Followers are Detected and Overthrown), 두 번째 논문을 "제2 논문 : 시민 정부의 참된 기원, 범위 및 목적에 관한 시론"(The Second Treatise of Government : An Essay Concerning the True Original, Extent, and End of Civil-Government)이라고 부른다. 영국에서 출간될 당시에는 두 논문이 모두 들어 있었으나, 당시부터 프랑스를 비롯한 유럽에서는 주로 "제2 논문"만이 번역·출간되었고, 오늘날 영미에서도 "제2 논문"만을 교재로 사용하고 있다.

광의의 소유권, 즉 '생명, 자유, 재산'의 권리를 충분히 조정할 수 없다는 것으로 요약될 수 있다(*Two Treatises*, 308, para. 3. & 395-396, para. 124). 소유권은 사회와 정부 모두에 우선한다. 그리고 소유권을 조정하는 데 있어서의 곤란함이야말로 '평등하게 자유로운 사람들'로 하여금 사회와 국가를 수립하도록 강요하는 핵심적 이유다. 이렇게 하여, 첫째, 자립적인 사회를 만들고, 둘째, '시민적 결사' 또는 정부를 만들자는 합의 또는 계약이 자연 상태의 불편함에 대한 처방이 된다(*Two Treatises*, 372-376, paras 94-97; Laslett 1963 참조). 두 가지 합의를 구분하는 것이 중요하다. 왜냐하면 그런 구분은, 권위란 피치자의 목적을 추구하기 위해 사회 속의 개인들에 의해 정부에 부여된 것이며, 만일 이런 목적이 적절히 대표되지 못할 경우에는 자신의 대표 없이도, 부득이하다면 기존 형태의 정부 그 자체 없이도 지낼 수 있는 인민 — 시민 — 이 최종 재판관임을 명백히 해주기 때문이다.

로크의 견해에 따르면, 통치 조직을 구성한다는 것이 신민의 모든 권리를 정치 영역에 양도하는 것을 의미하지는 않는다(*Two Treatises*, 402-403, para. 135 & 412-413, para. 149). 이 점을 특히 강조해야 한다. 법을 만들고 집행하는 권리(입법권과 집행권)는 양도된다. 하지만 그 모든 과정은 정부가 '자유·생명·재산'의 보존이라는 기본 목적을 준수한다는 것을 조건으로 하고 있다. 주권적 권력, 즉 정치권력의 적절한 사용 여부를 결정할 능력은 궁극적으로 인민의 수중에 남아 있다. 입법부는 자연법에 따라 인민의 대리인으로서 법을 제정한다. 집행부는 법체계를 집행한다(로크는 사법부를 집행부에 결합시켰다). 이런 권력분립은 다음과 같은 이유로 중요하다.

> 법 제정권을 가진 바로 그 사람들이 집행권마저 가진다면, 그것은 권력을 움켜쥐려는 경향이 있는 인간의 약점에 대한 너무나 큰 유혹이 될 것이다. 그들은 자신이 만든 법에 복종할 의무로부터 스스로를 면제시키고, 입법이나 집행 과정에서 자신의 사적 이익에 법을 맞출 것이다. 그리하여 사회와 정부의 목적에 반하는, 공동체의 여타 부분과 별개의 이익을 가지게 될 것이다(*Two Treatises*, 410, para. 143).

따라서 사회 통합과 사회의 궁극적 목적을 위해서는 '공적 권력'이 법적으로 제한되고 분할되는 입헌 정부가 필요하다. 로크는 집행권을 가진 입헌 군주와 입법권을 가진 의회가 바람직하다고 믿었다. 하지만 이것이 정부가 취할 수 있는 유일한 형태라고 생각하지는 않았다. 그의 견해는 정치제도에 대한 여러 다른 구상들과 양립 가능하다.

개인들의 '동의'에 의해 정부는 통치하며 그 정당성이 유지된다. '동의'는 로크의 저술에서 핵심적이며 난해한 개념이다. 복종의 의무를 확보하기 위해서는, 즉 정부의 권위와 정당성을 확보하기 위해서는 개인들 본인의 지속적인 적극적 동의가 필요함을 시사한 것이라는 해석도 가능하다(Plamenatz 1963, 228). 하지만 로크는 개인들의 적극적 동의란 정당한 시민 정부의 최초의 출범 때에만 중요하다고 생각했던 것 같다. 따라서 피치자로부터 수탁받은 자들이 원래 계약과 '생명·자유·재산'의 보증이라는 계약 조항을 지키는 한, 동의는 '인민' 대표들의 다수결로부터 나타나게 될 것이다(관련 주제에 대한 충분한 논의는 Lukes 1973, 80-81 및 Dunn 1980, 36-37 참조). 계약이 지켜지는 한 법에 복종할 의무가 있다. 하지만 통치자들이 전제적인 정치 행위를 계속하면서 계약 조건을 우롱한다면, 새로운 정부를 구성하기 위한 반란이 불가피할 뿐만 아니라 정당화된다고 로크는 주장했다.

로크에게 정치 활동은 수단적인 것이었다. 즉, 그것은 개인들의 사적 목표가 시민사회에서 충족될 수 있도록 자유의 틀 또는 조건을 확보해 주는 것이다. 정치 공동체 또는 정부의 창출은 개인들이 자신의 목표를 획득하기 위해 감내해야 하는 부담이다. 따라서 정치 공동체의 구성원 자격, 즉 시민의 자격은 개인에게 책임과 권리, 의무와 권한, 제약과 자유 양자 모두를 부여한다(Laslett 1963, 134-135). 홉스의 사상과 연관시켜 보면 이것은 매우 중요하고 급진적인 견해다. 그것은 근대 유럽 자유주의의 핵심 교의 가운데 하나를 여는 데 기여했다. 즉, 궁극적으로 정부는 자기 이익에 대한 최선의 판단자인 시민들의 권리와 자유를 보호하기 위해 존재하며, 따라서 모든 시민의 가능한 최대한의 자유를 보증하기 위해 통치의 범위나 정부의 업무는 제한되어야 한다는 것이다. 거의 모든 면에서, 자유주의 발전의 기초를 놓고 인민적 대의 정부 전통의 길을 준비한 것은 홉스보다는 로크의 사상이었다. 홉스와 비교할 때, 실제 정치 세계에 미친 로크의 영향은 대단한 것이었다(Rahe 1994, 291-311 참조).

로크의 저작들은 동시에 여러 방향을 지향하는 것처럼 보인다. 개인들의 권리 확보의 중요성, 인민주권, 다수결, 국가 내의 권력분립, 입헌군주제, 의회 정부의 대표 체제 등 19세기와 20세기 초에 전개될 민주 정부의 핵심적 측면들과 근대 대의 국가의 핵심 교의를 앞서 제시하고 있는 것이다. 하지만 이런 구상의 대부분은 기껏해야 초보적 형태에 머물렀다. 또한 예컨대 경쟁적 정당들, 정당 지배, 계급·성·피부색·신념과 무관한 정치적 자유의 유지 등 민주적 대의 정부의 여러 핵심 구성 요소를 로크가 예견하지 못했던 것도 분명하다(Laslett 1963, 123). 로크의 설명에서는, 보통선거는 차치하고라도 입법 의회의 정기적 선출이 정통성 있는 정부 또는 동의에 의한 정부의 조건은 아니었다(로크는 분명 성인 남성의 재산 소유에 엄격히 기초한 선거권에 반대하지 않았을 것이다. Plamenatz 1963, 231, 251-252; Dunn 1969, ch. 10 참조). 더구나 그는 인민 생활에 대한 정치적 개입의 한계가 어디까지인지 또한 어떤 조건에서 시민적 불복종이 정당화되는지에 대해 자세하게 논의하지 않았다. 로크는 정치권력이 인민에 의한 그리고 인민을 위한 '신탁에 의해' 유지된다고 생각했지만, 누가 '인민'으로 간주될 것인지 그리고 어떤 조건 아래에서 '신탁'이 부여되어야 하는지에 대해 적절하게 밝히지는 못했다. 분명 로크는 자유주의의 최초의 위대한 옹호자 가운데 한 명이었고, 그의 저작은 자유주의 정부와 자유민주주의 정부의 발전을 자극했다. 하지만 그의 많은 선배들처럼, 주의 깊은 조건 아래에서만 민주주의자로 간주될 수 있다(Dunn 1980, 53-77 참조).

권력분립

로크가 대의 정부의 원리에 대한 고찰을 진척시켰다면, 개혁된 대의 정부를 실현하기 위해 필요한 제도적 혁신에 대해 더욱 잘 이해한 사람은 프랑스의 철학자이자 정치사상가인 몽테스키외였다고 종종 이야기된다. 일리가 있는 말이다. 몽테스키외는 자신이 제한 정부를 선호하는 이유를 상세히 밝히지 않았다. 넓게 보면 그는 로크의 지지자였고, 자유, 관용, 온건함 등 그 자신 영국 특유의 관념으로 여겼던 바를 지지하고 주창했다. 이런 관념들은 '자유의 귀감'인 영국 헌정 그 자체(1688년 이후)에 의해 뛰어나게 표출되고 있다고 몽테스키외는 주장했다. 그는 절대주의 정부(특히 루이 14세 정부)에 대한 노골적 불만을 표하면서, 용납될 수 없는 특권의 독점과 부패를 최소화할 수 있고 또한 자유에 헌신하는 그런 대의적 정체를 어떻게 확보할 것인가라는 문제에 몰두하게 되었다. 로크는 공권력의 바람직한 특징이나 공권력을 조직하는 방식에 대해서는 거의 기술하지 않았다. 반면에 몽테스키외는 이 문제에 상당한 에너지를 쏟았다. 그는 자유의 다양한 조건에 대해 분석했는데, 가장 유명한 것은 어떻게 하면 헌법이 국가 행위에 불가침의 한계를 부과할 것인가에 관한 것이었다(Bellamy 1996 참조).

몽테스키외는 개인(재산을 소유한 성인 남성)의 권리를 보장하는 핵심 메커니즘으로 입헌 정부를 옹호했다. 그는 주어진 불변의 자연법을 믿기는 했지만, 저작들을 통해 실정법 체제 — 공적·사적 생활의 규제를 위한 공식적이고 명시적으로 설계된 법률 구조 — 의 개발에도 그에 못지않은 큰 관심을 보였다. 몽테스키외는, 개인이 주도적으로 추구하는 이해관계가 보호되어야 한다는 인식 아래, '개인들'의 능력과 에너지가 해방될 수 있는 그런 사회에 대한 구상을 집요하게 옹호했다. 몽테스키외는 '사람들의 방종을 제어할 권리'를 가진, '출생이나 부나 명예 등에 의해 구분되는 사람이 언제나 존재한다'는 것을 당연하게 받아들였다(*The Spirit of Laws*, 71. 1748년 초판 발행). 또한 '너무나 열악한 상황에 처해 있기 때문에 자신의 의지라곤 전혀 없다고 생각되는' 사람들(특히 노동자나 물질적 부가 없는 사람들)이 많이 있다는 점도 당연시했다. 하지만 그는 대내외적으로 법과 질서를 유지하고 외부로부터의 침략에 대한 보호를 제공할 입헌 국가의 개념을 결정적으로 진전시켰다. 직접 '입헌 국가'라는 용어를 사용하지는 않았지만, 그가 전개한 일부 논

샤를 몽테스키외

리는 국가의 권력 구조를 '탈인격화'해 개인이나 집단에 의해 쉽게 남용될 수 없도록 하는 데 목표를 두었었다.

몽테스키외는 고전적인 도시국가를 동경했다(N. O. Keohane 1972 참조). 그는 고대 세계에 활기를 불어넣었던 적극적 시민의 이상, 정치 공동체 생활에의 헌신, 충심에서 나오는 시민적 의무감 등을 높이 평가하고 존중했다. 하지만 고대 도시국가나 르네상스 이탈리아 도시국가의 번성을 가져왔던 전반적 조건은 영원히 사라져 버렸다고 그는 주장했다.

> 자유국가에서는 자유로운 행위자로 상정되는 모든 사람은 그 자신의 통치자여야 하므로, 입법권은 인민 전체에 속해야 한다. 그러나 이는 대규모 국가에서는 불가능하고 소규모 국가에서는 여러 불편한 문제에 직면하게 된다. 따라서 인민들은 스스로 할 수 없는 것을 그들의 대표를 통해 행하는 것이 타당하다(*The Spirit of Laws*, 71).

상당한 영토를 통제하는 국가의 등장과 자유 교역 및 시장경제의 확산은 되

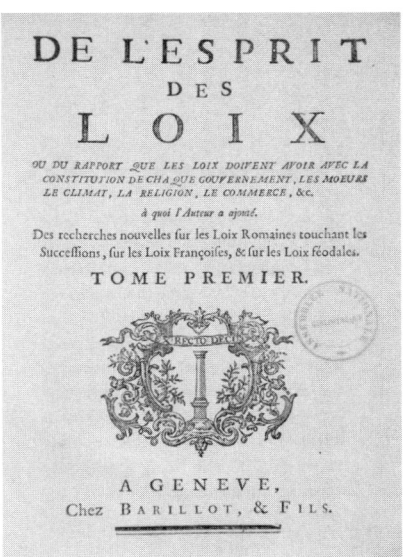

원제는 『법의 정신, 또는 법이 각국의 정부 구성·풍습·기후·상업 등의 구성과 맺는 관계에 관하여』(*De l'esprit des loix, ou du rapport que les loix doivent avoir avec la constitution de chaque gouvernement, les moeurs, le climat, la religion, le commerce, etc.*)다.

이 책은 다음과 같은 문구로 시작된다.
"가장 보편적인 의미에서 볼 때 법이란 사물의 본성에서 유래하는 필연적인 관계를 말한다. 이 의미에서는 모든 존재가 그 법을 가진다. 예컨대 신은 신의 법을 가지고, 물질계는 물질계의 법을 가지며, 지적 존재, 이를테면 천사도 그 법을 가지고, 짐승 또한 그들의 법을 가지며, 인간은 인간의 법을 가진다."

돌릴 수 없는 사회·정치적 이질화의 경향을 만들어 냈다. 고대 그리스와 지금의 그리스를 비교해 보자. '인민 정부 아래에 살았던 폴리스의 그리스인들은 덕성이라는 버팀목밖에는 몰랐다. 현재 그 나라의 주민들은 상품 제조, 상업, 금융, 호화, 사치 등에 완전히 빠져 있다'(*The Spirit of Laws*, 10). 몽테스키외에 따르면 고대와 현대의 차이란, 한편에서의 특정 지역, 밀착된 공동체, 검소한 경제, 덕성에 대한 관심, 적극적 시민권을 촉진하는 시민 규율 등과, 다른 한편에서의 대규모 국민국가, 중앙집권화된 관료적 위계 체제, 느슨하게 연결된 상업 사회, 부와 재산의 불평등, 사적 이익의 자유로운 추구 등 간의 차이다(*The Spirit of Laws*, 15-21, 44 이하; Krouse 1983, 59-60; Pangle 1973 참조). 근대적 삶의 조건 아래에서 몽테스키외가 선호한 정부 형태는 영국 입헌군주제를 모델로 한 국가 체제였다. 이런 생각에서 몽테스키외는, 안정과 명예와 영광을 가져다준다는 주장에 근거하고 있는 군주제 정부의 개념을 좀 더 폭넓은 견제와 균형의 체제에 연결하고자 했다. 그는 사적 이익을 공익과 결합시키는 문제에 대한 공화주의적 관심과 자유주의적 관심을 재조합해, 전체 공동체의 자유를 희생시키지 않으면서도 공공 생활 속에서 상이한 집단의 이해관계를 배려할 수 있는 방법을 제도적 수단을 통해 찾으려 했다.

영국 헌정에 대한 몽테스키외의 해석은 많은 비판을 받아 왔다. 그의 해석은 특별히 정확하지도 독창적이지도 못한 것으로 간주되곤 했다. 하지만 그가 영국 헌정에 대해 말해야만 했던 바는, 특히 북아메리카에서 새로운 정치 공동체의 설립자들에게 영향을 미쳤다(Ball 1988, 52-54 참조; Manin 1994).[2] 마키아벨리나 로크는 물론이고 고전 그리스 사상가들도 혼합 국가나 권력 분립이 자유를 유지하는 데 중요함을 파악하고 있었다. 하지만 몽테스키외는 그것을 자신의 학설 전반의 중추로 삼았다. 국가는 상이한 여러 힘 있는 '집단들'의 이익 대표를 조직해야만 한다. 즉, 국가는 군주와 귀족과 '인민'의 입장 간의 균형을 잡아 주는 '혼합정'이어야 한다. 그런 대표의 존재가 없다면 법은 항상 특수이익으로 기울게 될 것이며, 정부는 침체되고 정치 질서는 장기적으로 취약해질 것이라고 그는 주장했다. 그가 보기에 귀족은 군주와 '인민' 간의 균형을 효과적으로 유지하는 데 필수적이다. 군주와 인민은 멋대로 내버려둘 경우 폭정으로 기울게 된다. 하지만 개인의 자유와 중용적 정부는 무엇보다도 억압을 막아 주는 특수한 담보물에 의존한다.

부단한 경험이 우리에게 보여 주는 바는, 권력을 부여받은 사람은 모두 그것을 남용하고 자신의 권위를 최대한 확대하려는 경향

2_'미국 공화주의자들은 몽테스키외의 정선된 교의를 성경처럼 여겼고', 그 교의인 양 암송할 수 있었다는 주장은 과장이 아닌 것 같다(McDonald 1986, 80-81; 또한 이 책 146-155쪽 매디슨의 논의를 참조).

이 있다는 것이다. …… 이런 남용을 막기 위해서는, 본질적으로 권력이 권력에 대한 견제 장치가 되어야 할 필요가 있다. 어떤 사람도 법이 의무지우지 않은 것을 하도록 강요받거나, 법이 허용한 것을 하지 못하게 강요받지 않도록, 정부는 그렇게 구성될 수 있다(*The Spirit of Laws*, 69).

몽테스키외는 로크보다 더 정밀하게 집행부와 입법부 및 사법부를 구분했다. '귀족이든 인민이든 동일인이나 동일 기구가 세 가지 권력, 즉 법을 제정하고 공적 결정을 집행하고 개인들의 소송을 재판하는 권력을 행사한다면' 명실상부한 자유란 존재할 수 없을 것이라고 그는 확신했다(*The Spirit of Laws*, 70). 몽테스키외는 『법의 정신』의 유명한 장(book XI, ch. 6, 69-75)에서, 현 상황에서 자유는 국가 내에 권력의 제도화된 분립과 균형을 신중하게 창출하는 기반 위에서만 가능하다고 주장했다. 이전까지의 혼합 정부 개념은 상이한 신분 집단들이 국가에 제한적으로 '참여'하는 것을 의미하는 경향이 있었다. 몽테스키외는 별개의 법적 권한을 갖는 독자적인 세 기관에 기초하는 헌정 체제를 옹호하는 논거를 만듦으로써, 기존의 혼합 정부 개념을 개조하여 대안적인 설명을 구축했다. 이런 대안적 설명은 한편으로는 초중앙집권화된 권위를 축소하려는 시도로서, 다른 한편으로는 '덕성 있는 정부'란 영웅적 개인이나 시민적 기율보다는 견제와 균형의 체제에 달려 있다는 점을 확실히 하려는 시도로서 결정적 의미를 갖게 되었다.

집행권은 군주의 수중에 있어야 한다. 왜냐하면 몽테스키외의 추론에 의하면, '신속성이 필요한' 정부의 집행부는 '다수보다 한 사람에 의해 더 잘 운영'되기 때문이다(*The Spirit of Laws*, 72). 단호한 리더십, 정책의 창출, 법의 효율적 시행, 일련의 분명한 정치적 우선 사항을 지탱할 능력 등은 '영예로운 집행부'의 표식이다. 따라서 집행부는 수용할 수 없는 입법(집행부 권력을 침해할 것 같은 입법)에 대한 거부권, 입법부 회합(시기 및 기간)에 대한 규제권, 군대 통솔권을 가져야 한다('군대의 업무는 본질상 심의보다는 행동에 있기' 때문이다. The Spirit of Laws, 70-74). 다른 한편, 군주의 권력은 법 안에서 구속되어야 한다. 이를 위해 입법부 권한에는, 정책에 대한 심의권 및 법률 수정·개정권뿐만 아니라, 불법행위에 대해 집행부에 책임을 물을 권한, 국가의 재정 기반에 대한 통제권을 보유함으로써 집행부의 범위를 제한하는 권한, 필요하다면 군대를 해산하거나 매년 재정을 제공함으로써 군대를 통제할 권한 등이 절대적으로 포함되어야 한다(The Spirit of Laws, 74). 이 모든 내용은 당대의 영국 헌정으로부터 수집한 것이라고 몽테스키외는 주장했다. 영국 헌정에서 그는 또한 입법권을 양원으로 분리할 근거를 찾았다. 세습 귀족의 원과 '인민'의 대표, 즉 정기적으로 선출되어 유권자의 이익을 위한 수탁자로 봉사하는 탁월한 개인들의 원(유권자에 반응하지만 직접 그들에게 책임을 지지는 않는)이 그것이다. [그렇게 되면-옮긴이] 최고의 '고귀한' 평판을 받는 견해와 이익들이 양원 사이에서 존중될 것이다. '하원'은 법률 발의권을 가지는 반면, 귀족원은 입법 거부권을 보유한다. 사법부는 이들 양원과 구분되어야 한다. 로크는 사법부를 집행부의 일부로 생각했지만, 몽테스키외는 사법부의 독립이 개인들의 권리를 보호하는 데 결정적으로 중요하다고 생각했다. 독립된 사법부가 없다면 인민들은 집행자와 재판관, 그리고 배심원이 하나로 결합된 막강한 권력에 직면하게 될 것이며, 그리하여 인민의 권리는 확실히 보장될 수 없을 것이다.

    권력분립에 대한 몽테스키외의 분석은 체계적이지도 충분히 일관적이지도 못했다(Pangle 1973 참조; Ball 1988, 52-53; Bellamy 1996). 예를 들면 집행부와 입법부의 정확한 권한은 여전히 매우 애매했다. 하지만 이런 문제에 대한 그의 설명은 이전 누구보다 날카로웠다. 더구나 이런 통찰력을 통해 몽테스키외는, 광대한 영토에서의 통치와 관련된 위험 — 즉, 전제정이나 강력한 이해관계에 굴복할 위험 — 이 어떻게 극복될 수 있는지 그 논거를 명확히 제시할 수 있었다. 그는 '광대한 공화국에는 막대한 부를 가지고 있으면서 그 결과 절제심이 부족한 사람들이 존재한다'는 점, 그리고 '공공선'이 '무수한 사적 견해에 희생될' 수 있다는 점을 인식하고 있었다(*The Spirit of Laws*, 120). 하지만 그는 권력분립이 '무절제한 부'를 근본적으로 제어할 수 있다고 생각했다. 또한 '연립 공화국' — 소규모 통치 단위들에 기초한 공화국 — 내에서 권력분립이 구축된다면, 내부의 부패와 외부의 적 모두에 맞서기 충분한 법적·정치적 권능을 유지하면서도, 도시 공화정 정부와 연관된 몇몇 자유가 향유될 수 있을 것이라고 몽테스키외는 생각했다(*The Spirit of Laws*, 126 이하).

몽테스키외의 정치 저작의 가장 중요한 의미는, 개인들이 야망을 가지고서 다른 무엇보다 자기 자신의 특수이익을 우선시하는 세계에서는, 그런 야망을 좋고 효율적인 정부로 전환시킬 수 있는 제도가 반드시 창출되어야 한다는 그의 명제에 있다(Krouse 1983, 61-62 참조). 몽테스키외는, 권력분립을 제도화하고 또한 경쟁적 집단과 분파들이 국가 내에서 격돌할 공론장을 제공함으로써 근대 세계 — 한편에서 남성에 의해 운영되는 국가 정치의 '공적 영역'과 다른 한편에서 경제, 가족생활, 여성과 어린이 등의 '사적 영역'으로 올바로 구분된 세계 — 에 맞는 가장 실제적이고 유익한 정치제도를 자신이 밝혀냈다고 생각했다. 그가 보기에 자유는, 사람들이 자연권을 가지고 있기 때문에 혹은 통치자들이 너무 억압할 경우 사람들이 저항하기 때문에 꽃피는 것이 아니라, 누구라도 권력을 남용하려 할 경우 그것을 가로막는 법적 제약에 직면하도록 권력이 분포되고 조직되어 있기 때문에 번성하게 된다(Plamenatz 1963, 292-293).

하지만 국가와 시민사회의 관계를 탐구함에 있어, 몽테스키외는 개인이 주도하는 영역을 보호하기 위한 적절한 논증과 메커니즘을 확립하는 데 결국 실패했다. 그는 정치 구조의 다양성을 지리적·기후적·역사적 조건과 관련해 설명하려는 시도에 막대한 에너지를 소모했다. 그의 설명에 의하면, 이런 조건이 여러 민족과 국가의 법과 관습 및 습속의 독특한 특징을 결정한다. 정치적 가능성은 권력의 편제뿐만 아니라 지리적·기후적 요인에 의해 한계가 정해진다는 것이다. 이런 주장은 확실히 그럴듯하다. 하지만 그런 주장에 따르게 되면, 상당한 폭의 헌정 변화의 영역이 존재한다는 한편의 견해와 정치 생활은 개개 행위자들의 통제를 벗어난 자연적·역사적 상황에 의해 결정된다는 다른 한편의 견해 양자를 조화시키는 데 있어서 수많은 어려움이 발생하게 된다. 둘째로, 그의 자유 개념의 핵심에 근본적 문제가 있다. 자유란 '법이 허용하는 것은 무엇이든 할 수 있는 권리다'라고 그는 적고 있다. 사람들은 법의 틀 내에서 자신의 행위를 자유롭게 추구할 수 있다. 하지만 자유를 법과의 직접적 관계 속에서 규정한다면, 자유는 법을 바꾸는 데에 달려 있다거나 혹은 법 그 자체가 어떤 상황에서는 전제정의 표출일 수 있다고 일관되게 주장할 수 없게 될 것이다. 비록 중요한 제도 혁신을 옹호했지만, 몽테스키외는 국가와 사회 사이의 균형을 어떻게 맞출 것인가라는 딜레마를 전자 ― 즉, 법 제정자 ― 에게 유리하게 형식적으로 해결했다. 민주적 조건에서 법 제정자가 인민에게 책임진다면 이런 입장이 수용되기는 한결 쉬울 것이다. 하지만 몽테스키외는 아주 소수의 인민만을 잠재적 유권자로 생각했다. 그는 입법자나 대표를 유권자에게 책임지는 존재로 생각하지 않았다. 그는 군주에게 의회 해산 자격을 포함해 막대한 권력을 귀속시켰다. 더구나 그는 로크가 핵심적으로 여겼던 주요 문제들 ― 수탁자 없이 지내거나, 필요하다면 정부 형태를 변경할 수 있는 시민의 권리 ― 을 무시했다. 몽테스키외의 사상에서는 결국 피치자가 여전히 통치자에게 책임지고 있는 것이다.

보호 민주주의 사상 : 요약과 부연 설명

홉스 이래로 자유주의 정치 이론의 한 가지 핵심 문제는, 자기 이익을 추구하는 것이 정당하고 합리적인 것으로 간주되는 그런 세계에서 정부가 어떻게 유지될 수 있으며, 정부의 형태는 어떠해야 하는가라는 문제였다. 홉스는 고전적 폴리스의 기본 전제 ― [시민을-옮긴이] 보호하는 강력한 국가만이, 시민들이 자기 생각대로 하도록 방치될 경우 직면하게 될 위험을 적절히 축소할 수 있다 ― 에서부터 체계적으로 논리를 전개한 탁월한 이론가였다. 이런 주장에 대한 로크의 수정은 결정적이었다. 즉, 시민들이 자유롭게 그들의 이익을 추구할 수 있는 적절한 체제를 통치자가 자진해 제공하리라고 상정하는 것은 전혀 일리가 없다는 것이다. 로크와 몽테스키외는, 서로 상이하지만 보완적인 방식으로, 법적으로 허용된 정치권력에 반드시 제한이 있어야 한다고 주장했다. 그러나 두 사상가는 모두, 최소한 현대적 관점에서 볼 때 그 논리적 귀결로 보이는 데까지 그들의 주장을 전개하지는 않았다. 자유를 보호하기 위해서는 모든 성인 개인들 간에 어떤 형태의 정치적 평등이 필요하다. 즉, 국가나 동료 시민들의 자의적 행동으로부터 자신의 이익을 보호할 공식적으로 평등한 권능이 요구되는 것이다. 보호 민주주의 이론의 많은 핵심 요소들의 기원과 간결한 표현이 17, 18세기의 정치 저작들에서 발견된다고 주장되지만, 정치적 평등에 대한 이런 통찰이 체계적으로 전개되고 나서야 비로소 보호 민주주의 이론은 충분히 표명될 수 있었다.

이제 보호 민주주의 이론의 두 가지 고전적 진술에 초점을 맞추어 보자.

미국 헌법의 핵심 설계자 가운데 한 명인 매디슨의 사상과 19세기 '영국 자유주의'의 주요 대변자 가운데 두 사람인 벤담Jeremy Bentham(1748~1832)과 제임스 밀James Mill(1773~1836)의 견해가 그것이다. 이들의 손에 의해 보호민주주의 이론은 가장 중요한 면에서 정교화되었다. 정치적 결정을 선택하고 승인하고 통제할 충분한 수단을 시민들에게 제공하는 여러 정치 메커니즘(무엇보다도 비밀투표, 정기적 선거, 잠재적 대표들 간의 경쟁 등)을 통해서 통치자가 피치자에게 책임져야 한다는 것이다. 이런 메커니즘을 통해서 권력과 권리, 권위와 자유 간의 균형이 달성될 수 있다고 주장되었다. 그러나 이런 결정적 진전에도 불구하고, 정확히 누가 '개인'으로 간주될 것인지 그리고 예상되는 그들의 정치 참여는 정확히 어떤 성격의 것인지 등은 영미 세계에서 여전히 불명확하고 미해결인 채로 남겨졌다.

파벌의 문제

매디슨은 1788년 발표된 『연방주의자』Federalist에 들어 있는 일련의 뛰어난 글에서, 홉스와 로크 및 몽테스키외의 주요 사상의 일부를 하나의 일관된 정치 이론 및 정치 전략으로 전환시켰다. 홉스의 전통에서는 정치란 자기 이익에 기초한다는 것을 받아들였다. 로크로부터는 법적으로 한정되고 피치자에게 궁극적으로 책임지는 공적 권력 기구를 통해 개인 자유를 보호하는 것이 중요함을 인식했다. 그리고 몽테스키외의 주장대로, 정통성 있는 국가를 형성하는 데 핵심적인 것으로서 권력분립 원칙을 받아들였다. 하지만 매디슨 자신의 입장은 고전적 민주주의에 대한 그의 평가와 연관지어 볼 때 가장 잘 파악될 수 있을 것이다. 왜냐하면 그의 사상에서 고전적 민주주의는 완전히 거부되지는 않지만 철저히 비판되고 있으며, 공화주의 전통 전반의 유산에 흐르는 요소들 — 특히 사적 이익에 의해 공공 생활이 부패되는 것에 대한 우려, 반反군주제에 대한 강조, 혼합 정부에 대한 주창 — 이 다시 불러들여지고 자유주의적 강조점과 결합되었기 때문이다.

몽테스키외는 고대 공화국을 숭배했지만 그 '정신'이 근대화의 힘에 의해 붕괴되어 버렸다고 생각했다. 이와 달리 매디슨은 고대 공화국과 그 정신 모두에 대해 매우 비판적이었다. 그의 판단은 플라톤의 그것(이 책 53-61쪽을 참조)과 유사한데, 때로는 훨씬 더 신랄한 것처럼 보인다. 그의 판단이 인간 본성에 대한 홉스적인 전제에 기초하고 있기 때문이다. 매디슨에 의하면 '순수 민주주의'는 항상 비관용적이고 부당하며 불안정했다(그에 의하면 '순수 민주주의'란 '회합하여 스스로 정부를 운영하는 소규모의 시민들로 구성된' 사회를 의미한다). 이런 국가의 정치에서는 대체로 시민 다수가 느끼는 공통의 열정이나 이해관계에 의해 정치적 판단·정책·행위 등이 형성되고 정해진다. 더구나 '의사소통과 제휴'의 직접성은 '약한 파당이나 싫은 사람을 희생시키려는 유혹을 제어할 수단이 전혀 없는 상황'을 필히 낳게 된다(Madison, *The Federalist Papers*, 20, no. 10). 그 결과 순수 민주주의는 '소란과 분쟁의 딱한 광경'을 드러냈으며, 언제나 '개인의 안전 및 소유권과 양립 불가능'하게 되었다. '순수 민주주의의 최후가 폭력적이었던 만큼이나 그 수명이 대체로 짧았던 것'은 전혀 놀라운 일이 아니다. '이런 종류의 정부를 장려하면서, 정치적 권리가 완전히 평등해지도록 인간을 격하시킴으로써 인간이 그들의 소유·견해·열정에서 동시에 완전히 평등해지고 동질화될 수 있다고 잘못 상정'했던 '이론적 정치인들'에 대해 매디슨은 혹독한 비판을 퍼부었다(*The Federalist Papers*, 20, no. 10). 고전 시대부터 르네상스에 이르기까지 역사는 그런 가정이 진리와 동떨어져 있음을 증명한다.

1787년 5월 필라델피아에서 개최된 헌법제정회의에 참석했던 제임스 매디슨은 알렉산더 해밀턴 및 존 제이와 함께, 뉴욕 주에서 새 헌법이 비준될 수 있도록 하기 위해, 1787년 10월부터 새 헌법의 의미와 필요성을 설명하는 글을 뉴욕 시의 여러 신문에 싣기 시작했다. 그들은 1788년 8월까지 총 85편을 발표했는데 이 글들의 모음집을 『연방주의자』(Federalist) 또는 『연방주의자 교서』(Federalist Papers)라고 부른다. 매디슨은 85편의 논문 중에서 26편을 쓴 것으로 추정된다(김동영 옮김, 『페더럴리스트 페이퍼』, 한울, 1995, 5-6쪽 참조). 위 사진은 그 가운데 가장 유명한 10번, 51번이다.

이견과 논쟁, 판단의 충돌과 이익 갈등, 적수가 되는 경쟁적 파벌의 부단한 형성 등은 피할 수 없다. 왜냐하면 그 원인의 씨앗이 '인간 본성에 뿌려져 있기' 때문이다(*The Federalist Papers*, 18, no. 10). 엄청나게 다른 목표를 향한 욕망뿐만 아니라 능력과 재능의 차이, 사고와 판단의 오류 가능성, 조급히 판단하려는 열의, 서로 다른 지도자에 대한 애착 등, 이 모든 것이 우선순위와 이해관계에 대한 일치된 해석을 가로막는 '극복하기 어려운 장애물'이 된다. 이성과 자기애는 밀접하게 연관되어 있어서 합리성과 열정 간의 상호 영향을 만들어 낸다. 시민적 덕성을 내세울 때조차, 대체로 그것은 끝없는 이기적 운동을 감추려는 겉치레에 불과하다. 탁월함과 권력 및 이익을 향한 추구는 인간 조건의 불가피한 요소로서, 끊임없이

> 인간을 분열시키고 …… 상호 적대감에 불타게 만들며, 공동선을 위해 협력하기보다는 서로를 괴롭히고 억압하는 경향을 훨씬 강하게 갖도록 만든다. 상호 적대에 빠지게 되는 인간의 이런 성향이 너무나 강하기 때문에, 어떤 본질적 계기나 유인이 나타나지 않는 한, 극히 사소하고 비현실적인 차이라도 충분히 그들의 비우호적 열정을 자극하여 최악의 폭력적 갈등을 일으킬 수 있다(*The Federalist Papers*, 18, no. 10).

그러나 적대감과 파벌주의의 가장 공통적이고 영속적인 근원은 항상 '여러 모로 불평등한 재산의 분배'였다고 매디슨은 주장한다. 재산을 가진 자와 못 가진 자는 일관되게 '사회에서 뚜렷이 다른 이해관계'를 형성해 왔다. 재산이 미치는 이런 영향은 플라톤 이래의 탁월한 정치 이론가들 대다수가 강조해 온 바였다(이에 비해 20세기 자유주의자 및 자유민주주의자들이 거의 항상 이 점을 부인하고 외면했던 것은 흥미롭다). 매디슨 역시 이 점에 주목해, 모든

국가는 재산에 기초하고 '상이한 정서와 견해에 따라 움직이는' 계급으로 분열되어 있다고 인식했다. 후에 마르크스나 엥겔스, 레닌Vladimir Il'ich Lenin 등은 계급 갈등이 야기하는 정치 문제를 그 원인의 제거(즉, 생산적 자산의 사적 소유의 폐지)를 권고함으로써 해결하려고 시도하게 된다. 이와 달리 매디슨은 그런 열망이란 그 어떤 것도 절망적일 만큼 비현실적이라고 주장했다. 인간은 항상 여러 형태의 불평등을 재창출하기 때문에 '계몽된 정치가'가 재산 소유와 분배의 불평등을 근본적으로 감소시킬 수 있는 가능성은 아주 희박하다. 설령 그렇게 하더라도 이해관계의 동질성이 뒤따라오지는 않을 것이다. 따라서 파벌 분쟁으로부터 벗어나는 길은 '오직 그것의 효과를 통제하는 수단에서 찾을 수 있다'는 것이 '우리가 도달하게 되는 추론의 결과'라고 매디슨은 결론지었다(The Federalist Papers, 19, no. 10). 파벌의 형성은 피할 수 없으며, 정치의 최고 문제는 파벌을 통제하는 문제라는 것이다.

 매디슨에 의하면 파벌이란, '전체의 다수이던 소수이던 관계없이, 다른 시민의 권리나 공동체의 항구적이고 집합적인 이해관계에 반하여, 어떤 공통의 충동·열정·이익에 의해 뭉치고 움직이는 상당수의 시민들'을 말한다(The Federalist Papers, 17, no. 10). 그가 스스로 설정한 과제는, '다양하고 상호 충돌하는 이해관계들'을 조정하여 그들로 하여금 '필수적이고 정규적인 정부의 활동과 운영'에 열중하도록 하는 방법을 찾는 것이다. 매디슨은 전제정치에 대한 보호 수단이자 '파벌의 난폭함'을 통제하는 수단으로서 강력한 국가를 주창했다. 하지만 그것은 정부가 정기적으로 모든 시민들의 심판과 대면하는 ─ 즉, 자신의 지도자를 교체할 수 있는 시민들의 투표권과 대면하는 ─ '대의제 원리' 위에 조직된 국가여야 한다. 매디슨의 주장을 보면, 때때로 그가 시민권을 성, 피부색, 재산 소유와 무관하게 모든 성인에게 적용되는 보편적 범주로 생각했음을 알 수 있다. 그는 로크나 몽테스키외가 수용할 수 있다고 판단했을 것보다 훨씬 더 많은 사람에게 투표권을 정당하게 확대시켜야 한다고 생각했다. 그러나 그의 활동 시기를 고려하면, 여성, 백인 무산 노동자, 흑인 노예 등에까지 투표권을 확장하는 것을 매디슨이 지지했을 가능성은 거의 없다. 분명히 그의 몇몇 저작에는, 투표 인구의 범위에 대한 훨씬 제한적인 견해가 약술되어 있다(Meyers 1973 참조; Manin 1973). 그렇지만 그는 연방 구조와 권력분립 및 '인민 정부' 형태는, 파벌이 만들어 내는 최악의 결과를 개선할 수 있을 뿐만 아니라, 자기 자신의 이익을 보호하는 정치과정에 시민들을 중요하게 참여시키게 될 것이라고 확신했다.

소수 이익집단이 야기하는 정치적 어려움은 투표함에 의해 극복될 수 있다. 투표함은 '다수가 정기적 투표로서 소수의 사악한 견해를 패퇴시킬 수 있도록 해준다'(*The Federalist Papers*, 19, no. 10). 하지만 파벌이 제기하는 주된 난제는 한 파벌이 다수를 형성할 때 발생한다. 그렇게 되면 인민 정부 형태 바로 그 자체로 인해서, 다수 집단이 '자신들의 지배적 열정이나 이익을 위해 공익이나 다른 시민들의 권리를 희생시키는' 것이 가능하게 될 위험이 있기 때문이다. 소위 '다수의 전제'는 특별한 헌정 장치에 의해서만 미리 방지될 수 있다. 그중에서 필수적인 것은 정치적 대의 체제와 대규모의 선거인이다.

정치적 대의제는 '나머지 사람들[즉, 대표가 아닌 일반 시민-옮긴이]에 의해 선출된 소수의 시민'에게 통치를 상시적으로 양도하는 것을 뜻한다(*The Federalist Papers*, 21, no. 10). 또한 대표는 유권자의 수탁자로서 행동하고, 선거 구민의 이익이 무엇이고 그것을 어떻게 하면 가장 적절하게 충족시킬 수 있을지에 대해 스스로 결정하며 스스로 판단한 바를 수행한다(Ball 1988, 61-67 참조).[3] 매디슨의 주장에 의하면, 공중의 견해는 '선출된 시민 집단이라는 중개자를 경과'하면서 '정제되고 확장'될 수 있기 때문에 대의 체제는 중요한 의미를 지닌다. 대의 정부는 '순수 민주주의'의 과도함을 극복한다. 선거 자체가 공적 이슈의 명료화를 가져오며, 정치과정을 감당할 능력이 있는 선출된 소수는 모든 시민의 이익, 즉 '자기 나라의 진정한 이익을 분별'할 능력이 있을 것이기 때문이다. 하지만 대의제 규칙만으로는 시민을 보호하기에 충분한 조건이 되지 못한다. 대의제 그 자체로는 선출된 자가 강력한 이기적·착취적 파벌로 변질되는 것을 막을 수 없기 때문이다. 여기에서 매디슨은, 순수 민주주의의 진정한 의미와 완전히 반대로, 공공 업무에서 규모의 장점에 대해 참신한 주장을 제시한다. 대규모 영토와 상당한 인구를 포괄하는 '광대한 공화국'은 비#억압적 정부의 필수 조건이라는 것이다. 그 이유는 다음과 같다. 첫째, 대표의 수는 '소수의 음모를 막아 낼' 수 있을 정도까지 확대되어야 한다(하지만 매디슨은 곧바로 '군중의 혼란'을 야기할 위험이 있을 정도로 많아서는 안 된다고 덧붙였다. *The Federalist Papers*, 21, no. 10). 더욱이 소규모 공화국이건 대규모 공화국이건 '적임자'의 비율이 일정하다면, 유권자가 선택할 수 있는 더 많은 사람을 보유한 것은 대규모 공화국일 것이다. 나아가 대규모 국가에서는 광대한 유권자가 대표를 선출할 것인데, 이런 광대한 유권자는 '부적합한 후보'를 더 잘 분별할 것이다. 또한 사적 욕구의 추구에 기반하고 있는 경제를 가진 대규모 국가에는 엄청난 사회적 다양성이 필연적으로 존재하게 된다. 이에 따라 유권자나 피선출인 모두에서 전제적 다수가 형성될 기회는 줄어들게 된다. 사회적 다양성은 정치적 분열이 일어나도록 하며, 이는 과도한 권력 축적을 방지한다.[4] 대규모 국가에서는 대표자들이 점점 더 [유권자로부터-옮긴이] 소원해지고 비인격

3_대의제에 대한 이런 견해는 종종 '독자성'(independence) 이론으로 불린다. 왜냐하면 이 이론은, 시민들은 그들의 대표가 상당히 독자적으로 행동할 때 대표로부터 가장 잘 봉사 받을 수 있다고 강조하기 때문이다. 이는 흔히 마르크스주의 전통에 의해 주장되는, '대리'(delegate)로서의 대의제론과 대조된다. 이에 따르면 대표의 의무는 자신의 선거 구민의 견해와 이익을 있는 그대로 충실하게 표현하는 것이다(Pitkin 1967, ch. 7 참조).
4_이런 주장은 제2차 세계대전 이후 '다원주의' 전통에 심대한 영향을 미쳤다(6장 참조).

적으로 되겠지만, 상호 중첩적인 여러 공동체를 함께 묶는 연방 헌정 체제는 이를 상쇄시킬 수 있다. 즉, '광대하고 집합적인 이해관계는 연방 입법부에 위임하고, 지역적이고 특수한 이해관계는 주 입법부에 위임'하는 것이다(*The Federalist Papers*, 22, no. 10). 끝으로 연방과 지역 수준 모두에서 집행부·입법부·사법부의 법적 권한이 각각 분할될 경우, 자유는 가장 잘 보호될 수 있다.

파벌에 기초한 정치에 대한 매디슨의 우려나 사적 이해관계를 공익으로 통합하는 문제에 대한 그의 해결책은 부분적으로, 공공 영역에 대한 헌신을 정치적·제도적으로 실현할 필요성을 강조한 마키아벨리적 공화주의 개념에 의해 영감받은 것이었다(이 책 86-94쪽 참조; Bellamy 1996). 이런 틀 내에서 그는 대의제와 강력한 연방 국가의 역할을, 단지 직접민주주의가 바람직하지 못하기 때문에 채택한 장치로서 소극적으로 해석한 것이 아니라, 공적 생활에서 신중한 심의와 효과적 의사 결정을 창출해 낼 가능성이 가장 높은 정치형태를 수립하는 제도적 수단으로 적극적으로 해석했다. 하지만 광대한 공화국에 대한 매디슨의 논의를, 시민으로서의 삶과 공공 영역에 대한 이전의 고전적 해석과 혼동해서는 안 된다. 매디슨의 이론적 초점은 정치 공동체 생활에서 적극적 시민의 정당한 지위를 찾는 데 있지 않았다. 대신 그의 이론적 초점은, 개인들에 의한 자기 이익의 정당한 추구와 특히 이를 촉진하는 수단으로서의 정부에 맞추어졌다. 특수이익을 '공화국'에 조화시킬 분명한 수단을 추구했지만, 그의 입장은 보호적 공화주의자와 자유주의적 관심의 명백한 결합을 보여 준다(Wood 1969; Pocock 1975, 522-545 참조). 따라서 그는 연방주의적 대의제 국가를, 개인들의 이익을 집약하고 그들의 권리를 보호할 핵심 메커니즘으로 생각했다. 그런 국가에서 사람과 재산의 안전이 유지될 수 있으며, 대규모 근대 국민국가 ― 복잡한 유형의 교역·상업 관계 및 국제 관계 속에 있는 — 의 요구 사항과 정치가 양립할 수 있다고 그는 믿었다. 한 논평가의 말을 통해 그의 견해를 요약하면,

> 오직 …… 실로 대륙적 규모의 주권적 국민 정부만이 비억압적인 인민 지배를 보장할 수 있다. 국지적인 다수 세력의 전제로부터 생명과 자유와 재산을 보호하기 위해서는 공화주의적 리바이어던이 필요하다. 광대한 공화국은 단지 인민의 지배를 새로운 정치 현실에 적응시키는 수단이 아니라, 소규모의 인민적 정체의 정치에 깊숙이 내재된 결점에 대한 본질적으로 바람직한 교정책이다(Krouse 1983, 66).

파벌에 대한 매디슨의 선입견과 강력한 집단으로부터 개인을 보호하려는 그의 열망은 어떤 측면에서는 모호한 기획이었다. 한편에서 볼 때 그의 기획은, 인민 정부의 원칙과 절차 및 제도에 대해, 그리고 그 원인이 무엇이든 충동적이고 비합리적인 행위로부터 그런 원칙과 절차나 제도를 방어할 필요성과 관련해 중요한 질문을 제기했다. 민주주의에 대한 비판자들은 다음과 같은 문제를 종종 제기해 왔다. '인민적' 정체는 어떻게 안정적으로 유지될 수 있나, 대표는 어떻게 계속 책임질 수 있나, 시민들이 어떻게 '정치 게임의 규칙'을 이해하고 어떤 방식으로 그 규칙을 따를 수 있나. 이런 질문은 정당하게 고려되어야 할 사항들이다. 하지만 다른 한편에서 볼 때, 다른 모든 것을 희생하면서 이런 문제들을 추적한다면, 그것은 무엇보다도 '가진 자들'(소수)을 '가지지 못한 자들'(그 나머지)로부터 보호하는 방법을 찾으려는 정당하지 못한 보수적 열망과 쉽게 결합될 수 있다. 모든 민주주의 비판자들과 거의 모든 보호 민주주의 이론가들이 그러했듯이, 매디슨도 사적 소유에 대한 자연적 권리를 강조했다. 이런 권리의 기초는 불가사의한 것으로 남겨졌고, 마르크스나 엥겔스가 풀려고 한 것은 바로 이런 수수께끼였다.

매디슨은 다수가 국가의 정책 수단을 소수의 특권에 적대적인 것으로 돌릴 위험이 없는 한도 내에서 인민 정부를 지지했다. 전반적인 주장의 참신함이나 중요성에도 불구하고, 매디슨은 이런 점에서 분명히 마지못한 민주주의자였다. 벤담이나 제임스 밀 역시 매디슨과 이런 면을 공유하고 있다. 벤담과 밀은 이런 맥락에서 함께 논의될 수 있다.

책임과 시장

벤담과 밀은 자연과학의 진보 및 자연과학의 방법론으로부터 큰 자극을 받았는데, 그들의 성향은 결정적으로 세속적이었다. 그들은 자연권이나 사회계약 같은 개념은 잘못된 철학적 허구로서, 이런 개념으로는 시민들의 이해관계나 국가에 대한 헌신과 의무 등의 실질적 근거를 설명할 수 없다고 생각했다. 그런 근거는 실제 인간 행동의 원초적이고 환원 불가능한 요소를 파악함으로써 밝혀질 수 있다고 그들은 주장했다. 그들이 인간을 이해한 열쇠는, 인간이란 욕구를 충족하고 고통을 회피하기 위해 행동한다는 명제에 있었다. 그들의 주장을 요약하면 다음과 같다. 인간의 가장 중요한 동기는 자신의 욕구를 충족하고, 만족 혹은 효용을 극대화하며, 고통을 극소화하는 것이다. 사회는 자신이 원하는 것이 무엇이든 그로부터 얻을 수 있는 한 많은 효용을 추구하는 개인들로 구성되어 있다. 개인들의 이해관계는 항상 상호 충돌한다. 왜냐하면 홉스가 생각했듯이, '인간 본성을 총괄적으로 지배하는 법칙'은 '인간의 신체와 재산을 우리의 쾌락에' 종속시키는 것이기 때문이다(Bentham, *Fragment on Government* 참조). 통치하는 자들도 당연히 피치자들과 같은 방식으로 행동할 것이기 때문에, 통치권의 체계적 남용을 막으려면 정부가 유권자 — 자신들의 목적이 충족되었는지 그 여부에 대해 결정하도록 수시로 요구받는 — 에게 직접 책임지도록 해야 한다.

이런 주장들에서 보호 민주주의 이론은 가장 명백하게 설명되고 있다(Macpherson 1977, ch. 2; Harrison 1993, ch. 6 참조). 벤담과 밀에게 자유민주주의는 피치자에 대한 통치자의 책임을 보증하는 정치적 장치와 관련된 것으로 인식되었다. 공공의 이익, 즉 개인 대부분의 이해관계와 부합하는 정치적 결정을 산출할 만족스러운 수단은 민주적 정부를 통해서만 가능하다. 벤담이 말했듯이, '민주주의는 그 특징으로서 …… 자신을 방어하기 위해 고용한 자에 의한 억압과 약탈로부터 그 구성원을 보호하는 …… 목적과 효과를 가진다(Bentham, *Constitutional Code*, book I, 47). 군주에 의한 것이든 귀족이나 다른 집단들에 의한 것이든 정치권력의 전제적 사용으로부터 시민을 보호하기 위해서는 민주 정부가 필요하다. 공적 영역에서 권력을 남용하려는 — 부도덕하게 행하려는 — 유혹은 중력만큼이나 보편적이기 때문이다. 오직 투표권, 비밀투표, 잠재적 정치 대표들 간의 경쟁, 권력분립, 언론과 발언 및 공적 결사의 자유 등을 통해서만 '공동체 일반의 이익'이 유지될 수 있다(Bentham, *Fragment on Government*; J. Mill, *An Essay on Government* 참조).

벤담과 밀 등의 효용주의자들(즉, 효용 원칙을 옹호한 모든 학자들)은 일반적으로 자유민주주의 국가의 정당성을 주장하는 가장 분명한 논리 가운데 하나를 제시했다.● 즉, 자유민주주의 국가는, 개인들이 자의적 정치 간섭의 위협으로부터 벗어나 자신의 이익을 추구하고 경제적 거래에 자유롭게 참여하며 시장에서 노동과 상품을 교환하고 사적으로 자산을 전유하는 데에 필요한 조건을 보장해 준다는 것이다. 이런 개념

● utilitarianism은 흔히 공리주의로 번역되고 있지만 여기에서는 효용주의로 번역했다. '공리'(功利)가 잘 사용되지 않는 단어이기도 하고 공리(公利)로 오인될 우려도 있기 때문이다. 무엇보다 'utility, 즉 효용을 개인의 삶이나 사회정책을 판단하는 포괄적 기준으로 삼는 사상 경향'이라는 그 본래 의미를 전달하는 데는 '효용주의'가 가장 타당하다고 생각된다.

제러미 벤담(왼쪽)과 제임스 밀(오른쪽)

벤담은 효용주의적인 도덕 과학이 받아들여질 때, 미래는 철저한 개인주의의 사회가 되어 버리는 것이 아니라 "오히려 각자가 모든 사람들의 호의적인 여론에 점점 더 의존하게 되고, 도덕적인 제재가 점점 더 강력하게 되는" 사회가 될 것이라고 예측했다. "왕국 전체, 거대한 세계 자체는 일종의 연무장이 될 것이다. 거기에서 각자는 다른 모든 사람들의 눈앞에서 자신을 단련할 것이다. 사람들의 거동이 일반적인 행복에 가시적인 영향을 미친다는 점에서 그들의 모든 몸짓, 사지의 모든 움직임 또는 용모가 주목을 받고 기록될 것이다."

들은 19세기 '영국 자유주의' — 개인들은 시민사회에서 경제적 경쟁과 자유 교환의 규칙에 따라 자기 자신의 이익을 추구하는 반면, 국가는 판정자나 심판원의 역할을 해야 한다 — 에서 핵심적인 것이었다. 주기적 선거, 군주 권력의 폐기, 국가 내에서 권력의 분할, 자유 시장 등은 모든 시민에게 최대한의 이익을 가져다줄 것이다. 자유 투표와 자유 시장은 반드시 필요한 조건이었다. 왜냐하면 개인들이 최소한의 국가 개입 아래에서 자신의 효용을 추구하면서 경쟁적 거래 속에서 상호 작용할 때에만 삶의 여러 영역에서 집단적 선이 올바르게 실현될 수 있다는 것이 자유주의의 핵심 가정이었기 때문이다.

하지만 의미심장하게도 이런 주장에는 또 다른 측면이 들어 있다. 국가의 영역과 권력을 엄격히 제한하는 '최소 국가'에 대한 옹호가 사실상 일정한 유형의 국가 개입 — 예컨대 개인이든 집단이든 계급이든, 불복종 행위에 대한 제지 — 에 대한 확신과 결합되어 있다는 점이 그것이다(J. Mill, "Prisons and Prison Discipline" 참조). 재산의 안전과 시장 사회에 도전하는 자는 공익의 실현을 위협한다. 공익이라는 이름으로, 효용주의자들은 '인간 경영'을 위한 새로운 행정 권력 체제를 주창했다(Foucault 1977, part 3; Ignatieff 1978, ch. 6 참조). 감옥 체제는 이 새로운 시대의 표징이었다. 그뿐만 아니라 가능한 최상의 결과를 확보하는 데 자유방임이 부적절할 때는 언제든지 사회적 관계와 제도를 재정리하기 위한 국가 개입이 정당화되었다. 법의 제정과 집행 및 정책과 제도의 창출은 효용의 원칙에 부합하는 한에서 ― 즉, 공공선의 기준으로서 과학적으로 유일하게 변호될 수 있는 것이라고 벤담과 밀이 주장한 최대다수의 최대행복을 신중한 계산을 통해 달성하는 데 직접 기여하는 한에서 ― 정당화된다. 이런 전체적 틀 속에서 정부는 네 가지 보조적 목표를 추구해야 한다. 첫째, 노동자들을 보호하고 노동자들로 하여금 노동의 성과를 받게 되리라 믿고 안심하게 만듦으로써 생존을 제공하는 데 기여한다. 둘째, 일을 통해 자신의 욕구를 충족시키려는 '자연적 동기'를 정치적 장애물이 방해하지 않는다는 것을 보증함으로써 풍요를 생산하는 데 기여한다. 셋째, 물질적 재화가 점점 더 증가해도 그것을 소유한 자에게 계속해서 더 많은 행복을 가져다주지는 않기 때문에(효용체감의 법칙) 평등을 돌본다. 넷째, 개인의 재화와 부의 안전을 유지한다(Bentham, *Principles of the Civil Code* 참조). 이런 네 가지 목표 중에서 마지막 것이 단연 가장 핵심적이다. 왜냐하면 재화와 재산의 안전이 없다면 개인이 일하고 부를 산출할 동기도 존재하지 못할 것이며, 노동은 충분히 생산적이지 못하고 상업도 번창할 수 없을 것이기 때문이다. 따라서 공공 정책이나 법에 있어 '평등'과 '안전' 가운데 하나를 불가피하게 선택해야 한다면, 전자는 후자에 양보해야만 한다(*Principles of the Civil Code*, part I, ch. 11). 국가가 안전을 추구한다면(양립할 수 있는 범위 내에서 다른 목표들과 함께), 국가에 복종하는 것은 시민의 자기 이익을 위한 것이 될 것이라고 벤담은 주장했다.

효용주의 및 효용주의와 스미스 Adam Smith(1723~90) 경제학설의 결합은 대단히 급진적인 성격을 띠고 있었다. 첫째, 그것은 과도하게 중앙집권화된 정치권력에 대한, 특히 그때까지 문제시되지 않았던 시민사회에 가해진 여러 규제들에 대한 결정적인 도전을 의미했다. 이 점에서 국가권력에 대한 자유주의의 부단한 도전은 지속적인 중요성을 가지게 되었다. 둘째, 효용주의는 정치의 본질과 역할에 대한 새로운 개념을 창출하는 데 기여했다. 효용주의는 국가의 개입 — 공익을 극대화하는 데 기여하는, 선거에 의해 통제되는 선택적인 개입 — 을 옹호했다. 예컨대 벤담은 무상교육, 최저임금, 질병 수당 계획의 지지자가 되었다. 효용주의적 유산은 복지국가 정치를 형성하는 데 강력한 영향을 미쳤다(이 책 6장 참조). 다른 한편, 벤담과 밀이 생각한 민주정치의 정당한 참여자나 민주정치의 범위는, 자유주의 전통 일반의 전형적으로 제한적인 견해와 많은 공통점을 가지고 있다. '정치', '공공 영역', '공공 문제'는 여전히 남성 특히 재산이 있는 남성의 영역과 동의어로 남아 있었다. 홉스에서 벤담과 밀에 이르기까지 공적(그리고 사적) 생활의 가부장적 구조 및 그것과 재산 분포의 관련성은 변함없이 당연한 것으로 간주되었다. 예컨대 벤담과 밀은 투표권의 범위에 대해 고찰하면서, 자신들의 많은 주장이 명백히 보통선거의 방향을 가리킬 것 같음에도 불구하고, 무엇보다 특히 여성 인구 및 노동계급의 상당 부문을 배제하기 위한 근거를 찾았던 적이 있다. 하지만 벤담은 투표권 문제에서 밀보다 훨씬 급진적이 되었고, 만년에는 비록 여성의 적절한 정치 참여 정도에 약간의 유보를 견지하기는 했지만 남성 보통선거에 대한 초기의 유보를 폐기하게 된다.

벤담과 밀의 사상은 적절하게도 '근대 산업사회에 맞는 민주주의의 기초 모델'로 불리어 왔다(Macpherson 1977, 42-43). 그들에 의해 민주주의는, 절대 권력과 전통으로부터 해방된 사회 — 무제한의 욕구를 가진 개인들이 대중 소비자 집단을 이루고서 개인적 만족의 최대화에 전념하는 사회 — 를 통치하기 위한 논리적 필요조건으로 정립되었다. 따라서 민주주의는 이런 목표들[무제한의 욕구나 개인 만족의 최대화-옮긴이]을 촉진하기 위한 수단이 되었다. 민주주의는, 모든 인민의 계발이나 발전 등을 지향하는, 그 자체 목적이 아니게 되었다. 이런 점에서 벤담과 밀의 견해는, 보호 민주주의 전통이 전반적으로 그러하듯이, 아주 부분적이고 일면적인 형태의 민주주의 이론을 대표할 뿐이라고 할 수 있다(Pateman 1970, ch. 1 참조).

민주정치란 무엇인가? 아테네 민주주의와 르네상스 공화주의 전통에서 정치의 범위는 도시 공화국의 공동 관심사 전체에까지 미쳤다. 반면에 자유주의적인 보호 민주주의 전통(〈모델 3.1〉)은 좀 더 협소한 견해를 개척했다. '정치적인 것'이란 정부 또는 정부들의 세계와, 그리고 정부에 대해 자신의 요구를 밀어붙이는 개인이나 파벌 또는 이익집단의 활동과 동일시된다. 정치는 사회에서 분리된 별개의 영역, 즉 경제·문화·가족생활 등으로부터 동떨어진 영역으로 간주된다. 자유주의 전통에서 정치는 무엇보다 정부의 활동 및 기구를 의미한다. 이런 논리의 적나라한 결과는, 예컨대 경제조직이나 기혼 여성에 대한 폭력은 전형적으로 비정치적인, 시민사회의 '자유로운' 사적 계약의 결과로서 공적 이슈나 국가의 일이 아닌 것으로 간주된다(Pateman 1983; 1988 참조).[5] 이것은 극히 제한된 관점이었고, 후에 퇴짜를 맞게 된다. 하지만 이미 언급했듯이, 자유주의적 보호 민주주의 사상은 심대한 영향을 미쳐 왔다는 점이 특히 강조되어야 한다.

포괄적 정치권력으로부터의 자유(소위 '소극적 자유')라는 개념은 16세기 말부터 유럽의 구(舊)국가 체제에 대한 공격으로 구체화되었는데, 그것은 당시 성장하고 있던 시장 사회에 대한 최적의 보완물이었다. 왜냐하면 시장의 자유란 실제로 생산·분배·교환의 영역에서 사람들이 그들의 생활 조건을 개인의 주도하에 결정하도록 내버려 두는 것을 의미했기 때문이다. 하지만 자유주의적인 소극적 자유의 개념은 또 다른 견해, 즉 대안 가운데서의 선택이라는 개념과 연결된다. 자유의 핵심 요소는 다양한 선택의 기회와 행동 방

---

[5] 그리스 사상의 폭넓은 정치 개념에도 불구하고, 그리스인들이 이런 특정 문제들에 대해 검토했는지는 불분명하다(Okin 1991 참조; Saxonhouse 1991). 르네상스 공화주의에 대해서는 Pitkin(1984) 및 Phillips(1991) 참조.

침을 추구할 수 있는 실제 능력('적극적 자유')으로부터 나온다. 이런 관념은 우리가 지금까지 살펴본 자유주의 전통에서는 체계적으로 개발되지 않았는데, 곧 이어 보게 될 존 스튜어트 밀(1806~73) — 제임스 밀의 아들 — 에 의해 몇몇 관련 이슈가 탐구되게 된다. 그러나 정치적 평등 — 자기 자신의 이익을 보호하기 위한, 공식적으로 평등한 시민들의 지위 — 이 자유의 필수 조건이라는 자유주의의 생각은 평등주의적 이상을 내재하고 있었고, 자유주의 질서를 뒤흔드는 결과를 가져오게 된다(Mansbridge 1983, 17-18 참조). 오직 개인만이 궁극적으로 자신이 원하는 것을 결정할 수 있고 따라서 개인들의 이해관계는 원칙상 똑같이 중요하기 때문에 개인들의 이해관계가 똑같이 보호받아야 한다면, 두 가지 질문이 제기된다. 첫째, 성인이 된 모든 개인(성·피부색·신념·부에 상관없이)은 자신의 이익을 보호할 수 있는 똑같은 비중의 수단 — 즉, 투표권 및 좀 더 일반적으로 똑같은 시민권 — 을 가져야 하지 않는가? 둘째, 실제로 자유민주주의 정치 메커니즘이 개인들의 이해관계를 똑같이 보호할 수 있는가, 즉 그것이 정치권력의 평등한 배분을 창출하고 있는가라는 문제에 대해 숙고해 봐야 하지 않는가?

이 가운데 첫 번째 질문은 19세기 말과 20세기 초에 투표권 확대를 향한 투쟁의 핵심에 자리 잡게 된다. 자유민주주의자들의 많은 주장은 민주주의 원리가 실제로 적용되지 않은 채 남아 있는 영역을 폭로하고 현상 유지에 반대하는 쪽으로 향하게 되었다. 두 번째 질문은 마르크스주의나 페미니즘을 비롯한 급진적 전통의 핵심에 자리하게 된다. 형식적인 정치적 평등을 향한 한 걸음 한 걸음이 진보이긴 하지만, '실질적 자유'는 사적 생산·재생산의 사회관계에 뿌리를 둔 심대한 불평등에 의해 그 근저가 손상되고 있다는 것이다. 이런 관점이 제기하는 문제는 세밀한 검토가 필요함에도 불구하고 〈모델 3.1〉에서는 다루어지지 않았다. 궁극적으로 이 모델이 자기 이익

모델 3.1 보호 민주주의

- **모델을 정당화하는 원리**
  - 통치자로 하여금 전반적으로 시민의 이익에 상응하는 정책을 추구하도록 보증하기 위해서는 시민들이 각자로부터뿐만 아니라 통치자로부터 보호될 필요가 있다.

- **핵심 특징**
  - 주권은 궁극적으로 인민에게 있지만, 정당하게 국가 기능을 수행할 수 있는 대표에게 부여된다.
  - 정기적 선거, 비밀투표, 파벌과 잠재적 지도자 및 정당들 간의 경쟁, 다수결 등은 통치자의 책임성을 확립하는 제도적 기반이다.
  - 국가권력은 비인격적이어야 한다. 즉, 법적으로 한정되고, 집행부와 입법부 및 사법부 간에 분립되어야 한다.
  - 무엇보다도 발언·표현·결사·투표·신념의 자유와 연결된 정치적·시민적 권리나 자유의 형태를 띤 법 앞의 평등을 보증하고 또한 자의적 권력으로부터의 자유를 보증하는 데에는 입헌주의가 핵심이다.
  - 국가와 시민사회의 분리. 즉, 대체로 국가의 활동 영역은, 시민들이 폭력의 위협이나 수용 불가능한 사회적 행위 및 원치 않는 정치적 개입 등으로부터 벗어나 자유롭게 자신의 사적 생활을 추구할 수 있도록 하는 틀을 창출하는 선에서 엄격히 제한되어야 한다.
  - 경쟁하는 여러 권력 중심들과 이익집단들.

- **일반적 조건**
  - 정치적으로 자율적인 시민사회의 발전.
  - 생산수단의 사적 소유.
  - 경쟁적 시장경제.
  - 가부장적 가족.
  - 국민국가의 광대한 영토 범위.

  주 | 이 모델은, 이 책의 다른 여러 모델들과 마찬가지로, 전통의 일반적인 요약이다. 이 책에서 검토하고 있는 여러 정치 이론가들의 개별적 입장이나 그들 간의 주요한 여러 차이점을 정확하게 제시하려는 시도는 아니며 또 그렇게 하는 것은 불가능한 일이다.

의 정치와 경제를 정당화하는 데 몰두하고 있음을 고려할 때 이것이 놀라운 일은 결코 아니다.

자유와 민주주의의 전개

벤담과 제임스 밀이 마지못한 민주주의자로서 민주제도를 정당화하는 논거를 개발하는 준비를 했다면, J. S. 밀은 분명한 민주주의 주창자였다. 그는 인간이 노력하는 모든 영역에서 개인이 누릴 수 있는 자유의 범위는 어디까지인가라는 문제에 매달렸다. 밀에게 자유민주주의 정부 또는 대의 정부란 사람들이 개인적 만족을 어디까지 추구할 수 있는지 그 경계를 확립해 주기 때문만이 아니라, 그 자체가 개인성을 자유롭게 계발시키는 주요한 측면이기 때문에 중요했다. 정치 생활에 참여하는 것 ― 예컨대 투표, 지방행정 및 배심원단에 참가 ― 은 정부에 대한 직접적 관심을 창출함으로써 남녀 시민이 식견을 갖추고 발전해 갈 수 있는 기반을 창출하며, 또한 역동적인 '계발적 정체'의 기초를 창출하기 때문에 절대적으로 필요하다고 그는 주장했다. 루소나 울스턴크래프트처럼, 밀은 민주정치를 도덕적 자기 계발의 주된 메커니즘으로 보았다(Macpherson 1977, ch. 3; Dunn 1979, 51-53 참조). 개인적 능력을 '최고로 그리고 조화롭게' 확장하는 것이 그의 관심이었다.[6] 하지만 이런 관심이 그로 하여금 어떤 종류의 직접민주주의적 지배나 비대의적 민주주의를 주창하도록 이끌지는 않았다. 앞으로 보겠지만 밀은 그런 모든 개념에 대해서 극히 회의적이었다. J. S. 밀은 근대 자유민주주의 사상의 방향을 전반적으로 설정했다. 밀은 영국에서 정부 개혁 논의가 집중적으로 전개되

6_밀은 정기적 투표를 '배심원이 평결'을 내리는 것에 비유했다. 즉, 이상적으로 말하면, 단순한 개인적 이익의 표현이 아니라, 공적 사안에 대한 적극적 숙의 과정에서 숙고된 결과라는 것이다.

던 시기에 저술 활동을 했는데, 개인 자유의 제고, 좀 더 책임 있는 정부, 부패한 관행이나 지나치게 복잡한 규제로 인해 방해받지 않는 효율적인 정부 운영 등을 특징으로 하는 그런 정치 생활에 대한 구상을 옹호하고자 했다. 그가 보기에 이런 목표에 대한 위협은 여러 곳으로부터 나왔다. 변화를 저지하려는 '기득권 세력', 교육이나 훈련 등과 같은 전반적인 준비 수준 이상으로 성급히 변화를 밀어붙일 위험이 있는 신생 사회 계급이나 집단들의 요구, 부상하는 주변 산업국들로 인해 야기된 복잡한 압력 속에서 자신의 관리 역할을 바람직한 한계 이상으로 확대할 위험이 있는 국가기구 등이 그것이다. 이런 이슈들에 대한 밀의 견해를 살펴보면 현대 민주주의 사상의 많은 핵심 문제들이 드러나게 될 것이다.

개인의 자유에 대한 밀의 독특한 접근법은 그의 저작 가운데 가장 유명하고 영향력이 큰 『자유론』*On Liberty*(1859)에서 가장 선명하게 나타나고 있다. 이 책의 목적은, 직접민주주의 형태의 주창자들이 거의 탐구하지 않았던 문제인, '사회가 개인에게 정당하게 행사할 수 있는 권력의 본질과 한계'를 정립할 원칙을 정교화하고 옹호하는 것이었다(*On Liberty*, 59; 이 책 104, 235-239쪽). 밀은 개인의 삶에 대한 얼마간의 규제와 간섭은 필요하다고 인정했지만, 자의적이고 이기적인 개입은 막으려고 했다. 그는 핵심을 다음과 같이 적고 있다.

목표는 …… 사회가 통제와 강제의 방식으로 개인을 다루는 데 있어, 사용된 수단이 법적 제재의 형태를 띤 물리력이든 여론의 도덕적 강제이든 간에, 절대적 기준이 될 수 있는 아주 단순한 한 가지 원리를 주장하는 것이다. 그 원리란, 인류는 개인적으로건 집단적으로건 오직 자기 보호를 위해서만 그들의 동료 누군가의 행동의 자유에 정당하게 간섭할 수 있다는 것이다. 즉, 오직 타인에 대한 위해를 방

존 스튜어트 밀

지하기 위해서만 문명화된 공동체의 구성원 누군가에게 그의 의사에 반하여 권력이 정당하게 행사될 수 있다는 것이다(*On Liberty*, 68).

개인의 자유에 대한 사회·정치적 간섭은, 어떤 행위(또는 행위의 불이행)가 의도적이든 그렇지 않든 간에 '타인에게 관련'되고 나아가 타인을 '해칠' 때에만 정당화된다. 자유에 대한 간섭의 유일한 목적은 자기 보호여야 한다. 단지 '자신에게 관계되는', 즉 오직 개인의 관심사인 그런 활동에서는 '독립성이 권리로서 절대적이다'. 왜냐하면 개인은 '자신에 대해, 그 자신의 신체와 정신에 대해 주권을 가지기 때문이다'(*On Liberty*, 69).

밀의 원칙은 사실 '아주 단순한' 것이 결코 아니다. 그것의 의미와 함의는 분명하지 않은 채 남아 있다. 예컨대 정확히 무엇이 '타인에 대한 위해'가 되는가? 불충분한 교육은 위해를 야기하는가? 부와 소득의 막대한 불평등은 위해를 야기하는가? 외설물의 출판은 위해를 야기하는가? 하지만 잠시 이런 문제를 제쳐 두고서, 밀이 이 원칙들을 가지고 자유민주주의 정부와 연관된 핵심적 자유의 많은 부분을 방어했다는 점을 언급해야 한다. 그 첫째는 사상·의견·토론·출판의 자유다('의식의 내면세계'를 털어놓는 자유). 둘째, 기호나 무엇을 추구할 자유다('우리 자신의 개성에 맞게 삶의 계획을 짤' 자유). 셋째, 타인에게 위해를 야기하지 않는 한에서 결사 또는 조합의 자유다(*On Liberty*, 71-72). '자유라는 이름에 걸맞은 유일한 자유는, 다른 사람이 좋아하는 것을 빼앗거나 또는 그것을 획득하려는 시도를 방해하거나 하지 않는 한, 자신의 방식대로 자기 자신에게 좋은 것을 추구하는 것이다'(*On Liberty*, 72). 자유의 원칙은 밀에게 인민과 정부 권력 사이의 경계가 되는 지점을 제시해 준다. 이런 원칙을 일단의 상이한 자유마다 구체화함으로써 인간이 누릴 수 있는 자유의 '적절한 범위', 나아가 시민들이 자기 자신의 삶을 통제하기 위해 꼭 필요한 필수적 행위 영역을 설정할 수 있다. 또한 이런 자유에 의해서 그리고 이런 자유를 통해서, 시민들은 그들 자신의 정치체제의 범위와 방향을 밝히고 결정할 수 있다. 나아가 밀은 통치자와 시민들이 현재 행하고 있는 바는 대체로 자신이 제시하는 원칙에 반하는 것이라고 주장한다. 그런 잘못된 습관을 차단할 '도덕적 확신의 강력한 방벽'을 확립하지 못한다면, 현 시대의 압력에 대처하기 위해 국가가 팽창함에 따라 시민의 자유에 대한 침해가 늘어날 것으로 예상된다고 밀은 경고했다(On Liberty, ch. 5).

전제 권력과 과대 성장 국가의 위험

밀의 입장의 독특함은, 그가 했던 대로, 그의 입장을 그가 고려한 두 가지 사항에 대조시켜 볼 경우 뚜렷이 드러나게 된다. 첫 번째는, 밀이 살았던 당시까지도 여전히 몇몇 유력 인사들이 다양한 구실을 내세워 주장했던 '전제 권력'은 용인될 수 없다는 점이다. 두 번째는, 복잡한 국내외적 문제를 통제하려는 시도에서 국가가 지나치게 빨리 성장할 경우 시민의 자유를 침해할 위험성이 어느 때보다 커진다는 점이다. '과대 성장 국가'가 실제적 가능성임을 말해 주는 증거는 널려 있다고 밀은 주장했다.[7]

『대의 정부론』*Considerations on Representative Government*(1861)에서 밀은 절대주의 국가(그는 이를 '절대군주제'라 불렀다), 좀 더 일반적으로는 정치권력의 전제적 사용에 대해 비판했다. 첫째로 그것이 결국은 비효율적이고 비현실적이라는 이유에서, 둘째로 그 자체 바람직하지 않다는 근거에서였다. 절대

[7] 다루기 힘든 거대 국가에 반대하는 밀의 논거는 동일한 주제에 대한 오늘날의 논의와 많은 면에서 유사하다. 이에 비해 절대주의에 반대하는 밀의 논거는 중앙집권적 계획의 가능성에 대한 오늘날의 반론과 유사하다. 상당히 흥미로운 일이다.

권력을 옹호하는 모든 사람에 대해 밀은, 오직 다음과 같은 예외적이고 실현 불가능한 조건에서만 절대 권력은 덕 있고 이성적인 정부 업무를 수행할 수 있다고 주장했다. 즉, 절대 군주나 전제자가 '선할' 뿐만 아니라 '전지적'이어야 한다. 정부의 모든 부서가 나라 곳곳에서 업무를 수행하는 데 있어 항상 상세한 정보가 입수될 수 있어야 한다. 이런 방대한 분야의 모든 문제에 대해 효과적으로 주의를 기울여야 한다. 공공 행정에 필요한 모든 인원을 '분별력 있게 선발'할 능력이 있어야 한다 등이 그것이다(*Considerations*, 202-203). 밀은 이런 관리를 지속해 나가는 데 전제 조건이 되는 '능력과 에너지'는 보통 사람의 범위를 벗어나는 것이며, 따라서 모든 형태의 전제 권력은 결국 실현될 수 없다고 주장했다. 하지만 논쟁을 위해서 만일 우리가 절대 권력에 부합하는 초인을 발견할 수 있다고 가정하더라도, 그때 우리가 맞게 될 상황 — '초인적 정신 활동을 하는 한 사람이 정신적으로 수동적인 인민의 모든 일을 관리하는 것' — 을 우리가 원할 수 있겠는가?(*Considerations*, 203). 밀의 대답은 단호히 '아니오'다. 왜냐하면 개인으로부터 '자기 운명에 대한 잠재적 선택권'을 빼앗는 정치체제는 그것이 어떤 체제이건, 인간 존엄의 기초를 훼손하고 사회정의를 위협하며, 인간이 '자신의 활동에서 얻는 최대의 유익한 결과'를 누릴 수 있는 최선의 조건을 부정하기 때문이다.[8]

인간의 존엄성은 절대 권력에 의해 위협을 받게 될 것이다. 왜냐하면 자신의 이해관계가 걸린 일을 관리하고 통제하는 데 참여할 기회를 갖지 못한다면, 자신이 필요로 하고 원하는 것을 발견하거나 검증을 거친 판단에 도달하기 어려울 것이기 때문이다. 또한 정신의 지적·실천적·도덕적 탁월함을 계발하는 것도 어려울 것이기 때문이다. 자신의 존재 조건

---

[8] 밀은, 자신의 아버지와 벤담으로부터(밀은 한때 벤담의 비서로 일했다) 직접 가르침을 받은 벤담의 효용주의 교의의 많은 가정들을 광범하게 비판했지만, 무엇이 올바른 목표이고 무엇이 정당한지를 결정하는 근본적 기준으로서 효용의 일반 원칙을 지지했다. 그러나 효용 원칙을 옹호했다고 해서 밀이 그것을 일관되게 적용했던 것은 아니었다(Ryan 1974, ch. 4 참조; Harrison 1993, 105-112).

을 결정하는 데 적극적으로 관여하는 것은 인간 이성의 계발과 도덕적 발전을 위한 제1의 메커니즘이다. [이것이 보장되지 않는다면-옮긴이] 사회정의는 침해될 것이다. 왜냐하면 사람들은, 선출되지 않은 '대표'가 할 수 있거나 할 것 같은 것보다 훨씬 더 잘 자기 자신의 권리와 이익을 지킬 수 있기 때문이다. 개인의 권리를 무시하는 데 맞설 수 있는 최선의 방어책은 권리의 표출에 일상적으로 참여할 수 있는 것이다. 끝으로 사람들이 자신이나 집단 전체에 영향을 미치는 문제를 해결하는 데 참여할 때, 상상력이 풍부한 해결책이나 성공적 전략을 만들어 낼 가능성을 높이는 에너지가 자유롭게 분출될 수 있다. 요약하면, 사회생활 및 공공 생활에의 참여는 수동성을 약화시키고, 전반적인 번영을 '그것을 증진하는 데 들어간 개인적 에너지의 양과 종류에 비례하여' 촉진한다(Considerations, 207-208, 277-279).

이런 주장을 통해 밀이 이끌어 낸 결론은, 그 범위와 권한이 자유의 원리에 의해 엄격히 제한되는 대의 정부 및 경제 관계 일반을 지배하는 원리인 자유방임주의 양자가 '자유로운 공동체'와 '찬란한 번영'의 필수 조건이라는 것이었다(Considerations, 210).[9] '이상적으로 최선의 정체 형태'와 '이상적으로 최선의 경제 형태'에 대한 밀의 논의를 더 자세히 검토하기 전에, 이를 위협하는 현대적 요인으로 밀이 생각했던 두 가지 사항 ― '다수의 전제'와 정부 권력의 급성장 ― 에 대해 집중적으로 살펴보는 것이 논의를 좀 더 명확히 하는 데 도움이 될 것이다.

인민의 정부로부터 관료제의 위협으로

전제적 다수의 가능성이 야기하는 문제들은 여러 다른 맥락에서 이미 제기되어 왔다. 그것은 고전적 민주주의와 공화주

[9] 이 책의 관심사는 아니지만, 밀의 주장에는 명백하게 모순적인 여러 측면들이 있다. 예를 들면 그는 '종속된' 영토에 대한 전제적 통치는 기꺼이 정당화했다. 이에 대한 최근의 흥미로운 설명으로는 Ryan(1883) 참조. 상세한 연구는 Duncan(1971) 참조.

알렉시스 드 토크빌

의를 비판하는 학자들이 당면한 주요 문제였고, 보호 민주주의 옹호자들(매디슨)이 직접 제기한 문제였다. 하지만 이 문제와 관련해 밀에게 가장 많은 영향을 미친 것은 프랑스 사상가이자 역사가인 토크빌Alexis de Tocqueville(1805~1859)이었다. 토크빌은 그의 주저인 『미국 민주주의』Democracy in America 에서, 성인 인구에 대한 점진적인 선거권 부여 및 일반적인 민주주의의 확대는 모든 개인들의 전반적인 사회적 조건을 수평화하는 과정을 초래했다고 주장했다. 민중demos을 대신해, 정부는 이전의 신분과 계급의 특권에 대해, 사실상 모든 전통적 형태의 지위와 위계질서에 대해 불가피하게 반대하게 된다는 것이다. 토크빌이 보기에 이런 새로운 사태는 정치적 자유와 개인적 독립의 가능성을 근본적으로 위협한다. 일상생활에 간섭하는 규제 기구로서 정부가 지속적으로 커지고 있다는 사실은, 그가 관심을 기울인 여러 현상 가운데 하나였다. '민주주의 혁명'의 와중에서 국가는 모든 갈등의 중심이 되었다. 생활의 거의 모든 측면과 관련해 정책 다툼이 벌어지는 장소가 된 것이다. 기본적으로 '자비로운' 기구라는 가정 위에서, 국가는 공공복지와 진보적 변화를 보장하는 것으로 간주되게 되었다. 토크빌은 이런 가정은 심각한 오류이며, 만일 이론적으로나 실천적으로 이를 공박하지 않는다면, 공무원의 '지시'에 항복케 하는 비결이 될 것이라고 생각했다.[10]

이런 우려는 밀이 과제로 삼은 여러 문제 가운데 하나였다. 밀의 견해는 다음과 같이 요약될 수 있다.

1. 현대 정부의 기구는 기능(운수, 교육, 금융, 경제관리)이 하나

10_토크빌은 과도한 중앙집권적 권력의 행사를 막아 줄 방벽을 형성하는 데 도움이 되는 일련의 상쇄력을 제안한다. 예컨대 정부 여러 부문의 분권화, 정치·사회·경제 생활에서 개인과 국가 사이에 위치하는 강력한 독자적 결사체와 조직, 자유정신을 존중하는 문화의 육성 등이 그것이다(Krouse 1983 참조; Dahl 1983, ch. 1). 밀은 토크빌의 입장의 몇몇 측면을 비판하긴 했지만, 토크빌의 광범한 '다원주의적 사회관'을 대체로 공유하고 있다(J. S. Mill, "M. de Tocqueville on democracy in America" 참조).

씩 추가됨에 따라 확대되고 있다.
2. 정부가 확대됨에 따라, 점점 더 많은 '적극적이고 야심 있는' 사람들이 정부(또는 정부 기구에 대한 통제권을 획득하려는 정당)에 소속되거나 또는 의존하려고 한다.
3. 정부에 의해 임명되고 보수를 받는 사람들의 수가 (절대적으로, 상대적으로) 많아질수록, 그리고 기능과 인력을 중앙에서 통제할수록, 자유에 대한 위협이 커진다. 왜냐하면 이런 경향이 억제되지 않는다면, '인민이 의회를 구성하고 언론의 자유가 있다 하더라도 그런 것은 우리나라를 비롯한 어떤 다른 나라이든 단지 명목상으로만 자유롭게 할 뿐'이기 때문이다(*On Liberty*, 182).
4. 더욱이 행정기관이 더 효율적이고 과학적이 되면 될수록 자유는 더 위협받는다.

밀은 이런 지적의 핵심을 다음과 같이 웅변적으로 요약한다.

만일 사회에서 조직적인 협력과 폭넓고 포괄적인 식견이 필요한 업무의 모든 부분이 정부의 손에 들어간다면, 그리고 정부 부서가 모두 가장 유능한 사람들로 채워진다면, 순전히 사변적인 것을 제외한 그 나라의 모든 폭넓은 교양과 숙련된 지성은 방대한 관료제에 집중될 것이다. 그리고 공동체의 나머지 사람들은 오직 관료제에서 모든 것을 기대하게 될 것이다. 대중들은 자신들이 수행해야 할 업무에 대한 지침과 지시를 관료에게 요구할 것이며, 유능한 야심가는 개인적 출세를 관료제에서 찾고자 할 것이다. 이런 관료 계급 안으로 받아들여지는 것, 그리고 받아들여지면 거기에서 승진하는 것, 그것이 야망의 유일한 목표가 될 것이다(*On Liberty*, 182-183).

그의 주장은 여기에서 끝나지 않는다. 과대 성장한 정부 기구가 '대중'에 미치는 특별한 영향력과 관련해 고려해야 할 또 다른 중대 문제가 있기 때문이다.

5. 만일 행정 권력이 끝없이 확대된다면, 시민들은 실제 경험과 정보의 부족으로 인해 점점 더 정보에 어둡게 되고 행정 권력을 견제하고 감시할 수 없게 될 것이다.
6. 정책과 관련된 어떤 제안도, 비록 그것이 공중의 압력에서 촉발된 것일지라도, 관료의 이익과 부합하지 않는다면 진지하게 고려되지 않을 것이다.
7. 더욱더 철저히 국가 관료 기구에 모두가 '속박'될 것이고 심지어 관료들 자신들도 그렇게 될 것이다. 왜냐하면 피치자가 통치자의 노예인 것만큼이나 통치자들도 자신의 조직과 기율의 노예이기 때문이다(*On Liberty*, 184). 판에 박힌 조직 생활의 일상이 개인 스스로의 '능력과 활동'을 대체하게 된다. 이런 상황에서 창조적인 정신 활동과 통치 기구의 잠재적 진보성은 질식당하게 된다.

밀은 마지막 문제에 대해 다음과 같이 지적한다.

> 관료 조직은, 다른 모든 체제와 마찬가지로 대체로 고정된 규칙에 따라 반드시 나아가야 하는 체제를 운영하면서 결속되기 때문에, 나태한 기계적 일상으로 빠져들 끊임없는 유혹 아래에 놓이게 된다. 그렇지 않을 경우 관료 조직은, 연자방아를 돌리는 말의 회전 궤도에서 때때로 벗어난다고 하더라도, 집단의 어떤 지도적 인사의 공상에 떠오른 충분히 검토되지 않은 조야한 기획으로 돌진해 들어갈 유혹 아래에 놓이게 된다. 외견상 정반대로 보이지만 밀접히 연관되어 있는 이런 경

향들을 제어하면서 관료 조직 자체의 능력을 높은 수준으로 유지시킬 수 있도록 자극하는 유일한 방책은, 동등한 능력을 가진 조직 외부의 주의 깊은 비판을 받아들이는 것이다. 따라서 정부로부터 독립적으로 그런 능력자를 육성하고, 중대한 실제 문제를 바르게 판단하는 데 필요한 기회와 경험을 그들에게 제공할 수 있는 수단이 반드시 있어야만 한다(*On Liberty*, 184-185).[11]

대의 정부

그렇다면 밀이 생각하는 '이상적으로 최선의 정체'는 무엇인가? 일반적으로 밀은 과대 성장한, 지나치게 개입주의적인 국가의 위험성을 상쇄할 수 있는 강력한 민주주의를 주창했다. 그는 민주주의와 관료제를 날카롭게 대조시킨 것처럼 보인다. 민주주의가 관료제에 맞설 수 있다는 것이다. 하지만 이런 일반적 공식으로부터 몇 가지 의문이 제기된다. 그것은 모든 자유주의자 및 자유민주주의자들에게 그러했듯이 밀에게 딜레마를 안겨 주었다. 첫째, 어느 정도의 민주주의가 있어야 하는가? 사회·경제 생활의 어느 정도까지가 민주적으로 조직되어야 하는가? 둘째, 공적 생활에의 참여의 필요성 — 이는 통치자에 대한 민주적 통제의 기반을 창출한다 — 은 복잡한 대중사회에서 숙련된 행정의 필요성과 어떻게 조화될 수 있는가? 민주주의는 숙련된 전문가 정부와 병립할 수 있는가? 셋째, 국가 행위의 정당한 한계는 무엇인가? 집합적 행위에 맞서는 것으로서 개인 행위의 적절한 범위는 어디까지인가? 이런 문제에 대한 밀의 응답을 간단하게 살펴볼 필요가 있다.

밀에 의하면, 고대 그리스의 폴리스 개념은 현대사회에서

[11] 관료가 사회를 지배하는 예로서 밀이 든 것 가운데 가장 주목되는 것은 '러시아의 음울한 상황'이다. 차르 자신도 국가의 '관료 집단에 대해 무력'하다. 그는 '관료 가운데 누구라도 시베리아로 보낼 수 있지만 그들 없이 또는 그들의 의사에 반해 통치할 수 없다'(*On Liberty*, 183).

유지될 수 없다. 전반적인 자유주의 전통과 마찬가지로 밀은, 자치나 공개 집회에 의한 통치라는 개념은 개별 소읍 규모를 넘어서는 어떤 공동체에 대해서도 어리석은 생각에 불과하다고 보았다. 소규모 인원을 넘어서면, 사람들은 '공공 업무의 아주 작은 부분밖에' 참여할 수 없다(Considerations, 217-218). 수라는 단순한 사실이 야기하는 여러 문제 외에도, 사람들이 함께 모일 수 있는 시간과 장소에 있어 지리적·물리적 한계가 분명히 존재한다. 즉, 이런 한계는 소규모 공동체에서도 극복하기 어려운 문제인데, 대규모 공동체에서 이를 극복하는 것은 불가능하다. 인구 밀집 국가에서 나타나는 조정과 규제의 문제들은 고전적 민주주의나 직접민주주의 체제로는 해결할 수 없을 만큼 복잡하다(Considerations, 175-176, 179-180). 더구나 모든 시민에 의한 정부가 되면, 지식·기술·경험이 부족한 다수가 가장 현명하고 능력 있는 자들을 압도할 위험이 항상 존재한다. 이런 위험은 공적 업무(투표, 배심 업무, 지방정부에의 광범위한 참여)를 경험함으로써 점진적으로 상쇄될 수 있겠지만, 그 정도는 제한적이다. 따라서 현대적 조건에서 '이상적으로 최선의 정체'는, 인민이 '자신들이 정기적으로 선출하는 대표자를 통해 궁극적인 통제권을 행사하는' 대의 민주주의 체제로 구성된다(Considerations, 228).

대의 체제는 표현·언론·집회의 자유와 함께 독특한 장점을 가지고 있다. 그것은 중앙 권력을 감시·통제할 수 있는 메커니즘을 제공하며, 자유의 감시자이자 이성과 토론의 중추로 기능하는 공개 토론장(의회)을 확립해 준다. 대의제는 선거 경쟁을 통해서 전체의 최대 이익에 필요한 지식을 갖춘 지도자의 자질을 활용한다(Considerations, 195, 239-240). 밀은 대의 민주주의에 따르는 일정한 대가를 분명 인식하고 있었지만 바람직한 대안은 없다고 주장했다. 오늘날 대의 민주주의와 신문은 '모든 면에서 충분하지는 않지만 프닉스$_{Pnyx}$와 포럼$_{Forum}$**

● 아테네 민회가 열렸던 언덕.
●● 로마에서 공적 집회 장소로 쓰였던 광장.

의 현실적 등가물'(*Considerations*, 176 이하)이라고 그는 말했다. 많은 인구가 모여 사는 대규모의 복잡한 사회에서 정치 참여는 유감스럽지만 제한적일 수밖에 없다(정치 참여와 계몽된 참여의 개념에 대해서는 9장에서 좀 더 면밀하게 설명할 것이다).

하지만 근본적으로 밀은 유권자와 선출된 자의 판단을 거의 신뢰하지 않았다. 그는 보통선거가 필수적이라고 주장하면서도 복잡한 복수 투표제를 권고하려고 애썼다. 대중, 노동계급, '민주주의' 등으로 인해서, 자신이 '무지'라고 딱지 붙인 것에 정치 질서가 종속되는 것을 막기 위해서였다 (*Considerations*, 324). 개인들이 할 수 있는 일은 저마다 다르며 능력을 완전히 개발한 사람은 소수에 불과하다는 사실을 받아들인다면, 어떤 시민들이 다른 사람보다 정부에 대해 좀 더 많은 권한을 갖는 것이 적절하지 않는가? 자신의 일부 주장의 타당성이 훼손됨에도 불구하고 그는 복수 투표제를 진지하게 고려했고 권장했다. 모든 성인이 한 표를 가져야 하지만, 좀 더 현명하고 재능 있는 사람은 무지하고 능력이 떨어지는 사람보다 많은 표를 가져야 한다는 것이다. 그는 다음과 같이 말한다.

> 피치자 모두가 통치에 관하여 투표권을 가져야 하는 것은 중요하다. …… 정치 문제에의 참여로부터 완전히 배제된 사람은 시민이 아니다. …… 그러나 모든 사람이 평등한 투표권을 가져야만 하는가? 이것은 완전히 다른 문제이며, 내 판단으로는 …… 명백히 잘못된 것이다. …… 자신과 관련된 어떤 문제에서, 지식과 지혜가 모자란 사람보다는 뛰어난 사람으로 하여금 자신의 일을 처리하도록 하지 않을 사람은 없을 것이다. 만일 두 사람에게 자신의 이해관계를 함께 맡겨야만 한다면, 둘 가운데 교육과 교양이 뛰어난 사람에게 더 많은 잠재적 영향력을 부여하려 하지 않을 사람은 없을 것이다("Thoughts on parliamentary reform", 17-18, 20-22).

밀은 직업적 지위를 투표권을 할당하는 대강의 지침으로 삼았으며, 자신의 민주주의 개념을 이에 맞게 조정했다. 지식과 기술이 뛰어난 사람들(많은 보수를 받고 가장 권한이 높은 직업을 가진 자들)이 그렇지 못한 사람, 즉 노동계급에게 투표에서 져서는 안 된다.[12] 그러나 '직공 계급'의 지배로부터 그리고 유산자 계급의 이기적 지배로부터 — 가장 위험한 지배의 형태인 정치적 무지로부터 그리고 가장 협애한 지배의 표현인 계급 입법으로부터 — 벗어나기 위해서는 단지 그런 사태가 발생하지 않도록 방지하는 투표 체제뿐만 아니라 통치에서 전문성을 보증하는 것도 필요하다(Considerations, 324). 이것은 어떻게 확보될 수 있는가?

'정부의 업무를 감독·통제하는 것과 실제로 그 업무를 수행하는 것' 사이에는 '근본적인 차이'가 있다고 밀은 주장했다(Considerations, 229-230). 인민들이 모든 것을 하려고 시도하지 않을 때 통제와 효율성은 증가한다. 정부 업무에는 숙련 기술의 고용이 필요하다(Considerations, 335). 정부 업무에 유권자들이 관여하면 할수록, 그리고 대표자나 대의 기구가 일상적 행정에 간섭하면 할수록, 효율성을 붕괴시키고 행위에 대한 책임 계통을 흐트러뜨리며 사회 전체의 전반적 이익을 감소시킬 위험이 커진다. 인민적 통제와 효율성이라는 두 이점을 모두 확보할 수 있는 것은 그 두 가지의 기반이 전혀 다르다는 점을 인정할 때다.

두 이점을 결합시킬 방법은 다음의 것밖에 없다. 전자를 보장하는 기능과 후자를 보장하는 기능을 분리하는 것. 통제 및 비판의 직무를 실질적 업무 수행으로부터 분리하고, 전자는 대중의 대표에게 맡기되, 후자의 직무를 위해서는 습득 지식과 숙련 지혜를 가진 소수의 특별히 훈련된 숙련자들 — 국가에 엄격히 책임지는 — 을 확보하는

12_『대의 정부론』을 보면, 밀은 복수 투표제에 대해, 과도적인 교육적 조치로서 결국에는(대중들의 도덕적·지적 수준이 좀 더 높아지면) 일인 일표제에 의해 대체될 것으로 보았음이 분명하다. 하지만 여러 표를 가진 자들이 다음 단계에서 왜 그것을 기꺼이 포기하려 할지에 대해 충분히 설명하지 않았다.

것(*Considerations*, 241).

의회는 집행부 직위에 대한 임명권을 가져야 한다. 또한 욕구와 요구가 표출되고 심의와 비판이 이루어질 수 있는 공개적 토론장을 제공해야 한다. 의회는 국민의 승인이나 동의를 최종적으로 확정하는 곳으로 기능해야 한다. 하지만 입법의 세부 사항을 관리하거나 작성해서는 안 된다. 왜냐하면 그런 영역의 일에는 능숙하지 못하기 때문이다.[13]

이렇게 할 때 대의 민주주의는 책임성을 전문성과 결합시킬 수 있다. 단점은 배제한 채 관료 정부의 장점만을 결합시킬 수 있다(〈표 3.1〉). 민주주의가 정부에 불어넣는 활력에 의해 단점이 상쇄되는 것이다(*Considerations*, 246-247). 밀은 민주주의와 숙련된 정부 두 가지를 모두 소중히 평가했는데, 어느 하나가 다른 하나의 조건이 된다고 굳게 믿었다. 즉, 하나만으로는 어느 것도 얻을 수 없다는 것이다. 둘 사이의 균형을 달성하는 것이 '통치의 기술에서' 가장 어렵고 복잡한 핵심 문제의 하나라고 생각했다(*On Liberty*, 168).

남은 문제는, 어떤 생활 영역에 민주국가가 개입할 수 있고 개입해야 하는지, 국가 행위의 적절한 한계는 무엇인지 등이다. 밀은 개인적 자유의 원칙을 통해 이 문제를 명료히 설명하고자 했다. 행위의 자유에 대한 간섭을 정당화하는 유일한 목표는 자기 보호, 즉 어떤 시민에 대해서건 위해를 가하는 것을 방지하는 것이다. 모든 시민에게 가능한 최대의 자유를 보장하기 위해, 국가의 행위는 그 범위가 제한되고 실행이 억제되어야 한다. 시민의 자유는 자유 시장 경제와 결합한 대의 민주주의를 통해 확보될 수 있다. 『자유론』에서 밀은 자유방임주의에 대해, 자유의 원칙이 그러하듯 견실한 근거에 기초하고 있는 것으로 논하고 있다. 그는 교역에 대한 규제는 모두 속박으로서 사악하

13_사실 밀은, 의회는 전문가 위원회 — 선거로 구성되지 않은 — 가 입안해 제출하는 법안에 대한 거부권만을 가져야 한다고 제시하기까지 했다.

표 3.1　밀이 제시하는, 관료에 의한 정부 운영의 장점과 단점

- 장점
  - 경험의 축적.
  - 잘 검증된 행동 규범의 확보.
  - 실제 업무 수행자의 숙련 보장.
  - 목표의 지속적인 추구.

- 단점
  - 경직성.
  - 융통성 없는 기계적 절차.
  - 업무 수행자의 '활기찬 신념' 상실.
  - 개성과 개인적 발전을 침식함으로써 혁신성을 제약.

고 비효율적인 것이라고 간주했다. 왜냐하면 그것은 원하는 결과, 즉 모두를 위한 경제적 이득의 최대화라는 경제적 선의 극대화를 이루지 못하기 때문이다(*On Liberty*, 164-165). 밀의 주장에는 예컨대 위험한 직업의 노동자를 보호하기 위한 국가의 개입을 주장하는 등 의미 있는 다른 측면이 있기도 하다. 하지만 『자유론』에서 주장하는 골자는, 시장에서의 경제적 교역과 최소한의 국가 개입을 추구하는 것이 개인의 권리를 보호하고 유익한 결과 — 자기 계발의 가능성을 포함해 — 를 극대화하는 최선의 전략이라는 것이다. 다른 저작 — 특히 1848년 초판 이후 1852년 제3판에서 상당히 수정한 『정치경제학 원리』 — 에서 자유방임에 대한 밀의 옹호는 약화된다. '조정 문제'를 해결하고 교육과 같은 공공재를 제공하는 정부 개입에 대해 폭넓게 주장하고 있는 것이다.

그럼에도 불구하고 밀이 도달한 비전은 국가의 강제력과 조정 능력을

가능한 최소한으로 축소하는 것이었다. 이는 자유민주주의가 생각하는 '역동적 조화를 이루는 균형'이라 할 수 있는 비전이었다. 그것은 개인의 자유로운 자기 계발 가능성을 제공하기 때문에 역동적이며, 대등한 교환에 기초한 경쟁적인 정치·경제 관계에서는 사회에 대한 통제가 많은 면에서 불필요하게 되기 때문에 조화로운 균형이라 할 수 있다. 자의적이고 전제적인 형태의 권력은, 원칙에서 도전받을 뿐만 아니라 경쟁으로 인해 불필요하게 된다. 경쟁은 '유일하게 자연스럽고 정당한 사회조직, 즉 모든 사람들이 공적에 따라 응당 받을 지위를 갖는 그런 조직'(Vajda 1978, 856)을 창출하기 때문이다. 시장의 '보이지 않는 손'은 경제적 효율성과 경제적 균형을 만들어내며, 다른 한편 대의제 원칙은 자유를 보호하는 정치적 기반을 제공한다.

여성의 종속

밀은 정치를 무엇보다 정부 내지 정부 활동의 영역과 동일시하고 국가와 사회 간의 선명한 구분의 필요성 등을 수용했지만, 자유주의 전통을 지배한 남성주의적 가정과 결별했다는 점에서 주목할 만하다. 그는 여성을 '자유롭고 평등한' 개인이 될 권리를 가진 '성숙한 성인'으로 간주했다. 여기서 잠시 이 이슈들에 대한 밀의 입장을 살펴보는 것이 중요하다. 밀의 입장은, 울스턴크래프트의 견해와 함께, 민주주의에서 여성과 남성의 참여의 조건과 관련된 핵심 질문들을 제기하기 때문이다. 자유주의 전통은, 국가의 간섭으로부터 벗어난 '사적 세계'는 비정치적 세계이며 여성들은 이 사적 영역에서 자연스럽게 자신의 위치를 찾게 되리라는 생각을 당연시해 왔다. 따라서 정치적이거나 공적인 것과 관련해 여성은 완전히 주변적 지위에 놓이게 된다.

밀은 무엇이 공적인 일이 되어야 하고 무엇이 그렇지 않은가를 엄밀히 규정해야 한다고 주장했지만, 정치적-비정치적이라는 이분법 위에 '성적' 구분(남성-여성)을 그려 넣지는 않았다(Siltanen and Stanworth 1984, 185-208 참조).

그의 저작 『여성의 종속』 The Subjection of Women(1869)은 최근까지도 무시되어 왔는데, 여기에서 밀은 울스턴크래프트가 그러했듯이, 여성의 본성은 전적으로 가사 역할, 정서적 관계, 가정과 가족생활에의 헌신 등에 기초해 있다는 생각을 정면으로 비판했다. 여성들이 남성에 의해서 때로는 여성 자신에 의해서 전통적으로 그런 관점에서 규정되어 왔다면, 그것은 인류 역사의 대부분 동안 여성들이 그들의 삶과 활동의 영역에서 제한당했기 때문이다. 가정과 일 그리고 정치에서 남성에 대한 여성의 종속은 '유일하게 남은 낡은 사고와 관행의 유물'이다(Subjection, 19). 많은 사람이 권리의 평등이 이제 실현되었다고 선언했지만, 밀은 '야만적 기원의 흔적'을 잃지 않은 '원시적 노예 상태'가 여전히 남아 있다고 단언했다(Subjection, 5-6). 남성과 여성의 관계는 '힘에 근거한' 것이었고, 그런 관계의 가장 '폭압적인 양상들'의 일부는 시간이 흐름에 따라 약화되었지만 '최강자의 법'은 '지상의 법'에 아직도 남아 있다(Subjection, 1-28 참조). 천부의 타고난 통치권을 어떤 사람이 가지고 있다는 견해를 로크가 부정한 이래로, 자유주의자들은 피치자의 동의를 확립하는 것이 권력과 권리 사이의 균형을 확보하는 수단이라고 강조해 왔다. 하지만 남성이 여성의 '타고난' 주인이라는 생각은 대체로 이의 없이 유지되어 왔다. 개인의 자유, 평등한 정의, 기회의 균등과 같은 원칙 — 권위나 특권이 제도화된 폭력이 아니라 실력에 직접 연계되어야 하는 세계 — 에 대한 전적으로 부당한 예외가 바로 여성의 지위라고 밀은 결론지었다.

『여성의 종속』은 분명 여성참정권을 주창하고 있지만 단지 그것에 그치지는 않는다. 『자유론』과 『대의 정부론』에서 자신이 주장한 바를 단순히 연장한 것도 아니다 — 여러 면에서 그렇기는 하지만 말이다(Mansfield 1980, ix-xix). 밀의 입장은, 성의 불평등이 지속되는 한 인간의 행복과 자유와 민주주의가 실현되기는 불가능하다고 주장한 점에서 자유민주주의자들 가운데서도 독특하다. 여성의 종속은 '인류의 진보'를 근본적으로 '가로막아 왔다'(*Subjection*, 1). 먼저 그것은 역사에서 여성의 의미에 대한 과소평가와 남성의 중요성에 대한 과대평가를 낳았다. 이는 남성과 여성이 자신의 능력에 대해 생각하는 바를 왜곡하는 효과를 가져왔다. 즉, 남성의 능력은 거의 항상 과장되어 온 반면, 여성의 능력은 거의 모든 곳에서 과소평가되었다. 더욱이 노동의 성적 분업은 남녀의 기질의 부분적이고 일방적인 발전을 가져왔다. 여성은 '어떤 방향으로의 강요된 억압'을 — 예컨대 지나치게 자기희생적이 되는 — 당해 왔으며, 또한 '타인으로부터 부자연스러운 자극'을 — 예컨대 끊임없이 (남성의) 인정을 추구하는 — 겪어 왔다(*Subjection*, 21 이하). 반면에 남성은 무엇보다도 이기적이고 공격적이며 자만하게 되었고 자기 의지의 숭배자가 되었다. 실력과 지혜를 존중하는 역량이 남성과 여성 모두에서 손상되었다. 남성들은 스스로에게 비판의 여지가 없다고 지나치게 과신하게 되었고, 여성들은 남성들의 판단에 순응하게 되었다. 그 결과 전반적으로 정부와 사회에 해로운 결과를 가져오게 되었다.

> 인류 중에서 가장 천박하고 하찮거나 무지하고 멍청할 수 있음에도 불구하고, 어떤 스스로의 노력이나 장점도 없이 단지 남자로 태어났다는 사실 그것에 의해 자신이 당연히 인류의 절반보다 우월하리라는 믿음 속에서 성인으로 성장하는 것이 소년에게 어떤 영향을 줄지 생각해 보라. 아마 자신의 진정한 우월성을 스스로 매일 또는 매시간 느낄 기회를 갖게 될 사람도 있을 것이다. 그러나 모든 행동에 있어 여성의 지도를 일상적으로 따르게 되는 상황에서도 남자는 다음과 같이 생각

그림은 여성에게도 참정권을 줄 것을 주창했던 J. S. 밀에 대한 당시의 풍자만화.

J. S. 밀의 『여성의 종속』은 다음과 같은 문구로 시작한다.

"이 글에서 나는 그동안 지녀 왔던 한 가지 소신에 대해 할 수 있는 한 분명하게 설명하려 한다. 이 소신은 사회나 정치 문제를 놓고 어떤 식으로든 내 나름대로 입장을 세우게 된 첫 순간부터 간직해 온 것으로, 세월이 흘러 생각이 깊어지고 경험이 넓어지면서 점점 더 단단해졌다. 남성과 여성을 둘러싼 오늘날의 사회적 관계 ― 다시 말해 한쪽이 다른 한쪽에 법적으로 종속되어 있는 상태 ― 를 만들어 낸 원리는 그 자체가 잘못된 것이고, 인간 사회의 발전을 가로막는 중대한 장애물 중 하나다. 이것은 완전 평등의 원리로 대체되어야 마땅하다. 어느 한쪽에 권력이나 특권을 주면서 그 반대편의 권리를 박탈하는 일은 다시는 없어야 한다."

하게 된다. 남자가 바보인 경우, 그는 당연히 여자가 능력과 판단에서 자신에 필적하지 못하며 그럴 수 없다고 생각한다. 바보가 아닌 경우 더 나쁘게 된다. 즉, 그는 여자가 자신보다 우월함을 알고 있다. 그리고는 그녀의 우월함에도 불구하고 자신이 명령할 자격을 가지고 있으며 여자는 복종해야 한다고 믿는다. 이런 학습의 …… 결과는 무엇일까?(*Subjection*, 80)

성의 불평등은 막대한 재능의 원천을 사회적으로 박탈해 버렸다. 만일 여성들이 남성과 '동일한 보상과 격려' 속에서 '재능을 자유롭게 사용'했더라면, '인류에게 좀 더 고귀하게 봉사하는 데 사용될 수 있는 정신 능력의 양'은 배로 늘었을 것이다(*Subjection*, 83).

여성에 대해 영속적으로 가해진 부당한 조치는 인간의 조건을 고갈시켜 왔다.

그들과 똑같은 인간 — 어느 누가 되었든 — 의 행동의 자유에 대한 모든 제약은 (그런 제약으로 실제 야기된 폐해에 대해 그들이 책임지도록 하지 않는다면) 인간 행복의 원천을 그만큼 고갈시키게 되며, 삶이 개개인에게 가치 있도록 하는 모든 면에 있어서, 인류를 보잘것없을 정도로 빈곤한 상태에 머물게 한다(Subjection, 101).

밀에 의하면, 법적·정치적·사회적인 모든 제도에서 남녀의 '완전한 평등'만이 인간의 자유와 민주적 생활 방식의 올바른 조건을 창출할 수 있다. 밀은 자유주의의 여러 핵심 원칙을 국가와 사회의 가부장적 구조에 대한 비판으로 돌리면서, 여성의 해방 없이는 인간성의 해방을 생각할 수 없다고 주장했다.

밀 이전에 울스턴크래프트가 이런 결론에 도달했고, 또한 기록되지 않은 수많은 여성들이 분명 먼저 이런 결론에 도달했겠지만, 그것은 밀과 같은 지위에 있는 누군가가 주창하기에는 놀라운 결론이었다.[14] 예컨대 '학문적으로 훌륭한' 그의 『자유론』과 연관시켜 볼 때, 『여성의 종속』이 상대적으로 주목받지 못한 것은 아마 남성 지배에 대한 강경한 공격 때문이었을 것이다(Pateman 1983, 208). 그 공격은 의문의 여지 없이 급진적이었다. 하지만 『여성의 종속』에 애매한 면이 없지는 않았다. 두 가지 점이 강조되어야 한다. 첫째, 전반적 논의가 밀의 협소한 정치 개념에 불안하게 기대고 있다는 점이다. 자유의 원칙은, 불평등으로 야기된 '손상'으로부터 여성들이 더 잘 보호받을 수 있고 나아가 자신의 이익을 발전시킬 기회를 가질 수 있도록 하는 광범위한 국가 주도 조치 — 예컨대, 경제 제도와 아동보호 제도를 재편하는 것 — 를 정당화하는 것으로 해석될 수 있을 것이다. 하지만 밀은 자유의 원칙을 이런 식으로 해

14_밀의 입장은 오랫동안 그의 친구였고 또한 부인 — 1851년부터 1858년 그녀가 사망할 때까지 — 이었던 테일러(Harriet Taylor)에 크게 빚지고 있다고 몇몇 학자들은 주장했다(Eisenstein, 1980 참조). 또 다른 학자들은 1825년 출판된 톰슨(William Thompson)의 『인류 절반의 호소』(*Appeal of One Half of the Human Race*)에 크게 빚지고 있다고 주장했다(Pateman, 1983, 211 참조).

석한 것 같지는 않다. 그가 옹호한 새로운 정책은, 상당히 중요하기는 하지만 제한적이었다. 여성에 대한 선거권 부여, 가족 내에서 여성의 독립적 지위를 강화하는 혼인법 개정, 평등한 교육 기회의 창출을 촉진하는 제안 등이 그것이다(Mansfield 1980, xxii-xxiii 참조). 정당한 국가 행위에 한계를 부과한 것은, 밀의 다음과 같은 신념으로 일부 설명될 수 있을 것이다. 즉, 일단 여성들이 투표권을 획득하기만 하면, 자신들의 자유의 조건을 더욱 구체화할 수 있는 유리한 입장에 설 수 있으리라는 것이다. 이런 견해는 이점이 있을 수 있다. 왜냐하면, 만일 여성의 '해방'이 기존 정치기구에 맡겨진다면 전통적인 가부장적 이해관계에 의해 왜곡될 것이기 때문이다. 여성들은, 자신들로 하여금 스스로의 능력과 요구를 개척할 수 있도록 해줄 평등한 권리를 누려야만 하는 것이다. 다른 한편, 밀이 좀 더 개입주의적인 전략을 고려하지 않은 것은, 그렇게 되면 자기 자신의 최선의 이익이 무엇인가를 결정할 개인의 자유가 침해되리라고 생각했기 때문일 것이다. 개인은 정치적·사회적 장애물로부터 자유롭게 벗어나서, 자신의 삶을 어떻게 배치할지 선택할 수 있어야 한다. 물론 자신의 선택이 타인에게 '해'를 끼치지 않는다는 조건 아래에서. 그러나 이런 단서 조항은 밀의 분석이 갖는 정치적 함의를 근본적으로 약화시키고 있다. 왜냐하면 그것은, 우월한 지위에 있는 강자(남성)가 자유나 행동의 자유라는 이름으로 변화에 저항할 수 있도록 내버려 두기 때문이다.

둘째, 밀은 가족 내의 노동 분업을 자세히 분석하지 않았다. 가사 의무의 분담이 없다면, 자기 스스로의 선택으로 거취를 적극적으로 추구할 수 있는 여성의 역량은 현저히 약화될 것이다. 밀은 '공정한 상태'가 되더라도 대부분의 여성은 — '[그들이] 진력할 제1의 소명'으로서 — 오로지 결혼하여 아이를 양육하고 가사를 관리하는 것을 당연히 선택하리라고 가정함으로써, 여

모델 3.2 계발 민주주의

- **모델을 정당화하는 원리**
  - 정치 생활에의 참여는 개인의 이익을 보호하기 위해서뿐만 아니라 교양 있고 헌신적인 자기 계발적 시민을 창출하기 위해 필요하다. 정치적 관여는 개인 능력의 '최고의 그리고 조화로운' 확장에 필수적이다.

- **핵심적 특징**
  - 보통선거권이 있는 인민주권('비례적인'● 투표권 할당 체제와 함께).
  - 대의 정부(선출된 지도자, 정기적 선거, 비밀투표 등).
  - 국가권력에 대한 제한과 권력의 분립을 보장하며, 개인의 권리, 무엇보다 사상, 감정, 기호, 토론, 출판, 결사, 그리고 개인적으로 선택한 '생활 계획'을 추구할 자유와 관련된 제반 권리의 증진을 보증하는 입헌적 견제 장치.
  - 의회와 공공 관료제의 명백한 구분. 즉, 선출된 자의 기능과 전문(숙련) 행정가의 기능 사이의 구분.
  - 투표, 지방정부에의 광범한 참여, 공적 토론, 배심원 봉사 등을 통해 여러 정부 부문에 시민들이 관여.

- **일반적 조건**
  - 최소한의 국가 개입과 독립적 시민사회.
  - 경쟁적 시장경제.
  - 생산수단에 대한 사적 소유와 통제. '공동체' 또는 협력적 소유 형태의 실험이 병존.
  - 여성의 정치적 해방. 그러나 가정 내의 전통적인 노동 분업은 대체로 유지.
  - 발전된 국제 관계를 갖춘 국민국가 체제.

주 ¦ 밀은 자유주의 전통의 많은 측면에 의존하면서 그것을 발전시켰다는 사실을 상기하는 것이 중요하다. 따라서 계발 민주주의의 특징과 조건 가운데 몇몇은 〈모델 3.1〉의 그것과 유사하다(이 책 162쪽 참조).
● 지적 능력에 비례하여 투표권을 부여하는 복수 투표제를 의미한다.

성의 역할에 대한 그의 궁극적 견해를 드러내고 있다(*Subjection*, 47-48 참조; Okin 1979; Pateman 1983). 어린이 양육이나 가사와 관련해 남성이 받아들여야 할 의무나 남성들이 적응해야 할 부당한 특권의 상실 등에 대한 논의를 전개하지 않고는, 인간의 자유와 민주적 참여의 조건을 적절하게 분석하는 것은 불가능하다. 밀은 이런 면에서 실패했는데, 울스턴크래프트 역시 모성에 대한 존중으로 인해 때로는 아버지의 의무에 대한 아주 무비판적 견해를 그대로 수용하곤 했다. 그러나 『여성의 종속』을 통해 밀이 기여한 바나 그것이 자유민주주의 전통 전반 ─ 좀 더 일반적으로 정치사상 전반 ─ 을 뒤흔든 결과를 가져온 것의 중요성은 아무리 강조해도 모자랄 것이다.

'정부의 목표'에 대한 경쟁적 개념들

밀에 따르면 자유와 민주주의는 '인간의 탁월함'의 가능성을 창출해 낸다. 사상·토론·행동의 자유는 자주적 정신과 자율적 판단을 계발하는 데 필요한 조건이다. 그것은 인간의 이성이나 합리성의 형성에 필수적이다. 이성의 계발은 이번에는 자유를 고무하고 유지시켜 준다. 대의 민주주의는 자유와 이성 모두를 보호하고 강화하는 데 필수적이다. 대의 민주주의 체제는 정부로 하여금 시민들에게 책임지도록 하며, 공적 이익을 추구할 수 있는 현명한 시민을 창출한다. 따라서 대의 민주주의는 주체성·개성·사회적 차이 ─ 다원주의 사회 ─ 를 계발하는 수단인 동시에 필수적인 민주적 질서로서 그 자체 목적이다. 이에 더하여 여성의 정치 참여의 장애물이 모두 제거된다면, '인류 진보를 가로막는 것'은 거의 사라질 것이다. 〈모델 3.2〉는 밀의 입장을 폭넓게 요약한 것이다.

밀은 『대의 정부론』의 종결부에서 '정부의 목표'를 다음과 같이 정리하고 있다. '사람과 재산의 안전, 그리고 개인들 간의 공정한 재판은 사회의 제1 요구 사항이며 정부의 주된 목적이다. 만일 이런 것들이 중앙정부 이하[즉, 지방정부-옮긴이]의 어떤 책임으로 맡겨질 수 있다면, 전쟁과 조약을 제외하고 중앙정부를 필요로 하는 일은 전혀 존재하지 않을 것이다'•(Considerations, 355). 여기에서 밀은 '조화될 수 없는 것을 조화시키려'(Marx, Capital, vol. I, 16) 한 것이 아니었는지 질문해 볼 필요가 있다. 밀의 저작은 사람과 재산의 안전, 공정한 재판, 전쟁을 방지하거나 수행하고 조약을 유지시킬 만큼 강력한 국가 등을 하나의 일관된 통합체 내에 결합하려고 시도하기 때문이다. 사실상 밀의 저작은, 단지 강조점의 문제가 아니라 자유주의와 자유민주주의의 정치적 핵심 그 자체와 관련해 다양한 해석을 낳고 있다. 강조할 가치가 있는 최소한 세 가지 해석이 있다.

첫째로, 밀은 민주주의를 옹호하는 주장과 '민주주의'로부터 근대 정치 세계를 '보호'하려는 주장을 하나로 엮고자 시도했다. 그는 수입·부·권력의 심한 불평등에 대해 극히 비판적이었다(특히 그는 후기 저작에서, 그런 불평등이 대다수 사람 특히 노동계급의 완전한 발전을 가로막고 있다고 인정했다). 하지만 정치적·사회적 평등을 위해 헌신하는 데에는 한참 못 미쳤다. 사실 밀의 견해는 '교육적 엘리트주의'의 한 형태로 부를 수 있을 것이다. 지식·기술·지혜를 가진 자들의 특권적 지위를 분명히 정당화하려 했기 때문이다. 간단히 말해 현대판 철인왕이라 할 수 있다. 사회를 이끄는 정치적 역할은, 밀의 투표권 할당 체제에서 상당한 표결권을 갖는 지식인 계급에게 부여된다. 밀이 이런 견해에 이르게 된 것은, 자유와 해방의 핵심 동력으로서 교육의 중요성에 대한 강조를 통해서였다. 그것은 모든 개인의 도덕적 발전에 전적으로

• 이 인용문은 밀이 지방정부와 중앙정부에 각각 적합한 업무가 어떤 것인지를 논하고 있는 절의 일부이다. 따라서 저자인 헬드가 인용한 의도대로, '중앙정부'는 정부와 같은 의미로 이해해도 무방할 것이다.

헌신하는 입장이지만, 동시에 교육자로 하여금 무지한 자를 교육시킬 위치에 있도록 하기 위해 본질적 불평등을 정당화하는 것이기도 했다. 따라서 밀은 자유민주주의 국가를 위한 가장 중요한 몇몇 논거를 제공했지만, 그것의 실현을 실제로 무력화시키는 주장도 함께 제공한 것이다.

둘째, 자유 시장 경제와 최소한의 국가 개입에 대한 밀의 주장은 후대의 '신자유주의' 주장을 예견케 한다(이 책 〈모델 7. 법치 민주주의〉 참조). 이런 입장에 따르면, 법체계는 시민들로 하여금 자신이 선택한 목표를 방해받지 않고 추구할 수 있도록 시민의 자유를 극대화 — 무엇보다 시민의 재산과 경제활동을 보호 — 해야 한다. 개인 자유에 대한 강력한 보호는 '가장 적합한 자'(가장 유능한 자)가 번성하도록 하여 결국 모두에게 이로운 수준의 정치적·경제적 자유를 보증해 준다는 것이다.

셋째, 밀은 일생 동안 자유국가는 개인들의 여러 경쟁적 목표와 삶의 방식 사이에서 중립을 지켜야 한다는 견해를 견지했다(개인들을 가능한 한 자유로운 상태로 놓아두어야 한다). 하지만 그의 사상의 일부는 '개혁주의적' 또는 '개입주의적' 국가관을 정당화하는 데 활용될 수도 있다(6장 참조). 왜냐하면 밀의 자유민주주의 국가는 소수 인종 같은 집단을 보호하고 여성의 지위를 향상시키기 위한 법을 촉진함으로써 인민의 권리를 보호하는 적극적 역할을 부여받고 있기 때문이다. 나아가 밀의 자유 원칙을 진지하게 받아들인다면, 즉 타인에 대한 '위해'를 방지하기 위해 정치적으로 개입하는 것이 정당화되는 그런 경우를 조사해 본다면, 적어도 완숙된 '사회민주주의적' 정치 개념을 옹호하는 논거도 발견하게 될 것이다. 직업상의 건강과 안전, 보편적 건강의 유지, 빈곤으로부터의 보호(사실상 20세기 초 이래 복지국가의 모든 관심 영역) 등이 위해를 막기 위한 정당한 국가 행위 영역의 중요 부분으로 포함될 것이다. 밀은 『정치경제학 원리』(제3판)에서 그런 논리를 채택해, 자유방임 경제 원칙에는 많은 예외를 두어야 할 뿐만 아니라 모든 노동자들이 생산수단의 소유와 통제가 가져다주는 교육적 효과를 경험해야 한다고 주장했다. 밀은 가까운 미래에는 개인적인 사적 소유의 원칙이 지배적인 소유 형태가 될 것이며 또 그러해야 한다고 확신했지만, '인간성의 진보'에 가장 유리한 형태를 발견하도록 돕기 위해 다양한 소유 유형을 실제로 실험해 볼 것을 주창했다(『정치경제학 원리』 및 1879년에 처음 출판된 밀의 사회주의 관련 논문을 참조. in G.L. Williams 1976, 335-358). 이런 견해들은 총합적으로 민주적인 복지 개입주의 국가나 혼합경제 사상에 대한 최초의 진술의 하나로 읽혀질 수 있을 것이다(Green 1981).[15]

요약

고전 고대부터 17세기까지 민주주의란 대체로 집회나 공적인 회합 장소에 시민들이 모이는 것과 관련해 생각되었다. 18세기 말에 이르러 그것은 선출된 대표를 통해 집단적 의사를 결정하는 데 참여하는 시민들의 권리로 간주되기 시작했다(Bobbio 1989, 144). 대의제 자유민주주의 이론은 민주주의 사상의 준거틀을 근본적으로 이동시켰다. 그렇게 많은 비판적(반민주적) 관심의 초점이 되어 왔던, 대규모 시민으로 인한 민주주의의 실천적 한계가 실제로 제거된 것이다. 대의 민주주의는 이제 책임성 있는 동시에 실현 가능한 — 큰 영토에 대해 장기간 동안 안정적일 수 있는 — 정부로서 환영받을 수 있게 되었다(Dahl 1989, 28-30 참조). '대의 체제'의 탁월한 주창자 가운데 한 사람이 표현했듯이, '대의제를 민주주의에 접목시킴으로써' '다양한 이해관계와 모든 범위의 영토와 인구를 모두' 포괄할 수 있는 통치 체제가 창출된 것이다(Paine, *The Rights*

15_사실 만년에 이르러 밀은 자기 자신을 자유민주주의자라기보다는 사회주의자로 더 간주하게 되었다(그의 *Autobiography*를 참조).

of Man, in Paine 1987, 281). 제임스 밀이 썼듯이, 대의 민주주의는 심지어 '이론적이고 실제적인 모든 난제의 해결책을 찾을 수 있는' '현대의 위대한 발견'으로 고지되기도 했다(Sabine 1963, 695에서 인용). 따라서 인민 정부의 이론과 실제는, 전통적인 소규모 국가 또는 도시와의 연계에서 벗어나서, 새로이 등장하는 국민국가 세계를 정당화하는 교의가 되는 길을 열었다. 그러나 정확히 누가 정당한 참여자 또는 '시민'이나 '개인'으로 간주될 것인지, 이런 새로운 질서에서 그 또는 그녀의 정확한 역할은 무엇일지 등은, 보호민주주의는 물론이고 이 장에서 검토한 계발 민주주의의 선도적 이론에서도 여전히 불명확하고 미정인 채로 남겨졌다.

몇몇 국가에서 진정한 보통선거권이 실현된 것은 대체로 19~20세기 노동계급 및 여권 운동가들의 광범위한 투쟁 ― 종종 폭력적으로 진압되었던 ― 에 의해서였다. 그 성과는 독일, 이탈리아, 스페인 같은 곳에서는 여전히 위태로운 상태에 머물렀으며, 일부 집단들은 그것을 누릴 수 없었다. 1950~60년대 민권운동 이전의 많은 아프리카계 미국인이 그 예다. 하지만 이런 투쟁을 거치면서, 시민권이 모든 성인에게 동등하게 적용되어야 한다는 사고가 점차 확립되었다. 많은 자유민주주의론자들이 기존 제도에 반발하게 되었고, 평등한 정치 참여와 평등한 대표의 원칙이나 목표가 얼마나 미완인 채로 남겨져 있는지를 폭로하게 되었다. 모든 성인 남녀의 시민권이 실제로 달성됨으로써 자유민주주의는 현재와 같은 특징적 형태를 갖추게 되었다. 대표자 ― 오직 그들만이 정치적 결정(전체 공동체에 영향을 미치는 결정)을 할 수 있는 ― 를 선출하는 데에 시민 대다수의 가장 폭넓은 참여를 허용하는 일련의 규칙과 제도들이 그것이다.

이에 포함되는 것으로는, 선출된 정부, 모든 시민의 한 표가 동등한 가치를 갖는 자유롭고 공정한 선거, 인종·종교·계급·성 등의 차이와 무관하게 모든 시민을 포괄하는 선거권, 광의의 모든 공공 문제에 대한 표현과 정보 및 양심의 자유, 모든 성인들이 정부에 반대하거나 공직에 출마할 수 있는 권리, 사회운동·이익집단·정당을 비롯한 독립적 결사를 형성할 수 있는 권리인 결사의 자율성 등이 있다(Bobbio 1987, 66 참조; Dahl 1989, 221, 233). 이런 점에서 대의 민주주의가 공고화된 것은 20세기, 심지어는 20세기 말이라고 할 수 있을 것이다(8장 참조). 왜냐하면 대의제 자유민주주의가 서구에서 확고히 확립되고 또한 서구를 넘어 적절한 정부 모델로서 원칙적으로 광범위하게 수용된 것은 20세기의 마지막 몇 십 년간이었기 때문이다(Held 1993d, 특히 part IV 참조).

4장
직접민주주의와 정치의 종식

바리케이드로 둘러싸인 파리코뮌 당시의 파리 시청사.

"그 어떤 날인가. 대포의 포문을 금빛으로 비추는 따뜻하고 밝은 태양. 이 꽃다발의 향기. 깃발의 물결. 푸른 시냇물처럼 고요하고 아름답게 흘러가는 혁명의 이 졸졸거리는 소리. 두근거리는 이 설렘. 이 서광. 금관악기의 이 팡파르. 동상(銅像)의 이 반사. 이 희망의 불꽃. 명예의 이 기분 좋은 향기. 거기에는 승리한 공화주의자의 군대를 환희로 취하게 하는 그 무엇이 있다. 오, 위대한 파리여!"
_쥘 발레스

MODELS OF DEMOCRACY

마르크스(1818~83)와 엥겔스(1820~95)는 '중립적인' 자유주의 국가와 '자유로운' 시장경제라는 관념을 가차 없이 공격했다. 산업자본주의 세계에서 국가는 결코 중립적일 수 없으며, 경제는 자유로울 수 없다는 것이다. J. S. 밀의 자유민주주의 국가는 모든 시민을 위해 활동한다고 주장할지 모른다. 자유민주주의 국가는, 개인 간의 '평등한 정의'를 증진시키는 동시에 '개인과 재산의 안전'을 유지한다는 약속을 가지고 자신의 정당성을 주장할 것이다. 그러나 이런 약속은 실제로 실현될 수 없다고 마르크스와 엥겔스는 주장한다. 기회, 일자리, 건강, 수명 등 개인의 삶의 거의 모든 부문이 계급 구조 속의 위치에 따라 결정되는 계급사회의 현실에 의해 '개인의 안전'은 부정된다. 위험한 환경에서 단조롭고 보람 없는 일을 기계적으로 수행하는 공장노동자나 실업자들의 지위를, 호사를 누리며 생산수단을 소유하고 통제하는 소규모 부유 집단의 지위와 비교해 본다면, '개인의 안전'을 보장한다는 약속을 어떻게 신뢰할 수 있겠는가? 엄청난 사회·경제·정치적 불평등이 존재하는 상황에서 개인 간의 '평등한 정의'라는 자유주의 국가의 약속이 무슨 의미를 가질 수 있겠는가?

독일에서 태어났지만 대부분의 활동 시기를 영국에서 보낸 마르크스와

칼 마르크스와 프리드리히 엥겔스

엥겔스는 자유주의 및 자유민주주의 사상의 준거틀과 단호히 결별했다. 비록 이 책에서 초점은 마르크스의 저작에 두어지겠지만, 정치와 민주주의, 국가에 대한 두 사람의 생각을 이해하기 위해서는 개인의 사회적 위치, 소유관계의 역할, 자본주의의 본질 등에 대한 그들의 전반적 평가를 파악할 필요가 있다. 이런 부문에 대한 그들의 분석을 제대로 파악할 때에만, 자유민주주의의 운명에 대한 그들의 설명이나 그들이 전혀 다른 모델을 확고하게 주창했던 의미를 온전히 이해할 수 있을 것이다.

계급과 계급투쟁

'개인'으로서의 인간, 상호 경쟁하는 개인, 선택의 자유, 개인의 이익과 '생명·자유·재산'을 보호하기 위한 영역으로서의 정치, 시민사회에서의 개인의 주도성과 '통치 과정'에의 공적 관여 등을 추구하는 데 필요한 법적 틀을 명확히 해주는 제도적 메커니즘으로서의 민주적 국가, 이것들은 모두 자유민주주의 전통의 주된 관심사였다. 마르크스와 엥겔스도, 사람들이 독특한 능력과 욕구를 가지고 있으며 또한 자유로운 선택에 관심을 갖고 있음을 부정하지 않았다. 그들이 공격한 것은, 정치 생활 및 그것의 가장 바람직한 조직 형태를 분석하는 출발점이 개인이나 개인과 국가의 관계일 수 있다는 생각이었다. 마르크스가 표현했듯이, '인간은 세상 밖에 쪼그리고 앉아 있는 추상적 존재가 아니다. 인간은 인간 세계, 국가, 사회다'(*The Critique of Hegel's Philosophy of Right*, 131). 개인은 타인과의 상호 작용 및 관계 속에서만 존재한다. 인간의 본질은 사회적·역사적 산물로서만 파악될 수 있다. 역사와 정치과정에서 활동하는 것은 단일의 고립된 개인이 아니라 타인과의 일정한 관계 속에서 사는 인간이며, 그의 본질은 이런 관계를 통해 규정된다. 개인적·사회적 활동이나 제도 등 사실상 인간 삶의 모든 양상은, 다른 사회현상과 역사적으로 맺어 온 상호 작용 — 뗄 수 없게 연관된 여러 요소들의 역동적이고 변화하는 과정 — 에 의해서만 적절하게 설명될 수 있다.

마르크스와 엥겔스에 따르면, 사람 사이의 관계를 이해하는 열쇠는 계급 구조다(Giddens and Held 1982, 12-39 참조). 그들의 주장에 의하면, 계급 구분은 모든 형태의 사회에서 발견되는 것이 아니다. 계급은 역사의 산물이고 미래에 소멸할 것이다. 최초의 유형인 '부족' 사회에는 계급이 없었다. 그런 유형의 사회에는 잉여 생산과 사적 소유가 없었기 때문이다. 즉, 생산은 공동의 자원을 기초로 이루어졌고, 생산 활동의 수확물은 전체 공동체에 배분되었다. 잉여가 생김으로써 비생산자 계급이 타인의 생산 활동에 얹혀사는 것이 가능하게 되었을 때 계급 구분이 발생하게 된다. 생산수단을 지배할 수 있게 된 자들이 정치·경제적으로 지배계급 또는 통치 계급을 형성했다. 따라서 마르크스와 엥겔스에게 계급 관계는 필연적으로 착취적이며, 지배계급과 예속 계급 간 이익의 불일치를 내포한다. 나아가 계급 분열은 본래부터 갈등적이며 종종 적극적인 계급투쟁을 발생시킨다.

계급 착취와 여성 착취가 마주칠 가능성에 대해 마르크스가 사실상 전혀 언급하지 않았다는 것은 놀라운 것으로서, 논의의 처음부터 강조될 필요가 있다. 하지만 엥겔스는 『가족, 사유재산 그리고 국가의 기원』*The Origin of the Family, Private Property, and the State*에서 그런 과제를 다루고자 했다. 이 책에서 엥겔스는 기본적으로 성적 지배의 기원을 사유재산 — 특히 생산수단의 사적 소유 — 의 등장에 연계시키려 했는데, 사유재산은 다시 국가 발전의 조건으로 간주되었다. 엥겔스에 의하면, 최초의 사회 형태는 여성이 남성보다 강한 모권 사회였다. 그러나 양성 간의 이런 관계는 사적 소유가 형성됨에 따라 역전되었다. 이런 과정이 어떻게 발생했는지를 명확히 설명하고 있지는 않지만, 엥겔스는 그 과정을 사유재산, 따라서 계급의 출현에 직접 연계시켰다 — 유산을 지키기 위해 남성이 지배권을 장악했기 때문이라는 것이다. 따라서 엥겔스의 분석에서 성적 착취는 계급 착취의 파생물로 설명된다.

> 현대의 개별 가족은, 노골적이거나 은폐된 여성의 가사 노예화에 기초하고 있다. …… 오늘날 대부분의 경우에 남성은 가족의 소득원이고 빵을 벌어 오는 자가 되어야 한다. …… 그리고 이것이 그에게 어떤 특별한 법적 특권도 필요 없는 지배적 위치를 부여한다. 가족 내에서 그는 부르주아지이고 부인은 프롤레타리아를 상징한다(Engels, *The Origin*, 510).

엥겔스는 이런 견해가 함축하는 의미를 이끌어 내는 데 주저하지 않았다. 자본주의의 초월 따라서 계급 구분의 초월과 함께 성적 착취도 역시 사라지리라는 것이다. 자본주의의 발전은 성적 착취를 극복할 수 있는 길을 열어 주리라고 그는 확신했다. 자본주의사회에서 여성이 당하는 박탈의 주된 형태 — 노동력에의 동등한 참여로부터의 배제 — 는 여성이 임금노동에 종사하는 바가 증가함에 따라 어느 정도 극복될 것이기 때문이다. 미래 사회에서 생산에의 평등한 참여는 다른 영역에서의 평등을 성취하는 기반이 될 것이다.[1] 마르크스와 엥겔스는 인종적 불평등과 관련해서도 이와 비슷한 견해를 취했다. 그들에게 계급과 계급투쟁은 역사 발전의 주된 메커니즘이자 동력을 구성하는 것이었다.

진보로서의 역사와 자본주의 발전

역사 발전을 제대로 이해하기 위해서는, 항상 '그들이 스스로 선택한 조건'이 아닌 상황 — '과거로부터 주어지고 물려받은' 것이기 때문에 — 에서 어떻게 '인간이 역사를 만들어 가는지'를 분석하는 것이 필수적이다(Marx, *The Eighteenth Brumaire of Louis Bonaparte*, 15). 마르크스가 표현했듯이 '모든 역사의 기초'를 파악하는 것은 곧 사람들이 동원할 수 있는 자원, 사용할 수 있는 생산기술, 이전 세대의 노력의 결과로 존재하는 사회형태 등이 인간의 창조적 활동을 어떻게 제약하고 또한 가능하게 하는지를 파악하는 것이다. 이런 일련의 과정을 무시하는 것은 인간 존재의 기초 자체를 무시하는 것이다. 반대로 이를 해명하는 것은, 여러 유형의 인간 결사의 제반 조건을 밝히고 나아가 각 시대마다 가능한 정치의 양태에 영향을 미치는 제반 조건을 규명하는 작업이 된다.

'사회구성체'와 '생산양식'이라는 두 개의 일반 개념이 역사 과정을 해명하는 데 도움이 된다(마르크스와 엥겔스는 생산양식 개념만을 명시적으로 사용했다). 사회구성체란 사회를 구성하는 여러 관계와 제도들의 망을 의미한다. 이는 특정한 유형의 경제, 권력 체계, 국가기구, 문화생활 등을 포함하는 경제적·정치적·문화적 현상의 결합으로 구성되어 있다. 이들 요

1_ 이 문제에 대해 다소 의견이 갈리기는 하지만, 대부분의 논평자들은 엥겔스의 논거 가운데 오늘날 지지될 수 있는 것은 거의 없다는 데 동의하고 있다. 엥겔스가 모권 사회 단계가 존재했음을 보여 주는 증거로 의존한 자료는 근본적으로 의심받고 있다. 성 간의 권력관계의 상당히 다양한 변형들이 여러 상이한 사회에 존재하긴 하지만, 현대 인류학은 여성이 완전히 남성에 대해 지배적인 사회임이 입증된 단 하나의 사례도 발견하지 못한 것으로 보인다. 엥겔스가 설정한 사적 소유와 남성 지배 간의 관련성도 근거가 없는 것 같다. 이런 종류의 직접적 관계는 존재하지 않기 때문이다(Hartmann 1976 참조; Coward 1983; H. Moore 1987).

표 4.1 **생산양식의 요소들**

1. 생산관계
   ⓐ 생산의 사회적 관계, 예컨대 임금노동과 자본의 관계.
   ⓑ 이차적인 (또는 간접적인) 생산의 관계, 예컨대 노동과 자본 조직, 가족생활 양식.
   ⓒ 정치적으로 파생된 관계, 예컨대 국가·교육제도, 즉 ⓐ와 ⓑ에 봉사하는 복합적인 관계와 제도들.

2. 생산력
   ⓐ 생산수단, 즉 생산의 물질적 수단이나 도구.
   ⓑ 기술적 방법.
   ⓒ 생산에 사용되는 천연자원과 인적 자원.
   ⓓ 대체로 〈1. 생산관계〉의 ⓐ, ⓑ, ⓒ에 의해 결정되는 작업 조직.

소는 서로 일정하게 상호 연계되어 있는데, 마르크스는 이런 상호관계를 '생산양식' 분석을 통해 밝힐 수 있다고 주장했다. '생산양식'이란 사회의 기본 구조인 생산의 사회적 관계를 의미한다. 이 관계는 잉여생산물이 추출되고 전유專有되는 지배적 방식을 구체화한다. 마르크스와 엥겔스에 따르면 근대 서구 사회 또는 사회구성체는 자본주의사회다. 왜냐하면 이 사회는, '잉여가치' — 생산과정에서 임금 이상으로 노동자에 의해 산출되어 자본 소유자에 의해 전유되는 가치 — 의 형태로 잉여생산물이 추출되는 것을 특징으로 하기 때문이다(특히 Marx, "Value, price and profit" 참조). 자본을 가진 자와 판매할 노동 능력만을 가진 자 사이의 분할이 현대의 착취와 갈등의 근본적 기초를 규정하며, 기본적인 사회·정치적 관계, 즉 계급 관계를 성립시킨다. '자본가'는 공장과 기술을 소유하는 반면, 임금노동자는 소유물이 없다. 자본주의가 발전함에 따라 인구의 절대다수는, 생계를 유지하기 위해 시장에 자신의 노동력을 팔아야만 하는 임금노동자가 된다.

생산양식은 생산관계와 생산력의 복합적인 결합이다. 마르크스가 이런 용어들을 통해 의미한 바는 〈표 4.1〉에 요약되어 있다. 생산의 사회적 관계가 기본 축이 되고, 그 주변에 다양하게 상호 연관된 여러 관계와 조직들이 유형적으로 구체화된다[〈표 4.1〉의 1ⓑ와 ⓒ]. 그 구체적 형태(예를 들면 노동조합의 구조)는 역사적 상황과 사회 계급 간 투쟁에서 누가 우세한지에 의해 좌우된다. 생산력은 생산과정에 직접적으로 사용되는 것들로 구성된다.

잘 알려진 몇몇 저작에서 마르크스와 엥겔스는, 서로 다른 생산양식에 의해 구분되는 연속적인 발전 단계라는 사고에 기초한 역사관을 발전시켰다. 여기에서 변화를 추동하는 것은 경제적 '토대', 특히 점진적으로 확대되는 생산력과 사회적 부의 분배를 둘러싼 계급투쟁 간의 상호 작용이다. 마르크스와 엥겔스가 이런 상호작용 또는 역동성을 얼마나 정확히 파악했는지는 이 책에서 그렇게 중요한 문제는 아니다. 주목해야 할 것은 그것이 제시하는 역사관 — 혁명적 변화의 시기에 의해 구분되는 진화 과정으로서의 역사 — 이다(예를 들면 Marx, *Preface to A Contribution to the Critique of Political Economy* 참조). 역사 발전에 대한 이런 해석은 정통 마르크스주의(엥겔스로부터 부하린Nikolay Ivanovich Bukharin과 스탈린Iosif Vissarionovich Stalin에 이르는)의 표준적 특징이었는데, 이에 따르면 인류 사회는 원시 공산 사회에서부터 고대 [노예제-옮긴이], 봉건제, 자본제, (궁극적으로) 자본제 이후의 생산양식에 이르는 다섯 단계의 발전을 거치는 것으로 파악된다.

부르주아적 생산양식 또는 자본주의적 생산양식은, 자유와 평등의 이상이 점진적으로 실현될 근본적으로 새로운 정치·경제 질서인 공산주의 이전의 마지막 주요 단계라고 마르크스는 믿었다. 마르크스가 국가와 민주적 생활에 대해 어떻게 생각했는지를 분석하기 이전에, 왜 자본주의를 착취와

'부자유'의 최종 단계라고 생각했는지를 개략적으로 살펴볼 필요가 있다. 새로운 형태의 정치조직이 바람직할 뿐만 아니라 가능하다고 주장했던 이유와 논거는, 자본주의에 대한 그의 설명을 통해 분명히 드러난다. 핵심은 다음과 같은 몇 개의 테제로 정리될 수 있다(불가피하게 단순화된 형태이지만).

1. 현대사회는 자본주의적 생산양식에 의해 지배된다. 그것은 생산수단의 사적 소유와 교환 — 즉, 자본과 노동 간의 불균등 교환 — 에 기초한 사회다. 생산물은, 그것이 장기적으로 인간의 욕구와 필요를 충족시켜 줄 수 있기 때문에 생산되는 것이 아니라 주로 잉여가치와 이윤을 실현해 주기 때문에 생산된다.

2. 자본주의는 조화로운 사회질서가 아니다. 그것은 생산 영역과 이데올로기 영역(지배 집단 및 지배계급의 이익에 봉사하는 신념, 가치, 습속의 체계) 모두에 존재하는 모순에 기초하고 있다. 자본주의적 생산관계는 생산력의 완전한 발전을 저해하고 일련의 갈등과 위기를 만들어 낸다.

3. 자본주의의 기초는 '내부로부터', 즉 자본주의 발전 그 자체의 결과로 점차 붕괴된다. 경제는 경제활동에서 호황과 그 뒤를 따르는 급격한 하향 반전을 수반하는 경기순환에 취약하게 노출되어 있다. 제조업자로 하여금 생산을 늘리도록 이끄는 수요 증가는 호황을 만들어 낸다. 생산이 확대됨에 따라 취업자가 늘고 실업자는 감소한다. 실업자가 감소하게 되면, 노동자가 좀 더 '값비싼' 자산이 되어 빡빡한 노동시장 조건을 이용할 수 있기 때문에 소득의 분배를 둘러싼 계급투쟁이 격화된다. 경쟁력을 유지하고 생산비를 낮추기 위해서(원료에 대한 수요가 증대하고 임금률*이 상승하면 비용이 올라가기 때문에), 고용주는 노동을 자본(신기술의 형태를 띤)으로 대체한다. 생산능력은 급속히 증가한다. 모든 생

* 정상 작업 시간에서의 시간당 임금.

그림 4.1 마르크스 위기 이론

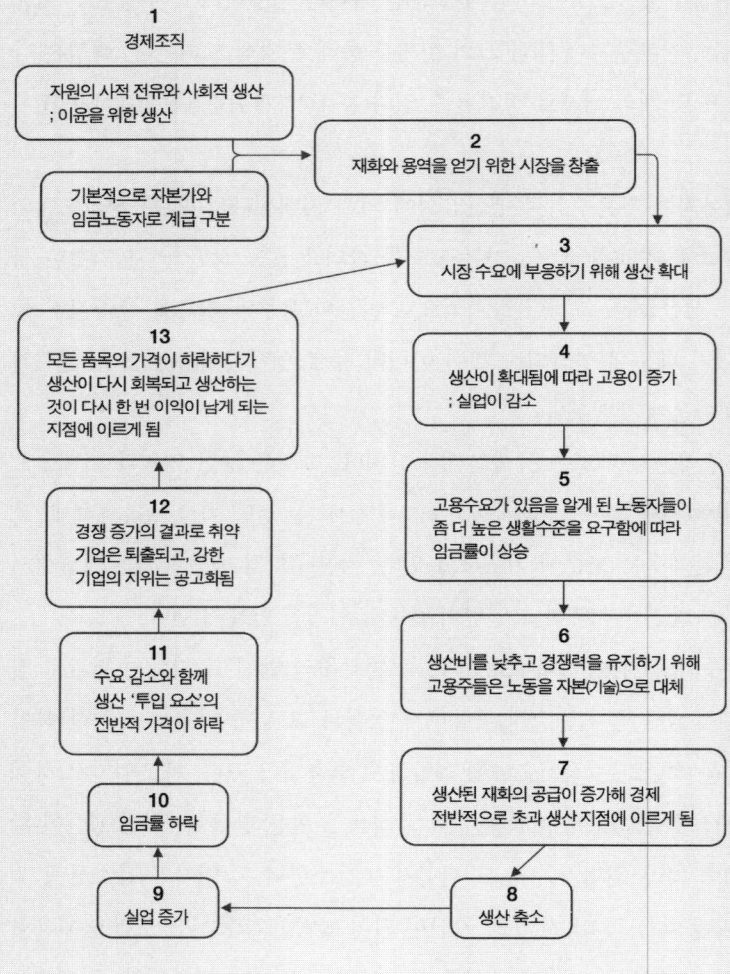

마르크스의 이론의 목표는 다음 사항을 입증하는 것이었다. ① 위기는 자본주의 발전의 통상적 특징이다. ② 위기는 과잉생산의 위기이다. ③ 경제의 집적과 집중 — 이는 아주 허약하고 깨지기 쉬운 경제적 '균형'을 가져다준다 — 이 증가하는 뚜렷한 경향이 존재한다. ④ 사회의 계급적 분할은 위기의 경향을 만들어 낸다. 노동시장 조건에 따라 고용주와 피고용인 사이에 힘의 변동이 발생하기 때문에, 계급투쟁은 경제 발전의 본질적 '메커니즘'이다.

산 단위들이 서로 고립되어 경쟁적으로 조업하기 때문에, 결국 과잉생산과 과잉생산 능력을 낳고, 그 결과 위기가 초래된다(경제활동의 하향 반전 또는 경기 후퇴 또는 불황). 생산은 줄어들고 노동자는 해고되며, 실업자가 증가하고 '수요'와 '공급'이 다시 일치할 때까지 임금률은 하락된다. 그리고 순환이 다시 시작된다.

4. 더구나 하향 반전의 시기에 소규모의 취약한 회사는, 어려운 경제 상황을 더 잘 '견뎌 낼' 수 있는 대기업에 의해 시장으로부터 퇴출당하기 쉽다. 경쟁적 회사들로 구성된 '자유' 시장은 이런 식으로 독과점적인 대량 상품 생산에 의해 점차 대체된다. 다시 말하면 경제생활에서, 점증하는 소유의 '집적'concentration을 향한 필연적 경향이 나타난다. 또한 그런 집적은 마르크스가 경제의 '집중'centralization이라 불렀던 현상과 함께 나타나는 경향을 보인다. 집중이란 주로 은행과 기타 금융 조직의 활동의 확대를 의미하며, 전체 경제에 대한 이런 조직의 조정 기능 강화를 수반하게 된다. 이런 집적과 집중의 과정은 점점 자본주의적 생산의 필연적인 사회적 성격을 드러내게 되며, 이는 개인주의적으로 기업가들이 경쟁해 온 [기존의-옮긴이] 메커니즘을 허물게 된다. 더구나 어느 때보다 현저해진 상업적 기업과 금융 기업 간의 상호 의존은 기껏해야 허약한 경제적 균형을 보증할 뿐이다. 왜냐하면 중요한 동요나 혼란은 그 어떤 것이라도 잠재적으로 전체 체계에 영향을 끼칠 수 있기 때문이다. 예를 들면 거대한 회사나 은행의 파산은, 외견상으로 건전해 보이는 수많은 기업들과 전체 공동체에 대해, 따라서 정치적 안정에까지 파급효과를 미친다. 〈그림 4.1〉은 마르크스의 위기 이론을 요약한 것이다.[2]

5. 이런 사태 전개의 일환으로서 계급투쟁이 강화된다 — 경

2_사실 마르크스의 위기 이론에 대해서는 여러 가지 다른 해석이 존재한다. 이에 대한 2차 문헌으로는 다음을 참조. Sweezy 1942; Mattick 1969; Mandel 1972; Fine and Harris 1979.

제의 순환적 경향의 특징으로서 산발적으로 그러할 뿐만 아니라, 장기적으로는 더 일반적으로 그러하다. 고립된 노동자의 지위는 고용주에 비해 비교할 수 없을 정도로 취약하다. 고용주는 노동자를 해고할 수 있을 뿐만 아니라, 갈등이 지속되는 경우는 언제든 막대한 자원에 의존할 수 있다. 노동자는 개별적으로 이익을 추구하는 것이 비효율적이며 자멸적이기까지 하다는 점을 깨닫는다. 따라서 집단행동 전략이 일정한 기본적 필수품(예컨대 물질적 이익의 증대, 일상생활에 대한 통제권, 만족감을 주는 노동)을 얻을 수 있는 유일한 기초가 된다. 개인이 만족스러운 삶의 조건을 확립할 수 있는 것은 오직 집단행동을 통해서만 가능하다. 궁극적으로 노동자들은 자본주의적 생산관계의 폐기를 통해서만 자유롭게 될 수 있다는 것을 깨닫는다. 자유와 행복을 실현하기 위한 집단적 투쟁은 노동자의 일상생활의 일부가 된다. 노동자들의 '일반 이익'이 강화되려면, 즉 개인의 **자유로운 발전**, 자원의 **공정한 배분**, 공동체 내의 **평등**이 확립되려면 집단적 투쟁을 진척시키고 발전시켜야만 한다.

6. 노동운동의 발전은 혁명을 달성하기 위한 수단이다. 노동자들이 일터에서 그리고 노동조합을 통해서 배운 교훈은 그들의 활동을 국가 영역에까지 확장시키는 기초가 된다. '대의 민주주의' 기구에서 정당을 결성할 수 있는 형식적 권리는 지배 질서에 도전할 수 있는 사회주의 조직의 구성을 가능케 해준다. 그런 도전을 통해서 혁명은 이루어질 수 있다. 그 과정은 마르크스가 분명히 확신했듯이 (영국처럼) 강력한 민주적 전통을 가진 나라에서는 평화적 이행이 될 수도 있지만, 그 외의 어떤 경우에도 폭력적 대결을 수반하게 될 것이다.

7. 정치적 교의로서의 공산주의와 관련된 원천은 여러 가지가 있지만, 생시몽Comte de Saint-Simon(1760~1825), 푸리에Charles Fourier(1772~1837), 오언Robert

Owen(1771~1858) 등과 같은 '공상적 사회주의자들'의 저작의 전통과는 전혀 별개의 것이다. 예를 들면, 공산주의는 자기 삶의 존엄성과 삶에 대한 통제권을 확보하려는 노동자들의 일상적 투쟁으로부터 나타난다. 공산주의는, 안정적 경제성장을 이룩한다는 자본주의의 약속과 실제의 불안정한 현실 간의 모순으로부터 나타난다. 공산주의는 자유민주주의 질서가 자유·평등·정의의 조건을 만들어 내는 데 실패함에 따라 나타난다. 그리고 공산주의는, 자본주의가 사적 전유 — 즉, 자본가에 의한 이윤의 전유 — 에 토대를 두고 있음에도 불구하고 인류가 지금껏 창조한 질서 가운데 가장 '사회화된' 형태라는 모순으로부터 나타난다. 자본주의경제는, 이전 형태의 사회에서는 알 수 없었던 규모로 모든 사람들의 협력과 상호 의존을 수반하고 있기 때문이다. 공산주의는 이 원칙을 새로운 유형의 사회로 논리적으로 확장시킨 것이다.

국가에 관한 두 이론

마르크스는 자본주의사회에서 민주적 정부란 본질적으로 불가능하다고 믿었다. 자본주의적 생산관계로 인한 제약 아래에서 삶의 민주적 조절은 실현될 수 없다는 것이다. 그는 '민주정치'의 가능성을 창출하기 위해서 사회의 토대 그 자체를 바꿀 필요가 있다고 생각했다. 마르크스가 이런 견해를 갖게 된 이유를 좀 더 정확히 이해하기 위해서는, 자본주의라는 맥락 속에서 국가의 위치 — 국가의 역할, 기능 그리고 한계 — 를 마르크스가 어떻게 파악했는지를 검토해 봐야 한다.

자유주의와 자유민주주의 전통에서 핵심이 되는 것은, 개인의 사적 목표나 관심사와 달리 국가는 공동체 또는 공중 전체를 대표한다고 주장할 수 있다는 생각이다. 그러나 마르크스와 엥겔스에 따르면 이런 주장은 대부분 환상이다(Maguire 1978, ch. 1 참조). [자유주의와 자유민주주의 이론에 따르면-옮긴이] 국가는 '공중' 또는 '공동체'를 보호한다. 마치 계급이 존재하지 않는 것처럼, 마치 계급 간의 관계가 착취적이지 않는 것처럼, 마치 계급 간에 이해관계의 근본적 차이와 충돌이 존재하지 않는 것처럼, 마치 그런 이해관계의 차이가 경제적·정치적 생활을 대부분 규정하지 않는 것처럼 말이다. 국가(마르크스가 의미하는 바에 의하면, 집행부와 입법부는 물론, 경찰·군대에 이르는 정부의 모든 기구)는 개인의 자유를 보호하고 개인의 소유권을 지킨다는 원칙에 따라 형식적으로 모든 사람을 동등하게 대함으로써 '중립적으로' 행동할 수 있다. 그러나 그것은 편파적인 효과를 발생시키게 된다. 즉, 국가는 필연적으로 유산자의 특권을 유지하고 지속시킨다. 생산수단의 사적 소유를 보호함으로써 국가는 이미 한쪽 편을 들어 왔다. 국가는 입법, 행정, 감독 등을 통해 경제생활 및 소유관계의 구조와 관행을 강화하고 성문화함으로써 경제생활과 소유관계의 구조 그 자체에 관여하게 된다. 이런 식으로 국가는 계급으로 분할된 사회를 통합하고 통제하는 데 있어 중심적 역할을 한다. 자본주의사회에서 이는 자본에 의한 임금노동의 착취를 재생산하는 중심적 역할을 의미한다. 사실상 자유주의적인 '최소' 국가 개념은, 소위 자유 시장이 야기한 불평등에 도전하는 자들의 행위를 제어하기 위한, 특정 유형의 개입에 대한 강력한 약속 및 의무와 바로 연결되어 있다. 실제로 자유주의 국가 또는 자유민주주의 국가란 필연적으로 강압적인 강한 국가다. 생산수단의 사적 소유를 유지하는 것은, '자유롭고 평등한' 시민으로 구성된 정치·경제 질서라는 이상과 모순된다. 마르크스가 인정했듯이 보통선거권 및 정치적 평등 일반을 향한 운동은 중요한 진전이다. 하지만 그것이 가지는 해방의 잠재력은 계급 불평등에 의해, 또한 정치·경제·사회 생활에서 많은 사람의 선택 범위에 계급 불평등이 부과하는 제약으로 인해 심하게 훼손되고 약화되었다.

더구나 사적인 것과 공적인 것 간에, 시민사회와 정치 영역 간에 분명한 구분이 존재한다는 자유주의의 주장도 의심스러운 것이라고 마르크스는 주장한다. 현대 권력의 근본적 원천인 생산수단의 사적 소유권은 표면상으로는 비정치적인 것처럼 보인다. 즉, 그것은 마치 정치의 적절한 대상이 아닌 것처럼 자의적으로 처리된다. 생산수단을 소유하고 통제하는 자들과 임금 노동에 의해 살아가야 하는 자들 간의 거대한 구분이 국가의 일이 아니라 자유로운 사적 계약의 결과물로 간주된다는 점에서, 경제는 비정치적인 것으로 여겨진다. 그러나 국가는 생산수단의 사적 소유를 보호하기 때문에, 모든 특수한 관심사를 초월하는 일련의 제도 — 즉, '공적인 것'을 위해 활동하는 '공적 권력' — 로서 존재하지 않는다. 시민사회의 권력관계로부터 벗어나 초연하게 존재하지 않는다. 그 반대로 국가는 사회경제적 관계 속에 깊숙이 박혀 있고 특수이익과 연계되어 있다. 더욱이 이런 연계는, 인민의 '대표자들'의 정치적 견해나 참정권의 범위와 상관없이 유지되고 지속되고 있다(뒤에서 보게 될 여러 이유로 인해).

계급과 국가의 관계에 대한 마르크스의 설명에는 적어도 두 가지 가닥이 있다. 마르크스 자신이 결코 명확히 구분한 적은 없지만, 양자를 분리해 보는 것은 분석을 명료히 하는 데 크게 도움이 된다. 앞으로 제1견해로 지칭할 첫 번째 가닥은, 국가 — 좀 더 특수하게는 관료 기구 — 는 다양한 형태를 띨 수 있으며 권력의 근거가 될 수 있다고 강조한다. 그리고 단기적으로 이런 권력은 지배계급과 직접 연계되거나 지배계급의 분명한 통제 아래에 있을 필요가 없다고 강조된다. 이 설명에 따르면, 국가는 지배계급으로부터 독립된 일정한 권력을 보유한다. 국가의 제도적 형태나 운영의 동태성을 계급 세력들의 배치 양태로부터 바로 추론하는 것은 불가능하다. 국가는 '상대적으로 자율적'인 것이다. 제2견해로 지칭할 두 번째 가닥은, 의심할 여지 없이 그의 저작에서 주를 이루는 견해다. 이에 따르면, 국가와 국가의 관료제는 [계급으로-옮긴이] 분할된 사회를 지배계급의 이익에 맞게 조정하기 위해 나온 계급의 도구다. 확실히 제1견해가 더 복잡하고 난해한 개념이다. 이제부터 두 입장을 살펴보는데, 제1견해부터 시작할 것이다. 왜냐하면 제1견해는 마르크스의 초기 저작에서 뚜렷이 나타나고 있으며, 정치와 국가를 분석하는 마르크스의 준거틀을 제2견해가 얼마나 협소하게 만들고 있는지를 명백히 보여 주기 때문이다.

국가권력과 관련된 난해한 이론적 문제에 대한 마르크스의 탐구는, 독일 관념 철학의 중심인물이며 그의 생애에 중대한 지적 영향을 끼친 헤겔 Georg Wilhelm Friedrich Hegel(1770~1831)과 일찍이 대면하게 되면서 시작되었다. 헤겔은 『법철학』Philosophy of Right에서, 국가는 개인들 간의 격렬한 갈등을 잠재적으로 해결할 수 있다 — 한편으로는 개인들이 시민사회에서 상호 작용하는 데 필요한 합리적 틀을 제공함으로써, 다른 한편으로는 '정치적 일반 의사'의 형성에 참여할(제한된 형태의 대의제를 통한) 기회를 제공함으로써 — 고 주장했다. 시간이 흐름에 따라 현대 국가는 법, 문화, 국가 정체성의 중심이 되었으며 모든 발전의 포괄적 기초가 되었다. 시민들은 국가와 자신을 동일시함으로써 시민사회의 경쟁적 무정부 상태를 극복하고 통합의 진정한 기초를 발견할 수 있었다. 오직 국가 덕분으로 시민들은 '이성적 존재'가 될 수 있었다(간략하게 이런 견해를 진술한 것으로는 Hegel, *Lectures on the Philosophy of World History*, 94-97 참조. 1830년에 처음 행해진 강연을 담고 있다).

헤겔은 시민사회를 자기 이익의 추구가 완전히 정당화되는 '이기적' 행위의 영역으로 이해했다. 물론 자기 이익을 추구하는 영역은 항상 존재해 왔지만, 시민적 영역이 뚜렷이 나타나게 된 것은 개인이 종교적·윤리적 속박과 강압적인 정치적 구속으로부터 점차 해방됨으로써만 가능했다. 이 과정의 중심에 위치하는 것이, 전통을 부식시킨 자유 시장의 확대다. 그러나 헤겔은 인간 행위를 이기적으로 보는 이론에만 의존해서는 자유 시장의 의미, 좀 더 일반적으로는 시민사회의 의미를 올바로 파악할 수 없다고 주장했다. 헤겔에 의하면, 많은 자유주의 사상가들이 했던 것처럼 시민사회의 이기주의로부터 인간의 동기나 행위에 대한 일반 이론을 추출하는 것은 근본적으로 잘못된 것이다. 헤겔은 물질적인 부의 추구를 인간 욕구를 실현하기 위한 핵심적 기초로서 인정했다. 하지만 그는, 한 헤겔 해설자가 간결하게 표현했듯이, '시민사회의 이기주의, 우연성, 자의적 특징 뒤에는 본래적 이성이 자리하고 있다'고 주장했다(Avineri 1972, 147). 왜냐하면 시민사회는, 경쟁적 욕구와 법체계 양자에 그 토대를 두고 있는, '상호 맞물린' 부분 이익들의 결사이기 때문이다(Hegel, *Philosophy of Right*, 122 이하). 법체계는 사람과 재산의 안전을 보장하며, 또한 이를 통해 개인들의 지나침과 부절제를 억제하는 메커니즘을 제공한다(*Philosophy of Right*, 149-152). 시민사회의 존재는, '공익'은 법의 집행과 국가의 의식적 지도를 통해서 비로소 실현될 수 있다는 인식을 전제로 한다(*Philosophy of Right*, 147 이하). 국가의 역사는 삶의 합리적(이성적) 추구를 향한 강한 욕망을 표출하고 있다. 헤겔이 생각하기에 국가는 시민으로 하여금 그들의 자유를 타인과 함께 실현할 수 있도록 해주는 기반이다. 전제정치를 벗어난다면, 국가는 이성과 자유의 가능한 조화를 표상한다.

개인이 어느 정도의 자유를 향유할 수 있는지와 관련해 결정적 의미를 갖는 것이 제도화된 국가조직의 실제 모습이다. 헤겔은 비록 몇 가지 조건을 붙이기는 했지만 프로시아 국가를 높이 평가했다. 그는 프로시아 국가를, 입법부·집행부·국왕이라는 세 개의 독자적 부문으로 적절히 분립되어 있으면서 이들 세 부문이 함께 '보편적 통찰력과 의지'를 표현하고 있는 것으로 묘사했다. 헤겔에게 국가의 가장 중요한 제도는 관료제였다. 관료제는 그 속에서 모든 특수이익들이 한편으로는 위계질서·전문화·전문 기술·조정 등의 체계에 복종하고, 다른 한편으로는 능력과 불편부당함을 요구하는 내·외적 압력에 복종하는 그런 조직이기 때문이다(*Philosophy of Right*, 132, 179, 190-191, 193). 그러나 마르크스에 따르면, 헤겔은 국가의 자기 이미지, 특히 관료제의 자기 이미지에 도전해 그것을 반박하는 데 실패했다(*The Critique of Hegel's Philosophy of Right*, 41-54).

관료제는 '국가의 의식consciousness'이다. 마르크스는 헤겔과 달리 또한 J. S. 밀 같은 사상가와도 달리, 관료제, 즉 국가 관료 집단을 '국가 내의 특수한 폐쇄 사회'로서 비밀과 신비를 통해 자신의 권능을 확장시키는 조직으로 묘사했다(*Critique*, 46). 개별 관료는 '관료적 신앙고백' — 시험 체계 — 을 통해서 또한 정치적 지배 집단의 자의적 조치를 통해서 이 폐쇄 사회의 일원이 된다. 이어서 관료로서의 경력이 무엇보다 중요한 일이 되고, 고위 직급자에 대한 수동적 복종이 필수적이 되며, '국가의 이익이 각 개인[즉, 개별 관료-옮긴이]의 목표가 된다'. 그러나 국가의 목표가 그것으로 실현되는 것도 아니며 능력이 보증되는 것도 아니다(*Critique*, 48, 51). 마르크스는 그 이유를 이렇게 적었다.

관료제는 스스로를 국가의 최종적 목표라고 주장한다. …… 국가의 목표가 부처의 목표로 전환되거나, 부처의 목표가 국가의 목표로 전환된다. 관료제는 어느 누구도 벗어날 수 없는 하나의 원형틀이다. 관료의 위계 구조는 지식의 위계 구조다. 최고위직은 개별 사항에 대한 파악을 하위직에 위임하며, 반면 하위직은 보편 사항(일반 이익)에 대한 파악을 최고위직 덕분으로 돌린다. 이렇게 하여 그들은 서로를 속인다(*Critique*, 46-47).

마르크스는 여러 면에서 헤겔을 비판했는데, 특히 중요한 한 가지 요점이 있다. 헤겔이 '진정한 국가의 절대적 보편 이익'이라고 불렀던 영역에는 단지 '관료적 공무원 세계'와 '미해결의 갈등'만이 존재할 뿐이라고 마르크스는 보았다(*Critique*, 54). 마르크스가 관료제의 구조와 조직 특징을 강조한 것은 중요한 의미를 지닌다. 왜냐하면 그것은 관료 조직의 '상대적 자율성'을 분명히 부각시켜 줄 뿐만 아니라, 국가에 관한 그의 가장 흥미로운 저작인 『루이 보나파르트의 브뤼메르 18일』 The Eighteenth Brumaire of Louis Bonaparte 에서 정교화될 주장을 예고해 주기 때문이다.

『브뤼메르 18일』은 1848년과 1852년 사이에 프랑스에서 나폴레옹 보나파르트 Louis Napoléon Bonaparte●가 권좌에 오르는 과정 ― 우선 시민사회를, 이어 자본가계급, 즉 부르주아지의 정치적 대표를 희생시키면서 집행부 수중에 권력을 모아 가는 과정 ― 을 설득력 있게 분석하고 있다. 이 책은 국가를 '보편적 통찰의 도구', '인륜적 공동체', 또는 무질서 앞의 '심판관' 등으로 파악하는 어떤 견해도 마르크스가 거부했음을 분명히 보여 준다. 마르크스는 국가기구가 시민사회에 대한 '기생체'寄生體인 동시에 정치 행위의 자율적 원천이라고 강조한다. 따라서 그는 보나파르트 체제를 다음과 같이 묘사했다. '거대한 관료·군사 조직, 광범한 계층을 끌어안는 정교한 국가기구, 50만의 군대 외에도 50만을 헤아리는 엄청난 공직자 등을 거느리는 이 집행 권력, 이 소름끼치는 기생체는 …… 프랑스 사회 몸통을 그물처

● 나폴레옹 보나파르트는 나폴레옹의 조카로서 1848년 선거에 의해 프랑스 제2공화국의 대통령으로 선출되었다. 이후 1851년 쿠데타를 통해 독재 체제를 확립한 데 이어 1852년 제2공화국을 종식시키고 제2제정을 수립하면서 황제(나폴레옹 3세)에 즉위해 1870년까지 프랑스를 통치했다.

럼 얽어매어 모든 숨구멍을 막고 있다'(*Eighteenth Brumaire*, 121). 국가는 시민사회를 틀짓고 심지어 부르주아지의 국가 지배 자격까지 박탈할 수 있는 능력을 갖춘 일련의 방대한 제도로서 그려지고 있다(Maguire 1978; Spencer 1979 참조). 마르크스는 국가에 대해 사회로부터의 일정한 자율성을 인정했다. 정치적 결과는 복잡한 연합과 입헌적 장치 간의 상호 결합의 산물이라는 것이다.

『브뤼메르 18일』에서 제시된 분석은,『헤겔 법철학 비판』*The Critique of Hegel's Philosophy of Right*에서와 마찬가지로, 국가 행위자는 단순히 시민사회의 지배계급의 이익에 맞게 정치 생활을 조정하는 데 머물지 않는다는 것을 시사한다. 특수한 상황 아래에서(예를 들어 사회 세력 간에 상대적 균형이 존재할 때), 집행부는 정치적 주도권을 쥐는 것은 물론이고 변화를 조정하는 능력까지 갖게 된다. 하지만 이런 견해를 이야기할 때에도 기본적으로 마르크스는 보수적인 힘으로서의 국가에 초점을 맞춘다. 그는 감시 메커니즘으로서 국가 정보망의 중요성을 강조했고, 또한 국가의 정치적 자율성이 어떻게 현상 위협적 사회운동을 봉쇄하는 국가 능력으로 연결되는지를 강조했다. 더욱이 국가의 억압적 측면은, 기존 제도의 신성 불가침성에 대한 믿음을 지속시키는 국가의 능력에 의해 보완된다. 국가는, 공적 이익을 표출하기 위한 기반이 되기는커녕, '보편적 목표를 다른 형태의 사적 이익' — 즉, 감시자와 지도자의 이익 — 으로 바꿀 뿐이라고 마르크스는 주장했다.

그러나 사회를 중대 위기에 빠뜨리지 않고 보나파르트가 주도적으로 할 수 있는 조치에는 근본적인 제약이 있었다. 어떤 국가의 입법부나 집행부에도 이런 제약은 존재한다. 왜냐하면 자본주의사회에서 국가는 그 사회에 대한 의존, 무엇보다 생산과정을 소유하고 통제하는 자들에 대한 의존에서 벗어날 수 없기 때문이라고 마르크스는 결론지었다(이 결론은 그의 학설 전체에서 핵심이 된다). 사회에 대한 국가의 의존은 경제가 위기에 처할 때마다 가시적으로 드러다. 국가기구의 존속에 필요한 물적 자원을 창출하는 것은 경제조직이기 때문이다. 국가정책 전반은 결국 제조업자 및 무역업자의 목표와 양립 가능해야만 한다. 그렇지 않으면 시민사회와 국가 자체의 안전이 위태롭게 된다. 따라서 보나파르트는, 부르주아지의 대표로부터 정치권력을 강탈하기는 했지만, 세입과 차입금의 원천인 부르주아지의 '물질적 권력' 그 자체를 보호했다. 보나파르트는, 자신이 권좌에 있는 동안 어떤 일을 선택했든 간에, 부르주아지의 장기적 경제 이익을 떠받치고 장차 부르주아지의 직접적인 정치권력의 재생에 유리한 기초를 놓을 수밖에 없었다. 이 점에서 그는 자본주의사회의 다른 어떤 정치가와 다르지 않았다(*Eighteenth Brumaire*, 118 이하).

마르크스는 소유권의 분배가 정치권력의 구성과 무관하다는 주장을 공격했다. 이런 비판은 물론 마르크스의 유산 가운데 핵심이 되는 것이며, 내가 제2의 견해라고 부르는 것이다. 자신의 정치 저작 도처에서, 특히 『공산당선언』 *The Communist Manifesto*과 같이 논쟁적인 팸플릿에서, 마르크스(그리고 엥겔스)는 지배계급의 경제·사회·정치 권력에 대한 국가의 직접적 종속성을 주장했다. 국가는 사회·경제적 관계의 '토대' 위에서 전개되는 '상부구조'다(Marx and Engels, *The Communist Manifesto* 및 Marx, Preface *to A Contribution to the Critique of Political Economy* 참조). 이 정식에 의하면, 국가는 경제적 지배계급의 이익에 직접적으로 봉사한다. 자율적인 정치 행위의 장이라는 국가의 개념은, 계급 권력에 대한 강조에 의해 대체된다. 국가가 계급 권력임을 강조한 사례는, '현대 국가의 집행부는 전체 부르주아지의 공동 관심사를 관리하는 위원회일 뿐이다'라는 『공산당선언』의 유명한 슬로건에서 찾아볼 수 있다. 국가가 전체 부르주아 계급에 의해 지배된다는 것이 이런

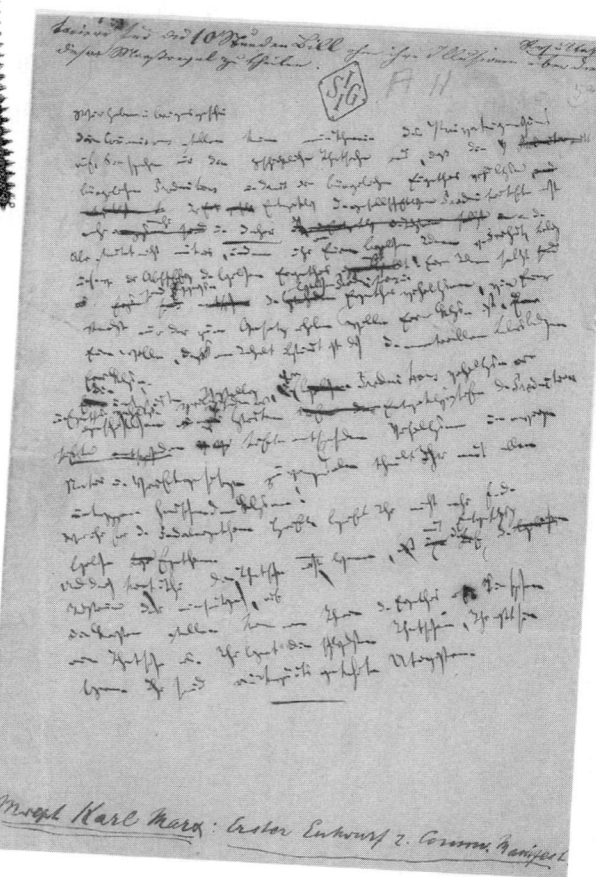

『공산당선언』의 초판 표지와 마르크스의 자필 원고.

정식의 의미는 아니다. 즉, 국가는 부르주아 계급의 분파들로부터 독립적일 수 있다(Miliband 1965 참조). 그렇지만 국가는 본질적으로 사회에 종속적이고 또한 경제를 지배하는 자들에게 종속적이라는 점에서 특징적이다. 자본의 여러 분파(예를 들면 제조업자와 금융업자) 사이의 갈등이나 국제 자본주의 시장이 초래하는 압력과 '국내 자본주의' 사이의 갈등이 완화되어야만 하기에, 그 정도 범위 내에서 국가의 독립성이 행사되는 것이다. 국가는 공적 이익 또는 일반 이익이라는 명목으로 부르주아 계급의 전반적 이익을 유지한다.

이상에서 보듯이 계급과 국가의 관계에 대한 마르크스의 언급에는 두 가지(종종 상호 연계된) 가닥이 존재한다. 첫 번째 견해에 의하면, 국가는 계급 세력들로부터 독자적인 일정한 권력을 갖고 있다고 인식된다. 두 번째 견해에 의하면, 국가는 지배계급의 이익에 봉사하는 단순한 '상부구조'일 뿐이다. 이 중에서 첫 번째 견해가 주목받아 왔다. 두 가지 설명 가운데 더 많은 통찰력을 제공하기 때문이다(Draper 1977 참조; Maguire 1978; Perez-Diaz 1978). 그러나 첫 번째 견해도 결코 완성된 것이 아니며, 충분히 탐구되지 않은 여러 문제를 남겨 두고 있음이 강조될 필요가 있다. 국가권력의 근거는 무엇인가? 주권이란 근거 없는 환상에 불과한가? 정무직 공직자들은 정확히 어떤 이해관계를 발전시키는가? 정치가들이 주도권을 행사할 수 있는 여지는 어느 정도까지인가? 정치가들의 자율적 행위 능력은 결국 정치적으로 무의미한 것인가? 국가는 계급 세력과의 관계를 제외하면 일반적으로 아무런 의미를 갖지 못하는가? 심지어 자유민주주의 제도의 틀 안에서조차 그런가? 두 번째 견해는 더욱 많은 문제를 안고 있다. 두 번째 견해는 자본주의 특유의 국가 조직을 상정하며, 정치적 변천과 계급 지배 현실 간의 단순한 인과관계를 당연시한다. 마르크스는 국가 및 계급 정치와 관련해 여러 근본적 문제들을 미해결이거나 다루지 않은 채로 남겨 놓았다.

그러나 마르크스의 저작들은, 계급으로 분할된 사회를 통제하기 위한 존재로서 국가가 얼마나 중요하게 간주되었는지를 보여 준다. 나아가 그의 연구는 자본주의사회 내에서 국가 행위의 중대한 한계를 시사해 준다. 만일 국가 개입이 자본축적 과정을 훼손한다면 그것은 동시에 국가의 물적 기반을 훼손하게 된다. 따라서 국가정책은 자본주의적 생산관계와 모순되지 않아야 한다. 달리 표현한다면 자유민주주의에는 제약이 존재한다. 사적 자본축적의 필요에 의해 부과되는 제약이 그것으로, 이는 정책 대안을 체계적으로 제한한다. 사적 소유와 투자의 체계는, 경제 발전이 지속되려면 충족되어야만 하는 객관적 요건을 만들어 낸다. 만일 이 체계가 위협을 받게 되면(예컨대 평등을 좀 더 촉진하려는 확고한 목표 아래, 선거를 통해 정권을 잡은 정당에 의해), 경제적 혼란이 곧 뒤따를 수 있으며(자본 투자의 해외 유출 등으로 인한), 정부가 용인될 수 있는 가능성이 근본적으로 붕괴될 수 있다.[3] 따라서 경제적 지배계급은 직접적으로 통치하지 않고도 지배할 수 있다. 즉, 그들의 대표가 정부 내에 없더라도 결정적인 정치적 영향력을 행사할 수 있다. 이런 견해는 마르크스주의자와 자유민주주의 이론가 및 그 밖의 사상가들 간의 논쟁에서 핵심적 위치를 점하게 되었다. 자본주의적 민주주의에서의 자유는 순전히 형식적인 것이라는 마르크스 주장의 핵심적 근거는 바로 이것이었다. 불평등은 자유를 근본적으로 훼손하며, 대부분의 시민을 단지 명목상의 자유에 머물게 한다. 자본이 지배하고 있는 것이다.

정치의 종언

국가는 해방자, 보호 기사, 갈등적 이해관계들과 마주한 심판

[3] 그 결과, 한 논평자가 말했듯이, 자유주의 정치는 독특하게 '소극적 특징'을 띤다. 그것은 체제에 대한 위험을 회피하고 위험 요인을 근절하는 것을 지향하게 되었다. '달리 표현하면 실제적 목적의 실현(즉, 특정한 가치의 선택)을 지향하는 것이 아니라, 기술적 문제의 해결을 지향한다'(Habermas 1971, 102-103).

자의 역할과 거리가 멀다. 국가는 시민사회와 뗄 수 없이 연계되어 있다. 국가가 사회질서의 기초를 이루는 것이 아니라, 사회질서가 국가의 기초를 이루고 있다고 마르크스는 주장했다. 마르크스는 자유가 바람직한 것임을 결코 부정하지 않았다. 절대주의와 전제정에 대항한 자유주의의 투쟁과 정치적 평등을 위한 자유민주주의자들의 투쟁이 해방을 향한 전투에서 중요한 진전을 의미한다는 사실을 마르크스는 인정했다. 그러나 그는 인간에 대한 착취가 지속되고(자본주의경제의 역동성 그 자체의 결과로서) 국가가 이를 유지시키고 지탱하는 한 자유는 불가능하다고 생각했다. 자유가 무엇보다 먼저 자본의 자유를 의미한다면, 자유는 실현될 수 없다. 사실상 그런 자유는, 인민의 삶의 조건이 자본가들의 사적 투자의 압력과 압박에 의해 결정되도록 열어 놓는 것을 의미한다. 그런 자유는, 부유한 소수가 내리는 경제적 결정 ― 보편적인 비용과 편익을 전혀 고려하지 않고 내린 ― 의 결과에 굴복하는 것을 의미한다. 그런 자유는, 자유를 고삐 풀린 자본주의적 경쟁으로 축소시키고, 인구 대부분을 자신의 통제를 완전히 벗어난 힘에 종속시키는 것을 의미한다.

마르크스는 이런 상태를 '소외'라고 불렀다(논란이 분분하지만, 내가 믿기로는 그의 활동 시기 내내). 소외란 대부분의 사람이 자기 노동의 산물, 자기의 작업 과정, 동료 인간, 인간의 근본 능력 ― 인간의 '유적(類的) 존재'라고 마르크스가 부른 ― 등으로부터 멀리 벗어나서 소원해져 있는 상태를 말한다 (Marx, *Economic and Philosophical Manuscripts*, 120-131, 202-203 참조; Ollman 1971). 왜냐하면 그 상황은, 노동의 산물이 고용주에 의해 사적으로 전유되어 시장에서 판매되고, 노동자는 자기 생활의 조건과 노동과정에 대한 통제력을 거의 갖지 못하며, 개인들은 경쟁과 소유에 의해 상호 대립적으로 분열되어 있고, 남녀 모두가 의지와 의식을 가지고 '자신의 역사를 만들' 수 있는 적극적·창조적 행위자가 될 수 있는 능력을 상실할 위기에 빠져 있는 상황이기 때문이다. 인간 본성에 대한 마르크스의 이론은, J. S. 밀의 견해와 수렴하는 몇 가지 주목할 만한 지점이 있기는 하지만, 자유주의 사상의 핵심인 합리적·전략적·이기적 인간으로부터 근본적으로 벗어나 있다. 마르크스에게 있어 역사 과정 속에서 활동하는 것은, 개별의 인간이 아니라, 사회적 맥락 속에서 이루어지는 집단들의 창조적 상호 작용이었다. 인간의 본성은 무엇보다도 사회적인 것이다. 마르크스가 말한 '유적 존재'란 다른 동물과 비교되는 인간 특유의 특징을 의미한다. 인간은 단지 본능에 의해서만 추동되지 않기 때문에 대부분의 동물들처럼 환경에 수동적으로 적응하지는 않는다. 인간은 생존을 위해 환경을 적극적·의도적·창조적으로 지배할 수 있고 또 그래야만 한다. 따라서 창조성 내지 주변 환경에 대한 통제는 '인간답다'고 하는 것의 본질적 부분이다. 경제적·사회적 환경에 대해 최소한의 통제밖에 하지 못하면서 지루하고 보람 없는 일을 기계적으로 행하는 사람은 환경에 그저 묵묵히 순응하는 상태로 전락하게 된다. 마르크스의 말대로, '동물이 인간이 되고, 인간은 동물이 된다'.

자유주의 정치 교의는 자본주의적 생산관계와 '자유' 시장의 중심적 지위를 지지함으로써 자유를 인구의 소수에게 효과적으로 국한시켰다. 자유주의 교의는, 인간의 능력을 착취하고 인간의 '유적 존재'를 위협하는 정치·경제 체계를 정당화했다. 평등을 중심에 두는 자유 개념(자유에 대한 루소의 비전이 추구했던), 무엇보다 모두의 평등한 자유에 관심을 갖는 자유 개념(루소의 비전이 결국 이르지 못했던), 그것만이 '자기 자신의 역사를 만드는' 데 필요한 힘을 인간에게 회복시켜 줄 수 있다(*The Communist Manifesto*, 127). 마르크스의 견해에 따르면, 자유는 국가는 물론 사회의 완전한 민주화를 필연적으로 요구한다. 자유는 사회 계급의 파기 및 모든 형태의 계급 권력의 궁극적 폐기를 통해서만 확립될 수 있다.

마르크스는 혁명 후의 미래에 대해 어떻게 생각했는가? 특히 민주주의와 국가의 미래를 어떻게 보았는가? 자본주의적 생산관계가 파기될 때 정치권력은 어떻게 조직되어야 하는가? 이런 질문이 제기되자마자 우리는 곧 난관에 봉착하게 된다. 마르크스는 사회주의 또는 공산주의가 어떠할지에 대해 자세히 논한 적이 거의 없기 때문이다. 그는 청사진을 개발하는 것을 정치적 상상력에 대한 '구속복'[폭력적인 행동을 하는 사람의 행동을 제압하기 위해 입히는 옷-옮긴이]에 비유하여 반대했다. '미래의 음악'은 미리 작곡될 수 없고 작곡되어서도 안 된다. 그것은 기존 질서의 모순을 타파하는 투쟁 속에서 나타날 것이다. 이 투쟁에 관계한 사람들은 미래를 규정하는 데 동등한 역할을 해야 한다는 것이다. 하지만 이런 일반론에도 불구하고, 마르크스는 '자유롭고 평등한' 사회가 어떤 모습일지를 은연중에 종종 말하곤 했다.[4]

마르크스는 자신의 입장을 어떤 틀로서 제시하고 있는데, 나는 이를 '정치의 종언'이라 부르고자 한다. 정치의 종언(또는 국가 시대의 종언)이란 부르주아사회에서 지금까지 알려져 왔던 그런 정치 생활의 변혁을 의미한다. 그것은 계급 지배를 영속화하는 데 이용되어 온, 사회에서 제도적으로 분리된 별개의 한 영역으로서의 정치가 해체됨을 의미한다. 노동계급의 해방은 필연적으로 새로운 형태의 정부 창설을 수반한다. 『철학의 빈곤』 The Poverty of Philosophy에서 마르크스는 이렇게 말했다. '노동계급은 그 발전 과정에서 낡은 시민사회를 계급과 계급 적대를 배제하는 결사체로 대체할 것이다. 그리고 이른바 정치권력은 더 이상 존재하지 않게 될 것이다. 정치권력이란 시민사회 내에 존재하는 적대와 반목의 공식적 표현이기 때문이다'(The Poverty of Philosophy,

---

[4] 여러 저작들에 산재해 있는 구절이나 몇 개의 긴 진술에서 그에 관한 지적을 발견할 수 있다. 특히 다음을 참조. Marx, *The Critique of Hegel's Philosophy of Right*(1843); Marx and Engels, *The German Ideology* (1845~46); Marx, *The Poverty of Philosophy*(1847); Marx and Engels, *The Communist Manifesto*(1847); Marx, *The Civil War in France* (1871); Marx, *Critique of the Gotha Programme*(1875).

182). 또한 마르크스는, '프롤레타리아가 자신의 정치적 지배권을 이용하게 될' 방식에 대해 논하면서 『공산당선언』에서 다음과 같이 기술했다.

> 발전 과정에서 계급 구분이 사라지고 또한 전체 국민으로 구성된 거대한 결사체의 손에 모든 생산이 집중될 때, 공적 권력은 그 정치적 성격을 상실할 것이다. 소위라고 해야 마땅할 정치권력이란 다른 계급을 억압하기 위한 한 계급의 조직된 권력에 불과하다. 프롤레타리아계급이 부르주아 계급과의 투쟁 과정에서 상황에 의해 스스로를 하나의 계급으로 조직할 수밖에 없게 되면, 그리고 혁명을 통해 그 자신이 지배계급이 되고 그런 자격으로 낡은 생산 조건을 힘으로 쓸어버린다면, 프롤레타리아계급은 낡은 생산 조건과 더불어 계급 적대와 계급의 존립 근거를 전체적으로 일소하게 될 것이며, 그럼으로써 계급으로서의 그 자신의 지배권을 폐지하게 될 것이다.
>
> 계급과 계급 적대를 안고 있는 낡은 부르주아 사회를 대신해, 각 개인의 자유로운 발전이 모두의 자유로운 발전의 조건인 그런 결사체를 갖게 될 것이다(*The Communist Manifesto*, 127).

부르주아 계급의 파기와 더불어 '조직화된 정치권력'의 필요성은 존재하지 않게 될 것이다.

이런 견해의 핵심은 다음과 같이 제시될 수 있다.

1. 국가는 사회·경제 관계의 토대 위에서 발전한다.
2. 국가는 생산관계의 구조를 보호하고 표출한다. 국가가 생산관계의 특징과 형태를 결정할 수는 없다.
3. 국가는 하나의 기구 또는 틀로서, 지배계급의 장기적 이익에 부합하도록

사회를 조정한다.
4. 계급 관계가 국가와 사회의 갈등 축 및 권력의 핵심 차원을 결정한다.
5. 따라서 계급이 최종적으로 지양되면 모든 정치권력은 그 근거를 빼앗기게 될 것이고, 국가 — 또한 독특한 활동으로서의 정치 — 는 더 이상 역할이 없어지게 될 것이다.

계급은 국가 내부에 새겨져 있다. 현대 국가의 수많은 기구들(소유권을 보호하는 법률 구조, 갈등을 억누르는 무력, 제국주의적 야망을 떠받치는 군대, 정치적으로 출세한 자를 위한 제도나 보상 체계 등)은 계급 지배의 부속물이라는 바로 그 사실 때문에, 노동계급이 혁명 중이나 혁명 후에 단순히 국가권력을 장악해 자신에게 유리하게 선용하는 것은 불가능하다. '그들을 노예화한 정치적 도구가 그들을 해방시키는 정치적 도구로 이바지하는 것은 불가능하다'(*The Civil War in France*, 162-168 참조). 요청이 있다 하여 '사회의 주인'이 '종복'이 되지는 않을 것이다. 따라서 국가를 '폐기'하고 '정치를 종식'시키기 위한 투쟁이란 '사회가 국가를 재흡수'하기 위한 투쟁이 된다(*Civil War*, 168).

마르크스는 '정치의 종언'을 사회주의적 노동계급의 정치적 승리뿐만 아니라, 물질적 빈곤의 최종적 종식에도 연결시켰다. 그는 상당한 정도로, 자유의 가능성은 빈곤과 직접적 관계가 있다고 믿었다. 자연의 횡포로부터의 보호, 채워지지 않는 물질적 빈곤이라는 압박의 경감, 자신이 선택한 일을 할 수 있는 여가 등은 실질적 자유의 필수 조건의 일부다. 사회주의 및 공산주의의 진전을 위해서는 생산력의 발전을 통한 '자연의 정복'이 필요하다.

자본주의의 대성공은 두 가지 사항과 관련해 설명될 수 있다. 하나는 정치 및 경제 체계로서 자본주의를 부과한 세력이다. 다른 하나는 자본주의의 비상한 생산 업적이다. 마르크스는 자본주의에서 이루어진 생산력의 급속

표 4.2   사회주의와 공산주의의 대강의 특징

- **일반적 목표**
  사회주의(또는 프롤레타리아독재)
  - 대규모의 사적 자본은 모두 몰수.
  - 국가가 생산을 중앙에서 통제.
  - 생산력의 급속한 증대.
  - 부르주아 국가의 점진적 해체.
  - 구질서의 잔재에 맞서 혁명을 수호.

  공산주의
  - 모든 형태의 노동 착취의 종식, 재산의 사회적 소유.
  - 모든 공공 문제에 대한 합의. 따라서 법률·규율·강제의 소멸.
  - 모든 물질적 요구의 충족.
  - 의무와 일의 집단적인 분담.
  - 자치(민주주의조차 필요 없어짐).

- **국가**
  사회주의(또는 프롤레타리아독재)
  - 집행 기능과 입법 기능의 통합.
  - 모든 공무원은 빈번한 선거, 선거 구민의 명령적 위임, 소환 등에 따라야 함.
  - 행정 공무원은 물론 하급 판사, 법관 등의 선거와 소환.
  - 인민의 민병대로 군대와 경찰을 대체.
  - 피라미드 구조의 평의회 틀 내에서 완전한 지역별 자치.

  공산주의
  - 집행 기능과 입법 기능의 폐기(더 이상 필요하지 않음).
  - 윤번제와 선거에 의한 행정 업무의 분배.
  - 모든 무력과 강제력의 해체.

- **경제**
  사회주의(또는 프롤레타리아독재)
  - 공장에 대한 국가 소유의 확대.
  - 신용의 국가 통제.
  - 교통과 통신의 국가 통제.
  - 토지의 사적 소유와 사적 경작의 점진적 폐지.
  - 모든 시민의 평등한 노동 의무, 고용의 공공 관리.

공산주의
- 시장·교환·화폐 역할 등의 제거.
- 노동 분업의 종식, 모든 업무의 교대.
- 인민은 다양한 유형의 일과 여가를 향유.
- 최소로 축소되는 노동시간.
- 결핍의 종식과 더불어 모든 욕구가 충족되고 사유재산 관념이 의미 없게 됨.

- **사회**
  사회주의(또는 프롤레타리아독재)
  - 무거운 누진 과세.
  - 상속 금지.
  - 모든 어린이에 대한 무상교육.
  - 전국적으로 인구의 좀 더 균등한 분포를 통한 도시와 농촌의 재결합, 작업 환경과 비(非)작업 환경의 통합.

  공산주의
  - 협동 원칙이 모든 공적인 일에 확대.
  - 갈등의 원천인 사회적·문화적·지역적·인종적 차이의 소멸.
  - 인민들은 유일한 제약인 타인의 자유와 함께라면 최대한으로 스스로의 능력을 개발.
  - 가족은 남녀 공동 합의에 기초. 반드시 종신적 약속은 아니지만 일부일처제의 존속.

- **두 단계의 전반적 목표**
  - 계획적인 생산 확대와 물질적 결핍의 폐지.
  - '인간에 대한 관리'는 '사물에 대한 관리'에 의해 대체, 즉 '국가의 소멸'.
  - '각자의 능력에 따라 기여하고 필요에 따라 분배받는' 정의 원칙의 점진적 확립.

한 팽창과 그에 따른 경제성장의 증가를 그 자체 엄청난 진보적 현상으로 파악했다. 물론 이런 진보의 다른 면에는 착취적인 생산관계 체계가 존재한다. 이 후자의 측면은 역설적으로 자본주의의 성공과 필연적 몰락의 조건이다. 경제성장이 항상적 위기에 시달리는 상황, 스태그네이션의 경향, 시민 대다수가 고통스럽고 비참한 상태의 지속적 창출 등은 자본주의가 이룩한

업적의 본질을 결국 훼손시킨다. 따라서 마르크스에 따르면, 자본주의는 생산수단의 근대화를 통해 자유의 물질적 전제 조건을 산출하는 데 도움을 줌으로써 자유의 가능성에 기여했지만 그와 동시에 자유의 실현을 가로막아 왔다.

자본에 맞서 '정치의 종언'을 추구하는 투쟁은, 자본주의의 역사적 업적이 급진적으로 더 진척될 수 있게 해준다. 자본주의적 생산관계가 파기되면 인간 발전을 가로막는 근본적 장애물은 더 이상 존재하지 않게 될 것이다. 마르크스는 '정치의 종언'을 향한 투쟁을 '공산주의의 두 단계'라는 관점에서 파악했다. 레닌은 『국가와 혁명』*State and Revolution*(1971)에서 이를 각각 '사회주의'와 '공산주의'로 불렀다.[5] 공산주의라는 용어가 마르크스의 단계와 부합하기 때문에 이 책에서는 편의상 이 용어를 사용할 것이다(S. Moore 1980 참조). 마르크스에게 '사회주의'와 '공산주의'는 정치적 해방의 단계들이었다. 〈표 4.2〉는 사회주의와 공산주의의 대강의 특징을 보여 준다.[6] 나는 이하에서 마르크스가 국가권력과 민주주의의 미래에 대해 어떻게 생각했는지에 논의의 초점을 맞출 것이다. 하지만 〈표 4.2〉와 같이 사회변혁에 관한 그의 포괄적 전망 속에서 이 개념을 고찰해 보는 것도 흥미롭고 필요할 것이다.

마르크스에 따르면 혁명 이후 시기의 당면 목표 가운데 하나는, 생산수단의 사적 소유가 인간 발전에 가하는 제약을 극복할 수 있도록 무제한적인 국가 권위를 확립하는 것이다. 노동계급과 그 연합 세력의 수중에 있는 국가는, 부르주아 질서의 잔재에 맞서 혁명을 방어하는 동시에 경제적·사회적 관계를 변화시켜야 한다. 하지만 국가 권위를 경제·사회 영역(예를 들면 대규모 공장과 투자 재원 등)에까지 확장하는 작업은, '주권 인민'에 대

5_ 마르크스는 이 두 용어를 다소 호환적으로 사용하는 경향이 있다.
6_ 〈표 4.2〉를 작성하면서 나는 여러 출처에 의존했다. 특히 마르크스의 『공산당선언』, 『프랑스 내전』, 『고타강령 비판』 및 세 권의 뛰어난 해설서인 Draper(1977), Ollman(1977), S. Moore(1980)을 참조.

한 '주권국가'의 무제한적 책임성을 확립하는 작업과 함께 진행되어야 한다. '자유주의' 국가와 마찬가지로 사회주의 국가도 주어진 영토에 대해 법률을 포고하고 집행하는 최고권을 가져야 한다. 그러나 '자유주의 국가'와 달리 사회주의 국가는 그 모든 활동에 있어 시민에 대해 포괄적으로 책임을 져야 한다. 그 외에도 사회주의 국가는 가능한 한 빨리 '최소' 국가 — 강압에 의존하지 않고 사회생활을 조정·지도하는 기구 — 가 되려고 해야 한다.

마르크스는 일반적으로 공산주의를 향한 투쟁의 과도적 단계를 '프롤레타리아계급의 혁명적 독재'라고 불렀다(예컨대 *Critique of the Gotha Programme* 참조). '독재'는 혁명 중에 확립되어 공산주의의 시작과 더불어 '사라질' 것이다. 마르크스가 사용한 '독재'의 의미는 무엇인가? 흔히 사용되는 이 용어의 의미 — 대중들의 이해관계에 대한 자신들의 독단적 생각에 따라 사회를 개조하는 소규모 혁명 집단 또는 혁명 정당의 필연적 지배 — 는 마르크스가 의미한 바가 아니었다. 그것은 근본적으로 레닌주의적인 견해로서(이 책 229-237쪽을 참조) 마르크스의 일반적 입장과 구분되어야 한다. 마르크스가 말한 '프롤레타리아독재'의 의미는, 생산수단을 소유하지도 통제하지도 않는 성인 절대다수의 사람들이 국가와 사회를 민주적으로 통제하는 것이었다. 물론 다음과 같은 의문이 제기된다. 마르크스가 생각했던, 노동계급과 그 연합 세력에 의한 국가와 사회의 민주적 통제란 어떤 것이었던가?

내가 생각하기에(모든 학자들이 동의하는 것은 아니지만), 1871년 이후 마르크스가 '국가의 폐기'와 '프롤레타리아독재'에 대해 언급할 때 그가 염두에 두었던 것은 파리코뮌의 모델이었다.[7] 1871년 파리에서는 수많은 노동자들이, 자신들이 낡고 부패한 통치 구조라고 생각한 것을 타도하기 위해 거리로 뛰

7_엥겔스도 분명 이런 견해를 갖고 있었다. 예컨대 1875년 3월 베벨(A. Bebel)에게 보낸 편지를 보라. 다른 설명으로는 Arendt(1963)와 Anweiler(1974)를 보라. 아렌트는 마르크스가 코뮌을 '혁명을 진척시키기 위한 정치 투쟁에서의' 임시방편으로 파악했을 뿐이라고 주장한다(Arendt 1963, 259). 내가 보기에 코뮌은 적어도 '공산주의의 최초 단계'의 분명한 모델을 제공해 준다.

처나간 큰 봉기가 있었다. 운동은 결국 프랑스군에 의해 진압되었지만, 마르크스는 그것을 '새로운 사회의 찬란한 전조'라고 생각했다(*Civil War*, 99). 그 봉기는 상당 기간 지속되었고, 주목할 만한 일련의 제도 혁신과 새로운 정부 형태, 즉 코뮌을 계획하는 데까지 이르렀다.● 코뮌에 대해 마르크스는 자세하게 기술하고 있는데, 제법 길게 인용할 가치가 있다.

코뮌은, 시(市)의 여러 구(區)에서 보통선거에 의해 선출되어 짧은 임기 동안 책임지며 소환 가능한 시의원들로 구성되었다. 성원의 대다수는 물론 노동자들이거나 또는 인정받는 노동계급 대표들이었다. 코뮌은 의회 조직이 아니라 실제로 일을 하는 조직이었다. 즉, 집행부와 입법부를 겸하고 있었다. 경찰은 중앙정부의 대행자에서 벗어났다. 경찰은 즉시 그 정치적 속성에서 벗어나 책임 있고 항시 소환 가능한 코뮌의 대행자로 바뀌었다. 다른 모든 행정 부처의 관리들도 마찬가지였다. 코뮌 의원 이하 모든 공직은 노동자 임금수준을 받아야 했다. 국가 고관의 기득권과 세비는 고관 그 자체와 더불어 사라졌다. 공적 직분은 더 이상 중앙정부 앞잡이의 사유재산이 아니게 되었다. 시 행정뿐만 아니라 지금까지 국가가 행사해 온 주도권 전부가 코뮌의 수중에 놓이게 되었다.

구(舊)정부의 물리력을 구성했던 상비군과 경찰을 제거하자마자, 코뮌은 독점 조직인 모든 교회를 폐지하고 재산을 몰수함으로써 '교구 목사의 권력', 즉 정신적 억압 세력을 분쇄하고자 했다. 성직자들은 사생활의 깊숙한 곳으로 되돌려 보내졌고, 거기서 그들의 선배인 사도를 모방해 신도들의 보시로 살게 되었다. 모든 교육기관은 인민에게 무상으로 개방되었으며, 동시에 교회와 국가의 간섭은 일소되었다. 따라서 교육이 모두에게 개방되었을 뿐만 아니라, 계급적 편견과 정부 권력이 부과해 온 족쇄로부터 과학 그 자체가 해방되었다.

● 1871년 3월 28일에 파리 시민과 노동자들의 봉기에 의해서 수립된 혁명적 자치 정부인 파리코뮌은 5월 28일까지 존속했다.

사법 공무원은, 역대 모든 정부에 대한 비열한 아첨을 감추는 데 도움이 되었을 뿐인 가짜 독립성을 박탈당하게 되었다. 그들은 역대의 모든 정부들에 대해 충성 서약을 하고는 다시 그것을 파기해 왔던 것이다. 나머지 공무원들과 마찬가지로, 치안판사와 재판관도 선출되고 책임을 지며 소환될 수 있게 되었다.

물론 파리코뮌은 프랑스의 모든 대규모 산업 중심지에 대한 하나의 모델이 될 예정이었다. 파리뿐만 아니라 여타 중심지들에도 코뮌 체제가 수립되었다면, 낡은 중앙집권 정부는 지방에서도 생산자들의 자치 정부에 길을 비켜 주어야 했을 것이다. 코뮌은 시간 제약으로 말미암아 미처 발전시키지는 못했지만 전국적 조직을 개괄적으로 구상했다. 이에 따르면 가장 작은 시골 부락에 이르기까지 코뮌이 그 정치형태가 되어야 하며, 농촌 지역에서 상비군은 아주 짧은 복무 기간의 국민적 민병대로 대체되어야 한다. 각 지역의 농촌 코뮌들의 공통 업무는 그 지역 중심부 도시에 위치하는 대표자 회의에 의해 관리된다. 이런 지역 회의는 다시 파리의 전국대표회의에 자신의 대표자를 보내게 된다. 각 대표들은 언제라도 소환될 수 있으며 자기 선거 구민들의 명령적 위임(공식적 지시)에 의해 구속받게 된다.* 그렇지만 여전히 중앙정부에 남겨질 소수의 중요한 기능은, 억제되는 것이 아니라(그 동안 이렇게 고의적으로 잘못 진술되어 왔다), 코뮌의 관리자에 의해서 따라서 엄격히 책임지는 관리자에 의해서 수행될 것이다. 국민 통합은 파괴되는 것이 아니라 그 반대로 코뮌 헌법에 의해 조직된다. 또한 국가권력 — 국민에 기생하는 혹과 같은 존재에 불과함에도 불구하고, 국민 그 자체로부터 독립적이고 국민보다 우월한, 국민 통합의 구현체라고 주장해 왔던 — 을 파괴함으로써 국민 통합은 현실이 된다. 구통치 권력의 억압적 기관들은 잘라 내어져 폐기될 것이다. 그러나 정부의 정당한 기능들은, 사회 자체에 대해 우월성을 불법적으로 행사해 온 권위가 제거된 뒤에, 사회의 책임 있는 관리자들에게 되돌려질 것이다. 보통선거권은, 3년에서

---

* 명령적 위임(mandat impératif)이란 대표가 자신을 선출한 인민의 지시나 명령에 구속되는 것을 의미한다. 따라서 코뮌 구조에서의 대표란, 자신을 선출하거나 파견한 자들의 의사를 그대로 충실하게 전하는 대리인(delegate, deputy)을 말한다.

6년에 한 번씩 지배계급 구성원 가운데 누가 의회에서 인민을 잘못 대표할지를 결정하는 것이 아니라, 코뮌의 구성원인 인민에게 기여하게 된다. 그것은 개인적 선택권이, 자기 회사에서 일할 노동자와 관리자를 구하는 모든 다른 고용주들에게 도움이 되는 것과 마찬가지다. 주지하듯이 개인과 마찬가지로 회사는 실제 사업과 관련해 적합한 인재를 적절한 장소에 배치하는 방법을 대개 알고 있으며, 만일 한번 실수를 범하더라도 즉각 시정하는 방법을 알고 있다. 다른 한편, 보통선거를 위계적 서임(敍任)으로 대체하는 것보다 코뮌의 정신에 맞지 않는 것은 없을 것이다(Civil War, 67-70).

사회주의 아래에서의 국가의 대체적 특징으로 열거한 〈표 4.2〉의 다섯 항목은 위 인용문의 핵심 내용을 요약해 놓은 것이다. '자유주의적' 국가의 '기구'는 코뮌 구조에 의해 대체될 것이다. 마르크스에 따르면, 그렇게 되면 '정부'의 모든 영역은 인민 대다수에게 완전히 책임지게 될 것이다. 즉, 인민의 '일반 의사'가 압도하게 된다. 가장 작은 공동체일지라도 자기 스스로 업무를 관리할 것이며, 좀 더 큰 행정 단위(구, 시)에 보낼 대표자를 선출한다. 시나 구는 다시 더 큰 행정 지역(전국대표회의)에 보낼 후보를 선출한다. 이런 제도는 직접민주주의(또는 대리 민주주의●)의 '피라미드' 구조로 알려져 있다. 모든 대표자는 소환될 수 있고, 선거 구민의 지시에 구속되며, 직선된 위원회들의 '피라미드' 속으로 조직된다.

따라서 자본주의 이후의 국가는 의회정체와 닮은 점이라고는 전혀 없게 될 것이다. 의회는 피지배자와 그들의 대표 사이에 용납할 수 없는 장벽을 만든다. 가끔 있는 투표는 인민의 의견이 충분히 대표되도록 보증하는 기초가 전혀 되지 못한다고 마르크스는 생각했다. 이런 난점은 직접 대표 direct

● 대리 민주주의(delegative democracy)란, 자신을 선출한 국민의 지시나 명령에 구속되지 않는, 즉 국민과 자유 위임 관계에 있는 대표들에 의한 대의 민주주의(representative democracy)와 달리, 자신을 선출한 국민의 지시에 구속되는 대리인으로서의 대표(delegate)에 의해 운영되는 민주주의를 의미한다.

delegation 체제에 의해 극복된다. 직접 대표 체제는 권력분립 원칙으로 생긴 국가권력의 책임성의 근원적 결여라는 문제를 극복할 수 있기 때문이다. 권력분립 원칙은 국가의 각 부를 유권자의 직접 통제에서 벗어나도록 했다. [이와 달리 직접 대표 체제에서-옮긴이] 모든 국가기관들은 인민에게 직접 책임지는 단일 계통의 일련의 제도의 권역 속으로 편입되어야 한다(Polan 1984, 13-20 참조). 이것이 실현되어야만, '그리스인과 더불어 지상에서 사라지고 기독교와 더불어 천국의 푸른 안개 속으로 사라진 자립과 자유'가 점진적으로 회복될 것이다[1843년 『독불연감』 Deutsch-Französische Jahrbücher에 실린 마르크스의 두 번째 편지. 번역은 저자가 일부 수정]. 마르크스의 직접민주주의 모델은 고대 아테네의 직접민주주의 모델이나 이와 관련된 루소의 자치 질서 개념과 많은 면에서 다르다. 하지만 자유주의 전통의 흐름에 맞서서 직접민주주의적 견해의 급진적 유산을 직접적으로 회복하려는 시도를 마르크스에게서 적어도 부분적으로나마 확인하는 것은 어렵지 않다(이 책 1, 2장 참조).[8]

마르크스는 항상 사회와 국가의 변환은 장시간이 걸리는 과정이 될 것임을 강조했다. 이 과정에 관여된 사람들은 '상황과 인간을 변환시키는 일련의 역사 과정과 긴 투쟁을 거쳐야만 할 것이다'(*Civil War*, 73). 그러나 이 투쟁은 필요할 뿐만 아니라 정당화될 수 있다. 왜냐하면 그것은 공산주의 ― 사회와 국가가 완전히 통합되고, 사람들이 그들의 공동 업무를 공동으로 관리하며, 모든 요구가 충족되고 '각자의 자유로운 발전'이 '모두의 자유로운 발전'과 양립할 수 있는 삶의 형태 ― 를 목표로 하기 때문이다. 이런 물질적 풍요와 자율의 세계에서 국가는 최종적으로 완전히 '사라질' 것이다. 행정부·입법부·사법부는 더 이상 필요 없게 될 것이다. 왜냐하면 그것들

---

[8] 전국적 수준에서 대표의 책임성이 엄격히 유지되도록 하는 문제를 고려한다면, 코뮌 체제를 고도의 간접민주주의 형태로 평하는 것이 더 타당하다는 주장도 가능하다. 이 반론에는 상당한 설득력이 있으며, 이와 관련된 이슈들은 이 장 뒷부분에서 논의될 것이다. 그러나 원칙적으로 직접 소환될 수 있는 대리인(delegates)인 그런 대표들의 체제와 지역 자치를 결합시키려는 정부 형태를 특징짓는 데에는 '직접민주주의'가 유용한 용어라고 생각된다. 물론 '직접민주주의'가 이 책에서 다루는 다른 모델보다 더 만족스러운 것인지는 별개의 문제다(10장 및 11장 참조).

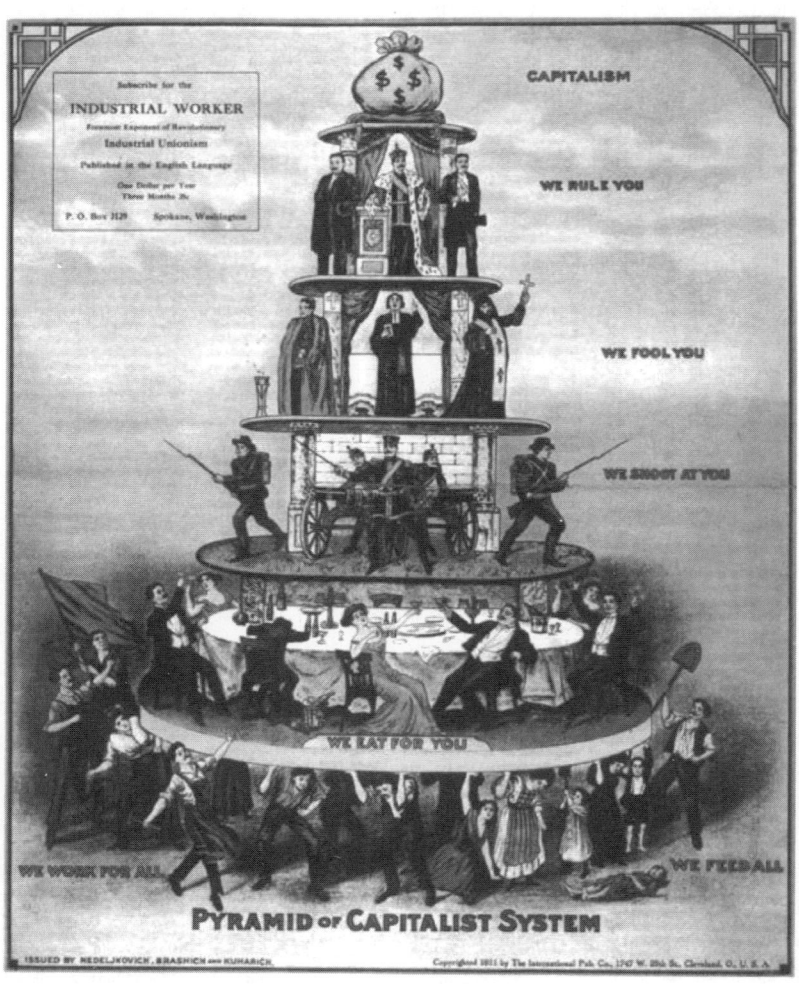

1911년 세계산업노동자동맹(IWW)의 기관지 『산업 노동자』에 게재된 자본주의 비판 광고.
"자본주의. 그들은 우리를 통치하고, 속이며, 죽이고, 우리 대신 음식을 먹는다.
그러나 우리는 모두를 위해 일하며 모두를 먹여 살린다."

은, 사회에 심각한 이익 갈등이 존재하며 이런 갈등이 규제되고 조정되어야 한다는 가정에 기초하고 있는 제도이기 때문이다. 공산주의에서 계급의 모든 잔존물은 사라질 것이며, 더불어 모든 갈등의 근거도 사라질 것이다. 또한 사람들의 물질적 요구가 충족되고 사유재산도 존재하지 않을 것이기 때문에, '법과 질서'의 세력이 존재할 이유도 사라질 것이다. 공동체 생활이나 일에 있어서 일반적으로 약간의 직무 조정이 필요하겠지만, 이는 특권적 공직자 계층을 만들어 내지 않고도 이루어질 것이다. 마르크스의 공산주의 비전을 비교적 자세히 재구성했던 버텔 올맨은, 마르크스가 생각했던 공산주의 관리인의 임무를 '교통정리'나 '사람들이 가고 싶은 데에 가도록 도와주는' 일에 비유했다(Ollman 1977, 33). 관리인 또는 조정자는, 마르크스가 '사무적 일', 즉 비정치적 일이라고 평한 선거 과정에 의해 '정해질' 것이다. 그뿐만 아니라 모두가 공공 정책의 기본 사항에 대해 동의하고 있기 때문에 선거는 비경쟁적이 될 것이며, 관리 업무의 교대를 보증하는 단순한 메커니즘이 될 것이다. 이렇게 하여 '정치의 종언'이 이루어질 것이라고 마르크스는 생각했다.

마르크스주의에 대한 경쟁적 개념들

20세기에 마르크스주의는 최소한 세 진영으로 전개되었다. 나는 이를 '자유지상론적' 마르크스주의(예컨대 Mattick 1969를 참조), '다원론적' 마르크스주의(예컨대 Poulantzas 1980을 참조), '정통' 마르크스주의(예컨대 마르크스-레닌주의자들)로 부를 것이다. 이 집단(또는 마르크스주의 학파)들은 제각기 자신들이 부분적으로 마르크스의 후계자임을 자처해 왔다.[9] 이런 주장이 가능한 것은 마르크스가, 그 자신 J. S. 밀에 대해 말했던 것처럼, '조화될 수 없는 것을 조화시키려' 했기 때문이라고 생각된다. 그는 자본주의 이후의 미래를 노동자 모두의 결사 — ① 사회의 민주적 조절, ② '정치의 종언', ③ 자원의 계획적 이용, ④ 효율적 생산, ⑤ 좀 더 많은 여가 등을 통해서 자유와 평등이 통합되는 결사 — 라는 관점에서 인식했다. 그러나 사회의 민주적 조절이 계획과 양립할 수 있는가? 코뮌 또는 직접민주주의 모델이, 복잡한 대규모 사회를 조정하는 데 필요한 수많은 결정을 내리는 의사 결정 체제와 양립할 수 있는가? 효율적 생산이 노동 분업의 점진적 폐지와 양립할 수 있는가? 마르크스는 직접민주주의 제도 속에서 '자유롭고 평등한' 모든 노동자들의 완전한 참여를 상상했다. 그러나 엄밀히 말해서 어떻게 그런 결사체가 기능할 수 있는가? 꼼꼼히 따져 볼 때 어떻게 그것이 확보될 수 있는가? 일부 사람들이 중앙 코뮌의 결정에 격렬히 반대한다면 어떻게 되는가? 반대자가 소수라고 한다면, 그들은 예컨대 자신들의 입장을 보호할 어떤 권리를 갖는가? 최선의 방침에 대한 사람들의 의견이 단지 엇갈리는 경우라면 어떻게 할 것인가? 연령·종교·지역이 다른 집단들 사이에 이해관계의 차이가 지속된다면 어떻게 하는가? 새로운 형태의 결사가 즉시 작동되지 않거나 장기적으로 전혀 제대로 작동하지 않으면 어떻게 하는가?(Vajda 1978 참조) 마르크스주의 내부의 균열은 부분적으로 이런 문제들에 대한 마르크스의 숙고가 불충분했던 결과라 할 수 있다(이 책 94-105쪽의 루소에 대한 논의 참조).

마르크스는 무정부주의자가 아니었음이 강조되어야 한다. 그는 국가 — 변형된 국가이기는 하지만 — 의 여러 수단을 이용하는, 공산주의로의 긴 이행기를 예상했다. 그러나 자유지상주의적 마르크스주의자들은, 모든 형태의 노동 분업

9_비록 이들 세 집단이 중요하긴 하지만, 그 외에도 마르크스의 계승을 주장하는 여러 혁명운동, 공산당, 사회민주당(특히 제1차 세계대전 이전), 비교적 소규모의 수많은 정치 집단·조직 등의 저술가와 활동가들에서 발견되는 다양한 견해들이 있다. 그런 다양성은 마르크스주의의 역사가 흔히 생각하는 것보다 훨씬 여러 갈래로 나뉘어져 있으며 결코 단일한 것이 아님을 증명한다.

과 국가 관료제와 권위주의적 리더십('우파', '좌파'를 불문하고)에 대한 일관된 비판으로 마르크스의 입장을 이해해야만 마르크스를 제대로 해석할 수 있다고 주장한다. 마르크스는 자신이 생각한 사회주의를 향한 투쟁(그리고 코뮌 모델) 속에 자유와 평등의 이상을 통합시키려 노력했으며, 따라서 비강제적 질서라는 목표는 그런 질서를 수립하는 데 사용되는 수단에서도 구현되어야 한다고 그들은 주장한다. 만일 코뮌이나 평의회 구조를 이용해 투쟁을 민주적으로 조직하지 않는다면, 그런 투쟁은 새로운 형태의 전제 권력에 의해 악용될 수 있는 의사 결정 방식으로 쉽게 빠져들게 될 것이다. 완전한 민주적 삶이라는 목표를 이루기 위해서는, 자본과 국가에 대한 투쟁에서도 민주적으로 조직된 운동이 필수적이다. 요약하면 자유지상주의적 마르크스주의자들은, 마르크스가 사회와 국가의 민주적 전환의 옹호자였으며, 위계적 계층 조직이나 중앙집권적 권위, 모든 형태의 세부적 계획 등에 대한 일관된 비판자였다고 주장한다. 사회주의와 공산주의를 향한 투쟁에는, 부패를 촉진하는 부르주아 국가기구의 영향으로부터 벗어나서 모든 형태의 기존 권력에 도전하는 대중운동의 창출이 반드시 필요하다. 자유지상주의적 마르크스주의자들은 국가와의 어떤 제휴나 타협도 있을 수 없다는 견해를 명백히 했다. 왜냐하면 국가는 언제 어디에서건 지배적인 경제 세력의 '압축된 권력'이자 '권력 도구'이기 때문이다(Held 1989, ch. 5 참조).

이와 대조적으로 다원론적 마르크스주의자들은, 마르크스가 사회주의·공산주의로의 이행이 국가에 따라 다른 식으로 일어나리라고 생각했다고 역설한다. 이들은 지배계급으로부터 상당히 독립적인(또는 '상대적으로 자율적인') 것으로 국가기구를 인식한 마르크스의 생각을 추종해, 자본의 이익에 반하는 이런 독립적 제도를 이용하는 것이 중요하다고 강조한다. 자유민주주의 전통이 잘 확립된 나라에서 '사회주의로의 이행'은, 그런 전통이 남긴 자원인 선거와 경쟁적 정당 체제를 활용해야만 한다. 즉, 우선 국가에 대한 통제권을 획득하고, 다음으로 국가를 이용해 사회를 재구성한다는 것이다. 정치적 해방을 위한 과거의 투쟁이 남긴 성과를 우회한다면 새로운 민주 질서의 창출을 기대할 수 없기 때문에, '투표함'의 원칙이 무시되어서는 안 된다. 다원론적 마르크스주의자들은, 일관되게 반국가적·반정당적인 자유지상주의적 마르크스주의자들과 달리, 마르크스의 자본주의국가 비판에 함축된 의미란 정치·사회를 재편하기 위해서는 노동계급과 그 연합 세력의 정당이 국가 내에서 합법적이고 안정된 지위를 획득해야 하며 또 그것이 가능하다는 것이라고 주장한다.

나아가 다원론적 마르크스주의자들은(몇몇 자유지상주의적 마르크스주의자들도), 마르크스가 비강제적 권력을 최소한으로 축소하는 데 관심을 가졌던 이유를 계급 관련 이슈와의 관계에서만 해석해서는 안 된다고 주장한다(아쉽게도 마르크스 스스로 너무 종종 그렇게 해석하는 경향이 있었다. McLennan 1995 참조). 여성에 대한 남성의 권력, 한 인종에 대한 다른 인종의 권력, 지배받는 주민에 대한 소위 '중립적' 행정가나 관료의 권력 등도 다루어져야 하고, 그런 권력의 함축적 의미도 추적되어야 한다 — 그 가운데 결정적인 것은 모든 이해관계의 차이가 계급 관점에서 해석될 수는 없다는 점이다. 더구나 '빈곤의 종식'이 상상 가능한 것이라 하더라도 가까운 미래에 이루어질 가능성은 희박하기 때문에, 자원의 배분을 둘러싼 커다란 입장 차이가 나타날 수밖에 없다고 다원주의적 마르크스주의자들은 주장한다. 예컨대 공공 지출의 목표(생산적 투자 대 당장의 소비, 주택 공급 대 교육 프로그램)나 공공 지출의 적절한 대상(예컨대 청년, 노인, 병자 가운데 어느 계층에 대해, 또한 다양한 지역 가운데 어느 지역에 지출할 것인가) 등에 대해, 즉 국정의 우선순위에 대해 사람들이 동일한 견해를 갖게 되리라고는 상상할 수 없다. 따라서 사회주의 정체의 확립은, 그 의도와 목적을 고려하면, 기나긴 민주적 행로가 될 것이다. 그리고 그 여정에서는, 자유민주주의자들이 제시했던 논리를 고려하면, 정기적 선거와 정당을 통한 경쟁적 이익의 동원이 중심적 역할을 할 것이다. 대안적 견해와 프로그램을 위한 공간을 만들기 위해서는, 또한 집권자들이 '경직된 관료제로 전환'되는 것을 막기 위해서는, 그들을 공직에서 해임할 수 있는 가능성이 항상 존재해야 한다(이런 입장은 종종 '참여' 민주주의 모델로 설명된다. 〈모델 8〉 참조).

끝으로 정통 마르크스주의자들은, 현대의 대의제 국가란 지배적인 경제 계급의 이익에 맞게 사회를 조절하기 위한 '특수한 억압력'이라고 강조한다(이 점에서 자유지상주의적 마르크스주의자들과 같다). 자유민주주의 국가는 사회가 민주적으로 조직되어 있다는 환상을 만들어 낼 것이다. 그러나 이는 환상에 불과하다. 자본에 의한 임금노동의 착취가 자유민주주의 틀 내에서 보장되기 때문이다. 주기적 선거는 이 과정을 전혀 바꾸지 못한다(Callinicos 1991 참조). 따라서 민주적 운동이 단순히 국가를 접수해 통제하는 것은 불가능하다. 그것의 강압 구조를 타파하고 분쇄해야 한다. 권력을 장악하고 통제하는 문제에 몰두하는 정통 마르크스주의자들(레닌에서 마오쩌둥 Mao Zedong 에 이르는)은, 사회주의와 공산주의로의 이행에는 기율 있는 혁명가 간부의 '전문적' 리더십이 필수적이라고 주장한다. 그런 리더십만이 반혁명 세력에 맞서 혁명의 방어를 조직화하고, 생산력 확대를 기획하고, 사회의 재편을 감독할 수 있는 능력을 가지고 있다. 이해관계의 모든 근본적 차이는 계급적 이해관계이고, 노동계급의 이익(또는 관점)은 사회의 진보적 이익이며, 혁명 도중과 혁명 이후에 그것이 분명하고 결정적으로 표출되어야 하기 때문에, 혁명 정당은 필수적이다. 당은 사회주의와 공산주의의 틀을 창출할 수 있는 도구다. 이런 입장은 1989~90년 중부·동부 유럽의 혁명(즉, 현실 사

모델 4 직접민주주의와 정치의 종언

- **모델을 정당화하는 원리**
    - '모두의 자유로운 발전'은 오직 '각자의 자유로운 발전'과 더불어서 실현될 수 있다. 자유는 착취의 종식과 궁극적으로 완전한 정치적·경제적 평등을 요구한다. 능력에 따라서 '각자가 줄 수 있고' 또한 '필요로 하는 만큼 받을 수' 있도록, 모든 인간의 가능성을 실현하는 데 필요한 조건은 오직 평등만이 확보할 수 있다.

- **핵심적 특징**
    사회주의
    - 공적인 일은 피라미드 구조로 조직된 코뮌(들)이나 평의회(들)에 의해 조정된다.
    - 공무원·법무관·관리자들은 빈번한 선거, 자신의 공동체의 명령적 위임, 소환 등에 따라야 한다.
    - 공직자는 노동자 임금 이상의 급료를 받지 못한다.
    - 새로운 정치 질서를 유지하기 위한 인민의 민병대는 공동체의 통제에 따른다.

    공산주의
    - 모든 형태의 '정부'와 '정치'는 자율로 대체된다.
    - 모든 공적인 일은 집단적으로 운영된다.
    - 모든 공공 문제에 관한 결정의 원칙은 합의다.
    - 남아 있는 관리 직무는 윤번제나 선거에 의해 배분된다.
    - 모든 군사력이나 강제력은 자체적인 모니터링에 의해 대체된다.

- **일반적 조건**
    사회주의
    - 노동계급의 단결.
    - 부르주아 계급의 패배.
    - 모든 계급 특권의 종식.
    - 계급들의 모든 잔재 소멸.
    - 모든 기본적 요구가 충족되고 사람들이 비노동 활동을 추구할 충분한 시간을 가질 수 있도록 생산력이 실질적으로 발전.
    - 국가와 사회의 점진적 통합.

    공산주의
    - 계급의 모든 잔재의 소멸.
    - 결핍의 종식과 생산수단의 사적 소유의 폐지.
    - 시장, 교환 및 화폐의 폐지.
    - 사회적 노동 분업의 종식.

회주의 붕괴-옮긴이]에도 불구하고, 오늘날에도 몇몇 마르크스주의자에 의해 견지되고 있다(8장 참조).

이상에서 보았듯이 마르크스는 현대의 자유주의적·자유민주주의적 국가 개념에 대한 가장 근본적인 비판 가운데 하나를 제시했고, 또한 자유로운 사회, 궁극적으로 '국가 없는' 사회에 대한 가장 강력한 비전 가운데 하나(〈모델 4〉에 요약된)를 제시했다. 하지만 그의 관점에는 다양한 해석을 가능케 하는 모호함이 존재한다고 말할 수 있을 것이다. 이런 모호함이 좀 더 근본적 문제에서 연유하는 것은 아닌지 숙고해 볼 필요가 있다(이 문제는 나중에 더 길게 다룰 것이다). 자유주의에 대한 마르크스의 비판은, 경제조직은 비정치적인 것으로 간주될 수 없으며 생산관계가 권력의 성격과 분포에 있어 핵심적 요소라는 점을 보여 주었다는 점에서 중요한 의미를 갖는다. 그러나 정치 생활과 경제 생활을 직접적으로 연계시킴으로 인해(국가를 '상대적으로 자율적'인 것으로 생각할지라도), 그런 비판의 가치는 결국 제한된다. 마르크스주의 그 자체가, 정치권력을 경제·계급 권력으로 환원하고 또한 '정치의 종언'을 요구함으로써, 어떤 유형의 문제를 공적 담론에 의한 숙고로부터 또한 정치로부터 배제하고 무시하는 경향이 있는 것이다. 이런 경향은 계급 관련 문제로 결코 환원될 수 없는 모든 이슈들에서 나타난다. 그 전형적 예가 여성에 대한 남성의 지배, 어떤 인종·종족 집단에 대한 다른 인종·종족 집단의 지배, 자연에 대한 산업·특정 소비 유형·에너지 사용의 지배(생태학적 문제를 야기하는) 등이다. 또 다른 주요 이슈로는 대부분의 사회조직에서 나타나는 '고객'에 대한 공무원·관료의 권력, '권위 자원'(인간의 활동을 조정·통제하는 능력)의 역할 등이 있다.

하지만 문제가 되는 것은 단순히 중요한 이슈들을 주변화하고 과소평가하는 것만이 아니다. 왜냐하면 정치의 의미와 정당한 정치 참여의 근거 그 자체가 쟁점이 되기 때문이다. 다원론적 마르크스주의자들은 여러 중요한 점을 지적했다. 그 가운데 하나는, 이해관계의 모든 차이가 계급으로 환원될 수 없다면, 자원의 배분을 둘러싼 의견의 차이가 실제적으로 불가피한 것이라면, 대안적인 정치 전략과 프로그램을 산출하고 토의할 수 있는 제도적 공간을 만드는 것이 필수적이라는 것이다. 권력 보유자(예컨대 코뮌의 피라미드 꼭대기에 있는 사람)가 스스로를 부동의 정치 지도자로 전환시키지 못하도록 막기 위해서는, 그런 지도자를 그가 가진 특정 정책과 함께 공직에서 해임할 수 있는 가능성이 항상 존재해야만 한다. 정치는 공공 정책에 관한 토론과 타협을 수반하며, 이런 토론과 협상이 전적으로 '객관적인 기준'에 따라 이루어질 수는 없다. 왜냐하면 무엇이 그런 기준인지 그리고 그런 기준이 어떻게 적용될 수 있는지가 격렬한 논쟁의 소재이기 때문이다(심지어 과학철학조차도 경쟁하는 이론적 입장들 간의 논쟁을 해결하는 데 적합한 기준이 무엇인가를 둘러싼 지속적인 논란으로 유명하다). 더구나 대개 이해관계의 차이가 정치적 신념의 차이를 떠받치고 있는 경우라면, 공공 업무에 관한 토론과 의사 결정을 위한 일련의 제도적 절차나 메커니즘이 반드시 있어야 한다(이 책 9장 참조). 물론 마르크스는 일정 지역의 견해와 이익을 대표할 사람 ─ 특정한 입장을 표출하도록 위임받고 이를 수행하지 못하면 소환당하게 되는 대표 ─ 을 선택하는 선거의 역할을 지지했다. 그는 대표를 공직에서 해임시킬 수 있는 것이 실제로 중요하다는 점을 인식하고 있었다. 그러나 그런 입장으로는 결코 충분치 못하다.

'정치의 종언'이라는 마르크스의 견해에는 근본적인 문제가 있다. 그런 관점에서는, 어떤 심각한 정치적 차이가 있을 경우에 그것을 '진정한' 것 또는 '정당한' 것 ─ 즉, 정체의 평등한 구성원으로서 개인이나 집단이 당연히 가질 수 있고 또 그에 대해 협상할 수 있는 그런 의견 ─ 으로 평하는 것이

용인될 수 없다는 점이다(Polan 1984, 77).[10] 실제로 마르크스의 정치의 종언 개념은 시민 내부에서 정치를 근본적으로 비합법화시켜 버린다. 혁명 이후에는 하나의 진정한 '정치' 형태만이 존재할 수 있다는 명백한 위험이 존재한다. 왜냐하면 근본적 이견의 정당한 근거가 더 이상 존재하지 않기 때문이다. 조화 불가능한 갈등적 이해관계를 갖는 것은 오직 계급뿐이기 때문에, 계급의 종식은 분쟁의 모든 정당한 근거의 종식을 의미한다. 권위주의적 정치형태로의 경향이 이런 입장에 잠재되어 있다는 견해를 반박하기는 어렵다. 공적 문제에 관한 이견과 토론을 조직적으로 장려하고 용인할 공간은 더 이상 없게 된다. 집단이나 정당의 형성을 통해 반대 입장을 제도적으로 장려할 터전은 더 이상 존재하지 않는다. 경쟁적 정치 견해를 동원할 여지도 더 이상 없다.

공적 논의의 제도적 영역 및 그것의 자율성과 독립성을 보호할 절차가 없다면, 코뮌 구조는 거의 무제한의 권력을 부여받게 될 것이다. 그런 상황에서는, 최고위직에 선출된 사람이 자신의 행동이나 행위가 조사받고 견제되도록 하리라는 어떤 보장도 불가능하다. 개인은 단지 이기주의자에 불과하다는 주장을 받아들일 필요는 없다. 로크가 홉스의 국가관에 대해 비판했던 인상적인 요점을 상기하거나, 과대 성장 국가의 위협에 맞서 자유를 옹호한 J. S. 밀의 논지를 상기하는 것으로도 충분할 것이다. 요컨대 마르크스는, 자유주의나 자유민주주의가 중앙집권화된 국가권력 앞에서 비판과 행위의 자유 — 즉, 선택과 다양성 — 를 어떻게 확보할 것인가라는 문제에 몰두했던 그 의미의 중요성을 과소평가했던 것 같다. 물론 이 문제와 그 해결책에 대한 전통적인 자유주의의 서술 체계가 완전히 만족스럽다는 의미는 결코 아니지만 말이다(Arendt 1963 참조). 이런 문제와 관련해 다음과 같은 점

10_이 주제와 관련된 마르크스 자신의 진술에 대한 나의 평가는, 레닌이 '정치의 종언'에 대해 논한 바를 탁월하게 검토한 폴란으로부터 도움을 받았다(Polan 1984, 특히 77-79, 125-130, 176 참조).

들이 이 책 뒷부분에서 논의될 것이다. 즉, 일반 이익의 문제가 논의될 수 있는 또한 의견의 차이가 지속적 논쟁이나 이견 해소를 위한 분명한 절차에 의해 해결될 수 있는, 그런 사회생활 영역이 공적 생활의 필수 불가결한 제도적 특징임에도 불구하고(Habermas 1962 참조), 고전적 민주주의자, 공화주의자, 자유주의자, 마르크스주의자 모두가 그들의 필수적 전제 조건을 완전히 파악하는 데 실패했다는 것이다(9장 및 10장 참조).

마르크스는 사회주의와 공산주의에 대한 적절한 정치 이론을, 무엇보다 그 제도적 구조에 대한 적절한 이론을 제시하지 않았다. 만일 정치제도가 미분화된 유형의, 뚜렷이 분리되지 않는 조직들의 집합으로 환원된다면, 권력은 위계적 형태로 경직될 수 있다. 마르크스는 새로운 정치조직이 모두에게 열려 있으며, 완전히 투명하고 미래의 변화에 개방적이라고 가정하는 경향이 있었다. 한 비판자가 적절히 표현했듯이,

> 그것은 …… 거대한 도박이다. '모든 가능한 세계에서 최선인' 국가를 건설하려는 것이 가능하리라는 도박이다. 이 도박에서 이기기 위해서는 천문학적인 점수를 먼저 받고 들어가야 한다. 그것은 1917년 이후 러시아의 독특한 악조건들(경제적 저발전, 다른 사회주의 운동으로부터 러시아혁명의 고립, 적대 세력들에 의한 포위 압력, 전쟁으로 인한 자원의 부족, 내전 등)의 부재만을 요구하지 않는다 ─ 바로 이런 조건들은 오랫동안 이 모델의 본질적 무죄와 결백을 제시하는 데 공모해 왔지만 말이다. 그것은 모든 정치적 갈등, 모든 경제적 문제, 모든 사회적 모순, 모든 부적절하고 이기적인 또는 단순히 인간적인 감정이나 동기, 모든 특이성, 모든 부정성 등이 존재하지 않는 그런 상황을 요구한다. 간단히 말해 그것은 정치의 부재를 …… 요구한다(Polan 1984, 129-130).

마르크스주의의 역사 그 자체는, 마르크스가 생각했던 것과 종종 전혀 다른 역사적 조건 속에서 적절한 정치적 목표를 어떻게 설정하고 정치 전략을 어떻게 개발할 것인가를 둘러싼 심각한 갈등으로 특징지어지는데, 결국 이런 도박이 바람직하지 못했음을 입증하고 있다(이런 논의의 확장은 8장을 참조). 그러나 마르크스에 의해 부분적으로 영감이 제공되고 또한 올바르게 규정된 다른 도박들도 가치 없는 것이라는 의미는 아니다. 전혀 그렇지 않다.

2부

20세기 이후의 변형

5장
경쟁적 엘리트주의와 기술 관료적 비전

푸긴(Augustus Pugin)과 로우랜드슨(Thomas Rowlandson)이 그린 〈웨스트민스터 하원〉.
이 하원은 1834년 화재로 소실되었다.

"추첨과 비교해 볼 때, 플라톤과 아리스토텔레스가 올바르게 지적한 것처럼, 선거에 의한 임명은 하나의 귀족주의적 방법이다. 그러나 더 높은 권위에 의한 임명 또는 사실상 세습적 승계에 의한 임명과 비교해 볼 때, 이 방법은 민주적으로 보일 수 있다. 선거는 두 가지 잠재성을 모두 가지고 있다. 즉, 우월한 사람 그리고 지도자를 등용하는 귀족주의적 측면을 가질 수 있거나, 대리 기관, 대리인, 또는 하인을 임명한다는 민주주의적 측면도 가질 수 있다."

_칼 슈미트

MODELS OF DEMOCRACY

J. S. 밀과 마르크스를 비롯한 19세기의 자유주의자들과 급진주의자들의 사상은 인간 역사에 대한 낙관적이고 진보적인 관점을 특징으로 한다. 과학과 이성 및 철학에 의해 인도된다면, 인간은 자신의 능력을 '최고로 그리고 조화롭게' 확장하고 협력적 방식으로 스스로를 조절해 가는 그런 삶을 창조할 수 있다는 것이었다 — 물론 스스로를 조절한다는 것을 어떻게 해석하느냐는 심각한 논쟁거리였지만. 이와 대조적으로 19세기 말과 20세기 초에 민주주의의 전망을 검토한 여러 학자들은 미래에 대해 훨씬 암울한 견해를 가지게 되었다. 발전된 기술 문명에서의 삶이 가지는 부정적 양상뿐만 아니라 최선의 의도하에 행한 정치 행동일지라도 그 결과는 예측 불가능하다는 점을 예민하게 인식했기 때문이었다.

이 장의 초점이 될 베버Marx Weber(1864~1920)와 슘페터Joseph Schumpeter(1883~1946)가 생각했던 정치적 삶이란, 민주적 참여나 개인적·집단적 계발의 여지가 거의 없는 — 설령 여지가 있다 해도 강력한 사회 세력에 의해 끊임없이 침식될 위험에 처해 있는 — 그런 것이었다. 두 사상가는 근대적 산업사회에서 살기 위해서는 큰 대가를 치를 수밖에 없다고 생각했다. 그들의 저작은, 민주주의를 기껏해야 의사 결정자를 선택하거나 그들의 월권을

막스 베버(왼쪽)과 조지프 슘페터(오른쪽)

"명망가 무리들에 의한, 특히 국회의원들에 의한 지배라는 이 목가적인 상태와 날카롭게 또 아주 다르게 대립하는 것이 정당 조직의 가장 현대적인 형태들이다. 이 현대적인 형태들은 민주주의와 보통선거권에서 또 대중을 획득하여 조직할 필요성에서 그리고 정당 지도의 최고의 통일성과 가장 엄격한 규율이 발달할 필요성에서 생겨난 것이다."
_막스 베버

"민주주의란 인민의 표를 얻는 데 성공한 결과로서, 모든 문제에 대한 결정권을 특정 개인들에게 부여하는 방식을 통해 정치적(입법적·행정적) 결정에 도달하려는 제도적 장치다."
_조지프 슘페터

억제하는 수단으로 파악하는, 극히 제한된 민주주의 개념을 확립하는 데 기여했다. 그 개념들은 보호 민주주의 이론의 여러 측면과 많은 공통점을 가지고 있었지만(3장 참조), 전혀 다른 방식으로 정교하게 다듬어졌다.

무엇보다도 베버의 사상에는, 내가 앞으로 대체로 '경쟁적 엘리트주의'라고 부르게 될 새로운 민주주의 모델이 근원적으로 표현되어 있다. 베버가 이 모델에 대해 직접적으로 언급한 적은 별로 없다. 그러나 근대사회의 본질과 구조에 대한 그의 연구의 많은 부분은 민주주의의 가능성과 관련된 것이었다. 베버는 '절망에 빠진 자유주의자'로 불려 왔다(Mommsen 1974, 95 이하). 사회·경제·정치적 발전의 여러 결과물들이 자유주의 정치 문화의 본질 ― 선택의 자유와 상이한 행동 방침을 추구할 자유 ― 을 훼손시키고 있는 시대에 개인적 자유의 조건은 무엇인가라는 것이 베버가 관심을 기울인 문제였다. 베버는 현대 시대에는 자유주의 교의마저도 더 이상 지탱될 수 없다는 사실을 거의 수용하기에 이르렀다. 그는 개성과 사회적 다양성이라는 이상을 확고하게 지지했지만, 거대한 조직 ― 회사이든 노동조합이든 대중정당이든 국민국가이든 ― 의 시대에 그런 이상들이 살아남을 수 있을지를 염려했다. 베버는 특히 그의 조국 독일에서 자유주의적 가치의 운명에 대해 걱정했다.

베버 이전의 많은 자유주의 정치 이론가들은, 가장 바람직한 형태의 정치조직에 대한 고찰로부터 시작해 실제 정치조직의 특징에 대한 논의로 나아가는 경향이 있었다. 이들과 달리 베버는 마르크스처럼 그 반대 경로를 따르는 경향이 있었다. 즉, 실제 현상에 대한 서술적·설명적 기술로부터 시작해 다양한 경쟁적 정치 대안들의 실행 가능성에 대한 평가로 논의를 전개해 나간 것이다(Weber, "Politics as a Vocation" 참조). 하지만 마르크스와 달리 베버는 '실행 가능성'에 대한 연구는 가치중립적이라고 믿었다. 그런 연구가 인간이 무엇을 해야 하는지를 밝혀 주지 않으며 또 그럴 수도 없다는 의미에서였다. 그러나 그의 저작을 보면, 존재와 당위는 베버가 시사했던 것보다 더 복잡한 방식으로 뒤섞여 있음이 명백히 드러난다. 그는 물리학이든 아니면 그가 전념했던 사회학이라는 새로운 학문 분과든 간에 그 어떤 형태의 학문도 '우리가 무엇을 하고 어떻게 살 것인가?'라는 질문에 답해 줄 수 있다고 생각지 않았다(Weber, "Science as a Vocation", 143). 게다가 베버는, 그 이전의 다른 학자들처럼, '외견상 역사적 필연으로 여겨지는 것을 이론상 바람직한 것으로' 만들었던 것 같다(Krouse 1983, 76-77). 그렇게 함으로써 그는 민주주의 이론의 근본적인 전환을 이루었다. 베버는 근대성의 진전 과정의 특징을 포착했고, 이를 통해서 정치와 민주주의의 적절한 형태에 대한 매우 독특한 개념에 이르게 되었다.

베버는 권력과 권리 사이의, 권력과 법 사이의, 그리고 숙련된 정부와 인민주권 사이의 균형을 찾아야 하는 자유주의의 딜레마를 다시금 천명하려 했다. 이런 목표[즉, 상반된 가치 간의 균형 달성-옮긴이]를 추구함으로 야기되는 문제들은 현대 생활의 불가피한 측면이라고 베버는 생각했다. 나아가 그런 문제들은 사회의 지배적 경향들 — 자유주의와 그 주요 대안인 마르크스주의가 제기한 것을 포함해 — 에 비추어서만 제대로 이해될 수 있다고 생각했다(Beetham 1985 참조). 이런 문제들에 대한 베버의 견해는 자유주의 교의에 대한 근본적인 수정을 시사하는데, 이는 특히 제2차 세계대전 이후 영미 세계에서 정치·사회 이론의 발달에 중요한 영향을 미치게 되었고, 또한 마르크스주의에 대한 가장 일관되고 강력한 도전 가운데 하나를 구성하게 되었다. 그런 도전이 모든 측면에서 옳은 것은 결코 아니다. 하지만 그 도전이 중요한 의미를 갖는 것은, 자유주의적 가치와 마르크스주의적 가치가 살아남기 위해 맞닥뜨려야만 하는 그런 사회·정치적 조건과 대면해 그것을 평가해 낸 데 있다. 베버의 저작이 설득력과 영향력을 갖게 된 것은 궁극적으로 사회학과 정치학 그리고 철학의 독특한 결합 — 베버는 최소한 공식적으로는 이를 강하게 부인하고자 했다 — 에 근거한다.

계급, 권력 그리고 갈등

자본주의와 사회주의 사이의 대결이 점점 세상을 지배해 가는 상황에서, 그리고 정체의 유형과 거의 무관하게 개인에게 제한적 역할만을 강요하는 거대 조직이 급증하는 상황에서, 자유는 어떤 의미를 가질 수 있는가라고 베버는 질문한다. 베버는 자본주의의 본질에 대해 마르크스가 언급했던 내용 가운데 많은 것을 인정하고 수용했다. 그러나 이런 인정이 마르크스의 정치사상에 대한 지지를 의미한다고 주장하려는 어떤 시도도 단호히 거부했다. 베버의 주장에 의하면, 평등과 자유에 대한 관심에서 판단해 볼 때 자본주의는 몇 가지 점에서 문제가 있는 사회·경제 체계이지만, 사회주의(사회민주주의나 볼세비즘의 외양을 띤)는 마음에 드는 것이 훨씬 더 적은 체제다. 베버의 전반적인 입장을 이해하기 위해서는 마르크스와의 몇 가지 중요한 차이점을 부각시키는 것이 유용하다.

첫째, 베버는 격렬한 계급투쟁이 역사의 여러 국면에서 발생해 왔으며, 자본과 임금노동 간의 관계가 산업자본주의의 특징을 많은 부분 설명하는 데 상당히 중요하다는 것을 인정했다. 또한 베버는 계급이란 소유관계에 기초한 것으로서 여러 경제적 관계의 가장 주요한 '객관적' 특징이며, 근대 자본주의의 출현은 생계를 유지하기 위해 자본 소유주에게 자신의 노동을 팔아야만 하는 다수의 무산 임금노동자의 형성을 수반한다는 것에 동의했다. 하지만 베버는 잉여가치론을 받아들이지 않았다. 대신 그는 주로 '한계학파' 경제학에 의존함으로써 계급을 비착취적 관점에서 개념화했다. 베버에 따르면, 계급이란 노동시장과 상품시장에서 일련의 유사한 '생존 기회'를 공유하는 개인들의 집합으로 이루어진다. 시장에서 그들이 공유하고 있는 지위에 의해 형성된 경제적 이해관계, 즉 공통의 계급 이익에 기초해 집단행동이 일어날 수 있지만, 그렇다고 계급이 곧 집단인 것은 아니다.

베버는 프롤레타리아혁명이 가능하거나 바람직하다고 믿지 않았으며, 자본주의사회의 갈등에 대해 좀 더 다원적인 견해를 제시했다. 베버는 갈등 분석이 계급 분석으로 환원될 수 있다는 견해를 강력하게 비판했다. 그에게 있어 계급이란, 권력 배분과 권력투쟁의 오직 한 측면을 구성할 뿐이다. 그가 '신분 집단'이라 부른 것이나,[1] 정당, 국민국가 등도 계급에 못지않은 중요성을 가진다. 집단 유대감, 인종 공동체, 민족주의 등이 야기하는 열정은 현대에 있어 권력과 갈등을 만들어 내고 동원하는 핵심적 요소다(Weber, "Class, Status and Party" & "Status Groups and Classes" in Giddens and Held 1982, 60 이하 참조). 계급과 계급투쟁이 중요하기는 하지만, 역사 발전의 주된 '동력'은 아니다.

1_신분 집단은 소비 관계에 기초하고 있으며, 한 집단을 다른 집단과 구별 짓는 '생활 스타일'의 형태를 띠게 된다. 베버는 자본주의 이전의 모든 사회에서는 신분 집단(봉건 신분의 형태나 인도의 카스트)이 두드러진 구성 요소였다고 주장한다. 근대 자본주의에서 신분 집단은 계급관계에 의해 가려지는 경향이 있지만, 신분 집단 관계가 결코 중요성을 상실한 것은 아니다.

둘째, 베버는 산업자본주의를 그 기원에 있어 독특하게 서구적인 현상으로, 즉 다른 문명이 낳은 것과는 다른 독특한 가치와 행동 양식을 구체화한 것으로 보았다(Weber, *The Protestant Ethic and the Spirit of Capitalism* 및 이 책 120-122쪽 참조). 이런 '서구적인 것'의 가장 중요한 특징은 그가 자본주의 생산의 '합리화된' 특징이라고 부른 그것인데, 이런 특징은 경제적 기업에 국한되지 않고 기업을 넘어서까지 확산된다. 합리화는 자본주의사회의 주요 제도 하나하나에까지 침투한 현상이다. '합리화'가 베버의 저작에서 명료하게 공식화된 개념은 아니다. 그 핵심적 의미는, 과학적 절차로 요약될 수 있는, 과학기술적 의미의 타산적 태도가 점점 더 많은 행위 영역으로 확장되는 것을 말한다. 그런 태도는 전문 기술과 과학 및 테크놀로지가 현대 생활에서 수행하는 역할의 증대로 실제로 나타나고 있다(Giddens 1972, 44 이하).

현대 세계의 합리화는 심대한 결과를 가져왔다. '삶의 의미'에 대한 명쾌한 해석을 제시하려 시도하는 신념 체계의 신뢰성이 부식된 것은 그중 하나다. 합리화가 진척된 세상의 모든 영역에서 종교적 믿음은 사물에 대한 좀 더 유동적인 견해에 밀려나게 된다. 자연이나 인간사가 고정불변으로 배열·정돈되어 있음을 강조하는 정치적·철학적 교의도 역시 그러하다. 지구를 '매혹인 정원' ― 즉, '예측할 수 없는 신비로운 힘이 작용하는' 장소 ― 으로 보는 관념은, '계산을 통해 삶을 완전히 제어'할 수 있다는 확고한 견해나 수단적 기풍에 의해 되돌릴 수 없게 침해당한다(Weber, "Science", 139). 이런 과정에 대한 베버의 태도는 양면적이다. 한편에서 세계는 점진적으로 '지성화'되며, 인간을 신학적·형이상학적 환상의 무거운 짐으로부터 해방시킨다. 다른 한편에서, 합리화는 베버가 '탈주술화'라 부른 하나의 손실을 나타낸다("Science", 138 이하). 집단적 동의를 정당하게 요구할 수 있는 어떤 '세계관'도 더 이상 존재하지 않는다. 가능한 수많은 삶의 태도들 간의 '투쟁'

을 해결하는 전통적 기반은 근본적으로 약화되었다. 오늘날에는 '싸우고 있는 신들 가운데 누구를 섬겨야 하는가'에 대해 개인적 선택을 넘어 궁극적인 정당성을 증명하는 것은 더 이상 불가능하다고 베버는 주장한다("Science", 152-153). 어느 것이 지지할 만한 가장 적절한 가치인가를 판단하고 결정하는 것은 각 개인의 책임이다. 이것이 '지식의 나무[선악과-옮긴이]를 먹고사는 시대의 운명'이라고 그는 인상적으로 적고 있다.

어떤 관점에서 보면 베버의 입장은 '개인주의의 신격화'를 대표한다고 할 수 있다. 그러나 다른 관점에서 볼 때 베버의 입장이란, 앞에서 보았던, 자연법과 자연권에서 처음으로 개인주의의 기초를 생각해 냈던 고전적 자유주의의 전통으로부터의 급진적 이탈을 나타낸다(이 책 3장 및 Beetham 1985, 4 이하 참조). 왜냐하면 어느 것도 객관적으로 타당하다고 간주할 수 없게 된, 여러 경쟁적 가치들이 존재하는 시기에는, 정치 생활이 어떤 주어지거나 합의된 도덕성 위에 기초한다는 관념이 더 이상 유지될 수 없기 때문이다. 이런 상황에서 자유주의 정체는 절차적 근거 ― 합리화된 세계에서 '가치들의 경쟁'과 '선택의 자유'를 촉진하는 메커니즘으로서 자유주의 정체의 중요성을 강조하는 ― 에서 옹호될 수 있을 뿐이라고 베버는 주장했다(Roth and Schluchter 1979 참조). 민주주의는 이런 목적을 이루기 위해 필요한, 즉 자유주의 정치 문화를 유지하는 데 필요한 제도적 장치의 핵심 요소다.

셋째, 합리화는 불가피하게 관료제의 확산을 동반한다고 베버는 생각했다. 마르크스와 엥겔스가 '관료제'에 대해 기술했을 때, 그들이 염두에 둔 것은 공무원이나 국가의 관료 기구였다. 그러나 베버는 관료제 개념을 훨씬 더 광범위하게 ― 즉, 국가는 물론이고 기업, 노동조합, 정당, 대학, 병원 등 모든 형태의 대규모 조직의 특징을 기술하는 데 ― 적용했다. 베버는 관료제가 본질적으로 비민주적이라고 파악한 점에서 마르크스와 견해를 같이했다. 관료는 그들의 결정이 영향을 미치는 다수의 주민에 대해 책임을 지지 않기 때문이다. 하지만 베버는 ① 관료적 지배의 문제는 마르크스가 생각했던 것보다 훨씬 광범위하고 일반적인 문제이며, ② 관료제 그 자체의 확장을 제한하는 것 외에는 관료적 지배를 극복할 수 있는 방법은 없다고 주장했다. 특히 '국가를 초월한다'는 것은 있을 수 없다. 사회주의 사회가 이룩된다면, 사회주의 사상가들이 예언했던 것과 정반대의 결과가 항상 초래될 것이라고 베버는 보았다. 왜냐하면 사회주의 사회는 관료적 지배의 확대를 수반할 것이기 때문이다. 베버에게 지배란 '강제의 다양한 동기와 수단에 의해 지탱되는 명령과 복종의 구조'를 의미한다. 지배는 여러 형태를 띨 수 있는데, 그중 가장 강력한 것이 관료 행정이다(Weber, *Economy and Society*, vol. I, xc; vol. II, 941 이하). 그는 관료에 의한 강압적 지배를 불가피한 것으로 간주하지는 않았지만, 관료의 발전을 견제하고 제한할 전략을 현대 정치가 반드시 발견해야 한다고 생각했다. 베버는 한 가지 점에 대해서는 절대적으로 확신했다. 만일 사회주의나 공산주의가 모든 시민이 경제·사회·정치 문제를 직접적이고 대등하게 조정하는 것을 의미한다면, 그것은 지나치게 순진하고 사람들을 현혹하는 위험한 교의라는 것이다.

관료제, 의회 그리고 국민국가

국가 특히 국가의 관료 조직은 사회에 기생하는 존재와 같다는 생각은 마르크스를 비롯하여 여러 마르크스주의자들(특히 레닌)이 지지해 왔던 입장이다. 그러나 중앙집중화된 행정은 불가피할 것이다. 베버가 이런 견해에 도달하게 된 것은 부분적으로, 다음과 같은 경우에 직접민주주의는 실행 불가

능하다는 평가를 통해서였다. 즉,

> 집단이 일정 크기를 넘어 성장한 경우나, 행정 기능이 너무나 복잡하게 되어 윤번 제나 추첨 혹은 선거를 통해 임명된 자들이 만족스럽게 처리할 수 없게 된 경우. 대규모 조직의 관리에 있어 직면하게 되는 조건은, 이웃 관계나 개인적 관계에 의존하는 소규모 결사체에서 통용되는 조건과는 근본적으로 판이하다. …… 행정 업무의 복잡성이 증대하고 그 범위가 급속히 팽창하게 되면, 훈련받고 경험 있는 자들이 점점 기술적으로 우월하게 되고, 그리하여 최소한 일부 공무원의 연속성이 불가피하게 촉진될 것이다. 따라서 행정상의 목적을 위한 특별하고 상시적인 구조가 등장할 가능성이 항상 존재하며, 그런 구조는 통치를 집행하기 위한 필수적 수단이다(*Economy and Society*, vol. II, 951-952).

베버는 직접민주주의[2]가 모든 상황에서 불가능하다고는 생각하지 않았다. 베버는 오직 다음과 같은 조건에 부합하는 조직에서만 직접민주주의는 기능할 수 있다고 확신했다.

> ① 조직이 국지적이거나 아니면 구성원의 수에서 제한적이어야 한다. ② 구성원들의 사회적 지위가 서로 간에 크게 다르지 않아야 한다. ③ 행정 기능이 비교적 단순하고 안정적이어야 한다. ④ …… 수단과 방법을 객관적으로 결정하는 훈련이 최소한 어느 정도 이루어져 있어야 한다(*Economy and Society*, vol. II, 949).

직접민주주의는 모든 참여자들의 상대적 평등을 필요로 하는데, 그 같은 평등의 핵심 조건은 사회·경제적 분화의 최소

2_베버가 사용했던 '직접민주주의' 개념은 시민들이 직접 관여하여 '공적인 일'에 대해 의사 결정을 하는 체계를 의미한다(이렇게 이해되는 직접민주주의란 이 책의 〈모델 1〉, 〈모델 2.1〉, 〈모델 2.2〉, 〈모델 4〉와 〈모델 8〉의 구성 요소 등을 포괄하는 것이 될 것이다).

화다. 따라서 그런 '정부' 형태의 사례는 중세 말 이탈리아 도시 공화국의 귀족정에서, 미국의 몇몇 군구(郡區)에서, 또한 대학교수와 같이 엄선된 직업 집단에서 찾아볼 수 있다. 하지만 현대사회의 규모와 복잡성 및 엄청난 다양성 등으로 말미암아 직접민주주의는 정치적 조정과 통제의 일반 모델로서는 아주 부적절한 것이 되었다.

직접민주주의는 지배를 가능한 한 최소한으로 축소시키는 것을 목표로 하지만, 이질적인 사회에서 직접민주주의는 비효율적 행정, 원치 않는 비능률성, 정치적 불안정 등을 가져오고 궁극적으로는 억압적인 소수 지배의 개연성을 급격히 증대시키게 될 것이라고(플라톤을 비롯한 비평가들이 고전적 민주주의에 대해 평했던 것처럼) 베버는 파악했다. 억압적 소수 지배가 나타날 가능성이 있는 것은 바로 기술적으로 유능한 행정의 부재로 야기될 조정과 통합의 공백 때문이다. 게다가 직접민주주의는 현대 정치에 도저히 부적합한 또 다른 두드러진 특징을 가지고 있다. 직접민주주의의 정치적 대표의 양식이 정치적 숙의와 협상 및 타협의 가능성을 막고 있다는 점이 그것이다. 직접민주주의가 '명령적 위임을 받은' 또는 '지시받은' 대표들의 계층구조로 조직되어 있는 경우 이런 문제는 특히 확연하게 드러난다(〈모델 4〉 참조). 대표들이 갈등을 해결하거나 상충하는 이해관계의 균형을 맞추거나 변화하는 환경에 충분히 대처할 수 있을 만큼 유연한 정책을 개발하려면 그에 필요한 [타협의-옮긴이] 여지가 그들에게 주어져야 하는데, 직접적인 명령적 위임은 이를 훼손하고 손상시키는 것이다(*Economy and Society*, vol. I, 289-290; vol. II, 948-952, 983-987 참조). 직접민주주의는 분파 투쟁을 조정·중재하는 데 적절한 메커니즘을 갖고 있지 못한 것이다.

행정의 본질에 관한 문제를 국가기구의 통제에 관한 문제와 결합시키는 것은 잘못된 일이다(Albrow 1970, 37-49 참조). 베버가 보기에 마르크스와 엥겔스 그리고 레닌은 이런 혼동을 범했다. 그들은 중앙집권화된 관료적 행정이 정치·사회 조직의 필수적 특징인가라는 질문과 국가의 계급성에 대한 질문 두 가지를 혼합시켰던 것이다. 레닌이 국가의 '격파'에 몰두했던 것은 아마 위의 두 문제를 별개의 것으로 파악하는 데 실패했음을 보여 주는 가장 명확한 사례가 될 것이다. 나아가 베버는, 계급 행위의 관점에서 현대 국가 조직을 직접적으로 설명할 수 있다는 일체의 주장에 대해 반대했다. 베버의 입장을 이해하기 위해서는 그의 국가 개념을 파악할 필요가 있다.

베버는, 현대 국가의 역사에서 독특한 두 요소인 영토와 폭력에 중점을 두고서, 현대 국가에 대한 가장 중요한 정의 가운데 하나를 발전시켰다. 끊임없이 전쟁을 벌이는 파벌들로 인해 어려움을 겪은 이전의 국가들과 달리, 현대 국가는 주어진 영토 내에서 폭력의 합법적 사용을 독점하는 능력을 보유한다. 즉, 현대 국가는 국민국가로서, 그 자체 인구 중의 일부 무장 세력과 교전 관계에 있는 것이 아니라, 다른 국민국가와 교전 관계에 놓여 있다. '물론 …… 폭력은 분명 국가의 전형적이거나 유일한 수단은 아니다. 누구도 그렇게 말하지 않는다. 그러나 폭력은 국가에 특유한 수단이다. …… 국가는 인간이 인간을 지배하는 관계[덧붙여야 할 것은, 일반적으로 남자가 여자를 지배하는 관계]이며, 합법적(즉, 합법적이라 간주되는) 폭력의 수단에 의해서 유지되는 관계다'("Politics", 78)라고 베버는 강조했다. 국가는 주어진 영토 내에서 순응이나 질서를 유지한다. 개인주의적 자본주의사회에서 이는 결정적으로 소유권 질서를 지키고 자국의 경제적 이익을 해외에서 강화하는 것 등을 포함한다 — 비록 질서와 관련된 문제 모두가 이것으로 정리될 수는 없지만 말이다. 하나의 망과 같은 국가의 여러 기구나 제도들은, 강제력의 독점권에 대한 주장 속에서 국가의 궁극적 제재력을 발견하고 확보한다. 이런 독점이 침식되면, 정치 질서는 궁극적으로 위기에 취약해질 수밖에 없다.

하지만 국가에 대한 베버의 정의에는 세 번째 핵심 조건이 있다. 정통성 legitimacy이 그것이다. 국가의 기초가 되는 물리적 강제력의 독점은, 이런 독점의 정당성과 적법성에 대한 믿음에 의해서 합법화(즉, 정당하다고 인정)되는 것이다. 한때 일반적이었던 관습과 전통이나 개인 지도자의 카리스마 및 인간적 매력 등에 단순히 바탕을 둔 그런 권력이 주장하는 권위를 오늘날의 인민은 더 이상 받아들이지 않는다고 베버는 주장했다. 그보다는 '"합법성"에 의한, 즉 합리적으로 만들어진 규정에 기초한 직무 "권한" 및 법령의 정당성을 신뢰하는 데서 나오는' 일반적 복종이 존재한다("Politics", 79). 현대 국가의 정통성은 주로 '법적 권위', 즉 '법전'에 대한 신뢰와 헌신에 기초하고 있다. 그러므로 현대 국가의 활동은 법의 지배라는 복잡한 억제의 과정에 의해 제한된다. 법의 지배란, 한편에서 국가의 대행자들[즉, 공직자들-옮긴이]이 적절한 입법 절차라는 원칙에 따라 자신의 업무를 수행해야 함을 의미하지만, 다른 한편에서는 이런 원칙이 유지되기 때문에 국가의 권위를 '시민'으로서의 인민이 존중해야 함을 의미하기도 한다. 현대 국가의 공직자들이 복종을 요구할 수 있는 것은, 그들이 가지고 있을지도 모르는 어떤 특별한 매력 때문이 아니라(때로는 이것이 아주 중요할 수도 있지만), 자신의 공직에서 유래하는 것으로서 일시적으로 보유하게 되는 권위(인민이 승인하거나 최소한 일반적으로 수용하는) 때문이다.

국가 제도 중에서 가장 중요한 것은, 임명직 공무원들이 관리하는 방대한 조직망인 행정 기구다. 그런 조직은 역사상 수많은 시대와 수많은 지역의 국가들에서 필수적인 것이었다. 하지만 베버의 설명에 따르면, '오직 서양만이 전문적 행정, 분화된 공무원, 시민권 개념에 기초한 법률 등을 구비한 현대적 규모의 국가를 경험하고 있다.' 이런 여러 제도는 고대 동양에서 시작되었지만, 그들은 그것을 결코 체계적으로 발전시킬 수 없었다(*General*

Economic History, 232).

근대국가는 자본주의의 결과가 아니라고 베버는 주장했다. 근대국가는 자본주의 발전에 선행하며, 자본주의 발전을 촉진하는 데 도움을 주었기 때문이다(*Economy and Society*, vol. II, 1381 이하). 하지만 자본주의는 사적 생활뿐만 아니라 공적 생활에서도 합리적 행정, 즉 합법적 권위에 기초한 관료제 유형이 확대되는 것을 광범위하게 촉진했다. 현대 세계에서 공적 및 사적 [영역에서-옮긴이] 행정이 점점 더 관료화되어 가고 있다고 베버는 확신했다(*Economy and Society*, vol. II, 1465). 다시 말하면, 다음과 같은 조직 구조가 증대하고 있다는 것이다. 즉, 권위의 피라미드 구조로 배열된 공직의 위계적 계층 제도, 비인격적이고 성문화된 절차 규정의 존재, 각 공직자가 재량껏 처분할 수 있는 강제 수단에 대한 엄격한 제한, 전문가적 훈련과 자격 조건에 기초한 공무원 임명(후견에 기초하지 않은), 상근 피고용인이 필요한 명시적이고 전문화된 업무, 특히 '행정 수단의 소유권'으로부터 공직자의 분리 등(*Economy and Society*, vol. I, 220-221).

마지막 특징은 좀 더 논의해 볼 필요가 있다. 베버는 '노동자로부터 생산 수단 통제권을 몰수·수탈한다'는 마르크스주의의 생각을 생산 영역 그 자체를 넘어서까지 일반화시켜, 현대 세계에서 관료제의 일반적인 확대와 연결시키고 있다. '노동자에 대한 몰수·수탈'[즉, 행정 수단에 대한 통제권을 하급 관료로부터 몰수하는 것-옮긴이]은 모든 관료 조직의 특징이자, 되돌릴 수 없는 과정이라고 그는 주장했다. 노동자의 '소외'는 행정의 중앙집권화에 따른 불가피한 것으로 이해되어야 한다. 관료 조직에서 하위 직급자는 자신의 일에 대한 통제력을 불가피하게 상실하게 되는데, 그것은 상급자에 의해 결정된다. 나아가 관료는 비인격적 세력이 되는 경향이 있다. 왜냐하면 관료들의 규정과 절차는, 그 규정과 절차에 따라야만 하는 공직자와 고객 모두의 활동을 똑같이 통제하고 제한하면서, 그 나름의 독자적 생명력을 갖게 되기 때문이다. 더욱이 관료적 의사 결정은 '경직되고', '융통성이 없으며', 종종 (그리고 불가피하게) 개인들의 특수한 사정을 무시한다. 요컨대 베버에 의하면, 관료제는 그 속에서 대다수의 인구가 생활의 많은 부분을 살아가야 하는 '철제 새장'을 만들어 낸다. 앞에서 언급했듯이, 이것은 경제적·기술적으로 발전된 세계에서 살기 위해 치러야 하는 대가다.

현대 시민이 '비관료적' 행정을 창출할 수 있는 그럴듯한 방법은 없다. 왜냐하면 실제로 상상할 수 있는 모든 상황에서 관료제는 '완전히 필수 불가결'하기 때문이다(*Economy and Society*, vol. I, 223). '행정 영역에는 관료제와 딜레탕티즘● 사이'의 선택만이 있을 뿐이다. 베버는 관료제의 확산을 다음과 같이 설명했다.

> 관료 조직이 발전하게 된 결정적인 이유는 그것이 항상 다른 어떤 조직 형태보다 순전히 기술적으로 우월했기 때문이다. 원숙한 관료 기구는 비(非)기계적 생산양식과 대비된다. 엄밀하게 관료적인 행정에서는, 정확, 신속, 명백함, 정리된 지식, 연속성, 신중함, 통일성, 엄격한 복종, 알력의 감소, 물적·인적 비용의 감소 등이 최적의 상태까지 끌어올려진다(*Economy and Society*, vol. II, 973).

경제·정치 생활이 더욱 복잡해지고 분화됨에 따라 관료 행정은 더욱 중요하게 된다.

베버는 관료제의 필수 불가결성을, 현대 경제체제와 대규모 시민 등으로 인해 발생하는 조정의 문제에 연결시켰다. 예측 가능한 정치적·법적 환경은 경제 기업이 발달하는 데에 필수적이다. 그런 환경이 없다면, 기업들은 자신들의 업무나 소비자들과

● 딜레탕티즘(dilettantism)이란, 예술이나 학문 등을 직업으로 하는 것이 아니라 취미나 도락 삼아 하는 태도나 경향을 말한다.

의 관계를 성공적으로 관리할 수 없기 때문이다. 관료제만이 조직의 효율성과 안정성을 장기적 관점에서 보장해 줄 수 있으며, 이는 상업과 산업의 확장에 필수적이었다(그리고 필수적이다. *Economy and Society*, vol. II, 969-980 참조; Beetham 1985, ch. 3). 대규모 시민은 그 자체로 양적·질적 측면 모두에서 국가에 대한 요구의 증대를 가져왔다. 새로이 선거권을 획득한 자들은 교육이나 보건 분야에서 국가에 대해 더 많은 것을 요구했을 뿐만 아니라, 비슷한 종류의 것을 요구하는 사람들을 똑같이 대우해 줄 것을 요구했다. '특정인에 대한 고려' 없이 '예측할 수 있는 규정에 따른 업무 수행'을 요구한 것이다(*Economy and Society*, vol. II, 975).[3] 이런 목적을 달성하는 데는 행정 업무의 표준화와 규칙화가 결정적으로 중요했다. 나아가 국내적 유형뿐만 아니라 국제적 유형의 요구들이 점점 더 국가에 부과되었다. 요구가 많아질수록 그것을 주의 깊게 판단하고 관리하기 위해 더 많은 전문 행정이 필요하게 된다.

> 대규모의 현대 국가가 기술적으로 관료적 기반에 전적으로 의존한다는 것은 명백한 사실이다. 국가의 규모가 크고 강대국일수록 절대적으로 더 그렇다. …… 외부와의 충돌 지대가 광범위할수록 그리고 국내적으로 행정적 통일성의 요구가 절박해질수록, 이런 특징은 불가피하게 그리고 점진적으로 관료 구조를 공식적으로 가져오게 된다(*Economy and Society*, vol. II, 971).

공무원에 의한 지배가 불가피한 것은 아니지만, 그들의 전문성과 정보, 기밀에 대한 접근권 등으로 말미암아 관료들에게 상당한 권력이 생기게 된다. 이런 권력은 압도적인 것이 될 수 있다고 베버는 생각했다. 정치인을 비롯한 모든 종류의

3_관료제가 '탈인간화'되면 될수록, 또한 공적 업무로부터 사랑과 증오를 비롯하여 계산적이지 않은 순수하게 인간적이고 비논리적이며 감정적인 요소들을 제거하는 데 완전히 성공하면 할수록, 관료제는 '더욱 완벽하게' 발전한다고 베버는 적고 있다. (*Economy and Society*, vol. II, 975).

정치 행위자들은 자신들이 관료에 의존하고 있음을 발견하게 될 것이다. 베버가 주요하게 생각한 문제는 (전념한 것은 아닐지라도) 관료 권력을 어떻게 견제할 수 있는가였다. 견제가 없을 경우에, 공적 조직은 의욕과 열의에 넘치는 공무원들이나 유력한 사적 이익(특히 조직된 자본가와 대지주) — 국익을 최우선적으로 고려하지 않는 — 의 먹잇감으로 전락할 것이라고 베버는 확신했다. 더욱이 국가 비상시에 효과적인 리더십의 부재에 빠지게 될 것이다. 왜냐하면 관료들은, 대체로 정치인들과 달리, 과단성 있는 태도를 취할 수 없기 때문이다. 그들은 기술적 또는 경제적 판단 기준 외에 정치적 기준을 함께 고려할 훈련을 받지 못했고, 구조적으로 관료제가 그에 부합하도록 고안된 것도 아니다. 하지만 무제한적 관료제화라는 문제에 대한 베버의 해결책이 개별 정치가들의 혁신 능력에만 의존한 것은 아니었다. 독일에 대해 논하면서 베버는, 강력한 리더십을 위한 경쟁적 훈련장을 창출하고 또한 공적·사적 관료제에 대한 균형추로 기여할 강력한 의회를 주창했다(Mommsen 1974, ch. 5 참조).

사회주의에 대한 베버의 비판을 살펴보면 그의 정치적 입장은 더욱 명확히 드러난다. 사적 자본주의의 폐지란 '국유화되거나 사회화된 기업의 최고 경영진이 관료적이 될 것임을 의미할 뿐이리라'고 베버는 확신했다(*Economy and Society*, vol. II, 1402). 시장을 폐지하는 것은 곧 국가에 대항할 핵심적 상쇄력을 폐지하는 것이 될 것이기 때문에, 자원을 통제하는 자들에 대한 의존이 강화될 것이다. 시장은 변화와 사회적 유동성을 만들어 내며, 이것이 바로 자본주의적 활력의 근원이다.

만일 사적 자본주의가 제거된다면 국가 관료제가 단독으로 지배하게 될 것이다. 지금은 서로 인접하여, 잠재적으로는 서로 대립적으로 작동하면서 서로를 어느 정도 견제하고 있는 사적 관료제와 공적 관료제는 단일의 위계적 계층 조직으로 융합될 것이다. 이것은 고대 이집트의 상황과 유사할 수 있지만, 훨씬 더 합리적이고 따라서 강고한 형태로 나타날 것이다(*Economy and Society*, vol. I, 143).

베버는 자본주의 발전이 관료제 국가를 향한 '전진'에 거대한 추진력을 제공했다고 주장했다. 하지만 그는 바로 자본주의 발전 그 자체가, 의회제 정부 및 정당 체제와 결합하여, 공무원들에 의한 국가권력의 탈취를 저지하는 최선의 방벽을 제공한다고 믿었다. 사회주의는, 지배를 종식하기는커녕 빈틈없는 관료적 형태로 지배를 필연적으로 재구성할 것이고, 궁극적으로는 허구적인 연대의 미명하에 정당한 갈등적 이해관계의 표출을 완전히 억압하게 될 것이다. 즉, 관료제적 국가만이 지배하게 될 것이다. 베버의 비판은 의문의 여지 없이 예언적이었다(7장과 8장 참조).

경쟁적 엘리트주의 민주주의

의회제 정부 및 경쟁적 정당 체제와 함께 자본주의경제를 지지한다는 점에서, 베버는 19세기와 20세기의 여러 자유주의자들과 비슷한 입장이었다. 그러나 베버가 이런 제도적 결합을 옹호한 논거는 아주 새로운 것이었다. 베버 사상의 몇 가지 한계점을 살펴보기 전에, 그의 민주주의 모델에 대해 좀 더 언급하는 것이 중요하다. 그는 이 모델이 '불가피'할 뿐만 아니라 바람직하다고 생각했다.

　베버는 의회제 정부가 왜 사활적으로 중요한지에 대해 여러 가지 이유를 제시했다. 첫째, 의회는 통치에서 어느 정도의 개방성을 유지시켜 준다.

의회는 공공 정책을 논의하고 논쟁하는 장으로서 경쟁적 사상과 이해관계가 표출될 수 있는 기회를 보증해 준다. 둘째, 의회의 논의 구조나 논쟁의 특징 등으로 인해, 또한 '설득력'이 있으려면 높은 수준의 웅변술이 필요하기 때문에, 의회는 야심 있는 지도자들을 시험해 볼 수 있는 중요한 무대가 된다. 지도자는 여론을 동원할 수 있어야 하고 또한 그럴듯한 정치적 프로그램을 제공할 수 있어야 하는 것이다. 셋째, 의회는 완고하게 자기 논리를 고수하는 기존 입장들에 대해 협상의 공간을 제공한다. 정치적 대표들은 관료적 과정이나 시장 작동의 논리와는 전혀 다른 기준에 따라 결정을 내린다. 그들은 갈등적 이해관계를 가진 개인과 집단에게 여러 정책 대안을 가시적으로 제시하고, 그렇게 함으로써 타협이 가능한 기회를 만들어 낼 수 있다. 정치적 대표들은, 변화하는 [국내외적-옮긴이] 압력에 반응하는 동시에 국가의 성공뿐만 아니라 선거 성공 전략에 부합하는 그런 목표를 의식적으로 수립할 수 있다. 이처럼 의회는 여러 가치들 간의 경쟁을 유지하기 위한 핵심적인 메커니즘이다.

그러나 의회의 역할이 낭만적으로 그려져서는 안 된다. 베버에 의하면, 의회를 논의와 심의 및 논쟁의 중심으로 — 즉, 권위 있는 정치적 프로그램이 공식화되는 장소로 — 생각하는 것은 현대 의회가 하는 일의 본질을 상당히 곡해하는 것이다("Politics", 102). 의회가 한때 '이성의 중심지'였다 하더라도, 더 이상 자신 있게 그렇게 주장할 수는 없다. 베버는, J. S. 밀 등의 견해와는 대조적으로, 선거권 확대와 정당정치의 발달에 따라 고전적 자유주의의 의회 개념은 붕괴되었다고 주장한다. 고전적 자유주의에 따르면, 의회는 국가정책이, 공익 혹은 일반 이익만을 지침으로 하여, 합리적 성찰과 숙고를 통해 결정되는 장소다. [현재도-옮긴이] 공식적으로는 법률과 국가정책이 제정·확립될 수 있는 유일한 합법적 조직체는 의회다. 그러나 실제로는 정당정치가 가장 우위에 있다(Mommsen 1974, 89-90 참조). 대중 선거권은 정당을 정치의 중심에 위치지움으로써 정치 생활의 역학 관계를 근본적으로 변화시키고 있다.

현대 정당의 특징을 파악하지 않고는 19세기와 20세기의 선거권 확대가 갖는 의미를 완전히 이해하기란 불가능하다. 선거권의 확대는, '인민주권'(베버는 이 개념을 지나치게 단순한 것이라 여겼다)을 보장하기는커녕, 주로 새로운 유형의 직업 정치인의 출현으로 연결되었다. 왜 그렇게 되었는가? 투표권이 확대됨에 따라 '정치 결사체의 거대한 조직을 만드는 것'이 필수적이 되었기 때문이다. 이런 결사체나 정당은 대표의 조직화에 전념했다. 베버의 주장에 의하면, 소규모 농촌 지역 규모를 넘어서는 모든 공동체에서 정치조직은 '필연적으로 정치를 운영하는 데 관심이 있는 자들에 의해 관리된다. …… 이런 관리 방식이 없다면 대규모의 결사체에서 도대체 어떻게 선거가 작동할지 상상하기란 불가능하다. 실제로 이는 투표권을 가진 시민들이, 정치적으로 능동적인 집단과 수동적인 집단으로 나누어지는 것을 의미한다'("Politics", 99).

선거권의 확대란 유권자들 ― 대부분의 경우에 (국가 비상시와 전시를 제외하고) 분열되고 분화된 이해관계를 갖고 있는 ― 을 조직하기 위한 정치 결사체의 확대를 의미한다. 이는 피할 수 없는 것이다. 공적 문제에 대한 영향력을 둘러싸고 경쟁하는 여러 사회 세력들은, 자원을 동원하고 재정 수단을 모으며, 추종자들을 충원하고 국민들이 자신들의 대의명분을 받아들이도록 노력해야 한다. 그러나 이런 조직 작업을 하면서 점점 그들은, 새로운 정치기구에서 지속적으로 업무를 수행하는 자들에게 의존하게 된다. 그리고 효율성을 추구하게 되면서 이런 기구들은 관료적이 된다. 정당은 '이상적인' 정치 원칙을 담은 프로그램의 실현을 목표로 할 것이다. 그러나 정당 활동이 선거 승리를 위한 체계적 전략에 기초하지 않는다면, 그것은 결국 무의미하게 될 수밖에 없을 것이다. 따라서 정당은 무엇보다도 선거 경쟁과 승리를 위한 수단으로 변형된다. 경쟁하는 정당들의 발전은 의회정치의 본질을 되돌릴 수 없게 변화시킨다. 정당 머신party machine*이 전통적인 제휴 관계를 일소하면서 그 스스로를 충성의 중심으로 확립한다. 다른 정치 세력이나 관계를 대신해 전국적 정치의 핵심적 기초로 자리 잡게 된다. 심지어 선출된 대표들에 대해서도 정당 노선을 지지하라는 압력이 고조된다. 그 결과 대표들은 '잘 훈련된 "예스"맨보다 대개 나을 것이 없게' 된다("Politics", 106)." 베버가 주장하는 주요 내용은 〈그림 5.1〉에 요약되어 있다.

베버는 관료제화의 진전은 대체로 정치조직에서 하위 직급자의 자율성을 점진적으로 축소시킬 것이라고 확신했다. 그러나 베버는, 자신의 논의에 크게 기대어서 이런 경향을 '과두제의 철칙'으로 정식화한 로베르트 미헬스의 저작에 대해서 비판적이었다(Michels, *Political Parties*; Roth 1978, lxxi, xcii 참조). 미헬스는 다음과 같이 '철칙'에 대해 말했다. 즉, '선거인에 대한 피선출자의 지배, 위임자에 대한 수임자의 지배, 대표를 파견한 사람에 대한 대표로서 파견된 자의 지배를 낳는 것은 조직이다. 조직을 말하는 자는 과두제를 말하는 것이다'(*Political Parties*, 365). 베버가 보기에 이런 주장은 과잉 단순화의 표본이었다. 관료제화는 아주 복잡한 과정일 뿐만 아니라 일정한 정치적 민주화 및 유능한 지도자의 출현과 양립할 수 있기 때문이다.

사실 현대 정당은 리더십의 중요성을 강화시켰다. 리더십은, 확고한 정치적 방침이 요구되는 대규모 조직 및 대다수 유권자의 본질적 수동성이라는 두 가지 상황과 필연적으로 연관된 것으로 이해되어야 한다. 유권자의 수동성은 부분적으로 현대 관료제적 세계의 산물이다. 베버는 대다수 사람들이 수동적인 이유를 제도적 생활에 참여할 유의

* 정당 머신이란 강력한 대중 동원 능력을 갖춘 리더 중심의 강한 내부 규율을 갖춘 정당 조직을 말한다.

그림 5.1 정당 체제와 대의제의 영향력 침식

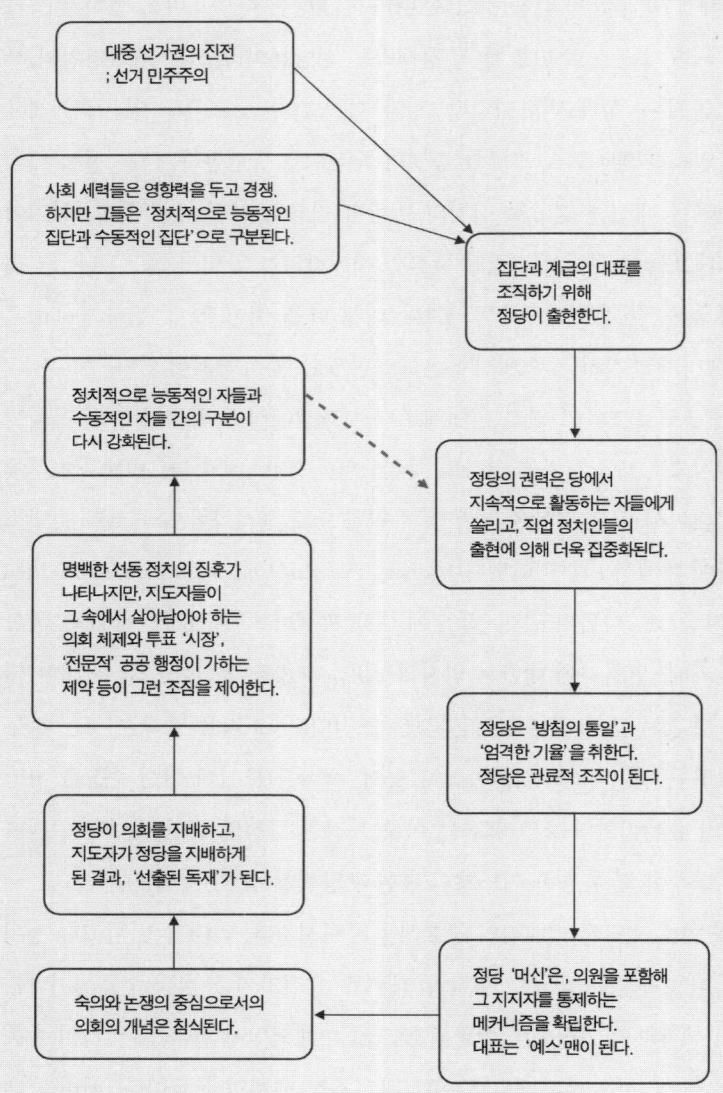

264 | 2부 20세기 이후의 변형

미한 기회가 그들에게 거의 없다는 점 — 즉, 참여를 가치 있는 것으로 만들 만큼 충분한 힘을 그들이 갖고 있지 못하다는 점 — 에서 찾고 있다. 이런 베버의 분석은 외견상 논리적으로 타당하다. 하지만 베버는 원래 자신의 설명 속에서 대부분의 유권자를 낮게 평가하는 경향이 있었다. 베버는 유명한 논문인 "직업으로서의 정치"Politics as a Vocation에서 대중들의 '감정에 치우치는 특징'에 대해 언급하고 있는데, 이런 특징은 공적인 문제를 이해하거나 판단하는 데 결코 적절한 기반이 되지 못한다. 그는 유권자에 대해, 대체로 정책을 분별할 능력은 없지만, 지도자 후보군 중에서 선택하는 일은 할 수 있다고 생각했던 것 같다. 따라서 그는 민주주의를 잠재적 지도자들에 대한 시험장으로 묘사하고 있다. 민주주의란 '시장'과 비슷하다. 그것은 표와 권력을 획득하기 위한 경쟁적 투쟁에서 가장 열등한 자를 추려 내고 가장 유능한 자를 앉히는 제도적 메커니즘인 것이다. 현재의 환경에서는 '[정당] "머신"을 갖춘 리더십 민주주의와 지도자 부재의 민주주의, 즉 소명의식 없는 직업 정치인들의 지배 사이의' 선택만이 존재한다고 베버는 적고 있다("Politics", 113).

베버는 현대의 대의 민주주의를 '국민투표식 리더십 민주주의'라고 불렀다. '국민투표식'이라 한 것은, 서구 국가들(영국, 독일, 미국)에서 정기적인 선거가 정부에 대한 신임(또는 불신임)을 묻는 비정기적 직접 투표와 점점 구별될 수 없게 되었기 때문이다. '리더십' 민주주의라 한 것은, 그런 선거에서 문제가 되는 것이 특정의 지도자 집단, 즉 정치 엘리트들의 인기와 신뢰성이기 때문이다. 베버는 현대 민주주의를 '시저리즘적'Caesarist●이라고 서술하기까지 했다. 민주주의는 모든 시민의 잠재력을 계발하기 위한 기반으로서가 아니라, 유능한 정치적·국가적 리더십을 보증하는 핵심 메커니즘으로 파악할 때에 가장 잘 이해된다. 선출 기능을 제

● 시저리즘(Caesarism)이란 민중의 지지를 받는 일인 지배의 전제정치 체제를 의미하는데, 기원전 1세기 로마 정치가 시저(Julius Caesar)에서 유래한다. 시저는 원로원 귀족파에 반대하는 평민파 지도자였는데, 기원전 47년 삼두체제를 무너뜨리고 종신 독재관이 되었지만, 원로원파인 브루투스에게 암살된다.

다양한 선거 포스터들.

공한다는 점에서 그리고 (선거를 통해) 선출된 자들을 정당화한다는 점에서 민주주의는 필수 불가결하다. 어느 논평자가 적절히 표현했듯이 '베버가 민주주의를 옹호한 것은, 현대 관료제 사회의 사회·정치적 조건 아래에서 민주주의가 최대한의 역동성과 리더십을 제공한다는 이유에서였다'(Mommsen 1974, 87). 또 다른 논평가의 지적에 의하면, '베버는 국가의 위대함이란 민주적 가치에 대한 관심보다는 유능한 지도자들을 발견하는 데에 달려 있다고 확신했고, 이런 이유나 근거에서 대의제에 열중했다'(Albrow 1970, 48). 베버는 권력과 위신을 유지할 수 있고 또 유지하려고 하는 유능한 리더십을 확립하는 것을 자신의 일차적 관심사로 삼았다.

대체로 베버는 권력과 권리 사이의 긴장, 권력과 법 사이의 긴장을 권력을 편드는 쪽으로 해결했다. 비록 베버는 확고히 '법의 지배'에 헌신했지만, 민주주의 과정과 관련해 중요한 것은 법의 지배가 일종의 '선출된 독재'를 성립시킨다는 것이었다. 베버는 분명하게 이런 경향을 지지했다. 베버는 그런 경향을 만들어 낸 사회적 조건은 되돌릴 수 없다고 주장함으로써, 또한 그런 체제의 이점을 제시함으로써 그런 경향을 긍정했다. 베버는 자유주의적 개인주의의 '영웅적' 시대 — 개인의 추진력과 능력의 해방을 약속했던 시대 — 의 종식을 충분히 알아차렸다. 그러나 현 상황에서 그 대가를 부담하는 수밖에 없다고 베버는 확신했다. 모든 개인들의 행동의 자유나 주도권이 동등하게 보호되고 유지되는 것은 더 이상 불가능하다. 오히려 자유주의자들이 직면한 핵심 문제는, '권력의 정상'에서의 [즉, 정치 리더십의-옮긴이] 주도권의 영역을 어떻게 보호·유지할 것인가였다.

베버는 정치적 권위, 유능한 리더십, 효율적인 행정, 일정한 정치적 책임성 사이에서 효과적인 균형을 보장하는 방법을 이해하고 발견하는 데에 관심이 있었다. 유권자가 무능한 지도자를 제거할 수 있는 것의 중요성을 베버가 결코 도외시하지 않았다는 점이 강조되어야 한다. 그러나 이것이 사실상 유권자에 대해 그가 기대한 유일한 역할이었다. 인민demos에게 과도한 권력을 양도하지 않으면서 정치적 권위와 책임성 사이의 균형을 찾아야만 하는 것이다. 이렇게 주장함으로써 베버는 고전적 자유민주주의 전통 — 일관되게 시민의 정치적 권리를 지지하는 동시에 제한하려고 시도했던 — 에 당당히 가담했다. 하지만 베버는 중요한 점에서 그 전통을 변경시켰다. 그는 새롭고 아주 제한적인 민주주의의 모델을 표명했기 때문이다. 베버가 생각한 민주주의는 유능한 정치 지도자를 확립하는 방법을 제공하는 것 이상이 아니었다는 점에서 제한적이었다. 또한 정치 참여를 확대할 적절한 방법이나 유권자의 역할 등은 아주 회의적으로 다루어졌기 때문에 그 모델은 제한적인 것이었다. 나아가 베버는 선거 체제가 유권자에게 어떤 유사 보호 장치를 제공한다고 생각했지만, 유권자가 보호되고 있는지의 여부는 공직에서 무능한 자를 추방할 수 있는 기회가 있는지에 의해 측정될 뿐이라고 주장했다. 따라서 그 모델은 제한적이었다. 이런 의미에서 베버의 작업은, '대중 정치와 관료 조직의 시대에, 자유민주주의 이론과 실천에 있어서의 일련의 발전이 가져온 귀결점이라기보다는 새로운 출발점'에 자리하고 있다. '그는 "추종자"라기보다는 선구자로 이해되어야 한다'(Beetham 1985, 7).

베버의 저작은, 관료제로부터 벗어나 자치적 사회를 창출할 가능성을 기대하는 자들에 대한 도전일 뿐만 아니라 전통적 자유주의 사상에 대한 도전을 의미하기도 한다. 몇몇 정치 이론가들, 특히 전통적 마르크스주의 이론가들은 현대 세계에 대한 베버의 비관적인 평가를 피상적으로 무시해 버리는 경향이 있지만, 그것은 분명 대단히 중요한 문제를 제기하고 있다. 스탈린주의 시기와 동구의 국가사회주의 사회의 등장 이전에 저술된 베버의 저작은 전술했듯이 극히 예언적이었다. 자유민주주의의 본질을 재검토하려

한 베버의 시도는, 일국적·국제적 제도들이 고도로 복잡하게 결합되어 있는 세계에서, 사회에 대한 급진적인 재조직화의 가능성을 믿지 않는 많은 사람의 견해를 밀접하게 반영하고 있다.

기로에 선 자유민주주의

베버는 동서양 모두에서 합리화된 관료적 행정 체계에 의해 정치 생활이 더욱더 지배되고 구속되리라고 두려워했다. 이에 대해 그는, 국가 공무원이 정치를 지배하지 못하도록 막을 수 있는 것으로서, 사적 자본의 상쇄력과 경쟁적 정당 체제 및 강력한 정치 리더십 등을 옹호했다. 베버의 주장을 이런 식으로 표현하면, 그의 정치사상이 갖는 한계는 명백해진다. 그는 마르크스주의 정치 이론과 자유주의 정치 이론 양측의 핵심적인 통찰과 원칙 중 몇몇을 파기해 버린 것 같다. 권력정치, 즉 리더십 상호 간의 그리고 국가 상호 간의 정치가 더 우선이고 중요하기 때문에, 정치권력이나 계급 권력의 심각한 불평등이라는 문제의 중요성이 경시되고 있는 것이다. 이처럼 권력정치를 중요시하기 때문에 권력과 권리 간의 균형을 유지하는 과제는 결국 '카리스마적' 정치 지도자들 — 국가 관료와 경제 관료[즉, 기업 경영자-옮긴이] 사이의 경쟁 안에 갇혀 있는 — 의 판단에 맡겨지게 된다. 이는 결국, 현 시대에는 심지어 고전적 자유주의의 핵심 교의들조차도 더 이상 유지될 수 없음을 위태롭게도 거의 인정하는 입장이라 할 수 있다. '정상에 오른' 자들에게만 '자유롭고 평등한' 개인으로 활동할 수 있는 여지가 있는 것 같다. 베버의 이런 입장은 경험적 경향에 대한 '현실주의적' 평가로 간주할 수도 있고, 아니면 베버가 일정한 사회·정치적 사태의 전개 양상을 이론상 바람직한 것으로 부적절하게 정당화했다고 간주할 수도 있다. 내 생각에 타당한 평가는 후자다.

베버는 관료제의 발전이 행정의 최고위 직급자의 권력 증강을 가져다준다고 가정한다. 그로 인해 베버는 하위 직급자들이 그들의 힘을 증대시킬 수 있는 방법을 무시한다. 현대 관료 체제에는 '공식적으로는 하위직에 있는 자들이 자신의 직무에 대한 통제력을 획득하거나 탈환할 수 있는'(예컨대 중앙집권적 의사 결정에 사활적으로 중요한 정보의 수집을 방해하거나 막음으로써) 상당한 '틈새'가 존재하는 것처럼 보인다(Giddens 1979, 147-148). 관료들은 '아래'로부터의 붕괴의 잠재력을 높이고 또한 위계적 통제를 교묘히 회피할 수 있는 여지를 확대시킬 수도 있다. 결국 베버는 조직 내부 과정의 특징과 그것이 다른 정치 영역의 발전에 대해 갖는 중요성을 제대로 기술하지는 못했다.[4]

더욱이 '하급자'의 힘에 대한 과소평가는 다른 문제로 연결된다. 대다수 시민의 수동성 — 즉, 시민들이 정치에 대한 지식도 관심도 없고 참여도 하지 않는 듯이 보이는 것 — 을 무비판적으로 수용하는 문제점이 그것이다. 베버는 이를 두 가지 측면에서 설명하고 있다. 첫째, 정치에 관심이 있고 능력도 있는 사람은 비교적 소수라는 점이다. 둘째, 관료 행정 및 의회 체제와 결부시켜 생각해 볼 때, 오직 유능한 리더십만이 현대 정치의 복잡성과 문제점 및 여러 결정들을 다룰 수 있다는 것이다. 이 장의 뒷부분과 다음 장에서 다시 검토하겠지만, 이런 견해에는 몇 가지 문제가 있다.

첫째, 베버의 입장은 유권자들이 대안적 지도자 집단들 중에서 [누가 나은지를-옮긴이] 구분할 수 있는 능력은 있지만

4_덧붙이면, 국가의 관료제적 중앙집권화의 진전과 근대 자본주의 사이에 정확히 어떤 관계가 있는지에 대한 만족스런 설명을 그의 저작에서 찾으려는 노력은 헛수고가 될 것이다(Krieger 1983 참조). 다양한 사회의 관료제화 유형을 역사적으로 기술하면서, 베버는 어떤 관료제적 과정이 어느 정도나 자본주의적 발전 그 자체에 특유한 것인지 또는 그것에 의해 영향을 받았는지를 분리해 내지 않았다. 그는 관료제의 성장에 미친 문화적·경제적·기술적 힘들의 영향을 분리하는 데 실패했으며, 또한 그런 힘들이 자본주의 발전과는 어느 정도 독립적인지를 보여주지 못했다. 결국 국가, 관료제화, 자본주의 사이의 특별한 연관성은 모호한 채로 남겨졌다.

어떤 정책이 좋은지를 판단할 능력은 없다는 의심스러운 주장에 부분적으로 기초하고 있다. 이런 주장은 어떤 근거에서 만족스럽게 옹호될 수 있을까? 유권자들은 정치적으로 중요한 문제들에 대해 심사숙고할 능력이 없다는 견해를 받아들인다면, 서로 능력과 창의력을 경쟁적으로 주장하는 정치 지도자들 중에서 유권자가 선택을 내릴 때 어떻게 그 판단은 신뢰할 수 있는가? 유권자들이 지도자를 선택하는 능력은 있다고 간주하면서도, 이것이 갖는 함의를 유권자의 전반적 재능에 대한 좀 더 일반적 (그리고 높은) 평가와 관련해서는 부정하는 태도는 모순적이고 사실상 독단적인 것 같다.

둘째, 베버는 '행정 수단의 소유'로부터 인민이 분리·소외되어 있다고 지적하는데, 이것이 제한된 정치 참여 또는 정치 불참의 악순환을 가져오는 것으로 해석될 수 있다. 〈그림 5.1〉의 점선은 일정 부분, 정치적 '능동성'과 '수동성' 간의 구분이 인민의 타고난(?) '수동성'이나 '감정에 치우치는 특징'의 결과라기보다는 유의미한 정치 참여의 기회가 결여된 결과일 수 있음을 의미한다. 여성의 순종은 전형적으로 그와 같은 타고난 '수동성'과 연결되어 왔고, 그 결과 여성의 능동적 정치 참여를 막는 사회적·경제적·정치적 조건들이 정당화되고 은폐되어 왔던 것이다(이 책 2, 3, 10장 참조). 여러 증거들이 시사하는 바에 의하면, 많은 사람들에게 있어 정치란 냉소·회의·불신 등 복합적 감정의 대상이 되는 그런 행위를 의미한다(Held 1989, ch. 4 참조). 정부나 중앙 정치가 다루는 일에 대해 알려고 하거나 지속적으로 관심을 갖는 사람은 많지 않다. 의미심장하게도, 정치 생활에 가장 많은 관심을 보이고 가장 호의적인 자들은 바로 권력과 특권의 중심부에 가장 가까운 자들(무엇보다도 지배계급의 남성들)이다. 반면에 정치에 관심이 없다는 사람들이 그렇게 말하는 이유는, '정치'를 동떨어진 것으로 경험했기 때문이며, 정치가 자신의 삶에 직접 관련이 없거나 정치의 진로에 자신이 영향을 미칠 힘이 없다고 느꼈기 때문일 것이다.

인민의 생활에 직접적으로 영향을 미치는 문제와 관련된 의사 결정일수록, 또한 그로 인해 영향을 받는 자들이 자신들의 관여가 실제로 가치 있을 것이라고 ― 즉, 그들의 관여가 다른 사람들과 동등하게 중시될 것이며, 권력자들에 의해서 간단히 회피되거나 무시되지 않을 것이라고 ― 확신할수록, 의사 결정에의 참여(어떤 형태이든)가 더 광범위하게 나타난다는 사실은 대단히 중요하다(Pateman 1970 참조; Mansbridge 1983; Dahl 1985; 1989; Saward 2003; Beetham 2005; 이 책 9장 참조). 이런 연구 결과는 정치 참여의 조건을 비판적으로 고찰했던 사상가들에게 특별한 타당성을 갖는다. 고전적 민주주의 옹호자들(예컨대 정치를 위한 시간뿐만 아니라 참여할 수 있는 재원의 필요성도 강조한), 보호 또는 계발 공화주의 주창자들(시민들이 접근 방법이나 기회가 부족해 정부 업무로부터 배제된다면 공익은 쉽게 부패할 것임을 강조한), 마르크스주의자들(경제력의 집중이 정치 생활에의 평등한 참여에 대한 거대한 장애물임을 지적한), 남성 지배 체계에 대한 비판가들(사적·공적 생활에서의 성적 노동 분업이 지방 정치와 중앙 정치에서 절대다수 여성들의 완전한 정치 참여를 어떻게 방해하고 있는지를 보여 준) 등이 그들이다(이 책 105-115, 178-185쪽 참조; Siltanen and Stanworth 1984; Pateman 1985; 1988). 따라서 〈그림 5.1〉에 그려져 있는 악순환을 깨트리는 것이 가능한지에 대해 숙고하고, 또한 제한적 참여나 불참여의 악순환을 만들어 내는 그 밖의 모든 제도적 환경에 대해 생각해 보는 것은 대단히 중요한 일이다. 이런 가능성을 일축해 버림으로써 베버는 너무나 성급하게 대안적 민주주의 모델들을 퇴짜 놓았던 것이다. 또한 여러 가치관들 간의 투쟁이나 인간 의지에 따라 역사를 전개해 나갈 수 있는 유일한 방법은 경쟁적 지도자 집단 간의 경쟁밖에 없다고 너무나 쉽게 받아들인 것이다.

베버가 주장했듯이, 현대 생활의 복잡성과 압도적 규모로 인해 중앙집권적인 정치적 통제와 의사 결정은 불가피할 것이다. 이 주제에 대한 베버의 논거는 강력하다. 그러나 중앙집권화된 정치조직의 형태나 범위 등에 대해 베버가 서술한 그대로를 당연한 것으로 받아들여서는 안 될 것이다. 베버는 관료주의적 발전이 끊임없이 지속되리라고 상정하는 경향이 있었다. 이런 견해를 전면적으로 부정하는 것은 현명치 못할 것이다. 하지만 조직 형태란 베버의 '관료제 논리'가 제시하는 것보다 훨씬 다양하다는 것이 입증되어 왔다(Crozier 1964 참조; Albrow 1970; Giddens 1979). 그뿐만 아니라, 상세한 설명과 신중한 평가가 필요한, 상이한 유형의 선거 체제에 기반을 둔 여러 상이한 대의 민주주의 형태들이 존재한다. 베버는 중앙 수준이든 지방 수준이든 간에, 가능한 정치조직의 유형과 형태에 대한 충분한 설명을 제공하지도 않았다(10장 참조).

그럼에도 불구하고, 공적(그리고 사적) 조직의 내부 작동 방식에 대한 베버의 분석이나 관료제화 경향에 대한 관찰 등은 정부와 민주주의를 이해하는 데 중요한 기여를 했다. 그의 작업은, 국가의 활동이나 조직 형태와 계급 관계 간의 밀접한 연관성을 강조하는 마르크스주의 특히 레닌주의의 내용에 맞서는 논리를 제공했다(Wright 1978, ch. 4 참조). 사적 [영역의-옮긴이] 관리 행정과 공적 [영역의-옮긴이] 관리 행정이 비슷하게 조직화되어 있다는 그의 주장은, 계급 권력에 의해 인과적으로 결정된다는 주장과 반대되는 것으로서, 중요한 의미를 갖는다. 또한 능숙하고 예측 가능한 행정은 다른 중요한 목표(공공 업무의 조정에서 자의성이나 우연성, 과도한 정치적 후견 등을 종식시키는 것; 심각한 문제를 관리·해결할 평의회나 의회 같은 기구를 소집하기 위해서 또는 일상적 문제를 다루기 위해서 공적으로 알려진 절차를 이용할 수 있게 하는 것; 어떤 결정이나 결정 과정의 정당성 여부를 국민들이 조사하는 것을 가능케 하는 비교적 명백한 공적 규정을 확립하는 것 등)를 이루기 위한 필수적 조건이라는 그의 주장 역시 자유주의의 전통적 사상을 발전시킨 것으로서 중요한 의미가 있다. 베버가 정확히 주장했듯이, 능숙하고 예측 가능한 행정이 없다면 공공 업무는 곧바로 파벌 간 내분의 수렁이 될 수 있으며, 절박한 집단 문제들을 해결하는 데 완전히 무력하게 될 수 있다 — 최소한 플라톤이 기술했던 고전적 민주주의의 양상들과 비슷하게 될 것이다. 물론 그런 행정의 형태가 어떤 것인지는 추가로 논의할 여지가 있는 문제다.

베버의 저작들은 영미 세계의 사회학과 정치학에 막대한 영향을 미쳤다. 그의 저작들은 다양한 이론의 발전을 자극했는데, 그 가운데에서 다음 두 가지가 주목할 만하다. 슘페터에 의해 발전된 민주주의 이론(베버의 국민투표식 리더십 민주주의 개념의 관점을 직접적으로 따른)과 경험적 민주주의 이론 또는 '다원주의'(권력의 다차원성에 대한 베버적 사상을 그 출발점으로 삼은)가 그것이다. 이런 다양한 발전은 베버 사상의 대단히 상이한 여러 가닥들을 정교화한 것이지만, 다른 측면에서는 그의 정치사상 내부의 긴장을 잘 보여주고 있다. 슘페터의 저작은 바로 이어서 논의될 것이며, 다원주의는 6장에서 논의될 것이다.

민주주의의 최후의 흔적?

오스트리아에서 태어나 노년에 미국 시민이 된 슘페터는 경험적으로 뒷받침되는 '현실주의적' 민주주의 모델을 발전시키려 했다. 슘페터는, 고전 시대 이래의 주류 정치 이론에 반대해, 그가 보기에 과도한 공론이나 독단적 규범성을 선호하는 것 같은 그런 태도로부터 공적 생활의 본질에 대한 사유를 해방시키고자 했다. 그의 일차적 과제는 설명, 즉 현실의 민주주의가 어떻게 작동하는지를 설명하는 것이었다. 그의 표현을 빌리면, 슘페터는 기존의 모델보다 '훨씬 더 현실에 맞는' 이론을 생산하고자 했다. 이런 목적이 그가 주장한 만큼 전통으로부터의 급진적 이탈을 나타내지는 않는다. 예컨대 벤담과 마르크스 및 베버 모두 이런 면을 상당히 공유했던 것이다. 하지만 슘페터의 저작은 기존에 인정받고 있던 민주주의 개념을 상당 부분 수정했다. 그의 고전적 저작인 『자본주의, 사회주의 그리고 민주주의』*Capitalism, Socialism and Democracy*(1942년에 처음 출간)는 제2차 세계대전 이후 민주주의 이론의 발전에, 특히 신진 학문 분과인 정치학과 사회학에 비상한 영향을 미쳤다(그 자신의 주된 학문 분야인 경제학에서는 이 책이 큰 주목을 받지 못했다). 그를 이어서 많은 사회과학자들이, 정치 지도자들과 유권자들의 행태 및 상호 작용에 관한 슘페터의 주된 가설을 탐구하고 확장하려고 시도했다(예컨대 Berelson et al. 1954 참조; Dahl 1956; 1961; Almond and Verba 1963; Sartori 1987).

경험적인 것에 대한 슘페터의 관심이 무비판적으로 수용되어서는 안 된다. 베버의 경우처럼 슘페터의 저작에는 분명히 규범적 차원의 것이 존재한다. 슘페터에게 민주주의 이론은, 서구에서 사회주의에 의한 자본주의의 점진적 대체라는 문제를 검토한 대규모 기획의 일부였다.[5] 그의 민주주의 이론은 극히 제한된 범위의 질문에 초점을 맞추었을 뿐만 아니라 '인민의' 정부의 적절한 형태에 대한 매우 특수한 일련의 교의를 옹호하고 있다. 전후 자유민주주의를 대표하는 두 국가(영국, 미국)의 실제 구조가 외견상 그런 교의와 일치한다는 사실은, 슘페터와 그의 추종자들이 그런 교의를 민주주의 체제의 가장 '현실주의적'인 견해로 주장할 수 있었던 연유를 설명하는 데 도움이 될 것이다. 나아가 슘페터는, 루소나 마르크스 같은 사상가들의 저작

---

[5] 슘페터는 사회주의를, 생산수단과 생산 그 자체에 대한 통제가 중앙 정부에게 주어져 있거나, 또는 …… 원칙적으로 사회의 경제문제가 사적 분야가 아닌 공적 분야에 속하는 제도 유형으로 정의했다(*Capitalism, Socialism and Democracy*, 167).

에서 발견되는, 좀 더 참여적인 민주주의 기획에 대해 극히 비판적으로 기술했다. 이런 태도는, '과도한' 참여가 인민의 동원을 낳아 대단히 위험한 결과를 초래할 것이라 느꼈던 당시 서구의 많은 논평자들과 정치인들의 견해를 밀접하게 반영한 것이었다. 나치 독일 출현의 전조였던 대중 집회나 볼셰비키 혁명은 의문의 여지 없이 그들이 가장 먼저 떠올렸던 경험의 하나였다. 그런데 슘페터의 민주주의 개념이 전혀 독창적인 것이 아니었다는 점이 지적되어야 한다. 몇몇 학자들은 민주주의, 정당 조직, 관료제 등에 대한 슘페터의 견해와 『경제와 사회』*Economy and Society*에 담긴 베버의 견해 간에 하나하나 일치점이 있음을 지적한다(Roth 1978, xcii). 이런 지적이 과장된 면은 있지만, 앞으로 보게 되듯이 슘페터가 베버에게 상당한 것을 빚지고 있음은 사실이다. 분명히 슘페터는 베버의 몇 가지 개념을 대중화시켰는데, 여러 가지 재미있는 방법으로 그런 개념을 발전시키기도 했다.

슘페터가 말하는 민주주의란 하나의 정치적 **방법**을 의미한다. 인민의 표를 얻는 데 성공한 결과로서, 모든 문제에 대한 결정권을 특정 개인들에게 부여하는 방식을 통해 정치적(입법적·행정적) 결정에 도달하려는 제도적 장치가 민주주의라는 것이다(*Capitalism*, 269). 민주적 생활이란 정당에 포진하고 있는 경쟁적 정치 지도자들 간의 통치권 획득을 위한 투쟁이다. 민주주의란, 풍부한 참여 환경에서의 인간 계발을 위한 최상의 조건이나 평등에 대한 약속 등에 의해 특징지어지는 어떤 생활 방식이 결코 아니다. 단적으로 말해 민주 시민의 몫은, 그들을 대신해서 직무를 맡아 볼 정부를 정기적으로 선택하고 권위를 부여하는 권리다. 민주주의는 사회정의의 추구 등 다양한 목적에 기여할 수 있다. 그러나 이런 목적과 민주주의 그 자체를 혼동하지 않는 것이 중요하다고 슘페터는 주장한다. 어떤 정치적 결정이 내려지는가 하는 문제는 결정이 내려지는 적절한 방식 — 경쟁하는 정치 엘리트들에 대한 주기적 선출의 결과인, 결정이나 결정하는 사람의 사실상의 정통성의 조건 — 과는 독립된 별개의 문제다.

보호적 자유민주주의 이론가들이 정확히 강조했듯이, 민주주의의 핵심은 시민들이 한 정부를 다른 정부로 교체할 수 있는 능력, 달리 말해 정치적 의사 결정자들이 스스로를 교체 불가능한 세력으로 만들 그런 위험으로부터 시민들이 스스로를 보호할 수 있는 능력이다. 정부가 교체될 수 있는 한, 그리고 유권자가 포괄적으로 서로 상이한 정당의 정강 (적어도 두 개의) 사이에서 선택할 기회를 갖는 한, 전제정의 위험은 억제될 수 있다. 민주주의는 보통 사람들의 광범한 요구가 드러나고 기록되도록 해주는 메커니즘이지만, 실제적인 공공 정책은 정책 입안 경험이 충분하고 자격이 있는 소수에게 맡겨진다. 개인들의 욕구가 다양하고 또한 불가피하게 정부에 대해 광범하고 분절화된 일련의 요구들이 가해지는 상황에서는, 베버의 저작에서 충분히 분석되었듯이, '다양한 개인적 요구들 전부에 가장 부합하는 또는 가장 덜 거슬리는 일련의 결정'을 만들어 낼 수 있는 자들을 선출하는 메커니즘이 필요하다(Macpherson 1977, 78-80). 민주주의는 이런 목적[즉, 다양한 개인의 요구에 부합하는 결정의 산출-옮긴이]을 원격[즉, 인민이 의사 결정 과정에 직접 참여하지 않고서-옮긴이]으로 달성할 수 있는 유일한 장치다.

만일 리더십을 창출하고 정당화하는 제도적 장치가 민주주의라면, 그것은 '인민에 의한 지배'라는 고전적 의미의 민주주의와 대단히 빈약한 관련밖에 없게 된다. 슘페터 자신도 이 점을 바로 지적하고 있다.

'인민'과 '지배'라는 용어의 분명한 의미가 무엇이건 간에, 민주주의는 인민이 실제로 지배하는 것을 의미하지 않으며 또한 의미할 수도 없다. 민주주의는 다만 인민이, 그들을 지배할 예정인 사람들을 승인하거나 또는 부인할 기회를 가지고 있음을 의미할 따름이다. …… 그렇다면 이런 양상은 민주주의는 정치가의 지배다라는 말로 표현될 수 있을 것이다(*Capitalism*, 284-285, 강조는 추가된 것).

이는 사실을 직시하느냐의 문제다.

만일 우리가 사실을 똑바로 직시하고자 한다면, 현대 민주주의에서 …… 정치는 불가피하게 하나의 직업이라는 것을 …… 인정해야 한다. 이는 다시 개별 정치인의 독특한 직업적 이해관계 및 정치적 직업 그 자체의 독특한 집단적 이해관계를 인정하는 것을 의미한다. 이런 요소를 우리의 이론 안에 포함시키는 것이 필수적이다. …… 무엇보다 우리는, 정치인들은 왜 그렇게 자주 자신이 속한 계급이나 개인적으로 연관된 집단의 이익을 위해 진력하지 않는가라고 의아해 하는 것을 즉각 그만두어야 한다. '사업가들은, 그들이 석유를 다루는 것과 꼭 마찬가지로 내가 표를 다루고 있다는 것을 이해하지 못한다'라는 지적은 지금까지의 정치인 중에서 가장 성공한 정치인의 발언으로 알려져 있는데, 정치적으로 말하면, 이 말을 절대 망각하지 않도록 자기 것으로 만들어 동화시키지 못한 사람은 아직 육아실에 있다 하겠다(*Capitalism*, 285).

슘페터는 이것이 정치에 대한 '천박하거나 냉소적인' 견해가 아님을 강조했다. 오히려 '천박하거나 냉소적인' 것은, 일련의 이해관계 — 즉, 실제 담당자들의 이해관계 — 가 다른 모든 것보다 우선시되리라는 것을 항상 알고 있으면서도, 민주주의가 오직 '공공선'에 의해서 지도되는 자율적 공동체가 될 수 있는 것처럼 주장하는 것이다. 선출 메커니즘으로 이해되는 민주주의는 그런 거짓 주장에 대한 안전장치뿐만 아니라 담당자들을 제어하는 데 필요한 최소한의 조건을 제공해 준다.

베버처럼 슘페터도 '인민주권' 개념이란 [민주주의를 이해하는 데-옮긴이] 도움이 되지 않으며 또한 위험한 모호성으로 가득 차 있다고 생각했다. '주권국가'를 '주권 인민'으로부터 명확히 구분해 내고 주권 인민의 역할을 엄격히 제한할 경우, 복잡한 현대 세계는 오히려 성공적으로 통치될 수 있을 것이다. 왜 슘페터가 소위 민주주의 사상의 최후의 흔적인 이따금씩의 성인 보통선거에 대해 얼마간의 신뢰를 계속 유지했는지 그 이유를 이해하기 어려울 때가 가끔 있다(이 문제는 뒤에서 다시 다룰 것이다). 그는 평균적인 시민의 정치적·지적 능력을 낮게 평가했다. 그가 묘사한 평균적 시민은 여러 면에서 전형적인 홉스의 자연 상태의 주민을 연상시킨다. 하지만 홉스는 슘페터보다 훨씬 일관되게 민주주의자가 아니었다(*Capitalism*, 256-264 참조). 일반적으로 슘페터는 유권자에 대해, 전반적으로 취약하고 격한 감정적 충동에 빠지기 쉬우며 그들 스스로 어떤 중대한 일을 할 지적 능력이 없는, 외부 세력의 영향을 받기 쉬운 존재로 묘사했는데, 이는 르봉Gustave Le Bon 같은 군중심리학자들의 영향에 따른 것이었다. 특히 그가 염려한 것은 사람들이 처한 광범위한 일상적 환경이었다. 예컨대 위원회 모임에서 라디오 청취에 이르는 여러 상황에서 나타나듯이, 참여 의식이 매우 낮고 활력과 사색 수준도 낮으며, 비논리적 영향에 민감히 반응하고, '이성적 논쟁을 하려는 어떤 시도도 단지 야수성을 자극할 뿐인' 그런 환경이 그것이다(*Capitalism*, 257). 이런 일상적 환경 속에 있는 사람들에게 정치란 '허구의 세계'와 같다. 즉, '중대한 정치 문제라는 것은 전형적인 시민들이 심리적으로 관심을 기울이지 않는 영역에 위치하게 된다.' 취미의 반열에도 끼지 못하는 여가 활동이나 무책임한 화젯거리처럼 말이다(*Capitalism*, 261).

교육받지 못한 사람은 물론이고 교육받은 사람들 대다수의 경우에도, 공적인 일에 대한 성찰과 관련해 특정적으로 나타나는 것이 건전한 판단력의 결여와 무지다. 슘페터의 주장에 의하면, 교육은 의미 있는 차이를 거의 만들어 내지 못한다. '인민은 사닥다리 위로 끌어올려질 수 없다'(*Capitalism*, 262)는 것이다. 왜 그런가? 대부분의 국내외 문제들은 대다수 인민의 삶과 너무나 동떨어져 있어서 좀처럼 '현실감'을 가질 수가 없기 때문이다. 사람들이 여러 다양한 조치들의 위험 요소를 일상적으로 비교·평가해야 하는 사업 세계와 달리, 정치 세계로부터 유권자는 멀리 떨어져 있기 때문에 사업 세계에서처럼 판단을 내리기가 극히 어렵게 된다. '위험 요소가 결코 구체적으로 드러나지 않으며, 설령 그렇게 드러난다 하더라도 심각한 것으로 판명되지 않을 것이기 때문이다'(*Capitalism*, 261). 직접적 관여로부터 나오는 책임감이 없는 상태에서 무지는 지속된다. 그리하여 전형적인 시민은 '유치한 방식으로' 정치를 논하고 분석한다. 그는 '다시 원시인'이 된다(*Capitalism*, 262). 그 결과 두 가지 부정적 양상이 나타나게 된다. 첫째, 보통 시민들이 정치에 기여하는 바로서 인정되는 많은 것들이 실은 비합리적 편견과 충동에 의해 지배되고 있다는 점이다. 둘째, '공적 의견'이 '속셈'을 가진 집단 — 이기적인 정치인, 기업의 이해관계, '여러 이상주의자들' — 의 영향력에 아주 취약하게 된다는 점이다.

고대 아테네의 정치철학, 공화주의(보호 공화주의이든 계발 공화주의이든), 그리고 자유민주주의 사상(보호 민주주의이든 계발 민주주의이든) 가운데 어느 것을 기준점으로 삼든 간에, '민주주의 이론'은 거의 원점으로 다시 돌아온 것 같다 — 민주적 생활 방식에 대한 헌신을 정당화하는 아주 강력한 근거를 옹호하는 데서 출발하여, 민주주의 반대자에게 거의 모든 것을 양보하는 듯한 주장에 이르게 된 것이다. 슘페터의 민주주의론에서는 기껏해야 최소한의 정치 참여만이 지지될 수 있다. 경쟁하는 정치 엘리트들의 통치권을 정당화하기에 족하다고 간주될 수 있는 정도의 정치 참여가 그것이다.

민주주의, 자본주의 그리고 사회주의

현대 산업사회에 대한 슘페터의 개념은 마르크스와 베버 모두에게 빚지고 있다(Bottomore 1985, ch. 3 참조). 마르크스처럼 슘페터는 산업자본주의의 끊임없는 움직임과 역동성을 강조했다. 마르크스처럼 그는 큰 기업들이 상품의 생산과 분배를 점점 더 지배해 나아가는 경향을 확인했다. 또한 슘페터는 마르크스와 마찬가지로, 산업자본주의의 발전이 궁극적으로 자본주의 사회의 기초를 파괴할 것이라고 확신했다. 자본주의사회는 자신이 해결할 수 없는 모순에 기초하고 있다는 것이다(Schempeter, *Capitalism*, part II 참조). 서구 자본주의는 십중팔구 새로운 경제 질서에 의해 대체될 것인데, 그 질서는 실제로 어떻게 불리든 사회주의 형태를 띠게 될 것이다.

하지만 슘페터는 마지못한 사회주의자였다. 사회주의는 일련의 사회적 경향의 결과로서 이해되어야 한다. 즉, 사회주의는 윤리적 이상이 아니라 본질적으로 하나의 예보라는 것이다. 나아가, 사회주의가 반드시 재산의 사회적 소유나 국가 소유를 의미하는 것도 아니다. 사회주의는 무엇보다도, 대규모 기업에 의해 경제가 지배되는 상황에서 국가의 산출을 어떻게 하면 효율적으로 극대화할 것인가라는 기술적 문제에 대한 해결책을 의미한다. 슘페터는 마르크스가 계급과 계급투쟁에 부여한 중심 역할을 부인했다. 계급 분석의 영역 전체가 '편견의 온상'이며 '혁명의 수사학'은 완전히 오류라고 그는 생각했다(*Capitalism*, 14, 57-58, 346 참조). 사회주의의 결정적인 구성 요소는 자원에 대한 계획 — 즉, 중앙 권위체로 하여금 생산 체제를 통제하도록 하는 제도 유형 — 이다(*Capitalism*, 167). 이렇게 해석할 때 사회주의는, 베버가 이미 역설했듯이, 민주주의와 반드시 양립 불가능한 것은 아니다. 슘페터는 후대의 혼합 경제 이론가나 복지국가 이론가들에게 특히 영향을 미쳤던 주장 속에서(6장 참조), 민주주의를 '총선거, 정당, 의회, 내각 및 수상'이라는 측면에서, 즉 합법적 리더십을 확립하기 위한 체제라는 측면에서 정의하는 한, 민주주의는 자본주의 질서나 사회주의 질서 모두의 정치적 의제를 다루기 위한 가장 적절하고 편리한 수단으로 충분히 판명될 것이라고 주장했다(*Capitalism*, 301).

베버처럼 슘페터는 합리적·타산적 태도가 생활의 점점 더 많은 영역에 적용되는 것이 현대사회의 본질에 중대한 결과를 미칠 것이라고 생각했다. 베버와 마찬가지로 그는 자본주의가 '합리화 과정'을 엄청나게 촉진했다고 주장했다(*Capitalism*, 121-122; Bottomore 1985, 39-40 참조). 나아가 슘페터는, 합리화가 공평하고 기능적인 지시를 요구하는 복잡한 세계의 필수적 요소라는 점, '전문가 정부'만이 조정과 통제의 업무를 하는 국가 행정 기구를 지휘·감독할 수 있다는 점, 현 상황에서는 매우 제한적인 민주주의 모델만이 유지될 수 있다는 점 등에 대해서도 베버와 견해를 같이 했다. 그러나 그는 베버와는 상당히 달리, 자본주의와 민주주의의 결합이 합리화 과정의 확대에 상당한 제한을 가하는 것이 아니라, '기술적' 과정의 점진적 진보에 따라 자본주의 그 자체가 점차 침식될 것이라고 생각했다.

대규모 기업의 성장은 사적·공적 영역에서 합리적인 관료적 관리 형태의 확대와 함께 진행된다. 지금까지는 시장에 의해 직접 조절되어 왔던 사안들 ― 혁신, 산출량, 가격, 투자 등 ― 을 조정하는 중앙 통제가 증가된다. 따라서 시장 지향적 산업자본주의는 조직적·계획적 경제의 진전에 의해 서서히 대체된다. 관료적인 관리·경영은 명백하게 이런 발전에 긍정적으로 기여한다. 그것은 점점 확대되는 현대 산업주의는 물론이고 미래의 어떤 사회주의 조직에도 필수적이기 때문이다. 슘페터는 다음과 같이 적고 있다.

나로서는, 현대사회의 조건에서, 포괄적이고 거대한 관료 기구 형태 이외에 어떤 다른 형태의 사회주의 조직을 상상해 보는 것은 불가능하다. 내가 생각할 수 있는 다른 가능성은 모두 실패와 붕괴를 초래할 것이다. …… 경제생활의 관료화, 심지어 생활 일반의 관료화가 이미 얼마나 많이 진전되었는지를 실감하고 있는 사람이라면 이런 말에 놀라지 않을 것이다(*Capitalism*, 206).

관료제는 사회주의나 민주주의 그 어느 것도 위협하지 않는다. 반대로 관료제는 사회주의와 민주주의 모두의 필연적 보완물이다(*Capitalism*, 206 및 293-294 참조). 사회주의는 '전통과 명망 있는 잘 훈련된 관료제의 서비스'를 활용하는 한 성공적 형태의 경제조직이 될 것이다. 관료제화는, 그 경제구조가 자본주의이든 사회주의이든 관계없이, 현대적 관리와 민주적 통치의 기초가 된다. 베버와 달리 슘페터는, 관료제가 민주주의와 완전히 양립 가능하며 또한 민주주의는 원칙상 사회주의 조직과 전혀 모순되지 않는다고 확신했다.

자본주의와 사회주의의 전개에 대한 슘페터의 생각은 다음 〈그림 5.2〉에 요약되어 있다. 하지만 이와 관련된 슘페터 이론의 세부적 내용이 이 책의 주요 관심사는 아니다. 그가 이해했던 현대 민주주의의 맥락을 파악하기 위해 강조되어야 할 요점은 다음과 같다. 첫째, 생산수단의 집중과 규모의 점진적 증대에 따른 시장 영향력의 침식. 둘째, 관리의 합리화와 관료제화를 향한 경향의 증대. 셋째, 경제·정치 생활에서 자원에 대한 계획 수립의 불가피성의 증대. 넷째, '중앙집권적' 경제의 여러 조건을 조정하기 위한 관료제와 민주주의 양자 모두의 중요성.

그림 5.2 **자본주의로부터 사회주의로 : 슘페터 이론의 핵심 요소들**

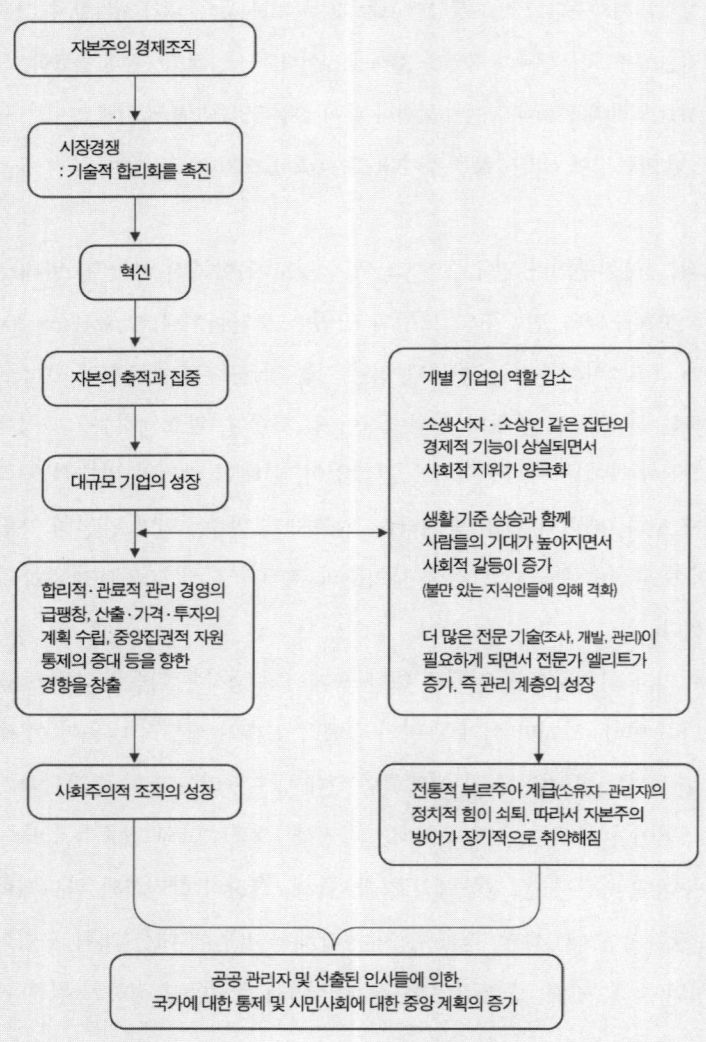

'고전적' 민주주의 대 현대 민주주의

슘페터가 '리더십 민주주의'나 '경쟁적 엘리트주의'를 주장한 것은 '고전적 민주주의 교의'에 대한 명백한 부정과 거부에 근거하고 있다. 그가 생각한 고전적 민주주의란, '인민의 의사를 실행하기 위해 회합할 사람들을 선출하는 것을 통해 인민 스스로 문제를 결정하게 함으로써, 공익을 실현할 정치적 결정에 도달하려는 제도적 방식'을 의미한다(Capitalism, 250). 이렇게 되면, 고전적 민주주의 교의는 아주 상이한 여러 모델들의 구성 요소를 합성한 기이한 이론적 혼합물 — 내 생각으로는, 국가와 사회의 통합에 대한 마르크스주의적 개념은 물론이고 루소적인 개념이나 효용주의적 개념들도 암시되고 있는 — 을 의미하게 된다. 그가 이름 붙인 하나의 '고전적 교의'가 있다는 생각은 이치에 맞지 않고 따라서 폐기되어야 한다. 왜냐하면 내가 이 책에서 보여 주려 했듯이, 존재하는 것은 일련의 '고전적' 모델들이기 때문이다. 이런 점에서, 슘페터는 '허수아비'를 세웠다*라는 비판은 정곡을 찌르고 있다(Pateman 1970, 17). 그럼에도 불구하고 그가 수행한 비판 작업은 '경쟁적 엘리트주의'를 다른 모델보다 선호할 만한 여러 근본적 이유를 대담하게 제시하고 있다. 나름대로 이는 고려할 만한 충분한 가치가 있다(D. Miller 1983, 137-141 참조).

슘페터는 '공공선' — '합리적 논쟁을 통해 모든 사람이 동의할 수 있거나 또는 동의하게 될' — 개념에 대한 공격으로부터 자신의 비판 작업을 시작했다(Capitalism, 251). 그런 생각은 사람을 현혹하는 위험한 것이라고 그는 주장했다. 그것이 현혹적이라는 것은, 사람들이 서로 다른 요구뿐만 아니라 서로 다른 가치를 가지고 있기 때문이다. 개인이나 집단은 좀

* A가 B의 주장을 비판하기 위해 B의 원래 주장(X)을 비판하는 것이 아니라, B의 주장과 외관상 유사하지만 과장되거나 왜곡된 주장(Y)을 B의 주장이라고 설정한 뒤에 Y를 비판하고서 B의 주장이 잘못되었다고 결론짓는 경우, '허수아비를 공격했다'고 하며 Y를 허수아비라 한다.

처럼 같은 목적을 공유할 수 없으며, 공유하더라도 주어진 목표를 실현하기 위한 최적의 수단을 둘러싸고 근원적인 이견이 존재할 수 있다. 경제적으로 분화되고 문화적으로 다양한 현대사회에서는 공공선에 대한 상이한 해석이 존재하지 않을 수 없다. 원칙이나 정책의 문제에 대한 균열이 존재하며, 이런 균열은 단순히 '모든 것을 포괄하는 일반 의사'에 호소함으로써 해결될 수 없다. 게다가 이런 균열은 합리적 논쟁에 의해서도 극복될 수 없다. 왜냐하면, '궁극적 가치는 단순한 논리의 범위를 넘어서 있기' 때문이다(이런 슘페터의 주장은 베버와 비슷하다). 삶이 어떠해야 하고 사회가 어떠해야 하는지에 대한 경쟁적 개념 간에는 좁힐 수 없는 차이가 존재한다(*Capitalism*, 251-252). 더욱이 그런 차이를 경시하는 것은 정치적으로 위험하다. 만일 누군가가 공공선의 존재를 당연시하면서 그것을 합리성의 산물이라고 주장한다면, 이는 모든 이견을 분파적이고 비합리적인 것으로 몰아 내쫓는 간편한 조치가 될 것이다. '분파적이고 비합리적'일 뿐인 반대자는 정당하게 격리되고 무시될 수 있기 때문이다. 그들이 계속 완강하게 저항한다면, 그들은 심지어 '그들 스스로를 위해' 구속될 수도 있다. 따라서 공공선이라는 관념은 민주주의 이론의 구성 요소로서 수용될 수 없다(*Capitalism*, 252 이하. 정치에서 가치의 역할 및 여러 상이한 수준의 계몽된 정치 참여의 가능성에 대해서는 9장에서 숙의 민주주의를 논의할 때 다시 다루게 될 것이다).

법이나 정책이 반드시 '전체 의사'에 기초해야 한다는 것이 루소나 마르크스가 생각한 민주주의 개념의 필수적 요소는 아니다(〈모델 2.2〉 및 〈모델 4〉 참조). 그러나 우리가 '전체 의사'를 '다수의 의사'로 이해한다 하더라도, '인민이 진실로 원하는 것'이 '고전적 민주주의'에 의해 이루어질 것이라고 보장되는 것은 아니다(*Capitalism*, 254). '고전적 교의'에 대한 슘페터의 두 번째 반론은, 비민주적인 기관의 결정이 때로는 '민주적인 결정'보다 전반적으로 인민에게 더 만족스러운 것으로 판명될지도 모른다는 것이다. 왜냐하면 비민주적 기관은 그들의 특별한 지위를 이용해, 여러 관련 당사자들이 바로 합의하려 하지 않거나 거부할 — 자신들이 수용할 수 없을 정도의 희생이 수반된다는 이유로 — 그런 정책을 산출할 수 있기 때문이다. 슘페터는 독재적 수단에 의해 수립된 만족스런 정책의 고전적 사례로서 19세기 초 프랑스의 나폴레옹 보나파르트가 강제한 종교 화해 조치를 들었다. 그리고 슘페터는 그 정책이 장기적으로 모든 편에 확실히 유익한 결과를 가져왔다고 주장했다. 그가 보기에 이것이 희귀한 사례가 결코 아니다. 그러므로 '결과가 장기적으로 인민 일반에게 만족스러운 것으로 판명되는가를 인민을 위한 정부를 판단하는 기준으로 삼는다면, 고전적 민주주의 교의가 생각하는 인민에 의한 정부는 이 기준을 충족하는 데 종종 실패할 수 있을 것이다'(*Capitalism*, 256).

'고전적 유산'에 대한 슘페터의 최종적 반론은 가장 흥미롭고 많이 알려져 있다. 그것은 '대중의 의사'의 본질을 직접 공격한다. 전술했던 군중심리학자의 이론이나 소비자 선호를 형성하는 광고 성공 사례에 대한 관찰 등에 근거하여, 슘페터는 '대중의 의사'(또는 '인민의 의사' 혹은 '유권자들의 의사')란 독자적·합리적 기반이 거의 없는 사회적 구성물이라고 강력히 주장했다(*Capitalism*, 256-268 참조). 광고는 이런 면을 잘 보여 주는 사례다. 신제품에 대한 '수요'를 창출하고 구제품에 대한 관심을 다시 불러일으키는 광고주들의 명석한 능력은 '개인의' 욕구나 선택이 외부 영향에 얼마나 취약한지 또 조작 가능한지를 입증해 준다. 개인의 욕구·선택의 기원은 명백히 사회적이며, 또한 개인의 관점에서 볼 때 '초합리적인' 것이다(*Capitalism*, 256). 광고주들이 무엇이든 팔 수 있다는 말은 아니다. 제품이 계속 매력을 유지하려면 결국 어떤 종류의 '사용 가치'를 지녀야 하기 때문이다. 개인의 욕구·

선택의 기원이 사회적이고 초합리적이라는 말은, 반복의 힘을 이용하거나 잠재의식을 자극해(전적으로 초합리적이고 종종 성적인 종류의 기분 좋은 연상을 불러일으키려 시도하여) 아주 심층적 효과를 낼 수 있는 광고주들의 영향력에 소비자들이 쉽게 따라간다는 것을 의미한다(*Capitalism*, 258).

최소한 소비의 세계는, 약속을 실재와 대조해 시험(제품이 기대를 충족시키는가?)해 볼 수 있는 일상적 수단을 제공한다. 그러나 불행히도 정치에서는 그렇지 못하다. 국가적·국제적 문제들은 대다수 사람들의 생활과 동떨어져 있기 때문에, 그들은 경쟁적 이데올로기나 정책에 대해 바른 판단을 내리기 어려운 처지에 놓이게 된다. 더욱이 개인들은 일반적으로 외부 영향을 쉽게 받고 이익집단의 압력에 취약하기 때문에 정치적 사색이나 숙고에 필요한 독자적 기반도 허약하다. 나아가 정치인들이 광고 기법을 이용하는 경향이 지속적으로 증대하고 있는 현실은, '주권 인민'이 '주권국가'의 권력의 원천이거나 그것을 견제한다는 또는 그럴 수 있다는 자유주의적 견해나 급진적 견해에 대해 사람들이 가졌을지 모르는 그 어떤 믿음마저도 부식시키고 있다(J. B. Thompson 1995 참조). 슘페터에 의하면, 정치에서 마주하게 되는 것은 주로 '진정한' 인민의 의사가 아닌 '조작된' 인민의 의사다. '고전적 민주주의'의 일반 의사는, 사실상 오늘날에 있어서는 '정치과정의 원동력이 아니라 [정치과정이 만들어 낸-옮긴이] 산출물이다'(*Capitalism*, 263).

이런 사태가 가져올 결과는 우려스러운 것이다. 먼저 정치적 이슈나 대안, '처방' 등이 선택적 압력과 판매 술책 및 속임수에 의해서 만들어질 수 있다. 유행이 공중의 생각을 지배할 수도 있다. 또한 정치 불안이 일반적이 될 수도 있다. 이기적인 '판매원'으로부터 피해를 입을 위험이, 상업의 영역에서는 일상적인 실제 소비 과정에 의해 어느 정도 최소화되지만 공공 생활에서는 아주 높다. 슘페터는 '모든 인민을 항상 속이는 것'은 불가능하다는 링컨Abraham Lincoln의 금언을 완전히 폐기하려 한 것은 아니지만, 다음과 같이 주장했다.

> 역사는 …… 사태의 진로를 영원히 바꿀지도 모르는 단기적 형세의 연속으로 구성된다. 만일 모든 인민이 단기적으로 '속아서' 한 걸음 한 걸음 자신들이 실제로 원치 않는 어떤 것을 하게 될 수 있다면, 그리고 이것이 무시할 수 있는 예외적인 경우가 아니라면, 과거에서 얻는 아무리 많은 상식에 비추어 보더라도 다음 사실은 변경되지 않을 것이다. 즉, 실제로 인민이 이슈를 제기하거나 결정하는 것이 아니고, 인민의 운명을 형성할 이슈는 대개 인민을 대신해서 제기되고 결정된다는 것이다(*Capitalism*, 264).

이런 주장들로부터 슘페터가 내린 결론은, 현대 정치의 최악의 위험을 피하기 위해서 '민주주의 애호자들'은 민주주의의 '고전적 교의'의 '허구적' 가정과 명제들에 대한 믿음을 버려야 한다는 것이다. 무엇보다도 '인민'이 모든 정치 문제에 대해 명확하고 합리적인 의견을 가지고 있다는 생각, 유권자들이 그런 의견을 실행할 수 있는 것은 오직 직접 판단을 내리거나 또는 그들의 의사를 수행할 '대표'를 선택함으로써 가능하다는 생각, 결정권이 민주주의의 가장 주요한 구성 요소라는 생각 등을 버려야 한다. '인민'이 '결정자'나 '통치자'로 간주될 수 없다면 그들에게 어떤 역할이 귀속될 수 있는가? 슘페터가 생각하기에 '인민'은, '결정을 할 수 있는 사람'을 선출하는 메커니즘인, '정부를 만들어 내는 사람' 이상이 아니며, 그 이상일 수도 없다(*Capitalism*, 269 참조). 따라서 민주주의는, 유권자인 인민이 정기적으로 적절한 지도자들의 팀들 중에서 [한 팀을-옮긴이] 선출하는 정치적 방법으로 이해되어야 한다. 그러므로 '경쟁적 엘리트주의'는 가장 적절하고 실행 가능하며 알맞은 민주주의 모델이다.

슘페터는 정치인들의 행태를, 고객을 두고 경쟁하는 기업가들의 행동과 유사한 것으로 생각했다. 정권은 당연히 '시장'을 지배하는 자의 것이 된다 (*Capitalism*, 282). 투표자가 그날의 핵심적 정치 문제를 규정하지 못하듯이 그들의 후보 '선택'도 극히 제한된다. 유권자가 누구를 선출할지는 피선거권에 대한 규정, 입후보자들의 주도성, 출마 배후의 권력 등에 따라 좌우된다. 정당은 가능한 선택지를 더욱 제한한다. '모든 정당원들이 동의하는 원칙에 의해' 정당이 틀지어진다고 생각하고 싶겠지만, 이는 위험한 합리화 — 즉, 정당이 스스로 만들어 낸 이미지에 항복하는 것 — 라고 슘페터는 (베버와 비슷하게) 주장했다. 모든 정당은 나름의 특유한 원칙과 강령을 공약하지만, 정당을 이런 점에서 이해하는 것은 불가능하다. 왜 정당들이 사실상 비슷한 집권 실적과 비슷한 일련의 정책을 가지고 있는가를 설명할 수 있는 실마리는, 정당의 기능 — 경쟁적인 권력투쟁에서 승리하기 위해 만들어진 '장치' — 에서 찾을 수 있기 때문이다. 그리고 보통의 시민들이 그들 자신들의 정치적 행위를 조정할 수 없기 때문에 정당이 만들어져야 했던 것이다.

> 유권자 대중은 충동적 행동밖에 할 수 없다는 사실에 대한 대응책이 바로 정당 및 정당 간부 정치인이다. 그것은 정치적 경쟁을 조절하기 위한 시도이며, 동업자 단체들의 유사한 책략과 아주 흡사하다. 정당 운영 및 정당 광고의 심리적 기법, 구호와 행진곡 등은 장식물이 아니다. 이것들은 정치의 본질에 속한다. 정치 지도자(boss) 역시 마찬가지다(*Capitalism*, 283).

투표자의 역할은 어떤 '지도자'나 다른 '지도자'를 받아들이거나 거부하는 것에 한정된다. '지도자'는 정치의 복잡성을 관리하는 능력과 질서를 제공한다. 반면에 유권자의 투표는, 그다음에 일어나는 정치적 행위에 정당성을 제공한다.

대표와 유권자 사이의 명확한 노동 분업이 바람직하다. 즉, '의회 밖의 유권자들은 그들이 선출한 정치가들과 자신들 간의 노동 분업을 존중해야 한다. 그들은 선거와 선거 사이에 너무 쉽게 신임을 철회해서는 안 되며, 일단 어느 한 사람을 선출하게 되면 정치 행위는 그 사람의 직무라는 것을 깨달아야 한다'(*Capitalism*, 295). 유권자들은 자신들의 대표에게 무엇을 해야 할지에 대해 지시하려는 시도를 삼가야 할 뿐만 아니라 대표들의 판단에 영향을 미치려는 어떤 시도도 삼가야 한다. '예컨대, 대표에게 편지나 전보 공세를 퍼붓는 행위도 …… 마찬가지로 금지되어야 한다'(*Capitalism*, 295). 슘페터의 이론에서 시민에게 열려 있는 유일한 정치 참여 수단은 토론과 가끔 있는 투표다. 그가 생각하기로는 지도자들이 '참견'에 의해 방해받지 않고 공공 정책의 구체적 내용을 정할 수 있을 때 민주주의가 효과적으로 이루어질 가능성이 가장 높아진다.

민주주의는, 어떤 형태의 것이든, 행정적 비효율성의 번식처가 될 위험을 안고 있다. 무엇보다도 정치적 이익을 확보하기 위한 끊임없는 투쟁이나 공공 정책을 정치가들의 장기적 이해관계에 맞게 각색(예컨대 재선의 기회를 높이기 위해서 경제를 운영)하는 것 등으로 인해서, 민주주의 — 리더십 확립을 위한 제도적 장치로서의 민주주의일지라도 — 는 유능한 경영을 방해할 수 있다. 있음직한 여러 다른 문제와 마찬가지로 이런 위험은 실재한다(*Capitalism*, 284-289 참조). 그러나 민주주의의 만족스런 작동 조건을 이해한다면 문제는 최소화될 수 있다. 슘페터가 보기에 그 조건은 다음과 같다.

1. 정치인들의 수준이 높아야 한다.

2. 맞수의 지도자들(과 정당들) 간의 경쟁은, 국가정책의 전반적인 방향에 대한 합의, 합리적인 의사일정 및 안건에 대한 합의, 전반적인 헌법적 문제에 대한 합의 등에 의해 제한되는, 비교적 제한된 범위의 정치 문제 안에서 이루어져야 한다.
3. '명성과 전통' 있는 잘 훈련된 독립적인 관료제가 존재해 정책 형성과 관리의 모든 측면에서 정치인들을 보좌해야 한다.
4. '민주적인 자제력'이 있어야 한다. 즉, 예컨대 유권자와 정치인들이 각자의 역할을 혼동하는 것, 모든 문제에서 정부에 대한 지나친 비판, 예측 불가능하고 폭력적인 형태 등은 모두 바람직하지 않다는 광범한 합의가 있어야 한다.
5. 의견의 차이를 용인하고 받아들일 수 있는 문화가 있어야 한다.

민주적 방식은 이런 다섯 가지 조건이 존재할 때 잘 기능할 수 있는데, 그것은 지금 '혼란한 시기에 어려움에 처해 있다'고 슘페터는 강조했다(*Capitalism*, 296). 이해관계나 이데올로기가 너무나 확고해서 사람들이 타협하려 하지 않는다면 민주주의는 쉽게 붕괴된다. 그런 상황은 대개 민주정치의 종말을 알리는 조짐이 된다.

    슘페터는 자신의 민주주의 이론이 다른 이론보다 나은 여러 가지 특별한 장점을 가지고 있다고 주장했다. 민주 정부를 다른 것과 구분하는 효과적인 기준을 제공한다는 점, 리더십의 중심적 역할을 충분히 인정한다는 점, 불완전할지라도 정치에서 경쟁의 중요성을 확인했다는 점, 정부가 어떻게 만들어지고 축출되는가를 보여 주었다는 점 등이 그것이다. 나아가 슘페터의 이론은 대중적 요구의 의미나 중요성을 과대평가하지 않으면서, 그 특징을 부각시켰다. 슘페터는 또한 자신의 이론이 민주주의와 자유 간의 관계를 명백히 밝혔다고 생각했다. 만일 자유가 '개인적 자치의 영역의 존재'를 의미한다면, 민주적 방식은 원칙상 정치적 리더십을 둘러싼 모든 사람들의 자유로운 경쟁을 요구한다. 이런 요구를 충족시키기 위해서는 '모든 사람에게 상당한 정도의 토론의 자유'가 있어야 한다. 이는 언론과 출판의 자유를 수반한다(*Capitalism*, 270-271).

한편, 정치의 개념을 지나치게 확대하지 않는 한, 민주주의와 자유는 자본주의나 사회주의 경제 조직 그 어느 것과도 양립할 수 있음을 보여 준 것은 슘페터의 이론에서 중요한 부분이다. 자본주의경제에서는 정치 개념을 지나치게 확대하는 일은 없을 것 같다. 왜냐하면 경제는, 직접적인 정치 영역의 외부에 그리고 정부의 행위와 제도 영역 외부에 있는 것으로 간주되기 때문이다. 사회주의는 이런 자유주의적인, 기본적으로 '부르주아적인 도식'을 거부한다. 사회주의자들에게 경제적 권력관계는 '정치적인 것'을 구성하는 핵심 부분이 된다. 슘페터는 이런 사회주의적 관념이 비록 설명상의 이점은 있지만 심각한 문제를 야기한다고 지적한다. 즉, 사회주의적 관념에는 정치의 범위와 경계에 대한 명확한 제한이 존재하지 않으며, 모든 행위 영역이 직접적인 정치적 간섭과 통제에 노출되게 된다는 것이다. '민주주의'[즉, 슘페터가 비판하는, 인민주권을 지향하는 고전적 민주주의—옮긴이]는 이런 문제들에 대한 해결책이 되지 못한다고 슘페터는 강조했다. 나아가 국가와 사회를 민주화하고, 시민들의 수중에 완전한 정치적 권위를 부여한다는 생각은 '고전적 민주주의 교의'의 환상에 기초하고 있다. 그런 생각은 현대 세계에서 사람들을 위험하게 오도하는 사상이다. 따라서 민주주의를 '경쟁적 엘리트주의'로 이해할 경우에, 그리고 그것의 성공적인 작동에 필요한 다섯 가지 조건이 충족될 경우에, 비로소 민주주의와 사회주의는 양립 가능해진다. 사회주의적 민주주의는 모든 기술적·행정적 문제와 정치 사이의 분명한 분리뿐만 아니라 무엇보다도 광범위한 관료제를 필요로 할 것이다. 슘페터가 생각하는 정치의 개념이 무엇인지 명확하지는 않다. 정치는 정당 경쟁 및 법률 제정·정책 결정 과정 — 국가와 시민사회의 '하부구조'를 만드는 — 과 동일시되어야 한다는 것이 그의 견해였던 것 같다. 사회주의적 민주주의가 장기적으로 적절하게 작동할지의 여부는 미리 결정될 수 없다고 슘페터는 주장했다. 그러나 한 가지 점에 대해서는 절대적으로 확신했다. '고전적 민주주의 교의' 속에 간직되어 있는 관념들은 결코 충족될 수 없으며, 사회주의적 미래는 그 정확한 결과가 어떠하든 그런 관념들과는 관계가 없을 것이라는 점이다.

기술 관료적 전망

슘페터의 민주주의 이론은 현대 서구의 자유민주주의에서 쉽게 확인될 수 있는 여러 특징들을 부각시키고 있다. 정치권력을 향한 정당 간의 경쟁적 투쟁, 공적 관료제의 중요한 역할, 정치적 리더십의 중요성, 현대 정치가 여러 가지 광고 기법을 활용하고 있는 점, 집중포화처럼 퍼붓는 정보와 문서와 메시지들의 지배적 영향 아래에 놓여 있는 유권자들, 이런 집중포화에도 불구하고 많은 유권자들이 당면 정치 이슈에 대해 별로 아는 것이 없고 눈에 띄게 불안과 혼동을 나타내고 있는 점 등이 그것이다. 이런 견해들은 1950년대와 1960년대 초 정치학과 사회과학의 중심적 내용이 되었고, 좀 더 심층적인 조사의 대상이 되었다(이에 대한 비판적 개관으로는 Duncan and Lukes 1963 참조). 그런 연구들의 결과가 이 책에서 그다지 중요한 것은 아니지만, 많은 학자들이 슘페터가 묘사한 민주주의의 핵심 내용이 [조사를 통해

-옮긴이] 확인되었다라고 주장했다는 점은 지적할 만한 가치가 있다. 그러나 이 책에서 중요한 것은 슘페터의 여러 핵심적인 이론적·경험적 입장들을 직접 검토해 보는 것이다.

대단히 의심스러운 두 가지 주장이 슘페터의 민주주의론을 관통하고 있다. '비현실적'이기 때문에 근본적으로 허황된 '고전적 민주주의 이론'이 존재한다는 주장과, 이 이론을 대체할 수 있는 것은 '경쟁적 엘리트주의' 모델뿐이라는 주장이 그것이다. 이런 주장은 여러 이유 때문에 의심스럽다. 첫째, 이미 지적했듯이 '하나의 고전적 민주주의 이론' 같은 것은 없다. 있는 것은 여러 개의 '고전적' 모델들이다. 고전적 유산에 대한 슘페터의 개념은 신화다(Pateman 1970, 17). 둘째, '비현실적' 모델을 사실적·경험적 기반을 갖춘 대안으로 대체하자는 슘페터의 주장은, 그 대안이 현대 민주주의의 모든 핵심 요소들을 설명할 수 있다는 것을 전제하고 있다. 하지만 포괄성에 대한 모든 주장은 회의론을 불러일으킬 것이다. 또한 아래의 비판에서 보게 되듯이, 그 '대안'은 현대의 민주적 생활에서 극히 중요하고 필수적인 일련의 측면들을 설명하지 못한다. 셋째, 경쟁적 리더십 모델은 민주주의 이론 내에서 옹호될 수 있는 모든 선택지들을 철저히 규명하지 않았다. 베버처럼 슘페터는 다양한 형태의 민주주의와 정치조직을 조사하지 않았다. 예컨대 슘페터는 경쟁적 엘리트주의 모델의 여러 측면과 좀 더 참여적인 틀(예컨대 정책을 촉구하거나 창출하는 대면 집회의 기회, 과반수 투표에 의한 결정, 특정의 입장을 따르도록 위임받은[즉, 명령적 위임을 받은-옮긴이] 대표의 선출)을 결합할 수 있는 방법을 고려하지 않았다(D. Miller 1983 참조).

그러나 문제를 그냥 이대로 남겨 둘 수는 없다. 왜냐하면, '고전적 민주주의'에 대한 슘페터의 모든 공격은 '범주 오류'에 기대고 있기 때문이다. 많은 비평가들이 지적했듯이, 슘페터는 현대 민주주의의 특징에 대한 경험적 증거를, 곧바로 고전적 모델들에 간직된 규범적 이상 — 예컨대 정치적 평등과 평등한 참여의 이상(이 책 1, 2장 참조) — 을 반박하는 근거로 간주할 수 있다고 상정하는 오류를 범했다. 어떤 비평가가 언급했듯이, '현대사회가 그런 목표를 달성하는 데 실패한 것이 그 자체로 그 목표들이 본질적으로 달성 불가능함을 증명하지는 못한다. …… "고전적 민주주의"가 …… 존재하지 않더라도, 그 사실에 의해 고전적 민주주의가 불가능하다는 것이 입증되는 것은 아니다'(Parry 1969, 149; Duncan and Lukes 1963 참조). 가장 급진적 민주주의자인 루소와 마르크스는, 그들이 이상으로 생각하는 민주주의는 그들이 살아가는 세계와 근본적으로 맞지 않는 것임을 잘 알고 있었다. 재론의 여지 없이 그런 세계를 비판하는 것이 그들 작업의 핵심이었다. 나아가 그들은 현실을 좀 더 '민주적인' 방향으로 전환하는 것을 방해하는 주된 장애물에 대해서도 알고 있었다. 물론 어떤 정치적 이상을 달성하는 것이 인력으로는 불가능하다거나, 그런 이상을 달성하기 위한 투쟁이 너무나 큰 대격변을 수반하기 때문에 실제로는 결코 실현될 수 없다거나, 또는 그 이상들이 모순된 목표들을 포함하고 있다는 것 등을 논증함으로써 그런 이상의 실현 불가능성을 증명할 수 있을지 모른다(Parry 1969 참조). 그러나 슘페터의 공격은 전혀 다른 순서를 취했다. 그는 이런 종류의 논증을 행하지 않았다. 그가 수행한 작업은, 자신이 저술 활동을 하던 당시의 서구에 광범위하게 퍼져 있던 일련의 절차와 관례 및 목표 등에 비추어서 민주주의에 대한 정의를 내리고 정치적 가능성의 '현실적' 범위를 한정짓는 것이었다. 그렇게 함으로써 슘페터는 결국 현실 비판적인 이론 — 현상 유지를 명백히 거부하면서 일련의 대안적 가능성을 옹호하려 시도하는, 인간의 본질과 사회제도에 대한 비전 — 을 올바로 평가해 내는 데 실패했다(Duncan and Lukes 1963).

더욱이 '고전적 유산'에 대한 슘페터의 맹렬한 공격은, 16세기 말부터 자유주의 사상의 핵심이 된 개별적 행위자로서의 인간이라는 관념 그 자체를 노골적으로 공격·비판하는 데까지 나아갔다. 인간은 단지 다른 사람의 권력에 복종하는 신민이 아니라 자신이 속한 정치 질서의 적극적인 시민이 될 수 있다는 생각은 자유주의 전통 전반에서 핵심적인 것이었다. 슘페터는 개인들이 소비와 사적 생활의 영역에서 '적극적'일 수 있다는 것을 인정했지만, 정치 영역에서 그런 능력의 존재에 대해서는 거의 부정하기에 이르렀다. 슘페터는 '인민의 의사'는 상당 부분 '조작된' 것이라거나 개인들은 '초합리적' 힘에 취약하다는 것 등을 강조함으로써 개별적 인간 행위라는 관념 — 인간은 합리적으로 생각하고 선택함으로써 힘을 행사할 수 있다는 생각 — 그 자체에 타격을 가했다.

인간 행위에 대한 개념이 만족스런 것이 되려면 기본적으로 전제되어야 할 것이 행위자가 '달리 행동할 수도 있었다'는 것이다. 행위의 개념은 '행위자의 식견 있음'을 전제로 한다. 인간적이라는 것은, 자신의 행위에 이유가 있고 요청에 따라 그 이유를 논증적으로 설명할 수 있는, 목적적인 행위자라는 것이다(Giddens 1984 참조; Held and Thompson 1989). 물론 인간 행위자가 식견 있는 행동을 할 수 있다고 강조한다고 해서 그런 식견이 무제한적이라는 의미는 결코 아니다. 행위자의 식견은 무엇보다 행동의 조건들 — 거의 이해되지 못하거나 완전히 무시될 수도 있는 — 에 의해 명백히 제약되기 때문이다. 따라서 사회적 힘들이 개인을 어떻게 구조화하는지를 인식하는 것은 대단히 중요하다. 하지만 개별적 인간 행위자라는 관념을 완전히 무력화시키지 않는 것 역시 중요하다. 인간은 정치적 선택을 할 수 있는 식견 있는 행위자라는 개념을 버린다면, '인민'이 요구하는 '통치자'란 인간사의 관리에 관한 올바른 기술적 결정을 할 수 있는 기술자라는 견해로 바로 나아가게 될 것이다. 슘페터의 '경쟁적 엘리트'는, 반反자유주의적이고 반反민주주의적인 기술 관료적 전망에서 단지 한 발자국 비켜나 있을 뿐이다.

행위자의 특질에 대한 슘페터의 논쟁적 설명이나 인민의 능력에 대한 극히 낮은 평가 등은, 베버 사상의 문제점과 비슷한 여타의 난제를 야기한다. 유권자가 중요한 정치 문제에 대해 합리적인 견해를 가질 수 있는 능력이 없다고 간주한다면, 어떻게 대안적인 일단의 지도자들을 구분해 내는 것은 가능하다고 생각할 수 있는가? 어떤 근거에서 유권자의 판단을 적절한 것으로 생각할 수 있는가? 만일 유권자들이 경쟁적 지도자들을 평가할 수 있다면, 핵심 이슈를 이해하고 경쟁적 정강 정책을 구분해 내는 것도 분명 가능할 것이다. 더구나 슘페터는 정치적 의사 결정을 내릴 능력이 있는 정치 지도자 집단의 존재를 전제로 했다. 그러나 그 근거로 제시한 것이라고는, 정치에 관여하는 재능 있고 강인한 다소의 사람들이 있고, 그들은 고도의 합리성을 소유하고 있으며, 또한 그들은 공적 생활의 '실질' 문제로부터 충분히 영향을 받고 있어서 건전한 정치적 판단을 내릴 수 있다는 등의 근거 없는 주장이 전부였다. 앞에서 보았듯이 슘페터는, 정치적 문제들은 대다수 사람들의 생활과 동떨어져 있기 때문에 대다수 인구는 정치에 참여하지도 관심을 두지도 않고 있으며 따라서 정치적 문제에 대해 생각하는 것이 불가능하다고 주장한 바 있다. 하지만 슘페터가 애매모호하게 남겨 둔 '정치적 문제들'이 과연 어떤 것들인가를 구체적으로 묘사해 본다면, 건강과 교육, 고용과 실직, 불평등과 사회적 갈등, 환경 파괴와 복구, 전쟁과 평화 같은 문제들이 분명 포함될(대다수 사람이 보기에) 것이다(Held and Leftwich 1984 참조). 이런 것들을 일상생활과 '동떨어진' 것이라 하기는 어렵다. 그것들은 대다수 사람들이 시민으로서 매일 직면하고 있는 고질적 문제의 하나라고 보는 것이 좀 더 정확할 것이다. 더욱이 사람들은 그런 문제에 대해 확고한 견해를 가지고 있을 가능성이 크다. 이런 견해들이 적절한지를 검토조차 않는 것은, 정치는 하나의 '방법'이라는 주장의 정당성을 강화하기 위한 것이며, 또한 가장 적합한 민주주의 형태에 대한 연구를 성급하게 중단하는 것에 다름 아니다.

위의 문제들은 또 다른 난제들과 연계되어 있다. '대중의 의사'가 조작될 수 있는 정도를 슘페터가 지나치게 강조하는 경향이 그것이다. 미디어와 정치 제도 및 기타 공적인 '사회화' 기관들의 막대한 영향력을 시사하는 다양한 증거들이 사회과학에서 제시되고 있지만, 그 힘이 과대평가되어서도 안 된다는 것을 보여 주는 증거 역시 많이 있다. 왜냐하면 사람들의 가치와 신념 및 사고의 틀거지 등은 지배적 제도가 각인시킨 것의 단순한 반영이 분명 아니기 때문이다. 이는 대단히 복잡한 연구 영역이다. 하지만 최소한 분명한 것은 슘페터의 주장에 상당한 제한이 가해져야 한다는 점이다. 사람들의 정치적 태도가, 그들이 '위로부터' 받아들이는 메시지에 의해 결정적으로 형성된다는 견해를 뒷받침해 주는 증거는 거의 없다. 일반적인 증거들에 따르면, 정치적 유력자나 정치적으로 동원된 자들은 대체로 지배적 제도들을 도덕적으로 인정하고 있지만, 대다수 노동자들은 압도적으로 가치 차이나 뚜렷한 의견 불일치를 보여 주고 있다. 연구 결과에 의하면, '조작된' 일관된 관점보다는 일련의 분절된 태도들이 좀 더 일반적으로 나타나고 있다. 정치나 미디어를 통해 '발표되고 방송된' 견해나 관점은, 일상적인 경험이나 지역 전통, 사회구조 등과 복잡하게 상호 교차하면서 분절되는 것이다(Thompson 1984; 1995 참조).

슘페터에게 민주주의가 중요한 것은, 그것이 권한을 가진 자들의 지위를 정당화해 주기 때문이다. 그러나 정확히 어떤 식으로 그렇게 주장할 수 있는가? 경쟁적 민주주의 체제에 대한 묵인을 정당성의 표시로 간주할 수 있는가? 이따금씩의 투표가 정치체제를 정당화하는가? 입증될 필요가 있는 중요한 논지들이 너무나 많이 있다. 슘페터는, 투표 행위는 정체나 정치제도가 수용되고 있다는, 즉 정당한 것으로 인정되고 있다는 믿음을 수반한다고 가정했다. 그러나 정당성을 이렇게 개념 정의하면, 어떤 것을 수용하거나 따르는 근거와 동의하거나 찬성하는 근거를 구분할 수 없게 되는 문제가 생긴다(Mann 1970 참조; Habermas 1976). 우리가 무엇을 수용하거나 따르는 것은 다음과 같은 여러 다른 이유에서 가능하다.

1. 그 문제에 있어 선택의 여지가 없다(명령이나 강제에 따르는 것).
2. 기존의 정치 환경에 대해 생각해본 적이 전혀 또는 거의 없으며, 항상 해왔던 대로 한다(전통).
3. 이렇게도 저렇게도 하지 않는다(무관심).
4. 어떤 상황을 좋아하지 않더라도(만족스럽지 않고 이상과 동떨어진 것이라도), 정말 다른 것을 상상할 수 없기에 운명처럼 보이는 것을 인정한다(실용적 묵인).
5. 현 상태에 불만이 있지만 다른 어떤 목적을 확보하기 위해 현실에 따른다. 그렇게 하는 것이 결국 이익이 되기 때문에 묵인한다(수단적 수용 또는 조건부 동의).
6. 우리 앞에 놓인 환경 속에서, 그 시점에서 가용한 정보를 이용해, 개인 또는 집단의 성원으로서 우리 각자에게 그것이 '옳고', '온당하고', '적절하다'고 결론짓는다. 그것은 우리가 진정 해야 할 일이다(규범적 동의).
7. 그것은 이상적인 상황 — 예컨대 우리가 바라는 지식, 다른 사람들의 요구나 환경에 대해 숙고할 기회 등이 모두 구비된 상황 — 에서 우리가 동의했을 바로 그것이다(이상적인 규범적 동의).

이런 구분은 분석적인 것이다. 실제 생활에서는 여러 다른 유형의 동의가 뒤섞여 있는 경우가 대부분이며, 내가 소위 '이상적인 규범적 동의'라고 명명한 것은 누구든 획득 가능한 지점은 아니다. 그러나 '이상적인 규범적 동의'라는 개념은, 예컨대 규칙·법률·정치체제 등을 실용적 이유 때문에 받아들인 사람들이 만일 당시에 더 나은 지식과 정보를 가졌다 하더라도 그대로 그것을 수용했을지를 평가하는 데 도움이 되는 기준을 제공해 준다는 점에서 흥미롭다(Held 1995, ch. 7-9 참조; 이 책 3부 참조).

슘페터의 분석으로는 투표 같은 행위에 담겨 있는 수용의 여러 다른 의미를 구분해 낼 수 없다. 그뿐만 아니라 그의 분석은, [유권자들이-옮긴이] 투표로서 정치에 참여하는 것이 과연 [체제의-옮긴이] '정당성'에 대한 수용-옮긴이]과 동일시될 수 있는지에 대해 의문을 제기할 명백한 근거를 제공하고 있다. 슘페터 자신의 설명에 의하면, 경쟁적 민주주의 체제는 권력자들로 하여금 시민들의 정치적 의지를 일상적으로 조작하고 왜곡할 수 있게 해준다. 그렇다면, 그런 정치체제는 그 자신의 정당성의 조건을 만들어 내지 않겠는가? 시민들은 어떤 상황에서 [정치체제에-옮긴이] 정당성을 부여한다고 할 수 있는데, 그런 상황 ― 그것이 옳고 온당하고 정당하다고, 즉 그럴 가치 있다고 그들이 생각하기 때문에 그 일을 하게 되는 그런 상황 ― 이 과연 어떤 것인지에 대해 슘페터의 저작은 비판적으로 검토하지 않았다.[6] 권력과 정당성은 슘페터의 분석보다 훨씬 복잡하게 뒤섞여 있다.

슘페터는 자신의 민주주의 이론이 민주주의와 자유의 관계를 밝혀냈다고 확신했다. 그가 보기에 민주주의란 모든 사람들이 원칙상 자유롭게 정치적 리더십을 두고 경쟁하는 상태를 의미한다. 그렇게 참여하는 데 필요한 조건은 토론과 발언의 자유다(*Capitalism*, 270-271). 그러나 이렇게 말하는 것은 대단히 적절치 못한 견해다.

[6] 이 문제는 이 책의 6, 7, 9장 및 3부 538-540쪽에서 다시 다루게 될 것이다.

첫째로 정치적 직위에 출마할 수 없는 많은 사람들이 있다. 토론의 자유를 누리지 못해서가 아니라 필요한 자원(시간이든, 조직 기술이든, 자금이든, 자본이든 간에)이 실제로 없기 때문에. 말하자면 엄청난 경제적 자원을 소유·통제하거나 정치권력 기구를 지배하는 자들이 있는가 하면, 전국적 무대에서 경쟁하는 데 필요한 수단을 전혀 갖지 못한 다양한 집단들이 존재하는 것이 명백한 사실이다. 어떤 종류의 것이든 정치적 동원에 필요한 최소한의 편의조차 누릴 수 없는 사람들도 있다. 앞에서 '제한된 참여' 또는 '불참여'라 부른 상태는 어떤 조건에서 그런지 분석될 필요가 있는데, 슘페터는 이런 분석을 하지 않았다. 사람들은, 자신이 정치적으로 주도할 수 있는 여지가 없다면, 적극적 참여에 필요한 모든 정보를 앞에 두고서도 무관심해질 수 있다는 것을 슘페터는 인정했다. 하지만 베버와 마찬가지로 그는 불참여의 악순환에 대해 조사·분석하지 않았다(Capitalism, 262). 효율적인 참여는, 정치적 의지와 함께 다른 행동 방침을 추구할 실제적 능력(자원·기술·지식)을 가지고 있는가에 달려 있다.

마지막으로 자신의 민주주의 모델이 근본적으로 '경쟁적' 체계를 나타낸다는 슘페터의 주장에 대해 평할 필요가 있다. 한 비평가가 적절히 지적했듯이, 그의 모델은 '과점적'이라 부르는 것이 훨씬 적절할 것이다. 말하자면,

> 오직 소수의 정치 상품 판매자와 공급자가 있을 뿐이다. 그렇게 판매자가 소수인 곳에서는 완전 경쟁 체제에서 해야 하는 것처럼 구매자의 요구에 응할 필요가 없으며 응하지도 않는다. 그들은 팔려고 내놓을 상품의 가격과 범위를 설정할 수 있다. 나아가 그들은 상당한 정도까지 …… (그들 스스로) 요구를 창출할 수 있다(Macpherson 1977, 89).

| 모델 5 | 경쟁적 엘리트주의 민주주의 |

- **모델을 정당화하는 원리**
  - 필요한 입법·행정적 의사 결정을 할 능력을 가진 능숙하고 창의적인 정치 엘리트를 선출하기 위한 방법.
  - 정치적 리더십의 월권이나 부절제를 막는 장치.

- **핵심적 특징**
  - 강력한 집행부를 가진 의회제 정부.
  - 경쟁적 정치 엘리트와 정당 간의 경쟁.
  - 정당정치에 의한 의회의 장악.
  - 정치적 리더십의 중심적 역할.
  - 관료제 : 독립적이고 잘 훈련된 행정.
  - '정치적 의사 결정의 유효한 범위'에 대한 입헌적·실제적 제한.

- **일반적 조건**
  - 산업사회.
  - 분절화된 형태의 사회적·정치적 갈등.
  - 빈약한 정보를 가진 감정적인 유권자.
  - 의견의 차이를 용인하는 정치 문화.
  - 능숙하고 기술적으로 훈련된 전문가와 경영자 층의 출현.
  - 국제 체제에서 권력과 이익을 둘러싼 국가 간의 경쟁.

주 | 이 모델은 베버와 슘페터의 견해의 핵심 요소를 요약한 것이다.

슘페터의 민주주의 체제에서 유일하게 완전한 참여자는 정당과 공직에 있는 정치 엘리트들이다. 보통 시민들의 역할은 아주 제한될 뿐만 아니라, '공적인' 의사 결정의 원만한 작동을 침해하는 바람직하지 못한 것으로 종종 묘사된다. 이 모든 것은 '경쟁적 엘리트주의'가 민주적이라는 주장과 상당히 배치되는 것이다. '참주정으로부터의 보호'라는 것만 제외하면 민주주의를 옹호하는 논거는 거의 남지 않게 된다(Macpherson 1977, 90-91). 1장부터 4장까지에서 밝히려 했듯이, 이것은 중요하게 고려해야 할 문제다. 만일 참주정과 경쟁적 엘리트주의(정치의 독점이나 과점) 사이에서 단순히 하나를 선택한다면, 물론 후자가 바람직할 것이다. 그러나 민주주의 사상의 풍부한 전통은 그것만이 우리에게 열려 있는 유일한 길이 아님을 보여 준다. 베버와 함께 슘페터는, 공공 업무에 대한 통제가 모든 시민에 의해 이루어지는가 아니면 경쟁적 엘리트에 의해 이루어지는가라는 기준을 넘어서는 모델, 즉 민주주의 이론과 실천에서 가능한 그 밖의 모델들에 대한 탐구를 너무나 성급하게 종결지었다. 베버와 함께 그는 현대 정치의 중요한 경향들 — 경쟁적 정당 체제의 발전, 의제 설정권을 가진 자들의 능력, 국내 정치에서 엘리트의 지배 — 을 기록하고 나서, 무비판적으로 그런 경향을 고정된 유형으로 만들어 버렸다. 궁극적으로 오직 하나의 특정 민주주의 모델만이 현대에 적합하다는 주장의 근거를 만들어 낸 것이다. 그들의 견해는 〈모델 5〉에 함께 요약되어 있는데, 현대 정치 분석에 기여한 이론들 가운데 가장 흥미롭고 논쟁적인 것에 속한다.

6장
다원주의, 법인 자본주의 그리고 국가

"소유와 지배는 부·소득·지위·기술·정보·정보와 선전에 대한 통제권, 정치 지도자에 대한 접근, 성인 뿐만 아니라 태아·유아·어린이들에게 평균적으로 예측 가능한 삶의 기회 등등에서 시민들 간에 엄청 난 차이를 만들어 내는 원인이 되고 있다. 적절한 제한이 취해져 왔음에도 불구하고 이와 같은 차이는 다시, 정치적으로 동등하게 국가의 통치에 참여할 수 있는 능력과 기회에 있어 엄청난 불평등을 시민들 사이에 만들어 내는 데 이바지하고 있다."

_로버트 달

MODELS OF DEMOCRACY

슘페터의 이론에서는 선출된 지도자와 개별 시민 사이에 위치하는 것은 거의 없다. 엘리트들의 경쟁적 대결로 특징지어지는 세계에서 시민은 고립되고 취약한 존재로 묘사된다. 사람들의 생활에 영향을 미치면서 다양한 유형의 제도와 복잡하게 연결지어 주는 '중간' 집단 — 지역 결사체, 종교단체, 노동조합, 업계 조직과 같은 — 의 존재는 무시된다. 이 문제에 국한한다면 슘페터의 이론은 부분적이고 불완전한 것으로 판단된다.

일반적으로 경험적 민주주의 이론가 또는 '다원주의자'로 불리는 일단의 정치 분석가들은 바로 '집단 정치'group politics의 역동성을 조사함으로써 이런 결점을 고치려 시도했다. 다원주의자들은 조직된 이익집단들의 활동과 선거 경쟁 간의 상호 연계에 대한 조사를 통해, 현대 민주정치는 슘페터 모델이 시사하는 것보다 실제로 훨씬 더 경쟁적이며, 정책 결과 또한 모든 당사자들에게 훨씬 더 만족스러운 것이라고 주장했다. 또한 그들은, 서구에서 대중들이 지배적 정치제도에 대해 고도로 순응적인 양태를 보이는 것은 자유민주주의의 유연하고 개방적인 구조에 의해 설명될 수 있다고 역설했다. 다원주의는 1950~60년대 미국 정치 연구에서 지배적 위상을 가졌었다. 현재 다원주의의 영향력이 그 당시만큼 광범위하지는 않지만, 그들의 작업은 현대 정치사상에 지속적인 영향을 미쳤다. 많은 학자들 특히 마르크스주의자들은 다원주의를 서구 민주주의에 대한 순진하고 편협한 이데올로기적 찬양으로 간주해 무시했지만 다원주의 전통은 중요한 통찰력을 제공했다.

다원주의의 지적 계보는 충분히 규명되지 않은 상태이지만, 다원주의에 영향을 미친 여러 요소들은 언제든 추적 가능하다. J. S. 밀과 같은 19세기 자유주의자들의 저작에서 발견되는 고전적인 민주주의의 이상과 대의제 정부 개념이 '비현실적'이라는 슘페터의 비판은 다원주의에 결정적인 영향을 미쳤다. 다원주의자들은, 민주주의와 민주주의 아닌 것을 구분하는 것은 정치 지도자를 선출하는 방식(수단)이라는 슘페터의 전반적 견해를 받아들였다. 나아가 다원주의자들은, 유권자들은 민주주의 이론가들이 일반적으로 인정했던 것보다 더 무관심하고 정보에 어두우며, 개별 시민들은 정치과정에 직접적 영향력이 거의 없고, 대표들은 대개 '여론을 만드는 사람'이라는 주장이 경험적으로 타당함을 확인했다. 그러나 그들은 경쟁하는 정치 엘리트 수중에 필연적으로 권력이 집중되리라고 생각하지 않았다. 다원주의자들은, 베버의 이론을 이어받아, 권력의 분포를 결정하는 여러 요소가 존재하며 따라서 다수의 권력 중심이 존재한다는 것을 출발점으로 삼았다. 그들은 고정된 엘리트 집단(또는 계급)이 정치 생활에서 압도적으로 중심적 지위를 차지하고 있다고 주장하는 학설에 맞서는 데에 베버주의 개념들을 이용했다.

슘페터와 베버의 저작들이 다원주의의 원천 같은 것이라 할 수 있지만, 다원주의의 지적 준거점은 무엇보다 두 가지 사상 조류에 의해 형성되었다. 매디슨적인 미국 민주주의 이론의 유산이 그 하나이고, 이익 만족의 경쟁적 추구는 불가피하다는 효용주의 개념이 다른 하나다. 가장 초기의 그리고 가장 탁월한 다원주의 해설자의 한 사람인 로버트 달에 따르면,[1] 매디슨은 '미국 정치 체계의 기본적 원리'를

---

[1] 시간이 지나면서 달은 최소한 몇 몇 측면에서 보다 급진적인 사상가가 되었다(Dahl 1985; 1989 참조); 또한 이 책의 327-333쪽 참조).

제공했다(Dahl 1956, 5). 민주정치에서 개별 시민들과 국가의 관계가 중요하다고 강조했던 많은 자유주의자들과 달리, 다원주의자들은 매디슨을 따라서 '파벌의 문제'에 몰두했다(Dahl 1956, 70-75 참조). 다원주의자들은 특히 권력 경쟁에서 개인들이 그들의 노력을 집단으로 결합시켜 가는 과정이나 그런 개인들의 시도로부터 나타나는 과정을 특히 중시했다. 그들은 매디슨처럼, 원하는 재화가 희소한 세계에서 그리고 복잡한 산업 체계가 사회의 이해관계를 파편화

로버트 달

시키고 다양한 요구를 창출해 내는 세계에서 파벌 — 현대적 모습으로는 '이익집단'이나 '압력 단체' — 은 '자유로운 결사의 자연스러운 짝'이라고 강조했다. 매디슨처럼 다원주의자들은, 정부의 기본 목적이란 어떤 한 파벌이 다른 파벌의 자유를 침해하지 못하도록 하면서 다른 한편으로 파벌들이 그들의 정치적 이익을 자유롭게 증진시킬 수 있도록 보호하는 것이라는 점을 받아들였다. 그러나 매디슨과 달리 다원주의자들은(그들 사이에도 이견이 있기는 하지만), 파벌이 민주적 결사체를 크게 위협하는 것은 아니며 오히려 안정의 구조적 원천이자 민주주의의 핵심적인 표현이라고 주장했다. 다원주의에서 다양한 경쟁적 이해관계의 존재란 민주적 균형의 기초이며 공공정책을 바람직스럽게 발전시키는 데 토대가 되는 것이다(Held and Krieger 1984 참조). 다원주의자들은, 경제학이 자신의 사적 이익을 극대화하려는 개인에 관한 것이듯이, 정치학은 그들의 공통 이익을 극대화하려는 일단의 개인들에 관한 것이라는 견해를 당연하게 받아들이게 되었다. 따라서 다원주의는, 개인들은 시장과 정치에서 다른 사람들과 경쟁적 거래를 행하면서 만족 극대화를 추구한다고 하는 아주 독특한 효용주의적 개인관을 전제로 하고 있다(Elster 1976 참조).

이익의 복잡성과 분화로 특징되는 경쟁적 현대 세계에서의 정치 생활이, 아테네 민주주의의 이상이나 르네상스기의 공화국, 또는 루소나 마르크스가 기대했던 것과 같은 민주주의 등에 결코 근접할 수 없다는 것을 다원주의자들은 인정했다. 이런 기준에서 평가하면 세상은 명백하게 '불완전'하다. 하지만 이런 식으로 세상을 평가해서는 안 된다. 그보다는 사회과학자들이 보통 민주적이라고 부르는 그런 모든 국민국가나 사회조직의 특징과 실제 작동을 고려하는 '서술적 방법'에 의해 세상을 분석하는 것이 마땅하다(Dahl 1956, 63). 다원주의자들은 민주주의의 실제 운영에 대해 서술하고 또한 민주주의가 현대사회의 발전에 기여하는 바를 평가하고자 했다. 따라서 그들은 자신들의 민주주의 이론을 '경험적 민주주의 이론', 즉 민주정치의 현실과 실제에 대한 서술적·설명적 해석이라 불렀다. 자신이 처해 있는 환경도 고려하지 않고 특정의 이상만을 주장하는 그런 사상가들과 비교할 때, 베버나 슘페터처럼 다원주의자들의 목표는 '현실주의적'이고 '객관적'이라 할 수 있다. 그런 사상가들에 대한 다원주의의 비판은 여러 면에서 몽테스키외, 매디슨, 밀, 베버, 슘페터 등이 행했던 비판과 비슷하기 때문에, 아래에서는 민주주의에 대한 다원주의자들의 실증적 이해에 초점을 맞추고자 한다(자신이 소위 '인민주의적 민주주의'populistic democracy라 부른 것에 대한 달의 비판은 다음을 참조. Dahl 1956, ch. 2.).

집단 정치, 정부 그리고 권력

여러 다원주의자들의 이론이 설명되어 왔지만, 여기에서 나는 우선 데이비드 트루먼과 달의 저작에서 발견되는 '고전적 견해'라 할 수 있는 것에 대해 검토하고자 한다(예컨대 Truman 1951 참조; Dahl 1956; 1961; 1971). 이 견해는 광범위한 영향력을 미쳐 왔는데, 오늘날 그것을 원형 그대로 받아들이는 정치학자나 사회과학자는 거의 없다(여러 정치가나 언론인을 비롯하여 대중매체에 나오는 많은 사람들은 아직 원형 그대로 받아들이고 있는 듯하다). 다원주의는 몇몇 최초의 대표자들에 의해 개발되었으며, 흔히 '신다원주의'neo-pluralism 또는 '비판적 다원주의'critical-pluralism라 불리는 새로운 변형이 형성되었다. 후자의 모델은 뒤이어 논의할 것이다.

고전적 다원주의의 핵심적 입장은 서구 민주주의에서 권력이 어떻게 분포되어 있는지에 대한 조사로부터 도출되었다. 다원주의자들에게 권력이란, 반대나 저항에도 불구하고 자신의 목적을 달성할 수 있는 능력을 의미한다. 달에 의하면, '"권력"이란 …… B의 반응을 통제하는 식으로 행동하는 A의 능력과 같은 실제적인 관계를 말한다'(Dahl 1956, 13).[2] A의 실행 능력은 A가 마음대로 쓸 수 있는 수단에, 특히 A와 B 간의 자원의 상대적 우위에 달려 있다. 다원주의자들은 자원에는 매우 다양한 유형이 있을 수 있음을 강조한다. 재력은 그런 자원 가운데 하나에 불과한데, 예컨대 상당한 대중적 지지 기반을 가진 반대파라면 쉽게 이를 압도할 수 있다는 것이다. 분명히 사회에는 많은 불평등(교육, 건강, 소득, 부 등에 있어)이 존재하며, 모든 집단이 모든 유형의 자원에 공평하게 접근할 수 있는 것은 아니다 — 자원을 공평하게 소유하지 못함은 말할 것도 없다. 하지만 거의 모든 집단은 민주주의 과정에서 영향력을 행사하는 데 사용할 수 있는 어떤 강점을 갖고 있다. 각기 다른 집단들이 서로 다른 종류의 자원을 이용하기 때문에 어떤 특정 집단의 영향력은 일반적으로 이슈에 따라 변하게 될

2_다원주의 문헌에는 권력을 이와 다르게 규정한 것도 있다. 달 자신도 [다른 책에서—옮긴이] 권력에 대해, '그렇지 않았으면 하지 않았을' 무엇인가를 B로 하여금 하도록 하는 'A의 성공적 시도'를 수반하는 것이라고 부르고 있다(Dahl 1957; Nagel 1975, 9-15 참조). 달이 나중에 정의한 것처럼 권력 행사에 따른 실제 행위상의 결과를 강조하든, 원래 달이 정의한 대로 능력을 강조하든, 다원주의자들은 당면한 사건에 대한 통제력의 행사에 초점을 두어 권력을 정의하는 경향이 있다. 여기에서 중요한 것은 A의 의지와 의도에 대한 B의 직접적 저항을 극복하는가이다 (Lukes 1974, Ch. 2 참조).

것이다.

다원주의에 의하면 권력은 비위계적이고 경쟁적으로 배열되어 있다. 권력은 여러 상이한 이익을 대표하는 수많은 집단 — 예컨대 업계 조직, 노조, 정당, 인종 집단, 학생, 간수, 여성 집단, 종교 집단 등 — 사이의 '끊임없는 흥정 과정'의 일부로서 그런 과정과 뗄 수 없게 얽혀 있다. 이들 이익집단은 사회 계급, 종교, 종족 등과 같은 특정의 경제적·문화적 균열을 둘러싸고 구조화될 수도 있다. 그러나 장기적으로 볼 때 사회 세력의 구성이나 관심, 지위 등은 변화하기 쉽다. 따라서 전국 수준이든 지역 수준이든 정치적 의사 결정은, 로크, 벤담, 루소 등이 각기 다른 방식으로 상상했던 것처럼, 근본적인 정책 문제를 두고 단결한 '공중들'의 '당당한 행진'을 반영하는 것은 아니다(그럴 수도 없다). 선거에서 수적 다수파가 존재할 경우에도 '그 다수파를 산술적 표현 이상으로 해석하는 것은' 전혀 도움이 되지 않는다고 달은 역설했다. '수적 다수파는 어떤 조직적 행위도 할 수 없다. 행동 수단을 갖고 있는 것은 수적 다수파를 구성하고 있는 다양한 요소들이다'(Dahl 1956, 146). 정치적 결과물은 정부의 산출물이며 궁극적으로는 집단들의 경쟁적 요구를 중재하고 조정하려는 집행부의 산출물이다. 이 과정에서 정치 체제나 국가를 협상 과정이나 이해관계들의 경쟁적 압력과 동떨어진 것으로 구별해 내는 것은 거의 불가능하게 된다. 때때로 정부의 각 부처는 사실상 종류만 다를 뿐인 또 하나의 이익집단으로 가장 잘 이해될 수 있다. 그 스스로가 희소 자원을 놓고 경쟁하기 때문이다. 따라서 민주 정부의 의사 결정은, 비록 모든 이해관계들이 완전히 충족되지는 않지만, 비교적 소규모 집단들의 요구 사항들 간의 지속적 거래와 양보를 수반하게 된다.

고전적 다원주의 모델에 의하면 단일의 강력한 의사 결정의 중심이란 존재하지 않는다. 기본적으로 권력이 사회 전체에 분산되어 있고 압력이 행사되는 지점도 다수이기 때문에 정책 형성과 의사 결정의 다양한 중심이 나타난다. 그렇다면 미국 같은 민주 사회에서 균형과 안정은 어떻게 이루어지는가? 또 한 사람의 초기 집단 정치 분석가인 트루먼에 따르면,

> 아주 관례화된 정부 활동만이 어떤 안정성을 보여 준다. …… 그리고 이런 활동들은 집행부 수반에 예속되는 만큼이나 필시 입법부의 여러 부문들에 예속될 것이다.● …… 조직된 이익집단들은 …… 상황이나 전략적 고려에 따라 체계 안의 다른 부문에 맞서는 한 부문으로서 역할을 할 것이다. 그래서 일정 기간 동안의 정부의 총체적 양태는, 복잡하게 상호 교차하는 관계들 — 여러 조직적·비조직적 이해관계들의 힘과 지위의 변동에 따라서 세기와 방향이 변하는 — 의 변화무쌍함을 보여 준다(Truman 1951, 508).

민주주의가 어떤 까닭에서 상대적인 안정성을 성취할 수 있는가라는 질문에 대한 실마리는 '변화무쌍하게 복잡한' 관계들의 존재 바로 그것에 있다고 트루먼은 주장했다. 트루먼은, 사회의 이해관계의 다양성 그것이 민주정체를 '파벌적 다수의 독재'로부터 보호하게 될 것(다수를 파벌로 분절시킴으로써)이라는 매디슨의 가정에서부터 논의를 시작한다. 그리고 파벌 간에 '구성원이 서로 겹치는 상황'을 중요한 부가적 설명 변수로 제시했다. 트루먼의 표현대로 '웬만한 보통' 사람들은 다양한 심지어 모순적인 이해관계를 갖는 여러 집단에 복수로 속해 있기 때문에, 각 이익집단은 그 규모나 목표에 어울리는 힘을 확보하기에는 너무나 취약하고 내부적으로 분열된 상태에 머물게 될 것이다. 공공 정책의 전체적 방향은, 경

● 트루먼은 인용된 이 구절 바로 앞에서 권력이 광범위하게 분산되어 있는 미국 정부 체제의 특징(연방정부와 주정부의 존재, 연방이나 주 수준 모두에서 응집력이 약한 정당 구조, 상하원의 분립, 위원회 중심의 의회 구조, 주나 지방 수준에서 수많은 공직을 직선으로 선출, 연방대법원에 의한 집행부 견제 등)을 지적한다. 이런 구조로 인해 정책 결정권이 널리 분산되어 있기 때문에, 아주 일상적이고 관례적인 정부 활동만이 어떤 안정성을 보여 주지만, 그런 활동 역시 집행부뿐만 아니라 입법부의 여러 부문들(예컨대 상하원의 여러 상임위 등)의 영향도 받고 있다는 것이다. 결국 트루먼은, 미국 정부 구조에는 일원적인 권력 중심이 존재하지 않음을 강조하고 있다.

쟁하는 여러 세력들이 정부에 대해 사방에서 가해 오는, 서로 조정되지 않은 영향력의 결과로서 나타나게 된다. 압도적 영향력을 행사하는 어떤 한 세력이란 존재하지 않는다. 이에 따라 정책은, 이해관계의 다툼에 의해, 특정 정치인들의 시도와 어느 정도 무관하게 '민주주의 틀' 내에서 형성된다 (Truman 1951, 503-516).

선거나 경쟁적 정당 체제가 정책 결정에서 중요하지 않다는 것은 결코 아니다. 그것은 정치적 대표자들이 '보통 시민들의 선호에 얼마간 반응'(Dahl 1956, 131)하게 되리라는 것을 보증하기 때문에 여전히 매우 중요하다. 하지만 선거와 정당만으로는 민주국가의 균형이 확보되지 못한다. 민주주의 과정이 유지되고 시민들이 그들의 목표를 진척시켜 나가려면 다양한 유형과 크기의 활동적인 집단들의 존재가 매우 중요하다.

물론, 다소의 시민들은 정치에 대해 적극적이지도 않고 그다지 관심도 없다. 다원주의적 틀에 따라 북미에서 시작된 일련의 대규모 투표 연구에 의하면, 투표자들은 종종 정치에 대해 적대적이며 공공 문제에 대해 냉담하고 무지한 것으로 밝혀졌다(예컨대 Berelson et al. 1954 참조; Campbell et al. 1960). 증거 자료에 따르면, 정치에 '아주 관심이 많은' 유권자는 3분의 1 이하로 나타났다. 그러나 그 어느 것도 자유민주주의 국가 특히 미국의 다원주의적 특징에 배치되는 증거로 간주되지 않았다. 고전적 다원주의자들의 주장에 따르면, 그런 조사 결과는 오직 '고전적 민주주의'의 추상적 이상이라는 관점에서 볼 때에만 개탄스러운 것으로 평가될 수 있기 때문이다. 현대 세계에서 사람들은 자유롭게 조직을 만들 수 있고, 이익집단의 요구를 주장할 수 있는 기회도 있으며, 불만족스러운 정부를 투표로 물러나게 하는 권리도 누린다. 정치과정과 제도에 참여할지에 대한 결정은 자기 자신이 내리는 것이다. 더욱이 어느 정도의 무無행위나 무관심은 정치체제의 안정적 지속에 순기능적일 수도 있다. 나치 독일과 파시스트 이탈리아 및 스탈린하의 소련에서 분명히 드러났듯이, 광범위한 참여는 자칫 사회적 갈등의 증대나 심각한 분열과 광신주의를 초래할 수 있다(Berelson 1952; Berelson et al. 1954; Parsons 1960 참조). 나아가 정치적 참여의 결핍은 아주 긍정적으로 — 통치자에 대한 신뢰에 바탕을 둔 것으로 — 해석될 수도 있다(Almond and Verba 1963 참조). 한 저자가 언급하듯이 '정치적 무관심은 민주주의의 건강함을 반영한 것일 수 있다'(Lipset 1963, 32, n.20). 이런 주장에는 규범적인 것과 경험적인 것이 뒤섞여 있음(민주주의에 관한 저작들에서 종종 발견되지만 대개 그렇지 않다고 부정되는)이 분명히 드러난다. 경험적 민주주의 이론가들은, 다원주의적 민주주의는 실제 시민이 어느 정도나 참여하는지와 무관하게 [서구가 성취한-옮긴이] 주요한 성과라고 확신했다. 사실상 '민주주의'는 모든 시민의 수준 높은 적극적 참여를 요하지 않는 것 같다. 민주주의는 그것 없이도 잘 작동할 수 있다는 것이다.

어느 누구보다도 '다원주의적 민주주의'의 정확한 특징을 규명하려 시도했던 사람은 달이었다. 트루먼이나 다원주의 전통의 다른 여러 학자들과 달리, 달은 다음 두 가지 주장을 구분하는 것이 중요하다고 역설했다. 첫째, 달은 여러 문제에 대해 충분히 확고한 견해를 갖고 있는 다양한 집단이나 소수파들이 경쟁적 선거 체제를 특징짓고 있다면, 단순히 법적·입헌적 장치에 의해 보장되는 것 이상으로 민주적 권리가 보호될 것이고 심각한 정치적 불평등은 확실히 예방될 수 있을 것이라고 주장했다. 둘째, 달은 최소한 어떤 정체 예컨대 미국과 영국은 이런 조건을 충족시키고 있음을 보여 주는 경험적 증거가 있다고 주장했다. 달은 누가 정확히 어떤 자원에 대한 권력을 가지고 있는가를 규명하는 데 관심을 두었는데, 미국의 도시 정치에 관한 그의 유명한 연구서의 제목도 『누가 통치하는가?』*Who Governs?*였다. 여기에서 달은 권력이 효과적으로 분산되어 있으며 비누적적*임을 발견했다. 권력은 사회의 다양한 이익을 대표하는 수많은 집단에 의해 공유되고 교환되고 있다는 것이다(Dahl 1961).『누가 통치하는가?』는 공공 정책에 영향을 미치려는 다수의 연합들이 있음을 보여 주었다. 서로 다른 이해들이 자신의 분파적 요구를 주장하기 때문에 정책 결과를 둘러싸고 심각한 갈등이 분명 존재한다. 그러나 정부 부처를 통해 이루어지는 이익 교환의 과정은, '경쟁적 균형'을 향한 경향을 만들어 내며 장기적으로는 대체로 시민에게 긍정적인 일련의 정책을 창출해 낸다.

달에 따르면, 최소 수준에서 '민주주의 이론은 일반 시민들이 어떤 과정과 방법을 통해서 지도자에 대해 비교적 높은 수준의 통제력을 행사하는가에 관한 것이다'(Dahl 1956, 3). 그의 견해에 따르면, 정기적 선거와 정당·집단·개인 간의 정치 경쟁이라는 두 가지 핵심 메커니즘에 의해 정치인들의 행동의 여지가 제한된다면 그런 통제력은 유지될 수 있다는 것을 경험적 연구들이 보여 주고 있다. 달은 선거와 정치 경쟁이, 비록 다수파들에 의한 정부를 확실히 가져다주지는 못하지만, '정책 선택 과정에서 지도자들이 그 선호를 고려해야만 하는 소수파들의 규모와 수, 다양성 등을 크게 증대시킨다'라고 강조했다(Dahl 1956, 132). 나아가 이에 함축된 의미를 완전히 파악한다면, 많은 정치 이론의 첫 번째 과제인 참주정과 민주주의의 본질적 차이를 최종적으로 해명할 수 있다고 그는 주장했다.

자유주의가 국가의 구'절대 권력'에 대한 승리를 거두자마자, 앞에서 보았듯이 많은 자유주의 사상가들은 커져 가는 인민의 권력에 대한 두려움을 표출하기 시작했다. 그 가운데에서도 매디슨, 토크빌, J. S. 밀은 다수의 지배가 자유에 가하는 새로운 위협에 대한 걱정으로 전전긍긍했다. 일치단결

* 비누적적(non-accumulative)이란, 예컨대 정치권력을 가진 자가 그것을 기반으로 경제적 부나 사회적 지위를 (또는 경제력을 가진 자가 그것을 이용해 정치적·사회적 권력을) 누적적으로 획득할 수 있는 구조가 아니라는 뜻이다.

해서 소수파에 적대적으로 행동하는 '인민' 그 자체가 민주주의의 앞길을 막아 버릴 수 있다는 것이다. 달이 보기에 그런 걱정은 전혀 대상을 잘못 설정한 것이었다. 선거에서는 확고한 다수파가 바라는 것보다는 다양한 경쟁 집단들의 선호가 표출되기 때문에 전제적인 다수파가 나타날 가능성은 없다. 민주주의 지지자들은 '지나치게 강한 파벌'을 두려워하지 않아도 된다. 달이 '다두제'多頭制, polyarchy라고 부른 것 — 성인 인구 대부분을 대상으로 선거 지지를 받기 위해 공개적으로 경쟁하는 상태 — 은 집단 이익 간의 경쟁을 보장해 주는 민주주의의 안전장치다. 요컨대 그는 다음과 같이 서술했다.

> 어떤 한 다수파가 민주적 절차를 통해 어떤 한 소수파에게 전제적인 방식으로 자신들의 의지를 강요할 것인지의 여부가 현실적 이슈가 될 수 없음이 판명되었다(특정의 다수파가 특정의 소수파에 대해 그럴 것인지는 더더욱 이슈가 되지 못한다). 오히려 좀 더 중요한 문제는, 성인이나 투표자의 대다수가 수동적으로 묵인하거나 무관심한 상황에서, 사회의 다양한 여러 소수파들이 서로의 야망을 어느 정도까지 저지하게 될 것인가라는 문제다. …… 독재와 민주주의(또는 다두제)를 실질적으로 구분해 주는 과정이나 절차라고 할 수 있는 것이 있다면 …… 그것은 소수파들에 의한 통치와 하나의 소수파에 의한 통치 사이의 구분이 될 것이다(거의 그럴 것이다). 독재적 정치과정과 비교해 볼 때 다두제의 특징은, 그들의 선호가 정부 결정의 결과에 영향을 미치게 될 그런 소수파들의 수와 규모 및 다양성을 크게 확대시킨다는 것이다(Dahl 1956, 133).

정체의 민주성은 여러 다양한 집단이나 소수파들의 존재에 의해 확보된다. 실로 달은 민주주의란 '여러 소수파들의 통치'minorities government로 규정될 수 있다고 주장했다. 민주주의 과정의 가치는 '다수파의 주권'을 확립하는 데 있다기보다는 '대립하는 다양한 여러 소수파들'에 의한 통치에 있기 때문이다. 이 점에서 달은, 인민주권 개념에 대한 베버와 슘페터의 회의론을 그들과 다른 근거를 통해 정당화했다고 할 수 있다.

달은 조직된 이익집단 간의 경쟁이 정책 결과를 구조화하고 또한 정체의 민주적 성격을 확립한다는 견해를 더욱 강화시켰다. 거의 모든 경험적 민주주의 이론가들은, 그들 간의 차이점에도 불구하고, 민주주의에 대한 한 가지 해석을 옹호한다. 민주주의란 이익집단 정치의 풍부한 구조를 만들어 내고 나아가 다양한 여러 소수파들에 의한 지배를 가능케 하는 ― 정치 지도자를 선택하고 영향력을 행사하기 위한 경쟁을 통해서 ― 일련의 제도적 장치라는 해석이 그것이다. 달이 평가하기에 이것은 바람직한 상태이며 또한 대부분의 자유민주주의 정체가 실제로 근접할 수 있는 상태다.

다수가 지배한 적은, 설사 있다 해도, 거의 없다. 하지만 다수가 '통치'한다는, 즉 다수가 정책 형성과 집행의 틀을 결정한다는 말은 상당히 일리가 있다. 왜냐하면 민주정치는, 그것이 지속되는 한, 정치적으로 적극적인 사회 구성원들 ― 투표자는 그 핵심이다 ― 의 가치 기준에 의해서 설정되는 동의의 범위 내에서 작동하기 때문이다(Dahl 1956, 132). 만일 정치가들이 이런 동의의 범의를 넘어 빗나가거나 유권자의 기대를 무시하고 자신의 목적을 적극 추구한다면, 다음의 어떤 선거에서 거의 틀림없이 패배하게 될 것이다.

> 우리가 보통 민주'정치'라고 말하는 것은 껍데기일 뿐이다. 그것은 표피적 갈등을 보여 주는 외관이다. 통상적으로 정책에 대한 근원적 동의가 사회에 존재하며, 이런 동의가 정치에 우선해 정치의 저류에서 정치를 감싸고 제한하며 조건지우고 있다. …… 그런 동의가 없다면 어떤 민주 체제도 선거와 정당 경쟁의 끝없는 자

극과 좌절을 견디고 오래 살아남지 못할 것이다. 그런 동의가 있기 때문에 정책 대안에 대한 논쟁은 거의 항상, 기본적으로 동의하는 대체적 범위 안의 것으로, 이미 걸러진 일련의 대안을 둘러싼 논쟁이 된다(Dahl 1956, 132-133).

민주적 정치는 결국 경쟁적 엘리트들에 의해 이끌려진다는 슘페터의 견해와 반대로, 달은(다른 많은 다원주의자들도) 민주적 정치는 정치 생활의 한계를 정해 주는 가치 합의에 입각하고 있다고 주장했다. 국가의 진로에 심대한 영향을 미쳤던 정치가나 정치 엘리트들이 항상 존재해 왔던 것은 사실이다. 하지만 그들이 미친 영향력은 그들이 '동조하는' 그 국가의 정치 문화와 관련해서만 적절히 이해될 수 있다.

다두제가 기능할 수 있는 사회적 전제 조건 — 절차 규정에 대한 합의, 정책 대안의 범위에 대한 합의, 정치 활동의 합법적 범위에 대한 합의 — 은 어떤 형태의 억압적 지배도 막아낼 수 있는 근원적인 방벽이다. 합의의 정도가 클수록 민주주의는 더 안정된다. 한 사회가 전제정으로부터 안전을 누리고 있다면, 그 안전막은 무엇보다 비헌법적 요인 속에서 발견될 것이다(Dahl 1956, 134-135). 달은 예컨대 입법부·집행부·사법부·행정 관료제 사이의 견제와 균형의 체계인 권력분립의 중요성을 결코 부인하지 않았다. 헌법 규정은 집단들이 정치체제 내에서 직면할 이해득실의 비중을 결정하는 데 있어 핵심적이다. 때문에 집단들은 이를 둘러싸고 종종 격렬히 싸우기도 한다. 그렇지만 민주주의의 성공적 발전과 관련된 헌법 규정의 중요성은 비헌법적 규칙이나 관행과 비교할 때 '사소한' 것이라고 달은 주장했다(Dahl 1956, 135). 그리고 민주주의의 사회적 전제 조건이 유지되는 한, 민주주의는 항상 '합의를 굳건히 해주고 중도를 조장하며 사회 평화를 유지시켜 주는 비교적 효율적인 체제가 될 것'이라고 달은 결론지었다(Dahl 1956, 151).

달의 입장에 따르면, 정치적 결정을 둘러싼 통제력이 균등하게 분포되거나 모든 개인과 집단이 균등한 정치적 '비중'을 가질 필요는 없다(Dahl 1956, 145-146). 나아가 조직과 제도는 베버가 예견했던 것처럼 '그 자체의 삶'을 가질 수 있고, 이에 따라 그 구성원들의 바람이나 이익과 괴리될 수 있음을 달은 분명히 인식했다. '과두제의 경향'이 존재하는 것이다. 즉, 관료적 구조는 경직화할 수 있고 지도자들은 공적·사적 분야에서 비반응적인 엘리트가 될 수 있다. 따라서 공공 정책은 최고의 조직과 최대의 자원을 가진 어떤 이익집단으로 편향될 수 있으며, 정치적으로 유력한 어떤 국가기관으로 편향될 수도 있다. 또한 공공 정책은 정부 각 부문 간의 격렬한 경쟁에 의해 왜곡될 수도 있다. 정책 결정 과정은 항상 격렬한 정치 경쟁, 선거 전략, 부족한 자원, 제한된 지식과 능력 등을 비롯한 수많은 요인들에 의해 영향과 제약을 받게 될 것이다. 민주적 의사 결정은 불가피하게 점진적이고 종종 상호 모순적이기도 하다. 하지만 고전적 다원주의는 매우 심각한 문제가 될 수 있는 이런 이슈들을 충분히 검토하지 않았다. 이런 이슈들의 함의를 추적하지 않았다. 왜냐하면 다원주의의 핵심 전제 — 다수의 권력 중심의 존재, 다양하고 분절된 이해관계, 집단 간에 힘을 서로 상쇄시키는 뚜렷한 경향, 국가와 사회를 결속시키는 '초월적' 합의, 파벌 간의 심판관과 중재자로서의 국가 — 는 궁극적으로, 권력과 영향력과 자원의 체제적 불균형이 존재할 수 있는 세계를 조명해 내고 설명해 낼 수 없기 때문이다. 고전적 다원주의의 가정과 준거틀에 기초할 경우 이런 문제를 충분히 고찰한다는 것은 불가능하다.

정치, 합의 그리고 권력 분포

고전적 다원주의자들이 제시한 이익집단 정치 논의는, 경쟁적 엘리트주의자들의 저작에서 발견되는 '엘리트 정치'에 대한 일방적 강조나 현대 생활을 결정하는 정치가들의 능력에 대한 지나친 강조를 교정하는 중요한 의미를 지닌다. 다원주의자들은 특정한 유형의 상호 작용 및 경쟁과 갈등이 다양한 방식으로 현대 국가의 조직과 행정 및 정책에 '새겨진다'는, 즉 내장된다는 것을 정확히 지적했다. 선거가 가하는 압박 내지 이익집단 정치가 의미하는 바는, 전시 등 국가 위기 상황을 제외하면, 사회의 요구나 압력으로부터 벗어나 행동할 수 있는 정치 지도자의 능력은 거의 항상 제약되고 절충될 것이라는 점이다. 일련의 제도로서의 민주주의는 이런 복잡한 맥락에 대한 세밀한 논의 없이는 제대로 이해될 수 없다.

하지만 민주주의의 '경험적' 특징에 중점을 둔 결과, 다원주의는 민주주의 사상의 한 가지 문제점 — 부분적으로 베버와 슘페터에 의해 야기된 — 을 더욱 악화시키게 되었다. 다원주의자들은 서구에서 관습적으로 '민주주의'라고 부르는 것 — 자유민주주의의 실제와 제도 — 에 입각해서 민주주의를 정의했고, 또한 시민들이 정치 지도자를 통제할 수 있는 수단이라고 이야기되는 그런 메커니즘(정기적 선거, 압력 집단 정치)에만 초점을 맞추었다. 그로 인해 다원주의는 서로 경쟁하는 다양한 민주주의 모델들의 정당화 논리나 특징, 일반적 조건 등을 체계적으로 연구하지도 비교하지도 않았다. 주요한 다원주의자들의 저작은 민주주의에 대한 서술적·설명적 기술로부터 새로운 규범적 이론으로 변질되었다(Duncan and Lukes 1963, 40-47 참조). 결국 다원주의자들의 '현실주의'는 민주주의를 서구 정치의 현실적 모습에 입각해 생각하도록 이끌었다. 민주주의에 대해 이런 식으로 생각함으로써,

그들은 민주주의의 의미를 변경시켰고, 민주주의 사상의 풍부한 역사를 현실에 맞추어 재단해 버렸다. 시민 참여의 본질이나 적정 수준, 정치적 지배의 적절한 범위, 민주적 조정의 최적 영역 등에 관한 질문 — 아테네에서 19세기 영국에 이르기까지 민주주의 이론의 중요 부분을 이루어 왔던 질문 — 은 방치되거나 아니면 단지 현행 관례에 따라 대답이 주어졌다. 현존하는 민주주의 체제의 이상과 방법이 아무런 경합도 없이 자동적으로 민주주의의 이상과 방법이 되었다. 어느 정도나 '현실적'인가라는 것이 민주주의 이론을 판단하는 비평의 기준이 되었기 때문에, 현행 민주주의의 실제와 거리가 있거나 맞지 않는 모델은 경험적으로 틀리거나 '비현실적'이며 바람직하지 못한 것으로 처리되어 폐기되었다.

고전적 다원주의의 준거틀 내에서는 민주적인 공적 생활을 풍요롭게 할 수 있는 방법을 제대로 탐구하는 것이 불가능하다. 시민들이 정치에 대해 얼마나 무지하고 냉담한가를 조사한 연구 결과들은 이를 뚜렷이 보여 준다. 고전적 다원주의자들은 대체로 그런 연구 결과를 민주주의의 성공적 운영에는 아주 적은 정치 참여만이 필요함을 보여 주는 증거로 여길 따름이다. 시민의 상당 부분 — 예를 들면 백인이 아닌 집단 — 의 제한된 참여나 불참여는 그들에게 걱정거리가 되지 않는다. 왜냐하면 서구 정치체제를 민주적인 것으로 규정하는 데 대한 어느 정도의 부정으로 그런 현상을 받아들일 것인가라는 논의가 고전적 다원주의의 이론틀에서는 도출될 수 없기 때문이다. 다시 한 번 경험적 연구 결과가 이론적으로 바람직한 것으로 부당하게 정당화된 것이다

물론 '현실'에 대한 설명으로서 다원주의가 얼마나 만족스러운가라는 문제는 여전히 남아 있다. 이를 평가하는 흥미로운 출발점은, 국가와 사회를 궁극적으로 결속시켜 주는 것이라고 달이 주장했던 근원적인 가치 합의에

대해 검토하는 것이다. 슘페터는 경쟁적 선거 체제에 대한 묵인이 곧 체제의 정당성에 대한 신뢰를 의미한다고 확신했지만, 달은 정치체제에 대한 지지의 연원인 정치 문화의 심층부에서 그런 신뢰가 나온다고 주장했다. 다원주의 전통에 입각한 가장 유명한 연구의 하나인 G. 알몬드와 S. 버바의 『시민 문화』 The Civic Culture(1963)는, 정치 태도에 관한 국제적 비교 사례연구를 통해, 현대 서구 정치 문화가 과연 그런 지지의 원천인지를 직접 조사했다. 이 연구 결과는 잠시 반추해 볼 가치가 있다.

알몬드와 버바에 따르면, 하나의 정체가 장기간 존속하려면 '시민들에 의해 본질적으로 바람직한 통치 형태로 받아들여져야 한다'(Almond and Verba 1963, 230). 그들의 견해에 의하면, 실제로 민주주의는 이런 의미로 '엘리트와 비非엘리트'에 의해 받아들여지고 있다(Almond and Verba 1963, 180). 알몬드와 버바가 이런 결론을 도출함에 있어서 정체의 수용 여부 또는 정당성을 측정하는 지표로 삼은 것은, 개인들이 자신의 나라와 정치제도에 대해 긍지를 가지고 있다고 답하는지 여부였다(Almond and Verba 1963, 102-103, 246). 그런데 유의해야 할 점이 많이 있다. 첫째, 영국인 응답자 가운데 절반에 못 미치는 46퍼센트(미국 다음으로 높은 비율)만이 정부 체제에 대한 긍지를 표명했으며 더욱이 영국이 민주주의의 보루로 간주됨에도 불구하고 그러했다는 점이다(Almond and Verba 1963, 102). 둘째, 다원주의자들이 대체로 그러하듯이, 알몬드와 버바가 사용한 정당성의 척도가 매우 조야했다는 점이다. 왜냐하면 그런 척도로는 긍지가 뜻하는 여러 다양한 의미와 그것과 정당성과의 극히 모호한 관계를 구분해 낼 수 없기 때문이다. 예컨대 의회민주주의에 대해서, 그것이 기대만큼 잘 작동하고 있다거나 또는 그것이 적절하거나 최선이거나 가장 수용할 만한 통치 형태라는 의미를 전혀 담지 않고서도, 긍지와 만족을 표시할 수 있는 것이다. 사람들은 근본적으로 변화되기를 바라는 대상에 대해서도 자부심을 표현할 수 있는 것이다. 알몬드와 버바는 이런 가능성을 조사하지 않았다. 그럼에도 불구하고 그들의 연구는 지금도 정치적 태도에 관한 다원주의자들의 주요 연구로 남아 있다. 셋째, 알몬드와 버바는 자신들의 자료를 잘못 해석한 것 같다. 『시민 문화』에서 제시된 증거 자료를 면밀하게 판독해 보면, 영국과 같은 민주주의 국가에서도 공통의 가치에 대한 헌신의 정도가 매우 제한적임을 알 수 있다. 그뿐만 아니라 연구에서 사용된 사회 계급의 유일한(간접적) 척도 — 응답자의 정규교육 유형 — 에 따르면, 노동계급 사람들은 알몬드와 버바가 '극단적인 불신감과 소외감'의 반영으로 간주한 견해를 종종 표출하고 있음을 알 수 있다(Almond and Verba 1963, 268; Mann 1970; Pateman 1980 참조). 알몬드와 버바는, 그들의 통계에서 나타나는, 사회 계급들의 정치 정향의 체계적 차이나 이와 상호 교차하는 남녀의 정치 정향의 체계적 차이를 설명하지 않았다.

고전적 다원주의가 체계화되던 그 시기의 영국과 미국에 상당한 정도의 가치 합의가 존재하지 않았다는 것은, 1950년대 말과 1960년대 초에 수행된 학술 조사에서 나온 다양한 경험 자료들을 개관해 보면 확인된다(Mann 1970). 이에 따르면, 중간계급(화이트칼라와 전문직 노동자)은 전반적으로 노동계급(육체노동자)보다 훨씬 일관되게 가치에 대한 신뢰와 합의를 보여 주었다. 노동계급이 공유한 공통의 가치가 있다면, 그것은 체제를 지지하기보다는 오히려 적대적인 경향이었다. 계급 사이에 '합의'보다는 '이견'이 더 많았다. 더욱이 사람들이 정부에 영향을 미칠 수 있는 자신의 능력에 대해 어떻게 평가하고 있는지를 보여 주는 '정치적 효능감'을 조사해 보면, 계급 사이에 뚜렷한 차이가 발견된다. 중간계급은 노동계급보다 훨씬 강한 확신을 나타내는 경향이 있었다. 노동계급 사이에서는 지배적 정치제도에 대한 상당한 거리감과 불신감이 나타났다(Pateman 1971; 1980 참조). 5장에서도 지적했듯이, 자유민주주의 체제와 '민주주의 규범'에 대한 강한 헌신은 사회·경제적 지위와 직접적으로 연관되어 있는 것 같다.

가치 합의에 관한 조사의 많은 부분이 모호하고 해석해 내기 어렵다는 점을 강조하지 않을 수 없다. 여기서 중요하고 확실히 말할 수 있는 것은, 공통의 가치 체계에 대한 광범위한 지지가 존재한다는 어떤 주장도 최대한 의심을 갖고 다룰 필요가 있다는 것이다. 이런 견해를 뒷받침해 주는 증거는 다원주의가 등장했던 바로 그 사회의 역사에서 찾을 수 있다. 1960년대와 1970년대 초에 미국과 서구에서는 긴장과 갈등이 점점 고조되어 갔는데, 이는 다원주의의 틀로는 이해하기 어려운 것이었다. 전반적인 경제성장률 하락 추세, 실업 증가, 심각한 공공 재정 문제, 노사 갈등의 증가, 도심 지역의 [사회적 문제로 인한-옮긴이] 위기, 인종 갈등 등이 전개되는 상황에서 '법의 지배'와 공적 제도에 대한 도전이 높아 갔다.

1968~69년의 시기는 하나의 분수령이었다(S. Hall et al. 1978). 베트남전 반대 운동, 신좌파와 연계된 학생운동 및 기타 여러 정치 집단들은 정치의 추세를 변화시켰다. 그것은 뚜렷한 정치적 양극화의 시기였다. 평화에 대한 요구, 산업 노동자와 지역공동체에까지 민주적 권리를 확장하려는 요구, 여성해방의 요구, 인종주의에 대한 저항 등은 (전후의) 런던과 워싱턴에서 유례없는 항거의 장면을 연출하고 1968년 5월 프랑스를 거의 혁명으로까지 몰아갔던 문제들의 일부에 불과했다. 새로운 사회운동은 전통적 정치체제가 옹호하는 거의 모든 것에 반대하는 것처럼 보였다. 그들은 전통적 정치체제를 경직되고 통제된 권위주의적 체제로 또한 도덕적·정신적·인간적 내용이 텅 빈 체계로 규정했다. 이런 운동들의 응집력과 그들이 누렸던 지지의 정도는 쉽게 부풀려질 수 있지만, 그런 운동들이 고전적 다원주의의 기본 전제를 상당 정도 산산조각냈다는 사실은 과장이 아니다. 1960년대 말

의 사건과 상황은 다원주의의 관점에서는 전혀 예상할 수 없는 것이었다. 더욱이 닉슨Nixon, Richard Milhous 시기의 워터게이트사건을 통해 미국 민주주의의 중심부에서 드러난 부패와 기만으로 말미암아 '개방되고 신뢰받는' 정부라는 바로 그 이상은 더욱더 빛을 잃게 되었다(McLennan 1984, 84).

고전적 다원주의가 서구 정치의 특징을 제대로 규명하는 데 실패한 가장 큰 이유 가운데 하나는 권력과 권력관계를 인식하는 방식에 근본적 문제가 있기 때문이다. 다원주의의 권력 개념에 대해 강력한 비판을 제기한 바크라흐P. Bachrach와 바라츠M. S. Baratz는, A가 B를 지배하는 (관찰 가능한) 상황 ― 다원주의적 관점에서의 권력을 나타내는 ― 을 미리 결정지을 수 있는 권력의 행사에 관심을 기울였다(Bachrach and Baratz 1962, 947-952). 그들은, '편향의 동원'이라는 샤츠슈나이더의 개념을 채용해, 개인이나 집단은 '정책 갈등의 표출을 막는 방벽을 만들거나 강화'함으로써 권력을 행사할 수 있다고 지적했다(Schattschneider 1960 참조). 달리 말하면 A는 무無의사 결정non-decision-making 과정에 관여함으로써 B의 행동을 지배할 수 있다.

> 물론 B에게 영향을 미치는 의사 결정에 A가 참여할 때 권력은 행사된다. 그러나 권력이 행사되는 또 다른 경우가 있다. A가, 자신에게 비교적 무해한 이슈들만이 공적으로 논의되도록 정치과정의 범위를 제한하는 그런 사회적·정치적 가치나 제도적 관행을 창출하거나 강화하는 데 자신의 에너지를 쏟을 경우다. A가 이것에 성공하는 한, 해결된다면 A의 선호를 심하게 침해할 수 있는 그런 이슈를 B가 전면에 부각시키는 것은 실제로 차단된다(Bachrach and Baratz 1962, 949).

바크라흐와 바라츠의 비판은 상당히 중요한 의미가 있다. 일이 일어날 때 (의사 결정)뿐만 아니라 일어날 것 같지 않을 때(무의사 결정)의 권력 전개 방식에도 주목했기 때문이다. 그러나 단순히 개인이 무엇을 하는가 또는 하지 않는가라는 관점 — 바크라흐와 바라츠도 이런 입장이었던 것 같다 — 만으로는 권력을 제대로 이해할 수 없다. 권력 개념에 대한 뛰어난 분석에서 스티븐 룩스가 말하고 있듯이, '한 체제의 편향성은 단지 개인적으로 선택된 일련의 행위에 의해서 유지되는 것이 아니다. 가장 중요하게 그것은 사회적으로 구조화되고 문화적으로 유형화된 집단 행태와 제도적 관행에 의해서 유지된다'(Lukes 1974, 22). 저항을 억누르고 자신의 의지를 실현시키는 개인의 능력이라는 관점에서 권력을 정의한다면, 집단적 힘과 사회구조나 제도의 측면은 무시될 것이다. 이렇게 볼 때, 고전적 다원주의들이 이른바 '합의 정치'consensus politics의 쇠퇴의 배후에 존재했던 그런 권력의 불균형 — 계급 간, 인종 간, 남녀 간, 정치가와 일반 시민 간의 — 을 전혀 파악조차 못한 것이 그리 놀라운 일은 아니다.

고전적 다원주의의 입장에는 권력의 본질과 분포에 대한 부적절한 이해에서 연유하는 또 다른 일련의 문제가 있다. 다수의 권력 중심이 존재한다고 해도, 정부가 ① 다수의 권력 중심에 대해 똑같이 귀를 기울이고, ② 그런 권력 중심부의 지도자들과 소통하는 것 이외의 어떤 것을 행하고, ③ 권력자가 아닌 사람들의 영향도 받고, ④ 논의되고 있는 이슈에 대해서는 무엇이든 행하리라는 것 등등이 보장되지는 않는다는 점이다(Lively 1974, 20-24, 54-56, 71-72, 141-145). 고전적 다원주의자들도 이런 점에 대해 부분적으로 인식하기는 했지만, 그것이 권력 분포 및 정치적 책임성을 분석하는 데 어떤 의미를 갖는지를 탐구하지는 않았다. 많은 집단들이 중앙 정치의 장에서 예컨대 강력한 로비 조직이나 기업의 영향력과 경쟁할 수 있는 자원을 갖고 있지 못하다는 사실은 너무나 명백하다 — 이에 대해서는, 정치 참여의 조건에 대한 슘페터의 분석에 대해 논하면서 이미 지적한 바 있다. 많은 집단들은 정치적 동원에 필요한 최소한의 자원조차 갖고 있지 못하다. 되돌아보면 정치적 관여의 조건에 대한 다원주의자들의 분석은 너무나 조야했다. 부분적으로는, 대다수 다원주의 사상가들이 전후 서구 민주주의의 성취를 확인하는 데 너무 열중했기 때문에 광범위한 잠재적 결함을 올바로 인식하는 데 실패했다는 평을 피하기 어려울 것이다.

그런 결함 가운데 일부는 이후에 핵심적 '다원주의자들'에 의해, 그중에서도 달에 의해서 인정되게 되었다(Dahl 1978; 1985; 1989). 다원주의 이론의 개념적·경험적 문제들로 말미암아 고전적 다원주의는 사실상 일련의 경쟁적 학파나 경향으로 해체되었는데, 그중에서 새롭게 '신다원주의'적 입장의 대강이 구체화되기에 이르렀다(McLennan 1984; 1995 참조). 이는 주목할 만한 이론적 발전인데, 특히 달의 저작에서 분명히 드러난다.

민주주의, 법인 자본주의 그리고 국가

달은 『경제민주주의 서설』*A Preface to Economic Democracy*(1985)에서, 현대 세계에서 자유에 대한 주된 위협은 토크빌 등이 예측했던 평등에 대한 요구 — 사회적 차이를 평균화하고 정치적 다양성을 근절하려는 다수의 위협 — 와 관련된 것이 아님이 판명되었다고 주장한다(Dahl 1985, 44 이하, 50 이하, 161-163). 평등과 자유 사이에 긴장이 있을 수 있지만 평등이 일반적으로 자유에 해로운 것은 아니다. 사실상 자유에 대한 가장 근원적인 도전은 불평등에서 연유하거나, 어떤 종류의 자유 — 즉, '무제한의 경제적 자원을 축적할 수 있고 경제활동을 위계적 지배 구조의 기업으로 조직화할 수 있는 자유' — 에서 연유한다(Dahl 1985, 50). 현대적인 기업 소유·지배 체제는 다양한 형태의 불평등의 창출과 깊이 연관되어 있으며, 그런 불평등은 모두 정치적 자유의 범위를 위협하고 있다. 달은 다음과 같이 적고 있다.

> 소유와 지배는 부, 소득, 지위, 기술, 정보, 정보와 선전에 대한 통제권, 정치 지도자에 대한 접근, 성인뿐만 아니라 태아·유아·어린이들에게 평균적으로 예측 가능한 삶의 기회 등등에서 시민들 간에 엄청난 차이를 만들어 내는 원인이 되고 있다. 적절한 제한이 취해져 왔음에도 불구하고 이와 같은 차이는 다시, 정치적으로 동등하게 국가의 통치에 참여할 수 있는 능력과 기회에 있어 엄청난 불평등을 시민들 사이에 만들어 내는 데 이바지하고 있다(Dahl 1985, 55).

[그의 초기 저작인-옮긴이] 『민주주의 이론 서설』A Preface to Democratic Theory(1956)과 너무나 대조적으로, 또한 마르크스의 국가 이론을 주요하게 인정하면서(명시적이지는 아니었지만), 달은 현대의 '법인 자본주의'●가 '사회적·경제적 자원의 중대한 불평등을 만들어 냄으로써 정치적 평등을 심각하게 침해하고 따라서 민주주의 과정을 심각하게 침해하는 경향이 있다'고 단언했다(Dahl 1985, 60).³

정치적 평등과 민주주의에 대한 이런 침해는, 경제적 불평등의 창출이나 이로 인한 직접적 충격 등을 훨씬 넘어서는 문제다. 왜냐하면 여러 마르크스주의자들이 주장해 왔고 또한 찰스 린드블롬과 같은 신다원주의자들이 받아들이게 되었듯이, [그런 침해로 인해서-옮긴이] 여러 이익집단들의 요구에 부합하게 [중립적 조정자로-옮긴이] 행동할 수 있는 정부의 능력 바로 그것이 제약당하기 때문이다(Lindblom 1977; Dahl 1985,

3_달은 '관료적 사회주의'에 대해서도 같은 지적을 했다. 하지만 이를 길게 전개하지는 않았다(Dahl 1985, 60).
● 법인 자본주의(corporate capitalism) 란, 자본주의 초기의 개인 기업·가족 기업과 달리 법인(corporate) 형태의 주식회사가 경제의 중추를 이루는 현대의 자본주의를 말한다. 주식회사 체제는 최대 주주가 주식 소유권을 근거로 경영자 임명권을 가지며, 이를 통해 기업을 통제하는 위계적·권위주의적 기업 지배 구조를 이루고 있다. 달은 『경제 민주주의 서설』에서 1870년대 중반부터 '법인 자본주의'가 미국 경제의 중심을 차지하게 되었고, 이에 따라 시민 간에 심각한 불평등이 야기되었다고 지적하면서, 주주의 기업 소유권과 기업 통제권은 정당화될 수 없다고 주장한다.

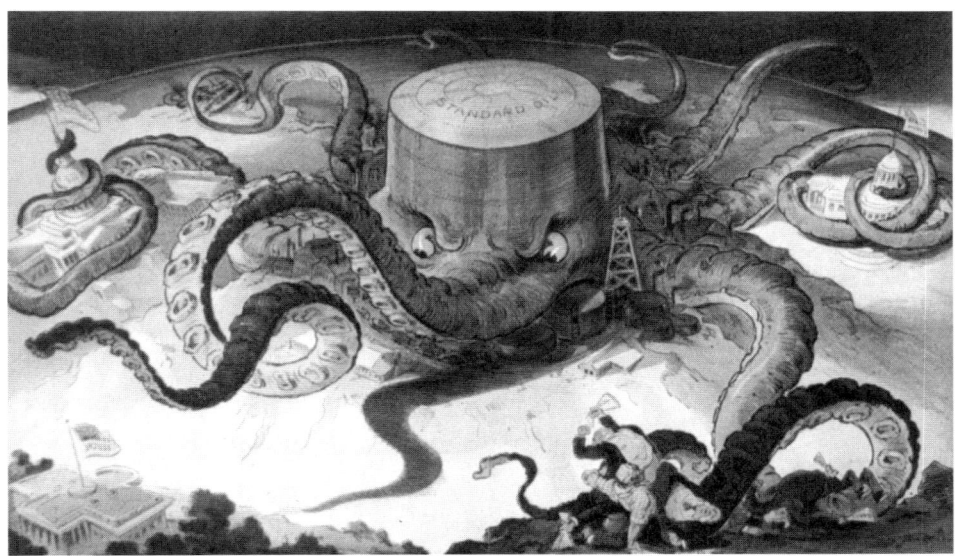

1904년 『펑크 매거진』에 실린 만평.
문어 모습의 스탠더드 오일이 철강·구리·조선은 물론, 미국인의 일상과 백악관에까지 영향력을 미치고 있음을 보여 주고 있다.
록펠러(Rockefeller, John Davison)가 세운 스탠더드 오일은 1870~1911년에 걸쳐 미국 국내의 석유 생산, 가공, 판매, 운송을 거의 독점해 왔다.

102 참조). 사적 축적의 필요성이 서구의 정부나 국가기구에 부과하는 제약은 정책 대안을 체계적으로 제한한다. 사적 투자와 사적 소유의 체계는, 경제성장과 안정적 발전이 지속되려면 반드시 충족되어야 할 객관적 요건을 만들어 낸다. 이런 구조가 위협을 받게 되면 곧바로 경제적 혼란이 뒤따르게 되고 정부의 정당성이 붕괴될 수 있다. 달리 말하면, 자유민주주의 선거 체제에서 정권을 유지하기 위해 정부는 사적 부문의 수익성과 번영을 보장하는 조치를 취해야만 한다. 정부는 정부 스스로를 위해서 유지해야만 하는 자본축적 과정에 종속되어 있다. 린드블롬은 이 점을 잘 설명하고 있다.

시장체제의 공적 기능은 기업가들이 담당하기 때문에 일자리, 가격, 생산, 성장,

생활수준, 모든 사람의 경제적 안전 등이 모두 그들의 수중에 달려 있게 된다. 결과적으로 정부 공직자들은 기업이 그 기능을 얼마나 잘 수행하는가에 대해 무관심할 수 없다. 불황이나 인플레이션, 기타의 경제적 재앙 등은 정부를 붕괴시킬 수 있다. 따라서 정부의 주요 기능은 기업가들이 그들의 업무를 수행하도록 하는 것이다(Lindblom 1977, 122-123).

정부의 정책은 적어도 사기업이나 기업 권력 체제의 발전에 유리한 의제, 즉 그쪽으로 편향된 정치적 의제를 추구하지 않으면 안 된다.

민주주의 이론은 따라서 중대한 도전에 직면해 있다. 그것은 토크빌과 J. S. 밀이 생각했던 것보다 훨씬 더 큰 도전이며, 고전적 다원주의 이론가들이 지금껏 인식했던 것보다 훨씬 복잡한 도전이다. 민주주의와 정치적 평등에 미치는 법인 자본주의의 부정적 영향을 축소시키고자 하는 유권자들의 요망을 이행하는 것이 극히 어렵다는 — 불가능하지 않다면 — 것을 정치적 대표들은 알아차리게 될 것이다. 민주주의는 기업의 이해관계에 '특권적 지위'를 체계적으로 부여하는 사회·경제체제 내에 파묻혀 있는 것이다. 달에 의하면 민주주의에서 모든 시민에게 원칙상 존재하는 자유와 실제로 존재하는 자유 간의 관계에 관심이 있는 사람이라면 이 문제에 대해 마땅히 관심을 가져야 한다. 기업이 가진 힘을 대대적으로 뜯어고치지 않고는 자치를 충분히 달성하는 것이 불가능하다는 점을 인식할 때에만 현 시대에서 민주주의에 대한 약속은 지탱될 수 있다고 달은 주장한다. 이는 다시 생산자산에 대한 권리보다 자치에 대한 권리가 더 중요하다는 점에 대한 인식을 의미한다*(Dahl 1985, 162). 정치적 자유에 대한 약속이 실현되려면 협력적 형태의 기업 소유·지배 체제가 광범하게 확립될 필요가 있다. 즉, 민주주의 원칙

* 여기에서 생산자산(productive property)은 주식 또는 기업을 의미한다. 달은 누구나 사유재산권이라는 기본권을 갖는다고 해도 그것이 기업에 대한 주주의 사적 소유권을 정당화하지는 않는다고 주장하고 있다.

을 직장에까지, 경제 일반에까지 확장할 필요가 있는 것이다(Dahl 1989, ch. 22-23 참조). 민주주의의 경제적 장애물을 극복하기 위한 달의 제안은 10장에서 다루게 될 것이다. 여기에서는, 달과 린드블롬 같은 신다원주의 입장에 의하면, 이익집단들이 꼭 대등한 것으로 간주될 수는 없다는 점, 국가는 모든 이해관계의 중립적 중재자로 간주될 수 없다는 점, 기업은 국가에 대해, 따라서 민주적 결과의 본질에 대해 너무 많은 영향력을 행사하고 있다는 점 등을 강조하고자 한다.

이상의 논의들은 국가기구들이 실제 수행하는 기능과 역할에 대한 좀 더 면밀한 검토가 필요함을 시사한다. 국가의 여러 부문 ― 특히 국방처럼 책임성이 덜 한 부문 ― 이 수많은 주요 제조업체들의 이익 구조와 유착되어 있다고 해서 놀랄 일은 아닐 것이다(Duverger 1974 참조). 그러나 신다원주의자들도 강조하고 있지만, 민주주의의 여러 기구들을 그들과 상호 작용하는 다양한 경제적 이익집단들이 직접적으로 통제하고 있다고 말하는 것은 완전한 오류일 것이다. '국가 관리자들'은 그들 자신의 이익(자기 지위의 특권과 안정, 자기 부처의 영향력)을 추구하기 때문에 자신들의 목적과 목표를 발전시키려 할 것이 당연하다. 정치적 대표들이나 국가 관리들이 하나의 강력한 단일 이익집단을 이루거나 또는 서로 경쟁하는 이익집단들로 이루어진 하나의 강력한 무리가 될 수도 있다 ― 이들의 관심은 국가 그 자체를 강화(확대)하고, 특정의 선거 결과를 확보하는 데 있다. 민주적 정치인들은 시민 사회의 주도적 집단들의 요구를 충족시키는 데 관여할 뿐만 아니라, 여타의 이슈를 희생시키면서 어떤 이슈를 의제로 설정하는 정치 전략 ― 공동체의 특정 부문을 결집시키거나 해체하는 것, 어떤 특수 요구를 충족시켜 주거나 무시하는 것, 선거 쟁점을 고무하거나 억제하는 것 ― 을 추구하는 데 관여하기도 한다(Nordlinger 1981 참조). 이런 과정들을 보면서 신다원주의자들

모델 6   다원주의

- **모델을 정당화하는 원리**
  - 소수파들에 의한 통치를 보장, 따라서 정치적 자유를 보장.
  - 지나치게 강력한 파벌과 비반응적인 국가가 나타나는 것을 막는 결정적인 방벽.

- **핵심 특징**
  - 1인 1표, 표현의 자유, 조직의 자유 등을 비롯한 시민권.
  - 입법부, 집행부, 사법부, 행정 관료제 사이의 견제와 균형의 체제.
  - 최소한 두 개 이상의 정당을 가진 경쟁적 선거 체제.

  고전적 다원주의
  - 정치적 영향력을 추구하는 (구성원이 서로 겹치는) 다양한 범위의 이익집단들.
  - 정부는 여러 요구들 사이에서 중재하고 판결.
  - 헌법 규정들은 그것을 지탱해 주는 정치 문화와 일체를 이루고 있음.

  신다원주의
  - 다양한 압력 집단이 존재. 하지만 정치적 의제는 기업 권력 쪽으로 편향되어 있음.
  - 국가와 그 부처들은 나름의 부문 이익을 형성.
  - 다양한 정치 문화의 맥락 안에서 또한 경제적 자원의 근본적인 불평등 체제 안에서 헌법 규정들이 작동.

- **일반적 조건**

  고전적 다원주의
  - 권력이 사회의 여러 집단들에 의해 공유되고 거래됨.
  - 상이한 유형의 자원들이 사람들 사이에 널리 흩어져 있음.
  - 정치적 절차, 정책 대안의 범위, 정치의 정당한 영역 등에 대한 가치 합의.
  - 정치적 안정을 가져오기에 충분한, 능동적 시민과 수동적 시민 간의 균형.
  - 다원주의적인 자유 시장 사회의 규칙을 지탱하는 국제 체제.

  신다원주의
  - 여러 집단들이 권력을 두고 경쟁.
  - 빈약한 자원 기반밖에 없기 때문에 정치 참여를 충분히 할 수 없는 많은 집단들이 있음.
  - 불균등하게 분포되어 있는 사회·경제적 권력이 한편에서는 정치적 선택에 유리한 기회를 제공하지만, 다른 한편에서는 제약 요인으로 작용.
  - 불평등한 정치 참여: 불충분하게 개방된 정부.
  - 강력한 다국적 경제 이익과 지배적 국가들에 의해 타협되고 조정되는 국제 질서.

은 공고화된 정치적 이해관계와 관료 기구가 발전하게 되면 나타날 수 있는 복잡한 결과와 위험성을 인지하게 되었고, 따라서 '누가 실제로 무엇을 언제 어떻게 얻는가'에 대한 분석을 항상 추구하게 되었다(Pollitt 1984 참조). 기업의 이해관계가 두드러진다는 것을 인정함에도 불구하고, 신다원주의자들은 현대 민주정치를 뒷받침하는 세력이나 관계가 고정불변인 것처럼 서술하는 것을 조심스럽게 피해 왔다. 그들은 고전적 다원주의의 일부 핵심 교의 — 예컨대 자유민주주의는 다양한 압력 집단과 항상 변화하는 일련의 요구들을 발생시키며 궁극적으로 정치적 가능성의 불확정적 배열을 만들어 낸다는 해석 — 를 여전히 견지하고 있다. 나아가 그들은 획일적이고 비반응적인 국가가 나타나는 것을 막는 결정적 방벽이 자유민주주의라고 단언한다. 경쟁적인 정당들, 공개된 선거 영역, [자기 이익을 위해 국가에 대한-옮긴이] 경계를 풀지 않는 압력 집단 등은 어떤 다른 국가권력 모델도 따라올 수 없을 정도의 정치적 책임성을 달성할 수 있다고 그들은 주장한다. 〈모델 6〉은 고전적 다원주의와 신다원주의의 입장을 요약한 것이다.

민주주의가 정확히 어떤 것이며 또 어떤 것이어야 하는가는 아마 시간이 흐르면서 점점 더 복잡해진 문제인 것 같다. 다원주의의 궤적은 이를 잘 보여 주는데, 민주주의의 특징과 바람직한 모습에 대한 이론들이 계속 변해 왔던 것이다. 지금 다원주의 내에서는 민주주의의 원리와 주요 특징, 일반적 조건 등에 대한 핵심적 질문들이 어느 때보다도 개방적으로 논의되고 있다. 다원주의와 경쟁 관계에 있는 이론적 시각, 특히 신마르크스주의의 전개와 관련해서도 동일한 지적이 가능하다는 것은 흥미로운 일이다.

축적, 정당화 그리고 제한된 정치 영역

다원주의에 대한 비판을 확장시킨 정치학의 주요한 두 가지 이론적 흐름이 있다. 신마르크스주의 국가 이론이 그 하나이고, 현대 정치제도에서 나타나는 '조합주의적' 경향의 중요성에 대한 사회과학자들의 논의가 다른 하나다.[4] 아래에서는 이에 대해 개략적으로 살펴볼 것인데, 다원주의와 민주주의 이론을 둘러싼 논의에 그들이 기여한 바와 함께 주요 이론가들 간의 논쟁도 검토해 볼 것이다. 이 책의 목적에 비추어 볼 때, 신마르크스주의의 국가 논의가 조합주의의 기여보다 훨씬 흥미롭기 때문에 주된 초점은 이에 맞추어질 것이다. 하지만 이 장의 끝부분에서 조합주의에 대해 논의한 뒤에, 다원주의와 그 비판론에 의해 제기된 미해결 문제들을 살펴보고자 한다.

1960~70년대에 마르크스주의 학자들 사이에서 민주주의와 국가권력에 대한 관심이 뚜렷이 되살아났다(이에 대한 개관으로는 Jessop 1977; 1990 참조). 4장에서 보았듯이 마르크스는 모호한 유산을 남겨 놓았다. 그는 국가를 계급 지배의 도구로 이해하면서도, 다른 한편으로 국가가 상당한 정치적 독자성을 가질 수도 있다고 인정했는데, 이 두 논의를 충분히 조화시키지 못한 채로 남겨 둔 것이다. 레닌은 자본주의 국가 기구의 억압적 본질을 강조했지만, 마르크스가 남긴 모호함이 그것으로 해결되지는 못했다. 그리고 스탈린의 숙청과 소비에트 국가의 등장 (그리고 몰락) 이후 레닌의 저작들은 훨씬 덜 주목받게 된 것 같다(이 책 8장 참조). 마르크스와 엥겔스 이후에 많은 마르크스주의 이론가들이 정치 분석에 중요한 기여를 해왔다(예컨대 루카치 Lukács György, 코르쉬 Karl Korsch, 그람시 Antonio Gramsci 등은 계급이 권력을 유지하는 복잡하고 미묘한 여러 방식에 대해 탐구했다). 그러나

[4] 여기에서 '조합주의적' 경향이란, 노동·기업·국가의 주요 조직의 지도자들 간에, 그들이 속한 단체의 집합적 이익을 증대시키는 것과 교환하는 조건으로 주요 정치적 이슈를 해결하려는 공식·비공식적·초의회적 조정과 합의가 점진적으로 나타나는 것을 의미한다(Schmitter 1974 참조; Panich 1976; Offe 1980; 1996a).

랄프 밀리반드

마르크스주의 진영 내에서 국가와 사회의 관계에 대한 완전한 재검토는 1960년대 이후에야 이루어지는데, 이 작업은 애초 경험적 민주주의 이론에 대한 비판으로서 시작되었다. 따라서 이를 논의의 출발점으로 삼는 것이 편리할 것이다. 자유민주주의에 대한 신마르크스주의의 '대안'은 뒤에서 특히, 다음 장에서 거론될 것이다.

랄프 밀리반드의 『자본주의사회의 국가』 The State in Capitalist Society(1969)는 신마르크스주의 사상에 중요한 자극을 제공했다. 밀리반드는 서구 사회에서 국가가 점점 더 핵심적 위치를 점해 가고 있다고 지적하면서, 한편으로는 마르크스가 설정했던 계급과 국가의 관계를 재평가하고, 다른 한편으로는 당시에 정통으로 군림했던 고전적 다원주의의 국가-사회 모델을 평가해 보려 시도했다. 국가란 사회의 여러 이해관계 사이의 중립적 중재자라는 견해에 반대해, 밀리반드는 다음과 같이 주장했다. ① 현대 서구 사회에는 생산수단을 소유하고 통제하는 지배적 계급 또는 지배계급이 있다. ② 그 계급은 정당, 군, 대학, 언론 매체 등 힘 있는 기구들과 긴밀한 연계를 갖고 있다. ③ 그 계급은 국가기구의 모든 수준에서 특히 '지배적 지위'에서 과잉 대표되고 있다. 공무원과 공직자의 사회적 배경(압도적으로 업계나 유산계급, 또는 전문직 중간계급 출신), 그들의 특수이익(순조로운 승진 경로), 그들의 이념 성향(활동 기반인 자본주의 환경을 전적으로 수용) 등으로 인해, 전부는 아닐지라도 대부분의 국가기구들은 '자본주의에 …… 내재해 있는 권력과 특권의 구조를 유지하고 방어하는 데 결정적으로 중요하고 또 그에 헌신하는 요소'(Miliband 1969, 128-129)로서 기능하게 된다. 자본가계급은 고도로 응집적이며 서구의 정부나 국가 제도에 강력한 제약을 가함으로써, 결국 정부나 국가기구가 '사회를 지배하기 위한 도구'가 되게 한다고 밀리반드는 주장했다. 그러나 밀리반드는(앞에서 마르크스의 제1입장이라 부른 것을 옹호하며), 국가가 정치적 영향력을 유지하기 위해서 일상적으로는 지배계급 분파로부터 스스로를 분리시킬 수 있어야 한다고 주장했다. 정부 정책은 심지어 자본가계급의 단기적 이익에 반할 수도 있다는 것이다. 또한 밀리반드는 국가 위기와 같은 예외적 상황에서 국가는 계급적 이익으로부터 높은 수준의 자율성을 획득할 수 있다고 날카롭게 지적했다.

이런 주장 속에서 밀리반드는 여러 핵심 논점 ― 무엇보다도 생산수단을 소유하고 통제하는 자들이 정치적으로도 중심적 위상을 점한다는 지적 ― 을 제시했고, 이는 앞에서 이미 보았듯이 얼마 뒤에 신다원주의자들에 의해 타당한 것으로 받아들여지게 된다. 그러나 밀리반드는 민주정치와 국가 행위를 구조적으로 결정짓는 핵심 요인으로 계급을 끊임없이 강조했고, 이 점에서 그의 입장은 달과 같은 이론가들의 후기 주장과는 다른 것이었다. 즉, 자본가계급에 대한 강조는 시각의 '유사성'을 보여 주는 것이지 '동일성'을 가리키는 것은 아니었다. 왜냐하면 신다원주의자들은, 정치과정과 계급관계는 상호 연관되어 있지만 상당히 독립적인 역동적 관계에 있음을 강조하는 베버의 입장을 견지하기 때문이다(McLennan 1984, 85-86 참조). 신마르크스주의 진영 내에서 밀리반드의 주된 비판자였던 니코스 풀란차스는 논쟁을 통해 두 시각[신마르크스주의와 신다원주의-옮긴이] 간의 심연을 훨씬 예리하게 보여 주었다.

풀란차스는 마르크스의 제1입장(자율적인 국가 행위의 범위를 강조하는)을 더욱 명료히 하려고 시도했다. 그는 계급과 국가의 관계를 '인적 연계'를 통해서 파헤치려는 밀리반드의 시도를 '주관주의적' 접근법으로 간주하고서 퇴짜 놓게 된다. 풀란차스에 따르면 '자본가계급의 일원이 국가기구와 정부

니코스 풀란차스

에 직접 참여하느냐가, 실제 그렇다 하더라도, 문제의 핵심은 아니다'(Poulantzas 1972, 245). 그보다 훨씬 중요한 것이 자본주의 국가의 '구조적 요소'다. 이로 인해 국가는 자본주의 생산의 장기적 틀거지를 보호하게 되고, 책임성이라는 좀 더 광범위한 문제는 무시하게 된다.

이런 구조적 요소를 파악하기 위해서는, 국가가 자본주의 내에서 통합 기능을 하는 요소임을 이해하는 것이 필수적이라고 풀란차스는 주장했다. 좀 더 구체적으로 국가는 ① 경쟁의 압력과 당면한 이해 다툼으로 말미암아 끊임없이 '계급 분파들'로 분열하는 지배계급을 '정치적으로 조직화'하고, ② 무엇보다도 생산의 집중화로 인해 지배계급의 헤게모니를 위협할 수 있는 노동자계급을 '정치적으로 해체'하며, ③ 경제적·정치적으로 주변적 위치에 놓여 있기에 국가에 대항하는 행동을 할 수 있는 비지배적 생산양식의 계급들을 정치적으로 '재편성'하는 기능을 해야 한다(Poulantzas 1973, 287-278).

지배계급들은 쉽게 분열될 수 있기 때문에, 그들의 장기적 이해관계는 중앙집권적 정치 권위에 의한 보호를 필요로 한다. 국가는 다양한 분파들의 개별적인 특수이익으로부터 '상대적으로 자율적'일 경우에만 이런 기능을 수행할 수 있다. 그러나 국가의 자율성이 정확히 어떤 것인가는 복잡한 문제다. 풀란차스는 국가란 일관된 방향성을 가질 수 있는 단일체적인 실체가 아니라 갈등과 분열의 장이며 '계급적 힘들의 응축'이라고 역설했다(Poulantzas 1975). 국가가 어느 정도의 자율성을 획득할 수 있는가는 계급 및 계급 분파들 간의 관계와 사회적 갈등의 정도에 달려 있다. 풀란차스는 적어도 초기 저작에서는 권력이란 '계급 이익을 실현할 수 있는 능력'이라고 단언했고, 국가기구가 '권력의 중심'이지만 '권력을 갖고 있는' 것은 계급이며, '계급투쟁의 권력관계 속에서' 상대적 자율성이 국가에게 '맡겨진다'고 주장했다(Poulantzas 1973, 335-336).

요컨대, 현대의 자유민주주의 국가는 시민사회의 무정부적 경쟁의 필연적 결과인 동시에 그런 경쟁과 분열을 재생산하는 힘이다. 국가의 선출직 지도자 및 위계적 관료 기구는 국민적 통합 — '인민-국민' — 을 창출하고 대표하는 동시에 정치적 통일체(최소한 '통일체' 중에서 기존 질서를 잠재적으로 위협하는 부문)를 원자화하고 분절화하려 한다(Poulantzas 1980). 국가는 단순히 사회경제적 현실을 기록하는 것만이 아니라, 그 형태를 성문화하고 세력들을 강화함으로써 사회경제적 현실을 구성하는 데 관여한다.

그러나 계급·정치권력·국가의 관계에 대한 풀란차스의 이론에는 문제가 있다. 그는 국가에 일정한 자율성을 부여하면서도 동시에 모든 권력은 계급 권력이라고 주장했다.[5] 이런 비일관성 외에도, 풀란차스는 사회적·경제적 발전에 영향을 미치고 또 그에 반응할 수 있는 국가 자체의 능력을 지나치게 과소평가했다. 또한 그는 국가를 '소극적' 시각에서만, 즉 국가가 어느 정도나 자본주의의 경제적 기획을 안정시키면서 잠재적인 혁명적 영향력의 발전을 저지하는가라는 시각에서만 바라보았다. 이로 인해 풀란차스는 국가의 진로와 조직에 영향을 미칠 수 있는 노동계급이나 기타 다른 집단 및 사회운동 등의 능력을 경시하게 되었다(Frankel 1979 참조). 국가가 '계급 관계의 모순'에 실제로 관여하고 있는 한 단순히 '현상 유지의 옹호자'일 수만은 없는 것이다. 더욱이 '계급적 힘들의 응축'으로서의 국가에 중점을 둔 결과, 그의 국가론에서는 국가 내부나 제도적 차이 등이 충분히 규명되지 못했다. 제도가 어떻게 작동하는지 그리고 엘리트, 정부 관료, 의원들 사이의 관계는 어떤 식으로 전개되는지 등은 무시되었던 것이다.

[5] 그의 최근 저작에서 풀란차스는 이런 문제를 해결하려 했다. 『국가, 권력, 사회주의』(State, Power, Socialism, 1980)는 그의 가장 성공적인 저작이다. 그러나 이 책이, 후술할 어떤 중요한 통찰을 제공하긴 했지만, 이런 문제를 완전히 극복했다고는 생각되지 않는다.

클라우스 오페

클라우스 오페는 민주주의·계급·국가권력에 대한 신마르크스주의 진영의 논쟁에 새로운 자극을 가했다. 그는 밀리반드와 풀란차스의 준거틀에 도전하여 그것을 개조하고자 했다(Frankel 1979 참조; Keane 1984b). 오페에게 있어 국가는 단순히 풀란차스의 주장처럼 '자본주의 국가'(계급 권력에 의해 결정되는 국가)도 아니고, 밀리반드의 주장처럼 '자본주의사회의 국가'(직접적인 계급적 이해관계로부터 벗어나 일정한 정치권력을 보유하고 있는 국가)도 아니었다. 오페는 현대자본주의 개념에서 논의를 시작하는데, 여기에서 그는 현대자본주의가 내부적으로 수많은 부문으로 분화되어 있음을 강조한다. 오페에 의하면, 국가의 가장 중요한 특징은 그것이 자본주의의 모순에 어떻게 얽혀 들어 있는가에 있는데, 그 양상에는 네 가지 특징이 있다.

첫째, 사유 자본이 경제 기업의 주된 근거이지만, 경제적 소유권이 직접적인 정치권력을 부여해 주지는 않는다. 둘째, 국가 재정이 의존하는 물적 기반은 사적 축적 과정을 통해 창출된 자본이다. 국가 재정은 부와 소득에 부과되는 다양한 세금으로부터 나온다. 셋째, 국가는 국유 산업 수입을 제외하고는 자신이 직접 조직하지 않은 수입원에 의존한다. 따라서 국가는 자본축적 과정을 촉진하는 데 일반적인 '이해관계'를 갖고 있다. 이런 이해관계는 국가와 자본의 어떤 동맹 관계로부터 나오는 것이 아니라, 국가 자체의 존속에 필요한 조건을 유지하려는 국가의 일반적 관심으로부터 나온다. 넷째, 자유민주주의 국가에서 정치권력을 획득하기 위해서는 선거에서 대중의 지지를 얻어야 한다. 이런 정치체제는, 국가의 수입이 무엇보다도 국가가 의존하는 사적으로 축적된 부로부터 나온다는 사실을 은폐하는 데 도움을 준다.

이런 자본주의 국가의 특징으로 말미암아 국가는 구조적으로 모순된 처지에 놓이게 된다. 한편으로 국가는 자원의 축적 과정과 사적 전유를 지속시켜야 하고, 다른 한편으로 계급 이해관계의 공정한 중재자라는 믿음을 유지함으로써 자신의 권력을 정당화해야 한다(Offe 1984). 국가와 경제는 제도적으로 분리되어 있기 때문에 국가는 영리 조직에서 흘러나오는 자원에 의존하게 된다. 대체로 축적 과정에서 나오는 자원들은 '국가의 조직력이 미치지 않는 데에' 있기 때문에, 국가는 자본주의경제의 활력을 보호하려는 '제도적 자기 이익'을 갖게 되며, 국가권력을 행사하는 자들도 모두 그런 이해관계를 갖게 된다. 이런 주장을 통해 오페는 밀리반드와 풀란차스 양자로부터 자신의 입장을 구별짓고 있다(그리고 신다원주의적 견해에 접근하게 된다). 그가 말했듯이, 국가의 제도적 자기 이익은 '축적에 역시 관심을 갖고 있는 특정 계급과 어떤 특정 정부와의 동맹의 결과로서 나오는 것도 아니고, 계급 이익을 추구하기 위해 국가 권력자에게 "압력을 가하는" 자본가계급의 정치권력으로부터 연유하는 것도 아니다'(Offe and Ronge 1975, 140). 그 자신을 위하여 국가는 축적 과정을 유지하는 데 관심을 갖는다.

정치권력의 성격은 이중적으로 — 즉, 정치권력에 대한 제도적 접근 방식을 확립하는 민주적 대의 정부의 공식 규정에 의해, 그리고 정책 성공의 한계를 부과하는 축적 과정의 물적 내용에 의해 — 결정된다. 정부는 선거에서 승리해야 하고 정책 수행을 위한 재정 자원을 필요로 하기 때문에 경제 문제를 관리하는 데 점점 더 개입하지 않을 수 없게 된다. 그러나 개입을 요구하는 압력의 증가는, 투자 자유에 대한 자본가들의 관심과 배치되며 또한 국가의 생산과정 통제 시도에 대한 자본가들의 완강한 저항(예컨대 '과도한 규제'를 피하려는 기업들의 노력)에 의해 반대에 부닥치게 된다.

따라서 현대 국가는 상호 모순적인 요청에 직면한다. 즉, 국가는 사적인 축적 과정을 붕괴시키지 않고 또한 희소한 자원의 공정한 분배자라는 시장에 대한 믿음도 붕괴시키지 않으면서 축적 과정을 유지해야 한다. 경제 개입은 불가피하지만, 경제에 대한 정치적 통제력의 행사는 사회질서 전반을 정당화하는 전통적 기반 ― 집단적 선은 '공정한' 국가의 최소 개입 아래에서 자신의 목표를 추구하는 사적 개인들에 달려 있다는 자유주의 신념 ― 을 위태롭게 할 수 있다. 국가는 따라서 개입을 해야 하지만, 자본의 번영에 열중하고 있다는 것을 은폐해야 한다. 이처럼 오페는 자유민주주의적 자본주의 국가를 다음 네 가지 특징으로 정의했다. ① 축적으로부터 배제되어 있고, ② 축적을 위해 필요한 기능을 하며, ③ 축적에 의존하고, ④ ①과 ② 및 ③을 은폐·부정하는 기능을 한다(Offe 1975, 144).

오페가 ④ 항목에서 제기한 그런 종류의 이슈는 신다원주의자들의 관심을 끌지 못했지만, ①~③ 항목이 다수의 신다원주의자들에 의해 수용될 수 있었다는 것은 흥미로운 일이다. 사적으로 산출되는 자원에 대한 서구 민주주의 정체의 의존성, 자유민주주의 국가가 '기업의 의제'를 지원하는(필연적으로 그 쪽으로 편향되는) 정도, 민주주의의 작동이 생산수단의 사적 소유에 의해 제한되거나 억제되는 정도 등 여러 근본적 이슈에 있어서 린드블롬과 달 및 오페의 입장은 하나로 수렴하고 있다. 비록 오페가 계급 대립의 중재자로서의 국가에 중심적 역할을 부여하고 또한 린드블롬이나 달이 수용할 수 있는 것보다 더 계급을 강조하고는 있지만, 그들은 모두 '국가 관리자들'이 직접적인 경제·사회적 압력으로부터 다소의 독자성을 누릴 수 있다는 견해를 지지했다. 즉, 국가를 사회경제적 요인과의 관계에서만 이해하거나 사회경제적 요인으로 환원시키는 것은 불가능하다는 것이다.

그러나 1970년대와 1980년대 초의 여러 작업에서 오페는 '반응적reactive 메커니즘'으로서의 국가에 주된 강조점을 두게 된다. 오페는 현대 국가에 대한 자신의 정의가 타당하다면, '그 정의에 담긴 기능들을 자본주의사회의 어떤 국가가 상당 기간 동안 동시에 그리고 성공적으로 수행할 수 있을 것이라고 상상하기란 어렵다'고 주장한다(Offe 1975, 144). 오페는 이 가설을 검증하기 위해 국가 행정의 특징과 특히 국가의 효율적 행정 능력을 조사했다. 오페는 행정의 문제가 특히 심각하다고 주장한다. 왜냐하면 현대 정부가 떠맡은 여러 정책들은 단지 시장 활동을 보완하는 것이 아니라 실제로 대체하는 것이기 때문이다. 오페는, 조합주의 견해와 유사하게, 국가는 종종 주요 기업집단과 조직 노동 — 기존 질서를 안정적으로 지속시키는 데 있어서 그들의 묵인과 지지가 결정적으로 중요한 — 을 선택적으로 지지·후원한다고 주장한다. 나아가 이와 같이 '전략상 중요한 세력'의 대표들은, 비공식적이고 초의회적인 협상 과정을 통해 정치적 안정에 대한 위협 요인을 해결하는 데 점점 더 관여하게 된다고 오페는 주장한다(Offe 1979, 9). 이렇게 하여 자유민주주의 국가는, 기존의 제도적 합의를 지속시키려는 노력 속에서, 강력한 기득권적 이해관계 사이의 타협을 선호하는 경향을 띠게 된다. 이런 타협은 너무나 종종 취약 집단들 — 예컨대 어린이, 노약자, 비조합원, 비#백인 집단 등 — 의 정치적·경제적 희생 위에서 이루어진다(좀 더 진전된 논의는 Offe 1984; 1985 참조). 오페의 견해에 따르면, 자본주의 메커니즘을 중추로 하는 제도적 질서 전반을 유지하는 데 국가가 관심을 둠으로 인해, 내가 앞에서 언급했던 광범위한 인민의 제한적 참여나 불참여를 가져오는 제반 조건들이 체계적으로 재생산되고 있는 것이다.

현대의 자본주의적 민주주의에서는 핵심적인 정치 문제들이 억제되거나 다른 영역으로 전치되는 방식을 통해서 겨우 '해결'되고 있다는 견해를 비롯하여, 오페의 분석에는 중요한 함의들이 많이 들어 있다. 그 가운데 몇 가지는 '민주주의 위기' 이론에 초점을 맞출 다음 장에서 다루게 될 것이다.

여기서 특히 강조할 필요가 있는 것은, 현대 자유민주주의를 분석하는 데 있어 오페의 작업이 밀리반드나 풀란차스의 작업보다 더 큰 기여를 하고 있다는 점이다. 국가가 어떻게 계급 대립 속에 얽혀 들어 있는가를 강조한 오페의 지적은, 자본 또는 자본가계급의 요구와 기능적으로 결합되어 있는 것으로 국가를 파악하는 밀리반드와 풀란차스의 '소극적' 견해의 한계를 상당 부분 극복하고 있다. 오페는 국가가 다양한 세력들의 영향을 받게 됨에 따라 자본뿐만 아니라 잘 조직된 노동계급 분파에게도 유리한 정책과 서비스를 제공하게 된다는 점을 강조한다. 노동운동의 역사는 고용주와 피고용인 간의 힘의 격차로 인한 불이익을 상쇄하려는 끊임없는 노력의 역사였다. 그에 대응하여 국가는 사회적 임금을 증가시키고 공공재를 확대하며 민주적 권리를 강화하고 공적 부문과 사적 부문 간의 균형을 변경시키는 다양한 정책을 도입해 왔다. 오페는 사회적 투쟁이 국가의 성격과 정책 결과의 특징 바로 그것 내부에 '새겨지고' 있음을 분명히 인지했다. 국가는 자본축적 과정에 의존하고 있고 또한 정책 수단을 제약하는 다양한 경제적·사회적·선거적 요인에 종속되어 있지만, 자본주의 재생산의 명명백백한 대리인은 결코 아니라는 점을 오페는 정확히 지적했다. 민주국가의 편파성과 예속성은, 상충하는 압력들이 부과하는 한도 내에서 여러 책략을 행하는 정부의 잇따른 시도들에 의해서 상당 정도 상쇄되거나 은폐될 수 있다. 나아가 이런 책략의 비용이 자주 사회의 취약층에게 전가된다고 오페가 강조한 것은 매우 중요한 의미가 있다고 생각된다. 이런 이슈들을 '경험적 민주주의 이론'의 중심에 놓을 수 있을 때 현행 민주주의의 작동에 관한 좀 더 설득력 있는 논의의 기초가 만들어질 것이다.

    그러나 오페는 정치적 대표들이나 행정가들이 정치 전략의 유능한 대리인이 될 수 있는 능력을 과소평가했고 이로 인해 민주주의와 국가에 대한 이해에서 왜곡을 낳게 되었다. 그는 그런 능력을 형식적으로 인정했지만 충분한 비중을 두지는 않는다. 오페는 기능적 필수 요건(자본과 노동, 축적과 정당성 양자를 만족시켜야 할 필요성)을 준거로 국가정책의 전개와 한계를 설명하는 경향이 있는데, 이로 말미암아 정부와 국가기관이 종종 발휘하는 '전략적 지혜'(이는 자유주의적 자본주의사회에서 국가 행위의 다양한 패턴을 역사적·비교적으로 평가해 보면 뚜렷이 드러난다)를 경시하게 되었다(Bornstein et al. 1984; P. Hall 1986 참조). 이와 관련된 또 다른 단점은, 상이한 국가들의 '여러 민주주의'를 구성하는 여러 가지 상이한 형태의 제도 배치가 가능함을 간과하고 있다는 것이다.[6] 이런 제도 배치가 시간이 흐르면서 어떻게 재생산되는지, 국가에 따라 어떻게 다르고 왜 다른지, 그 결과는 무엇인지 등은 민주주의 모델을 제대로 평가하는 데 있어 중요한 고려 사항이다(Potter et al. 1997 참조).

대의제도의 형태 변화

조합주의의 등장과 관련된 연구를 통해 민주주의 이론의 이런 공백을 극복하려는 시도가 일단의 정치 분석가들에 의해 이루어져 왔다(Schmitter 1974 참조; Panitch 1976; Middlemas 1979; Jessop 1990 참조; Pierson 1991). 대부분의 '조합주의' 사상가들은 자신들의 연구 결과가 갖는 의미를 지나치게 일반화시켜 왔지만, 그 내용을 간략히 살펴볼 필요는 있다. 왜냐하면 그것은 다음과 같은 주목할 만한 경향을 다수 제시해 주고 있기 때문이다. 첫째, 20세기의 경제 변화는 좀 더 집중화된 경제력의 등장을 가져왔고, 이는 사적 자

6_오페는 좀 더 최근 저작에서 이런 문제들을 다루었다(예컨대 1996a; 1996b 참조). 이 저작들은 동서 유럽의 민주정체의 발전을 검토하면서, 민주정치의 본질과 전망을 새롭게 조명하고 있다.

본가들이 노동자와의 투쟁에서 우위를 점하도록 해주었다. 완강하게 저항하는 노동 세력에 직면하게 된 자본은 투자의 중심을 언제든지 옮길 수 있게 되었는데, 그 결과 일자리를 더욱 부족하게 만들면서 노동자의 압박 능력을 약화시키게 되었다. 부분적으로는 자본의 힘에 대응해, 부분적으로는 현대 경제의 복잡성의 결과로, 노동운동 그 자체도 좀 더 중앙집중화·관료화·전문화되었다. 자본과 노동 양쪽에서 강력한 조직들이 등장해 시장에서 서로에게 맞서 상대편 계획을 좌절시키려 하며 또 그럴 수 있게 된 것이다. 사태가 이렇게 전개되기 전에는, 고전적 다원주의가 가정했던 대로, 정치적 영향력을 두고 경쟁하는 다양한 경제·사회 집단들이 존재했다. 하지만 이제 그런 것은 더는 존재하지 않는다. 대표적인 조합주의 이론가의 지적처럼, '비확정적인 다수의 자발적이고 경쟁적이며 비위계적이고 자율적인 …… 범주들'에 의해 다양한 이해관계가 추구된다고 주장하는 어떤 민주주의 모델도 더 이상 타당하지 않게 되었다(Schmitter 1974, 93; Held and Krieger 1984, 12-14 참조).

특히 제2차 세계대전 이후의 20년 동안 기대와 요구가 치솟는 상황에서, 자본과 노동이 각각 투자 보류나 파업을 통해 경제성장과 정치 안정을 붕괴시킬 수 있게 됨에 따라, 그 어느 때보다 심각한 관리의 문제가 국가에 부과되었다. 그러나 계급 세력들이 국가 행위에 영향을 미치기는 했지만 결코 통제하지는 못했다. 마르크스주의자들은 계급이 정치를 지배하는 그림을 제시했다. 이와 달리 조합주의 이론가들은, 조직화된 이익집단들의 중앙집중화된 힘과 그들이 야기하는 문제를 독창적인 정치 통합 전략을 통해 극복하려는 국가의 시도에 초점을 맞추었다. 그들은 현대의 조합주의를 다음과 같이 정의했다.

하나의 이익 대표 체계로서, [이 체계를-옮긴이] 구성하는 단위들은 제한된 수의 단독적·강제적·위계적이고 기능적으로 분화된 범주들로 조직된다.● 또한 구성단위들은 지도자를 선출하거나 요구와 지지를 표출함에 있어 [국가에 의한-옮긴이] 일정한 통제에 따르는 대가로, 국가에 의해서 (만들어지지 않는다면) 인정되거나 허가되며 각 범주 내에서 [구성원의 이익을-옮긴이] 신중하게 대표할 독점권을 부여받는다(Schmitter 1974, 93-94).

일반적으로 조합주의적 장치란, 궁극적으로 국가가 이끄는, 사용자 조직과 노동 조직 및 국가 조직 간의 '3자' 관계를 말한다.

  조합주의적 설명에 의하면, 국가의 지도 능력이 증대됨에 따라 국가는 경제·정치 문제를 다루는 틀을 구축할 수 있게 되었다. 핵심적 조직 이익의 지도자들(예컨대 영국의 노동조합총연맹)은, 국가 공무원들과의 직접적 협상 채널 — 대표성의 독점 — 을 갖는 대가로서, 합의된 정책에 지지를 보내며 또한 필요하다면 구성원들로 하여금 그것을 굳게 지키도록 할 것으로 기대된다. 협상의 정치가 좀 더 엄격하고 공식적인 방침에 따라 체계화된다. 하지만 당사자들 간의 논의는 대부분 비공개로 비밀리에 비공식적으로 전개된다. 소수의 핵심 조직들이 긴급 현안을 해결하기 위해 참여하는데, 이들은 그 대가로 자기 조직의 구성원들에게 상대적으로 유리한 해결책을 확보한다. 요컨대 조합주의적 장치는 지배적인 노조와 기업 협회 및 그 각각의 지지자들의 [국가정책에 대한-옮긴이] 지지를 확보하기 위한 정치적 전략이었다.

  조합주의적 장치의 발전에 대해서는 다양한 설명이 조합주의 문헌에서 발견된다(Winkler 1976; Schmitter 1979; Panitch 1980). 하지만 이런 설명들 간의 차이점이 여기에서는 그 다

● 예컨대 조합주의 체제의 주요 구성단위는 자본과 노동(기능적으로 분화된 범주)이다. 이 가운데 예컨대 노동의 경우를 보면, 전국적 정상 노조가 노동의 이해를 단독으로 대표하며(단독적), 노동조합들은 산업별·지역별·기업별로 정상 노조 밑에 조직되어 그 지침을 따르게 된다(강제적·위계적).

지 중요하지 않다. 더욱 중요한 것은 3자 관계로부터 나타난 것으로 이야기되는 일반적인 정치적 결과다. '자유주의 이후의, 법인 자본주의 시대'와 함께 구체화된 새로운 정치 구조가 그것이다. 이에 관한 세 가지 핵심 주장은 다음과 같다. 첫째, 전통적인 대의 정치 기구들은 점차 3자 관계에 기초한 의사 결정 과정에 의해 대체되어 왔다. 정책 표출과 합의의 최고 중심부로서의 의회의 지위는 침식되어 왔다. 의회에서의 법안 통과는 이전 어느 때보다도 단순히 고무도장 찍는 과정이 되었다. 둘째, 의회나 지역별 대표 체제는 더 이상 이해관계가 표출되고 보호되는 주된 방식이 아니게 되었다. 고전적인 대표의 양식은 남아 있지만(의원 등의 형태로), 정치와 경제를 관리하는 가장 중요한 작업은 기능적 대표 — 즉, 기업과 노조와 국가 부처의 대표 — 에 의해 수행되고 있다. 초의회적인 정치과정이 점점 의사 결정의 핵심 영역이 되었다. 셋째, 일반 시민은 말할 것도 없고 지역 기반의 대표들이 정책 전개와 관련해 관여할 수 있는 여지가 급속히 축소되었다. 정치 참여는 조직 엘리트의 영역이 된다. 요컨대 경제적 변동, 정치적 압력, 조직적 발전 등이 의회의 주권과 시민의 권력을 침식시키고 있다. 새로운 '유연한' 협상의 방식이 좀 더 복잡한 입법과 공적 권위의 메커니즘을 대체한다. 이런 과정에 의해 주변화된 사람들(실업자, 다양한 종류의 사회 활동가들)은 '비공식적' 저항운동을 촉발하는 등 항의를 표출할 것이다. 하지만 대체로 조합주의 이론가들은, 새로운 제도적 절차가 사회의 핵심 분파들 간에 조화를 만들어 낼 것이라고 생각하는 경향이 있다. 조합주의적 견해의 주요 내용은 다음 〈그림 6.1〉에 나타나 있다.

 조합주의 이론가들이 부각시킨 경향들은 분명 주목할 만한 가치가 있다. 조직된 이익집단이 통치 과정에 참여한다는 것은 서구 민주주의에서 중요한 의미를 가진다(Middlemas 1979, 381 참조). 조합주의자들은 공공 문제에

그림 6.1 조합주의와 의회·정당 정치의 침식

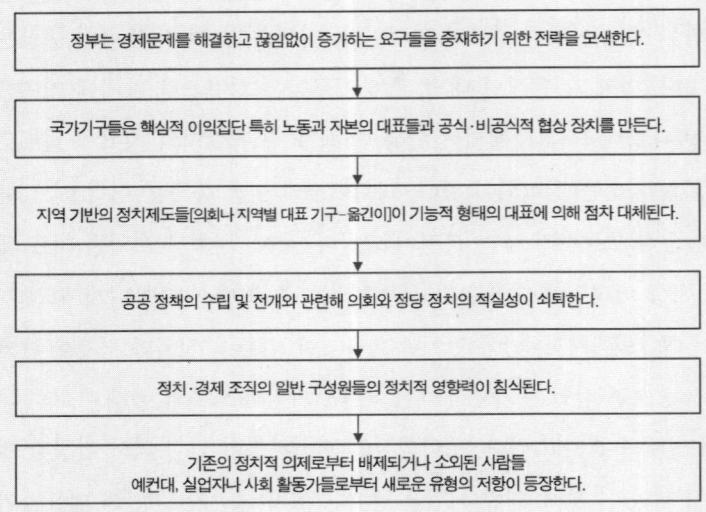

관한 초의회적 협상 방식의 등장에 초점을 맞춤으로써, 공식적 대의 기구의 영향력이나 의회가 다루는 영역이 제한적이 된 이유를 설명하는 데 도움이 되는 일련의 요소들을 규명해 주었다. 만일 인민주권의 약화가 실제로 존재한다면, 그 일부는 분명 조합주의 이론가들의 준거틀을 통해 설명되어야 할 것이다. 그러나 조합주의의 주장에는 몇 가지 제한이 가해져야 한다.

먼저 의회에서 논의하고 발의하는 영역이 지금은 취약해졌지만 예전에는 비교적 제한되지 않았다는 생각은 조심스럽게 다루어져야 한다 — 마르크스에서 베버, 레닌에서 달에 이르는 대부분의 정치 이론가들은 그러했다. 의회가 언제나 제한된 실제 영역 내에서 작동해 왔다는 것은 명백하다. 그런 제한이 수년 사이에 변화되었을 수는 있지만, 대의 기구의 효능과 권위가 최근에 특히 약화되었다는 견해를 정당화하기란 어려울 것이다. 나아가 조합주의 이론가들은 제2차 세계대전 이후 정부 운용에서 몇 가지 중대한 변화가 있었다고 폭로했지만, 거시경제정책을 제외하고는 3자 합의의 대상이 된 영역은 거의 없었다. 그리고 거시경제정책 내에서도 소득 정책 이외에는 '조합주의적' 설명에 들어맞는 것은 거의 없다. 기능적 대표가 정당과 의회의 역할을 실제로 대체했다고 생각할 만한 충분한 근거는 거의 없다. 더욱이 조합주의 장치가 발전해 왔다고는 해도 여전히 취약한 상태에 머물러 있다. 왜냐하면 조합주의 장치에는 노동의 통합을 가능케 하는 다음과 같은 일련의 조건들이 요구되는데, 이것이 충족된 예는 비교적 드물기 때문이다.

1. 거시경제정책에서 구조적 대책이나 재분배 조치를 둘러싼 '상호 협력적 관리·경영'을 선호하는 노동운동 내부의 태도
2. 노·사·정 3자 관리 체제가 주도적으로 활동하는 데 필요한 적절한 국가 기구의 존재
3. 통합된 노동계급 운동 내부에서 노조 권력의 제도화
4. 노동조합 연맹이 내린 결정이 개별 산별노조를 구속할 수 있을 정도의 중앙집권화
5. 합의된 정책에 대한 일반 노조원의 순응을 보장할 수 있을 정도의 노조 내 엘리트의 영향력(Held and Krieger 1984, 14로부터 수정)

광범위한 조합주의 장치는 오직 몇몇 국가 — 특히 오스트리아, 네덜란드, 스웨덴 — 에서만 확립되었다. 그 외의 다른 나라에서는 위의 조건 가운데 다수가 충족되지 않았고, 영국 같은 몇몇 국가에서는 단기적으로 몇 가지

조건이 충족되었을 뿐이다(Lehmbruch 1979 참조; Williamson 1989 참조).

　3자 관계의 발전 전망은 1950년대에서 1970년대 초까지의 경제 팽창 시기에 가장 밝았다. 확실히 이 시기의 번영은 모든 주요 이해관계들이 전후 정치 속에서 조정될 수 있으리라는 견해를 조장하는 데 도움이 되었다. 경제성장에 따라, 정책 집행자와 더불어 경영 측과 노동 측은 조정의 여지 및 만족(혹은 미래 만족)에 필요한 기반 등을 발견할 수 있게 되었다. 이와 대조적으로 1970년대 중반부터 1980년대 말까지 많은 국가들이 심각한 경제적 어려움을 겪게 되면서, 논의의 초점은 다른 방향 ― 노동과 자본 간에 공통되는 기반은 제한적이며, 핵심 경제문제와 관련해 협상과 타협의 의사를 전제로 한 기구들이 실현될 수 있는 전망은 희박하다 ― 으로 급격히 이동했다. 이런 사정을 고려하면, 이후 민주주의 이론의 주된 관심이 '민주주의의 위기'로 극적으로 이동한(이 책 7장 참조) 것은 전혀 놀라운 일이 아니다.

　다른 한편, 조합주의 장치를 구축하려 했던 시도 그 자체가 1970년대 중반 이후 민주주의가 직면하게 되는 곤경의 부분적 원인이 되었다고도 할 수 있다. 조합주의 전략에서 나타나는, 어떤 강력하거나 지배적인 집단들에 대한 편애는 좀 더 취약한 집단들의 선거·의회 지지를 약화시키게 되는데, 정부의 안정에는 이들의 지지가 필요한 것이다. 3자주의는 특정 이슈를 정치적 의제의 상단에 놓음으로써 불가피하게 다른 의제를 주변화하거나 배제하는 쪽으로 이끌게 된다. 좀 더 근본적인 문제는, 그런 전략을 강화하려는 시도가 정당 체제나 집단적 협상의 관례 등과 같은 전통적인 갈등 중개 기구를 존중하고 수용하는 태도를 약화시킬 수 있다는 점이다. 그리하여 새로운 조합주의 장치는, 실제로 몇몇 조합주의 이론가들이 시사했듯이, 기득권적인 주요 정치 결정 과정으로부터 배제된 자들 ― 보통의 노동자, 환경 문제에 관심이 있는 사람, 반전운동가, 여성운동가, 지역운동가 및 민족운동가 등 — 에 기초한 저항운동이 형성되도록 조장하는 정반대의 결과를 가져 올 수도 있다(Offe 1980 참조).

조합주의 장치가 민주주의의 성격을 근본적으로 변화시키는 데까지 이르기 위해서는, 조직화된 지배적 이해관계들 사이의 — 진정한 협상을 가능케 하는 — 힘의 균형뿐만 아니라 관련된 모든 이해관계와 관점을 의사 결정 과정에 포함하는 방법도 확보했어야만 했을 것이다. 확실히 조합주의 장치는 그렇게 하지 못했다. 조합주의 장치는 새로운 대표의 방식을 제시했다는 점에서 자본주의사회의 민주주의 이론과 실제에 있어 흥미로운 발전을 보여 주는 전조였지만, 그 발전은 제한적인 것이었다. 여하튼 조합주의적 제도의 존재는 고려되어야 할 또 하나의 요소이며, 보통의 평범한 시민들로부터 사회·경제·정치 문제에 대한 실질적 통제력을 더욱 빼앗아 버리는 또 다른 영향력임이 분명하다.

민주주의 이론은 끊임없는 변화의 상태에 있다. 정치 분석의 주요 전통 사이에 이견이 있는 것만큼이나 각 전통 내부의 사상가들 사이에도 많은 이견이 존재한다. 생산자산의 소유와 통제의 대규모 집중이 민주적 삶에 가하는 한계를, 많은 비마르크스주의 학자들이 인정하기에 이르렀다. 다른 한편, 최근의 마르크스주의 역저들은 자유주의적 대의 제도를 재평가하면서, 국가 활동의 상당 부분은 선거 과정의 역동성이나 이익 집합의 유형 변화, 집단들의 경쟁적 압력 등 — 그 모두가 계급으로부터 유래하지는 않는 요인 — 과 관련해 이해되어야 한다는 점을 인정하게 되었다. 더욱이 신다원주의자들과 신마르크스주의자들이 규범적으로 추구하는 목표에는 흥미롭게도 수렴하는 지점들이 존재한다. 신다원주의자들은 여전히 대의 민주주의의 영속적 중요성을 주장하고 있지만, 양자 모두 사적인 경제 권력의 대규모 집중에 의해 민주적 삶이 참을 수 없을 정도로 침해받고 있음을 인정하게 되었다. 마르크스주의자들은 최근까지도 일반적으로 마르크스의 고전적 정치관(〈모델 4〉)을 그대로 따라왔던 자세를 재고하려 하지 않았다. 하지만 이제는 변하고 있다. 부분적으로는 동서 유럽에서 국가의 성장이나 이에 대한 저항 등에서 영향을 받은 몇몇 마르크스주의자들은, 개인의 자유와 권리뿐만 아니라 국가와 정당의 통제로부터 벗어나 자신의 활동을 조직하는 집단이나 기구의 중요성을 왜 자유민주주의가 그렇게 강조하는지 그 의미를 재평가하게 되었다. 7장과 8장에서 좀 더 상세히 살펴보겠지만, 자유민주주의가 이룬 일정한 혁신의 의미를 보다 충분히 인정하고 있는 것이다.

그러나 현대의 가장 뛰어난 민주주의 모델들에서조차, 무엇보다 국가와 경제의 관계에 초점을 두는 데서 연유하는 많은 한계들이 공통적으로 발견된다. 마르크스주의자들은 정치의 개념을 확장시켜 생산의 권력적 관계까지를 포괄했지만, 마르크스주의 전통 가운데 어느 것도 성적·인종적 지배 관계에서 유래하는 정치 참여의 제한이나 정치 불참의 악순환에 대해 제대로 검토한 적이 없으며, 울스턴크래프트 같은 인물의 저작이 민주주의 이론과 관련해 가지는 의미(이 책 105-115쪽 참조)에 대해 깊이 고찰하지 않았다. 이런 편파성은 현대의 민주주의 모델들의 통찰력이 제한적임을 분명히 말해 준다. 지금까지 살펴본 마르크스주의와 다원주의 및 그 밖의 비마르크스주의 접근법들은 모두, 정치적인 것이란 국가나 경제 관계의 공적 영역에 조응하는 것이며 또한 그것이 바로 정치 활동과 연구의 본래 영역이라는 생각을 전제로 하고 있는 것 같다. 따라서 시민으로서의 요구나 기회에서 근본적 불평등이 존재하는 '사적' 관계의 세계는 시야에서 배제되고 있다. 민주주의 이론을 주도해 온 여러 전통의 중요한 통찰력과 조화를 유지하면서 이런 결함을 어떻게 극복할 것인가는 미해결의 문제로 남아 있다.

7장
전후의 안정에서 정치적 위기로
: 정치적 이상의 양극화

1968년, 파리.

"모든 금지를 금지한다!" _당시의 시위 구호

"우리가 1848년에서 배우듯 다음 세기의 아이들은 1968년에서 배울 것입니다." _한나 아렌트

MODELS OF DEMOCRACY

많은 사람들은 2차 세계대전 이후 15년 동안의 시기를 합의의 시대, 권위와 정통성에 대한 신뢰의 시대로 특징지어 왔다. 긴 전쟁은 대서양의 양안에서 국가-사회 관계의 진보적 변화로 특징되는 새로운 시대에 대한 약속과 희망의 물결을 가져온 것처럼 보였다. 1952년 영국 엘리자베스 2세Elizabeth II 의 즉위식 ─ 적어도 200만 명 이상이 거리로 뛰쳐나왔고 2천만 명 이상이 텔레비전을 시청했으며 거의 1천2백만 명이 라디오에 귀를 기울였던 ─ 은 전후의 사회계약, 즉 사회적 합의가 존재한다는 인상을 다시금 강화시켜 주었다(Marwick 1982, 109-110). 의회가 책임과 개혁을 상징한다면 군주제는 전통과 안정을 나타냈다. 미국에서는 모든 시민들의 애국적 충성이 충분히 확립된 것처럼 보였다. 한 해설가는 대중적 여론을 반영해 다음과 같이 말했다.

미국은 세계 최고의 민주국가의 하나였으며, 앞으로도 그러할 것이다. 이곳에서는 공중들이 사회적·정치적 정책 형성에 광범하게 참여하는 것이 다른 어느 곳보다도 많이 허용되고 있다. …… 사람들은 자신이 원하는 바가 무엇인지를 알고 있다고 생각하며, [타인에 의해-옮긴이] 푸른 풀밭으로 인도받을 마음은 없다고 생각한다(Hacker 1967, 68; Margolis 1983, 117에서 인용).

전후 시기에 정치적 스펙트럼의 좌에서 우에 이르는 여러 정치 평론가들은 사회의 핵심 제도에 대한 광범위한 지지의 존재에 대해 논했다. 개입주의 국가에 의해 절제되고 규제되는 자유 기업의 세계에 대한 신뢰는 우파 극단주의(중부·남부 유럽의 파시즘과 나치즘)와 좌파 극단주의(동구 공산주의)에 의해 강화되었다. 나아가 냉전은 소위 '존경할 만한' 모든 정치를 민주적 중앙 지대 안에 머물게 하는 거대한 압력으로 작용했다. 이 시기의 영국 정치에 대해 논평하면서 A. H. 핼시는 '자유·평등·박애가 모두 진전했다'라고 적었다. 완전고용과 교육·직업 기회의 증대는 그 시기를 '고도의 순상승 이동과 점증하는 대중적 풍요'의 시대, '20년 이상 동안 정치적 합의의 물결이 강하게 흘렀던' 시대로 특징지었다(Halsey 1981, 156-157). 이런 합의의 존재는, 앞에서 보았듯이, 알몬드와 버바의 『시민 문화』와 같은 학문적 연구에 의해 강력히 지지되었다. 그 책은 서구 선진 민주주의 국가들이 정부 체제에 대한 고도의 충성심, 정치적 권위에 대한 강한 존경심, 신뢰와 확신의 태도 등을 누리고 있다고 주장했다(이 책 322-323쪽 참조).

사회·경제개혁에 대한 약속, 입헌 국가와 대의제 정부에 대한 존중, 국가적·공적 이익에 부합하는 정책을 유지하면서도 개인의 이익 추구를 장려하려는 바람 등은 '새로운 정치'가 추구할 정책의 경계선을 설정해 주었다. 그와 같은 관심의 토대가 된 것은, 국가가 개인과 집단 모두의 '선'을 증진시키는 가장 적절한 수단이라는 생각이었다. 정부는 자의적 간섭으로부터 시민을 보호하고 취약한 자들을 도움으로써 모든 사람들을 위한 폭넓은 기회를 창출할 수 있다는 것이다. 1950년대와 1960년대에 거의 모든 정당들은, 자신들이 집권하면 부당한 특권층의 지위를 개혁하고 혜택 받지 못하는 자

그림 7.1 민주주의 모델의 이론적 궤적

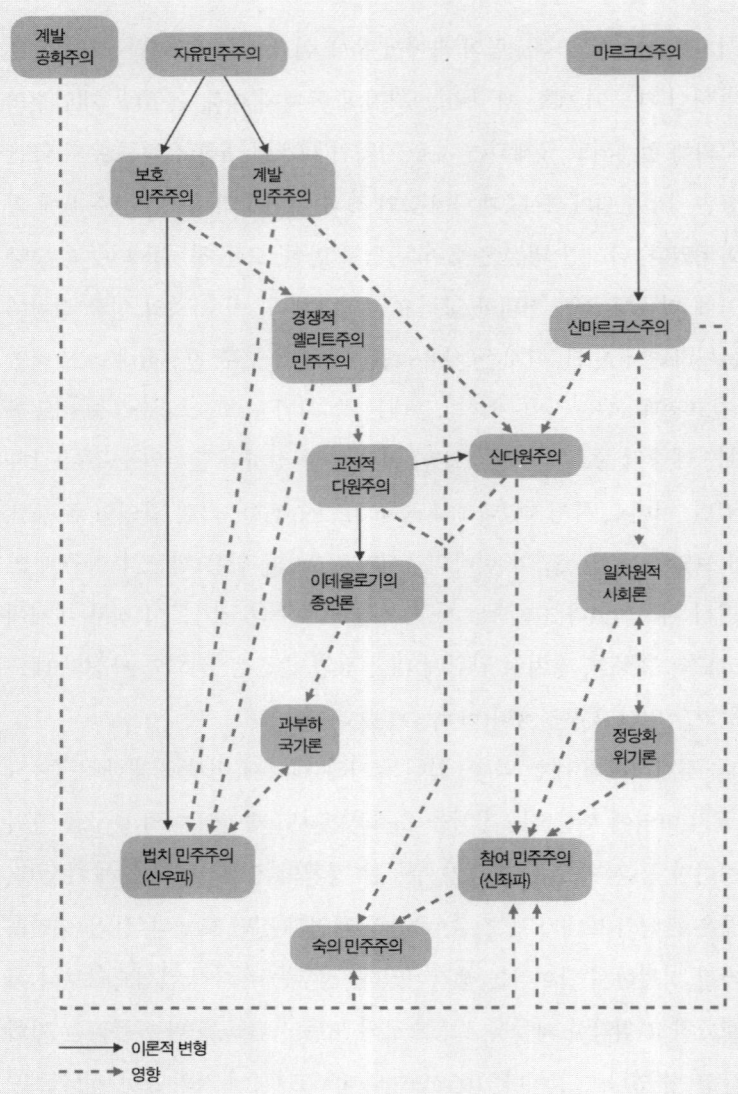

들의 처지를 지원하기 위해 개입해야 한다고 믿었다. 관심과 공정함, 전문화와 전문성 등을 구현하는 '돌보는 국가'의 정치만이 개개 시민의 복지와 선이 모두의 그것과 양립할 수 있는 조건을 만들 수 있다는 것이었다.

이와 같은 복지적·'사회민주적'·'개혁주의적' 정치 개념의 기원은 계발민주주의의 몇몇 개념과 원칙에서 찾을 수 있다(이 책 3장, 185-188쪽 참조). 하지만 그것이 가장 명확히 표현된 것은 제2차 세계대전 이후의 팽창적·케인스주의적 개입주의 국가의 실제 정치와 정책이었다. 그 시기의 급속한 경제성장은 대규모 사회복지 프로그램의 재원을 조달하는 데 기여했다. 그러나 1970년대 중반 세계경제의 하강과 함께 복지국가는 매력을 잃기 시작했고, 좌파의 공격(특권층·권력층의 세계를 잠식한 것이 거의 없다는 이유)과 우파의 공격(비용이 너무 많이 들고, 개인의 자유를 위협한다는 이유) 모두를 받게 되었다. 광범위한 여러 정당의 정치인, 사회 개혁에 헌신했던 노동조합원, 경제성장에 유리한 안정된 정치 환경 창출에 관심을 가졌던 기업가 등을 포함해, 한때 복지국가를 지지했던 이해관계 연합은 붕괴하기 시작했다. 국가가 '이전으로' 되돌아가야 하느냐 아니면 '앞으로' 나아가야 하느냐가 격렬한 토론의 주제가 되었다. 그 과정에서 복지국가를 지탱했던 의견 통합은 현저히 약화된 것처럼 보이기 시작했다. 국가 관리 영역의 확대를 주창한 사람들은, 모두에게 좀 더 큰 평등과 정의를 제공하는 조심스럽게 인도되는 국가 활동에 더해 개인의 권리를 주장함으로써, 시민사회에 대한 국가 개입 프로그램이 엄청나게 확대되는 길을 열었다. 문제는 그들 가운데 대다수가 국가 활동의 바람직한 형태와 한계에 대해서는 상대적으로 거의 언급하지 않았고, 그리하여 국가정책 내에 가부장주의·관료주의·위계 구조 등을 야기하는 데 일조했다는 것이다 — 적어도 일부 사람들은 그렇게 주장한다. 이것이 민주주의의 본질과 역동성에 미친 결과는 중차대한 것이었다.

이 장에서 우리는 먼저 두 짝의 주장을 살펴봄으로써 자유민주주의의 본질을 둘러싼 논쟁을 좀 더 깊이 검토하고자 한다. 그 첫 번째 짝은 전후 사회적 '합의' 시기의 특징에 대한 것이다('이데올로기의 종언' 및 '일차원적 사회' 명제들). 두 번째 짝은 1960년대 말 이래 합의의 침식과 증증하는 '민주주의의 위기'에 관한 것이다('과부하 정부' 및 '정당화 위기' 이론들). 각 짝의 입장들은 전후 정치를 바라보는 시각의 주된 균열을 분명히 보여 주고 있다. 각각을 차례로 검토함으로써, 민주정치의 실제 조건과 함께 두 가지의 추가적인 민주주의 모델 ― 신우파의 모델인 '법치 민주주의'와 신좌파의 모델인 '참여 민주주의' ― 을 좀 더 잘 이해할 수 있는 맥락이 제공될 것이다. 〈그림 7.1〉은 이런 여러 입장들 간의 개괄적 관계 및 앞에서 보았던 몇몇 관련 모델들과의 연관성을 그린 것이다(9장에서 논의할 '숙의 민주주의'의 위치도 대략적으로 보여 주고 있다).

용어에 대한 간략한 주의 사항을 언급하고자 한다. 신우파와 신좌파의 개념 가운데 대다수는 새로운 것이 아니다. 일부는 신우파나 신좌파의 개념으로 유명해지기 훨씬 이전부터 발전되어 온 것들이다(일부는 앞 장에서 검토한 이론적 입장들에서 보았던 기억이 날 것이다). 하지만 신우파와 신좌파의 등장 배경은 '오래된' 개념들에게 새로운 힘을 부여하게 되었다. 나아가 그것은 개념 그 자체의 혁신을 자극했다. 또한 신우파는 1960년대 말과 1970년대 초의 신좌파 운동(개괄적으로 보면, 다양한 좌파 그룹들, 여성운동, 환경운동, 평화운동)의 돌출에 대한 격렬한 대항으로 등장했음에 주목할 필요가 있다. 1960년대 말 이래, 비록 관점의 극단적 양극화가 특징적이지만, 민주주의 정치이론에 르네상스와 같은 현상이 나타났던 것이다.

정통성 있는 민주적 질서인가 억압적 정체인가?

20세기 산업자본주의 세계의 대소동 — 두 번의 거대한 전쟁, 러시아혁명, 1930년대의 대공황, 파시즘과 나치즘의 등장 — 을 생각하는 정치 분석가들에게 제2차 세계대전 이후의 상대적인 정치·사회적 조화와 합의는 깊은 인상을 남겼다. 1950년대 말과 1960년대 초에 활동한 미국과 영국 및 유럽 대륙의 정치·사회학자들은 이런 사태를 설명할 논리를 개발하고자 했다. 고전적 다원주의의 틀 내에서 논의를 전개한 한 탁월한 집단은 '이데올로기의 종언'이라는 명제를 발전시켰다. 그것은 1950년대 말과 1960년대 초에 미디어나 주요 정당, 정치권, 많은 노동운동 조직 등에서 표명했던 입장들과 잘 조화되는 명제였다. 훨씬 소규모의 또 다른 집단은 근본적으로 다른 견해를 제시했다. 이들이 제시한 해석은 국가·경제·문화의 핵심 제도권에서는 거의 공감대를 얻지 못했지만, 1960년대의 새로운 급진 저항운동과 학생들에게 주요한 영향을 미쳤다. 수정된 마르크스주의 틀 내에서 논의를 전개한 이 두 번째 집단은 소위 '이데올로기의 종언'을 고도로 억압적인 질서의 실현, 즉 '일차원적 사회'로 분석했다.[1]

'이데올로기의 종언'이란, 그 입장의 대표자 가운데 한 명인 세이무어 마틴 립셋에 의하면, 그가 '붉은 깃발의 물결'이라고 부른 것 — 즉, 마르크스-레닌주의에 의해 정의되는 사회주의 프로젝트 — 에 대한 지식인이나 노동조합, 정당 등의 지지가 쇠퇴한 것을 의미했다(Lipset 1963). 이런 상황을 설명해 주는 일반적 요인들로는, 마르크스-레닌주의가 하나의 정치체제로서 동구에서 남긴 기록에 비추어 볼 때 더 이상 매력적인 이데올로기가 아니게 된 점, 서구 산업자본주의 사회가 직면한 핵심 문제가 해결된 점 등이 제시되었다. 립셋은 좀 더 구체적으

---

[1] 두 집단의 학자들은, 달리 지적이 없는 한, 모두 선진 산업사회의 경향에 대해 대체로 논했다는 점에 유의해야 한다.

로, 서구 민주주의에서 '좌우를 나누는 이데올로기 문제는 정부 소유와 경제 계획을 조금 더 하느냐 덜 하느냐의 차이로 축소'되었고, '어느 정당이 개별 국가의 국내 정책을 통제하건 실제로 거의 차이가 없게' 되었다고 주장했다. 이 모든 것은 산업혁명이 남긴 근본적인 정치 문제들이 해결되었다는 사실을 반영한다고 립셋은 주장했다. '노동자들은 정치적 시민권을 획득하게 되었고, 보수주의자들은 복지국가를 수용하게 되었으며, 민주적 좌파는 전반적인 국가권력의 증대가 경제문제에 대한 해결보다는 자유에 대한 위협을

세이무어 마틴 립셋

훨씬 더 많이 가져다준다는 사실을 인정하게 되었다'는 것이다(Lipset 1963, 442-443). 립셋은 알몬드나 버바와 비슷한 논지를 펴면서, 일반적인 정치적 가치들에 대한 근본적인 합의 — 평등, 업적, 민주주의 절차 등을 지지하는 — 가 현재의 정치·사회 제도에 정통성을 부여하고 있다고 주장했다. 따라서 서구 민주주의는 점진적 안정, 계급 간의 또한 정당 간의 정치적 견해의 수렴, 점진적인 갈등의 해소 등으로 특징되는 미래를 향유하게 될 것이다. 이런 판단은 특정의 정치 문화를 연구한 다른 학자들 — 예컨대 영국을 연구한 버틀러와 스톡스(Butler and Stokes 1974) — 에 의해서 강화되었다.

'일차원적 사회' 개념을 널리 알린 헤르베르트 마르쿠제는 '이데올로기의 종언' 이론가들이 제시한 해석을 거부했다(Marcuse 1964). 그러나 앞에서 언급했듯이 기묘하게도 그들은 공통의 출발점을 공유하고 있다. 전쟁 직후 서구 자본주의 내의 정치적 조화의 양상을 설명하려는 시도가 그것이다.

마르쿠제는 근대 경제의 관리와 통제를 촉진하는 여러 힘들을 지적하는 것에서 분석을 시작했다. 그 첫째는 생산수단의 극적인 발전이다. 이를 가져다준 것은 자본의 점증하는 중앙집중화, 과학과 기술의 근본적 변화, 기

"안락하고 순조로우며 적절히 민주적인 부자유가 선진 산업 문명 속에 횡행한다."
_헤르베르트 마르쿠제

계화와 자동화 경향, 어느 때보다 거대한 사적 관료제로의 관리·경영의 점차적 전환 등이다. 둘째는 자유경쟁에 대한 규제의 증가다. 이는 경제를 촉진하고 지원할 뿐만 아니라 공적 관료제의 팽창을 가져오는 국가 개입의 결과다. 셋째는 국제적 사건과 영구적 전쟁 위협 — 냉전과 상존하는 핵전쟁 가능성 등이 낳은 — 으로 인한 국가적 우선 사항의 순서 변경이다. 요컨대 마르쿠제는 사회의 지배적 경향들의 결과로서, 사회적 삶을 집어 삼킬 우려가 있는 거대한 사적·공적 조직의 확립이 나타나고 있다고 주장했다.

마르쿠제는 이런 사태의 결정적 결과를 '탈정치화'라고 불렀다. 기술과 생산성 및 효율성에 사로잡혀 공적인 삶으로부터 정치적·도덕적 문제를 소거하는 것이 그것이다. 크고 작은 기업들이 오직 이윤을 위한 생산에만 진력하고, 국가가 이런 목표를 경제성장이라는 이름으로 아무런 의심 없이 지원하게 됨에 따라, 정치적 의제는 극히 제한된 범위 내에서만 설정된다. 더욱이 이로 인해, 공적 업무란 단지 상이한 수단을 둘러싼 논쟁에 관한 것이 되는 그런 상황이 만들어진다. 목적은 이미 주어졌기 때문이다. 더 많은 생산이 그것이다. 탈정치화는 '도구적 이성' — 목적이 이미 주어진 상태에서 그에 대한 여러 수단들의 효율성에 대한 관심 — 의 확산에서 기인한다.

마르쿠제에 의하면, '일괄 문화'packaged culture를 생산하는 대중매체가 하위 계급과 소수의 문화 전통을 휩쓸어 버리는 양상은 이런 사태를 더욱 강화시킨다. 대중매체는 소비 증가를 끊임없이 추구하는 광고 산업의 관심사로부터 엄청난 영향을 받는다. 그 효과는 '허위의식' — 사람들이 자기에게 진정 중요한 것을 더 이상 생각하지도 알지도 못하는 인식 상태 — 이라고 마르쿠제는 주장한다. 마르쿠제는 이런 상황에 대한 반대 경향을 분석하고 있지만, 적어도 『일차원적 인간』One Dimensional Man(1964)에서 그가 일반적으로 강조한 것은 (현대 산업자본주의 사회의) 풍요와 소비주의에 대한 동경이 어떻게 순응적·수동적·순종적 행위 양식을 만들어 내는가에 있었다. 슘페터에서부터 립셋에 이르기까지 정치 질서를 합의와 정통성에 기초한 것으로 묘사해 왔던 것과는 반대로, 마르쿠제는 정치 질서가 어떻게 이념적·강제적 힘에 의해 유지되고 있는지를 강조했다. '인민에 의한 지배'라는 관념은 여전히 하나의 꿈일 뿐이다.

이상에서 살펴본 내용 가운데 그 이론들의 세부 사항보다 중요한 것은 주장들의 전체적 대강이다. 정치 질서의 정통성이 진정한 것인지 아니면 꾸며진 것인지를 둘러싸고 여러 차이점이 있음에도 불구하고, 이데올로기의 종언 이론과 일차원성 이론은 모두 ① 사회의 모든 집단과 계급 간에 고도의 순응과 통합이 존재하고, ② 그 결과 정치·사회 체제의 안정이 강화되었음을 강조했다. 5장과 6장의 논의에 비추어 볼 때, 이들 두 주장 모두 많은 의문의 여지가 있다. 정치적 태도와 견해에 대해 정밀 조사한 연구 결과에 의하면, '공유된 가치'의 체계나 '이데올로기적 지배'의 체계 모두 1945년 이후의 민주정치에 대해 전혀 정통성을 제공해 주지 못했음이 나타난다. 상황은 훨씬 더 복잡했다. 나아가 복잡한 상황을 첨예하게 부각시켜 준 것이 있었으니, 합의 — 자발적인 것이든 꾸며진 것이든 — 에 대해 논했던 문헌이 직면하게 된 최대의 곤경, 즉 그런 문헌들이 출간된 이후 진행된 실제 사태의 전개 양상이 그것이다. 전후의 정치적 조화와 안정된 번영이라는 단순한 그림은, 1960년대와 1970년대의 복잡한 경제적·정치적·문화적 사태 진전에 의해 심하게 손상되었다. 서구 시장경제의 번영이 의문시되었듯이, 인민 대다수의 묵종이 정치적 정통성을 의미한다는 환상 역시 의문시되었다.

점증하는 경제문제, 1973년의 석유 위기, 브레턴우즈 국제경제체제의 붕괴, 대다수 서구 경제의 긴축, 복지국가 비용으로 인해 늘어나는 문제들, 지배적 정당 체제에 대한 환멸 징후의 증가, 선거시 정치인의 주장에 대한 회의주의 등은 모두 정치체제 내부와 근저에 심각한 구조적 문제가 있음을 가리키는 징조들이었다(J. Cohen and Rogers 1983 참조; Held 1984; Krieger 1986). 국가가 굉장히 복잡해지면서 전반적으로 마르쿠제가 주장한 것보다 훨씬 덜 단일체적인 것이 되었고, 명확한 방향을 강제할 수 있는 능력도 훨씬 감소되었다. 또한 '이데올로기의 종언'론자들이 생각했던 만큼의 정통성을 국가가 향유하지도 못하게 되었다. 1960년대 말에 이르러 이견과 갈등이 만연해 있음을 누구도 부인하지 못하게 되었다. 중도(그리고 주로 중간 및 상층계급)의 확신과 자신감은 분열되어 버렸고, 노동계급 분파의 조건적·수단적 동의는 환멸과 갈등에 자리를 내어 준 것처럼 보였다.

'이데올로기 종언' 이론이나 '일차원성' 이론은 그 어느 것도 국가와 사회의 관계, 경제와 정부 정책의 불안정성, 전후 시기에 등장한 긴장과 분쟁의 지속과 증가 등을 적절히 설명할 수 없었다. 이런 현상들이 국가에 대한 중대한 혁명적 공격으로까지 나아가지는 못했고(논란의 여지는 있지만, 사태가 이에 이르렀던 프랑스 경우를 제외하고), 또한 새로운 민주주의 모델을 분명히 주창하는 데까지 이르지는 못했지만, 정치 질서의 기반 그 자체에 대한 엄중한 검증이었음은 분명하다. 1960년대가 지나가면서 자유민주주의 국가의 위기는 계속 커지는 것 같았다. 위기의 본질은 정확히 무엇인가? 위기의 차원들은 어떻게 분석되어야 하는가? 위기의 기원과 원인은 무엇인가?

과부하 국가인가 정당화의 위기인가?

위기란 무엇인가? 부분적 위기(또는 제한적인 불안정의 국면)와 사회의 변형을 가져올 수 있는 위기는 구분되어야 한다. 전자는 현대 경제의 고질적 양상인 경제활동의 호황과 불황을 포함하는 경기변동과 같은 현상을 의미한다. 후자는 사회의 핵심이나 조직 원리의 붕괴, 무엇보다도 정치·경제 활동의 변화의 범위와 한계를 결정하는 사회적 관계들이 침식 또는 파괴되는 것을 의미한다. 이 책에서 '사회 변형의 잠재력을 가진 위기'로 부를 이 두 번째 유형의 위기는 바로 정치 질서의 핵심에 대한 도전을 포함하고 있다.

1960년대 말과 1970년대의 정치 분석가들은, '통합'이나 '합의' 또는 '정치적 안정' 등을 논했던 1950년대와 1960년대 초의 정치 분석가들과 거의 정반대 생각을 하게 되었다. 이 시기의 정치학자나 정치 사회학자들의 연구 작업은, 그들이 '합의의 붕괴'나 '민주주의의 위기' 또는 '정치·경제적 쇠퇴' 등과 같은 개념에 몰두했음을 보여 준다. 우선 이하에서는 1960년대와 1970년대 초에 전개된 사태의 의미와 그것이 현대 국가 체제 전반 ― 대의 기구에서 행정 부처에 이르는 ― 에 미친 결과를 파악하려 시도한 두 개의 대조적 위기 이론에 대해 간략히 살펴볼 것이다. 이는 다원주의 정치 이론의 전제로부터 논의를 전개한 학자들과 마르크스주의 이론의 전제로부터 논의를 시작한 학자들 간의 대비이기도 하다. 이 두 집단이 모두 확고한 '수정주의자들'이었다는 점을 강조할 필요가 있다. 그들은 자신들이 출발점으로 삼은 이론을 근본적으로 수정했던 것이다.

다원주의적 전제로부터 논의를 펼친 첫 번째 집단은 '과부하 정부'overloaded government 이론가라고 명명될 수 있다. 마르크스주의 전제로부터 논의를 펼친 두 번째 집단은 '정당화 위기'legitimation crisis 이론을 발전시켰다. '과부하 정부' 이론가로는 브리탄(Brittan 1975; 1977), 헌팅턴(Huntington 1975), 노드하우스(Nordhaus 1975), 킹(King 1976), 로스와 피터스(Rose and Peters 1977) 등이 있다. '정당화 위기' 이론은 누구보다도 하버마스(Habermas 1976)와 오페(Offe 1984)에 의해 전개되었는데, 이들의 기본 입장은 앞에서 이미 제시된 바 있다(6장 참조).[2] 이 장의 목적을 고려할 때, 이들 이론가들의 분석 내용이나 강조점의 차이를 세부적으로 추적할 필요는 없다. 두 입장의 전반적 개요를 제시하는 것으로 충분할 것이다.

현대 민주주의국가가 직면한 위기에 대한 두 개의 대조적 설명은 모두 '사회 변형의 잠재력을 가진 위기'의 가능성에 초점을 두었다는 점이 강조되어야 한다. 그러나 과부하 이론이 그 위기를 자유민주주의 국가에 대한 위협으로 분명히 경고(또한 억제와 통제 조치를 제시)했음에 반해, '정당화 위기' 이론은 그 위기를 난해한 정치적 딜레마와 진보적·근본적 변화의 잠재력 두 가지 모두를 나타내는 것으로 간주했다. 또한 과부하 이론은 정당정치 집단에게 영향을 미쳤고 미디어에서 그 대강이 많이 논의되었음을 언급할 필요가 있다. 이에 반해 정당화 위기 이론은, 몇몇 학문 집단에 영향을 미쳤지만, 대체로 소수 정치 분석가의 영역에 머물렀다.

이해를 돕기 위해, 각 주장의 주요 단계별 내용을 다음 〈그림 7.2〉와 〈그림 7.3〉으로 제시했다. 각 단계들에 대해서는 아래에서 간략히 논의할 것이며, 몇몇 주요 논점들은 정치적 사례나 실례와 관련해 논할 것이다.

[2] 과부하 이론과 정당화 위기 이론은 모두 자유민주주의 자본주의사회와 관련해 개발되었다. 주창자들은 이 이론이 자유민주주의 자본주의사회의 여러 국가들에 적용될 수 있다고 믿었다. 하지만 정당화 위기 이론은 자본주의 국가의 긴장과 불안보다는 공산주의 정체의 붕괴에 대해 더 많은 설명력을 제공하리라는 점이 지적되어야 한다.

과부하 정부

(1a) 다원주의적 출발점 : 과부하 국가 이론가들은 종종 권력

그림 7.2 과부하 정부 : 자유민주주의적 복지 체제의 위기

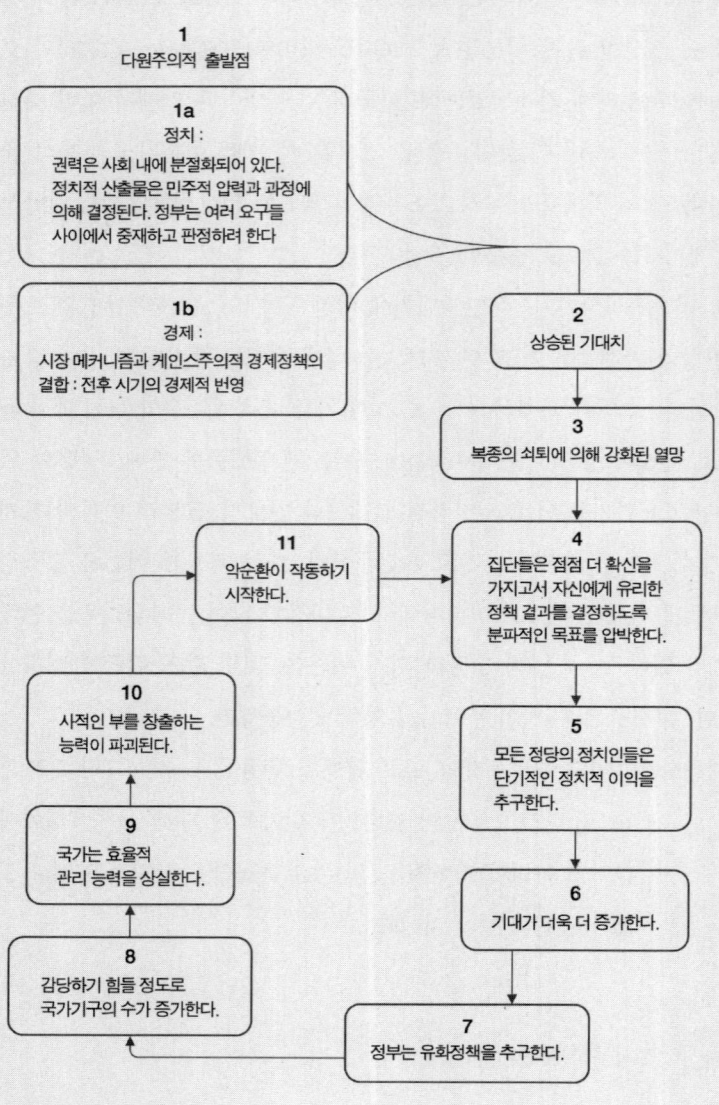

그림 7.3 정당화 위기 : 민주적 자본주의 국가의 위기

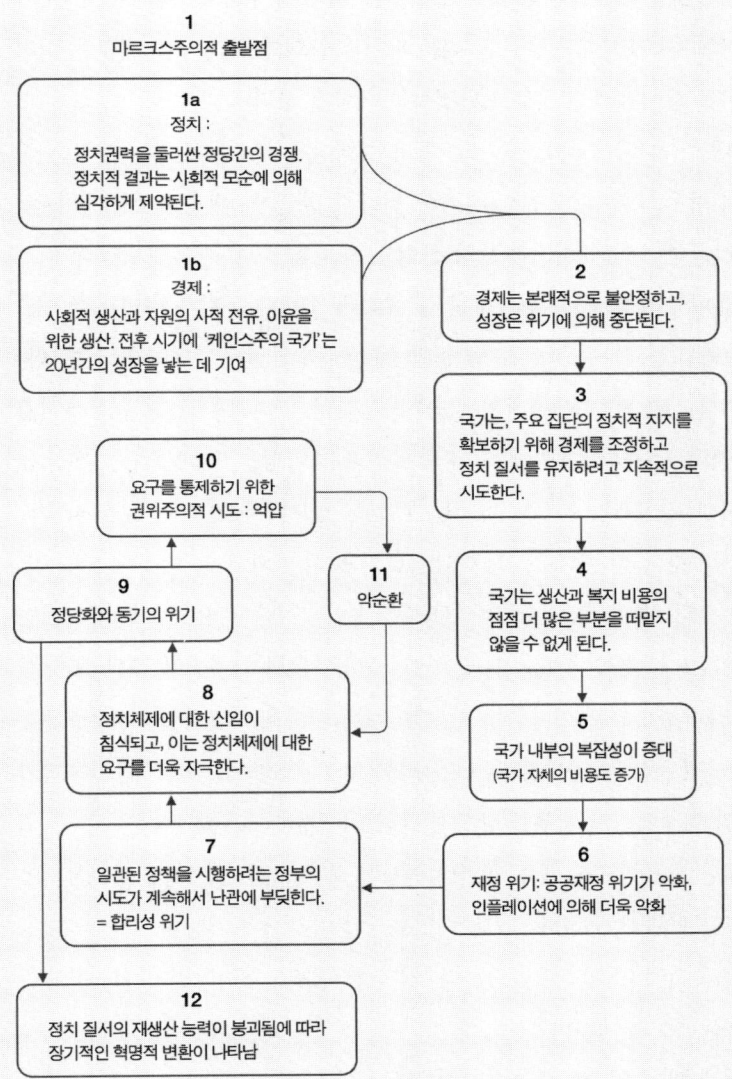

관계를 분절화라는 관점에서 특징짓고 있다. 즉, 권력은 다양한 경쟁적 이해관계를 대표하는 수많은 집단들에 의해 공유되고 교환된다는 것이다. 따라서 정치적 산출물은 여러 과정과 압력의 결과이고, 정부는 여러 요구들 사이에서 중재하고 판정하는 역할을 하려 한다.

(1b) 전후의 시장 사회와 케인스주의적 경제정책이 초기에 거둔 성공은 대중적 풍요의 증대와 전후 시기의 전반적 번영 ― 예컨대 소비재 상품, 새로운 주택, 텔레비전과 오락 산업 등의 호황 ― 을 가져다주었다.

(2) 이에 따라서 더 높은 생활수준 ― 예컨대 소득과 복지가 매년 증가하고 취학과 고등교육을 누릴 수 있게 되는 것 ― 과 관련된 기대치가 상승한다.

(3) 권위와 신분에 대한 존경의 쇠퇴 또는 '복종의 쇠퇴'는 열망을 강화시킨다. 이는 풍요의 증대, 개인의 주도성과 책임성을 약화시키는 '무상'의 복지·보건·교육, 실제로 이룩될 수 있는 것보다 훨씬 많은 것을 약속하는 평등주의적·능력주의적 이데올로기 등의 결과다.

(4) 이런 상황에서 집단들은 자신들의 특수이익이나 야망 ― 예컨대 더 높은 임금(대부분의 피고용 집단), 사양 산업 부문의 일자리에 대한 보호(몇몇 노동조합), 높은 이자율(저축자들), 낮은 이자율(국내 산업을 비롯한 대출자들), 낮은 가격(소비 집단), 높은 가격(몇몇 기업 조직) 등 ― 을 만족시키기 위해 정치인과 정부를 강하게 압박하는 것을 배우게 된다.

(5) 최대한 표를 획득하기 위해 정치인들은 종종 그들이 이행할 수 있는 것 이상을 약속하곤 한다. 때로는 모순적인 따라서 불가능한 일련의 요구를 충족시켜 주겠다고 약속한다. 정당 간 경쟁은 점점 더 거대한 공약의 소용돌이를 가져온다.

(6) 이렇게 하여 열망은 강화된다. 정당은 더 나은 생활수준이라는 동일한 목적을 이루기 위한 경쟁 수단으로 간주된다.

(7) 정부 내에서 정당들은 모두 미래의 표를 잃을까 염려하여 너무나 자주 유화 전략을 추구한다. 예컨대, 경제를 '올바른 길'로 향하게 하거나 '청소년범'을 다루는 '단호한 행동'은 거의 취해지지 않는다.
(8) 유화 전략과 행정 관료의 사적 이익 추구는 감당하기 힘들 정도로 거대하게 팽창된 국가기구(예를 들면 보건, 교육, 실업 관계, 환경보호 분야 등에서)를 낳게 된다. 원래 의도했던 목적을 달성하는 데 종종 실패하는 '정체불명의' 관료 기구들이 나타난다.
(9) 국가는, 예를 들어 소용돌이처럼 증가하는 프로그램의 비용에 직면한 상황에서, 안정되고 효율적인 관리능력을 제공하기 어렵게 된다. 공공 비용이 과다하게 커지는데, 인플레이션은 그런 문제의 단지 한 징후에 불과하다.
(10) 국가가 팽창함에 따라 점점 개인의 주도성의 영역, '자유로운 사기업'의 공간을 파괴하게 된다.
(11) 악순환이 작동되기 시작한다(〈그림 7.2〉의 제4단으로 되돌아가서 계속 순환하게 된다). 이런 악순환은, 민주적 압력과 요구에 덜 반응하는 '확고하고' '단호한' 정치 지도력에 의해서만 타파될 수 있다.

국가의 정당화 위기

기본적으로 과부하 이론가들은, 민주적 기구의 형태나 작동은 본질적으로 경제·사회 문제를 효율적으로 조정하는 데 역기능적이라고 주장한다. 이런 입장은 대체로 신우파와 공유되고 있다(과부하 국가 이론가들 모두가 그런 것은 아니지만, 상당수는 실제로 신우파 입장의 주창자가 되었다. Huntington 1975 참조; King 1976). 이와 대조적으로 정당화 위기 이론가들은, 자본이 정치에 부과하는 제약이나 계급 관계에 초점을 둘 때에만 위기 경향을 이해할 수 있는 적절한 근거가 마련될 수 있다고 주장한다. 그들의 이론에 있어서 주요 요소들은 다음과 같다.

(1a) 마르크스주의적 출발점 : 정당들이 민주주의나 대의제 과정의 공식적 규칙을 통해 공직을 두고 경쟁하기는 하지만, 그들의 권력은 심각하게 제한된다. 사적인 자본축적에 의해 대부분 창출되는 자원에 국가가 의존하기 때문이다. 국가는 모든 (계급) 이해관계들 사이에서 중립적인 것처럼 보임으로써 대중의 선거 지지가 유지될 수 있도록 하지만, 궁극적으로는 기업(자본가)의 이해관계와 양립할 수 있는 결정을 내려야만 한다.

(1b) 경제는 사회적으로 생산된 — 즉, 사람들 간의 복잡한 상호 의존망을 통해 생산된 — 자원이 사적으로 전유(專有)되는 식으로 조직된다. 생산은 이윤 극대화를 목적으로 조직된다. 전후 시기에 '케인스주의 국가'는 20년간의 놀라운 번영을 지속케 하는 데 일조했다.

(2) 그러나 경제는 본래적으로 불안정하다. 경제성장은 위기에 의해 끊임없이 중단되곤 한다. 체계 내부의 변동(경기변동의 저점과 고점에서 나타나는 높은 실업률과 인플레이션)이 미치는 광범위한 효과 및 외부 요소의 충격 (예를 들어 국제정치적 사태의 결과로 발생하는 원자재의 부족) 등은 주의 깊게 관리되어야 한다.

(3) 따라서 현대사회의 경제·정치 질서가 유지되려면 광범위한 국가 개입이 요구된다. 국가의 주된 관심은 자본주의경제를 유지하고 계급 적대감을 관리(예컨대 복지 기관, 사회적 안전 기관, 법·질서 기관 등을 통해)하는 것이 된다. 국가는 힘 있는 집단들, 특히 업계와 주요 노동조합 등의 묵인과 지지를 확보하도록 행동해야 한다.

(4) 경제적·정치적 위기를 피하기 위해 정부는 점점 더 많은 경제·시민사

회 영역에 대해 책임을 지게 된다(예컨대 곤경에 처한 산업을 구제하는 등). 왜 그런가? 대기업이나 은행의 파산은 외견상 건실해 보이는 수많은 기업이나 전체 공동체와 연계되고, 따라서 정치적 안정과 연계되기 때문이다.

(5) 점점 다양해지는 역할을 수행하기 위해 정부 ─ 좀 더 일반적으로 국가 ─ 는 행정 기구를 확장해야 하는데(예컨대 공무원 증대), 그 결과 국가 내부의 복잡성이 증가한다. 이런 복잡성의 증대는 다시 협동의 필요성을 높이게 되며, 더 중요하게는 국가 예산의 팽창을 요하게 된다.

(6) 국가는 조세나 자본시장으로부터의 차입을 통해 재원을 충당해야 한다. 그러나 축적 과정에 간섭하거나 경제성장을 위태롭게 하는 방식으로 그렇게 하는 것은 불가능하다. 이런 제약은 거의 항구적인 인플레이션과 공공 재정의 위기를 초래하는 요인이 된다.

(7) 체제적 제약에 직면한 상황에서, 국가가 적절한 정책 전략을 개발하는 것은 불가능하다. 그 결과 정부의 정책과 계획이 계속해서 바뀌고 실패하는 양상이 하나의 유형처럼 나타난다(예컨대 경제에 대한 '가다 서다'식 접근법, 재정·금융 정책을 오락가락 사용하는 것). 하버마스와 오페는 이를 '합리성의 위기' 또는 '합리적 행정의 위기'라 불렀다. 우익 정당이 집권해도 국가는 주요 저항 집단 세력이 대규모 혼란을 야기할 것을 두려워해 비용과 경비를 과감히 감축하지 못한다. 좌익 정당이 집권한 국가도 기업의 신뢰가 침식되고 경제가 급격히 약화될 수 있기 때문에 강력한 사회주의 정책을 효과적으로 추구하지 못한다. 따라서 상이한 신조를 가진 정부가 명멸하고, 정책은 변천을 거듭한다.

(8) 경제 및 기타 영역들에 대한 국가 개입의 증대로 인해 선택·계획·통제 등의 이슈가 주목을 받게 된다. '국가의 손'은 시장의 '보이지 않는 손'보

다 훨씬 가시적이고 알기 쉽다. 일반 사람들의 눈에 점점 더 많은 생활 영역이 정치화된 것으로 — 즉, 국가(정부를 통해)의 잠재적 통제 안에 들어가 있는 것으로 — 간주된다. 이런 사태는 다시 국가에 대해 점점 더 많은 요구 — 예를 들면 결정에 참여하고 자문하려는 — 를 하도록 자극한다.

(9) 가용한 대안 내에서 이런 요구들이 달성될 수 없다면, 국가는 '정당화와 동기의 위기'에 직면하게 될 것이다. 무엇보다 소득, 직장에 대한 통제권, 국가의 재화와 서비스의 성격과 특질 등을 둘러싼 갈등은 기존의 경제관리 기구나 정치적 통제 기구의 한계를 넘어서게 될 것이다.

(10) 이런 상황에서 '강한 국가'가 등장할 수 있다. 다른 무엇보다 '질서'를 우선시하면서 이견을 억누르고 위기를 강제적으로 해소하는 국가가 그것이다. 1930년대 말과 1940년대에 중부 유럽과 남부 유럽에서 권위주의 국가는 거의 모든 형태의 저항을 분쇄했다. 그런 시도가 다시 일어날 가능성도 배제할 수 없지만, 좀 더 그럴 듯한 것으로는 대의 정부가 점점 더 '강압' 작전을 사용하게 될 가능성을 배제할 수 없다.

(11) 항목 (10)의 두 시나리오 가운데 어느 하나가 일어난다면, 악순환이 발생할 수 있다. 항목 (8)로 되돌아가 계속 순환하게 된다(〈그림 7.3〉).

(12) 그러나 체제의 근본적 변환의 가능성도 배제할 수 없다. 그것이 국가권력의 폭동적 전복이라는 하나의 사건으로부터 나타날 것 같지는 않다. 체제의 근본적 전환은, 기존 질서의 재생 능력이 끊임없이 침식되면서 대안적 제도가 점차 등장하는 과정 — 예컨대, 국가기관이 좀 더 많은 산업을 공적 통제 아래에 두는 것, 국가가 보다 많은 자원을 이윤이 아니라 필요에 따라 조직하는 것, 민주주의를 직장과 지역공동체에까지 확장하는 것 — 으로 특징지어질 가능성이 훨씬 크다.

위기 이론 : 평가

자유민주주의에서의 고조되는 정치 위기에 대한 이들 두 개의 대조적 이론을 어떻게 평가해야 하는가? 과부하 정부 이론과 정당화 위기 이론 사이에는 많은 중대한 차이점이 있으며, 그 일부는 아래에서 논해질 것이다. 하지만 두 이론은 보편적 관점에서 볼 때 다음과 같은 공통된 특징을 공유하고 있는 것으로 보인다. 첫째, 두 이론은 정부 권력 ― 좀 더 일반적으로 국가 권력 ― 이란 효과적인 정치 행위를 할 수 있는 능력이라는 관점을 공유하고 있다. 권력은 제도와 집단 내에서 활동하는 행위자의 능력이며, 또한 비록 제도적 장치가 그들의 활동 여지를 제한할지라도, 선택된 목적에 맞게 그런 제도와 집단의 자원을 사용할 수 있는 행위자의 능력이 곧 권력이라는 것이다. 둘째, 두 이론은 민주국가의 권력이란 궁극적으로 국가 권위가 국민들에게 수용되는지의 여부(과부하 이론)나 국가의 정통성 여부(정당화 위기 이론)에 달려 있다고 생각한다. 셋째, 국가권력은 국가가 직면한 요구나 난제를 해결하는 능력에 의해 측정될 수 있는데, 이것이 점점 침식되어 왔다고 두 이론은 파악한다. 자유민주주의 국가는 점점 무력화되고 비효율적이 되거나(과부하 이론, 〈그림 7.2〉의 항목 7~9), 합리성이 부족해지고 있다(정당화 위기 이론, 〈그림 7.3〉의 항목 7)는 것이다. 넷째, 두 이론은 모두 국가의 권위나 정통성의 쇠퇴로 인해, 국가가 단호하게 행동할 수 있는 능력이 손상되어 왔다고 생각한다. 과부하 이론에 의하면, 정부와 사회집단 사이의 관계가 '경직되고 긴장되게 된' 것은 무엇보다도 기대의 증가 및 복종의 쇠퇴와 관련된 과도한 요구 때문이라고 설명될 수 있다. 다른 한편 정당화 위기론은, 국가 개입의 증대로 인해 전통적으로 문제시되지 않아 왔던 가치나 규범들이 침식되는 과정이나 좀 더 많은 이슈가 정치화되는 ― 즉, 정치적 논쟁과 갈등의 대상이 되는 — 측면에 초점을 맞추고 있다.

과부하 이론가들과 정당화 위기 이론가들은 모두, 중대하는 요구에 직면하여 국가권력이 부식되고 있다고 주장한다(오페와 하버마스의 저서는 좀 더 명시적으로 정당화에 초점을 두고 있다). 과부하 이론은 이런 요구들을 '과도한' 것으로 간주하는 데 비해, 정당화 위기론은 그것을 국가가 모순에 얽혀 들어감에 따른 불가피한 결과로 간주한다. 그러나 두 입장 모두, 가치나 규범의 형태에 변화가 생기면 국가권력과 정치적 안정도 변한다고 생각하고 있다. 이들 두 이론은 중요한 통찰력을 다수 제공해 주지만, 몇 가지 근본적인 문제가 있다. 1960년대 말과 1970년대에 과연 사회 변형의 잠재력을 가진 정치 위기가 고조되었다고 논할 수 있을 만큼 현대 민주주의국가의 권위와 정통성이 저하되었던가? 국가는 정치적·사회적 소요에 점점 취약하게 되었는가?

과부하 이론 및 정당화 위기론의 '공통 요소'에 대해 세 가지 근본적 반론이 제기될 수 있다. 첫째, 문제가 된 시기에 국가의 권위나 정당화의 위기가 점점 심화되고 있었다는 주장을 뒷받침할 명백한 경험적 증거가 없다. 둘째, 국가권력이 침식되고 있었는지 분명하지 않다. 과부하 이론과 정당화 위기 이론가들은 현대 국가를 마치 사물이 통과하는 '빈' 상자처럼 간주하는 경향이 있다. 이런 인식으로 말미암아 국가의 관료적·행정적·강제적 기구들로부터 나오는 국가 자체의 능력과 자원을 근본적으로 과소평가하게 된다. 마지막으로, 시민들이 정통성을 부여하지 않을 때 특정 정부는 취약해질 수 있지만, 국가 그 자체가 반드시 붕괴나 분열에 더 취약해지는 것은 아니다. 이런 반대 논점에 대해 간략하게 살펴보기로 하자.

과연 1960년대 말부터 자유민주주의 국가의 권위나 정통성이 침식되었는가라는 문제를 검토하기 위해서는, 5장에서 소개했던 바와 같이(이 책

그림 7.4 정치체제를 수용하는 이유나 근거

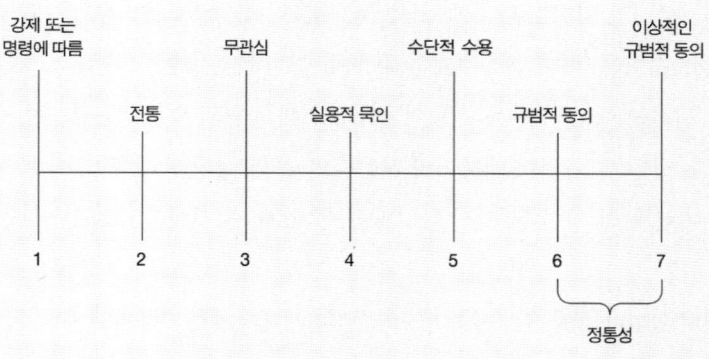

300-301쪽 참조), 국민들이 정치제도를 받아들이는 데에는 여러 유형의 이유나 배경이 있을 수 있다는 점을 상기할 필요가 있다. 그 다양한 유형들은 〈그림 7.4〉에 제시되어 있다. 몇몇 정치·사회 분석가들(슘페터와 같은)에 따르면, 시민들이 규칙과 법률을 준수한다는 사실은 곧 그 정체나 정치기구가 받아들여진다 ― 즉, 정당화된다 ― 는 것을 의미한다. 그러나 이런 정통성 개념은, 5장에서 지적했듯이, 사람들이 명령에 복종하고 규칙에 따르거나 무엇에 동의 또는 합의할 경우에 여러 가지 상이한 근거에서 그럴 수 있다는 점을 고려하지 않는다는 문제가 있다. 이하의 논의에서 정통성이라는 용어는 〈그림 7.4〉의 유형 6과 7에만 사용될 것이다. 즉, 사람들이 규칙과 법률이 정당하고 존중할 가치가 있다고 실제로 생각하기 때문에 그것에 따르는 것이 정통성의 의미인 것이다. 정통성 있는 정치 질서란 주민들에 의해 규범적으로 재가된 질서다(유형 6과 7의 구분도 중요하지만 여기에서는 논하지 않을 것이다. 이상적인 규범적 동의라는 개념은 10장에서만 직접 사용될 것이다).

유형 5가 애매하다는 점은 강조할 만하다. 유형 5를 불충분한 형태의 정통성을 의미하는 것으로 간주할 수도 있다. 그러나 순응이나 동의가 수단적이고 조건부적인 것이기 때문에, 유형 5는 정통성을 의미하는 것으로 간주되지 않을 것이다. 왜냐하면 체제의 수용이 수단적인 것인 한, 현재의 상태는 단지 원하는 어떤 다른 목적을 획득하기 위해 묵인되거나 추종될 뿐이기 때문이다. 만일 그 목적이 이룩되지 않는다면, 원래 상황에 대해 더 이상 동의하기 어렵게 될 것이다. 필시 동의받을 수 없게 될 것이다(Beetham 1991 참조).

가치의 합의나 공통된 정치적 태도·신념의 체계가 광범위하게 존재한다는 주장에 대해서는 많은 이론가들이 비판해 왔다(Mann 1973 참조; Abercrombie et al. 1980; Kavanagh 1980; Moss 1982; F. Devine 1993; Crompton 1993 참조; Bradley 1995; Saward 2003; Beetham 2005). 이들의 연구는 전반적으로 중간계급이나 상층계급 사이에는 기존 정치제도에 대한 긍정적 태도가 존재하지만, 그것이 '하층에까지 이르지 못하고 있음'을 보여 준다. 일부 노동계급 사이에는 이견과 좌절이 일반적이며, 이는 지지보다는 수단적·조건부적 동의와 연계되고 있다. 국가, 의회, 정치 등을 어느 정도 정통성 있는 것으로 또는 '가치 있는' 것으로 간주하는가는 상당 부분 계급과 연관되어 있는 것으로 나타난다.[3]

이런 현상은 새로운 것인가? 그것은 점증하는 국가 권위의 위기(과부하 이론)나 정통성과 동기의 위기(정당화 위기 이론)를 보여 주는 적절한 증거가 되는가? 이런 견해를 뒷받침해 주는 증거들은 많은 것 같지 않다. 첫째, 6장에서 보았듯이, 전후 시기에 흔히 생각하는 것만큼 광범위하게 정통성이 존재했는지 의문스럽다. 둘째, 이견과 갈등은 심화되어 왔지

[3] 이 책들은, 다른 나라 특히 미국과 비교하여 영국의 정치적 태도에 대해 초점을 맞추고 있다. 이런 초점은 다소 협소한 것으로 보일 수도 있지만, 영국은 특별히 흥미로운 대상이다. 왜냐하면 영국은 다원주의 모델의 표본으로 빈번히 인식되어 왔기 때문이다(예컨대 Beer 1969 참조; Beer 1982 참조). 그러나 국가와 의회 체제에 대한 정치적 태도를 조사하는 것은 포괄적이지 못하며 종종 미진한 점이 많게 된다는 점을 명심해야 한다(Held 1989, ch. 4 참조; Crompton 1993 참조).

만, 정치적 의사 결정 과정에 대한 참여 요구의 증대나 기존의 정치·경제 질서에 대한 광범한 비판의 발현 등을 가져올 정도로 저항의 잠재력이 대대적으로 성장해 왔는지 불분명하다. 셋째, 많은 사람들이 전통적 정치형태에 대해 회의적이고 이탈적인 태도를 광범위하게 보이긴 했지만, 대안적인 제도에 대한 분명한 요구를 어떤 식으로든 제시하지도 않았다. 학생들이나 몇몇 시민사회 활동가들처럼 상대적으로 주변적인 집단을 제외하고는, 대안에 대한 개념이 없었음이 분명하다. 불평등·특권·불이익 등은 종종, 구조적으로 이미 정해진 정치·경제적 요인들의 결과라기보다는, 개인적 행위나 불운의 결과로만 간주된다(Brown and Scase 1991, 21-22). 개인주의 문화와 연결된 강고한 숙명론적 의식은 현 제도의 대안이란 거의 존재하지 않는다는 견해를 부추기고 있다. 나아가 변화하는 소비 유형이나 생활양식에 의해 개인의 정체성이 형성되는 한, 개인의 열망은 특정 상품이나 서비스에 집중되며, 좀 더 포괄적인 정치 문제 등은 거의 고려 대상이 되지 못한다(Featherstone 1991; Bauman 1991; S. Hall 1992; F. Devine 1993 참조). 그렇다면, 자원과 권리가 배분되는 방식에 대한 (앞에서 언급했던) 심각한 도전, 갈등의 징후들은 무엇이었던가?

한마디로 말하면, 이데올로기의 종언이 '역전'되거나, 일차원적 세계가 붕괴되거나, 지나친 요구로 인해 국가의 권위가 갑자기 쇠락하거나, 정통성이 붕괴되거나 한 것은 아니었다. 그보다는, 당시의 전반적 정치 상황이나 경제 조건, 후속 정부에 의한 미래 수혜의 약속 등이 많은 사람들의 냉소주의나 회의주의, 전통적 정치로부터의 이탈 등을 막아내는 데 간혹 실패했던 것이다. 빈번히 표출된 불신은 일련의 정치적 행동으로 전환되었다(지금도 빈번히 그러하다). 그중 어떤 것은 1960년대 말과 1970년대 초에 아주 격렬하게 나타났지만(예컨대 신좌파의 베트남전 반대 투쟁처럼), 나머지는 좀 더 산

만하게 전개되었다(공공 부문 감축을 둘러싼 갈등처럼). '국가'의 권위를 다시 세우려는 다양한 정치 운동의 싹이 존재했던 것처럼, 국가에 대항하는 적대적 태도 ― 정치인에 대한 혐오, 생활 현장의 것이나 보통 사람의 상식에 대한 존중, '전문가'에 대한 거부 등에서 예견된 ― 의 가능성도 존재했던 것이다. 적대감과 갈등이 있었으리라는 것은 전혀 놀라운 일이 아니다. 현 상태에 대한 조건부 동의나 수단적 수용은, 바로 그것이 조건적이고 수단적인 것이기에 잠재적으로 불안정하기 때문이다.

일국적·국제적 경제체제의 문제점, 직장 관계[즉, 노사관계-옮긴이]나 도심 지역과 환경의 미래를 둘러싼 갈등 등등과 연계해 이상과 같은 점들을 고려하면, 수많은 근본적 의문이 제기된다. 정치적·사회적 갈등은 불가피한가? 서로 합의하고 동의하는 뚜렷한 가치가 없을 경우에 정치 질서는 어떻게 유지되는가? 단순히 정통성이 자유민주주의 정체를 '결합' 또는 '결속'시키는 '접착제'를 제공하는 것은 분명 아니다.

기존 질서를 유지하는 데 결정적으로 중요한 집단(예컨대 강력한 금융 이해관계, 주요 산업 조직, 핵심 경제 분야의 노동조합, 유력 선거 집단)의 순응과 지지를 정부나 국가가 확보할 수 있는 한, '공공질서'는 유지될 수 있으며, 공공질서의 붕괴는 다만 어떤 '주변부'에서만 나타날 것이다. 이와 관련해 소위 '전가轉嫁 전략'이 결정적으로 중요하다. 자신들의 요구를 가장 효과적으로 동원할 수 있는 자들은 달래면서, 경제·정치 문제로 인한 최악의 결과를 취약 집단들에게 흩뿌리는 전략이 그것이다(Offe 1984 참조). 정치인이나 관료들이 경제문제의 최악의 결과를 사회에서 가장 힘없고 취약한 자들에게 반드시 전가하고 싶어 하거나 그러려고 한다는 주장은 아니다. 하지만 만일 정치가 '가능의 예술'이라면, 또는 선출된 정부가 기존 질서를 가능한 한 가장 원만하게 지속시키려 한다면(지지를 확보하고 경제적 기회를 확장시키며 정책 여지를 제고하려 한다면), 가장 힘세고 효율적으로 자원을 동원할 수 있는 사람들을 달래는 것 외에는 대안이 없을 것이다. 연속적으로 이어지는 정부들은 달래기와 함께 경제 위기 결과를 불공평하게 흩뿌리는 두 가지 전략을 모두 추구해 왔다. 이런 전략을 지속할 수 있는 정부와 국가의 정치적 능력 ― 정부의 핵심 집행 부처와 주요 국가 행정 관청이 자유로이 처분할 수 있도록 자원을 중앙집중화하는 데서 나오는 ― 을 경시해서는 안 된다. 예를 들면, 이런 저런 이유로 가장 취약했던 대부분의 사람들이 1970년대 중반부터 1990년대까지 영국 정치 체계가 직면했던 위기로부터 최악의 영향을 받았던 것이다. 고용 전망이 급격히 악화된 청년들, 일자리 기회·주택·일반적 생활 조건 등이 더 어려워진 비#백인들, 빈곤과 의존의 고리에서 벗어나지 못한 편부·편모 가정, 공공 부문 감축으로 인해 서비스 악화를 겪은 장애인 및 병약자, 방대하게 늘어난 빈곤층, 특히 심각한 타격을 받은 지역의 주민 등이 그들이다(Bradley 1995 참조; Hutton 1995).

그러면 과부하 이론 및 정당화 위기 이론이 기여한 바는 무엇인가? 이 이론들을 어떻게 평가해야 하는가? 과부하 이론가들은 여러 종류의 수많은 집단들이 자신들의 요구 사항을 정부에 압박하고 있음을 적절히 지적했다. 하지만 그들의 출발점(고전적 다원주의의 전제)이나 국가권력과 갈등 문제에 대한 그들의 진단은 만족스럽지 못한 것으로 판단된다. 하버마스와 오페가 제시한 모델은, 전혀 다른 출발점의 필요성을 적절히 제시하고 있다. 또한 앞 절에서 살펴본 자료들은, 정치 생활의 동태성이나 불안정성과 관련해 계층화된 집단(여러 범주 중에서도 계급에 의해 구분되는)이 중요한 의미가 있음을 부각시켜 준다.

전반적으로 볼 때, 국가가 어떻게 갈등에 얽혀 들어가 있는가에 대한 하버마스와 오페의 분석은, '합리적 행정의 위기'를 야기할 수 있는 압력에 대한 그들의 분석과 마찬가지로, 많은 통찰력을 제공해 준다(〈그림 7.3〉의 1~7항 참조). 하지만 정당화 및 정당화 위기의 확산 가능성에 초점을 맞춘 것은 설득력이 없어 보인다. 하버마스와 오페는 현대의 여러 저항들이 전체적으로 우발적이고 단편적이며 '방향성이 없는' 특징이 있음을 과소평가하고 있다. 분명한 정치적 목표를 가진 다양하고 강력한 사회운동뿐만 아니라 아주 구체적인 단일 이슈 운동들은 많이 있다. 전통적인 민주정치에 대한 광범위한 회의도 존재한다. 하지만 기존 제도의 대안에 대한 회의 ― 많은 사람들의 눈에 사회주의적 견해로 보이는 것을 불신하는, 단지 냉전적 태도의 유산으로만 간주될 수 없는 회의 ― 역시 상당히 존재하고 있다(이 책 4장 참조). 어떤 종류의 제도를 창출할 것인가뿐만 아니라, 전반적인 정치의 방향을 어떻게 잡아야 할지도 불확실하다. 국가에 대한 적대적 태도의 가능성이 현실화되고 있는 것과 마찬가지로, 신우파 운동 같은 다양한 종류의 다른 정치 운동 역시 움트고 있다. 자유민주주의의 지향점에 대한 되살아난 관심이 민주주의의 본질 그 자체에 대한 새로운 고찰에 자리를 비켜 주게 된 것은 이런 맥락에서다.

법, 자유 그리고 민주주의

신우파(신자유주의 또는 신보수주의라고도 불리는)는 대체로, 정치 생활은 경제생활과 마찬가지로 개인의 자유와 주도권에 관한 문제다(또는 이어야 한다)라는 견해를 가지고 있다(Hayek 1960; 1976; 1982 참조; Nozick 1974). 따라서 자유방임의 또는 자유 시장의 사회가 '최소 국가'와 함께 핵심 목표가 된다. 더 많은 생활 영역으로 시장을 확대하고, 경제나 기회 제공에 '과도하게' 개입하는 데서 벗어난 국가를 창출하며, 자신의 목적과 목표를 고집하는 특정 집단(예컨대 노조)의 힘을 축소시키고, 법과 질서를 부과할 수 있는 강한 정부를 건설하는 것 등이 신우파의 정치 강령에 포함된다.[4]

1970년대 말과 1980년대에 대처Margaret Thatcher 정부와 레이건Ronald Reagan 정부는, 신우파나 '과부하 정부' 이론가들과 비슷한 근거에서 '국가를 [이전으로-옮긴이] 되돌릴 것'을 주창했다. 그들은 이익집단 정치에 열중하는 자들의 요구에 응하려는 국가 관료 기구의 급증으로 말미암아 개인의 자유가 손상되어 왔다고 주장했다. 이렇게 주장하면서 그들이 신봉했던 것은 고전적 자유주의 교의였다. 즉, 집단적인 선(또는 모든 개인들의 선)은, 개별적으로 경쟁하면서 최소한의 국가 개입 아래에서 자신의 부문적 목적을 추구하는 사적 개인들에 의해 대부분 올바르게 실현될 수 있다는 것이었다. 물론 경제와 사회를 조절하는 핵심 메커니즘으로서의 시장에 대한 이런 신뢰와 헌신에는, 자유주의의 역사에서 중요한 또 다른 측면이 내포되어 있다. 사업, 교역, 가정생활 등이 번성할 수 있는 안전한 토대라고 여겨지는 것을 제공하는 '강한 국가'에 대한 신념이 그것이다(3장 참조). 달리 표현하면, 국가 행위의 범위를 제한하면서 동시에 국가의 권력 요소를 증강시키는 전략인 것이다.

근본적으로 신우파의 관심은, 국가권력의 민주적 사용을 제한함으로써 '민주주의'에 대항해 '자유주의'의 대의를 촉진하는 데 있다. 자유주의와 민주주의의 복잡한 관계는 이런 대결 구도에서 명백히 드러난다. 즉, 자유주의와 민주주의의 대결 구도는 자유민주주의를 구성하는 요소 가운데 민주주의 부분은 광범한 갈등을 겪은 후에야 실현될 수 있었고, 지금 성취된 것도 여전히 취약한 상태에 머무르고 있다는 것을 강

4_강령의 마지막 항목이 처음 두 항목과 명백히 모순된다는 점에 주목해야 한다. 사실 일반적으로 보수주의, 특히 신우파 내부에는 긴장이 존재한다. 개인의 자유와 시장을 궁극적으로 중요시하는 사람들과, 자유분방한 자유방임적 정책들의 사회적 결과에 대한 두려움으로 인해 전통·질서·권위가 최우선이라고 믿는 사람들 사이의 긴장이 그것이다(Gray 1993 참조). 이 책에서 신우파에 대한 설명은, 최근 정치에서 가장 강력한 영향력을 행사하고 있는 전자의 집단에 국한된다.

하게 환기시켜 준다. 신우파의 사상을 이해하기 위해 그것의 형성에 기여한 두 사람인 노직Robert Nozick과 하이에크Friederich Hayek의 저작을 간략히 검토할 필요가 있다. 노직을 단순히 신우파의 대변자로 부르는 것은 오류일 수 있다. 그의 저작의 정치적 함의는 다소 애매하기 때문이다. 이에 비해 하이에크는 아마 신우파의 가장 주도적 인물일 것이다(Gamble 1996 참조). 두 사람은 모두, 그들이 생각하기에 서구에서 어느 때보다 개입적인 복지국가가 두드러졌던 시기에, 또한 동구에서 '1984년'형 국가*(1990년대에 해체될 때까지. 8장 참조)가 특징적이었던 시기에, 자유주의를 다시 강화하는 데 전념했다. 그들에게 현대 국가는 자유의 기초를 위협하는, 따라서 근본적으로 되돌려져야 하는 거대한 리바이어던이었다. 아래에서는 이런 입장을 뒷받침한 생각들을 살펴보고, 이 장의 끝 부분에서는 이를 신좌파의 생각과 비교해 살펴볼 것이다.[5]

노직은 『무정부, 국가 그리고 유토피아』Anarchy, State and Utopia(1974)에서, 로크에서 J. S. 밀에 이르는 자유주의 사상을 흥미롭게 재再진술한 일련의 주장을 전개했다. 노직은 개인 이외에 다른 어떤 사회적·정치적 실체도 존재하지 않는다는 가정 — '그들 자신의 개별적 삶을 가진 개별적 사람이 있을 뿐이다'(Nozick 1974, 33) — 에서 출발해, 사회에 대해 특정의 우선순위나 분배 유형을 명확히 제시해 주는 어떤 일반 원칙도 정당화될 수 없다고 주장한다. 인적·물적 자원을 조직(또는 관리)하는 유일하게 정당한 방식은, 서로 경쟁적 교환을 하는 개인들의 방해받지 않는 활동에 의해 우연적이고 임시적으로 협상이 이루어지는 것이다. 따라서 정당화될 수 있는 유일한 정치제도는 자유를 위한 틀을 유지시키는 제도, 즉 개인의 자율성이나 권리를 유지하

5_노직의 견해는 하이에크보다 더 뒤에 형성되었다(하이에크의 저서 대부분은 신우파라는 것이 두드러지기 훨씬 이전에 쓰였다). 하지만 나는 노직에서부터 설명을 시작할 것이다. 노직의 생각들이 지금 고찰하고 있는 중심 문제에 더 잘 접근할 수 있는 배경을 제시해 주기 때문이다.
* '1984년'이란 조지 오웰이 1949년 발표한 소설 『1984년』을 가리킨다. 이 책은, 공산주의와 나치즘을 소재로, 가공의 나라 오세아니아에서 자행되는 전체주의적 지배의 양상을 묘사하고 있다.

프리드리히 하이에크(왼쪽)와 로버트 노직(오른쪽)

는 데 기여하는 제도다. 여기에서 권리란, '다른 사람의 동의 없이는' 그것을 넘을 수 없는, 개인의 정당한 행동 범위를 정해 주는 '여러 경계들'을 의미한다(Nozick 1974, 325). 로크를 따라서 노직은 우리가 정당하게 말할 수 있는 유일한 권리는, 사회와 무관한 그리고 무엇보다 다른 사람의 권리를 침해하지 않는 한 자기 자신의 목적을 추구할 수 있는 권리를 포함하는, 양도할 수 없는 (자연적인) 개인의 권리라고 주장한다. 또한 노직은, 자기 자신의 목적을 추구할 권리란 재산과 자원 축적의 권리(이것이 상당한 불평등에 의해 특징되는 사회질서를 의미할지라도)와 밀접히 연계된다고 주장한다. 취득된 모든 것이 원래부터 정당하게 취득된 것이고 또한/또는 양식 있는 성숙한 개인들 간의 공개적이고 자발적인 거래에 따른 결과라면, 재산의 소유나 스스로의 노동의 결실에 대한 전유는 전적으로 정당화된다.

노직은 그 자신이 '최소 국가' 또는 '유토피아의 틀'이라 부른 것, 즉 개인 권리의 보호에 부응하는 최소 개입의 정치권력 형태에 대해 수많은 논거를 제시했다. 그는 '더욱 확대된 국가는', 어떤 것을 하도록 강제되지 않을 '개인의 권리를 침해'할 것이기 때문에 '도덕적으로 정당화될 수 없다'는 점을 입증하려 했다. 노직이 보기에 개인은 극히 다양하다. 따라서 모든 사람의 이상이 될 수 있는 하나의 공동체란 존재하지 않는다. 유토피아에 대한 광범위한 개념들이 존재하기 때문이다. 그는 이 점을 다음과 같이 도발적으로 적었다.

비트겐슈타인, 엘리자베스 테일러, 버트런트 러셀, 토머스 머튼, 요기 베라, 앨런 긴스버그, 해리 울프슨, 소로, 케이시 스텐겔, 루바비치파 랍비[메나헴 멘델 슈니어슨-옮긴이], 피카소, 모세, 아인슈타인, 휴 해프너, 소크라테스, 헨리 포드, 레니 브루스, 람 다스, 간디, 에드먼드 힐러리 경, 레이먼드 러비츠, 석가, 프랑크 시나트라, 콜럼버스, 프로이트, 노먼 메일러, 아인 랜드, 로스차일드, 테드 윌리엄스, 토머스 에디슨, H. L. 멘켄, 토머스 제퍼슨, 랠프 엘리슨, 바비 피셔, 엠마 골드만, 표트르 크로포트킨, 당신, 그리고 당신의 부모. 이 사람들 개개인에게 가장 좋은 한 가지 종류의 삶이 정말 있는가?(Nozick 1974, 310)

문제는 근본적으로 서로 다른 열망들이 어떻게 수용될 수 있는가에 있다. 개인과 집단은 그들이 선택한 목적을 향해 어떻게 나아갈 수 있는가? 노직에 따르면, 우리는 유토피아가 모든 사회·정치 상태 가운데 가장 좋은 단 하나의 구상을 제시해 줄 것이라는 생각에서 벗어나야 한다. 그 반대로 우리는 유토피아적 실험을 시도할 수 있는 사회나 나라 그 자체를 유토피아로 간주해야 한다. 유토피아란 여러 유토피아들을 추구할 수 있는 하나의 틀인데, 여기에서 사람들은 '자유롭게 자발적으로 결합해 이상적 공동체에서의 좋은 삶에 대한 자신들의 비전을 추구하고 실현하려 하지만, 어느 누구도 유토피아에 대한 자신의 비전을 타인에게 강요할 수 없다'(Nozick 1974, 312). 달리 말하면, 유토피아란 자유와 실험을 위한 틀이다. 그것은 '최소 국가'다(Nozick 1974, 333-334).

그런 틀은 '자유지상주의적이고 자유방임적'인 것이라고 노직은 주장한다. 오직 개인만이 자신이 원하는 바가 무엇인지를 판단할 수 있다. 따라서 국가가 개인의 삶에 적게 간섭할수록 개인에게는 좋은 것이다. '최소 국가'는 '세부 기획'과 양립할 수 없으며, '타인을 돕도록 강요하는' 적극적인 자원의 재분배와도 양립할 수 없다. 국가가 기회나 결과의 평등을 증진하는 도구가 될 때, 그 국가는 자신의 정당한 한계를 벗어나게 된다. 그러면 장차 자유민주주의 국가의 적절한 역할은 무엇인가? 국가는 단지 폭력·절도·사기·계약 위반 등에 맞서는 '보호 기관'이어야 한다는 것이 노직의 견해인 것 같다. 국가는 일정 영토 내에서 개인의 권리를 보호할 수 있기 위해 강제력을 독점해야 한다. 유토피아의 틀 내에서 이런 과제에 해당하는 것으로는, 그 틀의 작동을 집행하는 것, 공동체 간의 갈등에 대해 판결을 내리는 것, 주어진 공동체를 떠날 수 있는 개인의 권리를 보호하는 것, 국방과 외교 관계라는 이름으로 요구되는 모든 것을 수행하는 것 등이 있다.

개인의 자유, 민주주의, 국가 간의 관계는 정확히 어떤 것이며 또 어떠해야 하는지가 노직의 저서에서는 불분명한 채로 남겨져 있는 데 반해, 하이에크는 정면으로 이 문제와 대면했다. 하이에크는 원칙상 대의 민주주의를 지지했지만, 현대 '대중 민주주의'의 역동성 속에 근본적인 위험이 존재한다고 보았다. 두 가지 종류의 위험이 그것이다. 첫째는 자의적이고 억압적인 다수 지배의 경향이고, 둘째는 다수에 의한 지배가 그 대리인에 의한 지배로 점점 대체되는 것이다(Hayek 1978, 152-162). 이 두 요점은 플라톤에서 슘페터에 이르는 정치 이론에서 익숙한 것이지만, 하이에크는 이를 강하게 밀고 나갔다. 그는 또한 자유주의적 질서의 회복을 호소하는 논리 — 나는 이를 '법치 민주주의'legal democracy라고 부를 것이다 — 의 구성 요소로 그것을 이용했다(Hayek 1960; 1976; 1982 참조).

하이에크는, 인민이 그 행동에서 보편적 규칙에 의해 억제되지 않는다면, 인민이 명하는 것이 좋거나 현명하리라는 보장은 어디에도 없다고 보았다. '교조적 민주주의자'에게 다수가 원한다는 것은 '그것을 좋은 것으로 간주할 충분한 근거가 되며 …… 다수의 의지는 무엇이 법인가뿐만 아니라 무엇이 좋은 법인가까지를 결정하게 된다'(Hayek 1960, 103). 민주주의에 대한 이런 '맹목적 숭배'는, '권력이 민주적 절차에 의해 주어지는 한 그것은 자의적인 것이 될 수 없다'라는 잘못된 생각을 가져오게 된다(Hayek 1976, 53). 하이에크는 민주주의란 결코 무오류의 것이거나 확신할 수 있는 것이 아니라고 주장했다. 그리고 슘페터와 유사하게, '흔히 어떤 독재 통치 아래에서는 일부 민주주의 아래에서보다 훨씬 많은 문화적·정신적 자유가 존재했던 적이 있으며, 그리고 아주 동질적이고 교조적인 다수가 지배하는 정부에서는 민주 정부가 최악의 독재만큼이나 억압적일 수 있다고 상상하는 것이 불가능하지 않다'는 점을 잊어서는 안 된다고 주장했다(Hayek 1976, 52). '민주적인 지배는 권력이 자의적으로 되는 것을 방지해 줄지도 모른다. 그러나 민주적인 지배가 단순히 존재한다고 해서 그렇게 되는 것은 아니다'(Hayek 1976, 53). '권력에 대한 제한'과 '권력의 원천'이라는 두 문제를 구분하는 것이야말로 정치적 자의성을 방지할 수 있는 출발점이라 할 수 있다는 것이다.

사회를 기획하고 조절하려는 모든 시도는 자의적 정치권력의 문제를 악화시킨다. 새로운 '복지 질서'는 이를 명확히 보여 준다(Hayek 1976, 42 이하). 인민의 대리인들(대표이건 관료이건)은 '공동의 목적'이나 '사회적 선'이라는 명목을 내걸고서 국가에 의한 경제관리와 자원의 재분배를 통해 사회 구조를 바꾸려 한다. 그러나 하이에크는, 전제 권력에 대한 J. S. 밀의 비판을 본 따서(이 책 3장 참조), 그런 시도의 의도가 무엇이든 간에 그 결과는 억압적인 정부가 된다고 주장했다. 그것이 억압적인 이유는 지식이 어쩔 수 없이 한정되기 때문이다. 수백만의 사람들에 대해서는 말할 것도 없고 바로 우리 주위에 있는 자들에 대해서도, 그들이 무엇을 필요로 하고 원하는지 또한 그들의 다양한 목표와 선호 가운데 어느 것을 중시해야 할지에 대해 우리가 알고 있고 또 알 수 있는 것은 극히 조금밖에 안 된다는 것이다

(Hayek 1976, 44). 개인들의 삶과 활동을 조정하려는 어떤 체계적 시도도 필연적으로 억압이며 개인의 자유에 대한 공격이 된다. 그것은 자신의 목표에 대한 궁극적 심판자가 될 수 있는 개인들의 권리를 부인하기 때문이다. 하이에크는 이 말이 '사회적 목표' — 그는 이를 '개인들의 목표 가운데 일치하는 것'으로 정의한다 — 의 존재를 부정하는 것은 아니라고 강조했다. 그러나 개인들의 삶과 활동을 조정하려는 어떤 체계적 시도도 결국 '개인들의 목표'에 대한 생각을 '공통적으로 합의'된 영역에 제한하는 것인데, 그런 합의의 영역이란 상대적으로 거의 존재하지 않는다(늘 그러할 것이다)고 그는 지적한다. 노직과 같은 생각에서 하이에크는, 시민들 간의 합의는 '극히 다양한 목적들에 이바지할 수 있는 방법·수단'을 명시함으로써만 가능하다고 주장한다(Hayek 1976, 45). 노직처럼 하이에크에게 이런 수단이란, 개인들의 활동을 조정하는 데 필요한 안정되고 예측 가능한 틀을 제공해 주는 비개입적·비명령적 조직과 거의 같은 의미로 여겨진다. 오직 개인만이 자신의 욕구와 목표를 결정할 수 있다. 하지만 조직 — 무엇보다도 국가와 같은 조직 — 은 원칙적으로 어떤 과정을 촉진함으로써 개인들이 이를 통해 성공적으로 자신의 목표를 추구할 수 있도록 할 수 있다. 어떻게 이것이 보장될 수 있을까?

하이에크의 주장에서 핵심적인 것은 자유주의와 민주주의의 특이한 구분이다. 그에 의하면, '자유주의는 법률이 어떠해야 하는가에 대한 원칙이고, 민주주의는 무엇이 법률이 될지를 결정하는 방식에 대한 원칙이다'(Hayek 1960, 103). 자유주의는 '다수가 받아들이는 것만이 실제로 법이 되어야 한다는 것을 바람직스럽게' 여긴다. 하지만 자유주의의 목적은 '어떤 원칙을 준수하도록 다수를 설득하는 것'(Hayek 1960, 103-104)이다. 다수파와 정부의 행위를 제한하는 일반 규칙들이 존재하는 한 개인은 강압적인 권력을 두려워할 필요가 없다. 그러나 만일 그런 제한이 없다면, 민주주의는 근본적으로 자유와 충돌하게 될 것이다. 하이에크는 많은 다른 신자유주의자들과 비슷하게, 만일 민주주의가 '제한받지 않는 다수 의지'를 의미한다면 자신은 민주주의자가 아니라는 점을 분명히 밝혔다(Hayek 1982, 39).

'법의 지배'가 존중된다면, 그리고 오직 그러할 때에만, 강압적인 정치권력은 억제될 수 있다. 하이에크는 자신의 주장을 뒷받침하기 위해 법률law과 입법legislation을 분명히 구분했다. 법률이란, 헌법 규정을 비롯해 개인의 행위의 조건을 결정하는 본질적으로 고정된 일반적 규칙들을 말한다. 이에 비해 입법이란, 대부분의 정부가 수행하는 업무인 법률 체계에 있어서의 일상적 변화를 의미한다. 시민들은 국가의 권력이 법률에 의해 한계가 지워질 때에만 자유를 누릴 수 있다. 즉, 국가 활동 범위의 한계를 명확히 하는 규정들에 의해 국가권력이 한정될 때에만 시민은 자유를 누릴 수 있다. 그와 같은 국가 활동의 한계를 설정하는 기초가 되는 것은, 자기 자신의 견해와 기호를 발전시키고 자신의 목표를 추구하며 자신의 소질과 재능을 실현할 수 있는 개인의 권리다(Hayek 1976, 11, 63). 하이에크 저술의 핵심은, '어디든 법이 끝나는 곳마다 전제정치가 시작된다'라는 로크의 언명이나 올바르게 제정된 법률이 정부로 하여금 '생명, 자유 그리고 재산'을 보증하도록 한다는 생각이다(3장 참조). 여기에서 법의 지배는, 개인들이 자신의 정력과 자원을 어떻게 사용할 것인가를 결정할 수 있는 조건을 제공해 준다. 따라서 그것은 강압적 권력에 대한 결정적인 제한이고 개인적 자유의 조건이다. '법치 민주주의'만이 자유를 충분히 그 중심에 놓을 수 있다.

하이에크가 보기에 민주주의는 그 자체 목적이 아니다. 민주주의는 하나의 수단, 즉 최고의 정치적 목표인 자유를 보호하는 데 도움이 되는 '실용적 장치'다. 그러므로 보호 민주주의 이론가들이 정확히 주장했듯이, 민주주의의 작동에는 반드시 제약이 부과되어야 한다. 민주 정부는 그 활동의 정당한 범위에 대한 한계를 수용해야 한다. 정부의 입법 범위는 법의 지배에 의해 제약되며, 또 반드시 제약되어야 한다. 하이에크는 다음과 같이 설명하고 있다.

> 법의 지배는 …… 입법의 범위에 대한 제한을 의미한다. 법의 지배는 입법의 범위를 형식적 법률로 알려진 일반적 규칙과 같은 종류의 것으로 제한한다. 또한 그것은 특정인을 직접 겨냥한 입법을 배제하며, 국가의 강압적 권력을 그런 차별을 목적으로 누군가가 사용할 수 있도록 하려는 입법을 배제한다.● 법의 지배란 모든 것이 법에 의해 규제됨을 의미하지 않는다. 그와 반대로 법의 지배란, 국가의 강압적 권력은 법에 의해 미리 규정된 경우에만 그리고 그것이 어떻게 사용될지를 예상할 수 있는 그런 방식으로만 사용될 수 있다는 것을 의미한다. …… 몇몇 나라처럼 법의 지배를 주로 어떻게 적용할지가 권리장전이나 헌법전에 규정되어 있는지, 또는 그 원칙이 단지 확고한 전통인지, 그것은 중요하지 않다. 하지만 형태가 어떻든 간에, 입법권에 대한 제한을 인정하는 것은 양도할 수 없는 개인의 권리와 침해할 수 없는 인간의 권리를 인정하는 것을 의미한다(Hayek 1976, 62-63).

● 하이에크는 형식적 법률과 실질적 법률을 구분한다. 형식적 법률은 특정한 대상에 상관없이 국가가 어떤 유형의 상황에서 어떤 행동을 취할지를 알려주는 일반적 규칙인 반면, 실질적 법률은 특정한 사람에게 특정한 효과를 직접 발생시키는 구체적 명령이다. 예컨대 신호등을 만들어 주고 도로 규칙을 정하는 것이 전자라면, 사람들에게 어느 도로를 택하고 어디로 갈지를 지시하는 것은 후자에 속한다는 것이다.

입법자들은 법의 지배에 간섭하지 않아야 한다. 그런 간섭은 일반적으로 자유의 감소에 이르기 때문이다.

궁극적으로 하이에크의 '법치 민주주의'는 자유 시장 사회와 '최소 국가'를 위한 윤곽을 제시했다. 그는 이런 질서를 자유방임이라 부르지 않았다. 왜냐하면 모든 국가는 시민사회와 사적 생활을 조직화하는 데 어느 정도 간섭하고 있기 때문이다(Hayek 1960, 231; 1976, 60-61). 사실 그는 자유방임이라는 용어가 '자유주의 질서의 근거가 되는 원칙들을 아주 애매하게 잘못 묘사'하고 있다고 여겼다(Hayek 1976, 60). 문제는, 경제적·사회적 상황을 조건지우기 위해 국가가 왜 개입하며 어떻게 개입하느냐다. 국가의 개입은, 법의 지배와 양립할 수 있도록, 개인들이 자신의 다양한 목적을 추구하는 데 있어 도구로서 이바지할 수 있는 규칙들을 제공하는 데에 한정되어야 한다. 정부는 오직 일반 규칙 ─ '생명, 자유, 그리고 재산'을 광범하게 보호하는 규칙 ─ 을 시행하기 위해서만 시민사회에 정당하게 개입할 수 있다. 하이에크는 이에 대해 분명했다. 즉, 자유롭고 자유주의적인 민주적 질서는, 사람들이 자신의 재산을 어떻게 사용해야 하는지를 구체적으로 명시하는 규칙의 제정과는 양립할 수 없다(Hayek 1960, 231-232). 만일 사람들이 스스로 자신의 목표를 결정할 수 있는 능력에 대해 정부가 간섭한다면, 그 정부는 강압적인 것이 된다. 그런 강제의 대표적 사례로 하이에크가 제시한 것은, '분배적 또는 "사회적" 정의를 강요하거나 특정인의 물질적 위치'를 변경하려고 시도하는 입법이다(Hayek 1960, 231). 분배적 정의는 항상 공이나 보상에 대한 다른 사람의 생각을 누군가에게 강요한다. 분배적 정의는, 마치 사람들이 자신의 노력에 대한 대가로 무엇을 받아야 하고 또 사람들이 어떻게 처신해야 하는지를 알고 있는 것처럼 행동하는 중앙 권위체에 의한 자원의 할당을 요구한다. 하지만 개인이 제공하는 서비스의 가치는, 그들의 인식·선택·결정에 간섭하지 않는 의사 결정 체계 내에서 그들의 동료들에 의해서만 타당하게 정해질 수 있다. 그리고 개인적 기초 위에서 '집단적' 선택을 결정하는 데 필요한 민감성을 충분히 가진 메커니즘은 오직 하나만이 존재한다. 자유 시장이 그것이다. 입헌 국가에 의해 보호된다면, 자유 시장의 작동만큼 역동적이고 혁신적이며 반응적인 집단적 선택의 메커니즘을 제공해 주는 시스템은 존재하지 않는다.

모델 7 법치 민주주의

- **모델을 정당화하는 원리**
  - 다수결 원리는 자의적 정부로부터 개인을 보호하고 또한 자유를 유지하는 효과적이고 바람직한 방법이다. 하지만 경제적 삶과 같이 정치적 삶이 개인의 자유와 주도성의 문제가 되기 위해서는, 다수의 지배는 법의 지배에 의해 제한되어야 한다. 이런 조건에서만 다수결 원리는 현명하고 정당하게 기능할 수 있다.

- **핵심적 특징**
  - 입헌 국가(명확한 권력분립을 포함하는, 영미 정치 전통의 특징을 모델로 하는).
  - 법의 지배.
  - 시민사회와 사적 생활에 대한 최소한의 국가 개입.
  - 가능한 한 최대 영역에서 자유 시장 사회.

- **일반적 조건**
  - 자유주의 원칙에 의해 지도되는 효과적인 정치 리더십.
  - 과다한 관료 규제의 최소화.
  - 이익집단 특히 노조의 역할에 대한 제한.
  - 국제적 자유무역 질서.
  - 모든 유형의 집단주의의 위협의 최소화(가능하면 근절).

자유 시장이 언제나 완벽하게 움직이는 것은 아니다. 하지만 근본적으로 자유 시장의 이익은 그 불이익을 능가한다고 하이에크는 주장한다(Hayek 1960; 1976; Rutland 1985 참조). 자유 시장 체제는 진정으로 자유로운 민주주의를 위한 토대다. 특히 시장은 중앙 권위체의 지시 없이도 생산자와 소비자의 결정이 조정되는 것을 보증할 수 있다. 또한 시장은, 모든 사람들이 자신이 처분할 수 있는 자원을 이용해 자기 스스로의 목적을 추구하고, 나아가 시장의 작동 방식을 안다고 주장하는 엘리트 없이도 복잡한 경제가 발전해 가는 것을 보증할 수 있다. 시장과 비교할 때, 정부의 의사 결정 체제인 정치는 항상 근본적으로 불완전한 선택 체제다. 따라서 '정치' 또는 '국가의 활동'은 최소한에 그쳐야 하고, '초자유주의적'인 국가의 활동 영역에 머물러야 한다(Hayek 1976, 172). '억압적인 관료 정부'는, 이런 처방 ─ 즉, 〈모델 7〉에 요약되어 있는 '법치 민주주의' 모델 ─ 에서 벗어날 경우 초래되는 거의 필연적 결과다.

그러나 현대의 '관료제 정부'가 팽창하는 이유는, 앞 장에서 보았듯이, 하이에크의 주장보다 훨씬 더 복잡하다. 하이에크 사상의 다른 측면에도 여러 가지 중요한 문제점이 존재한다. 우선 하이에크의 자유주의적 자유 시장 질서 모델(좀 더 일반적으로 신우파의 자유 시장 질서 모델)은 현대의 법인 자본주의 체제와 잘 맞지 않는다(Held 1995, ch. 11 참조). 신다원주의자들과 신마르크스주의자들이 모두 인정하고 있듯이, 권력과 자원의 엄청난 불균형이 시장경제에 의해 체계적으로 재생산될 뿐만 아니라 자유주의적 민주 정부 그 자체에 의해 지지되고 있는 시기에, 현대사회가 생산자와 소비자가 동등하게 만나는 세계에 가깝거나 또는 점점 그렇게 될 것이라는 생각은 비현실적인 것처럼 보인다. 그 결과 나타나는 정치적 의제의 '편향'은, 신우파를 제외한 거의 모든 현대 민주주의 이론 학파들에 의해 인식되고 있는 것 같다. 일반적으로 자유주의, 구체적으로 신우파는 시장의 이미지를 '권력 없는' 조정 메커니즘으로 표현함으로써 경제적 권력이 민주주의와 관련해 행사하는 왜곡적 속성을 무시하고 있다(Vajda 1978). 오늘날 '자유 시장'의 현실은, 복잡한 유형의 시장 형태, 과점 구조와 독점 구조, 기업 권력과 다국적기업 체제의 강압성, 수많은 상업적 금융 회사의 단기 논리, 지역적 파워 블록의 경쟁 등으로 특징지어지고 있다. 시장이 단순히 자유롭고 반응적인 집단적 선택의 메커니즘이라는 주장을 유지하기 쉬운 세계가 전혀 아닌 것이다.

물론 국가를 '되돌리려는' 신우파의 전략은 특히 영미 세계에서 최근까지 상당한 정치적 지지를 받아 왔다. 부분적으로 이런 지지는, 오랫동안 존재해 온 개입주의적 복지국가 제도에 대한 상당한 냉소와 불신과 불만 등을 신우파가 동원하는 데 성공했기에 가능했다. 하지만 이것이 복지국가 양상에 환멸을 느낀 사람들 대부분이 신자유주의자라는 말은 아니다(예컨대 Whitley 1981 참조; Taylor-Gooby 1983; 1985; 1988; Jowell and Airey 1984; Pierson 1991). 오히려 그런 지지는, 저소득 집단이나 여성들을 포함한 여러 집단 사이에 복지국가 기구의 서비스 방식에 대한 현저한 불만이 존재함을 입증하는, 또한 복지 급여 공급이 지나치게 경직적이고 가부장적·관료적이라고 보는 경향이 있음을 입증하는 것이라 할 수 있다(West et al. 1984 참조; Hyde 1985; Dominelli 1991). 신우파는 이런 불만이 일반적으로 '대중 민주주의', 특히 개입주의적 사회주의 정책의 당연한 결과물이라고 주장하면서, 그런 불만을 정치적으로 이용하는 데 성공해 왔다. 1970년대 말과 1980년대에 이런 공격은 의문의 여지 없이 사회민주주의 정당들을 압도했지만, 신우파의 전략이 장기적으로 통할 것 같지는 않다.

그 이유는 많다. 자원의 산출과 할당이라는 근본적 문제를 시장으로 하여금 해결하도록 내맡기는 것은 수많은 경제·정치 문제의 근원을 완전히 놓쳐 버리는 것이다. 예를 들면, 주요한 갈등의 근원인 국민국가 내부와 국민국가 사이의 엄청난 불평등, 어떤 나라에서는 산업이 계속 보호받고 조직적 지원을 누리는 반면, 다른 나라에서는 교역의 기회가 침식되는 것, 일국의 경제와 정책을 순식간에 불안하게 만들 수 있는 막대한 세계적 금융 흐름의 등장, 지구온난화와 오존 감소 및 유독성 오염 물질의 전반적 확산 등을 포함하는 전 지구적 공유지를 둘러싼 심각한 초국가적 문제의 전개 등이 그것이다(이 책 11장을 참조). 더욱이 국가 역할의 범위를 축소한다는 것은 곧 일국적·다국적 시장 세력의 영역을 증대시키고 전통적으로 취약층에 보호막을 제공해 왔던 여러 서비스를 감축하는 것을 의미하는 만큼, 남과 북, 동과 서에서 빈곤층과 취약층이 직면한 어려움은 더욱 심화되고 있다. '법과 질서'의 문제가 가장 중요한 정치적 의제로 떠오른 것은, 그런 정책들로 야기된 필연적 결과를 억누르고 봉쇄할 필요성을 일부 반영하고 있다(Held 2004 참조).

신우파 강령의 원칙과 실제 간에는 어떤 관계가 있는가. 이 문제는 자유에 대한 신우파의 호소를 고찰해 봄으로써 좀 더 명확해질 수 있다. 하이에크나 노직 등이 표명했던 것처럼 자유에 대한 신우파의 호소는 분명 강력한 것이었다. 하지만 그것은 대단히 제한적이고 논쟁적인 자유 개념에 기초하고 있다. 그들은 모든 '분배' 문제를 그 자체 법의 지배에 반하는 것으로 정의함으로써, 경제적·사회적·인종적 불평등에 관한 문제들을 정치적 분석과 고찰에 부적절한 문제로 간주해 버린다. 하지만 앞에서 보았듯이, 이런 불평등의 일부는 근대사회에서 자유의 본질을 면밀히 기술하는 데 있어서 핵심적인 것이었다. 게다가, 로크에서 J. S. 밀에 이르는 여러 사상가들이 제시한 이유를 보아도 '법'과 '입법'의 구분은 여러 면에서 중요하지만, 하이에크에 와서 그것은 대단히 많은 문제를 안게 되었다. 왜냐하면 그런 구분은, 어떤 결정적 이슈들을 마치 정치 행위가 다룰 적절한 주제가 아닌 것처럼 취급해 정치 영역으로부터 제거해 버리는 데 기여하기 때문이다. 일련의 문제들을 민주적 고려의 대상에서 삭제해 버리려는 이런 시도가 만일 성공하게 된다면, 민주적 논쟁 내지 민주적 통제의 범위는 발본적으로 제한될 것이다. 더욱이 계급·문화·성·지역 간에 주요한 불평등이 존재하고 대개 그런 불평등이 증가하고 있음이 확실한 세계에서, 하이에크의 분석이 허용하는 것보다 더 광범위하게 자유의 조건들을 고려하지 않는다면, 자유 ― 자신의 취미·견해·재능과 목적을 계발할 자유 — 를 실제로 실현할 방법을 찾기는 어려울 것이다. 신마르크스주의자들과 최근의 페미니스트들이 자유주의 교의를 맹렬히 비판해 온 것은 바로 이 지점이다. 즉, 자유를 향유한다는 것은 법 앞의 평등 — 의문의 여지 없이 이것이 중요하지만 — 을 누리는 것뿐만 아니라, 여러 행동 경로를 추구할 수 있는 능력(물질적·문화적 자원)을 가지는 것을 의미하는 것이다(Plant 1985; 1992 참조; Sen 1999). 현대 자유주의의 몇몇 갈래는 이 점을, 비록 충분하지는 않지만, 분명히 인식하고 있는 데 반해 신자유주의자들은 전혀 그렇지 못하다(Sandel 1984 참조). 자유의 유형과 민주주의 간의 관계라는 중요한 이슈는 뒤에서 그리고 마지막 장에서 다시 논의될 것이다.

참여, 자유 그리고 민주주의

신우파 운동과 함께 하이에크나 노직 같은 사상가들은 국가 활동의 적절한 방식과 한계를 둘러싼 논의에 크게 기여했다. 그들은 국가·시민사회·국민의 관계를 다시 한 번 주요 정치 이슈로 만드는 데 일조했다. 그에 따라 이 관계의 적절한 성격을 둘러싼 생각들이 혼란스럽게 되었다. 자유, 평등, 민주주의 등의 개념이 의미하는 바도 같은 상황에 처하게 되었다. 그러나 신우파가 자유라는 용어의 상속권을 가진 유일한 전통이 아님은 당연하다. 1960년대 말부터 지금까지 신좌파는 이 용어에 대해 자신들에게 진정한 권리가 있음을 주장해 왔다.

신우파와 같이 신좌파도 여러 조류의 정치사상으로 구성되어 있다. 신좌파 사상에 영감을 준 것으로는 루소와 같은 (계발) 공화주의, 무정부주의,

앞에서 내가 '자유지상주의적·다원주의적' 마르크스주의 입장이라 칭했던 것(4장 참조) 등이 있다. 민주주의와 자유에 대한 좌파의 개념을 재형성하는 데에는 많은 사람들이 이바지했지만(Pierson 1986; 1995 참조), 아래에서는 특히 민주주의의 준거틀을 재고하고 수정하는 데 공헌한 두 사람인 페이트먼(Pateman 1970; 1985)과 맥퍼슨(Macpherson 1977)에 초점을 맞출 것이다. 이 두 사람의 입장이 결코 동일한 것은 아니지만, 그들의 출발점과 지향점에는 많은 공통점이 있다. 그들은 내가 간략히 '참여 민주주의'participatory democracy라고 부르게 될 민주주의 모델을 함께 대표한다. 이 용어는 종종, 고전적 아테네 민주주의 모델에서부터 일정한 마르크스주의 입장에 이르기까지, 다양한 민주주의 모델을 포괄하는 데 사용되고 있다. 이것이 모든 면에서 꼭 틀린 것은 아니지만, 이 책에서는 지금까지 살펴본 다른 모델들과 구별하기 위해 참여 민주주의 용어를 좀 더 제한된 의미로 사용하게 될 것이다. 1970년대 초부터 최소한 1990년대 초까지 '참여 민주주의'는, 우파의 '법치 민주주의'에 대항하는 좌파의 주된 모델이었다(무정부주의 입장이나 좌파 자유지상주의 입장도 결코 중요하지 않았던 것은 아니지만, 아래에서 간략히 논해질 여러 이유로 인해 지지자들이 훨씬 적었었다). 신좌파의 모델이 주로 신우파에 대한 역공으로서 전개된 것이 아니라는 점을 강조할 필요가 있다. 근래에 와서 신우파의 존재가 신좌파의 관점을 예리하게 만들기는 했지만, 신좌파의 등장을 가져온 주요한 배경은 1960년대의 정치적 소요, 좌파 내부의 논쟁, 자유주의와 마르크스주의 정치 이론의 유산에 대한 불만 등이었다.

신좌파들은 현대 자유민주주의에서 개인들이 '자유롭고 평등하다'는 생각에 대해 이의를 제기한다. 캐롤 페이트먼이 표현했듯이, '실제로 "자유롭고 평등한 개인"을 발견하기란 자유주의 이론이 주장하는 것보다 훨씬 어렵다'(Pateman 1985, 171). 일반적으로 자유주의 이론은 사실상 주의 깊게 검토

캐럴 페이트먼

해 봐야 할 것들을 당연한 것으로 가정해 버린다. 다시 말하면, 남성과 여성, 흑인과 백인, 노동·중간계급과 상층계급, 여러 인종 집단들 간의 기존 관계를 볼 때 과연 형식적으로 인정된 권리가 실제로도 실현되고 있는가? 일정한 권리의 형식적·공식적 존재가 중요치 않은 것은 아니지만, 그 권리가 진정으로 향유될 수 없을 경우 아주 제한적 가치밖에 없는 것이다. 자유에 대한 평가는, 실체적인 자유에 기초해, 또한 국가와 시민사회의 두 영역 모두에서 이용될 수 있는 그런 자유에 기초해 이루어져야 한다. 자유가 특정한 자유들로서 구체적 내용을 갖지 못한다면, 일상생활에서 진정 중요한 것이라고 말할 수 없을 것이다.

홉스에서 하이에크에 이르기까지 자유주의자들은 이런 문제를 대부분 검토하지 않았다(Pateman 1985 참조). 계발 민주주의 이론가들이 이런 일반화에서 예외가 되겠지만, 그들조차도 권력과 자원의 불균형이 일상적 관계에서 자유와 평등의 의미에 어떤 영향을 미치고 있는지를 체계적으로 탐구하지는 않았다(Macpherson 1977, 69-76 참조). 만일 자유주의자들이 그런 연구를 진지하게 수행한다면, 수많은 개인들이 자원과 기회의 부족으로 인해 정치적·시민적 삶에의 적극적 참여로부터 체계적으로 제약당하고 있음을 발견하게 될 것이다. 앞에서 말했던 제한적 참여나 불참여의 악순환은 이 점을 직접적으로 보여 준다. 계급·성·인종 간의 불평등은, 개인이 '자유롭고 평등하다'고 정당하게 주장될 수 있는 여지를 근본적으로 가로막고 있다.

나아가 페이트먼의 주장에 의하면, '시민사회'와 '국가'를 명확하게 분리하는 자유주의의 사고 그 자체에 결함이 있고, 이것이 자유주의의 핵심 교의에 근본적인 영향을 미치고 있다(Pateman 1985, 172 이하). 만일 국가가 일상생활의 결사체나 실천들로부터 분리되어 있다면, 국가를 시민들이 존경하고 복종해야 하는 특별한 종류의 기구 — '보호 기사', '심판', '재판관' — 로 생각하는 것이 그럴듯할지도 모른다. 그러나 만일 국가가 이런 결사체나 실천들에 얽혀 들어와 있다면, 국가가 '독립적 권위체'라거나 '한정된 영역의 공정한 권력'이라는 주장은 근본적으로 손상될 것이다. 페이트먼이 판단하기에(여러 신마르크스주의자 및 신다원주의자들의 판단과 마찬가지로), 국가는 일상생활의 불평등을 유지하고 재생산하는 데 불가피하게 얽혀 들어와 있고, 따라서 국가가 독특한 충성을 요구할 수 있는 근거 전체가 의문시된다(Pateman 1985, 173 이하). 이런 의문은 공권력의 성격, '공적인 것'과 '사적인 것'의 관계, 정치의 적절한 범위, 민주 정부의 적절한 범위 등과 관련된 모든 문제 영역에서 동요를 일으키게 된다.

만일 국가가 일상에서 사회와 관련해 '공평'하지도 '분리'되어 있지도 않다면, 시민들이 '자유롭고 평등한' 존재로 다루어지지 않으리라는 것은 분명하다. 만일 '공적인 것'과 '사적인 것'이 복잡하게 서로 얽혀 있다면, 선거라는 메커니즘은 '통치' 과정에 실제 관여하는 세력들의 책임성을 보증할 수 있는 충분한 장치가 되지 못할 것이다. 나아가 국가와 시민사회의 '얽힘'으로 인해 '정치'가 손대지 않는 '사적인 삶'의 영역이 거의 남아 있지 않게 되기 때문에, 민주적 조정의 적절한 형태에 관한 문제가 심각하게 제기된다. 민주적 통제는 어떤 형태를 띠어야 하는가 또한 민주적 의사 결정의 범위는 어느 정도까지여야 하는가 등이 긴급한 문제가 된다. 전통적 좌파들이 이런 문제들에 대해 제시한 직설적이고 단순한 해답은 극도의 경계심을 가지고 다룰 필요가 있다(이 책 4장 참조). 신좌파 사상가들은 정통 마르크스주의 이론에 근본적인 문제가 있다는 것을 일반적으로 인정하기 때문이다. 따라서 신좌파 사상가들은 마르크스주의와 자유주의를 접점 없는 대결 상태로 고착시키는 데에서 벗어나 새롭게 논지를 발전시키고자 했다. 예컨대, 그들은 소련에서 스탈린주의와 억압적 국가가 전개된 것에 대해, 단지 '후진' 경제의 특이성의 결과(많은 마르크스주의자들이 주장해 왔던)로만 이해하지 않고, 마르크스와 레닌의 사상과 실천의 문제점으로까지 거슬러 올라가 설명하려 했다. 신좌파 사상가들은, 대의 민주주의 제도가 평조합원 중심의 현장 민주주의rank-and-file democracy 조직에 의해 바로 폐기될 수 있다는 마르크스와 레닌의 신념은 틀렸다고 주장한다. 특히 레닌이 대의 민주주의를 단순히 부르주아적이라고 규정한 것은 대의 민주주의의 성격을 잘못 이해한 것이었다. 이런 전형적인 레닌주의적 관점의 근저에는, 사회에는 여러 경쟁적 권력 중심이 존재한다는 개념에 대한 근본적으로 잘못된 불신이 자리하고 있다.

사회주의 사상과 민주적 제도 간의 전반적 관계는, 동유럽 사회주의가 남긴 기록뿐만 아니라 사민주의적 개혁 비전의 도덕적 파산에 비추어서도 재검토되어야 한다. 사회민주주의 정치의 주류는 '사회공학'에 대한 무비판적 찬양에 앞장섰고, 이는 사회·경제구조의 비교적 미세한 조정을 행하는 정책들을 급격히 증가시키게 되었다. 이에 따라, 국가의 규모와 권력이 강화되었고, 이는 사회민주주의 정치가 한때 가지고 있었던 비전을 침식시키게 되었다. 그렇다면 앞으로의 진로는 무엇인가? 직접민주주의나 자율 관리 제도가 국가를 단순히 대체하는 것은 불가능하다. 베버가 예언했듯이, 그것은 조정의 공백을 남기게 되며 이 공백은 곧바로 관료제에 의해 채워질 것이기 때문이다. 신좌파의 저작들은 동과 서의 정치를 변화시키는 데 있어 사활적으로 중요한 두 가지 변화를 강조해 왔다. 즉, 의회, 국가 관료제, 정당 등을 더욱 공개적이고 책임성 있게 만듦으로써 국가를 민주화시켜야 한다. 또한 각 부문 수준에서의 새로운 형태의 투쟁을 통해(공장 기반의 정치, 여성운동, 생태학적 집단 등을 통해) 국가뿐만 아니라 사회도 책임성을 보장하는 절차에 따르도록 해야 한다.

맥퍼슨의 저작은, 좀 더 민주적인 미래에 이르는 관건으로 참여 민주주의 개념을 특히 강조하기는 하지만, 대체로 이런 신좌파의 일반적 주장과 같은 맥락에 있다. 맥퍼슨은 자유민주주의 전통의 여러 요소에 대한 재평가를 통해 자신의 이론적 착상을 이끌어 냈다. J. S. 밀이 제시한 몇몇 주장은 그에게 특별히 중요한 영향을 미쳤다. 그러나 맥퍼슨은 자유와 개인의 발전은 사회와 국가를 통제하는 데 시민이 직접적이고 지속적으로 관여함으로써만 충분히 성취될 수 있다고 주장함으로써, 밀의 사상을 보다 급진적으로 변형시켰다.

맥퍼슨은 인구가 밀집된 복잡한 사회에서 민주주의의 범위를, 정기적 선거 참여에서 더 나아가 삶의 모든 영역의 의사 결정에 대한 참여로까지 확대하는 것이 실행 가능한가라는 질문을 제기하는 데 주저하지 않았다. 대규모 공동체를 조절하는 데서 기인하는 문제가 엄청나다는 점을 맥퍼슨도 인정했다. 공공 문제가 발생할 때마다 모든 시민들이 얼굴을 맞대고 토론에 참여할 수 있는 정치체제를 상상하는 것은, J. S. 밀이 정확히 지적했듯이, 불가능하지는 않더라도 어려운 일이다. 그러나 이런 이유 때문에 사회와 정부 체제를 변모시키는 것이 불가능한 것은 아니다. 맥퍼슨은 경쟁적 정당과 직접민주주의 조직을 결합한 체제를 근간으로 하는 변화를 주창했다. 상상할 수 있는 한, 정당 형성의 근거가 되는 이슈나 주요한 이익 다툼은 항상 존재할 것이다. 그리고 정당들 간의 경쟁만이, 모든 하위 수준의 사람들에 대한 집권자들의 최소한의 반응성을 보장해 준다. 하지만 정당 체제 그 자체를 좀 더 덜 위계적인 원리에 따라 재조직함으로써, 정치적 관리자들로 하여금 그들이 대표하는 조직의 사람들에게 좀 더 책임지도록 만들어야 한다. 만일 정당이 직접민주주의의 원칙과 절차에 따라 민주화된다면, 그리고 직장과 지역공동체 내의 완전한 자율 관리 조직에 의해 보완되고 견제되는 의회제 구조 안에서 이처럼 '진정으로 참여적인 정당'이 작동한다면, 참여 민주주의를 위한 실질적인 토대가 창출될 것이다. 맥퍼슨의 견해에 의하면, 오직 그런 정치체제만이 자유·자기 계발에 대한 평등한 권리라는, 근원적으로 중요한 자유민주주의 가치를 실제로 실현할 수 있을 것이다.

참여 민주주의 실현의 장애물 — 모든 종류의 기득권에서 연유하는 — 이 만만찮다는 것을 맥퍼슨이 인정하기는 했지만, 그의 저서에서 '참여 민주주의' 개념은 다소 애매한 채로 남겨졌다. 참여 민주주의가 주요 개념으로 간주될 수 있으려면, 그 근거와 특징을 철저히 구체화하는 것이 필요했다. 페이트먼은 민주적 참여 범위의 확대를 지지하는 논거를 좀 더 포괄적이고 명확하게 제시했다. 페이트먼은, 루소와 J. S. 밀의 중심 개념에 기대어, 참여 민주주의는 인간의 계발을 촉진하고 정치적 효능감을 제고해 주며 권력 중심으로부터의 소외감을 감소시키고 집단적 문제에 대한 관심을 키울 뿐만 아니라 정부의 일에 좀 더 민감하게 관심을 가질 수 있는 적극적이고 식견 있는 시민을 형성하는 데 기여한다고 주장했다(Pateman 1970, ch. 2, 6; Dahl 1985, 95 이하 참조). 페이트먼에 따르면, 일부 모호한 점이 있지만, 직장의 민주적 통제와 관련된 혁신 사례들에 대한 연구 결과는 다음과 같은 사실을 명백히 보여 준다. 즉, 대부분의 자유민주주의 국가에서 전형적으로 발견되는 '무관심 및 낮은 정치적 효능감과 낮은 사회경제적 지위' 간의 정의 상관관계는, 민주주의가 사람들의 일상생활에서 가치 있는 것이 되도록 만듦으로써 — 즉, 민주적 통제의 범위를 대부분의 사람들이 그 속에서 살아가고 있는 주요 시설과 제도에까지 확대함으로써 — 극복될 수 있다는 것이다(Pateman 1970, 104; Held and Pollitt 1986; 이 책 9장 참조).

만일 사람들이 의사 결정에 효과적으로 참여할 수 있는 기회가 있음을 알게 된다면, 그들은 참여가 값진 것이라고 믿고 적극적으로 참여할 것이며 더 나아가 집단적 결정이 지켜져야 한다고 주장할 것이다. 반면에 만일 사람들이 체계적으로 무시당하거나 빈약하게 대표되고 있다면, 그들은 자신들의 견해와 선호가 진지하게 받아들여지거나 다른 사람들의 그것과 동등하게 고려되거나 공정하고 정당한 과정을 통해 평가받거나 할 여지가 거의 없다고 믿게 될 것이다. 그리하여 그들은 자신의 삶에 영향을 미치는 의사 결정 과정에 참여할 — 그리고 그 과정을 권위 있는 것으로 여길 — 충분한 이유를 거의 찾지 못할 것이다.

자기 결정의 권리가 단지 정부 영역에만 적용되는 한, 슘페터가 이해한 바와 같이 민주주의는 의미상 이따금씩 치러지는 정기적 선거에 한정될 것이다. 그뿐만 아니라 많은 사람들의 삶의 질을 결정하는 데 있어 민주주의는 거의 의미가 없게 될 것이다. 자기 결정이 성취될 수 있으려면, 민주적 권리가 국가에서부터 경제적 기업을 비롯한 사회의 주요 조직에 이르기까지 확대될 필요가 있다. 현대 기업 세계의 구조를 고려할 때, 시민들의 정치적 권리는 직장과 공동체 관계 영역에서 그와 유사한 일련의 권리에 의해 반드시 보완되어야 한다.

맥퍼슨처럼 페이트먼도, 대의 민주주의 제도를 치워 버리고 직접민주주의 제도를 모든 정치·사회·경제 영역에 확대하는 것이 가능하다는 견해를 거부했다. 또한 모든 영역의 자율 관리를 통해 완전한 정치·사회적 평등을 창출할 수 있다는 견해도 거부했다. 만일 직장 내에서 민주주의를 전적으로 실행한다면, 다양한 유형의 기술과 노동을 어떻게 입수할지, 자원과 시장 불안정을 어떻게 조정할지 등과 관련된 여러 복잡한 문제들 — 민주적 절차나 선택의 여지를 제약하는 — 에 직면하게 될 것이다. 직장 민주주의가 직면할 이런 유형의 문제들은, 모든 주요 사회조직들이 민주적 메커니즘을 선택하게 될 경우 근본적으로 더욱 심각해질 것이다(P. Devine 1988 참조). 그런 민주적 조직들 내부나 조직들 간에 자원 할당, 결정들 간의 조정, 시간적 압박, 의견 상충, 이익 충돌 등의 문제가 상존할 것이고, 또한 민주주의의 요건을 다른 주요 목표들 — 예컨대 효율성과 리더십 — 과 조화시키는 문제도 항상 있기 마련이다. 나아가 페이트먼은, '보통의 시민들이 자기 가까이에서 이루어지는 의사 결정에 관심을 갖는 만큼 전국 수준의 의사 결정에 대해서도 그러할지 의문'이라는 베버와 슘페터의 견해를 인정했다(Pateman 1970, 110). 왜냐하면 가용한 증거들이 제시하는 바에 따르면, 사람들은 참여를 통해 참여하는 법을 배운다는 사실과는 별개로, 자신들의 삶에 직접 관련된 문제에 가장 관심이 많고 또 잘 이해할 것 같기 때문이다. 페이트먼은 직장 같은 곳에서는 직접 참여의 형태가 적실성이 있지만, 전국적 정치에서는 시민들의 역할이 항상 극히 제한될 것 — 경쟁적 엘리트주의 이론가들이 주장해 온 것처럼 — 이라는 결론은 피할 수 없다고 주장했다.

> 3천5백만의 유권자 가운데 개인의 역할은 거의 전적으로 대표를 선택하는 것으로 되어 있다. 국민투표에서 한 표를 던질 수 있는 경우라도 결과에 대한 그의 영향력은 극히 미미할 것이다. 국가적인 정치 단위의 크기가 극적으로 축소되지 않는다면, 현실은 조금도 변화될 여지가 없을 것이다(Pateman 1970, 109).

경쟁적 정당, 정치적 대표, 정기적 선거 등과 같은 자유민주주의의 핵심 제도들 대부분은 참여 사회의 불가피한 요소가 될 것이다. 참여 민주주의 원칙을 가장 현실적으로 진척시킬 수 있는 것은, [지역공동체나 직장 등-옮긴이] 인접 현장에 대한 직접 참여와 통제 — 정부 업무를 둘러싼 정당 및 이익집단들의 경쟁에 의해 보완되는 — 다.

경쟁적 엘리트주의에 대한 이런 양보[즉, 대의 민주주의 제도의 수용-옮긴이]를 잘못 오해해서는 안 된다고 페이트먼은 강조했다. 첫째로, 개인들이 현장 수준의 의사 결정에 직접 참여할 수 있는 기회를 가질 경우에만 일상생활 과정에 대한 실질적 통제가 달성될 수 있다(Pateman 1970, 110). 둘째가 더 중요한데, 직장 같은 영역에서의 광범위한 참여의 기회는 전국적 정치의 환경을 근본적으로 변화시킬 것이다. [그런 참여를 통해-옮긴이] 개인들은 자원을 창출하고 통제하는 데 있어 관건이 되는 이슈들에 대해 배울 수 있는 다양한 기회를 갖게 될 것이다. 그리하여 전국적 문제를 판단하고 정치적 대표의 업적을 평가하거나 기회가 생겼을 때 전국적 범위의 의사 결정에 참여하는 데에 필요한 것들을 좀 더 잘 갖추게 될 것이다. 그 결과 '공적인 것'과 '사적인 것'의 연관성을 훨씬 더 잘 이해하게 될 것이다. 셋째로, 지역 수준과 전국 수준 모두에 적합한 참여 사회의 구조는 개방적이고 유동적이어야 하며, 그리하여 사람들이 새로운 정치형태를 실험해 보고 그로부터 배울 수 있어야 한다. 이것이 중요한 이유는 광범한 참여의 가능성과 효과에 대해 지금까지 축적된 증거들이 얼마 안 되기 때문이다. 다시 말해 어떤 제도적 모델을 추천할 수 있는 충분한 정보가 없는 것이다. 실험이 시도된 적이 비교적 드물기 때문에, 어떤 고정된 '청사진'도 변화를 억압하는 처방이 될 위험이 있다. 참여 사회는 반드시 실험 사회 — 사적 자본과 계급 관계를 비롯한 체계적인 권력 불균형으로 인해 지금까지 강요되어 온 경직된 구조를 근본적으로 개혁하려는 노선을 좇아서 실험할 수 있는 사회 — 가 되어야 한다. 페이트먼은 '현대 민주주의 이론의 시야에서 사라졌던 것은 바로 이런 이상, 정치사상에서 긴 역사를 가지고 있는 이런 이상'이라고 주장했다. 자치로서의 자유라는 고전적 이상은 유지될 수 있다. 비록 그 제도적 의미는 완전히 수정되어야 하겠지만 말이다(이 책 2장 참조). 페이트먼은,

모델 8 참여 민주주의

- **모델을 정당화하는 원리**
  - 자유·자기 계발에 대한 평등한 권리는 '참여 사회' — 정치적 효능감을 제고하고 집단적 문제에 대한 관심을 키우며, 통치 과정에 지속적 관심을 가질 수 있는 식견 있는 시민의 형성에 기여하는 사회 — 에서만 달성될 수 있다.

- **핵심적 특징**
  - 직장과 지역공동체를 비롯한 사회의 주요 제도를 조정하는 데 시민이 직접 참여.
  - 정당 간부들로 하여금 직접 당원들에게 책임지게 함으로써 정당 체제를 재조직.
  - 의회제 구조 내에서 '참여적 정당들'이 작동.
  - 여러 정치형태의 실험이 가능하도록 보장하는 제도적 개방 체계를 유지.

- **일반적 조건**
  - 물적 자원의 재분배를 통해, 여러 사회집단들의 자원 기반의 결핍을 직접 개선.
  - 공적·사적 생활에서 책임 없는 관료 권력을 최소화(가능하면 제거).
  - 정보에 입각한 결정이 보장되도록 하는 개방된 정보 체계.
  - 육아 설비를 재검토하여 남성뿐만 아니라 여성도 공적 생활에 참여할 수 있는 기회를 가질 수 있도록 함.

주 | 이 모델은 맥퍼슨과 페이트먼의 주장의 주요 요소들로부터 도출된 것이다.

'참여의 개념을 가슴에 간직한' 현대적이고 독단적이지 않은 민주주의 이론을 우리는 여전히 가질 수 있다고 결론지었다(Pateman 1970, 110-111; Barber 1984 참조). 참여 민주주의의 주요 특징에 대한 요약은 〈모델 8〉에서 볼 수 있다.

나는 앞에서 신우파의 '법치 민주주의'는 그럴듯한 미래를 그리는 데 실패했으며, 그것을 지지하는 정부는 심각한 문제에 빠질 것이라고 주장했다.

나는 또한 개인이 '자유롭고 평등'해지려면, 그리고 민주주의가 자신의 삶의 틀을 결정할 평등한 기회를 사람들에게 제공하는 것이 되려면 일련의 '분배' 문제를 반드시 다루어야 하는데, 신우파 모델은 이런 문제를 부당하게 적극적 고려의 대상에서 배제하고 있다고 주장했다. 신좌파 이론가들은 이런 문제에 천착했다. 따라서 신좌파의 모델이 설득력 있고 정당한 것인지를 따져 보는 것이 중요하다. 신우파의 관점에 결함이 있다면, 과연 신좌파의 관점은 좀 더 그럴듯한 미래를 그려 주고 있는가? 분명 신좌파 모델은, 좀 더 참여적인 사회를 강력히 요구해 온 다양한 사회운동 세력들의 근본적인 관심사를 표출하고 있다. 그러나 신좌파 역시 여러 근본적 문제들을 다루지 않은 채로 남겨 두었다. 예컨대 발전된 민주국가들에서 '이상주의 정치'에 대한 환상이 깨어지던 시기에 특히 심각하게 나타난 문제가 그런 것이다.

맥퍼슨과 페이트먼은 자유주의와 마르크스주의 양 전통이 제공하는 통찰력을 결합하고 재구성하려 시도했다. 그들의 노력은, 무익하고 무한할 것처럼 보인 자유주의와 마르크스주의의 대치 상태로부터 정치적 논쟁을 구출하는 데 이바지했다. 하지만 그들은 근본적인 요소들, 예컨대 경제는 실제로 어떻게 조직되고 정치기구와 연관되어야 하는지, 대의 민주주의 제도는 어떻게 직접민주주의 제도와 결합되어야 하는지, 행정조직의 영역과 권력이 어떻게 견제되어야 하는지, 가사와 보육 시설은 일과 어떻게 연계되어야 하는지, 정치 체계로부터 벗어나고 싶은 사람은 어떻게 그렇게 할 수 있을지, 국제 체제의 끊임없는 변화로 말미암아 야기되는 문제들은 어떻게 처리될 수 있는지 등에 대해 거의 언급하지 않았다. 나아가 그들은, 자신들의 '모델'이 어떻게 실현될 수 있는가라는 문제, 이행 단계의 문제, 그들의 모델이 적용된 결과로 어떤 점에서는 상태가 나빠질 수 있는 사람들(현재 자신들이 다른 사람의 기회를 결정할 수 있는 위치에 있는 자들)이 어떻게 반응할 것이며 그 사람들을 어떻게 다루어야 하는가라는 문제 등은 간과해 버렸다. 더욱이 맥퍼슨과 페이트먼은 일반 대중들이 자신들의 삶에 대한 민주적 통제의 범위를 확대하기를 원한다고 생각하는 경향이 있다. 일반 대중들이 그렇게 원하지 않는다면 어떻게 할 것인가? 일반 대중들이 사회·경제 문제의 운영에 참여하기를 정말로 바라지 않는다면 어떻게 할 것인가? 일반 대중들이 민주적 이성의 아들이 되기를 원하지 않는다면 어떻게 할 것인가? 일반 대중들이 민주적 권력을 '비민주적으로' 행사하여 민주주의를 제한하거나 종식시킨다면 어떻게 할 것인가?

물론 이런 문제들은 복잡하고 어려운 것들이고, 개별 이론가들에게 이 모든 문제를 충분히 다루어 주기를 합리적으로 기대하기란 불가능할 것이다. 하지만 그 문제들은 '참여 민주주의' 이론가들에게 물어야 할 중요한 것들이다. 왜냐하면 참여 민주주의는 일련의 절차뿐만 아니라 어떤 삶의 형태까지도 주창한 특정 형태의 민주주의 이론이기 때문이다. 10장에서 자세히 언급하겠지만, 참여 이론가들은 국가뿐만 아니라 사회의 조직 구조와 관련해서도 민주주의 원리를 추구했고, 이는 타당한 것이었다. 하지만 이로 인해 그들은 비판에 취약하게 되었다. 특히 개인의 자유와 분배 문제(사회정의의 문제)와 민주적 과정 사이의 대단히 복잡한 관계를 조급하게 해결하려 한다는 비난에 취약하게 되었다. 집단적 의사 결정의 바람직함에 곧바로 초점을 맞춤으로써, 그리고 민주주의가 다른 모든 고려 사항을 압도하도록 허용함으로써, 참여 이론가들은 그런 복잡한 관계들이 민주적 협상의 밀고 당김 속에서 구체화되도록 맡겨 버리는 경향이 있다. 하지만 바로 이런 입장을 비판하는 데에서 신우파 사상가들은 가장 큰 설득력을 갖게 된다. 정치적 상황을 바꾸고 개조할 수 있는 인민의 권력에는 한계가 있어야 하는가? 개인의 자유 내지 소수의 자유의 본질과 범위를 둘러싼 문제를 민주적 의사 결정에 맡겨 버려서는 안 되지 않는가? 민주주의 운용을 가능케 하는 동시에 제한하는 명확한 헌법적 지침이 있어야 하는가? 이런 질문들에 긍정적으로 답함으로써, 신우파는 개인의 자유와 집단적 의사 결정 및 민주주의 제도·과정 사이의 심각한 긴장의 가능성을 인정했다. 이에 반해 신좌파는 이런 문제들을 체계적으로 다루지 않고 너무 성급하게 무시해 버렸다.[6] 신좌파 사상가들은, 민주주의를 모든 수준에서 달성해야 할 최고의 사회적 목표로 만들면서, 정당하고 긍정적인 정치적 결과가 나오리라 단정하기 위해 '민주적 이성' — 현명하고 선한 민주적 의지 — 을 믿고 의존해 왔다. 민주적 인민은 기본적으로 믿고 의존할 만한 것인가? '민주적 의지'는 현명하고 선하리라고 상정할 수 있는가? '민주적 이성'이 보편화되리라고 상정할 수 있는가? 플라톤에서부터 하이에크에 이르기까지, 이런 문제에 대해 적어도 주저하게 하는 충분한 근거들이 제시되어 왔다(Bellamy 1996 참조).

신우파는 바로 이런 문제들과 관련해 민주정치의 불확실한 결과 — 예컨대 '선의의' 민주적 복지국가의 애매모호한 성과 — 를 곧바로 인정함으로써 그렇게 많은 정치적 자산을 창출해 왔다. 신우파는, 민주주의가 관료주의와 형식주의, 개인의 선택에 대한 감독과 과도한 침해 등을 가져올 수 있다(단지 공산주의 사회에서만 그런 것이 아니라)는 점을 부각시킴으로써, 현대 국가기구와 일상적으로 접촉하는 사람들의 실제 경험 — 사람들이 집단적 의사 결정에 대해서 보다 낙관적이 되도록 하지만은 않는 경험 — 에 공감을 불러일으켰다(Pierson 1991, ch. 5; Giddens 1998 참조). 그리하여 신우파는 집단적 조정의 바람직한 한계에 관한 논의에 기여했다. 좀 더 참여적인 사회 모델이 적절히 방어될 수 있으려면, 신우파의 이런 주장과 대결해야만 한다. 그런 대결에서 신좌파 사상가들은 지금까지 허용했던 것보다 더 많은 것을 자유주의 전통에 양보해

[6] 그들이 이런 문제들을 인식하지 못했다는 말은 아니다(예를 들어 Macpherson 1977, ch. 5 참조).

야만 할 것이다. 제기되는 질문은 다음과 같다. 개인들은 어떻게 '자유롭고 평등'해질 수 있는가? 개인의 자유와 분배 문제에 관한 중요한 이슈를 민주적 과정의 불확실한 결과에 떠맡겨 버리지 않으면서, 자신의 삶을 지배하는 틀을 결정하는 데 참여할 수 있는 평등한 기회를 개인들이 어떻게 누릴 수 있겠는가? 이런 질문은 10장의 주요 주제가 될 것이다. 이 문제를 다루기 전에, 소비에트 공산주의의 붕괴가 민주주의 이론과 실천에 미친 영향을 평가해 볼 필요가 있다. 민주주의가 정통성을 갖추려면 숙의적인 것이 되어야 한다는 관념 역시 평가해 볼 필요가 있다(각각 8, 9장 참조).

8장
소비에트 공산주의 이후의 민주주의

"자본주의 체제 아래에서 고통받던 이들은 새로운 희망에 부풀었습니다. 출세와 향락만이 인간이 추구하는 가치는 아닙니다. 이들은 다른 삶을 원합니다. 인생은 물질보다 값진 게 있죠. 그것은 선의와 노동, 그리고 새로운 삶에 대한 희망입니다."

_영화 〈굿바이 레닌〉 중에서

MODELS OF DEMOCRACY

1989년 말과 1990년 초에 중부 유럽과 동유럽을 휩쓴 혁명은 축하 분위기를 고무시켰다. 자유민주주의는 진보의 동인으로, 자본주의는 실행 가능한 유일한 경제체제로 축하받았다. 심지어 일부 정치 논평가들은 '역사의 종언'(헤겔로부터 빌려온 말), 즉 모든 정치·경제적 대안에 대한 서구의 승리를 선언하기도 했다. 두 번의 세계대전, 유럽의 분열, 냉전 시기의 이념적 갈등, 1960년대 말과 1970년대의 정치·경제적 곤경 등으로 인해 자유민주주의 세계의 안정과 진보에 대한 자기만족은 산산조각나 버렸다. 하지만 이제 민주적 이성과 시장 지향적 사고에 대한 신뢰가 완전히 재건되었다.

이 장의 목적은 1989~90년에 중부·동부 유럽을 휩쓸었던, 그리고 1991년 8월 러시아에서 전개된 사태 — 8월 18~21일의 쿠데타 시도에 대항한 대중운동 — 에 의해 더욱 가속화되었던, 변혁의 의미를 둘러싼 논쟁을 검토하는 것이다. 서구 민주주의는 승리했는가? 자유민주주의는 다른 모든 정부 형태의 정통성을 최종적으로 대체했는가? 이념 갈등은 종식되었는가? 이런 문제를 다루다 보면 1989년에 대한 논쟁이, 그 해의 사태나 뒤이어 발생한 사건들 — 이것도 중요하지만 — 에 대한 논쟁 이상의 것임이 분명해질 것이다. 왜냐하면 그 논쟁은 현 정치 세계의 구성 과정과 구조의 특징 및 형태에 대한 논쟁이기도 하기 때문이다. 특히 이 장에서는 민주주의에 대한, 민주주의의 과거와 현재 및 가능한 미래에 대한 핵심적 문제들과 논의들을 압축적으로 제시할 것이다. 이 장에서 나는 또 하나의 민주주의 모델을 제시하기보다는, 민주주의를 둘러싼 맥락의 변화에 대해 논할 것이다. 이런 논의는, 오늘날 민주주의의 의미는 어떤 것이어야 하는가라는 문제를 다루게 될 이 책의 마지막인 3부의 틀을 잡는 데 도움이 될 것이다.

8장은 세 개의 절로 나누어진다. 첫 번째 절에서는 1989년 사태의 역사적 배경을 간단히 검토한다. 두 번째 절은 후쿠야마Francis Fukuyama의 저작에 초점을 맞춘다. 그의 저작은 동구를 휩쓴 정치 변동에 대한 그 이후의 논의에서, 특히 영미 세계에서 하나의 ― 유일한 것은 아닐지라도 ― 준거가 되었다. 후쿠야마의 주된 명제는 사회주의는 죽었고 자유주의가 유일하게 남은 신뢰할 만한 정치철학이라는 주장에 다름 아니다. 세 번째 절은 후쿠야마의 견해를 적시에 반박한 캘리니코스Alex Callinicos의 저작을 다룬다. 캘리니코스는 동유럽 혁명을 자본주의의 승리로 해석하지만, 그것은 오늘날 마르크스주의와 직접민주주의의 적실성을 떨어뜨리는 것이 아니라 오히려 높여 준다고 주장한다. 8장의 결론부에서는 1989년과 그 이후의 사태에 의해 제기된 이슈인 정치적 선과 민주주의의 본질 내지 역할에 대해 이들 두 상이한 입장이 어떻게 생각하고 있는지를 간단히 요약할 것이다.

역사적 배경

1989~90년에 폴란드, 헝가리, 동독, 불가리아, 체코슬로바키아, 루마니아 등 중동부 유럽을 휩쓴 정치체제의 변동은 어떤 기준에서 보더라도 세계를

뒤흔든 사태였다. 유럽 내외에서 엄청난 흥분이 일어났다. 캘리니코스가 적절히 표현했듯이,

> 직접적 영향을 받은 나라는 물론이고 그 밖의 곳에서도 사람들은 가능성이 갑자기 확대되었다는 느낌을 공유하게 되었다. 부동의 것처럼 보였던 전후 세계의 당연한 일부가 갑자기 사라졌다. 베를린장벽의 경우 문자 그대로 사라져 버린 것이다. 이전까지 불변이었던 가정들 — 예컨대, 유럽은 초강대국 사이에서 영원히 분할되어 있으리라는 — 이 급작스럽게 붕괴되었다(Callinicos 1991, 8).

제2차 세계대전의 여파로 만들어진 민주적 자본주의 세계와 국가사회주의 세계 간의 첨예한 분할이 사라지기 시작했다. 20세기 후반기 세계 정치의 지배적 요인이었다고 추측되는, 초강대국 사이의 격렬한 대결 양식이 거의 단숨에 변형되었다(Lewis 1990a 참조). 이전 공산주의 블록의 상황에서 보거나 더 보편적으로 국제 질서 측면에서 보아 이것이 혁명(또는 일련의 혁명)으로 간주되지 않는다면, 혁명적 변화라고 할 만한 것을 찾기는 어려울 것이다.

그러나 사태가 겉으로 보이는 것처럼 그렇게 간단한 경우란 거의 없다. '혁명'이라는 용어는, 국가사회주의 체제의 전면적이고 극적이며 갑작스러운 변동과 바르샤바, 부다페스트, 프라하, 베를린, 부쿠레슈티 등지의 거리에서 그런 변화를 이끌었던 인민들의 비상한 운동을 정확히 표현해 주는 것 같다. 하지만 그 용어는 1989년에 이르기까지 이미 진행되고 있었던 변화의 에너지를 간과하도록 만든다. 1989~90년의 사태를 부르는 데 '혁명'이라는 용어를 계속 사용하겠지만, 그 사태의 뿌리는 시간적으로 훨씬 이전까지 거슬러 올라간다는 점을 명심해 두는 것이 좋을 것이다. 먼저, 의미 있는 정치적 변화는 1980년대 초 폴란드에서, 그리고 조금 뒤에 헝가리에서 시작

되었었다. 1989~90년의 '극적' 사태가 일어나기 이전에 폴란드에서는 공산주의자들이 선거에서 패배했고, 헝가리에서는 일당 지배 원리가 폐기되었다. 더욱이 1989년 6월 3~4일에 야만적으로 진압된 중국 천안문 광장의 대규모 학생 봉기는, 국가사회주의 체제의 변화는 그 속도가 완만하고 조절되는 경우에만 용인될 것이라는 사실을 상기시켜 준 사태였다 — 상기시켜 줄 것이 굳이 필요하다면 말이다.

1980년대 말 중동부 유럽의 느리지만 의미 있는 변화를 뒷받침한 것은 고르바초프Mikhail Gorbachev에 의해 소련에서 시작된 개혁 과정, 즉 페레스트로이카perestroika였다. 크렘린의 전략적 사고의 전환[1] 그것이 아마, 소비에트 블록의 경제 및 시민사회에서 공산주의 권력이 점진적으로 침식된 것과 더불어, 1989~90년 혁명의 근인이었을 것이다(Lewis 1990a; 1990b 참조). 특히 브레즈네프 독트린(필요하다면 무력을 사용해 동유럽의 '사회주의 성과'를 보호한다는 정책)을 '시나트라 독트린'(개별 국가가 선택한 진보·번영의 경로를 용인한다는 정책. 즉, '네 식대로 해라')●으로 대체한 소련의 결정은, 의도했건 아니건 간에 국가사회주의 정체들의 생존 능력에 결정적인 영향을 미쳤다. 적군赤軍이나 바르샤바 조약이 개입할 위험을 제거함으로써, 또한 대중 시위 진압을 위한 무력 사용의 재가를 거부함으로써, '시나트라 독트린'은 동유럽 공산주의에 대한 지원을 사실상 중단시켰다. 동독에서 전개된 사태는 이에 딱 맞는 사례다. 헝가리가 오스트리아와의 국경을 개방해 동독인들의 대규모 서방 이주를 촉발하게 되자, 동독 내부의 압력이 급속히 고조되었고 라이프치히를 비롯한 인근 도시에서는 시위가 점점 확대되었다. 동독 당국은, 관례처럼 무력에 의지하지 않고, 베를린장벽의 새로운 통로를 통해 서방으로의 접근을 재가

---

[1] 부분적으로 이런 전환은, 새로운 정치 세대 — 사회·문화적 배경에서 차이가 있고, 소비에트의 목표나 가능한 해결책에 대해 상이하게 인식하고 있는 — 가 권력을 계승한 것을 반영한다(Lewin 1988 참조).

● 시나트라 독트린이라는 명칭은, 1980년대 말 소련의 외무부 대변인이 '소련은 바르샤바 동맹국들의 독자 노선을 인정한다'는 의미로 미국의 팝 가수 시나트라(Frank Sinatra)가 부른 노래 'My Way'를 빗대어 사용한 데서 유래한다.

함으로써 반체제 시민들을 무마하려 했다. 그 결과는 이미 잘 알려진 대로다. 동독 당국은 이미 요구가 한도를 넘은 상황에 대한 통제력을 상실했고, 순식간에 정통성과 효율성이 완전히 붕괴되어 버렸다.

1989~90년 국가사회주의 사회들의 '정당화 위기'의 근원은 훨씬 이전으로 거슬러 올라갈 수 있다. 특히 세 가지의 일련의 압력을 들 수 있는데, 이들 요인은 크렘린에서 전략적 사고의 전환이 일어났던 이유뿐만 아니라 변화가 왜 그 방향으로 전개되었는지를 규명하는 데 도움이 된다. 첫째는 소비에트 경제가 세계경제 체제에 통합되지 못했다는 점이다. 이는 소비에트 경제를 단기적으로는 보호 ― 소비에트 경제가 국제 노동 분업 체계 안에서 역할을 계속할 경우 필요한 경쟁적 생산성 수준을 달성하는 데 따를 압박과 불안정성으로부터 ― 해 주었지만, 장기적으로는 소비에트 경제를 특히 기술과 혁신 면에서 취약하고 경쟁력 없는 상태에 머물게 했다. 가장 상태가 좋았던 시기에도 융통성 없고 비교적 경직적이었던 중앙 관리 경제는, 수입 기술이나 해외의 자금원·투자원에 점점 더 의존적이 됨에 따라, 더 나은 경제 성과를 낼 수 있는 길을 찾을 수 없었다. 둘째, 이런 상황은 1970년대 말과 1980년대에 냉전 격화 ― 레이건과 대처에 의해 주어진 특수한 계기 ― 에 따른 새로운 지정학적 압력에 의해 더욱 악화되었다. 어느 때보다 정교한 무기 체계의 역할이 커진 새로운 군비 경쟁은 재정적·기술적·관리적 수단에 있어 소련의 부담을 가중시켰다. 냉전의 비용은 양측 모두에게 근원적으로 참기 어렵게 되었지만, 특히 소련 경제를 고갈시킴으로써 경제조직과 하부구조를 붕괴시키기에 이르렀다.

셋째, 그 이전 수십 년 동안에 소비에트 블록 내에서는 중대한 갈등과 균열이 발생했고, 이는 헝가리(1956), 체코슬로바키아(1968), 폴란드(1981) 등지에서 불만을 억제하기 위한 대규모 탄압을 가져왔다. 이런 탄압이 단기적으로는 저항을 통제하는 데 효과가 있었지만, 저항과 사회운동 및 자율적인 시민사회 조직이 발생하는 것을 영원히 저지할 수는 없었다. 1980년대 폴란드에서 전개된 사태, 특히 솔리다르노시치●(자유와 자율을 추구하는 대중운동)의 형성은 동유럽에서 전반적으로 발생했던 사태를 대표하는 전형은 아니었다. 폴란드 사태를 형성시킨 것은 놀랄 만한 인종적·민족적 단결, 가톨릭교회의 힘, 폴란드에 주둔한 외국군이 폴란드의 발전과 정체성을 훼손시키고 있다는 강렬한 인식 등이었다. 하지만 폴란드 사태는, '국가를 [이전으로─옮긴이] 되돌리'고 독립적 시민사회 ─ 시민들이 직접적인 정치적 지시로부터 벗어나 스스로 선택한 행위를 추구할 수 있는 ─ 를 창출하려는 민주주의의 압력이 일정하게 성장하고 있음을 보여 주었다(이 책 7장 참조). 솔리다르노시치는 1980년대 내내, 독자적 정보망과 문화적 교류 및 사회관계 등을 창출하는 방식으로, 그런 독립적 시민사회를 육성해 내려고 시도했다. 그런 활동을 통해 솔리다르노시치는, 국가가 주도하는 정치 변화의 매력과 호소력을 발본적으로 약화시키면서 민주적 사회운동이 지향해야 할 바를 새로이 정의하고 또 확장시켰다.

이상의 설명은 1989년 이후의 주목할 만한 사태나 발전 과정을 철저히 분석하려 한 것은 결코 아니다. 그것은 8장의 초점인 1989년 혁명의 의미와 그것이 민주주의와 민주주의의 미래에 대해 밝혀 준 바를 고찰하는 데 필요한 맥락을 제공하기 위한 역사적 소묘라 할 수 있다.

● 솔리다르노시치(Solidarność)는 바웬사가 이끈 폴란드 최초의 자유노조로서 폴란드 민주화·자유화 운동의 중심 역할을 했다.

경제적·정치적 자유주의의 승리인가?

미국의 베트남전 패배나 일본의 경제적 도전 등에 따라 1970

년대 말에 워싱턴 정책 결정자들의 머리 위에는 우울하고 의기소침한 분위기가 확연히 자리 잡게 되었다(당시는 소련의 변화가 감지되기 전이었다). 이런 분위기는 로버트 코헤인의 『헤게모니 이후』 After Hegemony(Keohane 1984a)와 폴 케네디의 『강대국의 흥망』 The Rise and Fall of the Great Powers(Kennedy 1988)을 비롯하여 1980년대에 나온 여러 학술 출판물에 의해 강화되었다. 이 책들은 미국의 힘의 (상대) 쇠퇴를 관찰·기록하고 그것이 세계 정치 및 정치경제에 미치는 의미를 고찰하고 있다. 또한 그것은 경제적 경쟁국들에 의해 침식당한 미국의 생산능력 능력 및 세입 조달 능력과 군사력 간의 부조응이 확대됨을 강조하면서, 미국의 힘의 쇠퇴가 서구의 안보와 안정에 미칠 결과 및 미국의 미래에 대해 경보를 울렸다. 이런 생각들이 1980년대 말 소비에트 공산주의의 극적인 퇴락에 대한 평가에 의해 어떻게 상쇄될지를 예견한 사람은 거의 없었다.

아래에서 논의의 초점이 될 후쿠야마의 두 논문인 "역사의 종언" The End of History(1989)과 "비평가들에 대한 대답" A reply to my critics(1989/90) 및 그 뒤에 출판된 『역사의 종언과 마지막 인간』 The End of History and the Last Man(1992)은, 미국의 헤게모니 추락 문제에 몰두했던 이전의 논의와 대조되는 고무적인 논의를 제시했다. 그뿐만 아니라, 자신 있고 단정적인 논조로 서구 가치의 우월성에 대한 신념을 어느 정도 재건하는 데까지 나아갔다. 전직 미국 무부 정책기획실 차장이었던 후쿠야마는 '서구의 승리'뿐만 아니라 그의 표현대로 '역사의 종언 그 자체 — 즉, 인류의 이념적 진보의 종착지 그리고 인류의 종국적 통치 형태로서 서구 자유민주주의의 보편화' — 를 축하했다(Fukuyama 1989, 3). 후쿠야마의 메시지는 좀 더 일반적으로 언론 및 전자 매체에 광범하게 보도되었다. 후쿠야마의 주장에는 상당한 비판이 쏟아졌지만, 후쿠야마의 핵심 주장 — 세계 이념 시장에서 정치적·경제적 자유주

"오늘날 사실상 모든 선진국이 자유민주주의라는 정치 제도를 받아들였거나 받아들이고 있으며, 이와 동시에 시장경제로 선회하여 전 세계에 걸친 노동의 자본주의적 분재가 이뤄지고 있다. …… 최종 목표를 향하여 나아가는 인류 사회의 폭넓은 진화라는 마르크스주의적·헤겔주의적 의미의 역사는 이제 끝났다." _프랜시스 후쿠야마

의에 대한 경쟁자는 현재 없다 — 이 분명 반박하기 어렵다는 것을 대부분 인정하는 것 같았다(Mortimer 1989, 29).

후쿠야마의 메시지는 이전 1950~60년대의 '이데올로기의 종언'을 둘러싼 논쟁을 생각나게 한다(이 책 7장 참조. 특히 359-360쪽). 1950~60년대의 논쟁에서 초점이 되었던 것은, 서구에서 마르크스주의에 대한 지지의 감소나 정당 간 차이가 정부 개입·지출의 정도를 둘러싼 것으로 축소되는 현상 등이 무엇을 의미하는가 등이었다. 이에 비해 후쿠야마의 주장은 철학적·정치적으로 훨씬 더 나아간 것이었다. 그의 명제는 네 가지로 구성된다. 첫째, 역사의 동력으로서 이념 갈등에 대한 강조다. 후쿠야마는, 헤겔로부터 어떤 영감을 빌려와, 역사는 의식 혹은 이데올로기의 연속적 단계 — 즉, 사회질서의 기본 원리에 대한 특정의 견해를 구체화한 정치적 신념 체계의 연속 — 로 이해될 수 있다고 주장했다(Fukuyama 1989/90, 22-23). 이런 연속적 단계는, 군주정이나 귀족정을 뒷받침했던 것과 같은 부분적이고 특수주의적인 이데올로기로부터 좀 더 보편적 호소력을 지닌 이데올로기로 나아가는 인류 발전의 진보적·목적적 행로를 나타낸다. 후쿠야마의 판단에 의하면, 현대 시기에 우리는 이런 발전의 최종 단계에 도달했다.

둘째, 역사의 종언에 도달하게 된 것은 이데올로기 갈등이 사실상 종식되었기 때문이다. 자유주의는 최종적으로 승리한 이데올로기다. 이런 주장의 중심에는, '자유민주주의의 정통성과 실행 가능성에 대한 뚜렷한 합의가 세계적으로 발전해 온 것에 대한 관찰이 자리하고 있다'고 후쿠야마는 적고 있다(Fukuyama 1989/90, 22). 20세기에 자유주의의 주된 경쟁자였던 파시즘과 공산주의는 파산했거나 파산 중에 있다. 이슬람 같은 종교운동이나 지금

동유럽에서 발견되는 민족주의 운동 등을 비롯한 현재의 도전자들은 단지 부분적이고 불완전한 이데올로기만을 표출하고 있다. 즉, 그것들은, 다른 이데올로기의 지원 없이는 유지될 수 없는 신조를 지지·옹호하고 있는 것이다. 종교적 신념 체계나 민족주의적 신념 체계 가운데 어느 것도 장기적으로 보아 자유주의에 대한 일관되고 포괄적인 대안을 제시하지 못하며, 따라서 '보편적 의미'를 갖지 못한다. 경제조직 원리인 시장 원리와 함께 자유민주주의만이 '진정 세계 역사에서 중요한' 발전을 나타낸다(Fukuyama 1989/90, 23).

셋째, 역사의 종언이 모든 갈등의 종식을 의미하는 것으로 받아들여져서는 안 된다. 갈등은 다양한 원인에서 발생할 수 있고 실제로 발생할 것으로 보인다. 예를 들면, 다양한 (구식) 이데올로기의 지지자들, 민족주의적·종교적 집단, 그리고 역사 이전이나 역사에 얽매여 있는 사람이나 집단들, 즉 자유세계의 '외부'에 남아 있는 자들(일부 '제3세계' 국가들)이나 '내부 국외자'로 남아 있는 자들(아직 자유민주주의의 불가피성을 완전히 받아들이지 않고 있는 자유민주주의 내의 개인이나 집단들) 등이 갈등의 근원이 된다. 나아가 세계가 점점 양분될 위험, 특히 '역사 이후'의 자유 사회에 속하는 자들과 전통적이고 근대화되지 못한 세계에 속한 나머지 자들로 양분될 위험이 존재한다. 이런 양분은 분명 격렬하고 폭력적인 투쟁을 낳을 수 있다. 그러나 이런 투쟁이 자유주의를 대체하거나 교체할 수 있는, 정치적·사회적 정의에 대한 새로운 체계적 사상을 가져오지는 못할 것이라고 후쿠야마는 주장한다.

넷째, '역사의 종언'에 대한 후쿠야마의 입장이 전적으로 분명한 것은 아니었다. 그것은 '우울한 시기'가 될 것이라고 그는 주장했다(Fukuyama 1989, 18; 1992, 311 참조). 인류 상상력의 대담한 도약이나 숭고한 신념들의 영웅적 투쟁은 더는 존재하지 않게 될 것이다. 정치는 시장이 행하는 조정 과정의 연장이 될 것이다. 이상주의는, 소비자 만족을 위한 기술적 문제의 해결이나 경제적 관리 등에 의해 대체될 것이다. 요약하면 후쿠야마는, 포스트모더니즘의 몇몇 핵심 명제들(특히 보편주의적 신념 체계는 끝났다고 하면서 보편성에 대한 모든 주장을 비판하는)을 상기시키면서, 한때 세상을 지배하기 위해 서로 투쟁했던 과감하고 영웅적이기까지 한 인간 해방의 '거대 서사들'은 고갈되었다고 단언했다(이런 과정에 대한 베버의 기술을 참조. 이 책 249-250쪽). 그의 논조에는 서운하고 애석해 하는 분위기가 감지되지만, 그렇다고 자유주의에 대해 전반적으로 낙관적인 그의 단언이 약화되지는 않는다. 오늘날 '완전히 보편적이거나 자발적인' 것은 아닐지 모르지만, 이데올로기적 합의가 '지난 세기의 어느 때보다 높은 정도로' 존재한다는 것이다(Fukuyama 1989/90, 22). '자유민주주의 혁명'과 '자본주의 혁명'은 명확한 역사 발전 유형의 최종 단계다.[2]

후쿠야마의 저작들은 '우리 시대의 주요 텍스트' 가운데 하나로 널리 환영받았다(*Guardian*, 1990/09/07). 어떤 점에서 그의 저작들은, 1980년대 서구의 주요 정부 특히 대처 정부와 레이건 정부에서 발견되는 상투적인 말들을 정교하게 정당화한 것이었다(Hirst 1989a, 14). 그의 저작들은, 사회주의의 사망을 선언하면서 시장과 최소국가를 유일하게 정당하고 실현 가능한 미래로 공표한 신자유주의적 신우파의 메시지를 강화시켰다(예컨대 Friedman 1989 참조). 후쿠야마가 단지 신우파들에게 동조했을 뿐이라고 주장하는 것은 오류일 것이다. 비록 세부적 내용에 대해서는 격렬한 이견이 있었지만, 후쿠야마 주장의 포괄적인 정치적 메시지를 무시해 버리기는 어렵다는 것이 다양한 입장의 정치적 견해들에 의해 확인되었기 때문이다.

2_역사의 종언은 '개의 삶'이 될 것이라고 후쿠야마는 단언했다. 주목할 만한 구절에서 그는 다음과 같이 적고 있다. '개는 먹이만 주어지면 하루 종일 햇볕을 쬐면서 자는 데 만족한다. 자신의 존재에 대한 불만이 없기 때문이다. 개는 다른 개가 자기보다 잘 하거나, 개로서 자신의 경력이 정체되거나, 세상 먼 곳에서 다른 개들이 억압받고 있는 것 등을 걱정하지 않는다.' 인간의 진보가 계속된다면, '삶은 개의 삶을 닮게 될 것이다'(1992, 311). 이 비유에 대한 검토로는 Held(1993b) 참조.

하지만 후쿠야마의 주장에 대해서는 심각한 의문이 제기될 수 있다. 첫째로 자유주의는 단순히 하나의 단일체로 간주될 수 없다. 앞에서 보았듯이 로크, 벤담, J. S. 밀 등과 같은 여러 인물들이 정립한 각기 다른 자유주의 전통들이 존재한다. 이들은 개인 행위자, 자율성, 피지배자의 권리와 의무, 정치 공동체의 적절한 성격과 형태 등에 대해 각기 다른 개념을 구체화했다. 후쿠야마는 자유주의의 여러 상이한 형태들을 체계적으로 분석하지 않았으며, 그 가운데에서 어떤 선택을 할지에 대해 어떤 논의도 제시하지 않았다. 이는 중대한 결함이다. 자유주의 그 자체가 이념적 경합의 대상이 되는 영역이기 때문이다.³

더구나 후쿠야마는 자유민주주의의 '자유주의적' 구성 요소와 '민주주의적' 구성 요소 사이에 ─ 즉, 개인의 권리나 '어떤 누가 침범하는 것도 허용되어서는 안 되는 자유의 경계선'을 확보하는 데 몰두하는 자유주의와 개인적·집합적 행위의 조정과 공적 책임성 등에 관심을 기울이는 민주주의 사이에(Berlin 1969, 164 이하) ─ 어떤 긴장이나 심지어 모순은 없는지에 대해 탐구하지 않았다. 이 문제를 깊이 검토했던 학자들은 종종 아주 다른 방향으로 문제를 해결해 왔다(이 책 3, 5, 6, 7장 참조). '자유주의'와 '민주주의'를 양끝으로 하는 저울 위에서 후쿠야마의 위치는 어디인지 불분명하다. 더욱이 모두가 받아들이는 단 한 가지 형태의 민주주의는 존재하지 않는다. 자유민주주의조차도 예컨대 영국 모델이나 연방 모델처럼 서로 다른 수많은 제도 유형으로 구체화된다. 이런 차이와 다양함으로 인해, 어떤 하나의 자유주의적 공적 생활 개념에 대해 호소한다는 것은 공허하고 모호한 것이 될 뿐이다(Lijphart 1984 참조; Dahl 1989; Beetham 1994; Potter et al. 1997). 후쿠야마는 기본적으로 민주주의의 총체적 의미나 민

3_후쿠야마는 이런 문제의 일부를 『역사의 종언과 최후의 인간』의 제3부에서 좀 더 충분히 다루고 있다. 여기에서 그는 자신의 형이상학적 역사 개념, 철학적 인류학, 근대성에 대한 이해 등에 대해 길고 자세하게 설명하고 있다. 하지만 내가 보기에 그 설명들은 궁극적으로 설득력이 없다(Held 1993b 참조).

주주의의 여러 가능한 변형들을 분석하지 않은 채 방기했다.

경제적 자유주의 원칙과 시장 메커니즘에 대한 후쿠야마의 지지 역시 중대한 문제를 야기한다. 후쿠야마는 자유방임적 자유주의의 핵심 가정 ─ 여러 가지 결점 예컨대 임금과 가격의 '비탄력성'만 제거된다면, 시장은 기본적으로 스스로 평형을 유지하는 '완전'한 것이다 ─ 을 그대로 받아들이면서, 시장을 '권력 없는' 조정의 메커니즘으로 해석한다. 따라서 그는 시장 관계 그 자체가 어느 만큼이나 민주적 과정을 제약하고 제한할 수 있는 권력 관계인지에 대해 검토하지 않았다(6장의 신다원주의와 신마르크스주의 및 7장의 신우파에 대한 논의를 참조). 그는 소득과 부와 기회의 체계적 불평등이 기존 형태의 시장 관계 ─ 즉, 최소한으로 조절되는 자본주의적 시장 관계 ─ 의 산물일 수 있지 않을까라는 질문을 제기하지 않았다. 또한 그는 모든 시민들이 정치적 자유를 향유할 수 있는 정도, 즉 시민들이 정치과정에서 동등한 존재로 활동할 수 있는 정도가 한 가지 특별한 자유 ─ 무제한의 경제적 자원을 축적할 수 있는 자유 ─ 에 의해 도전받을 수 있지 않을까에 대해 검토하지 않았다. 이런 문제를 검토하지 않는 것은 곧 현대 세계에서 자유를 위협하는 주된 요소의 하나를 무시하는 것이다. 토크빌이나 J. S. 밀 같은 사상가들이 예상했던 평등에 대한 요구에서 연유하는 위험이 아니라, 정치적 자유와 민주정치를 침해할 만큼의 심각한 불평등에서 연유하는 위험이 그것이다(Dahl 1985, 60; 이 책 327-333쪽 참조).

후쿠야마는 양분된 세계 질서의 위험성에 대해 언급하고 있다. 하지만 소유와 지배의 불평등 및 삶의 기회의 심각한 불균형이, 서구 내에서 그리고 서구와 '발전도상 세계' 사이에서, 가치·원칙·신념(즉, 이데올로기)의 충돌을 불러일으킬 수 있는 이해관계의 차이를 어느 정도까지 야기할지에 대해 거의 고찰하지 않았다. 경제체제의 특징이나 일국적·국제적 수준에서의 바람직한 대안적 경제조직 형태를 둘러싼 서로 다른 '이데올로기적' 평가와 진술들 간의 투쟁 가능성도 경시되었다. 예컨대 현재 아프리카 등지에서 굶어 죽을 위기에 처해 있는 수백만의 사람들을 위한 최소한의 삶의 조건을 기존 경제체제가 산출할 수 있을지는 결코 자명하지 않다. 생명 유지에 필요한 자연 자원의 지속적 파괴나 지구온난화 등에 직면해 있는 모든 지구 주민들을 위한 최소한의 삶의 조건을 기존 경제체제가 산출할 수 있을지도 결코 자명하지 않다(Held 2004 참조). 모든 사람을 '자유롭고 평등'하게 대하려는 자유주의의 관심 그 자체와 기존 경제체제가 양립 가능한지도 결코 자명하지 않다(D. Miller 1989 참조). 추측컨대 그런 양립 가능성이 부재하기 때문에 자유주의는 지속적인 비판에 직면하게 될 것 같다. '좀 더 공정하고 안전한' 경제 질서에 대한 모색이 계속되는 것처럼 말이다. 실제로 반세계화나 사회정의 운동 등은 확고하게 이런 이슈들을 현 시대의 의제로 만들어 놓았다(Held and McGrew 2002 참조).

나아가 이데올로기 갈등의 잠재적 원천에 대한 후쿠야마의 설명은 취약하다. 이데올로기의 특징에 대한 그의 문제 많은 설명을 논외로 하더라도 말이다(J. B. Thompson 1990 참조). 민족주의와 종교적 운동, 특히 종교적 근본주의의 지속성을 어떻게든 설명해 내려는 그의 시도는 설득력이 없다. 예컨대 그는 보편적 호소력을 불러일으키지 못한다는 이유로 이슬람을 정치 이데올로기에서 제외한다. 이슬람의 호소력은 무슬림 세계에 국한된다는 것이다. 이는 조야한 주장이다. 똑같은 논리라면, 자유주의 자체도 정치 이데올로기에서 제외해야 한다고 결론 내려야 할 것이다. 자유주의도 보편적 호소력을 일으키지 못하기 때문이다. 자유주의 역시 무슬림 세계나 중국 등지에서 제한된 영향력만 가지고 있는 것이다. 더욱이 그는, 최근 서구에서 페미니즘, 환경주의, 반세계화주의 같은 사회운동으로부터 분출되는, 정치 논쟁의 가장 지속적 원천 몇몇에 대해서도 검토하지 않고 있다.

끝으로 '역사의 종언'에 대한 후쿠야마의 주장은 받아들이기 어렵다. 그의 주장은 서구 국민국가의 경계 안팎에서 자유주의나 자유주의적인 정치적 선의 개념이 여전히 논쟁의 대상이 되고 있음을 무시하고 있다(이 책 10, 11장 참조). 또한 장차 무엇이 갈등과 이데올로기 투쟁의 근원이 될지를 완전히 파악하는 것은 불가능하다. 명확한 인과적 궤도나 제한된 제도 변화 패턴뿐만 아니라 우발적이고 예측 불가능하며 상상할 수 없는 요인들에 의해서도 세계는 형성되고 변화되기 때문이다(Himmelfarb 1989 참조). '역사의 종언' 주장은 이런 점을 간과하고 있다. 우리가 알고 있는 것은 대체로 지금까지 발생해 온 것 — 미래의 것이 아니라 과거의 것 — 에 기초하고 있다. 특히 이 점에서 헤겔은 후쿠야마와 대립될 수 있다. 헤겔은 '미네르바의 부엉이는 황혼 무렵이 되어서야 날개를 편다'는 점을 철학자들에게 일깨웠기 때문이다(Hegel, *Philosophy of Right*, 13). 새로운 종류의 정체를 정당화할 수 있는, 대중 동원력을 가진 새로운 교의적 신조 — 자비로운 것이든 권위주의적인 것이든 — 가 나타날 가능성을 우리는 배제할 수 없다(Beetham 1991 참조). 단언컨대 변치 않을 20세기의 교훈 가운데 하나는, 역사는 닫힌 것이 아니며 인류의 진보란 여전히 극히 취약한 성취에 머물러 있다는 사실이다. 진보를 어떻게 정의하고 접근하더라도 말이다. 민주주의의 유형이나 형태는 미래 세대에게도 여전히 논쟁의 대상으로 남을 것이 분명하다.

9·11 사태는 이 모든 지적들에 대한 적절한 증거다. 9·11 이후의 세계는 후쿠야마가 예언한 것과 판이하게 다르기 때문이다. 근본주의가 부상하고 있다. 단지 이슬람 세계에서만 그런 것도 아니다. 무엇보다 이슬람 집단, 기독교 집단, 유태인 집단 등은 정치적 논쟁의 용어를 변화시키고 있다. 기존의 종교적 신념 체계나 정치 인식의 체계가 점진적으로 때로는 급진적으

로 변하고 있다. 나아가 서구식 세계화의 패턴은, 반세계화 운동에 의해서뿐만 아니라 몇몇 급진 이슬람 집단이 표출하는 반세계화 프로젝트에 의해 도전받고 있다. 정치 폭력 사태와 테러 행위가 카불, 바그다드, 뉴욕, 마드리드, 런던 등 세계 전역에서 증가하고 있다. 자유주의와 민주주의는 새로운 도전에 직면해 있다. 우리는 '역사의 종언'에 서 있기는커녕 새로운 시작의 출발선에 서 있는지도 모른다. 이 주제는 11장에서 다루게 될 것이다.

새롭게 요구되는 마르크스주의와 '아래'로부터의 민주주의

고전적 자유주의이든 현대 자유주의이든 일반적으로 자유주의 이론은 면밀히 검토해 봐야 할 문제를 당연한 것으로 간주하곤 한다. 남녀 간의, 노동계급과 중상층 계급 간의, 흑인과 백인 간의, 다양한 인종 집단들 간의 기존 관계가 지속된다면, 과연 형식적으로 인정된 자유가 실제로 실현될 수 있겠는가라는 문제가 그 한 예다. 만일 후쿠야마 같은 자유주의자들이 이런 문제를 진지하게 검토한다면, 수많은 사람들이 여러 가지 자원이나 생활 기회의 결여로 인해 정치적·시민적 일에 적극 참여하는 것으로부터 체계적으로 제한되고 있다는 사실을 좀 더 직접적으로 받아들여야 할 것이다.

오늘날 고전적 마르크스주의에 대한 가장 강력한 옹호자 가운데 한 명인 캘리니코스는, 이와 관련된 주제들을 탐구하면서, 자유민주주의는 자신의 약속을 어겼다고 주장한다. 이탈리아 정치사상가인 노르베르토 보비오가 요약했던 바를 이어받아, 캘리니코스는 자유주의의 약속으로서 ① 정치적 참여 ② 책임 있는 정부 ③ 저항과 개혁의 자유 등을 든다(Calinicos 1991, 108-109; Bobbio 1987, 42-44 참조). '실재하는 자유민주주의'는 세 가지 모두에서 실패하고 있다고 그는 주장한다. 자유민주주의 아래에서 시민들은 대부분 수동적으로 존재하며(예컨대 상당한 수의 유자격 시민들이 선거 시에 투표하지 않는다), 선출되지 않은 권력 중심이 의회 기구를 대체하고 있으며(이는 관료 당국, 기능적 대표, 안보 기관 등의 확대로 나타난다), 국가 행위 특히 자본주의를 점진적으로 개혁할 수 있는 가능성이 근본적으로 구조적으로 제약되어(예컨대 자본의 해외 도피는, 강력한 사회 개혁 프로그램을 가진 선출된 정부에 대한 항상적 위협이 된다) 있기 때문이다(Callinicos 1991, 109).

이런 배경 위에서, 캘리니코스는 고전적 마르크스주의의 전통을 옹호하고 다시 긍정하려 시도한다. 특히 민주주의는 오직 '아래'로부터, 노동계급의 자주적 행동으로부터만 나올 수 있다고 주장함으로써 직접민주주의 모델(〈모델 4〉)을 옹호하려 한다. 자유민주주의에 대한 민주적 대안은, 마르크스의 텍스트에서 그리고 '소비에트 민주주의의, 노동자평의회의 풍부한 20세기 전통' 속에서 발견할 수 있다고 캘리니코스는 주장한다(Callinicos 1991, 110). 이런 관점에서 보면, 소련 역사를 지배했던 스탈린주의는 사회주의의 부정으로 간주될 수 있다. 캘리니코스에 의하면, 스탈린주의는 1920년대 말에 반민주적 국가자본주의 체제 — 국가 관료제가 잉여가치를 추출하고 자본축적을 조절하면서 한때 유산계급이 수행했던 역할을 실행하는 체제 — 를 만들어 낸 반혁명 세력으로 해석된다. 레닌의 지도력 아래에서 1917년 10월 소련에서 잠시 동안 수립되었던 급진적 노동자 민주주의의 가능성은 스탈린주의에 의해 파괴되었다(Lenin, *State and Revolution* 참조). 따라서 1989년 스탈린주의의 붕괴는 후쿠야마의 주장처럼 고전적 마르크스주의의 패배로 이해될 수 없다. 캘리니코스에 의하면, 패배한 것은 마르크스주의가 권위주의적으로 왜곡된 것 그것이었다. 그리고 1989년에 승리한 것은 '민주주의'가 아니라 자본주의였다. 동유럽 혁명의 성과는 지배계급의 정치적 재편을 달성한 것인데, 이는 기술·관료 엘리트들로 하여금 그들의 경제를 세계시장에 완전히 통합하도록 해주었고 또한 국가자본주의로부터 세계에 통합된 자본주의로의 이행을 촉진하도록 해주었다(Callinicos 1991, 58).

캘리니코스는 마르크스주의=레닌주의=스탈린주의라는 등식을 비판한다. '질적 단절'이 마르크스와 레닌으로부터 스탈린주의를 분리하고 있다(Callinicos 1991, 16). 단지 일인이 지배할 뿐만 아니라 '당과 국가기구의 정점에 위치한 소수 과두 집단이 정치적·경제적·문화적 사회생활의 모든 측면을 위계적으로 통제'하는 특징을 지닌 체제를 마르크스의 이론이나 레닌의 실천이 재가하고 찬성한 적은 한 번도 없다(Callinicos 1991, 15). 나아가 고전적 마르크스주의 전통의 여러 자산들은 스탈린 체제 붕괴의 의미를 이해할 수 있는 기반을 제공해 준다. 캘리니코스에 의하면 특히 다음 세 가지 주제가 적실성이 있다(Callinicos 1991, 16-20). 첫째, 후대의 마르크스주의 학자들에 의해 보강되고 정교화된 마르크스의 작업은, 생산관계와 생산력 간에 전개되는 근원적 갈등과 그런 갈등을 중재하는 동시에 심화시키는 계급들 간의 갈등이라는 관점에서, 시대를 구분 짓는 대전환을 설명해 준다(4장 참조). 이런 설명은 스탈린주의적 질서의 점진적 붕괴를 이해하는 데 없어서는 안 될 틀을 제공해 준다.

둘째, 트로츠키주의 전통의 작업 속에는 스탈린주의의 독특한 성격과 전개를 이해할 수 있는 근거가 존재한다(Cliff 1974 참조). 특히 '국가자본주의' 개념은 스탈린주의 체제에 내재하는 모순 ─ 관료 기구나 국가 공장을 관리하는 착취적 지배계급과 생산력에 대한 유효한 통제권으로부터 완전 배제된 노동계급 간의 모순 ─ 을 정확히 확인시켜 준다. 스탈린주의 체제를 '심대한 위기'에 이르게 한 것은 바로 이런 모순이었다. 이 위기는 중부·동부 유럽 경제가 세계 자본주의 질서에 통합됨으로써 일시 해소되었지만,

세계 자본주의 질서의 모순은 장차 좀 더 큰 경제적·정치적 불안으로 귀착될 것 같다.

끝으로 고전적 마르크스주의는, 인간 해방의 프로젝트를 정의하면서 동·서양에서 기존의 계급 지배 체제에 대한 대안을 제공하고 있다. 고전적 마르크스주의는, '노동계급의 자기 해방'으로서의 사회주의를 옹호하면서, 마르크스의 표현대로 '거대한 다수의 이익을 위한, 거대한 다수의 자의식 있는 독자적 운동'이라는 비전을 지지한다. 이는 '아래로부터의 사회주의'에 대한 비전으로서, 소련과 동유럽 블록에서 보편적이었던 정부 형태나 자유주의적 서구의 거세된 민주주의와는 완전히 다른 것이다(Callinicos 1991, 18). 국가사회주의나 자유민주주의 그 어느 것도 인민의 힘을 해방시킬 정치 프로그램을 제공할 수 없다. 참여 민주주의 프로그램 역시 마찬가지다. 참여 민주주의 프로그램도 민주적 정치로의 전환을 가로막는 주된 장애물인 자본의 경제적 힘이라는 문제를 다루는 데 결국 실패했기 때문이다. 맥퍼슨과 페이트먼 같은 사상가들은 자유주의를 용인한 반면, 캘리니코스는 근본적으로 고전적 마르크스주의의 틀이 현재에도 타당함을 지지하고 있다(이 책 395-405쪽 참조).

현 시대는 착취와 불평등으로 특징지어지는 단일의 통합된 경제체제로 구성되어 있다(Callinicos 1991, 134). 스스로 균형을 유지하는 시장이라는 신화와 달리 '실제 존재하는 자본주의'는 다음과 같은 점에서 특징적이다. 경제력의 집중·집적, 개별 국민국가의 통제를 초월하는 기업의 성장, 과잉생산·무정부 상태·낭비 등을 수반하는 주기적 위기, 서구 중심부의 빈곤 및 서구와 나머지 지역 간의 삶의 기회의 엄청난 불균형, 지구온난화 등의 형태로 나타나는 무제약적 자본주의 축적이 야기하는 생명 위협적 부작용 등등(Callinicos 1991, 98-106). 캘리니코스가 판단하기에 '자본주의는 유죄를 선고받았다.' 이제 고전적 마르크스주의의 직접민주주의 프로젝트를 다시 시작할 때다(Callinicos 1991, 106, 134-136).

3장에서 보았듯이, 19세기와 20세기의 자유주의 전통에서 정치적인 것이란 대개 정부 영역이나 시민-정부 관계와 동일시되었다. 이런 등식이 만들어지고 또한 정치가 경제나 문화와 동떨어진 영역으로 간주될 경우, 정치에서 핵심적인 막대한 영역이 시야에서 배제되기 쉽다. 마르크스주의는, 자유주의가 현대 권력의 주요 원천인 생산수단의 사적 소유를 용납할 수 없을 정도로 탈정치화하고 있다고 주장하면서, 앞장서서 이런 입장을 비판해 왔다. 캘리니코스가 정확히 강조했듯이, 이런 비판에 근거하여 중요한 질문이 제기될 수 있다. 생산관계와 시장경제는 비정치적인 것으로 간주될 수 있는가, 경제 권력과 국가의 상호 관계는 정치의 구성 요소인가 등에 대한 질문이 그것이다. 하지만 마르크스주의 역시, 그중 완화된 입장도, 정치적인 것과 경제적인 것 간의 직접적 관계를 가정함으로써 문제를 야기한다. 마르크스주의는 정치를 경제 및 계급 관계와 연계하여 이해하려 하고 또한 정치가 독자적 활동 형태라는 생각을 거부함으로써, 어떤 유형의 문제 — 본질적으로 계급 관련 문제로 환원될 수 없는 모든 문제 — 를 정치로부터 배제하거나 과소평가하는 경향을 그 자체 안에 가지고 있다(7장과 9장에서 보듯이 참여 민주주의자들과 숙의 민주주의자들은 명쾌하게 이 점을 지적한다).

따라서 캘리니코스와 같은 입장의 가장 큰 문제의 하나는, 자본주의 질서를 하나의 포괄적 총체 — 사회적·정치적·문화적 생활의 모든 측면이 원칙적으로 그 속에 위치하는 — 로 제시할 경우에 발생하는 의문과 관련된다. 어떤 제도적 질서의 메커니즘(예컨대 근대국가 체제, 대의제 원리)이나 어떤 유형의 사회관계(예컨대 성 불평등, 인종차별)는 근대 자본주의 도래 이전부터 존재했으며, 정치를 형성하고 구성하는 데 있어 독특한 역할을 유지해 왔다(Held 1995, part II 참조). 이것이 의미하는 바는 생산양식이나 계급 분석 개념들이 너무나 제한적이라는 것이다. 생산관계와 계급 관계가 가장 중요하다는 명제는 폐기되어야 한다. 계급과 계급투쟁에 대한 분석이 무의미하게 되었다는 의미는 아니지만 말이다(S. Hall et al. 1992 참조).

또 다른 의문도 제기된다. 만일 모든 이해관계의 차이가 계급으로 환원될 수 없다면 어떻게 되는가. 예컨대 자원 할당을 둘러싼 이견처럼 의견의 차이가 다양한 해석이나 사회적 위치로부터 연유할 수 있다면 어떻게 되는가. 이럴 경우, 1989년 이후 중부·동부 유럽에서 여러 사회운동들이 시도했듯이, 대안적인 정치 전략과 프로그램을 만들어 내고 토론할 수 있는 제도적 공간을 창출하는 것이 중요한 의미를 가진다. 실제로 그런 공간이 없다면, 시민들이 어떻게 그들 자신이 속한 결사체의 조건을 결정하는 데 적극적으로 참여할 수 있을지 상상하기 어렵다. 정치는 공공 정책에 대한 논의와 협상과 숙의를 수반하는데, 이것이 완전히 객관적이고 공정한 기준에 따라 이루어진다는 것은 불가능하다. 그 자체 논쟁의 여지가 없는 기준은 없기 때문이다(이 책 235-236쪽 참조). 따라서 민주적 제도나 대의제도의 형태 및 특징 등은 구체적이고 정교하게 논의되고 만들어져야 한다. 그렇지 않을 경우, 공적 숙의나 공적 의사 결정의 대상이 될 분야나 영역을 제대로 설정하는 것은 불가능하다. 마르크스주의는, 자유주의가 정치권력에 맞서 비판과 행위의 자유, 즉 선택과 다양성의 자유를 어떻게 지키고 확보할 것인가라는 문제에 몰두해 왔던 바의 의미를 시종일관 과소평가해 왔다. 물론 그 문제에 대한 전통적 자유주의의 사고방식이 완전히 만족스럽다는 의미는 아니지만 말이다(이에 대해서는 아래의 논의 참조).

이상의 논의가 마르크스의 공산주의 개념이 모든 개인적 차이에 대한 억압을 수반한다는 의미는 아니다(Callinicos 1993 참조). '각자의 자유로운 발전'과 '모두의 자유로운 발전'의 양립 가능성에 대한 관심을 비롯해 마르크스의 개념에는 감탄할 만한 측면들이 다수 있다. 하지만 마르크스의 정치 이론은 이런 이상적 목표를 지킬 적절한 기초를 제공해 주지 못한다. 다시 한 번 문제는 정치를 자율적 영역으로 간주하지 않는 데서 연유한다. 마르크스주의가 '공적 권력'의 본질에 대해, 권위에 대한 정당한 요구에 대해, 중앙집권적 정치권력의 위험성에 대해, 책임성 문제에 대해 체계적으로 설명하지 못하는 것은 앞에서 보았듯이 우연이 아니다. 마르크스주의는 사회의 추진력을 계급 관계에서 찾음으로써, 근대 자유주의 사상의 중추였던 이런 문제들을 추방한 것이다. '개인적 차이'가 어떻게 이해되고 표출되고 육성될 수 있는가라는 문제는 무시되었다. 캘리니코스는 공산주의에서도 사회적 갈등이 지속되겠지만 그 강도가 약해질 것이라고 생각한다. '빈곤과 불평등이 없기에' 그런 갈등은 협상과 결정에 기꺼이 따를 것이기 때문이라는 것이다. 자본주의 이후의 질서에서는 심각한 물질적 차별이 없을 것이라는 캘리니코스의 단서가 타당하다고 하더라도, 이런 견해는 그다지 그럴 듯해 보이지 않는다. 후쿠야마의 '역사의 종언'설처럼, 이런 설명은 정치의 종언 — 이해관계와 해석의 심각한 차이, 민족주의·종교·환경주의 같은 사회운동 등을 비롯하여 여러 원인에서 연유할 수 있는 차이, 불균등 발전이나 우연적 결과나 의도하지 않은 행위 결과 등에서 비롯될 수 있는 차이 등등의 종식 — 을 기획·상상하고 있다. 하지만 그는 단지 혁명적인 '민주적 자율 조직'의 메커니즘을 확장함으로써 이런 모든 문제를 해결하자는 호소로써 문제를 얼버무리고 있다. 정확히 무엇을, 어디에서, 어떻게 한다는 것인가?

    결론적으로, 스탈린주의는 단순히 마르크스주의자들의 기획에서 벗어난 일탈이거나 그와 전적으로 무관한 별개의 현상으로 해석되어서는 안 된다. 오히려 그것은 계급의 중심성, 프롤레타리아계급의 보편적 시각, 생산에 바로 근거하는 정치 개념 등을 강조하는 마르크스주의적 범주의 '심층구조'의 결과물이다 — 그 구조의 유일하게 가능한 결과물은 아니지만 말이다. 다른 형태의 사회구조, 집단, 행위자, 정체성, 이해관계, 지식 등등이 정치에 영향을 미치는 측면은 철저히 무시되고 있다. 이런 지적이 스탈린주의가 1917년 혁명의 필연적 결과라는 의미는 아니다. 1917년 혁명의 운명을 결정한 수많은 복잡한 조건이 있었기 때문이다. 하지만 마르크스주의는 자유주의와 자유민주주의가 국가권력의 형태와 한계에 몰두했던 바의 의미를 오해했다. 이런 오해는 고전적 마르크스주의 정치 이론의 불가분의 요소다(Hont 1994 참조). 나아가 이런 오해는 정치와 민주주의 및 정치적 행위자의 본질 등을 어떻게 인식하느냐와 밀접한 관련이 있으며, 다양한 결과를 낳고 있다.

소련에서 실패한 것은 단지 스탈린주의 또는 국가자본주의 체제라는 주장은 심각한 문제를 안고 있다. 실패한 것은 자본주의의 한 형태가 아니라 오히려 내가 '국가 관리 사회주의'라고 부른 형태라는 점을 고려하면, 더욱 더 그러하다. 국가 관리 사회주의에는 여러 가지 상이한 변형들이 존재한다 — 이전 동구 블록의 국가사회주의 사회에서부터 국유화 내지 국가 소유 프로그램에 순응했던 서구의 사회민주주의 체제에 이르기까지. 이런 유형들 간에는 중요한 차이점이 있으며 또한 결코 그 점을 무시하려는 것은 아니지만, 어떤 공통 요소들도 분명 존재한다. 모두가 중앙집중적으로 통제되는 관료 기구와 결합될 수 있다는 점이 그것이다. 국가 관리 사회주의 프로그램이 자신의 급진적 호소력을 상실하게 된 것은, 자유주의자들과 신자유주의자들이 지적했듯이, 무엇보다도 국가 행위의 바람직한 형태와 한계를 인지하는 데 실패했기 때문이다(이 책 163-166, 406-409쪽 참조).

요약하면, 이론과 실천에서 '사회주의의 위기'는 '스탈린주의의 위기'보다 훨씬 심층적인 것이다. 사회주의와 민주주의의 관계는 재고되어야 한다. 지금까지 주장해 왔듯이, 전통적 사회주의 프로젝트의 주요 구성 요소 가운데 일부에 대해 의심해 봐야 할 뚜렷한 이론적·실천적 이유가 있는 것이다.

요약 : 정치적 선의 문제

동유럽 혁명은 의문의 여지 없이 역사적 분수령이었다. 소비에트 제국의 붕괴와 유럽 전역에서 공산주의의 퇴각은 20세기뿐만 아니라 근현대사의 주요 사건이기도 했다. 정치제도나 전통적 신념에서 전 세계적으로 변화의 물결이 확산되었다.

동유럽 혁명과 그것이 현대 세계에 미친 영향에 대한 다양한 해석들은 최소한 한 가지 사실을 반영하고 있다. 역사는 종언에 이르지 않았으며, 이데올로기는 죽지 않았다는 점이 그것이다. 그 차이의 근원이 근대성의 형성기에까지 소급되는 자유주의와 마르크스주의는 아직도 여전히 살아 있는 현실의 전통으로 남아 있다. 지금은 분명 자유주의가 지배적이지만, 다양한 변형을 가진 마르크스주의도 아직 그 생명이 다 하지는 않았다. 제국으로서의 미국을 둘러싼 최근의 논쟁은 이를 다시 확인시켜 준다(Hardt and Negri 2000 참조; Held and Koenig-Archibugi 2004 참조). 하지만 전술했듯이 두 전통 모두 근본적 측면에서 결함이 있다.

그중 하나가 정치적 선의 의미를 어떻게 이해할 것인가, 또는 현대 정치에서의 '바람직한 삶'을 어떻게 정의할 것인가 등에 대한 관심이다. 이 문제는, 후쿠야마와 캘리니코스 모두 이에 대해 무언가 말하고 있기에(직접이든 간접이든) 두 사람의 논의를 묶어 평할 수 있는 유용한 기반이 될 수 있다.

후쿠야마에게 바람직한 삶이란 자유주의 원리에 따라 현대 세계를 점진적으로 개조하는 데에서 나타난다. 경제생활과 마찬가지로 정치 생활은 개인적 자유와 주도성의 문제이며 또는 그러해야 한다. 이런 상태에 더 근접할수록, 정치적 선이 달성되었다고 정당하게 주장할 수 있다. 기본적으로 개인은 신성불가침이다. 개인은 자신이 스스로 선택한 목표와 사적 이해관계를 추구하고 실현하려고 시도할 수 있는 그 정도만큼만 자유롭고 평등하다. 그렇게 할 수 있는 권리나 자유에 대한 개인의 권리가 존중되고 모든 시민이 법 앞에서 동등하게 취급될 때, 개인 간의 동등한 정의가 유지될 수 있다. 동과 서, 남과 북에서 '자유롭고 평등한' 개인들이 최소한의 정치적 간섭 하에서 번성할 수 있는 세계를 만들고 지키는 것이 가장 중요한 과제다.

이와 대조적으로, 캘리니코스와 고전적 마르크스주의자들은 좀 더 일반적으로 어떤 사회적·집단적 목표나 수단의 바람직함을 옹호한다. 그들에게 있어 평등과 자유를 진지하게 이해한다는 것은, 곧 '자유 시장' 경제와 제한 국가·최소 국가에서 사실상 자기 마음대로 하도록 맡겨진 개인들에 의해서 그런 가치들이 실현될 수 있다는 견해에 대해 이의를 제기하고 도전하는 것을 의미한다. 평등, 자유, 정의 등은 사적 소유와 자본주의경제가 지배하는 세계에서는 성취될 수 없다. 이런 이상들은 생산수단의 사회화 — 즉, 생산수단이 집단적으로 전유되며 또한 사회적 통제를 보증하는 절차에 따르게 되는 것 — 를 보증하는 투쟁을 통해서만 실현될 수 있다. 오직 그것만이 '각자의 자유로운 발전'과 '모두의 자유로운 발전'의 양립 가능성을 궁극적으로 보증할 수 있다.

중부·동부 유럽의 혁명 이후 지구 전역에서 민주주의가 정치학의 전면에 부상했지만, 후쿠야마나 캘리니코스 모두 민주주의 자체의 본질이나 매력에 대해서는 적절히 고찰하지 않았다. 후쿠야마의 정치 저작을 보면, 민주주의 문제는 개인주의적인 정치·경제·윤리 교의에 대한 주장에 의해 궁극적으로 압도되고 있다(Fukuyama 1995 참조). 민주적 책임성의 문제는, 정치적 통제에 맞서 개인의 자유가 필수적임을 강조하는 주장에 밀려 부차적 위치를 점할 뿐이다. 캘리니코스의 저작에서는 계급과 계급 갈등 및 생산의 범주 등이 민주주의에 대한 철저한 분석의 필요성을 대체하고 있다. 최근 자유민주주의가 공고화되고, 정치 담론에서 민주주의 용어가 공통적으로 사용되며 또한 실제로 20세기 말 정치체제들이 보편적으로 민주주의에 호소하고 있음에도 불구하고(Potter et al. 1997 참조), 이들 이론가들의 정치 고찰이나 이론적 분석에서 민주주의는 중심적 문제가 되지 못하고 있다. 자유민주주의를 찬미하는 것이나 자유민주주의를 순전히 형식적 메커니즘이나 '빈껍데기'로 간주하여 부정하는 것, 그 어느 것도 자유민주주의의 장단점을 평가할 수 있는 적절한 수단을 제공해 주지 못한다. 민주주의는 현대의 정치 생활에 '정통성이라는 후광'을 부여해 준다. 하지만 정치체제는 어떤 조건에서 그런대로 정당한 것으로 간주될 수 있는가, 민주주의라는 외피를 언제 정당하게 요구할 수 있는가 등의 문제는 여전히 애매한 채로 남아 있다. 다음 장(9장)은 이 문제를 다시 다룰 것이다. 민주주의의 '질'에 대한 문제, 즉 민주주의는 계몽되고 공적으로 검증된 판단을 어느 정도나 반영하고 또 표출하는가, 그런 판단에 필요한 제도적 조건은 무엇인가 등과 같은 문제가 제기될 것이다.

9장
숙의 민주주의와 공공 영역의 옹호

2009년 의료 개혁 법안을 주제로 열린 코네티컷 주의 웨스트 하트포드 타운미팅.

"사려 깊은 선호란 …… 자신의 관점을 대립적 관점과 의식적으로 대면시킨 결과물, 또는 시민들이 성찰을 통해 자기 자신 안에서 발견할 수 있을 것 같은 다양한 관점들과 자신의 관점을 의식적으로 대면시킨 결과물인 그런 선호를 말한다. 누군가의 이야기가 경청되도록 만드는 좀 더 대화적인 방식을 통해 투표라는 필수적 참여 양식을 보완함으로써 기표소 안에서 독백처럼 투표하는 고립성을 극복할 수 있는 제도적 장치가 마련된다면, 그런 사려 깊음은 촉진될 수 있을 것이다."

―클라우스 오페와 울리히 프로이스

MODELS OF DEMOCRACY

어떤 유령이 출몰해 현대 민주정치를 괴롭히고 있다. 피치자에 대한 통치자의 책임성이 확립되고 또한 인민의 활동 영역이 공적 생활의 모든 면으로 확대되고 있지만, 정치는 계몽되지도 현명하지도 못한 대중들에 의한 통치라는 최하의 것으로 추락될 수 있다는 두려움이 그것이다. 이런 불안감은 플라톤이 민주주의의 장래에 대해 절망했던 핵심적 이유이기도 했다(플라톤은 이를 선장의 우화 및 크고 힘센 동물의 사육에 관한 우화를 통해 설명했다. 이 책 55-59쪽 참조). 다수에 의한 통치란 한편으로는 대중에 의한 무제한의 욕망과 이익의 추구를, 다른 한편으로는 무지하고 근시안적인 견해의 추구를 의미한다는 생각에 사로잡히게 되면, 민주주의는 위험하고 잘못된 야망으로 간주되거나 아니면 입헌 구조나 입헌 메커니즘, 민주적 조치에 대한 한계 설정 등을 통해 가능한 한 제한되고 견제되어야 할 어떤 것으로 여겨지게 된다. 플라톤이 전자의 대표적 사상가라면, 매디슨과 슘페터는 후자의 전형이라 할 수 있다. 민주주의 이야기에는, 자의적 통치나 가부장적 정치를 종식시킨 데 대한 축하와 더불어 민주주의가 폭도들에 의한 통치를 의미할 수도 있다는 불안이 모두 들어 있다.

물론 민주주의의 역사는 민주주의의 진정한 의미를 어떻게 정의하느냐를 둘러싼 힘든 투쟁을 보여 준다. 그리고 지금까지 살펴본 민주주의의 여러 모델은, 이 문제가 시대나 시기의 차이에 따라 어떻게 해결되거나 일정 방향으로 기울어 왔는지를 보여 준다. 민주주의 사상사를 보면, 한편에서 정치 참여를 그 자체로 높이 평가하고 또한 정치 참여를 근본적인 자기실현의 방식으로 이해하는 자들과, 다른 한편에서 좀 더 수단적인 관점을 취하면서 민주정치를 자의적 권력으로부터 시민을 보호하고 자신의 선호를 표출하는(선호 취합의 메커니즘을 통해) 수단으로 이해하는 자들 간에 뚜렷한 간극이 존재한다. 고전적 민주주의와 계발 공화주의에서부터 계발 자유주의나 참여 민주주의에 이르기까지, 정치적 관여는 정치적 효능감을 촉진하고 집합적 문제에 대한 관심을 낳으며 공공선을 추구할 수 있는 식견 있는 시민을 양성한다는 이유에서 높이 평가되어 왔다. 여기에서 민주주의란 시민적 덕성을 펼치는 것이며, 민주정체는 자기실현의 수단이 된다. 민주주의 사상가들 가운데 명백히 다수를 점하는 반대편 해석에 의하면, 민주주의란 시민을 통치자나 상대편으로부터 보호하는 수단, 또한 기본적인 공적 의사 결정을 내릴 수 있는 유능하고 책임 있는 엘리트를 창출할 수 있는 올바른 정치 구조가 제 역할을 하도록 보증하는 수단으로 이해된다. 이런 입장에 따르면, 민주주의는 목적이 아니라 수단이다. 즉, 민주주의는 시민의 자유를 보호하고 또한 시민들이 스스로 선택한 목적과 목표를 추구하는 데 필요한 최소한의 공공재(법의 지배, 선거 정치, 사회 안전망, 안보)를 유지하고 지탱하는 데 기여한다는 것이다.

지금까지 제시된 여덟 가지의 민주주의 모델 이외에, 민주주의에 대해 새롭고 혁신적으로 생각할 수 있는 여지는 거의 없는 것 같다. 그 여덟 가지 모델은, 정치적 평등과 시민권이 모든 성인에게까지 확장되느냐 그리고 민주주의 영역이 경제적·사회적·문화적 사안을 포함하는 데까지 심화되느냐라는 두 차원을 축으로 해 가능한 정치 공간상의 스펙트럼을 모두 포괄하고 있다. 그런데 지난 20여 년 사이에 새로운(9번 째) 모델의 후보로 등장한 것이 있다. '숙의 민주주의'deliberative democracy가 그것이다. 이 용어는 조셉 베셋에 의해 처음 사용되었다(Bessette 1980; 1994). 이 용어는 현재 광범위한 입장을 포괄하게 되었지만, 주창자들이 이 용어를 사용한 의도는 민주주의의 질을 개선하는 데 초점을 맞춘 정치적 접근법의 특징을 드러내기 위해서였다. 즉, 단지 참여 그 자체를 위해 정치 참여를 증대시키는 것이 아니라, 정치 참여의 본질과 방식을 제고하는 것이 과제라는 것이다. 숙의 민주주의는 흔히 현대 민주주의 ― 대의 민주주의든 직접민주주의든 ― 를 명사들의 경합, 대중적 유명 인사 정치, 사운드 바이트*식의 '논쟁', 사적 이익과 야망의 적나라한 추구 등으로 전락해 버렸다고 묘사한다. 이에 대해 그들은 계몽된 논쟁, 이성의 공적 사용, 진리의 불편부당한 추구 등을 지지한다.

이성과 참여

숙의 민주주의자들은, 민주주의 과정이나 제도가 정치 참여자들의 현재적·경험적 의사를 중심으로 만들어져야 하는가 아니면 '합리적인' 정치적 판단이라 할 수 있는 것을 중심으로 만들어져야 하는가라는 문제를 제기했다. 숙의 민주주의자들이 중시하는 것은 정제되고 사려 깊은 선호다. 물론 이 점을 강조하자마자 그것을 어떻게 정의하느냐라는 문제가 제기된다. 오페와 프로이스Ulrich Preuss는 이 문제를 정면에서 다루어 왔다. 그들에 의하면, '합리적' 또는 '계몽된' 정치적 의사나 판단이란 다음의 세 가지 기준에 부합하는 것이다. 즉, '이상적으로

* '사운드 바이트'란 정치인의 연설 중에서 뉴스 프로그램에 방송되는 짧은 한마디 문장이나 구절을 말한다.

그것은 "사실을 중시"(무지하거나 교조적인 것과 반대되는)하는 동시에, "미래를 중시"(근시안적인 것과 반대되는)하는 동시에 "타인을 중시"(이기적인 것과 반대되는)하는 것이어야 한다'(Offe and Preuss 1991, 156-157). 만일 정치적 판단에서 결함이 발견된다면, 대개 이런 기준 가운데 어느 하나에서 판단이 잘못되었기 ― 즉, 무지하거나 근시안적이거나 이기적이기 ― 때문이다. 여기에서 다음과 같은 쟁점이 제기된다. 민주주의 이론은 일상생활에서 실제로 발견되는 여러 선호를, 이미 확고하게 형성된 [어떤 주어진-옮긴이] 것으로 또한 합리적인 것으로 간주해야 하는가. 아니면 '정치적 의사'의 본질[은 어떤 것이어야 하는지-옮긴이]에 대해 의문을 제기해 보도록 정치적 사고를 이끌어야 하는가. 만일 그러하다면, 정치적 의사는 불편부당함의 기준에 부합할 경우에만 정당한 것으로 간주되어야 하는가.

이런 논점이 제기되면 곧바로, 플라톤 이래의 민주주의 비판론자들 ― 민주주의는 최소공분모로의 추락이나 정제되고 성찰된 정치적 판단의 필연적 쇠퇴를 내포한다고 두려워한 ― 이 취해 왔던 입장으로 연결되는 것이 아닌가라는 의문이 제기된다. 숙의 민주주의와 관련해 이슈가 되는 것은, 사려 깊은 선호에 대한 관심이 필연적으로 엘리트주의적 ― 플라톤의 마음에 들 것이라는 의미에서 ― 인 것인가, 아니면 민주주의의 기능이나 작동에 대한 새롭고 혁신적인 사고를 가져다줄 수 있을 것인가. 이론적 딜레마는 다음과 같이 제시될 수 있다. 민주적인 공공선 개념은 단지 개인들의 주어진 선호의 취합물에 불과한가 아니면 진지한 공적 논쟁이나 숙의를 통해 표출될 수 있는 것인가? 오페와 프로이스는 핵심을 직설적으로 제시한다. '참여와 합리성 간에 정正의 선형線形 관계는 존재하지 않는다[즉, 참여가 증가하는 만큼 합리성도 증가하는 것은 아니다-옮긴이]'(Offe and Preuss 1991, 167). 정치에 참여할 자격이 있는 사람들의 범주를 확대하는 문제에 대해 고찰하는 것이나 민주주의가 정당하게 확대 적용될 수 있는 여러 중요 영역들에 대해 재고해 보는 것, 그 어느 것도 더 이상 민주주의론의 도전 과제는 아니다. 현재의 도전 과제는 '숙고를 거친, 일관된, 상황에 얽매이지 않은, 사회적으로 입증되고 정당화될 수 있는 그런 선호가 형성되도록 장려하는 절차의 도입'에 관한 것이다(Offe and Preuss 1991, 167).

베르나르 마넹은 숙의 민주주의의 초점을 다음과 같이 잘 표현하고 있다. '자유주의 이론과 민주주의 사상의 공통된 시각을 근본적으로 바꿀 필요가 있다. 정통성의 근원은, 이미 결정된 개인들의 의사가 아니라 오히려 그것의 형성 과정, 즉 숙의 그 자체다'(Manin 1987, 351 이하). 숙의 민주주의의 주된 주장은, 고정된 선호라는 개념에 작별을 고하고, 그런 고정된 선호를 어떤 학습 과정 ― 사람들이 이 과정에서 또한 이 과정을 통해, 건전하고 합리적인 정치적 판단을 위해 이해할 필요가 있는 일련의 이슈들에 익숙하게 되는 ― 으로 대체하자는 것이다. 이들이 주장하는 것은, 추상적이고 이미 생각해 놓은 합리성 기준을 단지 강요할 것이 아니라, '교사'와 '교과과정'의 역할이 제고되고 학습 과제가 학습 과정 그 자체 속에서 정해지는, 미리 정해진 답이 없는 지속적이고 열린 학습 과정으로서의 정치에 헌신하는 것이다(Offe and Preuss 1991, 168). 달리 표현하면, 사람들의 판단이나 절차를 이미 주어진 것으로 간주하는 것이 아니라, 그런 판단이나 절차가 적절한 학습 과정에 부합하는가, 그렇지 못하다면 어떻게 개선될 수 있는가라고 유효하게 질문하는 것이 숙의 민주주의 과정이 될 것이다.

오페와 프로이스에 의하면, '전적으로 상황적 결정 요인·완고한 신조·자기기만 등의 파생물인 고정된 선호와 대비되는, 이런 유형의 성찰적이고 개방적인 선호 학습 과정을 장려하고 촉진하는 선택적 압력을 만들어 낼 수 있는 제도나 절차에 대해 궁리하는 것은 참신한 과제인 것 같다'(Offe and

Preuss 1991, 168). 이처럼 숙의 민주주의자들은 아주 독특한 주장을 펼친다. 그들이 주장하는 바에 의하면, 어떤 일련의 가치나 특정 시각도 그 자체로 타당성과 정당성의 권리를 주장할 수는 없으며, 그런 가치나 시각은 단지 정당화될 수 있는 한에 있어서만 정당할 뿐이다. 나아가 개인의 관점이나 입장은 타인의 관점 — 도덕적 관점 — 을 고려하는 사회적 만남을 통해 그리고 그 속에서 검증될 필요가 있다.

이런 논리의 결론은, 현대 민주주의의 제도 디자인이 '상호성의 원리'에 기초해야 한다는 것이다. 상호성의 원리는 일상 속의 시민은 물론 민주주의 이론가들이, 정치나 시민사회 속에서 선호가 형성되고 학습되는 그런 환경과 절차에 좀 더 주목할 것을 요구한다. 상호성의 원리는 '우리의 선호를 형성하고 옹호하는, 그로 인해 우리의 선호를 정제하는, 복수의 관점 방식multi-perspective mode'을 채택하도록 요구한다(Offe and Preuss 1991, 169). 왜 우리는 지금의 관점을 취하게 되었는지, 적대적 선호를 가진 사람들과 만나는 복잡한 사회 환경 속에서 그런 관점을 옹호할 수 있을 것인지 등이 관심의 초점이 된다. 민주주의 이론은, 시민들의 여러 관점에 대해 알게 되고 그것을 공개적으로 검증할 수 있는 기회를 정치과정 그 자체 안에 구축하도록 촉진하는 입헌적 디자인에 관심을 기울여야 한다. 민주주의 이론은, "'충동적'이고 맥락 의존적인 선호보다는 정제되고 사려 깊은 선호를 강조함으로써" 시민의 질을 제고할 필요가 있다(Offe and Preuss 1991, 170).

> 사려 깊은 선호란 …… 자신의 관점을 대립적 관점과 의식적으로 대면시킨 결과물, 또는 시민들이 성찰을 통해 자기 자신 안에서 발견할 수 있을 것 같은 다양한 관점들과 자신의 관점을 의식적으로 대면시킨 결과물인 그런 선호를 말한다. 누군가의 이야기가 경청되도록 만드는 좀 더 대화적인 방식을 통해 투표라는 필수

적 참여 양식을 보완함으로써 기표소 안에서 독백처럼 투표하는 고립성을 극복할 수 있는 제도적 장치가 마련된다면, 그런 사려 깊음은 촉진될 수 있을 것이다(Offe and Preuss 1991, 170).

민주주의 이론은, 단지 사람들이 견해를 형성하고 자신의 의견을 검증하는 배경이 되는 맥락에 대해서만 고찰할 것이 아니라, 기존의 관점을 다시 강화시키거나 새로운 관점의 창출을 돕는 현재 작동 중인 민주주의의 여러 메커니즘에 대해서도 고찰할 필요가 있다는 것이 이들이 주장하는 결론이다. 거시적 정치제도에만 초점을 맞추는 것에서 벗어나 시민사회의 다양한 맥락 — 일부는 심의나 토론을 방해하고 일부는 그것을 촉진하는 — 에 대해 고찰하는 쪽으로 민주주의 이론의 전환이 있어야 한다는 것이다.

민주주의 이론의 한계

현대 정치 생활의 문제점에 대한 깊은 관심은 숙의 민주주의자들의 수많은 사색을 자극했다. 숙의 민주주의의 선구자 중 한 사람인 제임스 피시킨은 오늘날 대규모 유권자 속에서 발견되는 공적 생활에 대한 무관심과 정당 및 통치 집단의 엘리트주의 등을 신랄하게 비판한다. 현대 민주주의는 '정치적으로 평등하지만 상대적으로 무능한 대중과 정치적으로 불평등하지만 상대적으로 좀 더 유능한 엘리트 사이의 선택을 강요'하고 있다(Fishkin 1991, 1). 배제되었던 집단의 선거권 확보로 상징되는 좀 더 큰 형식적 평등을 향한 역사적 추세는, 너무나 자주 '대규모의 불참 및 무관심과 함께'해 왔다(Fishkin 1991, 54). 이전에 선거권이 없었던 집단에게까지 투표권이 확대되었음에도 불구하고 투표율은 하락해 왔다. 현대 민주주의에서 토론은 대개 피상적이며 지식·정보의 부족 속에서 경솔하게 이루어진다. 유권자들은 소외·이탈·자기만족 등을 겪으면서 정치과정으로부터의 단절감을 뚜렷이 드러내 보인다. 정책보다는 정치인의 개성에 대한 강조가 미디어에 젖은 선거 정치판을 지배하고 있다. 사운드-바이트가 논쟁을 대신하고, 유명 인사의 인기가 신념에 입각한 정치 주장을 대체하게 되었고, '흡사 세제를 고르듯이' 후보자를 선택하고 있다(Fishkin 1991, 3).

피시킨에 의하면, 미국과 유럽을 지배하는 엘리트들도 좀 더 광범위한 정치 논쟁 과정이나 그런 문제들로부터 점점 괴리되기는 마찬가지다. 정책의 근본 원칙을 탐구하거나 정책 방향을 두고 숙의하기보다는, 기존의 견해나 이해관계에 정책을 맞추는 데 목적이 있는 여론조사나 표적 집단 면접● 등과 같은 마케팅 기법이 정책 과정을 엄습하고 있다. 엘리트들은 유권자를 예측하려는 시도를 통해 정치를 운영한다. 고전적·자유주의적 민주주의 이론의 여러 가닥에서 발견되는 이성·논쟁·불편 부당성을 지탱하는 공적 영역의 이상은, 엘리트와 정당들이 여론조사 자료에 의존하게 되면서 붕괴되고 있다. 나아가 엘리트나 정당들은 자신의 이해관계에 맞춰 자의적으로 그런 자료를 해석·조작하고 있다. 피시킨이 지적하듯이, '지도자를 통제하는 명실상부한 여론조사가 아니라, 너무나 자주 지도자나 대중매체에 의해 형성된 선호가 거꾸로 여론조사에 반영되고 있다. 충분한 비판적 조사가 이루어진 것은 아니며, 대중에 의한 유의미한 통제를 보여 주기에 족한 정보가 제공되거나 검토가 이루어진 것도 아니다'(Fishkin 1991, 19). 정치는 점점 피상적이 되고 미디어에 의해 조정되며, 천박하고, 사상도 수준 높은 리더십도 없다.

자유민주주의의 특징에 대한 피시킨의 묘사는, 민주적 정

● 표적 집단 면접(FGI)이란, 신제품이나 서비스에 대한 소비자 반응을 미리 검증하기 위해, 테스트할 상품에 대해 토의할 소비자 그룹을 모아서 집단 면접을 실시하는 마케팅의 질적 조사 기법 가운데 하나다.

치과정이란 취약하고 수동적인 유권자를 대상으로 한 엘리트들 간의 쟁투라고 단언한 슘페터의 민주주의 설명(이 책 285-294쪽 참조)이나 대의 민주주의를 시저리즘적 경향이 있는 '국민투표식 리더십 민주주의'로 묘사한 베버의 논의(이 책 260-269쪽 참조)를 닮아 있다. 하지만 피시킨은 그런 특징을 지지하거나 높이 평가하지 않았다. 반대로 피시킨은 그런 특징이, 새로운 종류의 참여 기회를 제공하는 민주주의 — 시민들에게 좀 더 많은 권한을 부여할 뿐 아니라 그 권한을 사려 깊게 행사할 수 있는 좀 더 많은 기회를 제공하는 — 에 대한 창의적 재고再考를 호소하는 기반이 된다고 생각했다. 많은 현대 정치사상가들이 이런 피시킨의 주장에 합류했다. 욘 엘스터도 그중 한 사람이다.

엘스터는 개인적 선호들을 취합해 승자와 패자를 만들어 내는 선거 정치의 방식에 주목한다. 그의 주장에 의하면, 이런 과정이 내포하고 있는 합리성 개념은 정치보다는 소비자 선택, 즉 시장 관계에 더 적합한 것이다. 정치는 공공 집회장이나 토론장에 적합한 논증적 합리성의 방식에 의해 운영되어야 한다. 집합적 의사 결정을 개인적 선호의 취합으로 환원하는 것은,

> 시장에 적합한 종류의 행위와 공론장에 적합한 행위 간의 혼돈을 나타낸다. 소비자주권이라는 개념이 수용될 수 있는 것은, 소비자는 단지 자신에게 미칠 영향에서만 차이가 나는 여러 행동 경로들 중에서 선택을 하기 때문이다. 또 그런 한에서만 소비자주권의 개념은 수용될 수 있다. 하지만 정치적 선택에서 시민들은, 타인에게 미칠 영향에서도 차이가 나는 여러 상황들에 대한 자신의 선호를 표명하도록 요구받는다(Elster 1997, 33-34).

소비자 선택은 자신에 관한 것이며, 개인적 필요를 만족시키기 위해 물건이

나 자원을 추구한다. 이에 비해 정치적 선택은 타인에 관한 것이다. J. S. 밀의 말을 빌리면 타인에게 '관여'할 수 있다. 타인을 '해칠' 수 있기 때문이다(이 책 164-165쪽 참조). 간단히 말해 소비와 정치의 차이는, 그 자신에게 영향을 미치는 선택과 타인의 선호와 생활 기회를 형성하고 영향을 미치는 선택 간의 차이다. 후자의 경우에 집합적 결정이 효과적이고 정당하고 공정하려면, 올바른 공적 이성에 의해 그 결정이 내려져야 한다. 즉, 공적인 논쟁과 검토를 견딜 수 있어야 한다.

존 드라이젝도 이런 견해를 공유했다. 프랑크푸르트학파의 저작에 기초하여(이 책 360-362쪽 참조; Held 1980, part I.), 드라이젝은 공적·사적 생활에서 도구적 이성 — 즉, 순전히 형식적인 수단-목적 합리성 — 이 점점 지배적이 되어 가는 현상을 광범위하게 비판했다. 드라이젝의 주장에 의하면 도구적 이성의 확대는, 정치를 시민이 아니라 전문가의 영역으로 간주하는 전문 기술 엘리트들의 수중에 권력이 집중되고 관료화되는 결과에 이르게 된다. 전문가들은 복잡한 문제를 관리 가능한 구성 요소들로 분해하고, 그 각 요소를 다른 요소나 포괄적 정체로부터 분리해 다룬다. 이는 통치에 관한 복합적·총체적 접근 — 정치에 대한 비도구적·사회 지향적 접근에 기초해야 하는 — 을 가로막는다. 나아가 도구적 이성은 사람들로 하여금 서로를 목적에 대한 수단으로 간주하도록 부추기고 있으며, 자유롭고 평등하며 적극적 시민이 될 수 있는 존재로서의 인간 개념을 훼손한다. 드라이젝에 의하면, 자유민주주의는 오직 개인의 견해와 이해관계만을 인정하고 있으며, 이따금씩의 선거를 통한 개인 선택의 취합을 통해 전문가들의 행동의 자유를 정당화하려 한다. 하지만 공적 문제를 다루기 위해서는 의사 결정의 질을 논쟁의 중심 주제로 삼아야 한다. 또한 개인의 선호를 고정된 것이 아니라 변화의 여지가 있는 것 — 논쟁이나 정당성의 증명을 통해 '일반화할 수 있는 이해관계를 발견한다'는 견지에서 볼 때 — 으로 간주하는 그런 공론장의 창출이 필요하다(Dryzek 1990, 54).

이런 입장의 중심에 위치하는 것이 현대의 대표적 비판 이론가인 하버마스의 주장이다(Habermas 1973; 1990; 1993; 1996). 하버마스가 논했듯이, 합리성을 고립된 개별적 요소나 대상의 세계를 다루기 위해 개인이 사용하는 장치로만 간주할 필요는 없다. 합리성은 행동의 사회적 조정을 보증하는 수단으로도 간주될 수 있으며, 그런 합리성은 우리의 행위를 인도하는 일단의 규범 — 이 규범은 그 자체 논쟁과 교호交互 심문의 대상이 될 수 있다 — 으로 표출될 수 있다. 이런 모델의 합리성은 타인을 대상으로 정당성을 증명해야 한다는 생각과 밀접히 연관되어 있다. 드라이젝에 의하면 기존의 자유민주주의 모델의 결함은, 현대사회에서 우리가 당면하고 있는 집합적 문제 — 연금 위기에서 환경 훼손에 이르는 — 에 대해 집합적 해결책을 모색할 수 있도록 해주는 논증적·의사소통적 합리성을 강화함으로써만 극복될 수 있다.

민주주의에 대해 재고해 본다는 것이 기존의 직접민주주의나 참여 민주주의 모델로 돌아가는 것을 의미하지는 않는다. 숙의 민주주의자들이 자유민주주의의 한계로 생각한 많은 것들이 이런 모델에서도 마찬가지로 재연되기 때문이다. 면 대 면의 정치적 의사 결정이라는 이상이나 이를 여러 형태의 직접 또는 참여 민주주의에 적용하려는 시도는 세 가지 이유에서 회의적으로 취급된다. 가장 명백한 첫 번째 이유는 고도로 분화되고 복잡한 현대사회에서 그런 이상은 실현될 수 없다는 점이다. 이는 J. S. 밀이나 베버가 직접민주주의를 비판했던 점이기도 하다(이 책 172-176, 251-254쪽 참조). 둘째로, 소규모 공동체에서의 면 대 면 의사 결정을 이상화하는 것 자체가 잘못된 것이다. 왜냐하면 소규모의 비교적 동질적인 공동체에 잠재되어 있는

위르겐 하버마스(왼쪽)와 제임스 피시킨(오른쪽)

문제점 — 순응과 동조, 불관용과 편협, 정치의 사인화 등의 경향 — 은 모든 형태의 직접적 정치 생활에서 재연될 위험이 있기 때문이다. 피시킨이 지적하듯이, 소규모 민주주의는 '선동에 더 취약'하기 때문에 '독재에 더 취약'하다(Fishkin 1991, 50). 셋째, 참여 증대만으로는 참여의 질 문제에 대처하지 못한다. 참여 민주주의는 특히 숙의의 부족이라는 문제에 초점을 맞추지 않았다. 참여 그 자체가 이 문제를 교정하지는 못하며, 실제로는 대중사회에서 문제를 악화시킬 수도 있다. 피시킨에 의하면, '대규모 공중들의 숙의 능력은 의심스럽다. 현실적으로 권한을 행사할 수 있는 여건이 되지 못하는 사람들에게 권한을 부여하는 것은 불안하고 의심스러운 업적이 될 것이다. …… 흥분한 공중들은 때로는 선동에 취약해질 수 있다'(Fishkin 1991, 21).

인민의 직접 참여에 대한 비판은, 숙의의 통찰력에 의지하고자 하는 현대 공화주의 이론가들에서도 발견된다. 예컨대 필립 페팃은 개인이 지배 — 즉, 자신의 삶에 대한 자의적 간섭 — 에 노출될 위험을 막아 줄 제도를 구축하는 데 관심을 기울였다. 페팃은 참여 자체를 위한 참여의 증대는 공화주의자들이 막으려 한 바로 그런 종류의 자의성과 전횡을 강화시킬 수도 있다고 우려했다. 그가 판단하기에, 정치적 성찰과 논쟁의 질적 향상이 없는 상태에서 유권자들에게 정책 이슈에 대한 직접적 통제권이 주어진다면, 모든 권력은 가장 자의적으로 될 가능성이 높다(Pettit 2003, 154). 이런 주장은 조슈아 코헨에 의해 강화되었다. 코헨은 유권자 취합 민주주의나 직접민주주의가 이상으로 생각하는 것에 대한 분석과 숙의 민주주의가 이상으로 여기는 것에 대한 분석을 조심스럽게 분리했다. 숙의 민주주의에 대한 초기의 중요한 진술에서 코헨은, 숙의 민주주의의 이상을 가장 잘 제도화한 것이 직접민주주의라는 주장은 '일고의 가치도 없다'고 단언했다(Cohen 1989). 직접민주주의 그 자체가 숙의적이어야 하는 것은 아니다. 숙의 민주주의를 직접적·참여적 민주주의 모델의 또 다른 판으로 묘사하는 것은 적확하지 않다.

숙의 민주주의의 목표

광의의 의미에서 숙의 민주주의란, '자유롭고 평등한 시민들의 공적 숙의가 정당한 정치적 의사 결정이나 자치의 핵심 요소라고 생각하는 일군의 견해'로 정의된다(Bohman 1998, 401). 정치적 정통성은 투표함이나 다수결 그 자체에 달려 있다기보다는, 공적 결정에 대해 옹호 가능한 이유와 설명을 제시하는 데 달려 있다는 것이다(Saward 2003, 120-124 참조). 이들의 핵심 목표는 숙의 과정을 통해 사적인 선호를 공적인 조사나 검증에 견딜 수 있는 입장으로 전환하는 것이다.

숙의는 개인적 견해의 한계를 극복하고 공적 의사 결정의 질을 제고할 수 있다. 그 근거는 다음과 같다. 첫째, 정보 공유 및 지식의 공동 이용을 통해서, 공적 숙의는 개인들이 이해한 바를 변화시키거나 복잡한 문제에 대한 그들의 이해력을 제고할 수 있다. 사람들은 이전에 제대로 인식하지 못했던 그들이 처한 상황의 여러 요소들 — 예컨대 공적 이슈들의 상호 관계 측면, 특정 조치를 취했을 때의 의도된 또는 의도되지 않은 결과들 — 을 이해할 수 있게 될 것이다. 둘째, 공적 숙의는 일정하게 형성된 선호들이 어떻게 분파적 이해관계와 연계되어 있고 그리하여 이데올로기적 목표를 갖고 있는가를 드러내 보여 줄 수 있다. 이런 경우에, 숙의는 다수의 이해관계를 대표하지 못하는 특정 견해의 일방성과 편파성을 드러낼 수 있다. 숙의는 또한 '타협적 선호' — 즉, 고정되고 불변일 것 같은 상황에 스스로를 적응시키기 위해 자신의 기대치를 낮춤으로써 형성된 선호 — 의 한계도 드러내 보여 준다. 코헨은 이를 '종속 상황에 대한 심리적 적응'이라고 불렀다(Cohen 1989, 25). 지배적 정치 질서를 수용하는 여러 유형 중에서 '전통'이나 '실용적 묵인'에 기초한 것들(이 책 300쪽 참조)이 그 예가 될 것이다. 이상과 같은 상황에서 숙의가 보여 줄 수 있는 것은 공적 생활에서 공개되고 유연하며 역동적인 '의견 형성' 과정의 중요성이다. 왜냐하면 그런 과정은 사회적으로 왜곡된 입장을 드러내 보여 주고 또한 좀 더 완전한 이해에 필요한 기반을 제시하는 데 이바지할 수 있기 때문이다.

셋째, 공적 숙의는 '이해관계의 언어를 이성의 언어'로 바꿀 수 있다(Elster 1989, 111). 숙의는 집단적 판단을 향상시킬 수 있다. 왜냐하면, 숙의는 정보의 공동 이용이나 견해의 교환에만 관심이 있는 것이 아니라 견해들에 대해 논리적으로 판단하고 주장들을 검증하는 데에도 관심을 기울이기 때문이다. 피시킨은 공적 숙의에서 '참여자들은 제시된 주장들을 그 장점 그대로 숙고하려고 해야 한다'라고 강조한다(Fishkin 1991, 37). 요약하면, 숙의 민주주의자들은 민주적 생활의 질을 발전시키고 민주적 결과물을 강화하는 데 목적이 있는 숙의적 요소를 포괄함으로써 민주적 절차와 제도의 정통성을 강화하고자 한다. 몇몇 숙의 민주주의 이론가들에 의하면, 이런 질적 요소는 숙의 민주주의가 최상의 민주적 절차라는 주장을 보증해 준다. 왜냐하면 그것은 '최선의' 결정, 즉 가장 철저하게 검토되고 정당성이 증명된 따라서 정통성 있는 결과물을 산출할 수 있기 때문이다. 숙의 과정에서 공적 이성의 교환은 정당한 통치의 새로운 원리를 창출한다.

숙의 민주주의는 독자적인 정치적 이상을 제시한다. 코헨은 이를 간명하게 제시하고 있다. 그에 의하면, 민주적 결사체란 '결사를 맺는 계약 조건의 정당화가 공적인 논쟁과 논증을 통해 이루어지는' 결사체이며, 그런 질서 속에서 시민들은 '자유로운 공적 숙의의 틀을 자신들이 제정할 수 있는 한에 있어 그들의 기본적 제도를 정당한 것으로 간주'한다(Cohen 1989, 21). 이런 입장에 따르면, 숙의는 어떤 우월적 규범이나 필요조건의 권위에 의해 '제약되지 않을' 경우에 자유로울 수 있다. 하버마스가 강조하듯이, 이상적 숙의의 조건에서는 '좀 더 나은 주장 이외에는 어떤 힘도 행사되지 않는다'(Habermas 1976, 108). 당사자들이 '어떤 안을 제시하거나 지지 또는 비판하기 위해서는 그 이유를 분명히 말'해야 한다(Cohen 1989, 22). 시민들은 공개적으로 자신의 선호를 정당화할 준비가 되어 있지 않은 채 단순히 선호를 표명할 수 없다. 이런 이상이 실제로 실현되려면, 권력·부·교육을 비롯한 자원의 불평등이 미치는 왜곡 효과로부터 시민들이 벗어날 수 있어야 한다. 중요한 것은, 억압·조종·흥정에 의해 만들어진 결과물이 아니라, 합리적 동기에 의한 합의다. 이 모델은 시민들이 형식적이고 실질적인 평등을 누릴 것을 요구한다. 숙의 민주주의는 정치적 정당화란 평등한 시민들 사이의 자유로운 숙의를 통해서 생긴다는 견해에 기초하고 있다. 이를 가능케 하도록 제도를 설치·조정해야 한다(Cohen 1989, 26).

올바른 공적 논증이란? 불편부당주의와 그에 대한 비판

숙의 민주주의자들에 의하면, 공적 결정을 하는 방법 중에는 더 좋은 것도 더 나쁜 것도 있다. 이를 판단하는 여러 가지 사고방식이 숙의 민주주의 문헌에 존재하지만, 여기에서는 두 가지 입장에 대해 설명하고자 한다. 불편부당주의와 그에 대한 비판론이 그것이다. 이에 대한 설명을 통해 우리는 무엇이 올바른 공적 논증인가를 둘러싼 논쟁의 전체적 구도를 그릴 수 있게 될 것이다. 논의의 초점은, 어떤 것이 옳거나 정당하다고 말할 수 있는 근거를 구체화하는 데 맞추어질 것이다. 만일 그런 근거를 성공적으로 밝혀낼 수 있다면, 공적 생활을 인도하거나 조정할 원칙을 설계하기 위한 비판적 기초가 확립될 것이다.

불편부당주의

숙의 민주주의자들은 시민들의 선호를 단순히 주어진 것이나 이미 고정된 것으로 간주하지 않는다. 대신 그들은 공동의 문제에 관한 견해를 검토할 수단을 만들어 내려 한다. 이들의 목표는 숙의의 과정이나 절차 — 그 구조에 따라 '합리적으로 수용할 수 있는 결과의 기댓값'이 정해지는 — 를 확립하는 것이다(Habermas 1996 참조). 그런 숙의 과정은, 불편부당함이 인도하는 숙의를 통해 여러 견해들이 고려되고 나아가 집합적 판단에 이르게 될 광범한 일련의 공적 영역이라는 측면에서 이해될 수 있다. 불편부당하다는 것은, 무엇이 옳고 정당한지를 결정하기 이전에, 모든 관점에 개방적이고 모든 관점으로부터 생각하며 모든 관점을 평가하는 것을 의미한다. 그것은 계급, 성, 민족성, 국적 등에 근거한 사적 이익의 지침에 단순히 따르는 것을 의미하지 않는다. 불편부당성의 기준에 부합하는 정치적 결정이란, 만일 그 결정의 영향을 상당히 받게 될 모든 집단이나 당사자들이 공적 논쟁에 동등하게 참여할 경우에 이들 모두와의 관계 속에서 방어될 수 있는 것을 말한다. 불편부당주의자들은 모든 관련 집단이 긴급한 문제에 대한 공적 논쟁에 항상 참여할 수 있으리라 상정하지 않는다(원칙적으로는 그것이 바람직하지만). 대신 그들이 생각하는 만족스러운 숙의 과정이란, 관련된 가능한 모든 견해나 이해관계에 대한 반론을 검토하고 그리하여 포괄성과 비당파성의 기준에 부합하는 것이다.[1]

선호나 이해관계의 타당성을 검토하는 것은 '다른 사람의 관점에서 생각하는 것'을 뜻한다(Benhabib 1992, 9-10, 121-147). 이런 '사회적 관점'에 초점을 맞춘 시도 가운데 가장 정교한 당대의 노작으로는 존 롤즈의 원초적 상태,● 하버마스의 이상적 담화 상황,●● 브라이언 배리의 불편부당주의적 논증의 형성 등이 있다(Rawls 1971 참조; Habermas 1973; 1996; Barry 1989; 1995). 이들의 공통된 관심사는 특정 형태의 실천적·도덕적 논증을 평가할 불편부당한 도덕적 관점을 개념화하는 것이다. 이는 극히 비현실적이거나 지나친 요구로 생각될 수도 있다. 그러나 한 평자가 적절히 표현했듯이, '불편부당성 명제가 말하는 것은, 누군가가 근본적 기준에 대해 의문을 제기할 경우 …… 그 사람이 항소를 제출한 그 법정에서 어떤 특정 개인이나 집단이나 국가도 특별한 지위를 누려서는 안 된다는 것뿐이다'(Hill 1987, 132, Barry 1995, 226-227에서 인용). 법정에서 '나는 이것이 사실이라고 믿는다', '나는 그것을 좋

1_아래의 네 문장은 필자의 글 "Principles of cosmopolitan order", in Brock and Brighouse(2005)을 수정한 것이다.

● 원초적 상태(original position)란, 자유롭고 합리적이며 도덕적으로 대등한 개인들이 사회의 정당한 규칙('정의의 원칙')에 대한 합의를 이루는 최초의 상황을 의미하는데, 전통적인 사회 계약론의 자연 상태와 비견되는 개념이라 할 수 있다. 롤즈에 의하면, 원초적 상태의 당사자들은 '무지의 베일'(자신의 지위나 재능, 자신이 속한 사회의 상황 등을 모르게 만드는 베일)을 쓰고 있다고 상정되며, 이것이 그들로 하여금 사회적 규칙을 자신에게 유리하게 만들려는 유혹에서 벗어나 정당한 사회적 규칙(정의의 원칙)에 대한 합의에 도달할 수 있게 해준다.

●● 이상적 담화 상황(ideal speech situation)이란 자유로운 의사소통 및 이를 통한 이성적·합리적 합의의 조건을 말한다. 즉, 말하고 행위하는 주체들이 진지하게 하나의 논증에 참여하고자 할 경우에 갖추어야 할 의사소통의 전제 조건을 말한다. 이에 해당하는 논증의 규칙으로는 접근의 공공성, 동등한 권한을 가진 참여, 참여자들의 진실성, 입장 표명의 비강제성 등이 있다.

아하기 때문에 그것을 원한다', '그것이 내 마음에 든다', '그것이 온당하다고 생각한다', '그것은 남성의 특권에 속한다', '그것이 내 나라에 가장 유리하다' 등과 같이 말하는 것은 당면 이슈를 해결하지 못한다. 주장이나 원칙은 좀 더 큰 사회적 견지에서 방어될 수 있어야 하기 때문이다. 그것은 곧 합리적으로 합의를 모을 수 있는 관점, 규범, 규칙 등에 생각을 집중하기 위한, 제한 없는 비판적 논쟁 장치다.

불편부당주의적 논증은 보편적으로 공유될 수 있는 관점을 제시하기 위한 준거틀이다. 동시에 불편부당주의적 논증은, 모두가 받아들일 수 있는 원칙이 아니라면 그것에 입각한 어떤 입장이나 실천도 부당한 것으로 거부한다(O'Neill 1991). 문제는 충분한 정보 속에서 강압 없이 합의를 이루려고 하는 사람이라면 누구도 합리적으로 거부할 수 없는 원칙이나 규칙을 확립하는 것이다(Barry 1989 참조; Scanlon 1998 참조). 이런 기준을 충족시키기 위해서는 여러 가지 특별한 검증이 행해질 수 있다. 예컨대, 모든 관점이 고려되었는가, 모든 당사자들이 현재 또는 미래에 갖게 될 사회적 위치와 무관하게 결과를 정당하고 합리적인 것으로 똑같이 기꺼이 받아들일 것인가, 만일 역할이 역전된다면 원래 그 행위(또는 무행위)를 했던 사람이 받아들이지 않을 또는 다른 사람이 받아들이지 않을 그런 방식으로 타인에게 강요할 수 있는 위치에 있는 사람이 존재하는가 등등을 평가하는 것이다(Barry 1989, 372, 362-363 참조).

불편부당주의적 논증을 통해서, 제도 개발의 지침이 될 최선의 또는 유일한 도덕 원칙을 연역적으로 간단히 입증해 낼 수는 없다. 정치 생활의 결함을 극복할 수 있는 일련의 이상적 원칙이나 조건을 연역적으로 입증해 내는 것도 불가능하다. 오히려 불편부당주의적 논증은, 관점과 원칙 및 그것의 정당화 방식 등을 검증하는 자기 발견적 장치로 간주되어야 한다(Kelly

1998, 1-8; Barry 1998b). 그런 검증 작업이 관심을 두는 것은 논리적으로 기각당할 수 있는 가능성의 과정 — 새로운 이의 제기나 질문을 언제든 받아들이는 이론적 대화를 통해 수행되는 — 이다(Gadamer 1975). 그러나 이런 한계를 인정한다고 해서 이론적 대화가 '아무런 효과가 없다'는 말은 아니다.

먼저, 불편부당주의는 결정적으로 중요한 역할을 한다. 오닐(O'Neill 1991)은 이런 입장을 가장 명백히 역설했다. 그의 설명에 의하면, 불편부당주의적 논증은 편파적이고 일방적인 견해나 일반화될 수 없는 원칙·규칙·이해관계 등을 비판할 수 있는 근거가 된다. 또한 불편부당주의적 논증은, 어째서 정의의 관건은 보편적으로 공유될 수 없는 원칙에 행동·생활·제도의 기초를 두지 않는 데 있는지를 보여 주는 근거가 된다. 그런데 불편부당주의적 논증이 좀 더 긍정적인 입장도 제시할 수 있는가? 불편부당주의자들은 그렇다고 생각한다.

예컨대, 그들의 주장에 의하면, 심각한 해악(또는 충족되지 않는 긴급한 요구)을 야기하는 개별적·집합적 사회제도가 어떤 특별한 사회적 지위나 문화적 정체성, 인종적 배경, 민족성 등을 준거로 하여, 즉 사실상 어느 특정 사회집단을 준거로 하여, 쉽게 옹호·유지될 수 없다 — 만일 그 준거가 인간의 자율성·발전·복지의 핵심 조건과 관련해 배제나 봉쇄를 용인하고 재가하는 것이라면 — 는 것이 불편부당주의 틀 속에서 명백히 드러나게 된다(Caney 2001 참조). 어떤 활동 영역이 누군가의 삶의 기대치나 기회를 (다른 누군가에 비해 불리하게) 중대하게 구조짓거나 한계짓는 쪽으로 작용한다면, 정치 결사체의 작동 구조에 결점이 드러난 것이다. 나아가 이것은, 불편부당주의적 논증의 조건에 따르면 퇴짜 맞을 만큼이나 부당한 것으로 간주될 수 있다. 만일 사람들이 자신의 미래의 사회적 지위나 정치적 정체성을 알지 못한다면, 특정의 배제적 메커니즘이나 절차를 특별히 옹호하는 것이 설득력이 있다고 생각하지는 않을 것이다. 이런 정당화 체계는 쉽게 일반화될 수 없으며, 따라서 불편부당성의 검증에 직면하게 되면 설득력을 잃을 것이다. 특정 집단이나 범주의 사람들에게 심각한 위해를 야기하는 사회 메커니즘이나 절차는, 만일 그로부터 예외를 요구하는 주장이 반대편에게도 허용되지 않는다면, 불편부당성의 요건에 의해 무너지게 될 것이다(Barry 1995; 1998a 참조).

불편부당주의적 논증은 권력의 불균형, 자원 배분의 불공평함, 완고한 편견 등이 야기하는 문제에 대해 고찰할 수 있는 기반이 된다. 그것은 사람들이 옳고 정당하거나 존경할 만하다고 생각할 규칙·법·정책에 대해 질문을 제기할 수 있는 수단을 제공해 준다. 그것은 기존의 사회경제 제도에 대한 묵인으로서의 정통성과 옳고 온당한 것으로서의 정통성(사람들이 불편부당주의적 논증의 결과로서 수용하게 될 질서이기 때문에 인정되는 정치 질서의 가치)을 대체적으로 구분할 수 있게 해준다. 불편부당주의적 논증은 정치와 사회를 이해하기 위한 선택적 요소가 아니라, 특정의 사회관계나 제도가 누리는 지지와 정통성의 본질을 파악하려면 반드시 필요한 요건으로 이해될 수 있다. 왜냐하면 이런 형태의 논증이 없다면, '수용·용인'으로서의 정통성과 '옳음'으로서의 정통성을 구분할 수 없기 때문이다. 따라서 그것은 전통이나 실용적 묵인, 또는 수단적 수용 등에 기초한 순응과 사람들이 숙의 끝에 옳거나 존경할 만하다고 생각하는 것에 기초한 순응을 구분하는 근거가 된다(이 책 300-302, 375-376쪽 참조).

불편부당한 논증 작업은 혼자만의 이론적 행위로 수행되더라도 하나의 사회적 행위가 된다는 점이 강조되어야 한다. 왜냐하면 아렌트 Hannah Arendt 가 지적하듯이,

판단의 힘은 다른 사람과의 잠재적 합의에 달려 있다. 그리고 무언가를 판단할 때 작동하는 사고 과정은 …… 나와 나 자신 간의 대화가 아니라, 내가 결국 그 사람과 어떤 합의에 도달해야만 한다는 것을 알고 있는 그 타인과의 예상되는 대화 속에서, 항상 그리고 주로 판단 그 자체를 찾아가는 것이다. 정말 혼자서 내 마음을 결정할지라도 말이다. …… 그리고 이런 확장된 사고 방법은 …… 완전한 고립이나 고독 속에서는 작동이 불가능하다. 그것은, '그의 입장에서' 생각해야만 하고 그의 관점을 고려해야만 하는 타인의 존재를 필요로 한다. 그런 타인이 없다면, 그것은 작동할 기회를 결코 갖지 못할 것이다(*On Revolution*, Benhabib 1992, 9-10에서 인용).

불편부당함을 둘러싼 논쟁의 목표는, 당면 이슈들이 영향을 미치는 다양한 상황에 처해 있는 모든 사람들과의 예상적 합의에 있다. 물론 그것은 '예상적 합의'로서, 집합적 또는 간주관적 이해理解의 가상적 귀속이다. 현대 생활에서 예상적 합의의 타당성에 대한 궁극적인 검증은, 그것이 포괄하려는 모든 사람들에게까지 대화를 확대하는 것에 의해 이루어져야 한다. 분석적으로 제시된 해석은, 오직 그런 조건에서만, 실질적 이해나 타인과의 합의가 될 수 있다(Habermas 1988). 비판적 성찰은 공적 논의 및 숙의 정치와 연합해야만 한다(아래의 논의를 참조).

비판

불편부당주의적 논증은 권력관계로부터 떨어져 나와서 좀 더 나은 토론의 힘을 검증하는 데 목적을 두고 있다. 하지만 무엇이 좋은 토론인가를 생각함에 있어서 불편부당주의적 논증은 지나치게 추상적이고 협애하다는 비판을 받아 왔다. 에이미 거트먼과 데니스 톰슨은 이런 비판을 이끌어 왔다. 그들은 법과 공공 정책을 정당화하기 위해서는 올바른 조건에서의 숙의, 즉 억압과 권력관계로부터 자유로운 숙의가 필요하다는 불편부당주의적 관념을 거부했다(Gutmann and Thompson 1996, 200). 필요한 것은, 극히 추상적인 논쟁 규칙에 따른 획득 불가능한 조건에서의 숙의에 대해 설명하는 것이 아니라, '이상적이지 못한' 조건에서 이루어지는 숙의의 특징과 의미를 좀 더 잘 파악하는 것이라고 그들은 주장한다. 그들은 이와 관련해 하버마스나 롤즈 같은 사람이 많은 것을 제시해 줄 것이라고 생각하지 않았다.

'싸우고 있는 신들' 간의 해소 불가능한 충돌(이 책 250쪽 참조)에 대해 말했던 베버처럼, 거트먼과 톰슨은 공적 선택을 둘러싼 갈등은 인간사에서 제거될 수 없으며 이기적인 정치 행위자가 숙의를 통해 이타적 인간으로 바뀔 수는 없다고 믿는다. '양립 불가능한 가치'와 '불완전한 이해'는, 사실상 빈곤이나 이타주의의 결여가 고질적인 것만큼이나, 인간 정치에 고질적인 것이다(Gutmann and Thompson 1996, 25-26). 나아가 우리가 도덕적 갈등을 모두 또는 대부분이라도 해결하려고 기대하는 것은 불가능하다. 왜냐하면 '도덕적 불일치는 그에 맞추어 살아가는 법을 배워야 할 조건이지, 정의로운 사회로의 길을 방해하는 단지 극복되어야 할 장애물이 아니기' 때문이다(Gutmann and Thompson 1996, 26). 그런 생각이 바로 마르크스주의가 범한 오류였으며(이 책 229-239쪽 참조), 그런 갈등과 차이가 단지 사회경제적 이해관계의 산물에 불과하다고 생각하는 모든 형태의 정치·사회 이론의 오류이기도 하다. 법과 정책을 둘러싼 갈등은 이기주의의 산물로 환원되어 설명될 수 없다. 시민들의 도덕적 사려(그리고 사려의 결여)는 그들의 이해관계를 구성하는 일부이기 때문이다(Gutmann and Thompson 1996, 19).

낙태는 합법화되어야 하는가, 학교에서 종교를 어느 정도 가르칠 것인가, 실업자에 대한 복지 수혜는 어느 정도가 적당한가 등과 같은 문제로부터 제기되는 도덕적 갈등을 어떻게 처리할지를 불편부당성은 말해 주지 못한다. 왜냐하면 이런 문제를 비롯한 수많은 다른 사례에서, 사실에 호소하는 것이 문제 해결의 방법이 되지 못하기 때문이다(어떤 사실을 적절한 것으로 간주할지가 그 이전의 개념 선택에 의해 좌우될 것이기에). 또한 관련된 개념을 분석함으로써 문제를 해결할 수도 없다(그런 개념 역시 논쟁적이기에). 불편부당성은 분쟁을 해결하기 위한 보편적 이성의 주고받음을 요구한다. 또한 그것은 간주관성과 집단적 합의를 가능케 하는 입장을 찾을 것을 요구한다. 그러나 정확히 무엇이 '보편적 이성'으로 간주될지 또는 무엇이 합의를 산출할 수 있다고 생각되는 입장으로 간주될지는 필연적으로 논쟁의 대상이 아닐 수 없다.

거트먼과 톰슨에 따르면, 불편부당성은 어떤 유형의 도덕적 절대주의를 수반하게 된다. 불편부당주의자들은 좀 더 나은 토론 또는 결말을 짓는 토론을 추구하므로, 반대자들의 입장에도 충분한 이유가 있다는 것을 인정할 수 없다는 것이다. 당면 관심사를 둘러싼 분쟁의 모든 당사자들은 불편부당주의적 검증 앞에서 자신들의 견해를 바꾸지 않으려는 타당한 근거를 가지고 있을 수도 있다. 따라서 거트먼과 톰슨 같은 숙의 민주주의자들은, 대화 당사자들이 꼭 이성적이지 못하거나 맹목적 이기주의자이거나 우둔해서 다투는 것이 아니라는 점을 인정하는 것이 중요하다고 역설한다. 그 대신 숙의 당사자들은, 행동 방침을 정하기 전에 상호 만족스러운 이유나 조리를 찾아내야 하고, 이에 실패할 경우 상호 존중에 부합하는 조정을 추구해야 한다(Gutmann and Thompson 1996, 79 이하). 이런 맥락에서 보면, '시민들이 타인 ― 그 역시 비슷하게 타인에 의해 수용될 수 있는 이유를 찾아내려는 ― 에 의해 수용될 수 있는 이유를 제시'(Gutmann and Thompson 1996, 53)

할 때, 정당성은 공적으로 증명될 수 있다. 그들은, 오페와 프로이스의 입장을 연상시키는 주장을 통해(이 책 440-444 참조), 이런 원칙을 상호성의 원칙이라 부른다. 시민들은 서로 정당하다고 인정할 수 있고 서로 호의적인 그런 형태의 논증을 추구해야 한다.

한 논평가는 거트먼과 톰슨이 숙의에 대해 설명한 바의 골자를 다음과 같이 간명히 제시하고 있다.

> [숙의가] 모든 도덕적 갈등을 해결하기를 바랄 수는 없다. 그러나 숙의는, 우선 모두가 수용할 수 있는 정당화를 추구해야 할 의무를 시민들에게 부과하면서, 우리가 이런 정당화에 관심을 집중하도록 한다. 그 후에 그것[도덕적으로 갈등하는 문제-옮긴이]에 대한 숙의는 그 문제를 명료하게 만들 수 있다. 이슈를 명료화한 후에도 일부 문제가 남게 되고 또한 그 문제를 오해의 산물로 간주하는 것이 불가능하다면, 우리는 …… 반대편과 조정을 추구할 필요가 있다. 조정의 추구는 시민들이 서로에 대해 가지고 있는 상호 존중을 드러내게 된다. 그리고 조정의 추구는 '시민적 정직함'을 보여야 하고(즉, 전략적이거나 위선적인 발언을 삼가야 하며), 또한 '시민적 아량'을 보여야(즉, 당사자들이 포용적이 되고 분쟁의 양 당사자들에게 그 문제가 중요함을 인정하려고 노력해야) 한다(McBride 2004, 39).

거트먼과 톰슨은 이런 입장을 '도덕적 갈등의 절약'을 추구하는 것이라고 말했다(Gutmann and Thompson 1996, 84). 시민들은 그들이 반대하는 입장에 대한 거부를 최소화하는 주장을 추구하고, 반대편의 입장을 규정하는 데 있어 불필요한 갈등을 피해야 한다. 목표는 '가장 포괄적 형태에 있어 자신이 거부해야 하는 견해를 가진 시민이 이해한 바와 자기 자신이 이해한 바 사이의 의미 있는 수렴 지점'을 찾는 것이다(Gutmann and Thompson 1996,

85). 논쟁적 이슈에 대한 다수결 표결은, 모든 논증 수단이 고갈된 뒤에 행해져야 한다.

제임스 털리 역시 단일한 숙의 모델의 위험성을 경고한다. 그들 자신의 관습적 논증 방식을 가지고 있는 지배 집단은 종종 그런 방식을 '규범적인, 보편적인 또는 유일하게 합리적인 것으로' 제시하곤 한다(Tully 2002, 223). 서구에서 이런 결과를 만들어 낸 전형적 방식은, 문화적·역사적으로 특수한 형태의 논증 방식을 '자유롭고 평등한' 숙의 방식 ― 자신의 입장을 제시하여 경청받는 근대적이고 민주적인 방법 ― 으로 제시하는 것이었다. 이는, 상호 이해나 조정을 추구하는 논의 방식보다는, 상대방과의 언쟁에서 승리하려는 갈등적 논의 방식을 가져왔다. 불편부당주의 모델은 다른 모든 것을 제치고 단 한 가지 논증 방식만을 장려하고 있기 때문에 그 자체가 얼마나 특정한 문화적·사회적·언어적 관습과 정체성에 의해 형성된 것인지를 깨닫지 못한다. 불편부당주의가 '좀 더 나은 논쟁의 힘'에 의해 산출된 동의를 지향하는 쪽으로 기울어 있다면, 어떤 의견들은 허약하고 계몽되지 못했으며 비합리적인 것으로 무시되어 줄곧 침묵당할 것이다(Tully 2002 참조; Young 2000, 52-80).

털리는 이런 비판과 함께, 독특한 사회 관습이나 규칙, 지역적 레퍼토리, 논쟁의 장르, 관습적인 상호 관계 방식 등에 따라서 논증의 관행이 얼마나 다를 수 있는지를 적극적으로 강조한다. 털리에 의하면, 이런 문화적·역사적인 여러 지식 형태와 관계 방식들, 즉 토착적 노하우들은 문화적으로 다양한 숙의 관행의 간주관적 기초가 된다. 다양한 숙의 관행의 구체적 예를 들어 보면 다음과 같다.

질문을 제기하고, 다른 사람 이야기를 경청하고, 고려해야 할 이유·설명·보기·비유·제스처·우화를 제시하고, 말하기보다는 보여 주고, 이견을 표현하고, 따르거나 아니면 이의를 제기하고, 취지를 이해하고, 다른 사람에게 알려주고, 충고하고 충고를 받고, 남을 대변하고 남에 의해 대변되고, 방해하고, 능장부리고 속이고, 침묵으로 이의를 말하고, 이야기를 중지하고, 타협하려 노력하고, 조건부나 무조건으로 합의하고 …… 등등 숙의하는 언어 게임을 구성하는 셀 수 없이 많은 다른 논증적 활동과 비논증적 활동(Tully 2002, 223).

경청받거나 논지를 입증하는 여러 방법이 존재하는데, 불편부당주의는 이 모든 것을 배제하면서 외골수로 합리적인 것만을 추구한다. 털리도 숙의 민주주의를 강력히 주창하지만, 그것은 단일한 숙의 방식에 고착된 것이 아니라, 논증하고 정당성을 증명하는 다양한 방식을 인정하는 것이다. 그에게 있어 정당한 정치 질서란, 끊임없이 '조정'되거나 '협상'되며, 대화를 통한 이의 제기 ― 정치적 경화증과 바람직하지 않은 제도 침강을 막아 주는 비판적인 사고와 행동 습관 ― 에 개방되어 있는 것이다. 그가 판단하기에, '민주적인 숙의의 제1의 그리고 보편화될 수 있는 아마 유일한 원칙은 "항상 상대편 이야기를 경청하라"는 것이다. 상대편으로부터 배움을 받을 무엇인가가 항상 존재하기 때문이다'(Tully 2002, 218).

숙의 민주주의에서 불편부당주의의 이상에 대한 비판은 아이리스 영(Iris Young)에 의해 좀 더 진전되었다. 그녀가 비판한 근거는 다음과 같다. 첫째, 불편부당주의의 이상은 가상의 것을 표명하고 있다. 왜냐하면 그것은 토의에 관여한 사람들이 자신의 특수성을 초월할 수 있다는 가정에 기초하기 때문이다. 사실 우리는 모두 어떤 상황에 놓여 있는 존재다. 자신이 처한 위치를 완전히 무시하거나 비개인적·비감정적 견해를 제시하는 것은 불가능하다(Young 1990, 103). 둘째, 불편부당주의의 이상은 '차이를 억압'한다.

털리도 언급했듯이, 그것은 다양하고 복잡한 논증 방식을 단순한 하나의 논증 모델로 일제히 환원하려 하기 때문이다. 셋째, 그것은 세상에서 가능한 다양한 관점을 하나의 관점 — 소위 '모든 이성적 주체들이 받아들일 수 있는' 관점 — 으로 잘못 환원하고 있다(Young 1990, 100). 이에 대해 영은 '이질적인 공중이라는 이상'을 촉진하는 '포용의 정치를 장려할 것'을 제안한다(Young 1990, 119). 이런 이상은, 참여자들로 하여금 포용의 대가로 자신의 사회적·문화적 정체성을 포기하도록 전제하지 않으며, 다양한 사회집단이 공적 생활에서 인정받고 효과적으로 대표되는 것을 추구한다.

영의 견해에 따르면, 이질적인 공중이라는 이상은 다음과 같은 조치에 의해 달성될 수 있다.

- 사회집단 특히 한계적 집단의 자기 조직화를 촉진하는 데 이용할 수 있는 공적 기금의 조성.
- 모든 의제가 표출되도록 보증하는, 집단적인 정책안 분석과 산출.
- 의사 결정자들로 하여금 숙의 시에 집단의 여러 시각을 고려했음을 명백히 하도록 의무화함으로써 정책 결정자들이 모든 집단들에게 책임지도록 보증함.
- 어떤 일련의 이슈로 인해 심대한 영향을 받는 집단(생식 권리* 관련 정책에서 여성, 토지 이용 정책에서 원주민)에게는 공공 정책 결정에 있어서 거부권을 부여.
- 논쟁적 논증 방식이 다른 의사소통 방식(인사, 수사학, 이야기 등)에 의해 보완되도록 공공 문화를 변화시키는 것. 이는 만일 그렇지 않다면 간과되었을 경험이나 요구 등을 드러내어 주며 또한 이런 것들이 표출될 수 있는

* 생식 권리(reproductive right)란, 모든 커플과 개인들이 자녀의 수, 터울, 출산 시기 등을 자유롭고 책임 있게 결정하면서 성적·생식적 건강을 유지할 수 있는 권리를 의미한다. 합법적이고 안전한 낙태 권리, 강제 불임 시술을 받지 않을 권리 등이 이에 속한다.

다양한 방법을 드러내는 데 도움이 될 것이다(Young 1990, 184-185; 2000, 56 이하).

영이 최근에 강조한 바에 의하면, 그의 민주주의 모델에서 모든 집단(예컨대 청년 하위문화)이 특별 대표권을 갖는 것은 아니고, 오직 '구조적 집단' ― 즉, 그들이 처한 공동의 사회적 위치로 인해 정치 참여로부터 배제되는 경향이 있고, 또한 그런 사회적 위치로 인해 자신들의 집단적 자유나 사회정의 개념을 표출할 수 있는 능력도 결여하고 있는 집단 ― 만이 그런 대표권을 갖는다(Young 2000, 97). 자신의 관심과 이해관계를 표출할 수 있는 '상이한 처지에 있는 목소리들'이 공적 생활에 포괄되어야 한다. 통상적인 정당정치 메커니즘에 의한 이익 대표 방식은, 공적 숙의에서 집단적 견해가 대표되는 것에 의해 보완되어야 한다고 영은 주장한다. 이런 보완은 여러 다양한 수단에 의해 달성될 수 있다. 예컨대 공식 정치제도 안팎에 설치된 주요한 정치적 위원회의 대표를 할당하는 것, 한계 집단의 포용을 촉진하기 위한 임시 수단으로서 의회 의석을 지정하는 것 등이 그것이다(Young 2000, 150; Phillips 1995 참조).

불편부당주의에 대한 비판자들은 숙의 민주주의에서 올바른 공적 논증은 여러 다양한 형태를 취할 수 있다고 단호히 주장한다. 하지만 불편부당주의자들은 이런 비판에 흔들리지 않는다. 우선 불편부당주의자들은 다양한 논증 방식이 존재한다는 것을 인정한다. 이는 결코 새로운 발견이 아니다. 하지만 다양성 그 자체를 강조하는 것이 핵심은 아니다. 요점은, 정치 생활이 사실과 미래와 타인을 중시하는 정제되고 사려 깊은 선호에 의해 인도되려면 공적 논증의 방식 모두가 똑같이 타당할 수는 없다는 것이다. 만일 정치적 판단이 그것이 도출된 과정 속에서 그리고 그 과정을 통해 정당화되려면, 강요된 합의와 강요되지 않은 합의를 구분할 수 있어야 하며, 권력의 왜곡된 모습을 반영하는 합의와 자유롭고 공개된 의사소통을 통해 형성된 합의를 구분할 수 있어야 한다. 후자만이 사회 갈등의 진창을 헤치고 나갈 진정한 나침반을 제공해 줄 수 있다.

나아가 불편부당주의란 정치가 이기주의로부터 자유롭거나 자유로울 수 있다는 견해를 의미하지 않는다. 그보다 불편부당주의는, 자기 이익을 직접 반영하는 견해와 간주관적 합의가 가능한 견해를 구분하기 위해, 특정 조치로 인해 영향을 받는 모든 관련 이해관계들을 비교 검토해 볼 것을 요구한다. 자기 자신의 입장이 타당하며 타인의 입장보다 무조건 더 낫다고 독단적으로 가정하지 말고 말이다. 불편부당성은, 같은 상황에서 합리적인 다른 사람도 인정할 수 있을 주장이나 행동 방침을 추구하는 것과 자기 이익만을 주장하는 것을 성공적으로 구분하려 할 경우에 우리가 채택할 수 있는 논증의 유형을 공식적으로 제한하고 있다. 불편부당성이, 모든 상황에서 자기 자신의 이익을 추구하는 것을 봉쇄하는 것은 아니다. 불편부당성이 주장하는 것은, 행동의 논리가 정당성을 획득하려면 모든 당사자들이 올바른 것으로 받아들일 수 있는 ― 관련된 일련의 조치에서 자신이 처해 있는 위치에 상관없이 ― 것이어야 한다는 점이다. 정치철학은 정당한 공적 의사 결정 절차와 정당하지 못한 것 사이의 경계를 흐리게 해서는 안 된다. 정치적 정당성은, 선택된 행동 방침이 모두가 수용할 수 있는 이유에 기초할 것을 요구한다. 물론 시민들이 실제 숙의에서 그렇게 할지는 분명치 않다. 시민들은 다양한 여러 권력 원천과 행동 원인을 가지고 있고 또 그것에 의존하기 때문이다. 하지만 정치철학자라면 단순한 정체성 주장이나 이기적인 전략적 행동을 행동의 올바른 기초와 혼동해서는 안 된다고 불편부당주의

자들은 역설한다.

공적 논증의 어떤 모델도 공적 생활에서 교묘하게 이용될 수 있다. 불편부당주의도 예외는 아니다. 지배 집단이나 정치 엘리트들은, 자신들의 특수한 문화적·역사적 능력에 비추어 좋은 시민의 개념을 정의하고 또한 자신들이 확립한 담화 규칙에 부합하는 것이 정치적 정당화의 적절한 방식이라고 규정함으로써 그들의 권력을 정당화하려 시도할 수 있다. 이럴 경우에, 다른 것들은 무시되거나 침묵당하게 될 명백한 위험이 존재한다. 이런 결과는 의도된 것일 수도 있고 의도되지 않은 것일 수도 있다. 따라서 지배적 관점에 대항하는 반대파들이 당파적이라거나 비합리적, 또는 단순히 이기적이라고 내쫓김을 당할 경우, 이는 공적 정당화의 지배적 방식이 이데올로기적 기능을 하기 때문일 수 있다. 불편부당해야 한다는 요구는 공적 담화에서 교묘하게 이용될 수 있고, 그 결과 기존 지배 체제를 뒷받침하게 될 수 있다. 그러나 이렇게 될 수 있다는 것이 불편부당주의 개념 자체에 대한 비판론은 되지 못한다. 단지 그것의 일방적 적용에 대한 비판론일 뿐이다. 사실 그런 비판은 모두, 이데올로기의 정체는 비이데올로기적 관점에서 드러날 수 있으며, 왜곡된 공적 영역은 진정으로 불편부당한 공적 영역 개념과 구분될 수 있음을 전제로 하고 있다(McBride 2004, 87).

숙의 민주주의 제도

불편부당주의자들과 그 비판자들 간의 논쟁은 숙의 민주주의자들이 그들의 프로젝트를 이해하는 방식에 대한 차이로까지 이어지는 것 같다. 하지만 이런 논쟁에도 불구하고 그들은 공통적으로 현재 형태의 자유민주주의의 여러 측면들에 대해 회의를 갖고 있다. 사적 이해관계에 대한 과도한 인정, 취합적인 공공선(사적 선호의 총합으로서의 공공선) 개념, 수단적 형태의 합리성에 대한 의존, 공적 의사 결정의 질을 논쟁의 중심에 놓는 데 실패한 점 등이 그것이다. 자유민주주의는 개인의 선호를 고정된 주어진 것으로 간주하는 경향이 있다. 이에 반해 숙의 민주주의자들은 모두 개인의 선호에 대해 문제를 제기한다. 그들은 바람직한 토론과 논증, 행위의 정당성을 논리적으로 타당하게 증명하는 것, 가능하다면 보편화할 수 있는 이해관계 등을 찾아내는 데 도움이 되는 정치 메커니즘과 사회적 실천에 초점을 맞추고 있다(Dryzek 1990). 숙의 민주주의자들은 민주주의 제도의 가능성에 몇 가지 새롭고 중요한 영감을 제공한다. 대체로 그들은 기존의 민주주의 절차를 풍부하게 하고 보완하는 방안을 제시한다. 또한 그들은 고전적 민주주의자들이나 마르크스주의 민주주의자들 및 참여 민주주의자들이 요구하는 높은 수준의 정치 참여를 가정하지 않고서도 민주적 생활의 질을 제고할 수 있는 방안을 제시한다(그런 높은 수준의 정치 참여는 저항의 정치나 혁명적 순간을 넘어서서 지속되기 어렵다. 이와 관련해서는 1989~90년의 '벨벳 혁명'* 이후의 정치적 에너지의 소실에 대해 생각해 보면 냉정해질 수 있을 것이다. 8장 참조).

숙의 민주주의 이론가들에게 숙의 과정은 민주주의에 본질적인 것으로 간주된다. 숙의의 과정은 민주정치를 이익의 수동적 등록이나 관념적 비평가들의 아는 체하는 확신이나 순간적인 끌림 등으로부터 좀 더 정제되고 사려 깊은 과정으로 변화시키는 수단이 된다. 피시킨이 대담하게 표현했듯이, '숙의 없는 정치적 평등은 그 다지 소용이 없다. 왜냐하면 그것은 권력을 어떻게 행사할 것인가에 대해 생각할 기회를 갖지 못한 권력과 다를 바 없기 때문이다'(Fishkin 1991, 36). 하지만 숙의란 전부가 아니면 전무인 문제는 아니

* 1989년 체코의 무혈 시민혁명을 말한다. 1989년 11월 하벨(Vaclav Havel)이 '시민포럼'을 조직해 민주화 시민혁명을 이룩하고 난 뒤, "우리는 평화적으로 혁명을 이루어 냈다. 이는 벨벳 혁명이다"라고 말한 데서 유래한다.

다. 해야 할 일은 현대 민주주의에서 숙의의 요소를 증대시킬 방법을 찾는 것이다. 그런 방법으로 제안된 것으로는, 숙의적 여론조사, 숙의하는 날, 시민 배심원, 유권자 반응 메커니즘과 시민 의사소통의 확대, 사려 깊은 선택의 가능성을 제고하기 위한 시민교육의 개선, 숙의 정치에 참여하고자 하는 시민 집단과 결사체에 대한 공적 자금 지원 등이 있다.

숙의적 여론조사와 숙의하는 날

다른 모든 여론조사와 마찬가지로, 숙의적 여론조사deliberative polls에서도 인구를 대표하는 표본, 즉 전체 유권자의 '소우주'를 무작위로 선정한다. 하지만 통상적인 여론조사가 '잘 모르더라도 유권자들이 생각하는 바'를 평가하는 데 비해, 숙의적 여론조사는 '가상적으로 유권자들이 집중적인 숙의 과정에 몰두할 수 있다면 그들이 무엇을 생각할지'를 드러내 보여 주려고 한다(Fishkin 1991, 81). 어떻게 그렇게 할 것인가. 아이디어는 인구의 표본을 며칠간 한 장소에 모아서 긴급한 공적 관심사에 대해 숙의하도록 한다는 것이다. 표본을 대상으로 숙의 이전의 견해에 대해 먼저 여론조사가 이루어진다. 그리고 나서 숙의 과정이 진행되는데, 이에는 두 가지 요소가 포함된다. 문제가 된 이슈에 대해 일련의 전문가들의 이야기를 듣고 질문하는 것, 좀 더 공적으로 옹호될 수 있는 입장에 도달하고자 하는 참가자들 간에 토의하는 것이 그것이다. 그 뒤에 다시 참가자 전체를 대상으로 여론조사를 하고, 숙의 전과 후의 여론조사 결과를 비교한다. 증거 자료에 대한 숙고를 통해 참가자들의 견해가 계몽되고 또한 참가자들이 다른 사람의 견해나 주장을 고려하기 때문에, 대체로 숙의 과정에서 의견이 바뀌었으리라 기대된다.

숙의적 여론조사가 참가자들에게 미치는 직접적 영향 이외에도, 그 결과를 잘 공개한다면(가능하다면 라디오나 텔레비전을 통해) 일반 공중들도 자신의 견해에 대해 좀 더 신중하게 생각해 볼 자극을 받게 되리라고 기대된다. 숙의적 여론조사의 주창자 가운데 한 명인 피시킨은, 숙의적 여론조사가 유권자의 '사려 깊은 판단'을 대표하기 때문에 일반 여론조사에 비해 더 큰 권위를 가지고 있다고 확신한다. 그 결과는 특별한 '권고 효력'을 갖는다. 집중적인 성찰과 정보 접근의 기회가 주어진다면 공중들이 어떻게 생각할 것인가에 대해 우리에게 말해 주기 때문이다(Fishkin 1991, 81). 공식적인 정치적 대표자들은 엘리트 중에서 뽑히기 쉽고 또 특수이익으로부터 엄청난 압력을 받고 있다(6장 참조). 이와 달리 숙의적 여론조사는 추첨에 의해 뽑힌 사람들의 계몽된 의견을 대표한다. 이런 추첨의 방식은 고전적 민주주의에서 권고한 핵심적 선발 장치로서, 어떤 사회계층이든지 선발될 수 있는 동등한 기회를 모든 사람들이 누릴 수 있도록 보장한다(1장 참조). 개개인들은 참가자로 선정될 수 있는 가능성에서 동등하고, 또한 다른 사람들과 동등하게 의견을 주고받고 할 수 있다. 따라서 숙의적 여론조사의 주창자들은 그것을 두 가지 강력한 이상인 숙의와 정치적 평등을 결합한 것으로 이해한다. 고전적 아테네 민주주의의 요소(참가자들의 교대와 열린 토의)가 대의 민주주의 요소(정치적 평등, 공공성과 공적 토의)와 결합하여 새로운 제도적 메커니즘이 창출된 것이다(Beetham 2005, 137-140 참조).

숙의적 여론조사는 자유민주주의 정치제도를 대체하는 것이 아니라 그것을 지원하고 보완하기 위해 설계되었다. 숙의적 여론조사는 미국과 유럽에서 광범위한 공적 이슈에 걸쳐 활용되어 왔는데, 그 결과는 숙의가 참여자들의 선호에 의미 있는 변화를 가져온다는 주장을 대체로 뒷받침해 주고 있다. 예컨대 미국의 한 숙의적 여론조사에서는, 당초 전기요금 인상에 반대했던 참가자들이 전기요금이 재생 에너지원에 대한 투자 증대와 연계됨을 알고 나서 견해를 바꾸었다. 다른 여론조사는, 대외 원조에 반대했던 사람들이 국가 예산 가운데 얼마나 보잘것없는 액수의 돈이 대외 원조에 충당되는지를 발견하고 나서 마음을 바꾸었음을 보여 준다. 사람들이 사회 지출 예산에 대해 더 잘 이해하게 될 경우에, 또한 왜 어떤 사람들은 사회 급부를 받고 다른 사람들은 그렇지 않는지에 대해 좀 더 잘 이해하게 될 경우에, 적절한 조세 수준에 대한 자신들의 입장을 어떻게 바꾸는지를 보여 준 여론조사도 있었다(Ackerman and Fishkin 2003 참조). 한편 숙의적 여론조사 주창자들은, 그것을 제도화하면, 즉 숙의적 여론조사를 공적 생활의 정례 프로그램으로 만들면 장기적으로 다른 행위자들의 태도까지 변화시키게 될 것이라고 주장한다. 하지만 숙의적 여론조사 결과의 공표가 유권자 대중에게 긍정적인 영향을 미쳤음을 보여 주는 증거는 거의 없다.

이와 관련해 피시킨과 애커먼은, 며칠간 주요 이슈에 대한 공적 토의에 집중하게 함으로써 숙의적 여론조사가 미치는 대중적 효과의 한계를 극복하는 방안을 제시했다. 이런 제안의 최초 형태는 미국 대선에 '숙의하는 날' deliberative days을 만들자는 데 초점이 있었다. 표본으로 뽑힌 500명의 시민들이 지방 학교나 공회당에 모여 하루 종일 후보 선택에 대해 숙의한다. 같은 날로 일정이 잡힌 지방과 전국의 라디오·텔레비전 토론이 이와 연계된다. 숙의의 결과는 숙의 전과 후의 선호 및 입장 변화의 주된 이유 등을 포함해 지역적·전국적으로 공표된다. 재정적 이유 때문에 참석을 단념하는 사람이 없도록 하기 위해, 애커먼과 피시킨은 예를 들면 일당 150달러의 '기본적인 시민 봉급'을 제안한다. '숙의하는 날'은 숙의적인 정치적 판단 과정에 가능한 한 많은 사람을 참여시키는 것을 추구한다.

애커먼과 피시킨에 의하면, 공중의 관심이 큰 문제들을 대상으로 숙의하는 날을 정기적으로 활용하게 되면, 공적 토의의 질이 제고되고 투표할 동기나 근거가 강화될 것이며, 정치인들은 '사운드 바이트' 문화로부터 좀 더 철저하고 논증적인 모습으로 변화되어 정책 선호의 이유에 초점을 두게 될 것이다(그렇게 하면 공적 검증이라는 시험을 더 잘 견뎌 낼 수 있으리라는 기대에서). 또한 정당 및 비정당 활동가들은 그들의 '정보 기반'이 확대됨으로써 좀 더 효과적으로 활동할 수 있게 될 것이다. 그리하여 공적 책임성을 예상하여 점점 더 반응적이 되는 정치 계급과 함께 점점 더 계몽된 시민은 '진정한 시민 문화의 르네상스'를 가져오는 데 기여하게 될 것이다(Ackerman and Fishkin 2003, 25).

시민 배심원

시민 배심원 제도는 숙의적 여론조사와 매우 비슷한 기반 위에서 운영된다. 또한 그와 마찬가지로 숙의와 토론에 적합한 환경이 주어진다면 시민들은 복잡한 공적 문제에 대해 사려 깊은 결정을 할 수 있다고 가정한다. 이런 가정은 민주주의 이론에 특히 중요한 의미가 있다. 왜냐하면 그것은 경쟁적 엘리트주의와 법치 민주주의에서 발견되는 인간 능력에 대한 비관적 평가와 뚜렷이 대조되기 때문이다. 시민 배심원은 광범위한 논쟁적 이슈와 관련해 중앙정부에 조언을 제공할 목적으로 활용되어 왔다. 예컨대, 도시 디자인과 설계 부문, 복지 개혁 및 사회 지출 수준, 예산에 대한 경합적 요구들, 치료 우선순위, 에너지 생산기술의 선택 및 적절한 가격 정책, 유전자 변형 작물 이용 등을 비롯한 농업에서의 우선적 고려 사항 등이 그것이다(Beetham 2005, 140 참조).

시민 배심원은 긴급 이슈들에 대한 정책 우선순위를 평가하고 또한 제안할 목적으로 공공 기관에 의해 소집된다. 그들은 관련 증거를 비교 평가하고 관련 주장들을 검토한다. 숙의적 여론조사에서처럼, 숙의는 전문가의 증언이나 여러 주장에 대한 검증 등에 의해 인도된다. 시민 배심원의 목표는 일반 사람들이 주변 문제에 대해 합의를 이루는 데 있고, 또한 그 결과가 공식적 의사 결정 과정에 투입되는 데 있다. 지금까지 시민 배심원은 자문 역할에 그쳐 왔다. 공식적 의사 결정을 대체하는 것으로 간주되지 않았던 것이다. 하지만 시민 배심원은 종종 선출된 대표들의 견해와 어긋나는 인상적인 결론을 산출해 왔다. 예컨대, 미국에서 의료 개혁 이슈를 다룬 시민 배심원은 만장일치로 포괄적 건강 보험 적용을 지지하는 평결을 내렸다. 또한 행정부·의회·사법부 구성원들은 '그들이 국민을 위해 도입한 바로 그 의료 계획 하에서 생활할 것'을 지지하는 평결을 내렸다(Beetham 2005, 141). [정부 정책과 어긋나는―옮긴이] 이런 사례에도 불구하고, 많은 나라의 정부들(시민 로비 집단들은 물론이고)이 공적 토의나 정치적 의사 결정을 위한 계몽된 환경을 창출하는 데 도움이 되도록 시민 배심원을 활용하는 문제에 관심을 갖고 있음은 분명하다.

유권자 반응 메커니즘과 시민 의사소통의 확대

공적인 숙의의 질을 제고하기 위한 또 하나의 실험 영역으로서, 공적 이슈들에 대한 '유권자 반응'voter feedback 메커니즘을 개발하는 것이 있다(Adonis and Mulgan 1994). 이것이 의도하는 바는 의사 결정자들과 시민들 간의 의사소통과 이해를 향상시키는 것이다. 새로운 유권자 반응 메커니즘은 공영·민영 텔레비전, 케이블 방송, 컴퓨터 네트워크 등을 지방 및 중앙 정부 기구들과 결합시킬 수 있다. 그 목적은 시민들의 정치적 견해 형성 과정을 개선하고 또한 직업 정치인들이 시민들의 견해나 우선적 관심사 등을 파악할 수 있는 메커니즘을 강화하는 것이다. 구체적 예로는, 전자우편으로 공론장에 참여하는 것, 일정한 지지 수준을 충족시킬 경우에 전자우편을 이용해 어떤 이슈를 공적 의제로 제기하는 것, 어려운 사회 문제에 대한 토론이나 선호 조사를 가능케 하는 인터넷 '게시판', 새로운 공적 토론과 정보 제공의 장을 창출하는 좀 더 정교하고 집중된 텔레비전·라디오 네트워크 참여 등이 있다.

보건 등 주요 사회 이슈에 대한 공적 해결책을 찾는 데 인터넷을 이용하는 것도 장차 가능할 것이다. 인터넷은 이미 소프트웨어 시스템이나 컴퓨터 게임을 집단적으로 기획하고 개발하는 공간을 제공하는 데 이용되고 있다. 이와 유사하게 비정부기구NGO나 정부, 국제기구 등은 심각한 공공 문제(교통 혼잡, 보건 위협, 안전 불안)로 인해 크게 영향을 받고 있는 시민들의 '노하우'를 활용하는 데 인터넷을 이용할 수 있을 것이다. 또한 일반 시민들에 의한 그리고 이들에 의해 검증된 혁신 방안을 도출하는 데에도 인터넷이 활용될 수 있을 것이다. 공적 이슈의 성격 규정을 둘러싼 논쟁의 장을 창출하고, 공적 이슈에 대해 생각하고 해결책을 입안하는 데 참여할 새로운 수단을 만들어 내며, 또한 정책 이행의 새로운 방식을 만들어 내는 데에도 정보 기술이 활용될 수 있을 것이다. 공공 문제와 그 해결책이 국경을 초월하는 한, 시민들도 국경을 초월해 이런 과정에 이끌려 들 수 있을 것이다. 에이즈에서 환경 훼손에 이르는 광범위한 당면 문제나 개도국에 대한 새로운 원조 제공 방식 등과 관련해 시민들이 그렇게 하고 있는 것처럼 말이다.

신기술은 시민과 정부, 시민과 시민 간의 관계를 강화하는 데 이용될 수 있다. 전자 정부e-government와 전자 민주주의e-democracy는 종종 구분되어 왔다. 대체로 전자는 '상의하달'(정보 보급, 대표에 대한 접근 기회 확대 등에 관련된)로, 후자는 '하의상달'(토의·숙의 및 동원·행동을 위한 시민들의 새로운 장을 창출하는 것과 관련된)로 묘사되고 있다(Beetham 2005, 150-155). 이런 구분이 어느 정도 분석적 가치가 있긴 하지만 많은 민주 정부들의 창의적 조치는 정부의 양 측면 모두에서 반응성과 책임성을 제고하고 있다. 예컨대 주요 문서(클린턴-르윈스키 사건에 대해 특별검사가 미 의회에 제출한 보고서)를 온라인상에 올리는 것, 웹 기반 정보의 이용을 통해 사회 정책적 권리에 대한 이해를 향상시키는 것, 광범한 공공 문제에 대한 유권자 여론을 조사하는 것 등이 그것이다. 아마 시민의 의사소통을 발전시키는 데 있어 디지털 기술이 가지고 있는 가장 중요한 민주적 잠재력은, 디지털 기술을 적용해 온라인 공론장을 만듦으로써 시민 간의 수평적 의사소통을 향상시키는 데 있을 것이다. 이런 숙의적 공론장의 예인 미네소타 주의 이-데모크라시E-Democracy, 캘리포니아 주의 디넷DNet 등은 공직 후보자에 대한 토론과 평가를 활성화시키고 있다(Hacker and Dijk 2001 참조; Beetham 2005, 153 이하). 영국의 오픈데모크라시OpenDemocracy.net는 광범한 지구적 문제에 대한 공적 토의를 촉진하는 데 목적을 두고 있다. 그 외 수 많은 활동가들의 사이트들이, 환경 훼손에서 2003년 초 이라크전 반대 캠페인에 이르는 모든 문제들에 대해 초점을 맞추고 있다.

일반적으로 유권자 반응과 시민 의사소통을 제고하려는 실험들은 기존의 자유주의적 대의 정치 양식 안에서 정치 참여를 심화시킬 수 있는 수단을 제공해 준다. 그 실험들은 새로운 커뮤니케이션 장치에 접근할 수 있는 사람들에게 공적 참여의 새로운 기회를 만들어 주며, 공적 토론의 범위와 질을 대체로 높여 준다. 가상공간에서의 의사소통은, 플라톤에서 슘페터에 이르기까지는 당연히 상상할 수 없었던 일련의 논증의 차원을 더해 준다. 숙의에 참여하는 데 따르는 비용은 감소되고, 가능한 관여의 범위는 확대되는 것이다. 그 결과 실제로 정치가 어느 정도 변화될지는 물론 다른 문제다.

언급해야 할 마지막 메커니즘은, 지역이나 전국 수준에서 어떤 정책적 문제로 인해 크게 영향을 받게 되는 모든 시민들을 포괄하기 위해 국민·주민 투표 활용을 확대하는 것이다. 이것은 새로운 커뮤니케이션 수단을 실질적인 정책 선택의 가능성으로 연결하려는 것이다. 원칙적으로 시민들은 일정한 최소 지지 수준(예컨대 유권자 3퍼센트 이상이 청원서에 서명)을 확보하면 국민·주민 투표를 발의할 기회를 갖게 된다. 이런 '최소 수준'의 정도는, 투표가 통치 과정이나 효능에 미치는 영향에 비추어 변경될 필요가 있을 것이다(Butler and Ranney 1994 참조). 한편 국민·주민 투표의 범위도 순전히 자문적인 것에서부터 거부권을 행사하거나 적극적으로 정책의 틀을 형성하는 것에 이르기까지 여러 가지를 생각할 수 있다. 나아가 만일 그런 투표가 숙의적 여론조사나 숙의하는 날 등의 활용과 연계된다면, 새롭게 계몽된 민주적 여론을 알려주는 강력한 수단이 전개될 수 있을 것이다.

시민교육과 숙의 기구에 대한 공적 자금지원

숙의 민주주의자들은 새로운 형태의 숙의에 대한 참여가 직접적 관련자들뿐만 아니라 '적극적 숙의 참여자들'과 접촉하는 자들 — 가족, 친구, 직장 동료 — 에게도 숙고해 보도록 자극하게 될 것이라고 기대한다. 그들은 또한 이렇게 다소의 시민들을 정치에 새롭게 끌어들이게 되면 궁극적으로 폭넓은 시민 참여의 문화를 일으킬 수 있는 광범위한 네트워크 형성이 촉진될 수 있으리라 기대한다(Ackerman and Fishkin 2003, 25). 거트먼에 의하면 이런 가능성과 관련해 절대 필요한 것이, 공적 논증과 정치적 선택에 필요한 능력을 개발하는 데 기여하는 강력한 시민교육이다(Gutmann 1987; 또한 Gutmann and Thompson 1996 참조).

시민교육은 초등학교에서부터 고등교육이나 그 이상에 이르기까지 모든 어린이들의 학습 과정의 일부가 되어야 한다. '다른 사람의 관점에서 생각해 보는 것'이 자연적으로 생기는 것이 아니라면, 놀이와 공식적 시민교육을 통해 그것이 생기도록 노력할 수 있을 것이다. 자신의 욕구와 이해관계를 타인의 그것과의 관계 속에서 생각하도록 배우는 것은 모든 어린이 교육의 필수적 부분이 되어야 한다. 다른 사람에 대해, 사실에 대해 그리고 미래의 가능성에 대해 예민하게 반응하면서 생각한다는 것 ― 무엇보다 삶에 대한 자기 자신의 직접적 관점을 다른 사람의 그것과의 비평적 관계 속에 놓을 수 있는 능력 ― 은 쉬운 일이 아니며, 상당한 정신적 훈육을 요한다(이 책 441-444쪽 참조). 자신의 선호나 판단을 형성·옹호·정제하는 복수의 관점 방식은 항상 힘든 지적 과제이며, 학교 수업과 평생 학습을 통해 또한 자신의 관점을 뒤흔들어 놓는 논증적 상황에 자신을 기꺼이 놓음으로써 습득되지 않으면 안 된다. 사람들의 이해와 시야의 폭을 다른 사람에 대한 이해를 통해 넓혀 주는 교육 체제의 창출은 민주적 공공 문화를 발전시키는 결정적 요소다.

몇몇 숙의 민주주의 이론가들은, 숙의의 실천을 적극적으로 촉진할, 시민사회 결사체에 대한 공적 자금 지원을 강력히 추천한다. 행동의 이유를 제시하고 주고받을 수 있는 개인 능력의 확대, 평생 학습, 전통과 문화의 전달 등을 직간접적으로 지원하는 그런 조직의 존재는 성공적인 숙의 문화의 조건 중 핵심적인 것이다. 숙의의 정치를 위해서는 '시민의 질을 제고'(Offe and Preuss)하는 데 기여할 ― 즉, 정제되고 사려 깊은 선호를 뒷받침하는 공공 문화를 창출하는 ― 논증적 공론장과 시민교육 프로그램의 육성 양자가 모두 필요하다. 숙의 민주주의에서 제도를 디자인하고 개발하는 목표는 '이성의 공적 활용' ― 즉, 공적으로 정당화될 수 있는 행동 이유에 따르는 것

― 을 지속할 수 있는 시민의 능력에 맞추어진다(Cohen and Rogers 1992).

한 가지 중요한 질문이 남아 있다. 사람들의 선호의 변화를 목표로 하는 공공 문화에서, 숙의는 어떤 곳에서 이뤄지는가 또는 이뤄져야 하는가? 문헌들에서 제시된 견해를 조사한 결과, 마이클 세이우드는 다음과 같은 여러 가지 가능성을 역설한다.

- 사람들을 대표하는 표본인 소규모 인원이 이슈에 대해 토론하고 때로는 표결하는 …… 특별히 만들어진 소규모 공론장에서 …… [숙의적 여론조사, 시민 배심원 등].
- 정당 내에서.
- 국회나 다른 수준의 의회에서.
- EU 통치 기구 안의 그것과 같은 초국가적 위원회 네트워크에서.
- 사적 또는 자발적 결사체 안에서.
- 법정 안에서.
- 여러 '고립된 보호 지역'의 '공공' 영역이나 '하위 계층의 대항적 공중', 즉 사회의 피억압 집단들 내에서(Saward 2003, 123-124).

숙의 민주주의자들은 어느 정도나 숙의를 자유민주주의를 보완하거나 풍부하게 만드는 것으로 인식하는가. 또는 어느 정도나 숙의를 대안적 민주주의 모델로 인식하는가. 이론가들에 따라 대답은 다르다. '누가 숙의하는가?' 또는 '어디에서 사람들이 숙의하는가?' 이에 대한 대답도 각기 다르다. 피시킨 같은 학자에 따르면, 숙의는 숙의적 여론조사나 숙의하는 날 등을 통해 현대 대의 민주주의를 일신하는 수단이 된다. 이와 대조적으로 영이나 드라이젝 같은 이론가에게 숙의는 민주주의를 변형시키고 급진적 정치학의 새로운 언어 — 숙의적·참여적 정치 질서 — 를 창출하는 수단이 된다. 어디에서 숙의가 이루어지고 대중이 어느 정도나 참여해야 하는지에 대해서는 숙의 민주주의자들 내에서도 합의가 존재하지 않는다. 숙의는 어느 정도나 자유주의적 제도에 대한 보완물로 간주되는가? 학자들은 숙의를 기존 정치제도의 질을 향상시키는 수단으로서 제시하는 경향이 있다. 숙의는 다양한 상황 — 소규모 공론장과 주민 결사체에서부터 국회나 초국가적 상황에 이르기까지 — 에서 이용되는 논증 방식을 어느 정도나 변화시킬 것으로 간주되는가? 이에 대해 학자들은 숙의를 새로운 급진적 민주주의 모델로 해석하는 경향이 있다.

가치 다원주의와 민주주의

비록 모든 전통이 해석을 둘러싼 논쟁과 수정에 개방되어 있기는 하지만, 이 책에서 제시된 민주주의 모델들은 대부분 이미 정통 이론이 된 것이라 할 수 있다. 숙의 민주주의는 이 점에서 다소 구분된다. 왜냐하면 숙의 민주주의는 이제 겨우 20년 정도의 연륜밖에 되지 않은 일단의 사상을 나타내는 것으로서, 하나의 연구 강령 또는 토의 강령이라고 말하는 것이 더 나을 것이기 때문이다. 이 책의 구성 및 설명 형식에 맞추기 위해 숙의 민주주의의 원칙과 핵심적 특징을 〈모델 9〉로서 제시하기는 했지만, 이상의 이유 때문에 그것은 잠정적인 것으로 간주되어야 한다.

이 장에서 많은 질문이 제기되었는데, 그에 대한 대답 여하에 따라 숙의 민주주의 개념의 통일성도 큰 영향을 받게 된다. 왜 숙의하는가? 어떤 경우

모델 9 숙의 민주주의

- **모델을 정당화하는 원리**
  - 정치적 결사의 조건은 시민들의 자유롭고 합리적인 동의에서 유래한다. 정치적 결정에 대해 '서로 정당하다고 인정할 수 있는 가능성' 그것이 집단적 문제의 해결책을 모색하는 정당한 기반이 된다.

- **핵심 특징**
  - 숙의적 여론조사, 숙의하는 날, 시민 배심원.
  - 온라인상에서 보고서를 제공하는 것에서부터 대표에 직접 접근하는 것에 이르는 여러 전자 정부 조치들.
  - 온라인 공론장 등의 전자 민주주의 프로그램.
  - 정책안의 집단적 분석과 산출.
  - 소규모 공론장에서 초국가적 상황에까지 이르는, 공적 생활 도처에서의 숙의.
  - 숙의적 여론조사와 연계된 국민·주민 투표의 새로운 활용 등.

  숙의의 심화 → 대의 민주주의의 일신 / 급진적·숙의적 참여 민주주의

- **일반적 조건**
  - 가치 다원주의.
  - '정제되고' '사려 깊은' 선호의 계발을 뒷받침하는 공공 문화와 제도.
  - 숙의 기구와 실천 및 이를 뒷받침하는 이차적 결사체에 대한 공적 자금 제공.

에 숙의가 성공적이라고 결론을 내릴 수 있나? 누가 숙의하는가? 숙의는 어디에서 이루어지는가? 이런 질문들에 대한 대답은 숙의 민주주의 내에서 아직 확정되지 않고 있으며, 아주 판이한 여러 입장과 주장이 제시되고 있다. 견해가 모아지는 것이 있다면 그것은 첫 번째 질문, 즉 '왜 숙의하는가?'에 대한 것이다. 이와 관련해서는, 정제되고 사려 깊은 견해는 민주정치에 없어서 안 될 것으로 간주되어야 한다, 의사 결정의 질이 공적 논쟁의 중심에 놓여야 한다, 정치적 합리성은 타인을 대상으로 정당성을 증명해야 한다는 생각과 밀접히 연관되어 있다, 논증적 합리성의 강화는 집단적 문제에 대한 최선의 실질적 해결책을 모색하는 데 필수적이다 등등의 요소가 강조되고 있다. 나머지 문제들에 대한 대답은 여러 가지로 갈라지는데, 이런 차이에는 상당히 중요한 의미가 내포되어 있다. 불편부당주의자들과 그 비판자들은 공적 논증의 본질 자체를 두고, 또한 공적 논증이 이루어졌다(또는 이루어지지 않았다)는 주장은 어떤 근거에 의해 가능한가를 놓고 논쟁을 벌인다. 숙의의 성공 시점을 결정해 줄 기준에 대한 전반적 합의도 존재하지 않는다. 불편부당주의자들의 입장이 비판자들에 의해 결코 패배당하지는 않았다는 것이 나의 판단이다(이 책 453-467쪽 참조). 하지만 대중들의 판단을 상호 정당화[즉, 서로에게 정당성을 증명하는 것-옮긴이]의 요건에 부합하도록 변화시킨다는 목표나 불편부당성이라는 이상이, 사회적 차이를 대변하는 모든 주장들을 화해시킬 수 없다는 것은 인정해야만 한다. 왜냐하면 불편부당주의는 모든 개인들이 각자 동등한 도덕적·정치적 가치를 가지고 있다는 분명한 입장을 취하고 있으며, 따라서 개인의 자유와 평등성을 위협할 수 있는 집단적 주장과는 양립할 수 없기 때문이다(McBride 2004, 104). 이것이 어느 정도나 문제가 될지는 존재론적으로 개인으로서의 인간이 우선하는지 집단으로서의 인간이 우선하는지에 달려 있다. 이와 관련된 입장의 차이는 중대한 결과를 가져온다(10장과 11장에서 내가 전개할 주장에 의하면, 현대적 형태의 민주주의에서는 도덕적·평등주의적 개인주의가 핵심이 되며 집단적 요구에 우선한다. 집단의 요구는 개인의 권리와 자유에 비해 부차적이다. 이 책 10, 11장 참조; Held 2002; 2004, 부록 참조).

누가 어디에서 숙의에 관여하는지에 대해서도 분명한 판단의 차이가 존재한다. 스펙트럼의 한쪽 끝에 있는 숙의 민주주의자들은 의회와 헌법재판소에서 실제로 일어나는 것에 대한 좀 더 나은 이해를 추구하며, 공적 이성과 상호 정당화를 대의 민주주의 내의 새로운 영역으로 확대하려고 한다. 스펙트럼의 다른 쪽 끝에서 숙의 민주주의는 자유민주주의의 결함을 극복 — 어떤 개인도 설득력 있는 주장과 생각에 기초한 것 외에는 권위를 갖지 못하는 공공 영역, 모든 이해 당사자들이 참가하는 데 제도적 장벽이 존재하지 않는 공공 영역, 시대를 초월해서 아무런 도전도 받지 않는 그런 규칙이나 제도가 존재하지 않는 공공 영역을 조성함으로써 — 할 수단으로 제시된다(Dryzeck 1990, 41-42). 민주적 책임성에서 벗어난 어떤 공적·입헌적 규칙에 의해서도 공공 영역이 제한되어서는 안 된다는 것이다.

숙의 민주주의가 민주주의의 이론과 실천에서 '패러다임 전환'을 이루어 낼지는 현 단계로서는 아직 판단할 수 없는 문제다. 하지만 숙의 민주주의가 민주주의 이론을 새로운 방향으로 변화시켜 왔다는 주장은 타당하다고 생각된다. 고전적 민주주의나 계발 공화주의 및 계발 민주주의에서도 숙의와 공적 논증에 대한 관심은 발견되지만, 숙의 민주주의는 그것을 중앙 무대로 옮겨 놓았다. 숙의 민주주의는 민주적 논증의 질, 행동의 정당성을 증명하는 것 등에 관심을 집중시킨 결과, 혁신적인 정당성 개념을 정치사상의 중심부에 제시했다. 궁극적으로 숙의 민주주의가 현대 대의 민주주의를 풍부하게 하고 보완할지 아니면 그것을 근본적으로 변형시킬지는 두고 봐야 할 것이다.

　숙의 민주주의 이론가들 사이에서 가치 다원주의와 윤리적 이견에 대한 평가는 각기 다르지만, 그것이 어느 정도 일상 정치의 불변적 특징이라는 점은 모두 인정하고 있다. 불편부당주의자들에게 있어서 서로 상이한 가치들은 각기 독특한 그런 것이 아니며 따라서 비정파적인 열린 논쟁을 통해서 그것들을 선별하고 비판적으로 평가하는 것이 가능하다. 불편부당주의 비판자들은 이와 달리 다양한 가치들을 주어진 것으로 받아들이며, 다양한 논증 수단들을 이용해 주창자들 간의 상호 조정을 이루는 방식을 발견하고자 한다. 이들 두 입장 모두에 대한 비판자인 제러미 월드런은, 확립된 민주주의 내에서도 가치의 이견이 너무나 심각하여 시민들이 일상적 윤리 문제에 대한 결정에서뿐만 아니라 좀 더 근원적인 정의의 문제에 대해서도 의견이 다를 수 있다는 점을 걱정해 왔다(Waldron 1999a; 1999b). 월드런의 주장에 따르면, 지속적인 윤리적 이견의 존재는 숙의가 의사 결정의 절차인 다수결을 대신할 수 없다는 것을 말해 준다. 심각한 윤리적·도덕적 이견에 대한 숙의는 권위적인(즉, 표결에 의한) 집합적 의사 결정에 이르는 디딤돌로서 간주되어야 한다. 월드런은 자유민주주의의 절차주의에는 특별한 강점이 있다고 주장한다. 결정 내용에 동의하지 않는 시민이라도 그 결정이 공정한 절차에 의해 이루어졌음을 받아들이고 또 그것에 따르게 될 충분한 근거를 제공해 준다는 점이 그것이다. 이런 상황에서는, 패배한 소수파는 승자의 판단이 아니라 득표차(투표 승리)의 결과에 굴복하기만 하면 되는 것이다(Waldron 1999a).

　불편부당주의에 대한 비판은 인상적이기는 하지만 꼭 결정적인 것은 아니다. 거트먼과 톰슨과 같은 논지에 따르면, 집합적 결정을 위해서 판단의 수렴이 요구되는 것은 아니다(Gutmann and Thompson 1996). 나아가 최근에 숙의 민주주의는, 선거에 의해 일시 중단되곤 하는 지속적인 공적 숙의의 과정으로 재정의되고 있다. 이런 설명에 따르면, 다수파의 견해란 어느 특정 선거 시점에서 논의의 균형이 어디에 위치하는지를 보여 주는 지표로 이해하는 — 따라서 논의가 계속되어야 함을 인정하는 — 것이 합리적이다(Lafont 2006). 이렇게 볼 때, 숙의 민주주의 이론이 전개되어 온 현 시점에서 내릴 수 있는 가장 안전한 결론은 숙의 민주주의에 대한 숙의는 계속되리라는 것이다. 숙의 민주주의가 어느 정도나 민주주의의 새로운 혁신적 모델로 이해될지, 어느 정도나 대의 민주주의가 해석되는 방식이나 그 작동 방식에 대한 변화로서 이해될지는 더 많은 논의가 필요한 문제다.

3부

오늘날 민주주의의 의미는 어떤 것이어야 하는가?

10장
민주적 자치

"민주주의는 가능한 통치 체제 가운데 최악의 것이다. 그러나 그보다 나은 것은 없다." _ 윈스턴 처칠

"오늘날, 민주 발전의 지표가 필요하다면 그것은 투표권을 가지는 사람의 수에 의해서는 충족될 수 없고, 정치의 범위를 넘어서 투표권이 행사될 수 있는 실제적인 내용의 종류에 의해야만 한다. 이를 설명하는 데 간결하지만 효과적인 방법은 기존 국가의 민주화 상태를 판단하기 위한 기준이 더는 '누가' 투표하느냐를 확립하는 데 있어서는 안 되고 '어디에' 투표할 수 있느냐에 있어야 한다고 말하는 것이다."

_ 노르베르토 보비오

MODELS OF DEMOCRACY

민주주의의 현대적 의미를 둘러싼 논쟁은 다양한 민주주의 모델 — 통치에 대한 기술 관료적 비전에서부터 광범위한 정치 참여와 숙의에 의해 특징되는 사회적 삶이라는 개념에 이르는 — 을 창출해 왔다. 이런 여러 민주주의 모델 간의 차이와 대립으로부터 야기되는 문제들을 검토하기 위해, 3부에서는 잠정적으로 또 하나의 민주주의 개념의 윤곽을 그려보고자 한다. 그런 작업은 타당한 것일까?

기존의 민주주의 모델에 대한 비판적 평가와 대안적 입장의 모색이 중요한 몇 가지 이유가 있다. 첫째, 비록 많은 사람들이 그러려고 하지만, 우리는 정치에 연루되는 것을 피할 수 없다. 어떤 정치적 관점을 신봉한다고 명시적으로 인정하든 인정하지 않든, 우리의 활동은 우리를 지배하는 특정한 국가와 사회의 틀을 전제로 하고 있다. 무관심함은 정치를 회피하지 못한다. 사태를 있는 그대로 단지 방치할 뿐이다. 둘째, 우리가 민주주의 문제를 다루고자 한다면, 왜 그렇게 많은 사람들에게 있어, 어떤 것이 '정치적' 주장으로 인식된다는 사실만으로도 그것을 바로 비난할 충분한 이유가 되는지를 생각해 봐야 한다. 오늘날 정치는 종종 이기적 행위, 위선, 일련의 정책을 판매하려는 '홍보' 등과 연관되어 생각된다. 이런 관점을 이해할 수는 있지만, 문제는 정치를 포기함으로써 현대 세계의 난제들이 해결되는 것이 아니라는 점이다. 그런 난제들은, 우리가 좀 더 효과적으로 인간 생활을 형성하고 조직하는 것을 가능케 하는 그런 방향으로 '정치'를 발전시키고 변형시킴으로써 해결될 수 있다. '정치의 부정'은 우리에게 대안이 되지 못한다.

셋째, 정치에 대한 회의와 냉소가 반드시 정치 생활의 어쩔 수 없는 현실인 것은 아니다. 대안적인 '통치 기구' 모델의 신뢰성과 실행 가능성을 확립하고, 이런 대안적 모델이 사회나 정치 세계에서 발생하고 반복되는 체계적 문제들과 어떻게 연관될 수 있는지를 보여 줌으로써, 정치 불신을 극복할 수 있는 기회를 만들 수 있는 것이다. 퇴색된 정치의 이미지를 불식하려면 대안적 제도에 대한 정치적 상상력이 필수적이다. 넷째, 우리는 기존의 민주정치 모델에 만족할 수 없다. 이 책에서 우리는, 고전적 모델이건 현대적 모델이건 간에, 있는 그대로의 어느 한 모델을 단순히 수용할 수 없는 충분한 이유가 있음을 알게 되었다. 정치사상의 다양한 전통에는 배워야 할 무언가가 존재한다. 한 입장을 다른 입장과 단순히 병렬시키거나 대립시키는 경향은 효과적이거나 유익하지 못하다.

지금부터 나는 여러 시각들 사이의 통례적 논쟁을 넘어서기 위한 전략을 제시하고자 한다. 이하에서 제시될 입장이 일련의 치밀하고 명확한 구상을 표현한 것이라고 주장하는 것은 아니다. 오히려 그것은 더 많은 검토를 위한 여러 가지 제언에 해당한다고 할 수 있다. 그것은 오늘날 민주주의의 의미는 어떤 것이어야 하는가라는 질문에 대해 타당한 대답을 제시하려는 시도다. 대답을 구하는 작업은 두 부분으로 나누어 진행된다. 첫 번째는, 질문과 관련된 여러 주장들을 우리 시대의 지배적 정치 결사체인 국민국가와의 관련성 속에서 검토하는 것이다. 국가라는 이 결사체는 자유민주주의 개시 이래로 현대의 민주주의 담론에서 중심적 위치를 차지해 왔다. 하지만 미래에도 국민국가가 정치 생활의 중심에 배타적으로 남아 있을지는 의문이다. 환경 변화와 안보에 대한 도전에서부터 지역적·전 지구적 네트워크로 경제생활이 점점 더 확장되는 현실에 이르기까지, 지역적·전 지구적인 관계 및 세력이 강화됨에 따라 그런 의문은 점점 더 현안으로 부상하고 있다. 10장에서는 국민국가의 맥락에서 오늘날 민주주의의 바람직한 의미를 추구하면서, 내가 '민주적 자치'(〈모델 10.1〉)라고 부른 모델에 대한 논의를 전개해 나갈 것이다. [민주주의의 바람직한 의미를 추구하는 작업의 두 번째 부분에 해당하는-옮긴이] 11장에서 나는 이런 틀의 적실성에 의문을 제기하고, 국민국가 내의 민주주의를 지역적·전 지구적 수준에서의 민주적 결사체 — 나는 이를 '범지구적 민주주의'라 부른다(〈모델 10.2〉) — 를 통해 어떻게 보완해야 할지에 대해 잠정적으로 검토해 볼 것이다. 〈모델 10.1〉과 〈모델 10.2〉는 단일한 입장의 양 측면으로 간주될 수 있다. 하지만 그 두 측면이 궁극적으로 설득력이 있다는 것이 밝혀지려면, 여기에서 제시할 수 있는 것보다 훨씬 정교한 방어 논리가 필요할 것이다(이 문제에 대한 좀 더 자세한 논의는 Held 1995, 특히 part 3, 4 및 Held 2004 참조).

    10장에서는 먼저 민주주의의 지속적인 매력에 대해 살펴본 뒤에 민주주의 개념이 왜 여전히 논쟁의 대상이 되고 있는지 그 이유를 찾아볼 것이다. 이런 배경 위에서, 민주주의 정치 이론의 여러 상이한 전통들이 제기하는 주장과 그 반대 주장을 그들의 공통적 난제 — 자유와 자치의 본질은 무엇이며, 이 가치를 다른 중요한 정치적 관심사와 어떻게 조화시킬 것인가 — 와 관련해 검토하게 된다. 10장에서 나는 근대 민주주의 기획의 중심에는 한 가지 공통 원칙 — '자치의 원칙' — 이 존재하며, 새롭고 좀 더 확고한 민주주의론을 구상하고 확립하기 위한 기초를 이 원칙이 제공해 줄 수 있다고 주장할 것이다. 하지만 자치의 원칙이 정치 생활에서 완전히 뿌리 내려 확립되려면, 다양한 실행 조건, 즉 제도적·조직적 요건에 연계되어야 한다. 근대 민주주의 사상을 주도해 온 여러 전통 중 그 어느 것도 이런 조건을 완전히 파악하지 못했다는 것이 나의 주장이다. 그 조건이 무엇인지를 탐구함으로써 나는 민주정체에 대한 새로운 개념을 제시할 것이다. 11장에서는 이 개념을 국제적·초국가적 관계나 과정과 관련해 더욱 진전시킬 것이다.

민주주의의 매력

부분적으로 민주주의의 매력은, '인민' 스스로가 창출한 것이 아니면 그 어떤 정치적 선의 개념도 원칙적으로 수용을 거부하는 데 있다. 인민주권의 원리를 추구했던 초기 자치 공화국에서부터 진정한 보통선거권을 성취하려 한 19~20세기의 다양한 투쟁에 이르기까지, 공적 생활에서 좀 더 엄중한 책임성을 주창해 온 사람들은 정치적 의사 결정을 승인하고 통제할 만족스러운 수단을 확립하려고 시도해 왔다. 그 핵심은, 군주·제후·지도자 또는 '전문가'의 권력에 의해 정치적 결과가 결정되는 것을 거부하고, 공적 관심사나 이익을 결정함에 있어 [인민의-옮긴이] 동의 여부를 검증할 '여러 시험대'를 옹호하는 것이었다. 민주주의는, 정치적 의사 결정이 올바른 참여와 대표성과 책임성의 원칙·규정·메커니즘에 따랐을 경우에 그 결정에 정통성을 부여하는 메커니즘으로서 지지되고 옹호되어 왔다. 1989~91년의 동구 혁명에서도 자기 결정과 통치에 대한 동의의 원칙은 다시 한 번 '일인' 지배 — 이 경우에는 '단일 정당' 지배 — 의 원칙에 도전했다. 민주주의는, 국가의 권력을 제한하고 경쟁하는 개인적·집단적 기획들을 중재하며 주요한 정치적 결정에 책임성을 부과하는 수단으로 다시금 높이 평가받았다. 나아가 민주주의는, 아마 각기 상이한 규범 체제를 표출할 다양한 정체성과 문화 형태 및 이해관계들이 존재하는 정치 상황에서, 차이를 용인하고 서로 토론하고 협상할 수 있는 기반을 제공하는 것으로 간주되고 있다.

이 장과 다음 장에서 나는 민주주의란, 무엇이 정치적 선인가[를 둘러싼 여러 개념들-옮긴이]에 대해 특별한 지위를 갖는 개념으로 인식되어야 한다고 주장할 것이다. 왜냐하면 민주주의는, 최소한 이론적으로, 여러 가치들에 대해 숙의하고 그 가치들 간의 분쟁을 중재할 공정하고 정당한 수단이 존재하는 정치형태와 삶의 형태를 제공하기 때문이다. 민주주의는 [정치적 선을 둘러싼-옮긴이] 현 시대의 경쟁적 '담화들'을 정당하게 틀짓고 한계지을 수 있는 유일한 '거대' 또는 '메타' 담화다. 하지만 엄밀히 말해 어떻게 해서 그렇단 말인가? 어떤 사람은 민주주의가 역사의 종착점을 의미한다고 생각하고 다른 어떤 사람은 현재와 같은 형태의 민주주의는 가짜라고 생각하는 시대에, 민주주의와 관련해 중요한 것은 무엇인가?

민주주의 개념이 중요한 이유는, 민주주의란 단순히 자유나 평등, 정의와 같은 여러 가치들 가운데 하나를 대표하기 때문이 아니라 경쟁하는 규범적 관심들을 연계하고 중재할 수 있는 가치이기 때문이다. 민주주의는 상이한 규범적 관심사들 간의 관계를 규정하는 데 필요한 기반을 만드는 데 기여할 수 있는 지침적 방향을 제시한다. 민주주의는 다양한 가치들 간의 합의를 전제하지 않는다. 그보다 민주주의는 가치들을 서로 연관시키는 방법을 제시하며, 가치 충돌의 해결을 공적 과정에 참여하는 자들에게 맡기는 방법을 제시한다. 여기에서 참여자들은 공적 과정 자체의 형태와 형식을 보호하는 일정한 규정에만 따를 뿐이다. 민주주의의 매력의 추가적 요소는 바로 여기에 있다.

민주주의적인 정치적 선의 개념 — '자유롭고 평등하게' 정치적으로 관여하고 숙의하는 그런 조건에서 정의되는 '바람직한 삶' — 을 발전시키려는 시도가 모든 부정의와 악, 위험 등에 대한 만병통치약을 제공해 주지는 않는다는 점이 강조되어야 한다(Giddens 1993 참조). 그러나 민주주의적인 정치적 선의 개념은, 보편적 관심사에 대한 공적 대화와 공적 의사 결정 과정을 옹호하는 데 충분한 기반을 제공해 주며 또한 그런 과정이 전개될 수 있는 제도적 통로를 제시해 준다. 내가 주장하는 바는 '민주주의'가 모든 문제에 대한 해결책이라는 것이 결코 아니다. 내 주장은, 제대로 정의되고 설명된다면 민주주의는 변화의 프로그램 — 이를 통해서 절박한 실제적 이슈들에 대해 숙의·토론·결정할 수 있는 기회가 다른 체제에서보다 더 잘 제공될 수 있는 — 을 제공해 주는 것으로 간주될 수 있다는 것이다. 이런 입장은 어떻게 이해되어야 하는가? 먼저 나는 현대 자유주의자들, 특히 신우파 사상가들 및 그 비판자들 — 7장과 8장에서 초점을 맞추었던 — 의 주된 주장을 재검토함으로써 이 문제를 다룰 것이다. 그 다음에 논의를 확장하여 숙의 민주주의를 포함해 이 책에서 논의되었던 다른 전통도 포괄하게 될 것이다. 전체적으로 내가 택할 접근법은, 여러 정치사상 조류의 공통 관심사 — 개인적·집단적 자기 결정들이 어떻게 조정·조화될 수 있는가 — 를 재개념화하고, 나아가 이 근본적 문제를 좀 더 잘 다루기 위해서 여러 사상 조류의 관점을 어떻게 하나의 대안적 입장으로 통합할 수 있을지 — 사실 통합되어야만 한다 — 를 보여 주려는 시도가 될 것이다.

자치의 원칙

현대 자유주의 사상가들은 일반적으로 자유와 평등이라는 목표를 개인주의적인 정치적·경제적·윤리적 교의에 결합시켜 왔다. 그들의 견해에 따르면, 현대 민주국가는 시민들이 자기 자신의 이익을 추구하는 데 필요한 조건을 제공해야 한다. 국가는 개인의 자유를 보호하고 육성하기 위해 법의 지배를 유지해야 하며, 그리하여 개개인이 자신의 목표를 진척시킬 수 있는 다른 한편으로 어느 누구도 타인에게 '바람직한 삶'의 비전을 강요할 수 있어서는 안 된다. 물론 이런 입장은 로크 이래 자유주의의 중심적 교의였다. 국가는 시민들의 권리와 자유를 보호하기 위해 존재하며, 시민들은 궁극적으로 자기 자신의 이익에 관한 최선의 심판자다. 국가란 개인들이 그들 자신의 목표를 지키기 위해 감수해야만 하는 부담이다. 모든 시민의 가능한 최대의 자유를 보장하기 위해 국가의 영역은 한정되고 국가의 행위는 제한되어야 한다. 자유주의는, 정치적으로 최소한의 방해만 받으면서 '자유롭고 평등한' 시민이 번영을 누릴 수 있는 그런 세계를 창출하고 보호하는 데 몰두해 왔고 지금도 그러하다.[1]

이와 대조적으로, 마르크스주의자에서 신좌파에 이르는 사회주의 사상가들은 어떤 사회적·집단적 수단과 목표의 중요성을 옹호해 왔다. 이들에게 있어 진정으로 자유와 평등을 추구한다는 것은, '자유 시장' 경제와 최소 국가에서 실제로는 스스로 알아서 하도록 맡겨진 사람들에 의해 이런 가치들이 실현될 수 있다는 관점을 거부하는 것을 의미한다. 정체는 물론이고 사회를 민주화하는 — 즉, 최대한의 책임성을 보장하는 절차에 따르도록 하는 — 투쟁을 통해서만 그런 가치들은 확립될 수 있다. 오직 그것만이 모든 형태의 억압적 권력의 축소를

1_달리 지적이 없다면, 여기에서 '자유주의'는 로크 이래의 자유주의와 자유민주주의를 모두 의미하는 광의의 의미로 사용된다.

궁극적으로 보장하여 인류가 '자유롭고 평등한' 존재로서 발전할 수 있도록 할 수 있다. 신좌파 사상가들은 여러 면에서 전통적인 마르크스주의 사상가들과 의견을 달리 했지만, 그들은 모두 '각자의 자유로운 발전'이 '모두의 자유로운 발전'과 양립할 수 있는 조건을 밝히려는 관심을 공유하고 있다. 이것이 근본적인 공동 목표인 것이다.

물론 신우파의 견해와 그에 대한 좌파 측 비판가들의 견해는 근본적으로 상이하다. 그들 이론의 핵심 요소는 근본적으로 대립적이다. 때문에 그들이 자의적 권력이나 규제력을 최소한으로 축소하려는 비전을 공유하고 있다고 지적하는 것은 다소 역설적이다. 그들 양자는 모두 개입적 권력의 망이 사회에까지 확장되어, 마르크스의 표현을 빌리자면 '그것의 모든 숨구멍을 막아 버리는' 것을 두려워한다. 그들은 모두 여러 국가 행위의 관료적이고 불공평하며 대개 억압적인 특징을 비판하곤 한다. 나아가 사람들의 능력, 욕구, 이익을 개발하는 데 필요한 정치적·사회적·경제적 조건에 관심을 가지고 있다. 일반적이고 좀 더 추상적인 방식으로 표현한다면, 사람들이 '자유롭고 평등하게' 발전할 수 있는 환경을 규명하는 데로 강조점이 수렴되는 듯하다.

달리 표현하면, 성인들 간의 자유롭고 평등한 관계로 특징되는 세계를 바라는 이들 두 사상 전통의 열망은 다음과 같은 점을 보증하고 확보하려는 관심을 반영하고 있다.

1. 모든 인류가 그들의 본성을 계발하고 다양한 특성들을 발현할 수 있는 최선의 환경을 창출한다(개인들의 다양한 재능과 함께 자신의 잠재력을 배우고 향상시킬 수 있는 능력을 존중한다는 가정을 포함).
2. 정치적 권위와 억압적 권력의 자의적 행사로부터 보호한다(다른 사람에게

잠재적이거나 명백한 '위해'의 근거가 되지 않는 모든 사안에서 프라이버시를 존중한다는 가정을 포함).
3. 자신이 속한 결사체의 조건을 결정하는 데 시민들이 참여한다(합리적인 견해에 도달할 수 있는 개인의 능력을 존중한다는 가정을 포함).
4. 자원의 이용 가능성을 극대화하는 경제적 기회를 확대한다(충족되지 않은 물질적 결핍의 하중에서 벗어날 때 개인들은 그들의 목표를 가장 잘 실현할 수 있을 것이라는 가정을 포함).

달리 표현하면, '법치' 민주주의와 '참여' 민주주의 이론가들이 공동으로 가지고 있는 일련의 보편적인 열망이 존재하는 것이다. 나아가 J. S. 밀이나 마르크스와 같은 다양한 사상가들이나 '주권적 국가'와 '주권적 인민' 간의 적절한 관계를 규정하려 했던 18, 19세기 사상가들 대부분(이 책에서 다루었던)도 이런 열망을 공유해 왔다.

'자치'autonomy 또는 '자립'independence의 개념은 이런 열망들을 하나로 이어주며 또한 그 열망들이 그토록 널리 공유되어 왔던 까닭을 설명하는 데 도움이 된다. '자치'란 인간이 의식적으로 판단할 수 있는 능력, 그리고 자기 성찰적이며 자기 결정적일 수 있는 능력을 의미한다. 그것은 사적·공적 생활에 있어 여러 행동 방침에 대해 숙고·판단하고 선택하여 실행할 수 있는 능력을 의미한다. 중세적 세계관에서 보듯이 정치적 권리와 의무가 소유권이나 종교적 전통에 얽매여 있는 한, '자율적' 인간이라는 개념이 발전하는 것은 불가능했다(3장 참조). 사람들의 정치적 정체성이 그들의 사회적 범주(남·여, 흑·백, 내국인·외국인)나 지위(주인·노예, 자산 소유자·무산 노동자)에 의해 결정되는 한, 자율적 인간이라는 개념은 또한 발전할 수 없었다. 그러나 중세적 관념의 근본적 전환을 불러일으킨 변화와 더불어, 유럽 전역에서 정치적 권위, 법, 권리와 의무 등의 본질과 한계에 대한 광범한 관심이 나타났다.

자유주의는 개인이 '자유롭고 평등'하며, 자기 자신의 행위를 결정하고 정당화할 수 있으며, 스스로 선택한 의무를 받아들일 수 있다는 도전적 견해를 제시했다(Pateman 1985, 176; Gilligan 1982 참조; Chodorow 1989; Giddens 1992). 사회와 정치 및 경제에서 자율적 행위 영역의 발전은 자유와 평등을 누린다는 것이 무엇인지를 보여 주는 핵심적(유일한 것은 아니더라도) 징표가 되었다. 자유주의자들은, 개인들이 그 속에서 살아가는 실제 환경을 — 사람들이 복잡한 관계망과 제도를 통해 어떻게 서로서로 긴밀히 연계되어 있는지를 — 조사하고 규명하는 데는 번번이 실패했다. 하지만 자유주의자들은, 바람직한 정치 질서란 인민이 정치적 권위와 억압적 권력의 자의적 행사로부터 벗어나서 그들의 본성과 이해관계를 계발할 수 있는 그런 질서가 되어야 한다는 강력한 신념을 만들어 냈다. 한편 대다수 자유주의자들은 개인이 '자유롭고 평등'하기 위해서는 그들 스스로가 주권적이 되어야 함을 분명히 보여 주는 데까지는 이르지 못했다. 하지만 자유주의자들은, 개인들은 어떤 조건 아래에서 자신이 속한 결사체의 구조를 결정하고 통제할 수 있는가라는 문제가 극히 중요하다고 주장하면서 그런 조건을 규명하는 데 몰두했다. 루소나 마르크스와 같은 사상가도 이 문제에 골몰하기는 마찬가지였다. 비록 이 핵심 이슈에 대한 자유주의적 해석과 의견을 달리하기는 했지만 말이다(J. Cohen and Rogers 1983, 148-149 참조).

근대 정치사상에서 자치에 대한 관심을 만들어 낸 광범위한 열망들은 하나의 보편적 원칙 — '자치의 원칙' — 으로 재구성될 수 있다.[2] 이 원칙은 다음과 같이 제시될 수 있다.

자신들이 이용할 수 있는 기회를 산출하고 제한할 정치적 틀을 규정

2_Beetham(1981) 및 J. Cohen and Rogers(1983) 참조. 이하에서 내가 제시하는 주장은 이들의 저작으로부터 자극받은 것이다.

하는 데 있어 사람들은 동등한 권리와, 따라서 동등한 의무를 누려야 한다. 즉, 타인의 권리를 부정하는 데 이 틀을 사용하지 않는 한, 사람들은 자기 자신의 삶의 조건에 대해 숙의하는 과정에서 또한 그런 조건을 결정하는 데 있어 자유롭고 평등해야 한다.[3]

자치의 원칙은 정통성 있는 권력을 구분하기 위한 원칙이다. 즉, 그것은 민주적 동의의 기초를 명확히 하려는 관심을 나타낸다. 하지만 자치 원칙의 의미를 완전히 파악하려면, 자치를 구성하는 여러 요소들에 대해 좀 더 자세한 설명이 필요하다. 예비적으로 다음과 같이 제시될 수 있다.

1. 자신의 삶이나 기회를 틀짓는 정치체제 안에서 사람들이 동등한 권리와 의무를 누려야 한다는 개념이 의미하는 바는, 사람들이 자유롭고 평등한 행위자로서 자신이 개인적·집단적으로 기획하는 바를 추구하기 위해서는 원칙적으로 동등한 자치권 ─ 즉, 정치 활동의 공통적인 구조적 조건 common structure of political action ─ 을 누려야 한다는 것이다(Rawls 1985, 245 이하 참조).
2. '권리' 개념은 권리 부여, 즉 자의적이거나 부당한 간섭을 받을 위험 없이 행동과 활동을 할 수 있는 권리의 부여를 의미한다. 권리는 독자적으로 행동할 수 있는(또는 행동하지 않을 수 있는) 정당한 영역을 규정해 준다. 권리는 가능하게도 하고 제약하기도 한다. 즉, 행동할 수 있는 여지를 창출하기도 하고, 독자적 행동이 타인의 자유를 박탈하거나 침해하지 않게 독자적 행동에 대해 한계를 규정하기도 한다. 따라서 권리는 기회와 의무 양자 모두를 부여하는 구조적인 면을 가지고 있다.

[3] 이 책의 초판(1987) 및 Held(1991a)에서 내가 이전에 제시했던 자치 원칙의 개념을 수정한 것이다.

3. 사람들은 자기 자신의 삶의 조건을 정하는 데 있어 자유롭고 평등해야 한다는 개념이 의미하는 바는, 당면한 공적 관심사에 대한 토론과 숙의 과정 — 자유롭고 평등한 원칙 위에서 모두에게 개방되어 있는 — 에 참여할 수 있어야 한다는 것이다. 이런 틀에 의하면 정통성 있는 결정이란, 반드시 '모두의 의사'에서 도출된 것이 아니라, 정치과정 속에서 모두의 숙의의 결과로 나온 것을 말한다(Manin 1987, 352). 그래서 민주적 과정은 다수결의 절차 및 메커니즘과 양립 가능하다.

4. 자치의 원칙에서 제시된 조건, 즉 개인의 권리는 보호 장치를 필요로 한다는 조건은 입헌 정부에 대한 익숙한 요구를 의미한다. 자치의 원칙은, 개인이 '자유롭고 평등'해야 한다는 것과 '다수파'라도 타인에 대해 간섭할 수 있어서는 안 된다는 것 양자를 모두 요구한다. 개인이나 소수의 입장을 보호할 제도적 장치, 즉 헌법적 규칙과 보호 수단이 항상 존재해야 한다.

5. 집단의(예컨대 남성이나 여성의, 이주민이나 원주민의, 이성애자나 동성애자의) 요구와 주장은 항상 개인의 권리나 자유에 비해 부차적 지위에 있다. 왜냐하면 집단들의 단일성이나 동질성은 항상 과장될 수 있는 반면에, 개인적 차이는 무시될 수 있기 때문이다(이 책 9장 참조; Barry 2001; Kelly 2002). 그럼에도 불구하고, 자유롭고 평등한 원칙 위에서 공적 토론에 참여한다는 것은, 반드시 집단적 주장의 본질이 경청되고 검토되어야 하며 그 보편성이 분석되어야 한다는 것을 의미한다.

개인의 권리는 분명한 보호 장치를 필요로 한다는 걱정은 로크에서부터 하이에크에 이르는 전통적 자유주의 입장을 반영한다. 하이에크가 '권력의 원천'과 '권력에 대한 제약'을 구분한 것이나 자유란 사람들이 타인에게 간섭할 수 있어서는 안 된다는 의미라는 노직의 주장 등은 모두 이런 자유주의의 견해를 달리 표현한 것에 다름 아니다. 자유주의자들은 '강자의 자유'는 제약되어야 한다고 항상 주장해 왔다. 하지만 누가 '강자'인가에 대한 자유주의자들의 의견이 항상 일치했던 것은 물론 아니다. 어떤 사람에게 '강자'란 일정 종류의 자원(정치적·물질적·문화적)에 대한 특별한 접근권을 갖는 사람을 의미했고, 다른 사람에게 '강자'란 인민 집단 그 자체를 의미하기도 했다. 그러나 개인 자유의 적절한 성격과 범위에 대해 정확히 어떻게 생각했던 간에, 자유주의자들은 '자유롭고 평등한' 존재로서의 개인이라는 개념과 그들의 지위를 보호하는 제도적 장치를 창출할 필요성에 전념해 왔다. 즉, 자유주의자들은 일종의 자치의 원칙에 헌신해 왔던 것이다.

마르크스주의자들(정통파이던 아니던 간에)과 신좌파 이론가들도 자치의 원칙을 지지할 수 있을까? 4장과 7장, 8장에서 검토했듯이 이 질문에 대해 '아니오'라고 대답하는 것은 기본적으로 일리가 있다. 그들은 자본주의 이후의 정치 질서에서는 '어떤 누가 침범하는 것도 허용되어서는 안 되는 자유의 경계선'(권리, 문화적 목표, 객관적 이해관계 또는 우리가 무엇이라 부르든 어떤 것의 경계선)에 대한 이론을 정립할 필요가 있다고 생각하지 않았다(Berlin 1969, 164 이하 참조). 국가 특히 현존하거나 존재할 수 있는 민주 정부에 대한 적절한 평가가 좌파의 민주정치론에 결여되어 있다는 것은 바로 이런 의미에서다. 미래에 대한 좌파의 지배적 견해는 항상 미래의 '음악'은 미리 작곡될 수 없고 또 그래서도 안 된다는 것이었다. 기존의 또는 가능한 '통치 과정'에 대한 여러 이론들이 발전되어 온 만큼이나, 그것들은 아직 여러 측면에서 미흡한 상태에 있다(Lukes 1985 참조; Pierson 1986; 1995). 하지만 이 상태 그대로 문제를 방치해서는 안 된다. 이런 입장[좌파는 자치의 원칙을 지지하지 않는다는 입장-옮긴이]이 사실을 오도하고 있다는 지적도 일리가 있기 때문이다. 마르크스는 착취적이지 않는 사회 — '모두의 자유'를 극대화할, '필요에 따른' 질서 — 의 광범위한 조건들을 분석해 내려고 시도했는데, 그 전제가 된 것은 그런 사회는 생산자산과 의사 결정권을 또다시 사적 전유에 종속시키려는 모든 이들에 맞서서 스스로를 강건하게 지킬 수 있으리라는 생각이었다. 신좌파 사상가들의 논의에서도 이와 비슷한 가정이 중요함은 분명하다. 이는 그들 저작의 수많은 구절에서 분명히 드러난다(Macpherson 1977, ch. 5 참조). 그러나 이 중요한 구절들에 담긴 생각은 더 발전되지 못한 채로 머물러 있다. 참여 민주주의 이론을 제대로 옹호하려면, '자유의 경계선'에 대한 세밀한 이론과 그것을 보호하는 데 필요한 제도적 장치에 대한 상세한 설명이 요구된다. 자치의 원칙이라는 개념은 급진적 민주주의 모델의 필수 불가결한 전제 조건이지만, 급진 민주주의 모델은 그 원칙을 다루지도 발전시키지도 않고 있다. 자치의 원칙이라는 개념은 또한, 모든 인간의 동등한 도덕적 지위와 정치적 가치에 초점을 두는 여러 종류의 숙의 민주주의 이론의 전제 조건이기도 하다. 공식적으로 표명되었건 표명되지 않았건 간에 말이다(이 책 9장, 453-458, 479-484쪽 참조).

자치의 원칙은 어떤 위상을 갖고 있는가? 자치의 원칙은 현대 민주주의 사상의 모든 전통에서 필수적인 전제 요건으로 간주되어야 한다. 왜냐하면 사람들이 자유롭게 선택하고 자신의 행동을 결정하고 정당화하며, 스스로 선택한 의무에 따르고, 또한 정치적 자유와 평등에 필요한 기본적 조건을 누릴 그런 가능성과 능력을 중시하고 그에 몰두하는 모든 정치적 기획에서 중심이 되는 원칙이 자치의 원칙이기 때문이다. 자치의 원칙은, '자치'나 '자립'의 배양을 우선시해 왔고 앞으로도 그러할 모든 정치형태에서 기본적이고 불가결한 요소다(이런 입장을 더 정교화하고 발전시킨 논의는 Held 1995, ch. 7 참조). 그러나 이런 언명이나 또는 자치 원칙의 의미를 근본적이긴 하지만 극히 추상적인 원칙으로 표현하려는 시도로는 아직 충분치 못하다는 점이 강조되어야 한다. 왜냐하면 어떤 원칙의 완전한 의미는 그 실행 조건들과 무관하게 제시될 수 없기 때문이다. 서로 상이한 여러 정치 전통이 모두 '자치'를 우선시할 수는 있지만, 그것을 어떻게 보장하고 궁극적으로 어떻게 해석할 것인가에 대해서는 근본적으로 다를 수 있는 것이다.

핵심은 원칙의 '실행 조건'을 규명하는 것이다. 가장 바람직한 민주주의 형태에 대한 어떤 이론이 적어도 신뢰할 만한 것이 되려면, 이론적 이슈와 실천적 이슈 모두에 대해서, 또한 철학적 문제뿐만 아니라 조직적·제도적 문제에 대해서도 관심을 가져야 한다. 이런 두 가지 측면 모두에 초점을 두지 않는다면, 원칙들에 대한 자의적 선택과 그것을 둘러싼 끝없을 것 같은 추상적 논쟁이 조장될 것이다. 실현 조건에 대한 검토 없이 원칙만을 중시한다면, 고결함은 유지할 수 있겠지만 그런 원칙의 실제적 의미는 전혀 설명되지 않은 채로 방치될 것이다. 그 반대로, 제도를 규정하는 적절한 원칙에 대한 고찰 없이 사회적·정치적 제도만을 중시하는 것은, 그 기능에 대한 이해는 가져다주겠지만 그것이 적절하거나 바람직한지를 판단하는 데는 거의 도움이 되지 못할 것이다.[4]

두 측면 모두를 중시해야 함을 염두에 두면서, 나는 지금까지 살펴본 여러 종류의 민주주의 이론들이 제각기 자치 원칙의 실행 조건에 대한 진정한 이해를 발전시키는 데 기여할 수 있다고 주장할 것이다. 나아가 자치의 원칙을 정당화하는 데에만 머물지는 않을 것이다. 그 이유는 다음과 같다. 첫째, 그 원칙이 중요한 이유는 이미 제시되었기 때문이다. 즉, 자치의 원칙은 현대 민주주의 사상의 주요 가닥들의 기본적 공리公理로 간주되어야 한다. 둘째, 자치의 원칙을 더욱 정당화하는 것은, 실현 조건과의 관계 속에서 그 원칙의 의미를

[4] 이런 이유 때문에, 이 책에서 제시된 민주주의 모델들이 그것의 일반적 실행조건 — 때로는 명시적인 때로는 암시적인 — 과 관련해 설명되고 있다는 점을 상기할 필요가 있다.

충분히 밝혀내는 데 달려 있기 때문이다. 논의를 단순화하기 위해, 나는 우선 고전적 공화주의와 자유주의 및 마르크스주의가 제기한 여러 이슈들에 초점을 맞출 것이다. 이런 맥락에서 자유주의나 마르크스주의뿐만 아니라 공화주의에 의존하게 되는데, 그렇다고 해서 공화주의가 자치의 원칙에 연결될 수 있는 '현대적' 정치 전통이라는 의미는 아니다. 공화주의는 중세 말(또는 근대 초기)의 것으로, 또한 자치와 권리 및 공권력의 한계 등에 대한 관심이 확립되기 이전에 발전되었던 것으로 간주하는 것이 좀 더 적절할 것이다(이 책 2, 3장 참조). 하지만 공화주의가 담고 있는 많은 통찰력들은 후대에 특히 자유·참여·숙의와 적절한 통치 형태 간의 관계를 고찰하는 데 유익하게 참조될 수 있었다. 이하에서 나는 정치 공동체 및 자치의 관념과 민주주의 간의 밀접한 관련성을 만들어 낸, 파도바의 마르실리우스에서 루소에 이르는, 계발 공화주의 전통에 초점을 맞출 것이다. 그 외의 다른 사상 가닥들도 민주주의 이론에 복잡한 내용을 추가했지만, 그것들이 내가 제시하는 주장의 기본 구조를 변경시키지는 못한다(그 내용들이 기여한 중요한 통찰력에 대해서는 뒤에서 다시 살펴볼 것이다). 요약하자면 이하에서 내가 주장할 바는 다음과 같다. ① 공화주의·자유주의·마르크스주의의 여러 측면을 바탕으로, ② 이들의 전반적 입장의 한계를 제대로 꿰뚫어 보면서, ③ 다른 민주주의 전통의 통찰력과 이들 간의 관계를 확립할 때 비로소 자치의 원칙의 실행 조건은 제대로 규명될 수 있다.

원칙의 실행

연구의 출발점은, 2장부터 8장에 걸쳐 살펴봤던 계발 공화주의, 자유주의,

표 10.1 계발 공화주의, 자유주의, 마르크스주의의 핵심 교의

- **계발 공화주의**
  - 군주와 제후의 권력에 대한 반대와 회의.
  - 시민적 자유는, 참여를 기본 요소로 하는 자치적 정치체제를 필요로 한다.
  - 자유와 참여는 불가분하게 연계되어 있다. 즉, 정부의 일은 시민의 일이다.
  - 가장 현명하고 효과적인 법률은 '공공선'을 간직하고 있는 시민들에 의해 만들어진 법률이다. 주권적 권위는 인민에게 있으며, 집행부는 인민의 의사를 실행하는 '위원회'로 인식되어야 한다.
  - 시민의 위대함은 시민들이 '자유로운 삶의 방식'에 참여하는 데 달려 있다.
  - '완전한 공동체'는, 정치적으로 절제되고 조정되면서도 자신들의 목표를 완수하는 경제적 기능인(농부, 상인, 장인 등)에 달려 있다.

- **자유주의**
  - 국가권력에 대한 반대와 회의, 권력 중심의 다양성의 중요성에 대한 강조.
  - 민주적 질서의 필수적 전제 조건으로서 국가와 시민사회의 분리.
  - 바람직한 국가형태는 비인격적(법적으로 한계가 정해진) 권력 구조다.
  - 대의 민주주의에 필수적인 시민적·정치적 자유나 권리 — 특히 자유로운 발언·표현·결사·신념의 자유나 권리 및 (자유민주주의자에게는) 1인 1표와 정당 다원주의 — 의 형태로 형식적 평등(법 앞에서의)과 형식적 자유(자의적 취급으로부터)를 보장하는 입헌주의가 중요.
  - 개인의 자율성과 주도성을 위한, 법률에서 보장되는 피보호 영역.
  - 생산자와 소비자의 다양한 활동을 조정하는 메커니즘으로서 시장의 중요성.

- **마르크스주의**
  - 경제 권력이 생산수단의 사적 소유권에 집중되어 있는 데 대한 반대와 회의.
  - 시민사회의 재편성, 즉 민주주의가 번성하기 위한 전제 조건으로서 생산관계의 변형.
  - 국가의 자율성이 더 이상 자본주의에 의해 손상되지 않을 때에만 국가의 '비인격성'과 '독립성'이 성취될 수 있다.
  - 인간이 자신의 능력을 개발하고 정치 생활뿐만 아니라 경제·사회 생활을 민주적으로 규제하는 데 충분히 참여할 수 있으려면, 경직된 사회적·기술적 노동 분업을 반드시 변화시켜야 한다.
  - 자치에 대한 모든 시민들의 동등하게 정당한 권리는 명실상부한 자유의 기초다.
  - 투자에 대한 공적 지시가 없다면, 생산은 필요가 아니라 오로지 이윤만을 계속 지향하게 될 것이다.

마르크스주의의 핵심적 입장의 일부를 (다소 거칠지만) 요약해 놓은 〈표 10.1〉에 제시되어 있다. 이들 세 전통 모두의 핵심 주장과 처방을 진지하게 받아들여야 할 이유는 충분하다. 이와 같이 다소 절충적인 접근법을 택해야만 우리는 자치의 원칙을 제대로 생각해 낼 수 있기 때문이다. 무엇보다도 군주나 제후의 권력에 대한 공화주의의 회의, 모든 형태의 집중된 정치권력에 대한 자유주의의 회의, 그리고 경제 권력에 대한 마르크스주의의 회의는 서로 보완적임을 인식하는 것이 중요하다. 이 가운데 어느 하나에만 초점을 맞추는 것은 자치 원칙의 실현 가능성을 부정하는 것이다. 하지만 이들 세 입장의 보완성을 인식하는 것은 민주주의 사상의 유산을 재평가하는 일반적 출발점이 될 뿐이다. 각 전통들은 중요한 한계를 안고 있기에 이를 명심할 필요가 있다.

공동체가 주권자가 되는 자치적 질서, 즉 참여적 정체를 창출하는 데 몰두했던 — 누구보다도 마르실리우스와 루소에서 이는 명백히 드러난다 — 공화주의는 자유와 참여 간에 근본적 관련성이 있다고 전제했다. 공화주의자들은 시민들의 자유는 정치적 사안에 참여하는 데에 직접적으로 달려 있다고 주장하면서, 적극적 시민의 이상이라는 혁신적 개념을 제시했다(2장 참조). 나아가 정치적 선은 정치적 상호 작용과 숙의를 통해서만 완전히 파악될 수 있다 — 따라서 자치는 개인의 속성이라기보다는 사회적 성취물로 이해되어야 한다 — 는 그들의 주장은, 자유를 유지하는 데 있어 정치 참여가 핵심적으로 중요함을 확인하는 강력한 유산을 남겼다(Farrar 1992 참조). 하지만 이런 공화주의적 견해에는 문제가 있다. 중앙집권적 국가권력, 시민의 취약함(즉, 시민적 덕성이나 자제심의 결여), 취약한 정치제도 등에 직면한 상황에서 어떻게 그런 참여적 정체를 확보할 수 있는가를 충분히 규명하지 않았다는 점이 그것이다. 특히 그 구성원들이 대개 시공간적으로 서로 멀리 떨어져 있는, 대규모 인구를 가진 국민국가로 구성된 세계에서 이 문제를 어떻게 다룰지는 절박한 문제가 되었다. 특히 독립 도시의 붕괴에 따라 문제는 더 심각해졌다. 바로 여기에서 공화주의의 주장은 자유주의의 반박에 취약하게 되었다. 그리고 이런 취약성을 찾아내는 데에서 자유주의는 자신들의 가장 근원적 힘을 발휘했다(3장 참조).

하지만 민주적 국가, 다양한 권력 중심, 개방성·논쟁·다원성으로 특징되는 세계 등을 창출하려 한 자유주의의 시도는 '자유 시장'의 현실, 즉 사적 자본축적 체계의 구조와 요구 때문에 훼손되었다. 자유주의의 결정적 약점의 하나는, 시장을 '권력 없는' 조정 메커니즘으로 간주하고 그리하여 ― 누구보다도 신다원주의자들이 지적했듯이 ― 민주주의와 관련해 경제 권력이 가하는 왜곡성을 간과했다는 점이다. 이런 문제점에 대한 통찰은 마르크스주의가 가진 강점의 핵심이라 할 수 있다. 그러나 이번에는 마르크스주의가, 정치권력을 경제 권력으로 환원하고 그리하여 ― 누구보다 참여 민주주의자들이 지적했듯이 ― 중앙집권적 정치권력의 위험성과 정치적 책임의 문제를 간과함으로써 그 전반적 입장이 약화되었다. 동구 사회에서 구현된 마르크스주의의 구체적 모습은 중앙집권적 관료 국가의 성장에 의해 특징지어진다. 진보적 정치를 향한 동력을 대표한다는 마르크스주의의 주장은, 실제로는 동구는 물론 서구에서도 사회주의가 관료제·감시·위계질서·국가 통제 등과 연관됨으로써 퇴색되었다(4장과 8장 참조). 이상의 논의를 종합해 보면, 참여적 질서의 가능성에 대한 공화주의의 주장은 의심되어야 하며, 시장과 경제 권력의 본질에 대한 자유주의의 설명은 의문시되어야 하고, 민주주의의 본질에 관한 마르크스주의의 설명은 비판적으로 평가되어야 한다.

나아가 공화주의·자유주의·마르크스주의의 공통적 한계 몇 가지에 주목할 필요가 있다. 일반적으로 이 세 정치 전통은, 민주적 삶에의 참여를 가로막는 장애물 중에서 책임성 없는 국가와 경제 권력이 부과하는 것(이것이 아무리 중요하다고 하더라도) 이외의 다른 요소들을 규명하는 데 실패했다. 이런 문제점은 '정치적인 것'을 협소하게 규정한 데서 연유한다. 공화주의나 자유주의 전통에서 정치적인 것이란 통치자의 일이나 정부 영역과 동일시된다. 이런 등식이 만들어지면, 정치의 어떤 방대한 영역 — 특히 생산·재생산관계의 영역 — 이 시야에서 배제된다. 이런 문제는 특히 자유주의 교의에서 현저하게 나타난다.[5] 마르크스주의 정치 개념도 이와 연관된 문제를 야기한다. 자유주의에 대한 마르크스주의의 비판은 중요한 의미가 있지만, 그 비판의 가치는 결국 제한된다. 마르크스주의가 정치적인 것과 경제적인 것 사이에 직접적 관련성을 상정하기 때문이다. 이로 인해 통치권의 본질에서부터 조직 내 권력의 전개 등에 이르는 수많은 이슈들이 제대로 파악되지 못하고 있다(이 책 4, 8장 및 9장 참조).

이들 정치 전통이 '정치적인 것'을 협소하게 인식하고 있다는 것은, 곧 자치 원칙의 핵심적 실현 조건들이 고려되지 못해 왔다는 것을 의미한다. 예를 들면, 민주주의의 결과가 경제적 강자에게 유리하도록 체계적으로 편향되지 않기 위해 반드시 필요한, 생산 자원과 금융 자원의 사적 통제에 대한 제한과 관련된 조건들(이는 자유주의가 충분히 검토하지 않았던 문제다), 또한 여성이 정치 활동의 공통적인 구조적 조건을 [남성과 동일하게-옮긴이] 향유하기 위해 가정과 육아 조직에서 이뤄져야 할 필수적인 변화(공화주의·자유주의·마르크스주의 모두 이 문제를 충분히 다루지 않았다) 등이 그것이다(물론 이들 세 전통의 어떤 사상가도 이 문제들에 대해 관심을 갖지 않았다는 말은 아니다. 그보다는 그들의 분석틀

5_물론 공화주의는 대체로 소도시, 장인 및 교역상 집단 거주지, 농촌 경제 등을 배경으로 발전했다. 산업혁명과 대량 상품 생산이 확산되기 이전에 등장했기에, 공화주의는 이런 전환에 뒤이어 나타난 정치 문제들을 대부분 내다볼 수 없었다. 하지만 2장에서 보았듯이 공화주의는 성차별적 정치 개념을 주장했다. 이는 때로는 공적 영역에서 여성에 대한 노골적 적대감에 의한 것이기도 했지만, 대개는 이 문제를 등한시한 결과였다.

로는 이런 문제들을 적절히 포괄할 수 없다는 것이 내 주장이다). 자치의 원칙을 제대로 제도화하는 데 필요한 다양한 조건들을 파악하기 위해서는, 이들 전통에서 발견되는 것보다 더 광의의 '정치적인 것'에 대한 개념이 필요하다.

내가 보기에 정치란 권력 — 즉, 사회적 행위자·제도·기관 등이 그들의 사회적·물질적 환경을 유지하거나 변형시키는 능력 — 에 대한 것이다. 정치는 이런 능력을 뒷받침하는 자원 및 이 능력의 행사를 실현하고 영향을 미치는 세력에 대한 것이다(Held and Leftwich 1984, 144; Giddens 1979 참조). 따라서 정치는 공적 생활과 사적 생활을 가로지르는 모든 집단과 제도 및 사회 안에서 그리고 그들 사이에서 발견되는 현상이다. 정치는 자원의 이용과 분배를 둘러싼 모든 협력과 협상 및 투쟁의 활동 속에서 표출된다. 정치는 사회의 삶 속에서 생산·재생산 활동에 관련된 모든 관계와 제도 및 구조에 관여되어 있다. 정치는 우리 생활의 모든 측면을 창출하고 조건지으며, 사회 문제의 전개나 그 집단적 해결 양식의 핵심에 자리 잡고 있다. 정치를 이렇게 이해하면 많은 복잡한 문제 — 무엇보다 사적인 것이라는 개념이 정치와 양립할 수 있느냐는 문제(이 문제는 뒤에서 다룰 것이다) — 가 야기될 수 있다. 하지만 이런 정치 개념은, 어떤 특정 제도들의 집합이나 특정 '영역'과 관련된 것이 아닌, 인간의 삶의 보편적 차원으로서의 정치의 본질을 충분히 부각시켜 준다.

정치를 이런 식으로 이해하게 되면, 자치 원칙의 실행 조건을 규명하는 작업은 무엇보다 우선적으로, 시민들이 자신들(즉, 우리)에게 영향 미칠 중요한 이슈와 관련된 결정에 참여하는 데 필요한 조건을 규명하는 작업이 된다. 내가 '무엇보다 우선적'이라고 한 것은, 숙의 민주주의가 제대로 평가를 받는 것이 바로 이 지점이기 때문이다. 숙의 민주주의는, 정치적 결사의 조건은 그 구성원들의 자유롭고 합리적인 동의를 필요로 하고, 결과에 대해

서로 정당하다고 인정할 수 있는 가능성이 정치적 정통성의 핵심이며, 계몽된 참여의 조건을 문제로 제시할 필요가 있다는 점 등을 강조함으로써 민주주의 사상에 새로운 차원을 추가해 주었다. 또한 숙의 민주주의는 다음과 같은 통찰력을 제공해 주었다. 즉, 세련되고 사려 깊은 선호들에 의해 민주주의가 구성되려면, 또한 어떤 입장이나 주장에 의해 상당한 영향을 받게 될 모든 집단들과 관련해 옹호될 수 있는 그런 주장과 입장들에 의해 민주주의가 운영되려면, 공적 영역 그것이 선호를 취합하는 일련의 메커니즘에서 선호를 검토하는 메커니즘으로 또한 사실과 미래와 타인을 중시하는 선호를 추구하는 메커니즘으로 질적으로 전환되어야 한다는 것이다. (이 책 440-444쪽 참조).

따라서 민주적으로 그리고 숙의에 의해 조직된 정치 생활이 원칙상 모든 사람들의 삶의 중심이 되는 그런 상태를 향해 노력할 필요가 있다. 그런 상태를 좀 더 정확히 규정할 수 있을 것인가?

고전적 민주주의 이론과 20세기 민주주의 이론의 유산

이상의 논의가 설득력이 있다고 인정된다면, 자치 원칙의 실현을 위해서는 자신에게 상당한 영향을 미칠 다양한 형태의 정치적 문제에 시민이 참여하도록 허용하는 집단적이고 숙의적인 의사 결정 체계를 창출하는 것이 필요하게 될 것이다. 달이 지적했듯이(Dahl 1979; 1985; 1989), 그런 체계가 충분히 민주적이려면 다음의 기준을 충족시켜야 할 것이다.

1. 효과적인 참여 : 시민들은 자신의 선호를 형성하고 공적 의제에 의문을

제기하며 또한 어떤 결과를 다른 것보다 지지하는 이유를 표출할 수 있는 적절하고 평등한 기회를 가져야 한다.
2. 계몽된 이해 : 시민들은 자기 앞에 놓인 문제와 관련해 어떤 선택이 자신에게 가장 이익이 될 것인지를 찾아내고 확인할 수 있는 충분하고 동등한 기회를 누려야 한다.
3. 결정적 단계에서 투표의 평등 : 집단적 의사 결정의 결정적 단계에서 각 시민들의 판단은 다른 사람의 판단에 비해 그 영향력에서 동등하게 간주되리라는 점이 보증되어야 한다.
4. 의안에 대한 통제 : 위의 세 가지 기준에 부합하는 과정을 통해 결정하거나 결정하지 않을 문제가 어떤 것인지를 결정할 기회를 인민이 가져야 한다.
5. 포괄성 : 정치체제에 정당한 이해관계가 있는 모든 성인들에게 시민의 권한을 부여한다(즉, 단기 체류자나 여행객은 제외될 수 있음. Dahl 1989, 6-9장 참조).

민주적 정책 결정의 일반적 조건을 명확히 하기 위해 이들 기준을 좀 더 자세히 검토해 보자.

만일 시민들이 '효과적 참여'나 '계몽된 이해'에 필요한 조건을 누릴 수 없다면, 광범위한 범주의 시민들이 민주적 과정에서 소외당하는 문제나 제한된 참여나 불참여의 악순환 문제 등을 극복하기란 불가능할 것이다. 왜냐하면 그런 조건이 확보되지 못한다면, 시민들은 집단적 의사 결정을 효과적으로 수행할 논증적 수단이나 참여의 채널을 가질 수 없기 때문이다. 만일 '평등한 투표'의 권리가 확립되어 있지 못하다면, 시민들의 견해와 선호를 동등하게 고려할 수 있는 메커니즘, 또한 그것들 간의 차이를 해소할 의사 결정 절차를 제공해 줄 수 있는 그런 메커니즘은 존재할 수 없을 것이다(시민들이 투표에 기초한 의사 결정 체계를 모든 상황에서 이용하지는 않기로 결정한다고 해도). 만일 시민들이 '정치적 의제'에 대한 '최종적 통제권'을 갖지 못한다면, '인민에 의한 지배'는 거의 유명무실해질 것이며 슘페터의 기술 관료적 비전이 더 우세하게 될 것이다. 만일 인민에 모든 성인이 포함되지 않는다면(국민국가이든 소규모 결사체이든 간에 정체를 일시적으로 방문한 사람, 정신적 결함이나 심각한 범죄 기록 때문에 '의심의 여지 없이' 정당하게 참여 자격이 박탈된 사람 등을 제외하고), '평등한 참여'의 조건이 창출되지 못할 것이 분명하다. 요약하면, 사람들이 '자유롭고 평등하게' 되려면 위의 기준들이 충족되어야만 한다. 이 기준 가운데 어느 하나라도 침해될 경우 어떻게 사람들이 정치적으로 평등할 수 있을지, 또한 달의 지적처럼 어떻게 '이 기준 가운데 어느 하나라도 충족시키지 못하는 과정이 충분히 민주적이라고 간주될 수 있을지' 상상하기 어렵다(Dahl 1985, 60; 1989, 130; 이에 대한 검토는 Held 1991c 참조).

하지만 여전히 많은 문제가 남아 있다. 예컨대, 시민들이 평등한 정치적 지위와 효과적인 참여 및 숙의의 기회, 즉 정치 활동의 공통적인 구조적 조건을 누릴 수 있게 되는 것은 어떤 환경에서 가능한가? 자치의 원칙이 실현되려면, 집단적 의사 결정을 보장하는 방식에 있어 그 원칙이 어떻게 제도화되어야 하는가? 불행히도 이런 질문들에 대해 간단히 답하기란 어렵다. 민주주의가 핵심적임을 인정하고 또한 민주주의가 수많은 사회 영역과 광범위하게 관련되어 있음을 주장하더라도, 그것이 단순히 이 책에서 살펴본 여러 민주주의 모델 가운데 어느 하나에 대한 지지를 의미하지는 않기 때문이다. 나는 이 책에서 민주주의는 삶의 전반적 구조를 조직하는 유일하게 정당한 방식이라고 주장했다. 그러나 이미 지적한 이유로 인해, 여러 민주주의 모델의 주장이나 특징을 단순히 그대로 수용할 수는 없다.

조밀하게 결속된 공동체에서 발전되었던 고전적 아테네 민주주의 모델을 시공을 넘어서까지 '확대하여' 적응시키기는 불가능하다. 고전적 모델은 도시국가라는 맥락 속에서 그리고 '사회적 배타성'이라는 조건에서 등장했는데, 이는 그 모델이 성공적으로 발전하는 데 있어 필수적 요소였다. 사회·경제·정치적으로 고도로 분화된 환경에서, 어떻게 이런 유형의 민주주의가 발본적인 변경 없이 성공할 수 있을지 상상하기란 매우 어렵다(Budge 1993 참조). 나아가 고전적 민주주의 모델을 접하면서 우리는, 권위의 기원이 다양한, 비인격적 형태(법적으로 한계가 정해진)의 공권력이 민주적 질서의 필수적 특징이라는 점을 상기하지 않을 수 없다. 이와 관련해 다음과 같은 질문이 제기된다. 이런 '비인격적 권력'의 가장 적절한 형태는 무엇인가? 그 구조는 어떠해야 하고, 어떻게 그것을 개발할 것인가?

이런 질문의 중요성은, 마르실리우스나 루소가 주창했던 민주주의 모델이나, 마르크스와 엥겔스 및 그 추종자들이 주창했던 민주주의 모델 등을 고찰해 볼 때 더욱 부각된다. 마르실리우스와 루소의 급진적인 공화주의적 민주주의 개념은, 면 대 면의 공론장에서 정치가 행해지는 그리고 시민권에 대한 접근이 제한된 소규모 공동체에서 성공적으로 기능할 수 있으리라고 주장할 수 있다. 그들이 여성을 정치 참여에서 배제한 것은, 사회적 차이가 야기하는 정치적 문제의 규모를 감소시키는 데 ― 물론 '남성의 신성한 권리'를 영속화시키는 대가로 ― 분명 도움이 될 것이다(이 책 105-115쪽의 울스턴크래프트의 논의를 참조). 그러나 예컨대 〈모델 2.2〉 계발 공화주의가 작동할 수 있는 환경을 엄격히 제한한다고 하더라도, 여전히 이 모델을 그대로 채택하는 것은 불가능하다. 왜냐하면 개인과 소수파의 자유를 보호하기 위해 '민주주의'가 미치는 범위를 어떻게 제한할 것인지, 그리고 시민들의 다양한 의견과 이해관계가 표출되는 그런 이슈들을 둘러싸고 시민들이 토론하고 의사 결정을 할 적절한 공간과 절차를 어떻게 창출하고 확립할 것인지 등등의 문제가 여전히 남아 있기 때문이다(타인에 의한 지배를 막아 주는 핵심적 장치로서 자치를 강조하는 〈모델 2.2〉 보호 공화주의에 대해서도 같은 지적을 할 수 있다. 2장 참조). 전적인 직접 참여의 체제는, 제한된 수의 구성원들이 일련의 비슷한 견해·기술 수준·사회적 지위 등을 공유하고 있고 또한 상대적으로 단순하고 안정된 행정 기능과 대면하고 있는 그런 결사체에서만 작동될 수 있다는 베버의 판단은 매우 설득력이 높다(이 책 5장 251-253쪽 참조).

이상의 지적의 많은 부분이 마르크스와 엥겔스의 직접민주주의 개념에도 역시 적용된다. 갈등하는 파벌·집단·운동 간의 중재·협상·타협을 고려하는 제도적 장치로서 직접민주주의가 적합한가라는 비판을 물리치기는 어렵다. 그런 정치과정이 곧 필요 없게 될 것이라고 확신할 수 없는 한, 즉 말하자면 비트겐슈타인Ludwig Josef Johan, Wittgenstein, 프로이트Sigmund Freud, 에미넴Eminem, 우리 지역공동체의 구성원 등등이 공통의 삶의 비전에 동의할 뿐만 아니라 모든 집단적·계급적 갈등의 사회적 근거가 또한 제거된 그런 세계가 가능하다고 확신할 수 없는 한, 직접민주주의는 본질적으로 바람직한 도박이 되지 못한다. 종종 의견이 엇갈리는 견해들 사이의 토의와 토론과 경쟁을 촉진하는 체제 — 여러 운동이나 압력 단체, 정당 등이 자신들의 견해를 주장하는 데 도움이 되는 리더십을 갖추는 것을 수용하는 체제 — 가 불가피한 것 같다.

참여 민주주의는 어떤가? 참여 민주주의는 위의 세 모델과 관련된 문제를 대부분 인식하고 있고 따라서 분명히 그 모델들에 비해 진전을 보여 준다. 하지만 참여 민주주의 모델도, 그 자체의 존재 조건을 어떻게 제대로 확보할 것인가라는 문제를 포함해 여러 가지 근본적 문제를 그대로 방치하고 있다. 참여함으로써 참여하는 것을 배우며 또한 참여가 — 루소, 울스턴크래프트, J. S. 밀이 모두 주장한 대로 — 적극적 시민을 육성하는 데 도움을 준다는 것이 증거를 통해 나타나고 있지만, 참여의 증가 그 자체가 숙의와 인간 계발의 르네상스를 일으킬 것이라는 결정적 증거는 결코 존재하지 않는다. 더구나 참여 그 자체가 일관되고 바람직한 정치적 성과를 가져다줄지도 의문이다. 개인의 자유와 분배 문제(사회정의)와 민주적 결정 간에는 상당한 긴장과 알력이 나타날 가능성이 있다(이 책 7장 참조; McLean 1986; 1991). 숙의 민주주의 이론가들이 주장했듯이, 참여의 질 자체가 검토되어야만 이런 문제들은 처리될 수 있을 것이다. 하지만 참여 민주주의는 대체로 숙의 부족의 문제를 다루지 않아 왔다.

정치 참여의 가능성은, 자치 원칙의 실현을 보장하고 촉진하는 법적 틀 내에서 확보되어야 한다. 자치의 원칙은 무제한적 참여를 창출하려는 어떤 목표보다도 우선되어야 한다. 나아가 정치 참여의 형태가 단순히 기존의 고정된 선호를 드러내는 그런 것에 불과하여 숙의의 문제를 다루지 못한다면, 숙의 민주주의 이론가들이 기존의 민주제도에 대해 가한 비판 대부분을 그대로 받게 될 것이다(9장 참조). 따라서 민주적 제도 구축을 위한 복잡한 프로그램이 요구된다.

민주적 제도의 개조

그러므로 우리는 자유주의의 여러 기본적 교의 — 원칙적으로 공권력의 '비인격적 구조', 권리를 보장하고 보호하는 데 이바지하는 헌법, 국가 내외의 권력 중심의 다원성, 대안적인 정치 강령들 간의 경쟁과 토론을 촉진하는 메커니즘 등 — 의 중요성을 인정하는 데서 출발하지 않을 수 없다. 이는 무엇보다도, 국가와 시민사회의 '분리'가 민주적 정치 질서의 핵심적 특징이라는 자유주의의 기본 생각을 확인하는 것에 해당한다. '국가'가 '시민사회'를 대체할 수 있다거나 거꾸로 '시민사회'가 '국가'를 대체할 수 있다는 가정에 의존하는 민주주의 모델은 최대한 경계심을 가지고 다루어야 한다.

물론 자유주의의 역사 내에서도 '시민사회'의 개념은 다양한 방식으로 해석되어 왔다(Pelczynski 1985 참조; Kean 1988a; Bobbio 1989). 더욱이 시민사회가 국가로부터 결코 '떨어져' 있을 수 없다는 것도 상당한 일리가 있다. 국가는 사회의 전반적인 법적 틀을 제공함으로써 상당한 정도로 사회를 구성하기 때문이다. 하지만 국가의 직접적 통제 밖에서 개인이나 집단들 간의 사적이거나 자발적인 합의에 의해 조직되는 사회생활의 여러 영역 — 가정, 경제 영역, 문화 활동, 정치적 상호 작용 등 — 으로 시민사회가 구성되는 한, 시민사회가 독특한 특징을 갖고 있다고 주장하는 것도 터무니없는 말은 아닐 것이다. 여기에서 사용되는 시민사회 개념은 바로 이런 의미에서다.[6] 이렇게 이해하면, 앞서 주장한 바를 다음과 같이 고쳐 말할 수 있다. 중앙집권화된 대의적 국가 제도는 — 아주 급진적인 민주주의 모델(모델 1, 2.1, 2.2, 4, 8)의 주창자들에게는 실례되는 말이지만 — 무엇보다도 법률을 제정하고, 권리와 의무를 강제하며, 새로운 정책을 공포하고, 개별 이익들 간의 필연적 갈등을 통제하기 위해 필요한 장치로 간주되어야 한다. 의회와 경쟁적 정당 체제를 포함하는 대의적 선거제도는 이런 활동들에 권위를 부여하고 또한 조정하기 위한 필수적 요소다.

그러나 이런 주장을 하는 것이 곧 어느 하나의 자유민주주의 모델을 그대로 지지한다는 말은 아니다. 민주적 국가의 필수적 기능 — 보호, 갈등 중재, 재분배 — 에 관한 주장을 받아들이는 것과, 벤담에서 슘페터에 이르는 자유민주주의의 여러 모델에서 처방하고 있는 그대로 그런 주장을 받아들

6_공(public)과 사(private)의 개념은 종종 국가와 시민사회의 구분과 직접 관련된다. 이 두 짝의 개념은 그 의미에서는 유사하지만 그 지시 대상이 동일하지는 않다(Okin 1991 참조). 나는 이하에서는 '공'과 '사'의 구분법을 사용할 것이다.

이는 것은 전혀 별개의 일이다. 마찬가지로 식견 있고 계몽된 시민을 계발하는 데 민주주의가 중요한 역할을 한다는 데 동의하는 것과, 그런 동의란 필시 대의 정부의 올바른 역할에 관한 J. S. 밀의 생각으로 이어진다는 주장을 받아들이는 것은 전혀 별개의 일이다. 앞에서 논했듯이, 자유민주주의의 주요 모델들은 각각 근원적 문제를 안고 있다(특히 이 책 3, 5, 6, 9장 참조). 따라서 국가 제도를 공적 생활의 효과적이고 숙의적이며 책임성 있는 중심으로 만들려면, 여러 상이한 측면에서 국가 제도에 대해 다시 생각해 보고 나아가 실제로 변형시켜야만 한다.

자유민주주의의 주창자들은 다른 무엇보다도 민주적 정부의 타당한 원칙과 절차에 관심을 두는 경향이 있었다. 그들은 '정부'에 초점을 맞추었기 때문에, 형식적 권리·의무와 실제적 권리·의무 간의 관계, 시민을 자유롭고 평등하게 대우한다는 약속과 충분히 그렇게 하지 못하는 실제 간의 관계 등을 철저히 검토하는 데 관심을 두지 않았다. 또한 한편에서의 표출된 시민들의 견해와 다른 한편에서의 사려 깊은 견해가 계발되는 데 필요한 조건 간의 관계에도 관심이 없었다. 원칙상 독자적인 권위로서의 국가 개념과 일상생활의 불평등의 재생산에 관여하는 국가 간의 관계, 국가와 사회의 간극을 연결하는 데 적합한 구조로서의 정당이라는 개념과 그런 정당(및 정당 지도자들)이 영향을 미칠 수 없는 여러 권력 중심 간의 관계, 정부의 일로서의 정치 개념과 이런 개념을 무의미하게 하는 권력 체계 간의 관계 등을 충분히 검토하는 데에도 관심이 없었다. 자유민주주의의 여러 모델 가운데 그 어느 것도 정치 활동의 공통적인 구조적 조건을 가능케 하는 선행 조건에 대해서, 또한 일상생활을 실제로 틀지우는 힘들을 조정할 수 있는 일련의 통치 기구에 대해서 올바로 규명하지 못하고 있다. 자유민주주의적 전통에서는 민주적 참여와 숙의의 조건, 민주적 통제의 형태, 민주적 의사 결정의 범위 등의 문제가 충분히 탐구되지 못하고 있다. 결국 문제는 양면적이다. 즉, 자유민주주의의 여러 모델들이 잘못 이해했거나 또는 [알고서도-옮긴이] 지지했던 시민사회의 구조[생산자산이나 금융자산●의 지배적 형태[즉, 사적 소유 형태-옮긴이], 성적·인종적 불평등 등]는 평등한 투표권, 효과적인 참여와 숙의, 정치에 대한 올바른 이해, 정치적 의제에 대한 평등한 통제권 등에 필요한 조건을 창출하지 못하고 있다. 다른 한편으로, 자유민주주의 국가의 구조(종종 책임지지 않는 대규모 관료 기구, 사적 자본축적의 필요성에의 제도적 종속, 자기 자신의 재선에 몰두하는 정치적 대표자 등을 포함하는)도 '시민' [사회의-옮긴이] 권력 중심을 적절히 규제할 수 있는 조직적 힘을 창출하지 못하고 있다.

민주주의 : 양면의 과정

이런 지적에는 의미심장한 내용이 함축되어 있다. 즉, 오늘날 민주주의를 꽃피우려면, 그것을 양면 현상으로 재인식해야만 한다는 것이다. 민주주의는 한편으로는 국가권력의 재편성에, 다른 한편으로는 시민사회의 재편성에 관련된 것이다(Held and Keane 1984).[7] 자치의 원칙은 이중의 민주화 과정, 즉 국가와 시민사회 양자의 상호 의존적 변화가 필수적임을 인정함으로써만 실행될 수 있다. 그런 과정은 다음의 두 원리의 수용을 그 전제로 해야만 한다. 즉, 국가와 시민사회의 분리가 민주적 삶의 핵심적 특징이 되어야 한다는 원리와, 의사 결정권은 자본을 비롯한 자원의 사적 움직임이 부과하는 정당하지 못한 제약으로부터 자유로워야 한다는 원리가 그것

7_나는 이런 주장을 체계화하는 데 있어 존 키인에게 크게 빚지고 있음을 밝힌다. 이 절에서 내가 제시하는 견해의 일부는 우리의 공동 논문(Held and Keane 1984)에서 논의되었던 것들이다. 이 책에서 더 발전시킨 측면들에 대해 그가 동의하지 않을 수도 있겠지만 말이다. 나아가 '국가'와 '시민사회'의 관계를 재평가하려는 시도는, 동서양 사상가들의 여러 저작뿐만 아니라, 이런 시도를 자신들의 의제의 핵심 요소로 삼았던 동서양의 여러 사회운동으로부터도 영향을 받았다는 점을 밝힌다(예를 들면 J. L. Cohen 1982 참조; Offe 1984; Keane 1988a; J. L. Cohen and Arato 1992; 또한 이 책 8장 참조).
● 헬드가 말하는 생산자산·금융자산은 마르크스가 말한 생산수단(자본주의 체제에서는 곧 '자본')과 같은 의미로 이해할 수 있다.

이다. 물론 이 두 입장의 중요성을 인정한다는 것은 그것의 전통적 의미를 근본적으로 재구성할 필요성을 인정한다는 것이다.

자치의 원칙을 실현하기 위해서는 국가 행위의 방식과 한계, 시민사회의 형태와 한계에 대한 재고가 필요하다. 다음과 같은 질문을 제기할 수 있다. 어떻게, 어떤 방법으로 국가정책을 좀 더 책임성 있게 만들 수 있는가? 어떻게, 어떤 방법으로 '비₩국가' 활동을 민주적으로 재정렬할 수 있는가? 이 문제에 대한 철저한 탐구는 이 책의 범위를 넘어선다(이런 작업은 Held and Pollitt 1986에서 시작되었고, Held 1995; 2004에서 핵심적 관심사로 다루어지고 있다. Hirst 1994 참조; J. Cohen and Rogers 1995). 그러나 자치 원칙의 실행 조건을 조금이라도 그려보려고 한다면, 지금까지 제시된 논의에 몇몇 제도적 세부 사항을 추가해 볼 필요가 있다. 물론 다음에서 제시될 내용은 간략한 개요, 즉 앞으로 생각해 볼 의제에 불과하다.

서구나 북반구에서 정치제도의 민주화에 대한 요구는 대개 정당 지도자 선출 과정의 개혁이나 선거 규칙 개정 등과 같은 문제에 국한되어 왔다. 그 밖의 이슈들로는, 최소한의 지지 수준을 충족시키는 모든 정당에 대한 선거 비용의 공적 제공, 대중매체 시간에 대한 진정한 접근 및 좀 더 평등한 분배●, 정보의 자유(예를 들면 영국에서 국가 기밀에 관련된 많은 규제의 폐기), 행정 업무의 지방으로의 분산, 경직되고 중앙집권화된 국가 결정에 반대하는 지방정부 권한의 옹호와 제고, 정부 기구를 그 '소비자들'에게 좀 더 순종적이고 책임성 있게 만들려는 실험 등이 있다. 이는 모두 중요한 이슈들로서, 국가기구를 민주화하는 올바른 전략을 찾으려면 앞으로 더 발전시켜야만 할 것들이다(Barnett et al. 1993 참조; Beetham 2005). 그러나 이런 작업들이 정치체제를 좀 더 민주적으로 만드는 데 결정적으로 기여할 수 있으려면, 다음과 같

● 영국의 경우 선거 시기뿐만 아니라 평시에도 주요 정치 행사(예컨대 전당대회)가 있을 경우에는 각 정당에 텔레비전이나 라디오의 무료 방송 시간이 주어진다. 헬드의 지적은 이 시간을 각 정당들에 배분하는 방법의 개선에 관한 것이다.

은 좀 더 근본적 문제들(2, 3, 4, 7, 9장에서 제시되었던)과 대면해야만 한다. 민주적인 공적 생활의 필수 조건들(공개 토론, 합리적 숙의, 권력 중심에 대한 접근, 전반적인 정치 참여 등)은, 법의 지배를 지탱하고 분쟁을 중재하며 갈등적 이해관계를 조정하는 것을 직무로 삼고 있는 그런 국가기구(집행부에서부터 행정부서에 이르는)와 어떻게 조화될 수 있는가? '주권적 국가'와 '주권적 인민' 양자의 필요조건이 어떻게 충족될 수 있는가? 달리 표현하면, 자치 원칙의 확립, 개인과 소수파의 자유, 공적 논증의 질 등에 위협이 될 수 있는(공적 논의를 가능한 최하 수준으로 추락시키는) 무제한적인 인민의 권력에 입법과 집행 기능(그리고 일반적 국가권력)이 굴복하지 않도록 하는 다른 한편으로 국가에 대한 시민의 주권을 확립하는 것이 문제인 것이다(9장 참조). 국가는 민주화되어야 한다. 하지만 민주주의에서 원칙상 모든 시민의 권리와 의무를 존중하고 집행하는 틀이 유지되려면, 국가의 독자적·불편부당적 권력을 보호하고 발전시키는 것도 역시 필요하다. 어떻게 하면 그렇게 할 수 있는가?

많은 나라에서 '정부'의 한계는 헌법이나 권리장전에서 명시적으로 규정되고 있으며, 헌법과 권리장전은 다시 공적 감사나 의회의 심의 및 사법 과정 등에 복속되어 있다. 이와 같은 구상은 특히 자치의 원칙과 관련해 근본적으로 중요하다. 하지만 자치의 원칙을 실현하기 위해서는, 지금까지 일반적으로 상정해 왔던 것보다 훨씬 광범위한 영역과 관련해, '공권력'에 대한 이런 제한을 재평가해 봐야 한다. 만일 사람들이 자기 자신의 삶의 조건을 결정하는 데 있어 자유롭고 평등하려면, 그리고 자신이 이용할 수 있는 기회를 산출하고 제약하는 틀을 규정하는 데 있어 평등한 권리와 의무를 누리려면, 원칙에서뿐만 아니라 실제에서도 일정한 권리를 누릴 수 있어야만 한다. 그러기 위해서는 광범위한 영역에 걸쳐 집단적 활동을 제약하는 동시에 가능케 하는 '권리 체계'가 수반되어야 한다.

시민들이 시민으로서 적극적이 될 수 있는 실제적 힘을 가질 때, 즉 시민들로 하여금 민주적 참여를 요구할 수 있게 해주며 또 그런 참여를 권리로 간주할 수 있게 해주는 일련의 권리를 시민들이 누릴 수 있을 때, 민주주의는 명실상부한 가치를 갖게 될 것이다(Sen 1981, ch. 1 참조). 여기서 강조할 것은 그런 일련의 권리를, 지금까지 많은 자유주의 사상가들이 생각해 왔던 것처럼, 국가보다 우선하거나 국가에 대립적인 것으로서의 어떤 권리나 특권을 사적으로 요구하고 축적해 온 그런 영역을 단순히 확장하는 것으로 간주해서는 안 된다는 점이다(이 책 3장 참조). 또한 그런 권리를 단순히, 여러 복지국가 이론가들의 해석처럼, 기회의 불평등을 완화하는 재분배적 복지 조치로 간주해서도 안 된다(Marshall 1973 참조). 오히려 그런 권리는, 민주적 통치의 개념 그 자체에 수반되는 것으로 또 그 필수적 요소로 간주되어야 한다. 그런 권리는 모든 시민들의 평등한 자치권에 필수적인 일정한 조건 — 즉, 정치 활동의 공통적인 구조적 조건 — 을 명확히 해주는 수단이다. 만일 누군가가 민주주의를 선택한다면, 그는 급진적인 권리·의무의 체계를 작동시키기로 결정해야만 한다. 그런 의무는 타인의 동등한 권리를 존중해야 하고 또한 타인들도 정치 활동의 공통적인 구조적 조건을 누릴 수 있도록 보증해야 할 필연성에서 도출된다.

그런 급진적 체계에는 무엇이 포함될 것인가? 우선 첫째로, 자치의 원칙을 담고 있는 헌법과 권리장전에는 국가의 산출물을 결정짓는 과정과 관련해 평등한 권리가 명시될 것이다. 여기에는 한 표를 행사할 평등한 권리뿐만 아니라, 효과적으로 참여하고 계몽된 이해를 갖추며 정치적 의제를 정할 수 있게 되는 데 필요한 제반 조건을 누릴 평등한 권리도 포함될 것이다. 그런 광범위한 '정치적' 권리는 이번에는 출산, 육아, 의료, 교육 등과 연계된 광범위한 사회적 권리뿐만 아니라 민주적 자치를 위한 적절한 경제적·재정적 자원을 보증하는 경제적 권리를 수반하게 될 것이다. 튼튼한 사회적·경제적 권리를 갖지 못한다면, 국가와 관련된 권리를 완전하게 향유하는 것은 불가능할 것이다. 또한 국가에 대한 권리를 갖지 못한다면, 권력, 부, 신분 등 새로운 형태의 불평등으로 인해 사회적·경제적 자유의 실현이 체계적으로 방해받게 될 것이다.

나아가 이런 유형의 권리 체계는 시민들 서로 간의 일정한 의무뿐만 아니라 시민 집단에 대한 국가의 책임을 규정할 것이다. 그런 국가의 책임은, 명시적인 헌법 개정 과정에 의한 것이 아닌 한, 특정 정부가 무효화할 수 없다. 따라서 국가의 권위는 원칙적으로 분명한 한계가 정해지며, 국가가 자유롭게 행동할 수 있는 여지는 제한될 것이다. 예컨대 여성의 출산 자유에 대한 권리는, 정치 공동체로 하여금 임신을 예방하거나 지원하는 데 필요한 의료·사회 시설을 책임지도록 하는 것뿐만 아니라, 아이를 갖는 것이 진정 자유로운 선택이 될 수 있도록 도와주는 ─ 그럼으로써 여성이 '자유롭고 평등'해지는 데 필요한 결정적인 조건을 보증해 주는 ─ 물질적 조건의 제공을 정치 공동체가 책임지도록 하는 것을 수반하게 될 것이다. 육아에 대한 권리는 국가로 하여금 적절한 육아 시설의 제공을 책임지도록 하는 것을 수반하며, 따라서 공공 지출 선택의 자유를 제한하게 될 것이다. 이런 우선순위를 인정하는 것은, 직장에서나 좀 더 광범위한 시민적·정치적 삶의 틀 속에서 여성이 누릴 평등한 기회의 가능성을 구성하는 핵심적 요소가 된다. 경제적 자원에 대한 남녀의 권리는, 그들이 여러 가능한 행동 경로 중에서 선택할 수 있는 위치에 설 수 있도록 하기 위해, 국가로 하여금 부와 소득이 좀 더 평등하게 배치될 수 있는 방법에 몰두하도록 의무지울 것이다. 그런 경제적 자원을 사람들이 이용할 수 있게 하는 방법으로는, 다른 무엇보다 임노동에 종사하건 가사노동에 종사하건 관계없이 모든 성인들에 대해 소득을 보장하는 것이 있을 수 있다(Jordan 1985 참조). 이런 유형의 전략은 조심스럽게 다루어져야 한다. 집단적 또는 사회적 부의 창출 및 분배와 관련해 그런 전략에 함축된 의미가 복잡하고 또 충분히 명료하지 않기 때문이다. 하지만 최소한의 모종의 경제적 기반이 없다면, 많은 사람들은 취약하고 타인에게 아주 의존적인 존재로 남게 될 것이며 자신들 앞에 형식적으로 제시된 여러 기회들을 [실제로-옮긴이] 추구하거나 독립적인 선택권을 충분히 행사할 수 없게 될 것이다.[8] 따라서 '법의 지배'는 분배 문제나 사회정의 문제에 대한 관심을 주요하게 포함해야만 한다. 그렇지 않을 경우, 자치의 원칙과 민주주의 규정의 실현은 좌절될 것이다(Held 1989, ch. 7 참조; 1995, ch. 7-9; 2004).

따라서 이상과 같은 틀에 의하면, 민주적 정치 공동체의 동등한 성원이 될 권리, 즉 시민권에는, 법 앞의 형식적 평등을 보증할 국가의 책임뿐만 아니라 시민들이 자기 앞의 기회를 활용할 수 있는 실제적 능력(건강, 교육, 기술, 자원)을 구비하게 되는 것도 포함될 것이다. 그런 헌법과 권리장전은, 시민들이 국가에 맞서서 자유에 대한 비합리적 침해를 시정하려는 행동을 취할 수 있는 능력을 근본적으로 고양시킬 것이다. 그것은 균형을 국가에서 의회로 그리고 의회에서 시민으로 옮기는 데 기여하는 동시에, 정치체제에 대해 독자적으로 판단할 수 있는 지점을 명확히 제시해 줄 것이다. 그런 헌법과 권리장전은 시민이나 그와 비슷한 정치기구에 권능을 부여하는 법률 체계가 될 것이다. 물론 그것에 의해 '권능 부여'가 보장되지는 않을 것이다. 어떤 법률 체계도 그것만으로 그런 보장을 제공하는 것이 불가능하기 때문이다. 그러나 그런 헌법과 권리장전은, 가장 효과적으로 압박을 가할 수 있는 곳이라면 어디에서든 개인과 집단

8_또는 존 케네스 갤브레이스가 대담하게 표현했듯이, '좋은 …… 사회라면 모든 사람들이 기본적인 수입원을 가지고 있어야 한다는, 일차적이고 절대적이며 없어서는 안 될 요건이 있다. 만일 이것이 시장 체제로부터 확보될 수 없다면, 국가로부터 나와야 한다. 돈이 한 푼도 없다는 사실보다 시민들의 자유를 강하게 제약하는 것은 없다는 점을 잊어서는 안 된다'(Galbraith 1994, 2).

과 운동의 투쟁 목표가 될 수 있는 권리를 규정해 줄 것이며, 또한 다른 어느 곳보다도 공개 법정에서 따질 수 있는 권리를 규정해 줄 것이다.[9]

그런 법률 체계는, 민주적 공동체의 범위를 정하는 데 있어 중요하긴 하지만, 정치권력의 좀 더 많은 유연성과 책임성을 창출하기에는 불충분할 것이다. 정치권력이 단순히 한패의 정치인들에게서 다른 한패로 넘어가는 것에 그치지 않으려면[교체된 권력은-옮긴이] 새로운 활동 영역과 방식을 통해 운용되겠지만, 시민들의 실제적 정치 참여가 심화되어야 한다. 더구나 시민들이 원칙적으로 자치에 필요한 지위와 함께 그것을 효과적으로 행사할 수 있는 능력 두 가지 모두를 향유할 수 있으려면, 그런 능력이 어떻게 생길 수 있는지에 대한 추가적인 설명이 필요하다. 하지만 직접적 시민 참여 모델 — 고전적 공화주의에서 참여 민주주의에 이르는 — 을 단순히 개조해 현대 세계의 모든 시민을 포괄하도록 하는 것이 불가능하다면, 정치 참여를 심화시키는 것이 과연 가능하겠는가? 앞에서 논의했던 권능을 부여하는 법체계는, 향상된 커뮤니케이션 채널, 시민들과 그들의 지역적·전국적 대표들 사이의 숙의와 의사 결정 등을 통해 어떻게 보완될 수 있을 것인가? 나아가 강화된 정치 참여가 계몽된 참여 — 의사 결정 과정의 질에 직접 영향을 미치는 참여 — 로 될 수 있으려면 정치권력이 어떻게 행사되어야 하는가라는 문제가 절박하게 제기된다. 통치에의 계몽된 참여를 가능하게 하기 위해서는 계몽된 이해와 효과적 참여 두 가지 모두가 필수적이기 때문이다(Fishkin 1991 참조; J. Cohen 1989).

민주주의의 본질을 이런 식으로 분석하는 것은, 단지 정치적 사안에서 시민의 권한을 강화하는 데 도움이 될 그런 이

---

[9] 대부분 국가들의 기존 사법 체계를 보면, 그런 사법 과정을 감독할 충분한 대표성을 가진 인력이 갖추어져 있지 못하다. 따라서 대안을 찾아야 하는데, 인구를 '통계적으로 대표하는' 표본으로부터 선출된 사람들로 구성된, 즉 사회의 주요 범주(성, 인종, 연령)를 통계적으로 대표하는 자들로 구성된 사법기관도 그 중 하나가 될 것이다(Burnheim 1985 참조). 그런 사법기관이 기존의 사법부보다 독립적 판단을 내릴 능력이 떨어질 거라고 생각할 이유는 전혀 없다. 인권을 어떻게 해석할 것인가라는 특정 문제에 대한 그들의 판단이 집단적 견해를 좀 더 잘 대변할 것이라고 믿을 만한 이유는 많이 있다.

론적 틀을 규명하려는 시도보다 훨씬 더 나아가는 것이다. 민주주의의 한계나 가능한 형태 등은, 9장에서 보았듯이, 대안적인 숙의적 공론장과 숙의 절차 등을 둘러싼 북미나 유럽의 논의에서 주요한 주제가 되고 있다. '시민권을 한 단계 더 향상'(Offe and Preuss)시키고 또한 계몽되고 사려 깊은 정치적 선호(〈모델 9〉 참조)의 계발을 촉진할 새로운 방안으로는 숙의적 여론조사, 숙의하는 날, 시민 배심원, 전자 정부나 전자 민주주의 메커니즘, 새로운 시민교육 시도, 숙의적 공공 영역 및 이를 지탱하는 결사체에 대한 공적 자금 지원 등이 고안되고 있다. 숙의 민주주의적 공적 공간을 계발하는 것이 중요한 이유는, 그런 공간이 모든 나라에 바로 채택되거나 '수입'될 수 있기 때문이 아니라, 제한된 참여나 불참여의 악순환을 끊을 필요성과 함께 계몽된 참여가 민주주의의 미래에 핵심적인 문제임을 인정하기 때문이다. 새로운 숙의의 시도가 없다면, 원칙에서나 실제에서나 장기적으로 국가의 민주화가 어떻게 진전될 수 있을지 상상하기 어렵다.

　이상의 논의들이 시민사회의 조직과 관련해 의미하는 바는 어느 정도 분명하다. 효과적인 집단적 의사 결정의 가능성을 훼손하는 요소들이 시민사회 구조 내에 포함되어 있는 한, 그런 요소들에 대처해야만 한다는 것이다. 강력한 일련의 사회관계나 사회조직이 그들의 활동 기반 그 자체의 힘으로 민주적 논의와 그 결과를 체계적으로 왜곡할 수 있다면, 그것은 민주적인 국가나 시민사회와 양립할 수 없다. 정치적 의제에 영향을 미치고 제약하는 기업 조직의 권력을 축소하는 것, 자신의 이익을 무제약적으로 추구하는 강력한 이익집단(특정 산업의 대표들이건 핵심 산업 분야의 몇몇 노동조합이건 간에)의 활동을 제한하는 것, 다른 집단을 희생시키면서 일부 사회집단(예컨대 특정 종교 집단)이 누리는 체계적 특권을 해소하는 것 등이 무엇보다 중요하다. 그리하여 시민사회와 국가는 서로의 민주적 발전을 위한 조건이 되어야 한다.

그런 조건이 갖추어지면, 시민사회의 낡은 권력 양식을 타파하는 전략, 나아가 시민들로 하여금 자기 자신이 추진하는 일에 대해 좀 더 큰 통제권을 누리도록 해줄 새로운 환경을 창출하는 그런 전략을 채택해야 할 것이다(Keane 1988b 참조). 개인들이 자기 자신의 존재 조건을 결정하는 데 있어 자유롭고 평등하려면, 그 구성원들이 국가나 정치기구나 제3자로부터 직접적 간섭을 받지 않고 자기 의사대로 자원을 통제할 수 있는 다양한 사회 영역이 존재해야만 한다(예컨대 사회적으로 조정되는 기업, 독립적인 커뮤니케이션 매체나 의료센터 등). 이런 사회 영역의 조직 모델로는 앞에서 논의된 직접 참여의 개념으로부터 많은 것을 배워야 할 것이다. 개방된 (면 대 면) 회의 체제나 파견 대표● 체제를 가장 적합하게 적용할 수 있는 영역이 바로 이런 곳이기 때문이다. 시민사회를 이루는 '단위들' 대부분이, 숙의의 기준에 부합하는 동시에 직접민주주의가 꽃필 수 있는 그런 조건에 근접하거나 또는 그런 조건을 공유하게 될 것이다. 하지만 그런 조직 구조에 대해서는 실험적 관점을 가져야만 할 것이다. 민주주의 이론의 현재 상황이나 우리가 급진적 민주주의 실험에 대해 가지고 있는 지식으로는 가장 적합한 조직 개조 전략이 무엇인지를 자신 있게 단언할 수 없기 때문이다. 특히 이런 의미에서, '미래의 음악'은 오직 실천 속에서만 작곡될 수 있을 것이다. 민주주의의 여러 상이한 유형들의 특징과 형태 및 여러 상이한 사회·정치적 조건들과의 적합성 등은 주의 깊은 추가적 검토를 필요로 한다.

'이중의 민주화' 과정을 중심으로 한 자치의 원칙이 실행된다면, 내가 '민주적 자치' 또는 '자유주의적 사회주의'liberal socialism라고 부른 국가·사회 모델이 산출될 것이다. 그 모델의 원칙과 특징은 〈모델 10.1〉에 요약되어 있다. 이 모델은

● 파견 대표(delegated representative)란 자신을 선출한 자의 지시에 구속되는 대리인(delegate)으로서의 대표를 의미한다. 4장의 주 10, 11 참조.

모델 10.1 민주적 자치

- **모델을 정당화하는 원리**
  - 사람들은, 자신이 이용할 수 있는 기회를 산출하기도 하고 제한하기도 하는 정치적 틀 거지를 규정함에 있어 동등한 권리와 따라서 동등한 의무를 누려야 한다. 즉, 사람들은 자기 자신의 삶의 조건에 대한 숙의 과정에서 또한 이런 조건을 결정함에 있어, 이런 틀을 타인의 권리를 부정하는 데 사용하지 않는 한, 자유롭고 평등해야 한다.

- **핵심 특징**

  국가
  - 헌법과 권리장전에 담긴 자치의 원칙.
  - 의회 구조(PR에 기초한 양원을 중심으로 조직된).
  - 권리에 대한 해석을 조사·평가하는 전문화된 공론장(SR)을 포함하는 사법 체계.
  - 경쟁적 정당 체제(공적 자금 제공과 DP에 의해 재구성된).
  - '지역 이용자'의 여러 요구를 조절할 필요에 따른, DP의 요소를 포함하도록 내부적으로 조직된 중앙과 지방의 행정부서.

  시민사회
  - 가족 유형, 정보원, 문화 기구, 소비자 집단 등의 다양성.
  - 육아, 의료 센터, 교육 같은 공동체 업무는 DP 요소를 포함하도록 내부적으로 조직되지만, 성인 사용자에 의해 우선순위가 결정.
  - 자치적으로 경영되는 다양한 유형의 기업을 발전시키고 실험.
  - 혁신과 경제적 유연성을 촉진하는 다양한 형태의 사기업.

- **일반적 조건**
  - 공적 업무에서 계몽된 결정을 보증하는 데 기여하는 공개되고 자유로운 정보.
  - 계몽된 참여 과정을 촉진하는 숙의 민주주의적 절차와 메커니즘 ─ 숙의적 여론조사에서 '유권자 반응'에 이르는 ─ 의 충분한 활용.
  - 경제에 대한 전반적 조정의 목표는 공적·사적 기관들과 논의하여 정부가 설정.
  - 기업 경영의 역동성 속에 노동, 복지, 보건, 환경 등을 관리하는 규칙을 구축.
  - 공적·사적 생활에 있어 책임 지지 않는 권력 중심을 극소화.
  - 조직 형태에 관한 실험을 수용하는 제도적 틀의 유지.

주 | 여기에서는 민주적 자치의 제도적 특징을 극히 시험적 형태로 제시하고 있다는 점이 강조되어야 한다. 다양한 민주적 의사 결정 방식과 선거 방법 등도 그런 특징에 포함된다. 약어(略語)의 의미는 다음과 같다.
    DP ─ 특정한 일군의 시민들이 조직을 조정하는 데 직접 참여(개방 회의, 주민 투표, 파견된 대표 등을 포함하여).
    PR ─ 비례대표 방식에 근거한 대표 선출.
    SR ─ '통계적 대표'에 기초하여 선발된 대표(즉, 성, 인종 등 주요 사회 범주를 통계적으로 대표하는 사람들의 표본).
선거 방법에 관한 좀 더 상세한 논의는 Held and Pollitt 1986 참조.

현 상황에서 민주주의를 지키고 발전시키는 데 필요한 조건을 창출해 낼 여러 가지 제안에 해당한다. 다음 절에서는 이 모델을 좀 더 명확히 하는 추가적 작업이 이루어질 것이다.

민주적 자치 : 양립 가능한 것과 양립 불가능한 것

민주주의적인 생활이 의미하는 것이 단지 정기적인 선거뿐이라면, 사람들의 활동의 중심은 시민사회의 '사적' 영역이 될 것이며, 그들의 행동 범위는 대체로 그들이 통제할 수 있는 자원에 의해 좌우될 것이다. 시민들이 시민으로서, 공적 삶에의 참여자로서 활동할 수 있는 기회는 거의 존재하지 않게 될 것이다. 민주적 자치는, 사람들이 스스로를 '시민으로' 확립할 기회를 창출함으로써 이런 상태를 교정하려고 시도한다(Arendt 1963, 256). 민주적 자치 모델의 목표와 전반적 구조가 분명하다고 해도, 아직 여러 질문들이 대답되지 않은 채 남아 있다. 이런 질문들 하나하나가 그 자체로 고려해야 할 광범위한 문제를 제기하고 있다. 여기에서 이런 이슈들을 살펴보려고 하는 것은, 내가 제시하는 주장이 더 세부적인 추가적 사색을 요하는 것임에 대한 인정으로 받아들여져야 할 것이다. 나는 이 이슈들이 민주적 자치 모델의 틀 내에서 충분히 해결될 수 있다고 믿지만, 여기서 충분히 다루어졌다고 주장할 수는 없다.

참여 : 의무인가?

자치의 원칙은 공적 사안에 대해 숙의하고 참여할 모든 시민의 권리를 규정한다. 문제는 '통치' 과정의 정당한 몫을 규정하는 것이다. 물론 그런 몫이라는 관념은, 도시국가 정치의 최종 결정 과정에 참여하는 권리와 정치적 덕성을 부분적으로 같은 의미로 생각했던 아테네 민주주의의 중심적인 요소였다(Finley 1983, 140 참조). 자치의 원칙은 '적극적 시민이라는 이상'을 유지하고 있다. 즉, 자치의 원칙은, 인민을 공적 생활을 행할 권리와 기회를 갖는 존재로 인정할 것을 요구한다. 그러나 권리를 인정하는 것과, 그래서 모든 사람이 당연히 자신의 선택과 상관없이 공적 논쟁과 활동에 실제로 참여해야만 한다고 말하는 것은 전혀 다른 문제다. 참여는 필수가 아니다. 숙의 민주주의는, 그 주창자들 몇몇에 따르면, 공적으로 지지되는 견해는 검증을 충족시킬 수 있기에 그로부터 크게 영향을 받을 모든 사람들이 그것에 동의하게 될 것이라고 전제한다. 하지만 모든 사람이 반드시 토의에 참여할 것이라고 또는 참여할 수 있다고 전제하지는 않는다(예컨대 Habermas 1996 참조). 고대 세계의 몰락 이후에 확립된 가장 중요한 소극적 자유의 하나는 '정치로부터의' 자유이며, 그런 자유는 현대의 우리가 물려받은 민주적 유산의 필수적 부분이라고 주장되어 왔다(Arendt 1963, 284). 민주적 자치는 분명히 우리들 유산의 이런 요소와 양립 가능하다. 시민들은 어떤 상황에서는 광범위한 참여가 불필요하다고 결정할 수 있을 것이다. 자신들의 이익이 이미 잘 보호되고 있다는 확신 등 매우 합리적인 이유에서 그렇게 결정할 수 있을 것이다(Mansbridge 1983 참조). 분명 모든 법체계는 다양한 의무를 규정하고 있으며, 민주적 자치의 법체계도 예외는 아닐 것이다. 민주적 자치의 모델에서 의무는 분명히 존재할 것이다. 자신들의 권리가 민주적 결정에 의해 침해 받고 있다는 것을 입증할 수 없는 한, 시민들은 다양한 상황에서 민주적 결정을 받아들여야만 할 것이다. 그러나 공적 생활의 모든 면에 관여할 의무가 법적 의무가 되지는 않을 것이다. 민주적 자치의 틀 내에서, 자기 자신의 생활에 대한 권리는 중요한 의미가 있다.

물론 이런 입장은 뒤 이은 문제를 야기한다. 민주적 자치의 모델은 정확히 어떤 묶음의 권리와 의무를 요구하는가? 시민들은 정확히 어떤 의무를 받아들여야 할 것인가? 어떤 상황에서 시민들은 그런 의무를 정당하게 거부할 수 있는가? 어떤 결정이 자신의 권리를 침해했다는 이유로 그 결정을 거부할 권리가 시민들에게 있다고 한다면, 이런 상황에서 어떤 저항 수단을 이용하는 것이 정당할 것인가? 이런 문제들은 민주적 자치 모델을 자세히 설명하려면 다루어야 할 문제들의 일부에 불과하다.

정치와 사적인 것 : 사적인 것은 무엇인가?

민주적 자치가 '사적인 것'이라는 개념과 양립 가능하다면, 이 개념은 정확히 어떤 것이어야 하는가? 정치를 좀 더 협소하게 보는 관점과 달리, 민주적 자치는 모든 권력 체계를 포괄하는 폭넓은 정치 개념을 요구하며, 여기에서 권력은 [사회적·물질적 환경을—옮긴이] '변형시키는 능력'으로 이해된다(이 책 508-509쪽 참조). 민주적 생활과 그 가능성에 영향을 미치는 일련의 문제들을 제대로 밝혀내기 위해서는 이와 같은 정치 개념이 필수적이지만, 그런 광의의 정치 개념은 여러 가지 난제를 야기한다. 슘페터는 '한정되지 않은' 정치 개념은 정치체제와 시민들의 일상생활 사이의 분명한 경계선을 전혀 제시하지 못한다고 정확히 경고했다. 그런 정치 개념은 정치를 모든 사회적·문화적·경제적 삶의 영역과 중첩 가능하게 만듦으로써, 이런 영역들을 공적 조정과 통제에 노출시키게 된다. 정치가 이런 식으로 이해되면, 소수파이건 다수파이건 간에 권력을 가진 자들은 삶의 모든 측면을 통제하려는 엄청난 유혹을 갖게 될 것이라고 슘페터는 생각했다. 광범위한 정치 개념은 실제로 많은 사람들에게 자유의 축소로 연결될 수 있을 것이라고 슘페터는 주장했다. 이것은 또다시 근본적 문제다.

민주주의의 문제점을 제대로 고찰하기 위해서는 광의의 정치 개념이 필요하고 합당하지만, 그것은 민주주의의 정당한 범위의 한계를 고려하면서 조심스럽게 검토되어야 한다. 이 책에서 내가 주장해 온 것은, 정치적 관여와 참여의 원칙은 광범위한 영역에 적용될 수 있다는 것이었다. 하지만 그 원칙이, 내가 '내밀한 것의 영역'이라 부르고 싶은 것 — 즉, 사람들이 주변 사람들에게 체계적으로 위해한 결과를 끼치지 않고 그들의 개인적 삶을 살아가는 모든 상황들 — 에도 꼭 적용될 수 있는 것은 아니다. 이와 같은 내밀한 것이라는 개념에는, J. S. 밀의 '위해의 원칙'처럼, 매우 주의 깊은 정교화 및 변론이 필요할 것이다. 또한 밀의 위해의 원칙과 마찬가지로, 내밀한 것이라는 개념을 명료하게 설명하고 정당화할 충분한 근거를 찾아내기란 어려울 것이다. 그렇지만 그런 근거를 조사·검토하는 작업은 필수 불가결하다. 내밀한 것의 영역으로부터 공적인 것이나 정치적인 것을 구분해 내기 위한, 또한 내밀한 것의 영역에 있어 정당한 입법의 한계를 설정하기 위한 명확한 기준을 반드시 찾아내야 할 것이다. 이 분야에는 아직 많은 이론적 탐구 작업이 남아 있다(Pateman 1985, 174-175 참조).

공적인 의사 결정 : 누가 숙의하는가? 누가 통치하는가?

지방에서 중앙으로 나아가면서 여러 상이한 유형의 민주주의가 하나의 연속체를 이루고 있는 체제 — 지방은 직접적·참여적 과정으로 특징되고, 상당한 인구를 가진 더 큰 지역으로 갈수록 점점 대의 메커니즘에 의해 중재되는 — 를 상상할 수 있다. 공동체나 직장에서 직접적 참여 민주주의가 이루어질 가능성은, 고도로 분화된 사회·경제·정치 환경에서의 그 가능성에 비해 분명히 클 것이다(Beetham 1993 참조; Phillips 1993). 하지만 단순히 참여 민주주의를 자유주의적 대의 민주주의와 대조시키는 논리는 이제 흔들리고 있다. 대규모 인구에서도 동시적인 양방향 커뮤니케이션을 가능케 해주는 정보 기술의 발전이나 숙의 이론의 발전 때문이다. 참여 민주주의를 기술적으로 가능케 해주는 여러 측면들이 우리 곁에 바싹 다가와 있는 지금, 그것의 장점은 다시금 검토되어야 한다. 한 논평자가 최근에 주장했듯이, '승낙이냐 거부냐의 양자택일 방식의, 중재 없는 인민의 투표'를 통해서만 직접민주주의가 실현될 수 있는 것처럼 가정하여 참여 민주주의의 모든 유형을 거부하고 퇴짜 놓는 것은 이제 받아들여질 수 없다. 왜냐하면 자유주의적 대의 민주주의처럼 참여 민주주의도 여러 상이한 제도적 방식을 띨 수 있기 때문이다(Budge 1993, 136-149). 이런 여러 방식 가운데 일부는 아직 쉽지 않는 단서 조건에서 벗어나지 못하고 있지만, 예컨대 정당에 기반을 둔 숙의적 직접민주주의의 한 유형을 생각해 볼 수 있다. 이 유형에서 유권자들은, 우선 공직을 두고 경쟁하는 정당 가운데 하나를 살펴보고 선택할 수 있을 것이고, 그다음으로는 의회처럼 행동 — 즉, 집권당이 제출하고 주창하는 입법안에 대해 숙의하고 직접 표결 — 할 수 있을 것이다. 그런 정치 체제가 안정되기 위해서는 복잡한 일련의 규칙과 절차가 적소에 존재해야 할 것이지만, 그것이 원칙적으로 구체화하기 어려운 문제는 아니다(Budge 1993, 136-55 참조; 1996). 물론 실제로 중요한 여러 문제가 미해결로 남아 있고, 이 책을 쓰고 있는 지금도 이에 대해 광범위한 논쟁이 있는 것이 사실이다(이 문제에 대한 개관은 Held 1993c, part. II 참조; Fishkin 1991; Saward 2003).

중요한 이슈로는 다음과 같은 것이 있다. 논쟁적인 공적 이슈에 대해 숙의하고 의사 결정을 내릴 새로운 직접적 권한을 시민들이 획득한다면, 정치적 대표와 시민의 역할은 어떻게 재구성되어야 하는가? 협의 절차의 확대와 의사 결정 메커니즘 간의 균형은 어떠해야 하는가? 시민 배심원, 주민·국민 투표 등의 확대를 통해 대의 민주주의와 직접민주주의가 점점 결합된다면, 어떤 메커니즘이나 제도가 독자적 숙의 절차나 선거 절차를 보증할 수 있는가? 어떻게 하면 이런 절차를 충분히 검토하고 조정할 수 있는가? 시민 기구에 제시될 이슈나 문제는 누가 틀 잡을 것인가? 시민들의 입법안 발의권과 거부권 사이의 균형은 어떠해야 하는가? 이런 고려 사항들은 공정성, 효능, 효율 등과 같은 다른 중요한 정치적 가치와 관련해 어떻게 비교 평가되어야 하는가? 한편 이런 새로운 규칙, 기술, 절차 등에 대해 우리는, 민주적 자치의 틀 내에서, 실험적 관점을 취해야 할 것이다. 만일 이런 여러 이슈 중 어느 하나에 대해서도 교조주의를 취한다면, 필시 새롭고 효과적인 정치 자원을 획득하지도 못하면서, 보호하고 육성해야 할 우리의 정치 전통 — 불편부당하고 한계가 정해진 정치 권위체 개념, 수많은 핵심적인 자유민주주의적 권리와 의무의 유지 등(이 책 3장 참조) — 을 약화시킬 위험이 있기 때문이다.

경제생활에서 민주주의의 확보 : 시장을 재구성할 것인가?

일련의 유력한 경제 관계와 경제조직들은 그들의 활동 기반에 힘입어 민주주의 과정과 결과를 편향시키고 왜곡할 수 있으며, 이로 인해 민주주의는 도전받고 있다. 따라서 민주주의가 이를 극복하려면, 주요 경제 집단 및 경제조직과 정치제도의 관계를 재조정함으로써 그런 집단 및 조직이 민주적 과정의 일부가 되도록 — 즉, 자체의 운용 방식에 있어, 민주주의와 양립 가능한 규칙·원칙·실천의 구조를 채택하도록 — 해야 할 것이다. 그런 구조의 가능성은, 그 집단과 경제조직이 합의되고 한정된 틀 내에서 활동하느냐에 달려 있다(Hirst 1990, 75-78 참조). 중요한 것은, 기업을 비롯한 모든 형태의 경제조직을 움직이는 규정이나 절차에 민주주의나 민주적 자치의 원칙·규칙·절차 등을 새겨 넣는 것이다.

민주적 과정과 관계가 유지되려면, 기업들이 민주적 자치의 필수 요건을 법적으로나 사실적으로 준수해야 한다. 이것이 의미하는 바는, 기업들은 전략적 목표를 추구할지라도 그들의 종업원이나 고객을 자유롭고 평등한 존재로 대우해야 한다는 요건을 위반하지 않는 틀 내에서 운영되어야 한다는 것이다. 하지만 이 말을 정확히 어떻게 이해해야 하는가? 그런 틀을 구성하는 요소는 무엇인가? 어떻게 정치 활동의 공통적인 구조적 조건을 기업과 시장관계 내에 장착시킬 것인가?

우선 첫째로, 상이한 유형의 자산, 특히 생산자산·금융자산과 소비 자산(개인적 소비용으로 소유되는 품목)을 구분할 필요가 있다. 자치의 원칙은, 생산자산·금융자산의 구조와 관련된 문제는 엄격하게 추구할 것을 요구하지만, 우리가 일상 소비를 위해 택하는 품목 — 셔츠, 세탁기, 개인용 컴퓨터 등 — 과 관련해서는 그런 이슈의 엄격한 추구를 전제하지 않는다. 소비 자산에 대한 권리는 경제적 자원의 무제한적 축적에 대한 권리와 구분되어야 한다. 루소는 이런 주장을 강력히 제시했던 최초의 인물 가운데 하나다(이 책 98-103쪽 참조; Connolly 1981, ch. 7 참조). 최근에는 달이 이 점을 날카롭게 지적했다. 그의 주장에 의하면, '내가 입은 셔츠나 주머니의 돈을 안전하게 소유할 권리를 근거로 하여, IBM 주식을 취득할 근본적인 도덕적 권리로 비약하거나, 나아가 법적으로 주식 보유에 따른 IBM에 대한 일반적 소유권으로' 비약하는 것은 있을 수 없다[*](Dahl 1985, 74-75). '일반적 소유권'을 지지하는 선택은 정치적 평등이나 정치 활동의 공통적인 구조적 조건에 반하는 선택이 된다. 정치적 평등이 도덕적 권리라면, 생산·금융 자원을 좌우하는 조건에서의 좀 더 많은 평등 역시 그러하다. 생산·금융 체제의 소유 및 통제 측면에 대한 개조의 필요성을 인정하는 것은, 정치적 의제가 편향되지 않고 개방적이 될 수 있도록 하는 데 있어 근본적으로 중요하다. 경제적 자원에 대한 사적 통제나 이용을 분명히 억제하지 않는다면, 민주주의의 필수적 요건은 충족될 수 없다.

하지만 경제적 재화의 적절한 소유·통제 형태와 관련해 제기되는 복잡한 문제들이 아직 더 남아 있다. 사적 소유 형태나 국가 소유 형태가 고도로 집중화되는 것에 대해 걱정하고 비판하는 데에는 타당한 이유가 있다(이 책 3, 4, 7장 참조). 다른 대안들 예컨대 노동 집단이 기업을 집단 소유하는 것을 비롯한 협력적 형태의 소유 방식은, 국가 소유만 존재하거나 사적 소유만 존재하는 것보다, 민주적 자치와 양립할 수 있는 가능성이 더 높을 것이다. 그러나 사회적 소유나 협력적 소유를 지지하는 정말 확실한 논거는 아직 제시되지 못하고 있다. 앞으로 추가적 검토가 필요한 핵심 문제들은 다음과 같다. 기업의 본질과 한계는 정확히 무엇인가? 협력적 소유가 실행 가능하도록 하려면, 기존의 모든 회사는 소규모 단위로 해체되어야 하는가(완전히 비현실적 전망)? 시장을 통하지 않는다면 소비자의 기호는 어떻게 고려될 수 있으며, 소비자 기호에 어느 정도의 비중이 주어져야 하는가? 협력적 소유의 요건은 어떻게 민주적 통제 및 효율적 경영의 요건과 충분히 조화될 수 있는가?[10] 여러 소유 유형들에 대한 실험과 함께 상이한 여러 소유 형태들에 대해 좀 더 정밀한 주목이 요구된다. 정치권력의 분포와 관련해 그 각각이 갖는 의미도 역시 그러하다(Ruggie 2003 참조; Held 2004).

● 사유재산권이라는 도덕적 기본권을 갖는다고 해서 그것이 기업에 대한 사적 소유를 보증하지는 못하며, 기업이 사적으로 소유되는 것을 인정한다고 하더라도 그것이 주주의 이익에 따라 소유되고 운영되는 것을 보증하지는 않는다는 의미이다(송종래·조영철, 『경제 민주주의』, 탐구당, 1990, 83쪽 참조).

민주적 자치 : 동일성의 전제정치인가?

자치의 원칙이나 정치 활동의 공통적인 구조적 조건을 추구하는 것은 사람들이 국가에 의해 항상 비슷하게 취급되어야 한다는 것을 의미하는가? 국가정책이 미치는 결과는 개인들마다 다를 수 있으며 또한 정당하게 그럴 수 있다. 민주적 자치의 관점에서 보면, 개인들로 하여금 시민으로서 적극적 역할을 행할 수 있도록 해주는 조건을 확보하기 위해서는 서로 다른 일련의 사람들에 대한 서로 다른 일련의 전략과 정책이 요구된다. 우선 현재 막대한 생산·금융자산을 통제하면서도 최소한의 공적 책임성만 지고 있는 사람들을 불공평하게 다룰 필요가 있다. 그러나 문제는 이보다 훨씬 복잡하다. 예컨대, 여성들이 '자유롭고 평등한' 조건을 누리게 되려면 전반적인 출산·육아 환경이 개혁되어야 할 뿐만 아니라, 직업·소득·문화 활동에의 접근 등과 관련해 남성들의 전통적인 특권이 무엇보다도 혁파되어야 할 것이다. 이런 이중적 정책 과정, 즉 가장 힘 있는 자들의 기회와 조건을 제약하면서 다른 한편으로 가장 힘없는 자들의 조건을 개선하는 과정은, 체계적 불평등이 두드러진 여러 다양한 영역(부와 성에서부터 인종과 종족에 이르는) — 체계적 불평등 때문에 다른 사람들의 민주적 숙의와 민주적 의사 결정의 추구가 침해받고 인위적으로 제한당하고 있음이 분명하게 입증될 수 있는 영역 — 에 적용될 수 있을 것이다.

하지만 흔히 주장되듯이, 정치적·경제적 조건을 좀 더 평등하게 한다는 것이, 궁극적으로 사람들이 모두 동일한 일을 하고 동일한 조건에서 동일한 활동과 삶을 추구해야 한다는 것을 의미하는가? 간단히 말하면, 사람들이 동일해져야 한다는 것을 의미하는가? 정치 활동의 공통적인 구조적 조건을 추

10_ 중요한 여러 목표(예컨대 효율성과 혁신)를 달성하는 데 과연 사유재산(그리고 생산 자원에 있어서의 사유재산)이 필수적인지 아닌지를 검토하는 데 위의 설명이 실패하고 있다는 반론이 가능할 것이다. 이 책에서 그런 반론과 관련된 모든 이슈를 다룰 여지는 없다. 이런 문제의 대부분에 대해 설득력 있는 논리를 전개한 달(Dahl 1985)은 그런 이슈를 다루고 있다.

구하는 것은, 모든 사람이 비슷한 지위와 활동으로 환원되는 전제적이라 여겨지는 질서를 추구하는 것인가? 만일 특권층의 기득권이 다른 사람의 참여 가능성을 제약하거나 다른 사람의 민주적 참여 능력을 부정하고 있다면, 민주적 자치에 대한 헌신이란 곧 그런 특권층의 기득권을 축소하려는 노력을 의미한다는 지적은 분명히 사실이다. 그러나 민주적 자치를 위한 노력은 개인적·사회적·문화적·(어떤 면에서)경제적 '차이'에 대한 공격을 수반하지 않으며, 또한 그런 시도와는 전혀 양립 불가능할 것이다. 민주적 자치 모델의 존재 이유는, 광범위한 범주의 시민들을 자신이 전혀 통제할 수 없는 세력의 처분에 매달려 영원히 예속적인 지위에 머물러 있도록 방치해 두지 않는 그런 사회에서의 삶으로부터 도출되는 선택의 기회와 혜택을 제고하는 것이다. 나아가 공통의 정치적 조건이 대체로 확립된다면, 그런 조건을 항상적으로 그리고 한층 더 추구하는 것만이 유일하고 타당한 정의의 원칙이 되는 것은 아닐 것이다. 정확히 어떻게 재화와 용역이 분배되어야 하는가는, 자치의 원칙에 따라 설정된 틀 내에서, 시민 스스로가 생각하고 결정할 문제가 될 것이다(Pateman 1985, 188 참조).

그러나 이 문제와 관련해 추가적인 이론 작업이 필요하다는 점을 다시 한 번 강조하고자 한다. 정치적 평등과 민주적 삶을 위해 경제적·사회적 조건의 좀 더 많은 평등이 요구된다면, 사회정의 원칙의 정확한 본질을 좀 더 주의 깊게 규명하고 그 범위도 철저히 검토해야 할 것이다. 민주적 자치의 모델은 국가의 분배적 조치의 목표에 대해 분명한 한계를 설정하고 있지만, 정확히 어떤 방법으로 그리고 어떤 우선순위에 따라서 그렇게 할 것인지는 앞으로 규명해야 할 과제로 남겨 두고 있다. 또한 정책의 수많은 실질적 이슈도 주의 깊은 사고를 필요로 한다. 새로운 유형의 사회·경제 정책과 그것을 실행하는 새로운 방식이 개발되어야 할 것이다. 요점은 단지 세계를 해석하고 변화시키는 것이 아니라, 세계를 개조할 수 있는 정당한 동시에 실행 가능한 방법을 탐구하는 것이다.

민주적 자치 : 제한된 자치인가?

주어진 어떤 정치체제에서도 시민들이 누릴 수 있는 자유의 범위에는 분명히 한계가 존재한다. 이 책에서 논의된 여러 다른 민주주의 모델과 민주적 자치 모델을 구분해 주는 것은, 어떤 개인의 자유도 타인 — 다수일 수도 있고 중요한 소수 시민일 수도 있는 — 에게 피해를 끼치면서까지 허용되어서는 안 된다는 원칙에 대한 근본적 확신이다. 이런 의미에서 민주적 자치 모델이 전제하는 자유 개념은, 어떤 집단에 대해서는 어떤 면에서 좀 더 협소한 범위의 행동을 허용하게 된다. 만일 자치의 원칙이 실현된다면, 몇몇 사람들은 예컨대 타인의 환경을 오염시키거나, 규제되지 않은 막대한 자원을 축적하거나, 자기 연인이나 아내를 희생시키면서 자신의 삶의 기회를 추구할 수 있는 그런 여지를 더는 갖지 못하게 될 것이다. 민주적 자치의 틀 내에서 사람들이 누리는 자유는 타인의 자유에 점진적으로 조절되는 것이어야 한다. 따라서 어떤 측면에서 일부 사람에게는 행동의 여지가 좀 더 제한될 수 있지만, 다른 사람에게 있어 그 여지는 획기적으로 확대될 것이다.

이런 논의와 관련해 주의해야 할 것은, 그런 삶의 기회의 근본적 변화가 노동 분업의 폐지나 전문 능력의 역할 종식을 의미하는 것이 아니라는 점이다. 한 비평가가 정확히 지적했듯이, '전문가를 불필요하게 만들겠다고 약속하는 정치적 미래는 틀림없이 바보의 약속이거나 아니면 잘못된 확신에서 만들어진 약속일 것이다'(Dunn 1979, 19). 민주적 자치 모델은 특수한 재능과 기술을 계발하려는 사람들의 선택과 충분히 양립 가능하며 또 그러해야 한다. 선택의 조건은 달라지겠지만, 이것이 선택권의 부재를 의미하는 것은 결코 아니다. 나아가 민주적 자치 모델은 정부의 중앙집권적 의사 결정이 계속 존재할 것임을 분명히 전제한다. 민주적 자치는 모든 권위의 수평화, 숙련되고 예측 가능한 행정을 제공할 수 있는 일군의 제도들의 수평화를 추진하지 않는다. 공적 업무가 파벌 투쟁의 진창에 빠져서 시급한 공동 문제를 해결하는 데 전혀 비효율적이 되지 않도록 방지해 주는 숙련된 행정의 중요성을 지적한 베버의 주장은 특히 중요하다(이 책 5장 참조). 그러나 그런 제도의 형태와 구조는 개조되어야 할 것이다. 어떻게 그리고 정확히 어떤 방식으로 이런 변화가 이루어질지를 우리가 정확히 알고 있다고 주장하는 것은 거짓이 될 것이다. 우리는 가능한 정치조직의 유형과 형태에 대해서, 또한 시장이 폭넓은 책임성의 틀 내에서 작동할 경우에, 그런 정치조직과 시장의 결합 관계에 대해서 좀 더 성찰하고 숙의해야 한다.

정당성 : 민주적 자치는 정치적 정당성을 창출하는가?

5, 6, 7장에서 논했듯이, 오늘날의 정치 질서는 공통의 가치 체계나 국가 권위에 대한 전반적 존중을 통해서 성립되는 것도 아니며, 단순히 야만적 폭력에 의해서 성립되는 것도 아니다. 오히려 현대의 정치 질서는, 권력 중심을 분할시키면서 다양한 동조 압력을 만들어 내는 여러 정치·경제·사회 제도와 활동 간의 복잡한 상호 의존의 결과물이라 할 수 있다. 국가권력은 이런 구조들의 중심 요소이지만 유일한 핵심 변수는 아니다.

현대 상황에서 '정부'의 취약성은, 일국적·국제적 상황이라는 맥락에서의 국가권력의 한계와 연관되어 있을 뿐만 아니라, 자유주의적 대의 민주주의의 효율성을 비롯해 기존 제도에 대해 표출되는 불신·냉담·회의 등과도 연관되어 있다. 자유주의적 대의 민주주의 기구는, 국가의 공식적 지배에 있어서 여전히 결정적 의미를 지니고 있다. 그러나 공식적 통제권을 가진 기관과 실질적 통제권을 가진 기관 간의 괴리, 인민을 위한 것이라고 주장되는 권력과 그것의 제한된 실제 권력 간의 괴리, 대표들의 약속과 그들의 실제 성과 간의 괴리는 심각한 수준에 이르러 있다. 이런 괴리 현상이 인식되면서, 정치에서 자율성과 책임성의 영역을 좀 더 넓게 확보하려는 압력을 가해 왔고 지금도 가하고 있는 강력한 사회운동 ― 여성운동, 환경운동, 반세계화 운동, 사회정의 운동 등 ― 이 무수히 형성되었다. 나아가 이런 운동은, 그와 연관된 목표를 가진 사람들 ― 노동운동과 시민사회의 여러 분파에서 정당의 혁신파에 이르는 ― 에게 중요한 추진력이 되어 왔다. 그러나 저항 세력을 파편화시키는 여러 요인들을 고려하면, 이런 운동이 어느 정도 성공할 수 있을지 예견하기는 어렵다. 정치 생활의 '균형'이 어디에서 맞추어질지는 항상 논쟁과 협상과 갈등에 달려 있고, 따라서 그 결과를 현 상황에 대한 고찰로부터 쉽게 읽어 낼 수 없기 때문이다.

5장에서 '이상적인 규범적 동의'라는 개념을 소개한 적이 있다. 그것은, 이상적 상황 ― 예컨대 다른 사람들의 요구에 대해 논의·토의하기 위해서 우리가 바랐을 지식이나 원했을 기회 등이 모두 구비된 ― 에서 우리가 동의했을 규칙이라는 근거에서, 법과 규칙을 준수하기로 하는 동의를 말한다(이 책 300-302, 375-376쪽 참조). 이 개념은 상당히 유용하다. 왜냐하면 지식이나 토의가 제약되지 않는 상황이라면 사람들이 어떻게 자신의 욕구를 해석하고, 어떤 규칙과 법을 정당한 것으로 간주할지를 '생각 속에서 실험'해 볼 수 있는 기반을 제공하기 때문이다. 이상적인 규범적 동의라는 개념을 통해 우리는, 사람들이 스스로 옳고 정당하며 존경할 만한 가치가 있다고 생각하는 법과 규칙에 따르게 되려면 어떤 상황이 되어야 할지를 묻게 된다. 이 개념은, 사회·정치 질서의 원리가 될 수 있는 여러 후보 원칙들을 불편부당성의 요건에 비추어 검증하고자 했던 숙의 민주주의 이론가들의 논의와 맞닿고 있다(이 책 453-458쪽 참조). 이 책 1부와 2부에서 검토한 이슈나 증거를 둘러본다면, 권력과 기회의 체계적 불평등을 창출하고 재생산하는 데 깊이 관련된 정치체제는 그로부터 직접 특권을 받는 자들 이외의 집단으로부터 지속적 지지를 받기는 거의 불가능할 것이라고 말할 수 있다(전쟁과 같은 경우를 제외하고는). 좀 더 논쟁적으로 표현한다면, 그런 불평등의 변혁을 중심 과제로 삼는 정치 질서만이 궁극적으로 정당성을 누릴 수 있을 것이다. 이중의 민주화 과정을 통해 실현되는 자치의 원칙은 그런 질서의 기반이 될 수 있을 것이다. 우리가 정치적 정당성을 추구하고 권위와 법의 존중으로 특징되는 정치 질서를 추구하는 것은, 민주적 자치 모델 추구의 중요성을 시사해 준다. 이 지점에서, 이상과 같이 분석적으로 제시된 설명이 민주적 대화의 일부가 되고 또한 그것이 말을 걸고자 한 모두를 포괄할 수 있으려면, 비판적 성찰은 공적 논의나 숙의의 정치와 결합되어야만 한다. 오직 그런 상황에서만, 이론적 모델은 시민들의 이해와 실천 속에서 현실이 될 수 있다.

11장
민주주의, 국민국가, 전 지구적 체제

"오늘날 권력은 전 지구적이고 탈영토적이지만, 정치는 영토에 기초해 있으며 따라서 지역적이다.
권력은 그 어떤 것으로부터도 방해받지 않고 전자 시그널의 속도로 움직인다."   _지그문트 바우만

MODELS OF DEMOCRACY

10장에서도 밝혔듯이, 한 가지 가정이 현대 민주주의 이론의 중심부에 존재해 왔다. 정치적 의사를 결정하는 자와 그것을 받아들이는 자 간의 '대칭' 및 '조응' 관계에 대한 가정이 그것이다. 사실 두 가지 결정적 지점에서 대칭이나 조응이 존재한다고 가정되어 왔다. 첫째는 시민·유권자들과 의사 결정자들(이들이 책임진다고 유권자들이 생각할 수 있는) 간의 조응이고, 두 번째는 의사 결정자들의 '산출물'(결정, 정책 등)과 그들의 선거권자(궁극적으로, 한정된 영토 내의 '인민') 간의 조응이다(Held 1991a, 198-204).

특히 20세기 내내 민주주의 이론은 민주주의 절차의 조직적·사회경제적 배경 및 이런 배경이 '다수결'의 작동에 미치는 영향과 결과에 초점을 맞추어 왔다. 경쟁적 엘리트주의의 발전에서부터 고전적 다원주의의 정교화에 이르기까지, 또는 이에 대한 급진 사상가들의 비판에 이르기까지, 현대 민주주의 이론의 초점은 한 국민의 민주적 생활을 촉진하거나 저해하는 조건들에 맞추어졌었다. 나아가 현대 민주주의 이론가나 비판가들은 모두 유사하게 '한 국가 공동체의 운명'은 그 자신의 손에 달려 있으며, 국민국가 내의 '행위자'와 '구조' 사이의 상호 작용을 검토함으로써 만족할 만한 민주주의 이론을 개발할 수 있다고 생각했다.

민주주의 논의의 중심에는 '주권' 개념이 당연한 것으로 여겨지면서 존재해 왔다. 전반적으로 국민국가의 주권은 의문시되지 않았다(Laski 1932 참조; Figgis 1913; Hirst 1989b). 국가는 그 자체의 운명을 통제한다고 생각되어 왔고, 국가의 영토 경계 안에서 움직이는 행위자·기관·세력들이나 다른 국가·정부의 대표나 행위자들이 부과하는 제약에 의해서만 또는 국가가 받아들여야 하는 타협에 의해서만 영향을 받는다고 생각되어 왔다. 19세기와 20세기 민주주의 이론은 대체로, 다른 대다수 사회·정치 이론과 마찬가지로, 국민국가 범위를 넘어선 세계를 주어진 것으로 ― '다른 모든 조건이 동일하다면'이라고 가정하여 ― 간주해 왔다. 사회·정치 변화를 다룬 주도적 시각에 따르면, 사회 변형의 기원은 대체로 사회 내부 과정 안에서 발견될 것이라고 가정되었다(Dunn 1990, ch. 8 참조; Giddens 1985). 변화란, 말하자면 주어진 사회의 구조 자체에 '내장되어 있'으면서 사회의 발전을 좌우하는 그런 메커니즘을 통해 발생한다는 것이다. 국민국가의 '바깥'으로 추정되는 세계 ― 예컨대 세계경제의 역동성, 초국가적 연계의 급성장, 국제법의 주요한 성격 변화 등 ― 는 거의 검토되지 않았고, 그것이 민주주의에 미치는 의미도 민주주의 정치 이론가들에 의해 전혀 고찰되지 않았다. 이 책 역시 지금까지 민주적 자치를 논의해 오면서 이런 문제를 거의 다루지 않았다.

이하에서는 10장에서 제시한 이슈에 대한 보완으로서 이런 문제들을 검토할 것이다. 초점은 민주주의의 '다른 측면', 즉 민주주의와 전 지구적 체제의 상호 관계에 맞추어진다. 11장은 먼저 한 국가의 정치가 지역적regional[1]·전 지구적 힘들과 상호 교차하는 특별한 방식에 대한 설명으로 시작한다. 이런 배경 위에서, 변화하는 민주주의의 형태와 한계들에 대해 평가할 것이다. 11장의 주된 목적은 민주주의 사상이 직면하고 있는 여러 가지 추가적인

---

[1] 여기에서 지역(region)이란, 공동의 여러 관심사를 공유하고 있고 또한 구성원 자격이 제한된 기구를 통해 서로 협력할 수 있는, 어떤 지리적 영역 안의 국민국가들로 이루어진 집단을 의미한다(EU와 같은).

미해결 문제들을 제시하고 설명하는 것이다. 하지만 마지막 절에서는 전 지구적 체제에서의 민주주의의 의미 변화에 대해, 그리고 국가와 시민사회의 전 지구적 네트워크를 수용하기 위해서 민주적 자치 이론을 어떻게 더 재구성해야 할지에 대해 몇 가지 의견을 제시할 것이다.

민주적 정통성과 국경

오직 국민국가만을 준거의 틀로 하는 정치 이론의 한계는 다수결 원칙 — 최대 다수의 표를 얻은 결정이 이겨야 한다는 원칙 — 의 범위와 효능을 고려해 보면 명백하게 드러난다. 다수결 원칙의 적용은 모든 현대 민주주의 개념의 중심에 자리하고 있다. 또한 다수결 원칙은, 민주적인 정치적 결정이 가치 있고 정당한 것으로 간주되어야 한다는 주장의 근거가 되고 있다. 하지만 여러 이유로 인해 문제가 제기된다. 우선, '다수파' — 좀 더 정확하게는 다수파의 대표 — 의 결정 가운데 많은 것들이 그들이 속한 공동체뿐만 아니라 다른 공동체의 시민들에게도 영향을 (또는 잠재적 영향을) 미치기 때문에 문제가 발생한다.

다음과 같은 몇 가지 시사적 예를 들 수 있다. 이웃 나라와의 국경 근처에 원자력발전소를 건설하기로 하는 결정은, 인접국 국민에 미칠 결과나 위험에도 불구하고, 그들과 전혀 상의 없이 내려질 것이다. 인플레이션이나 환율 불안을 저지하기 위해 이자율을 높이기로 하는 결정은, 그것이 국제적인 경제 변동을 촉발할 수 있음에도 불구하고, 대부분 '일국적' 결정으로 행해진다. 열대우림의 '벌채'를 허가하는 결정은, 그 정치적 의사 결정자들의 책임이 공식적으로 한정되는 국경선을 훨씬 넘어서까지 생태계 피해를 가

저다 줄 것이다. 이런 정치적 결정들은 일반적으로, 안보, 무기 조달, 에이즈 같은 다양한 이슈들에 대한 정책과 마찬가지로, 주권적 국민국가의 정당한 권한 범위 안에 속하는 것으로 간주되어 왔다. 그러나 세계가 지역적·전 지구적으로 상호 연계됨에 따라, 일국적 의사 결정체 그 자체의 응집성, 생존력, 책임성 등에 대해 중대한 의문이 제기되고 있다.

유럽 연합EU, 세계무역기구WTO, 국제금융기금IMF 등과 같은 준지역적·준초국적 기구들이 내리는 결정들도 민주적 정통성의 본질과 관련해 문제를 낳고 있다. 왜냐하면 이런 결정들 역시 한 국가의 '다수파'가 내릴 수 있는 결정의 범위를 축소시킬 수 있기 때문이다(그런 결정의 실례는 뒤에서 논의될 것이다). 따라서 정당하게 스스로를 통치하고 자기 스스로 미래를 결정하는 공동체라는, 민주정체의 핵심 개념이 오늘날 의심스러운 것이 되고 있다. 정치적 관계들이 현재 '대칭·조응'하고 있거나 또는 그럴 수 있다고 생각하는 민주주의 이론의 단순한 가정은 그 어떤 것도 의문시되고 있다.

정치적 결정이나 그 결과의 지역적·전 지구적 상호 연계성을 보여 주는 이상의 사례들은 여러 고전적·현대적 민주주의 사상의 핵심을 건드리는 이슈를 제기하고 있다. [시민의-옮긴이] 동의가 정부 — 좀 더 보편적으로 국가 체제 — 를 정당화한다는 관념은 19세기와 20세기 자유민주주의자들에게 핵심적인 것이었다. 이들 민주주의자들은, 개별 시민이 자신의 정치적 선호를 표시하는 메커니즘으로서, 또한 법을 실행하고 경제·사회 생활을 조정할 권위를 전체 시민이 정부에 대해 정기적으로 부여하는 메커니즘으로서, 투표에 초점을 맞추어 왔다. 그러나 선거를 통한 동의라는 개념이나 국가 또는 제한된 영토 공동체가 자발적 동의와 토론의 적절한 정치 단위라는 특유의 개념은, 국가적·지역적·전 지구적 상호 연계성 문제가 고려됨에 따라 또한 소위 '적절한 공동체'의 성격에 대해 이견이 제기됨에 따라, 바로 의문시되게 되었다.

　예컨대 재생 불가 에너지의 사용, 핵폐기물 처리, 금융 흐름의 관리, 무역 규칙, 에이즈 문제 등을 결정하는 데 누구의 동의가 필요한가? 누가 참여하는 것이 정당한가? 적절한 정치 단위는 일국적인 것인가, 지역적인 것인가, 국제적인 것인가? 의사 결정자는 그들의 결정을 누구에 대해 정당화해야 하는가? 나아가 어떤 정치체제에서 취해진 의사 결정이 잠재적으로 수많은 사람들의 생사에 영향을 미칠 수 있는 것임에도 불구하고 그들 중 다수가 의사 결정 과정에 민주적으로 전혀 관여하지 못한다면, 정당한 지배라는 개념과 관련해 이런 상황이 의미하는 바는 무엇인가?

　영토 경계는 개인들이 자신의 삶에 영향을 미치는 결정에 참여할 수 있는지 없는지(아무리 제한된 참여일지라도)를 정해 주는 근거를 명확히 설정해 준다. 하지만 이런 결정이나 또는 다른 정치 공동체나 기관의 결정이 가져다주는 결과는 종종 국경을 넘어서까지 영향을 미친다. 동의나 정당성의 문제를 비롯해 민주주의의 모든 핵심 개념 ― 정치적 단위의 성격, 대표의 의미, 정치 참여의 적절한 방식과 범위, 숙의의 범위, 국민의 권리·의무·복지의 보증인으로서 민주적 국민국가의 적실성 ― 과 관련해, 이런 상황이 함축하는 의미는 복잡하고 곤혹스럽다. 통치 과정 그 자체가 국민국가의 '영역을 이탈'하고 있는 듯하다. 민주주의 이론과 실천의 핵심적 질문들에 대한 전통적인 일국적 해답은 지역적·전 지구적 상호 연계성에 의해 도전받고 있다.

지역적·전 지구적 흐름 : 과거와 현재의 비교

오늘날 특기할 만한 역설이 존재한다. 아프리카에서 동구에 이르기까지, 아시아에서 남미에 이르기까지, 점점 더 많은 사람들이 '인민에 의한 지배' 개념을 옹호하고 있지만, 그들이 민주주의를 주창하는 바로 그 시점에서 정치 조직의 일국적 형태로서의 민주주의의 효능 그 자체가 의문시되고 있는 역설이 그것이다. 인간 행위의 실질적 영역이 점점 지역적·전 지구적 규모로 조직되게 되면서, 민주주의 특히 독자적인 민주적 국민국가의 운명은 어려움에 직면하고 있다.

지역적·전 지구적 상호 연계성에 대해서는, 그것이 특별히 새로운 현상이 아니며 또한 원칙적으로 그런 상호 연계성이 갖는 정치적 의미는 장기적으로 볼 때 그리 크지 않았다는 반론도 가능할 것이다. 그런 반론을 좀 더 자세히 살펴보면, 먼저 조밀한 지구적 상호 연결 형태는 16세기 말 이후 세계경제의 초기 확장 및 근대국가의 등장과 함께 나타나기 시작했다는 점이 강조된다(3장 참조). 또한 근대 내내 국내 정치와 국제정치는 교직되어 왔는데, 국내 정치는 항상 국제정치의 배경 위에서 이해되어야 했고, 국내 정치는 종종 국제정치의 원인이 되었다고 주장된다(Gourevitch 1978 참조). 하지만 근대국가·사회·경제의 형성과 구조에 연속적 요소가 있다고 주장하는 것과, 그것의 형태나 동태성의 양상에 있어 전혀 새로운 것이 없다고 주장하는 것은 전혀 다른 문제다. 왜냐하면, 일정한 자치시나 농촌 중심지·농촌 지역 등에 영향을 미치거나 지리적으로 흩어져 있는 여러 도시를 연결하는 특정 교역로의 발전에 영향을 미친 [근대 초기의-옮긴이] 특별한 군사·해군 작전과 [현재의-옮긴이] 국제 질서 — 어느 한 국가(주도적 국가일지라도)의 통제권을 벗어난 전 지구적 경제체제의 등장, 특정 국가가 제한된 영향밖에 갖지 못하는 초국적 관계와 커뮤니케이션 망의 확대, 초강대국들의 행동 범위를 제약할 수 있는 국제 조직·레짐의 엄청난 성장, 정부와 그 시민들이 사용할 수 있는 정책 범위를 변경시킬 수 있는 전 지구적 안보 위협의 증가에 따른 전 지구적 군사 질서의 발전(현재의 테러 및 '테러와의 전쟁') 등을 망라하는 — 사이에는 근본적 차이가 존재하기 때문이다. 장기적 원인과 효과를 생각하면 교역로나 군사 원정 등도 떨어져 있는 사람들을 연결시킬 수 있겠지만, 현재 전개되고 있는 전 지구적 질서는 다양한 상호 작용과 조정의 망을 통해 사람들을 연결함으로써 거리 개념 자체를 재구성하고 있다. 오늘날의 정치는, 통례적인 불확실성과 불확정성은 물론이고 물자와 자본의 이동, 커뮤니케이션 흐름, 문화의 상호 교환, 사람들의 이동 등이 만들어 내는 그런 세계를 배경으로(Kegley and Wittkopf 1989, 511), 요약하면 '세계화' 과정을 배경으로 전개되고 있다.

'세계화'란 무엇인가? 세계화란, 활동, 상호 작용, 권력 행사 등이 대륙을 초월해 또는 지역 간에 전개되는 식으로, 인간의 조직과 활동의 공간적 형태가 변화하는 것을 의미한다. 그것은 사회관계나 제도가 시공을 초월해 확대되고 심화되는 것을 뜻한다. 예컨대 지구 반대편에서 발생하는 사건에 의해 일상적 활동이 점점 더 영향을 받게 되는 다른 한편으로 지방 집단이나 지방 공동체의 결정과 실천이 중요한 지구적 반향을 일으킬 수 있는 것이다(Giddens 1990, 64 참조).

오늘날 지구화는 최소한 두 가지 전혀 다른 현상을 의미한다. 그 첫째는 수많은 일련의 정치·경제·사회적 활동이 그 범위에서 세계적이 되고 있는 것이다. 둘째는 국가들과 사회들 내부 또는 그들 간의 상호 작용과 상호 연계성이 강화되고 있는 것이다. 현대 세계 체제의 새로운 점은, 사회관계들이 새로운 활동의 차원 — 무엇보다도 과학기술적·조직적·행정적·법적 차원 ─ 으로 확장되고 있으며, 또한 현대적 커뮤니케이션 망이나 새로운 정보 기술과 같은 현상이 매개하는 상호 연계 양식이 계속 심화되고 있다는 것이다. 관계망과 연결망의 광대함, 흐름의 강도, 연계의 정도, 이런 현상이 특정 공동체에 미치는 영향 등을 근거로, 세계화의 여러 다른 역사적 형태를 구분하는 것이 가능하다(Held et al. 1999 참조).

세계화는 단일한 상황도 아니고 단선적 과정도 아니다. 오히려 세계화는 경제, 정치, 과학기술, 군사, 법률, 문화, 환경 등 다양한 영역의 활동과 상호 작용을 포함하는 다차원적 현상으로서 가장 잘 이해된다. 또한 다양한 각 영역마다 관계 양식과 활동 양식이 상이하며, 논리 형태나 다른 영역에 대해 갖는 함축적 의미도 각 영역마다 다르다. 세계화에 대한 일반적 설명에 기초해, 한 영역의 상황으로부터 다른 영역에서 무엇이 일어날지를 단순히 예측하는 것은 불가능하다. 나아가 국민국가는, 민주적이든 아니든 간에, 그 자체 다양하게 지역적·전 지구적 흐름과 엮여 있다. 개인과 집단과 국가에 있어 세계화의 의미는, 예컨대 국제 노동 분업에서 차지하는 국민국가의 위치에 따라, 특정 파워 블럭에서의 위상에 따라, 국제법 체제와 관련된 위상에 따라, 주요 국제기구와의 관계에 따라 모두 상이하다. 모든 국가들이 세계경제에 균일하게 통합된 것은 아니다. 따라서 어떤 국가에서는 한 국가의 정치적 귀추가 세계적 과정에 의해 엄청난 영향을 받는 데 반해, 다른 국가에서는 지역적 또는 일국적 영향력이 우세하게 유지되기도 한다.

나아가 세계화 과정이 반드시 전 지구적 통합의 증대 ─ 즉, 사회와 정치가 점점 동질적이 되고 통합되어 가는 그런 세계 질서 ─ 를 가져다주는 것은 아님이 강조되어야 한다. 왜냐하면 세계화는 파편화와 통합의 힘, 두 가지 모두를 낳을 수 있기 때문이다. 파편화 또는 분열의 경향이 가능한 것은 몇 가지 이유 때문이다. 국가 간의 또한 사회 간의 조밀한 상호 연계성의 증대는 특정 지방의 주민들에게 영향을 미치게 될 일련의 새로운 사태를 촉진할 수 있다. 세계화는 새로운 형태의 변화를 창출함으로써 이전의 정치·경제 구조를 약화시킬 수도 있다. 새로운 조정 체계의 확립을 반드시 가져다주는 것은 아니면서 말이다. 세계화가 민주주의에 미치는 영향이나 민주적 국민국가가 세계화에 미치는 영향에 대한 좀 더 충실한 논의를 위해서는, 세계화 개념에 대한 일반적 관심으로부터 활동과 상호 작용의 개별 영역 및 과정에 대한 검토로 방향을 바꿀 필요가 있다.

주권, 자치 그리고 괴리

국민국가는 지속적인 생명력을 보여 주고 있다. 하지만 이것이, 민주적 국민국가 개개의 주권 구조가 일국적·국제적·초국적 관계나 세력에 의해 아무런 영향도 받지 않고 그대로 유지되고 있음을 의미하지는 않는다. 오히려 거의 확실하게, 권력과 강제의 양식이 변하고 있음이 나타나고 있다. 이런 민주적 국민국가의 주권의 범위와 특징을 정확히 파악하려면, 한편에서 국민국가들이 스스로 주장하는 공식적인 정치적 권위의 범위와, 다른 한편에서 지역적·세계적 수준에서의 국가 체제와 경제체제의 실제 구조와 실천이라는 두 측면 간의 수많은 '괴리'를 살펴봐야 한다(Held 1995, part I 참조). 지역적·세계적 수준에서 보면, 원칙적으로 자신의 미래를 결정할 수 있는 존재로서의 민주국가 개념과, 개별 국민국가의 선택지를 결정·제약하는 작용을 하는 세계경제, 국제 조직, 지역 기구, 세계 기구, 국제법, 군사 동맹 사이에는 여러 가지 괴리가 존재한다. 이하의 논의에서는 이런 '외적' 괴리 양상들에 초점을 맞출 것이다. 하지만 그것을 열거해 보이는 것은 단지 예시하는 것이지 체계적이거나 완벽한 것이 아님을 강조하고자 한다. 그런 양상을 살펴보는 목적은, 여러 핵심 영역에서의 세계화가 정치기구에 어느 정도의 제약이 된다고 할 수 있는지, 또한 민주적 정체의 가능성은 어느 정도 변질되었는지 등과 같은 질문을 제시하기 위한 것이다. 이런 문제들이 다루어지면, 그런 괴리 양상들이 국가 경계 안에서나 국가 경계를 벗어나서 민주주의의 본질이나 전망에 미치는 의미가 밝혀질 수 있을 것이다.

괴리가 끼치는 영향을 평가함에 있어서 다음과 같은 점에 유의해야 한다. 즉, 국가라는 틀 내에서의 의사 결정의 정당한 기반을 축소시키는 '더 높고' 독자적인 권위 형태에 의해 주권이 대체될 때에만 주권은 침식된다는 것이다. 왜냐하면 주권이란 한 공동체 내에서의 정치적 권위 — 주어진 영토 내에서 규칙·규제·정책의 틀을 결정할 권리 따라서 통치할 권리를 가진 — 의 한계를 정해 주는 것이기 때문이다(이 책 3장 참조; 더 자세한 설명은 Held 1995). 하지만 세계화가 국민국가에 미친 영향에 대해 생각할 때, 주권과 국가 자율성을 구분할 필요가 있다.[2] 주권이란 경계 내의 영토에 대한 지배권을 의미하는 데 비해, 국가 자율성이란 정책 목표를 독자적으로 표출하고 달성하기 위해 국민국가가 가지고 있는 실제 권력을 의미한다. 사실 국가 자율성이란 국제적·초국적 제약에서 벗어나 행동할 수 있는 그리고 일단 결정된 목표를 달성할 수 있는 국민국가의 능력을 나타낸다. 이런 구분을 염두에 둔다면, 한정된 영토 내에서 민주적 의사 결정자들이 할 수 있는 결정의 범위와 성격을 변화시킨 그런 일련의 과정들이, 외적 괴리[즉, 앞에서 논의된, 국민국가의 공적 권위와 이를 제약하는 외부 요인 간의 불일치-옮긴이] 양상을 살펴봄으로써 드러날 수 있을 것이다. 제기될 핵심적 질문은, 국

2_'국가 자율성' 개념을 앞에서 정의한 자치의 원칙과 혼동해서는 안 된다. 대체로 국가 자율성이란 정책 목표를 달성하는 국가의 능력을 말하는 반면, 자치의 원칙은 이런 정책의 방식이나 방향이 어느 정도나 시민의 관여와 숙의에 의해 형성되었는가에 초점을 둔다. 즉, 자치의 원칙은 정치적 정통성의 원칙이다. 주권은 이 두 개념을 중개하고 중재하는 고리이다. 왜냐하면 주권은 정치 공동체를 대신해서 행동하는 데 필요한, 또한 권위 있고 책임 있는 방식으로 정치 공동체를 대표하는 데 필요한 정당한 근거를 명확히 해주기 때문이다.

가의 자율성은 변화되어 왔지만 주권은 손상되지 않고 그대로 유지되어 왔는가 아니면 현대 국가는 실제로 주권의 상실에 직면해 있는가라는 것이다. 이 문제를 다룸에 있어 나는 대부분의 사례를, 유럽 국가들에 직접적인 영향을 미친 과정이나 관계들에서 끌어올 것이다.[3] 이들 국가의 결과가 가장 중요하기 때문이다. 하지만 논의는 더 확대되어 다른 지역까지 포함하게 될 것이다.

괴리 1 : 세계경제

한편에서 국가의 공식적 권위와 다른 한편에서 국가 정치 권위체의 권력이나 범위를 여러 방식으로 제한하는 실제의 생산·분배·교환 체제 간에는 괴리가 존재한다(R. O. Keohane and Nye 1989; Frieden 1991; Held et al. 1999, 3-5장).

1. 세계경제 과정의 두 요소가 핵심적이다. 급성장하는 다국적기업MNCs에 의해 일부 조직되는, 생산의 세계화와 금융 거래의 세계화가 그것이다. 다국적기업은 확실히 세계경제를 염두에 두면서 생산·판매·배급을 계획하고 실행한다. 분명한 국가적 기반을 가질 경우에도 다국적기업의 관심은 무엇보다도 세계적 수익성에 있다. 은행 같은 금융 조직도 규모나 지향에서 점점 더 세계적이 되고 있다. 런던에 있건 도쿄에 있건 뉴욕에 있건 은행들은 거의 동시에 새로운 사태를 추적·감시하고 대응할 수 있다. 새로운 정보 기술은 모든 종류의 금융 조직과 상업 조직에 대해 경제단위 ― 통화, 주식, '선물' 등 ― 의 유동성을 급진적으로 증가시켜 주었다.

2. 전후 시대에 교역은 엄청나게 증가해 전례 없는 수준에 도달하고 있다. 세계 각 지역 내의 교역이 증가했을 뿐만 아

[3] 이들 국가에 영향을 미친 지역적·전 지구적 경향에 대한 자세하고 신중한 설명은 Held et al.(1999)을 참조. 이하의 사례 중 많은 부분 특히 무역, 금융, 다국적기업, 문화 분야의 새로운 사태들, 환경 등의 경향을 보여 주는 자료 등은 이 책과 함께 맥그루(McGrew), 골드블라트(Goldblatt), 페라턴(Perraton)에게 빚지고 있다.

니라 지역 간 교역도 지속적으로 증대했다. 급속히 확장되는 무역협정에 더욱 많은 국가들(예컨대 인도와 중국)이 가담하고 있으며, 그런 협정에 의해 더욱 많은 사람과 국가가 영향을 받게 되었다. 세계적으로 관세 장벽이 더 낮아진다면, 이런 경향은 계속 지속될 것이다. 더구나 지난 25년 동안 세계 금융 흐름의 확대는 놀라운 것이었다. 오늘날 외환 거래액은 하루 1조 달러를 넘고 있다.[4] 이런 금융 활동의 상당수는 투기적인 것으로서, 자산 가치의 근거가 되는 토대의 변화에 의해 설명될 수 있는 부분을 초과하는 가치 변동(주식 등에서의)을 낳고 있다. 더구나 다국적기업은 지금 전 세계 생산의 4분의 1 이상, 세계 산업 생산고의 80퍼센트, 세계 무역의 3분의 1을 차지하고 있다(McGrew 2005). 다국적기업은 기술 확산에 필수적 존재이며, 국제 금융시장의 주된 행위자들이다.[5] 다국적기업은 거시경제정책에 깊은 영향을 미친다. 다국적기업은 가장 유리한 자본시장에서 금융을 조달하는 방식으로 이자율 변동에 대응할 수 있다.

다국적기업은 고용 비용이 더 낮은 국가로 고용 수요를 이동할 수 있다(아웃소싱). 또한 산업 정책 특히 과학기술 정책 영역에서, 최대 수익이 생기는 곳으로 활동을 옮길 수 있다.

3. 커뮤니케이션과 운송 기술의 발전으로 인해, 지금까지 개별적으로 존재해 온 시장들 간의 장벽 — 독자적인 국가 경제정책의 필수 조건이었던 경계(R. O. Keohane and Nye 1972, 392-395) — 이 무너지고 있다는 주장을 뒷받침할 상당한 증거들이 존재한다. 시장과 사회는, 그 개별적 정체성이 유지될지라도, 다른 시장과 사회에 더 민감해지고 있다. 1990년대 말 동아시아에서 일어난 대폭락은 명백히

4_무역 대비 외환 거래액의 비율은 지난 20~25년 사이에 1달러 대 11달러에서 거의 1달러 대 60달러로 급증했다. 즉, 외환시장에서 거래되는 60달러에 대해, 1달러만이 실제 무역에서 운용되고 있다(Held and McGrew 2002, 48).

5_증거 자료에 의하면 많은 거대 다국적기업들은 그들의 판매고와 수익의 대부분을 국내에서 올리고 있다. 하지만 이는 주로 거대한 국내시장을 가지고 있는 미국 기업들의 영향 때문이다. 미국 기업을 제외하면, 국내에서 발생하는 판매와 수익의 비중은 훨씬 낮아지며, 특히 하이테크 기업의 경우에 이는 두드러진다.

이를 보여 준 사례다. 따라서 일국적 경제정책의 가능성 자체가 의문시된다. 전방위적 경제정책을 전개하는 데 따르는 비용과 편익의 구조가 변화되었기 때문이다. 예컨대, 일국적 케인스주의가 오늘날 더는 작동하지 못하는 데에는 많은 이유가 있지만, 근본적 이유는 전 세계적 노동 분업과 금융 체제에 직면해 개별 정부가 자신들의 경제를 관리하고 개입하기가 훨씬 더 어렵게 되었기 때문이다(Gilpin 1987 참조; Cox 1987; Kolko 1988). 케인스주의는 제2차 세계대전 이후 시기에 존재했던 '내장된 자유주의'● 체제의 환경에서 잘 기능했다. 그것은 서구 세계 전역에서 국제 경제와 국내 경제 모두의 합의된 운영체제였다(R. O. Keohane 1984b 참조). 하지만 다른 어떤 사태보다도 1973년 석유 위기에 뒤이어 전후의 '자유주의적 합의'가 붕괴되면서, 경제를 관리하고 국제경제 추세를 '돌파'할 수 있는 가능성은 점점 더 희박해졌다. 더구나 국제적인 통화·채권 거래액이 현재와 같은 수준에 이른 상황에서, 개별 국가들이 독자적인 통화정책과 환율 전략을 추구하기란 점점 더 많은 비용을 요하게 되었다.

4. 물론 경제 프로그램에 대한 국가의 통제력 상실이 경제 영역 전반에 걸쳐, 좀 더 일반적으로는 모든 사회에 걸쳐 한결같이 나타나는 것은 아니다. 몇몇 시장이나 국가는 여러 조치들 — 예컨대 시장의 경계나 '개별성'을 복구하거나, 국제적으로 이동해 다니는 금융회사들을 견제할 수 있게 국내법을 확대하거나, 정책 조정을 위해 다른 나라와 협력적 정책을 채택하는 등 — 을 통해 초국적 경제 네트워크로부터 스스로를 격리시킬 수 있다(Cooper 1986, 1-22; Gilpin 1987, 397 이하). 나아가 경제활동이 다극(그중에서도 유럽 시장, 미국 및 아시아-태평양 지역) 주위로 뭉침에 따른 세계경제 부문들의 지역화regionalization는 시장 동향에 대한 어

● 내장된 자유주의(embedded liberalism)란 완전고용, 경제성장, 복지 확보 등을 위해 국가가 시장에 개입했던, 제2차 세계대전 이후 1970년대까지 서구에서 지배적이었던 경제 체제를 지칭한다. embedded란 시장 및 기업 활동이 사회정치적 규제망에 파묻혀 있는 상태를 의미한다.

느 정도의 조정의 여지를 제공하고 있다. 정치 구조와 경제구조 간의 특유의 긴장은, 권역에 따라서 또한 권역 간에(예컨대 서구-서구 간에, 북반구-남반구 간에, 동-서 간에) 달리 나타날 수도 있다. 따라서 국민 경제 개념 자체가 필요 없게 되었다고 단순히 주장하는 것은 불가능하다. 하지만 그 자신의 경제적 미래를 통제할 수 있는 개별 국가(민주적이든 아니든)의 능력이 생산과 금융 및 기타 경제 자원의 세계화로부터 도전받고 있는 것은 분명하다. 여하튼 정부가 선택할 수 있는 정책들의 비용과 편익에 변화가 생기고, 그래서 정부의 자율성에 영향을 미치고 있다고 여겨진다. 또한 일국적·지역적·세계적 경제 세력들의 상호 교차로 특징되는 현대 경제 상황과 자신의 미래를 결정하는 주권국가의 개념 간에 괴리가 나타나고 있다고 여겨진다.

괴리 2 : 국제적인 정치적 의사 결정

주권국가 이론과 현재의 전 지구적 체제 간에 괴리가 나타나는 두 번째 주요 영역은, 초국가적 활동의 전 영역(무역, 운송, 대양 이용 등)을 관리하기 위해 수립된 수많은 국제 조직과 레짐이 교차하는 그곳이다. 이런 새로운 형태의 정치조직의 수적 증가는 초국가적 연계의 급격한 확장 및 대외 정책과 국내 정책 간의 상호 침투의 증가를 반영한다. 또한 그것은 대다수 국가들이 공동의 정책 문제를 다룰 어떤 형태의 국제적 관리·조정 기구를 비슷하게 원하고 있음을 보여 준다(Luard 1977 참조; Krasner 1983; Held and McGrew 2002, ch. 2-7).

1. 국제적·초국가적 조직의 형성은 세계 정치의 의사 결정 구조에 중대한 변화를 가져왔다. 새로운 형태의 다자적·다국적 정치가 형성되었으며,

이와 함께 정부, 정부 간 기구IGO, 다양한 초국가적 압력 집단, 국제 비정부 기구INGO 등을 포함하는 새로운 집단적 의사 결정 양식이 등장했다. 1909년에 37개의 정부 간 기구와 176개의 비정부 기구가 있었는 데 비해 1996년에 활동 중인 정부 간 기구는 4,667개, 비정부 기구는 25,260개에 이르렀다(UIA 2002 참조). 19세기 중반에 정부 간 기구가 후원하는 국제회의는 1년에 2~3개 정도였던 데 비해, 오늘날 그 수는 1년에 9,000개를 상회한다(UIA 2000). 1992년 6월 리우데자네이루에서 열린 지구 정상회담Earth Summit,* 1995년 8월에 베이징에서 개최된 여성회의, 2005년 '빈곤을 역사 속으로'Make Poverty History** 운동 등에 참여한 사람들의 범위와 다양성은 애초에 제안된 행사만큼이나 그렇게 놀라운 것은 아닐지 모른다.

2. 광범위한 국제기구나 조직 가운데에는 주로 기술적인 문제에 관한 것들도 있다. 만국우편연합UPO, 국제전기통신연합ITU, 세계기상기구WMO 등을 비롯한 수많은 기구들이 그것이다. 이런 기구들은 논란의 여지 없이 효과적으로 작동하는 경향이 있다. 대부분의 경우 개별 국민국가가 제공해 온 서비스가 연장된 것을 제공한다(Burnheim 1986, 222). 이들 기구는 그 직무의 범위가 확실히 정해져 있기에 정치적으로 비판받거나 논란에 휩싸일 여지는 없다. 이와 반대되는 것이 세계은행, 국제통화기금IMF, 세계무역기구WTO, 유네스코UNESCO 등이다. 좀 더 핵심적인 문제인 규칙과 자원의 관리·할당 문제에 집중하는 이들 기구는 아주 정치화된 것으로서 늘 논란의 대상이 되어 왔다. 기술적 근거에 기반을 둔 좀 더 소규모 기구들과 달리, 이 조직들은 정책 통제권을 둘러싸고 끊임없는 갈등의 초점이 되고 있다(Burnheim 1986, 220 이하). 그 활동 방식은 다양하지만, 이 기구들은 모두 지난 수십 년

* 리오데자네이루에서 열린 유엔 환경 및 개발 회의(UNCED)의 속칭이다.
** 소말리아 난민 지원 재단의 명칭이다.

동안 어떤 '권위를 침해함'으로써 이득을 보아 왔다. 그런 침해는 몇몇 기구들에 결정적인 개입 권한을 부여해 주었다. IMF의 활동은 흥미로운 사례를 제공한다. IMF는 특정 경제정책 노선을 추구하면서, 종종 어떤 정부에 융자를 제공하는 조건으로 공공 지출 삭감, 화폐 평가절하, 보조금 복지 프로그램 축소 등을 요구했다. 유념해야 할 것은, IMF 개입이 한 국가의 정부 당국이나 특정 정치 분파의 요청에 의해 일상적으로 일어나고 있으며, 또한 IMF 개입은 종종 한 국가가 독자적으로 정책을 펼 여지가 극히 작다는 사실을 [스스로-옮긴이] 인정한 결과이기도 하다는 점이다. 따라서 IMF 개입을 바로 주권에 대한 위협으로 해석할 수는 없을 것이다. 하지만 일국적 정치·정치기구의 중심에 위치하는 주권국가의 개념과 국제 수준에서의 의사 결정의 특징 간에 뚜렷한 긴장이 형성되어 온 것은 사실이다. 또한 IMF, 세계은행, WTO와 같은 기구의 운영 규정 및 국제경제질서가 [개별 국가에 대해-옮긴이] 제약을 가하고 있는 상황에서, 그런 국제 수준의 의사 결정의 특징으로 인해, 도대체 어떤 조건 하에서 한 공동체가 자신의 정책과 방향을 결정할 수 있을지 심각한 의문이 제기되고 있다.

3. 유럽 연합EU은 국제 조직이 야기하는 이슈들에 대한 주요한 실례를 제공해 준다. 이 책을 집필하고 있는 지금도 EU의 구성 요소들에 대해 논쟁이 계속되고 있지만, EU의 영향력과 효능은 다른 어떤 종류의 국제 조직보다 크다. 이는 EU가 회원국들에게 강제할 수 있는 법을 제정할 권한을 갖기 때문이다. 어떤 다른 국제기구보다도 EU는 '거의 초국가적'이라는 이름표에 걸 맞는 것이다. EU 기구 가운데 각료이사회Council of Ministers는 독특한 지위를 갖는다. 정책을 만들고 집행할 수 있는 강력한 법적 수단(무엇보다 '규칙', '지시', '결정' 등)을 가지고 있기 때문이다. 그중에서도 '규

칙'이 가장 주목된다. 규칙은 회원국들에 의한 어떤 추가적 협상이나 조치와 관계없이 법률의 지위를 갖는다. 따라서 EU 회원국들은 더 이상 자신의 국경 안에서 유일한 권력 중심일 수 없게 되었다(Hoffman 1982 참조; Wallace 1994). 다른 한편, EU의 권한은 회원국들이 주권의 일부를 '자발적으로 양도'함에 따라 획득되었으며, 제2차 세계대전 이후 30여 년 동안 미국이 지배하는 조건에서 또한 태평양 연안 아시아 여러 국가들과의 경제적 경쟁이 격화되는 상황에서, 그런 양도가 유럽 국민국가의 생존에 실제로 도움이 되어 왔다는 점을 명심해야 한다. 간단히 말하면, 다른 많은 국제기구처럼 EU는 기회와 제약 양자를 모두 제공하고 있는 것이다. EU 회원 국가들은 국내적 및 대외적인 많은 영역에서 최종적이고 가장 보편적인 권력을 유지하고 있지만, 다른 한편 EU 자체도 이들 영역의 일부에서 선택권을 강화하고 있는 것 같다. 하지만 EU 내에서 현재 주권은 분명히 분할된 상태다. 불가분의, 무제한의, 배타적인, 그리고 영속적인 형태의 공권력 ― 개별 국가 내에서 구현되는 ― 으로 상정되는 어떤 주권 개념도 더 이상 존재하지 않게 된 것이다.[6]

4. 이런 모든 새로운 사태들은, 순전히 국가 중심적인 '상위 정치'high politics 의 국제 체계로부터 새롭고 독특한 지리적 통치 형태로의 변화를 가져왔다. 이런 변화를 보여 주는 가장 흥미로운 사례 가운데 하나는, 주권국가 개념의 핵심 부분인 국가 안보와 국방 정책에서 찾아볼 수 있을 것이다. 많은 국가들 사이에서 집단 방위 및 협력 안보에 대한 강조가 현저하게 증가해 왔다. 국방에 필요한 막대한 비용과 과학기술적 요건, 국내적 부담 등과 같은 요인은, 다국적·협력적 방위 장치뿐만 아니라 국제적인 군사 협력·조정 등의 강화를 촉진하고

6_EU 의사 결정 과정의 능률화를 기대하고 제안되었던 새로운 유럽 헌법의 채택이 2005년 프랑스와 네덜란드에서 '거부' 된 이후에도 이런 구조는 그대로 유지되고 있음을 명심하는 것이 중요하다. 새로운 유럽 헌법 개정 조약이 2007년 리스본에서 합의된 이후 EU회원국의 의회 비준 및 국민투표를 거쳐 2010년 12월 발효되었다―옮긴이]

있다. 국가 간의 과학기술적 연계와 결합이 점점 긴밀해짐에 따라 이제 국가 안보 및 무기 조달의 개념 자체가 도전받고 있는 것이다. 예컨대, 세계에서 가장 발전된 무기 체계의 하나인 전투기는 여러 국가에서 조달된 부품에 의존하고 있다.[7] 방위생산의 초국가화와 연계된 군사기술의 세계화가 진행되어 온 것이다. 또한 대량 파괴 무기의 확산은 모든 국가를 불안하게 만들고 있으며, '적'과 '동지'의 개념 자체를 의심스럽게 만들고 있다.

물론 이상의 논의가 9·11 이후 미국 힘의 부활, '유지동맹'●을 구성하려는 미국의 시도(이라크보다 아프가니스탄에서 더 성공적인), 부시George W. Bush 대통령하에서의 일방주의 전략의 추구 등과 같은 현실을 부정하는 것은 아니다. 미국은(중국도) 지금까지 논의해 온 집단 안보 경향을 방해할 수 있으며, 대대적인 군사개입을 개시할 능력을 분명 가지고 있다. 미국은 필요하다면 단독으로라도 세계 어디에서든 전쟁을 치를 수 있다. 그러나 쉽게 평화를 획득할 수는 없다. 일방주의는 사람들의 마음을 얻는 취약한 기반임이 입증되었다. 다른 국가들과의 광범위한 협력 없이는, 또한 아프가니스탄과 이라크 사람들의 광범위한 협력을 얻지 못한다면, 재래식 군사력만으로는 패배하기 쉽다(이에 대한 논의는 Held and Koenig-Archibugi 2004 참조). 지금 아프가니스탄의 대부분은 다시 군벌과 마약 거물들의 수중에 들어가 있고, 이라크는 혼란에 휩싸여 있다. 이런 상황은 강대국들의 콧대를 꺾으면서 다시 협력적·협조적 대안을 추구하도록 만들 수 있다. 민주적이고 전 지구적인 시대에 있어 국제적·초국가적 문제를 단독으로 처리하려고 하는 것은 정통성도 성공도 낳지 못하게 될 것이다.

[7] 이에 대한 많은 흥미로운 논의는 Anthony McGrew에 빚지고 있다.
● 유지동맹(coalition of the willing)이란 "뜻이 맞는 국가들의 연합"이라는 뜻으로, 이라크 전쟁 과정에서 미국의 부시 정권이 내세운 안전보장 전략의 중심 개념이다. 기존의 동맹과 국제연합(UN) 체제의 제약을 넘어서 미국이 주도하여 과제마다 임기응변으로 대처하는 안전보장 체제로서 구상된 것이다. 미국이 주도하고 지원국을 끌어들여 일으킨 아프가니스탄 전쟁과 이라크 전쟁이 실제 예다.

괴리 3 : 국제법

국제법의 발전은 개인, 정부, 비정부 조직 등을 새로운 법적 조정 체제에 따르도록 해왔다. 국제법은 국민국가의 요구를 뛰어넘는 권한과 제약, 권리와 의무 등을 인정해 왔는데, 그것은 비록 강제적 집행권을 가진 제도에 의해 뒷받침되고 있지는 않지만 광범한 영향을 미치고 있다.

1. 국제 공동체의 시작 이래로, 국가의 주권을 지지하는 것으로 이해되어 온 두 가지 법적 규칙이 존재해 왔다. '재판 면제'와 '국가기관의 면책'이 그것이다. 전자에 의하면, '어떤 국가도 그 주권의 자격으로 수행한 행위로 인해 다른 국가의 법정에서 고소당하지 않는다.' 또한 후자가 규정하는 바에 의하면, '개인이 자신의 출생국의 대리인으로 활동하는 중에 다른 국가의 법률을 위반하여 그 국가의 법정에 회부될 경우 "유죄" 판결을 받지 않는다. 왜냐하면 그는 사적 개인이 아니라 국가의 대리인으로 행동했기 때문이다'(Cassese 1988, 150-151). 이런 규칙들의 기본 목적은 모든 외교정책 문제에서 정부의 자율성을 보호하고, 국내 법정이 외국의 행동에 대해 판결하지 못하도록 저지하는 데 있다(어디에서든 어떤 국내 법정도 그렇게 하지 못하도록 저지된다는 양해하에서). 정부는, 오직 '정치의 기술'이 가하는 제약에만 따르면서, 자체의 이해관계를 자유롭게 추구할 수 있다는 것이 전통적인 결론이었다. 하지만 주권에 대해 국제적으로 인정되어 온 이런 법률적 핵심 내용이 점점 서구 법정에서 의문시되면서 이견에 직면하게 되었다는 사실을 주목해야 한다. 또한 국가주권이 시험대에 서게 되었던 경우 대부분 승리해 온 것이 사실이지만, 오늘날 국가주권과 국제법 간의 긴장이 현저하게 드러나고 있고 장기적으로 그것이 어떻게 해결될지는 누구도 확신할 수 없다.

2. 전후 시기에 만들어진 국제 인권선언 중에서 1950년 "인권과 기본적 자유의 보호를 위한 유럽협약"European Convention for the Protection of Human Rights and Fundamental Freedoms은 특히 주목할 만하다. UN의 1948년 "세계인권선언"Universal Declaration of Human Rights 및 그에 뒤이은 UN 인권협약 등과는 대조적으로, 유럽협약은 그 전문에서 밝히고 있듯이 'UN 선언에 담긴 권리의 몇몇을 집단적으로 시행하기 위한 첫 발을 내딛은' 것이었다(강조는 저자). 유럽협약은 가장 주목할 만하고 급진적인 법적 혁신에 대한 약속이었다. 즉, 원칙적으로 개별 시민들이 그들 자신의 정부에 대항해 소송을 거는 것을 가능케 한 혁신적인 것이었다. 현재 유럽 국가들은, 시민들로 하여금 유럽인권위원회European Commission on Human Rights에 직접 청원할 수 있도록 허용하는 유럽협약의 (선택) 조항을 받아들이고 있다. 유럽인권위원회는 유럽평의회Council of Europe의 각료이사회Committee of Ministers에 사건에 대한 보고[협약 위반 여부 등에 대한-옮긴이]를 하고 나서, 유럽인권재판소European Court of Human Rights에 사건을 제소할 수 있다(평의회 3분의 2의 찬성으로). 이 체계는 결코 직접적이지 않고 여러 면에서 문제가 있기는 하다. 그러나 EU에 의해 시작된 법률적 변화와 함께, 이 체계로 인해 국가는 더 이상 '그 시민을 국가가 합당하다고 생각하는 대로 자유롭게 다룰' 수 없게 되었다고 주장되고 있다(Caportorti 1983, 977).

3. 전통적으로 개인에게 권리와 의무를 부여하는 국가 공동체의 구성원이라는 관념 — 즉, 시민권 개념 — 과 국제법에서 창출된 새로운 형태의 자유와 의무 간의 괴리를 보여 준 또 다른 사례는 뉘른베르크 국제재판소의 결정이다.● 뉘른베르크 국제재판소는 역사상 처음으로, 기본적인 인도주의적 가치를 보호하는 국제적 규칙이 국가 법률과 충돌할 경우에 개인들은 국가의 법률에 따르

● 제2차 세계대전 종전 이후 독일 뉘른베르크에서 나치 독일의 전범들과 학살 관여자들에 대해 열린 연합국 측의 국제 군사 재판을 말한다.

지 말고 그것을 벗어나야 한다('도덕적 선택'의 여지가 없을 경우는 제외)고 규정했다(Cassese 1988, 132). 뉘른베르크 재판의 법적 틀은 현대 국가의 법률적 지향에 있어 극히 중요한 변화를 나타낸다. 왜냐하면 새로운 규칙은 군율의 원칙에 이의를 제기하고, 군대 내의 위계적 관계라는 가장 민감한 지점에서 국가의 주권을 전복시켰기 때문이다.

4. 국제법이란, 국제 질서에서 공존과 협력의 기반을 놓는 '방대하고 유동적인 규칙과 준규칙의 집성'이다. 전통적으로 국제법은, 주권국가들로 이루어진 사회라는 관념을 인류 정치조직의 '최고의 규범적 원칙'으로 확인하고 지지해 왔다(Bull 1977, 140 이하). 하지만 최근 수십 년간, 국제법의 주제와 영역과 원천은 모두 논쟁의 대상이 되어 왔다. 그리고 국제법이란 '오직 그리고 전적으로 국가들 간의 법'이며 또 그러해야 한다는 교의에 반하는 방향으로, 평가는 변해 왔다(Oppenheim 1905, ch. 1 참조). 국가 체제를 대표하는 주장과 세계 질서의 대안적 조직 원리 — 궁극적으로 초국가적 또는 범세계적 공동체 — 를 대표하는 주장 간의 갈등은 이런 변화의 중심에 자리하고 있다(Held 2004, part III 참조). 하지만 이런 갈등은 해결되지 않고 있다. 수많은 근본주의적·민족주의적 갈등이 다시 격화되는 상황, 미국이 부시 행정부에서 다시 자국의 지정학적 이익을 추구하는 상황, 2005년 헌법안의 좌절에 직면한 EU 계획의 약화 등을 볼 때, 새로운 세계 질서를 위해 동원된 주장들이 최소한 성급하게 만들어진 것 같다는 인상을 받게 된다.

괴리 4 : 문화와 환경

또 다른 괴리는, 국민을 위한 안전한 환경과 함께 국민적 일체감을 조성하고 유지할 수 있는 자율적 문화 중심으로서의 국가 개념과 미디어와 환경 영역에서 이와 연관된 변화 간의 괴리다.

1. 미디어 및 문화 영역에서 세계화의 징표는 복합적이고 불명확하다. 수행되어야 할 조사 연구들이 아직도 수없이 남아 있다(J. B. Thompson 1995, ch. 5 참조). 하지만 주목할 만한 최근의 새로운 사태들이 지적될 수 있다. 영어는 전 세계적으로 엘리트 문화의 지배적 언어로 확산되고 있다. 영어는 이제 사업, 컴퓨터, 법, 과학, 정치 등의 지배적 언어가 되었다. 텔레커뮤니케이션의 국제화 및 세계화가 급속히 이루어져 왔다. 예컨대 1980년대 초 이래로 국제전화 통화량은 다섯 배 이상 증가했고, 초국가적 연결 케이블이 엄청나게 늘어났으며, 위성 연결이 폭발적으로 확대되었다. 인터넷은 국내적·국제적으로 수평적·횡적 커뮤니케이션 기반을 경이적으로 증대시켰다. 더욱이 머독Murdoch 제국, 소니Sony, 베르텔스만Bertelsmann 같은 거대한 다국적 미디어 복합기업이 발전해 왔다. 관광도 엄청나게 증가했다. 예를 들면 1960년에 7천만 명이었던 국제 관광객은 1990년대 중반에 이르러 5억 명을 상회한다. 텔레비전과 영화에서도 비슷한 경향이 나타난다. 유럽 극장 수입의 60~90퍼센트는 외국 영화로부터 나온다(대체로 미국 지배에 대한 이야기이지만).

2. 위의 사례나 그와 유사한 사례들의 영향 모두를, 미디어가 이끄는 단일의 전 지구적 문화의 발전을 의미하는 것으로 받아들여서는 안 된다. 전혀 그렇지 않다. 그러나 위에서 본 새로운 사태들을 종합해 보면 그 의미는 명확히 드러난다. 국내적·국제적으로 수많은 새로운 형태의 커뮤니케이션과 미디어들이 국가들과 사람들을 새로운 방식으로 연결하고 있다는 것이 그것이다. 이에 따라 국가 정치 지도자들이 민족문화를 유지할 수 있는 능력은 점점 더 어려운 것이 되고 있다. 예컨대, 중국은 인터

넷 접근 및 이용을 제한하려고 시도했지만 사실상 불가능함을 알아차리게 되었다.

3. 환경 문제는 인간 조직과 활동의 전 지구적 변화를 가장 명백하고 확실하게 보여 주는 사례다. 환경 문제는 국민국가의 효능이나 국가 중심의 민주정치의 효능에 가장 근본적인 압박을 가하고 있다. 세 가지 유형의 문제가 이슈가 되고 있다.

ⓐ 첫 번째는 공동의 문제들이다. 이에는 지구라는 공유물, 즉 생태계의 기본 요소들이 포함된다. 환경이라는 공유물의 가장 분명한 예는 대기, 기후 체계, 대양과 바다 등이다. 이 부문에서 가장 근본적 도전은 지구온난화, 오존 감소, 지구라는 공유물의 전반적 오염 등이다.

ⓑ 지구 환경 문제의 두 번째 범주에는 인구 팽창과 자원 고갈이라는 상호 연관된 문제들이 포함된다. 중요한 예로는 생물 다양성 문제, 특정 종의 생존 문제 등이 있다.

ⓒ 세 번째 범주는 산성비나 강·하천 오염 물질 등과 같이 국경을 초월하는 오염이다. 좀 더 극적인 예는 체르노빌과 같은 원자력발전소의 부지 및 운영에서 나오는 문제다.

4. 환경 문제가 점점 확산되고 널리 알려지는 것에 대응하여, 이와 연계된 문화적·정치적 세계화가 진전되어 왔다. 새로운 문화적·과학적·지적 연계망의 등장이 그 예인데, 초국가적 관심과 초국가적 조직을 갖춘 새로운 환경운동, 1992년 브라질에서 열린 지구 정상회담에서 합의된 것 같은 새로운 기구와 협약 등이 그것이다. 물론 모든 환경 문제가 전 지구적인 것은 아니다. 그렇게 말하는 것은 오류일 것이다. 하지만 인류의 전반적 상황에 영향을 미치는 환경에 있어서, 즉 환경 문제의 폭과 강도에서 놀라운 물리적·환경적 변화가 있어 왔다.

요약 : 민주주의와 전 지구적 체제

세계 질서 및 그와 관련된 국민국가의 역할은 변화하고 있다. 복잡한 방식으로 전 세계가 상호 연결된 것은 오래전부터 그러해 왔던 바이지만, 최근에 와서 국내적 활동이 더욱더 '국제화'되고 국제적 틀 안에서 의사 결정을 하는 경향이 강화된 것은 의문의 여지가 없는 사실이다(Kaiser 1972, 370). 명백한 증거들이 보여 주듯이, 국제적·초국적 관계는 현대 주권국가의 권한을 변화시켜 왔다. 이제까지 정치 활동은 단순히 국가의 관심사 또는 국가 간의 관심사를 둘러싸고 구체화되어 왔는데, 세계화 과정으로 인해 정치는 이런 양상으로부터 크게 벗어나게 되었다.

위에서 살펴본 '괴리' 현상들에서 우리는, 정부나 국가의 행동의 자유를 제약하는 일련의 힘들을 확인할 수 있었다. 그 힘들은 예컨대 국내 정치의 경계를 모호하게 하고, 정치적 의사 결정의 조건을 변형시키며, 국가 정치 체제의 제도적·조직적 환경을 변화시키고, 정부의 법적 틀과 행정적 실천을 변화시키며, 국민국가의 책임의 경계를 모호하게 하는 등등을 통해 국민국가의 행동 여지를 제한하고 있다. 우리는 이런 일련의 과정에 근거해, 국가들이 어느 때보다 복잡한 세계 체제 안에서 작동하게 됨에 따라 국가의 자율성이 변화되고 또한 국가의 주권이 점점 침해되고 있다고 충분히 단언할 수 있을 것이다. 주권을 무제한적이고 분할할 수 없는 형태의 공적 권력으로 해석하는 어떤 주권 개념도 붕괴되고 있다. 오늘날 주권은 이미 수많은 일국적·지역적·국제적 기관들 사이에서 분할된 것으로, 또한 이런 다원성 바로 그것에 의해 제한되는 것으로 인식되어야 한다.

현대의 주권적 민주국가에 대한 이론 — 자유주의적이든 급진적이든 — 은, 스스로를 정당하게 통치하고 그 자신의 미래를 결정하는 어떤 공동체라는 개념을 전제로 하고 있다. 이런 개념은, 전 지구적 상호 연계 형태의 특징이나 현대 국가가 직면한 이슈들에 의해 근본적으로 도전받고 있다. 국가 공동체는 그 정부의 행동·결정·정책을 결코 배타적으로 '계획'하지 못하며, 또한 정부도 그들의 시민에게 무엇이 맞고 적절한지를 결코 혼자 결정하지 못한다(Offe 1985, 283-284). 일련의 지방적·지역적·전 지구적 구조들이 중복·중첩되어 있는 현실을 고려할 때, 민주주의의 의미, 특히 민주적 자치 모델의 의미는 재고되어야 한다. 상호 작용의 네트워크들이 범람하고 있는 지금의 외형만을 보고, 오늘날의 정치 공동체들에는 서로 구별될 수 있을 정도의 '국경' 칸막이나 구분이 전혀 존재하지 않는다고 결론짓는 것은 오류일 것이다. 정치 공동체들은 상당한 시간에 걸쳐 다양한 상호 작용 네트워크나 정치체제들에 의해 형성되어 왔던 것이다. 따라서 정치 공동체 개념의 운명이 어떻게 될지에 대한 질문과 함께 민주적인 정치적 선이 표출될 적절한 장소는 무엇인가라는 질문이 제기된다. 현대 정치 담론의 핵심적 행위자 ― 그것이 개인이든, 집단이든, 공동체이든 ― 가 중첩적인 다양한 힘들과 다양한 새로운 사태들과 다양한 국내적·국제적·초국적 공동체들과 서로 얽혀 있다면, 정치 특히 민주적 자치 모델의 적절한 '기지'가 어디인지는 곤혹스러운 문제가 아닐 수 없다.

보다 전 지구적인 시대에 민주주의를 다시 생각함 : 세계시민 민주주의

우리는 지금 근본적인 전환의 시기에 살고 있다. 한편으로는 국민국가 내외에서 민주주의와 책임성을 약화시키는 분명한 경향들이 존재하고 있다. 전 지구적 시장 과정과 시장 세력에 직면해 있는 국가의 역할을 약화시키고, 다국적 (생산·금융) 자본의 수중에 점점 권력을 집중시킬 것을 주장하는 분명한 시나리오가 존재하고 있다. 이런 상황에서 민주정치는 점점 전 지구적 시장에 적응하는 ─ 시장의 경향을 미리 짐작해서 그것에 적응하는 ─ 것으로 축소될 위험이 있다. 이와 동시에 전 지구적 수준에서 민주주의의 효능이나 범위가 극히 제한적임을 보여 주는 많은 사례들이 존재한다. 예컨대 초강대국의 의제를 그대로 받아들이는 UN의 취약성, UN의 집행력의 허약성(또는 완전한 결여), UN 조직의 재원 부족, 계속해서 소수 국가의 재정 지원에 의존하는 UN 프로그램, 여러 환경 레짐(지역적·전 지구적)의 단속 활동의 결함 등등이 그것이다. 다자주의 체제는 주도 국가들의 의제에 의해 불균형적으로 형성되고 있으며, 이런 경향은 앞으로 더 가속화될 것이다(Held 2004 참조; Held and Koenig-Archibugi 2004). 이런 시나리오에 의하면, 세계 정치는 점점 세계경제의 우위와 우선권에 의해 그리고 '클럽' 또는 집행부(G1, G7, G8)가 주도하는 다자주의에 의해 형성될 것으로 생각된다.[8]

다른 한편, 이와 같은 사태들에 대한 정치적 대안은 국가적·지역적·전 지구적 네트워크에 걸쳐서 민주주의를 심화하고 확대함으로써 개발될 수 있을 것이다. 그런 과정을 우리는 세계 시민적 기반에 기초한 민주적 자치의 구축, 간단히 말하면 '세계시민 민주주의'cosmopolitan democracy로 부를 수 있을 것이다. 여기에는 지역적·전 지구적 수준에서의 관리 역량과 독자적 정치 자원을 개발하는 것 ─ 지방적·국가적 정체의 관리 역량과 자원에 대한 필수적 보완물로서 ─ 이 포함된다. UN 체제의 행정 역량과 책임 방식을 개발하는 것과 함께, EU와 같은 지역 기구의 행정 역량과 책임성을 강화하는 것이 과제가 될 것이다. 세계시민 민주주의는 전 지구에 걸쳐 국가 능력 그 자체의 축소를 요구하지

---

8. G1은 미국을, G7은 미국, 캐나다, 영국, 프랑스, 독일, 이탈리아, 일본을, G8은 G7에 러시아가 추가된 것을 말한다.

않을 것이다. 오히려 그것은 지역적·전 지구적 수준에서 민주적 제도를 구축하고 개발하는 것 — 국민국가 수준에서의 민주적 제도에 대한 필수적 보완물로서 — 을 추구할 것이다. 세계시민 민주주의 개념은, 국가주권을 제한하게 될 중층적 통치를 주창하지만, 국민국가의 지속적 중요성에 대한 인정 위에 기반하고 있다.

세계시민 민주주의에 대한 주장은 어떤 새로운 정치조직에 대한 주장이 된다. 국가 체제와 공존하겠지만, 초국가적·국제적 결과를 가져오는 그런 활동 영역에서는 국가보다 우위에 서게 될 정치조직이 그것이다(좀 더 자세한 내용은 Held 1995, ch. 10 참조). 나아가 중요한 것은, 단지 새로운 민주적 기구를 형식적으로 세우는 것이 아니라, 원칙적으로 지역적·전 지구적 차원의 의사 결정에 시민이 참여하고 숙의할 수 있는 광범위한 통로를 만드는 것이다. 이런 민주주의 개념을 어떻게 이해해야 하는가? 이 문제를 다루기 위해서는 민주주의를 이중의 과정으로 생각할 필요에 대해 말한 앞서의 주장을 상기할 필요가 있다. 물론 그런 이중의 과정을 적용할 적절한 영역에 대한 재검토가 있어야 하겠지만 말이다(이 책 517-529쪽을 참조). 왜냐하면 이 장에서 내가 주장하는 바가 타당하다면, 민주주의가 제한된 지리적 영토 내에서뿐만 아니라 좀 더 광범위한 국제 공동체 내에서 가능하려면 민주주의는 단지 일국적 문제가 아니라 초국적인 일이 되어야 하기 때문이다. 요약하면, 오늘날 민주주의의 가능성은 민주적 제도와 기구의 틀을 확장하는 것으로 연결되어야만 한다.

이를 위해 두 가지가 필요하다. 첫째, 책임성 체계의 영토적 경계를 재구성함으로써 국민국가의 통제를 벗어난 이슈들 — 통화관리 측면, 세계 무역 체제의 규칙, 환경 문제, 안보 요소, 새로운 커뮤니케이션 형태들 — 을 좀 더 나은 민주적 통제 아래에 둘 수 있어야 한다. 둘째, 지역적·전 지구적 조정 및 실무 기관의 역할과 직무를 재검토하여 공적인 일을 처리하는 좀 더 체계적이고 효율적인 중추가 제공될 수 있게 하는 것이다. 아래에서는 세계시민 민주주의 모델의 제도적 구성 요소 몇 가지에 초점을 맞추어, 이런 요구에 부응할 수 있는 기반을 설명하고자 한다.

세계 시민적 정체는 도시, 국민국가, 지역, 좀 더 광범위한 초국가적 질서 등을 포함하는 포괄적인 민주적 공론장의 네트워크를 확립해야 할 것이다. 또한 일국적·지방적 수준의 정치·행정·조정 역량을 보완하는 지역적·전 지구적 수준의 효율적이고 책임 있는 정치·행정·조정 역량을 창출해야 할 것이다. 이를 위해서는 다음과 같은 것이 요구된다.

- 모든 국가 및 기구들로 구성되는 권위 있는 총회를 결성한다. UN 총회를 개혁한 것 또는 이를 보완한 것 등이 있을 수 있다. 전 지구적 총회global assembly의 초점은, 삶의 기회나 기대치와 관련해 핵심적 관심사가 되는 중대한 문제 — 예컨대, 건강 및 질병, 식량 공급 및 분배, 개발도상 세계의 부채, 지구온난화, 핵·화학·생물학전의 위험 감축 등 — 를 검토하는 데 맞추어질 것이다. 법의 지배, 민주적 원칙, 인류 발전을 위한 최소한의 조건 등이 뿌리내리도록 하는 데 필요한 규범과 제도를 기본법에 규정하는 것이 총회의 임무가 될 것이다.[9]
- 가능한 곳(예컨대 남미, 아프리카)에서는 지역 의회나 지역 통치 구조를 창출하고, 이미 그런 기구가 있는 곳(EU)에서

9 그럴 듯한 틀이나 모델이 부족한 것은 아니지만, 전 지구적 총회의 기준 조건에 대한 합의를 만들어 내는 것은 아무리 줄여 말해도 쉽지 않을 것이다. 궁극적으로 그 기준 조건이나 운영 규칙은 광범한 합의를 모을 필요가 있고 따라서 국가, 정부 간 국제기구, 국제 비정부 기구, 시민 집단, 사회운동 등을 망라하는 이해관계자들의 합의 구축 과정 — 전 지구적 헌법 제정회의 — 에서 창출되어야 할 것이다. 다양한 수준에서 조직된 전 지구적 자문과 숙의 과정은, 책임 있고 지속 가능한 전 지구적 통치 조직에 필요한 정당한 틀을 창출하려는 최상의 기대를 대표한다. 세 가지 핵심 이슈가 다루어질 필요가 있을 것이다. 누가 대표될 것인가, 정부인가 시민인가? 대의의 원칙은 어떻게 될 것인가, 일국 일표, 비례대표, 양자의 혼합? 전 지구 총회의 적절한 행동 범위와 한계는 무엇인가? 이에 답하기 위해서는, 사려 깊은 수많은 이론적 대답의 여지가 있는 질문이 필요하다. 각 질문에 대한 주장이나 논거는, 지구 헌법 제정 회의에서 논의될 다양한 이해관계를 고려하여 비교 검토되고 숙고되어야 할 것이다. 예컨대 대표의 근거를 결정함에 있어 인구 규모를 세어야 할지, 경제력을 따져야 할지, 아니면 둘을 혼합해야 할지를 둘러싸고 선진국과 발전도상국 간에 발생할 불가피한 이견이 그것이다. 새로운 지구 총회의 정통성과 신뢰성은 그것이 동의와 포괄적 선거의 원칙에 얼

는 그 역할을 제고한다. 이는 그런 기구의 결정이 지역적·국제적 조정의 합법적이고 독자적인 원천으로 인정되고 수용되도록 하기 위해서다.
- 기능적인 정부 간 국제기구(WTO, IMF, 세계은행 같은)를 공적인 조사나 공적인 의제 설정을 수용하도록 개방한다. 그런 기구들은 활동에서 투명해야 할 뿐 아니라, 공적인 조사(선출된 감독 기구, 실무적인 숙의의 공개 토론장, 선거구의 다양한 이해관계의 대표 등에 기반을 둔)를 받아야 하고, 지역적·전 지구적 총회에 대해 책임을 져야 하다.
- 현재 정부 간 국제기구IGO의 집행력이 취약하거나 없는 부문 — 예컨대 환경이나 사회 문제 영역 — 에서는 새로운 메커니즘과 조직을 형성한다. 빈곤, 복지 및 이와 관련된 이슈를 다룰 책임을 맡는 새로운 전 지구적 관리 기구를 창출하는 것은 WTO나 IMF 같은 시장 지향적 기관의 영향력을 상쇄하기 위해 절대적으로 필요하다.
- 일국적·초국가적 시민사회 조직들의 투명성과 책임성을 제고한다. 이는 '가장 큰 소리를 낼' 수 있는 자들로 인해, 또한 정부 간 국제기구를 비롯한 주요 정치기구들과 비국가 행위자들 간의 계약 조건의 불명료함으로 인해 혼란이 야기될 수 있는 가능성에 대처하기 위한 것이다 (Edwards and Zadek 2003). 한편으로 비국가 행위자들의 내부 행동 수칙이나 일처리 방식을 개선하는 방법을 찾는 시도가 필요하며, 다른 한편으로 전 지구적 정책 과정에 전념하고 있는 정부 간 국제기구나 다른 주요 정치기구에 비국가 행위자들이 대표로 참여할 역량을 높이는 방법을 찾는 시도가 필요하다. 나아가 전 지구적 정치에서 선진국 시민들이 부당하게 두 배로 대표(한 번은 그들의 정부를 통해, 또 한 번은 그들의 비정부 기구를 통해)되지 않도록 하기

마나 굳게 근거하고 있는가에 따라 결정될 것이다. 예견할 수 있는 미래의 어떤 총회도 아마 이론적 이상과 실제적 제약 간의 타협에 의해 구성될 것이다. 따라서 지구 총회의 특징과 형태에 대한 청사진을 제시하기보다는, 이런 이슈들이 숙의되고 해결될 수 있는 정당한 합의 형성 과정의 중요성을 강조하는 것이 다 낫다고 생각된다(Held 2004 참조).

위해서, 발전도상국 비정부 기구의 역할을 제고하기 위한 특별한 관심과 지원이 주어져야 한다.

• 세계시민의 핵심적 관심사를 실행하는 것과 관련해 우선순위를 둘러싸고 논란이 있을 경우에 국민이나 국민국가를 가로질러 지역적·전 지구적 수준에서 투표를 실시한다. 다양한 종류의 투표를 실시할 수 있는데, 예컨대 각국의 공중을 대표할 수 있는 횡단면에 해당하는 자들에 의한 투표, 특정 정책 영역에서 표적이 되고 많은 영향을 받게 되는 집단들에 의한 투표, 정책 결정자들이나 각국 의회의 의원들에 의한 투표 등이 그것이다.

• 심각한 지역적·전 지구적 안보 위협에 대처하는 데 도움이 되도록, 평화 유지 및 평화 창출을 포함하는 법 집행 능력 및 강제력을 개발한다. 기본적 인권이나 민주적 관심사들에 대한 긴급하고 폭력적인 도전에 직면할 경우, '검 없는 계약은 단지 말에 불과하다'(홉스)는 우려에 응할 필요가 있다.

세계시민 민주주의 모델은, 이런 변화와 더불어, 민주적 의사 결정을 구체화하는 동시에 그 한계를 규정하기 위해 시민적·정치적·경제적·사회적 권리와 의무를 포함하는 일단의 권리와 의무를 구축하려 한다(이 책 10장 참조). 이를 위해서는 그런 권리와 의무 등이 의회나 총회(일국적·지역적·전 지구적 수준의)의 헌법에서 명문화되어야 한다. 또한 국제 법정의 영향력을 확대함으로써, 정치 결사체 내에서나 밖에서, 집단이나 개인들이 정치 권위체를 대상으로 핵심적 권리를 입법하고 시행하도록 소송을 제기할 수 있는 효과적 수단을 갖게 해야 한다.

지금까지 민주주의의 실천이나 역사가 어떤 장소나 공간에 대한 개념(도

모델 10.2 세계시민 민주주의

- **모델을 정당화하는 원리**
  - 지역적·전 지구적 관계들이 강화되고 '운명 공동체들'이 확연히 중첩되는 세계에서는, 일국적·지방적 정체에서는 물론이고 지역적·전 지구적 네트워크에서도 자치의 원칙이 구축되어야 한다.

- **핵심 특징**

	단기적	장기적
정체/ 통치	・안전보장이사회 같은 UN 통치 기구의 개혁 (발전도상국에도 상당한 발언권과 의사 결정 자격을 부여). ・UN의 제2원의 수립(국제적 헌법 제정회의에 따라서). ・정치적 지역화 제고(EU 및 그 이상의) 및 초국가적 투표의 이용. ・새로운 국제적 인권법정 창설, 국제 형사재판소의 강제 관할권. ・효과적이고 책임 있는 국제적 군대의 형성.	・정치·사회·경제 권력의 여러 영역과 맞물린 새로운 권리·의무 헌장. ・지역·국가·지방과 연계된 전 지구적 의회(제한된 세입 징수 능력을 가진). ・정치적 이해관계와 경제적 이해관계의 분리. 숙의 총회 및 선거 과정에 대한 공적 자금 제공. ・형사법과 민사법 요소를 포괄하는, 상호 연계된 전 지구적 법률 체제. ・국민국가의 강력력의 점점 더 많은 부분을 지역적·전 지구적 기구로 영구히 이전.
경제/ 시민사회	・시민사회 조직 내에서 비국가적·비시장적 해결책을 강화. ・여러 가지 민주적인 경제조직 형태를 시도. ・자신의 이해관계를 지키고 표출하는 데 가장 취약한 사회적 지위에 있는 자들에게 자원을 제공.	・시민사회 내에 다양한 자기 조정의 결사체와 집단을 창출. ・다양한 영역으로 이루어진 경제와 소유 양식의 다양화. ・일반적 숙의와 정부 결정을 통해 공적 구조에 대한 투자를 우선. 하지만 재화와 노동은 광범위한 시장에서 조정.

- **일반적 조건**
  - 지역적·국제적·전 지구적 자원의 흐름과 상호 작용망의 지속적 발전.
  - 사회·문화·경제·환경 영역을 비롯한 다양한 영역에서 정치 공동체의 상호 연계성의 증가를 점점 더 많은 사람들이 인식.
  - 지방적·일국적·지역적·전 지구적인 민주적 숙의를 요구하는, 중첩적인 '공동 운명'에 대한 이해의 진전.
  - 일국적·지역적·국제적 법을 만들고 집행하는 데 있어 민주적 권리와 의무를 더욱 강력히 구축.
  - 탈군사화 및 국가 전쟁 체제의 초월을 궁극적 목표로 하여, 국가의 군사적 강제력의 점점 더 많은 부분을 초국가적 기관이나 기구로 이전.

주 | 여기에서는 세계시민 민주주의의 제도적 요건 및 개혁의 복잡한 주요 이슈들에 대해 단지 초보적 방식으로 제시하고 있다. 추가적 논의는 Archibugi and Held 1995; Held 1995; Held 2004를 참조.

시 공화국, 공동체, 국가)을 중심으로 해왔다면, 미래의 민주주의는 — 어쨌든 어딘가에 중심이 두어져야 한다면 — 전적으로 국제적 또는 전 지구적 범위에 중심이 두어질 것인가? 내가 보기에 이렇게 추단하는 것은 현재의 세계화의 본질이나 지금까지 내가 전개해 온 주장을 잘못 이해한 것이라 생각된다. 세계화는, 표현을 빌려 말하자면, '변증법적 과정'이다. 즉, '시공을 가로지르는 사회적 연계의 수평적 확장만큼이나 지방의 변형도 세계화의 한 부분이다'(Giddens 1990, 64). 전 세계적 힘들과 또한 부적절하고 비효율적인 정체에 의해 자신들이 괴롭힘을 당하고 있음을 알게 된 여러 집단들이 지역적·지방적 자치를 향한 새로운 요구를 하고 있다. 이런 상황은 분명 위험이 따르고 또한 분파적 정치가 심화될 위험을 수반하지만, 새로운 가능성을 예고해 주기도 한다. 예컨대 좀 더 광범위한 전 세계적 체제의 숙의적 총회를 보완해 주는, 지방 차원에서의 집약적이고 참여적이며 숙의적인 민주주의의 재생 가능성이 그것이다. 즉, 그런 요구들은 지역적·전 지구적 네트워크는 물론이고 민주적 결사체·도시·국가 등으로 이루어진 정치 질서를 예고하는 것이다. 그런 정치 질서에서 자치의 원칙은, 다양한 권력 현장에서 또한 다양한 공간적 범위를 가로질러 구축될 것이다.

이런 민주주의 개념의 주요 특징은 〈모델 10.2〉에서 제시되고 있다. 이 모델은 장단기적인 정치적 함의를 갖는 가능한 변화의 프로그램을 제시한다. 전부가 아니면 전무라는 식의 선택이 아니라, 분명한 지향점을 갖는 가능한 변화의 방향을 제시하고 있다.

유토피아적 기획?

지난 100여 년 동안에 정치권력의 모양과 형태는 변화되어 왔다. 정치권력은 국민국가보다 아래나 위로 또한 국민국가를 따라서 퍼지고 흩어져 왔다. 지금 정치권력은 다단계적이고 다층화되어 있다. 세계화는 세계 인구의 광대한 부분을 중첩적 운명 공동체로 '더욱 밀접'하게 만들어 왔다. 삶의 기회는 일국적·국제적·초국적 과정에 의해 영향받고 있다. 민주적 가치나 인권이 국제법의 주요 영역 안에 구축되어 있고, 인간이 범할 수 있는 극악한 범죄를 조사하기 위해 새로운 지역적·전 지구적 법정이 수립되어 왔다. 초국가적인 운동, 기관, 기업 등은 전 지구적 시민사회의 제1단계를 확립하기에 이르렀다. 이런 또는 이와 연계된 새로운 사태들은 세계시민 민주주의의 발전에 필요한 근거를 창출하고 있다. 세계시민 민주주의는 무에서 출발할 필요는 없다. 그것은 20세기에 놓인 법적·제도적 발판으로부터 발전해 나갈 수 있다.

이에 대해 비관적으로 생각할 이유는 충분하고 또 무수히 많다. 세계화는 단지 사람과 국가를 통합만 해온 것이 아니라 새로운 형태의 적대감을 창출해 왔다. 커뮤니케이션의 세계화는, 단지 상호 이해의 성립을 더 쉽게 하는 것만이 아니라, 종종 사람들 사이에 다른 점이 무엇이고 그런 차이가 어떻게 그리고 왜 문제가 되는지를 부각시켜 주기도 한다. '초국가적 마을'에서의 지배적인 정치 게임은 여전히 지정학이다. 인종적 자기중심주의, 종교적 근본주의, 우익 민족주의, 일방주의적 정치 등이 다시 부상하고 있으며, 단지 서구에서만 그런 것도 아니다. 하지만 정치의 환경과 성격은 변해 왔다. 민족 문화나 전통처럼, 세계시민 민주주의는 문화적·정치적 기획이지만 한 가지 점에서 차이가 있다. 지금의 지역적·전 지구적 시대에 더 잘 적응되고 적합하다는 점이 그것이다. 하지만 세계시민 민주주의를 지지·옹호하는 논의는 아직 세계 많은 지역의 공적 영역에서 명료히 표출되지 않고 있다. 이 책에서도 위험을 무릅쓰고라도 그렇게 하는 데에는 이르지 못했다.

나아가 9·11 사태에 대한 고찰과 함께 그 사태가 이런 맥락에서 의미하는 바에 대해 논해 보는 것은 중요한 의미가 있다. 누구라도 책임과 정의의 문제를, 삶의 여러 영역에 함께 맡기려 하지 않고, 단지 한 영역 — 물리적 안전과 기존의 안보 조직들 간의 정치적 협력 — 에만 맡긴다면 그 부담을 받아들일 수 없을 것이다. 만일 오늘날의 전 지구적 질서 아래에서 나타나는 경향처럼, 장기적으로 보아 책임과 정의의 정치·안보적 차원과 사회·경제적 차원이 분리된다면 평화로운 시민사회의 전망은 정말 황량해질 것이다. 테러리즘은 물론이고 모든 종류의 정치적 폭력과 배제적 정치를 퇴치하려는 조치에 대한 대중들의 지지 여부는, 사람들로 하여금 자신들의 불만을 처리할 법적이고 반응적인 구체적 수단이 존재한다고 믿게 하는 데 달려 있다. 공적 기구에 대한 이런 믿음이 없다면, 테러리즘과 불관용을 타파하는 것은 달성될 수 있다 하더라도 극히 어려운 과제가 될 것이다.

9·11 사태나 현재 미국의 일방주의적 입장, 중동과 다른 지역에서의 절망적인 폭력의 순환 등에 비추어 볼 때, 세계시민 민주주의를 주창하는 것은 중력을 무시하려는 시도나 물 위를 걸으려는 시도처럼 보일 수도 있다. 사실 세계시민 민주주의의 원칙이나 제도를 한꺼번에 채택하거나 아니면 전혀 채택하지 않아야 한다는 것이라면, 그런 지적이 사실일 것이다. 하지만 홉스 시대에 근대국가를 추구한 것이 그랬던 것처럼, 지금 세계시민 민주주의를 주창하는 것도 물 위를 걸으려는 시도는 아니다. 지난 수십 년 동안에 다자주의의 성장과 국제법의 발전은 세상을 향한 세계시민 민주주의의 기반을 창출해 왔다. 이런 것들은 세계시민 민주주의의 원칙이나 제도의 근거를 더욱 공고화할 기초가 된다. 나아가 이런 성과를 더욱 밀고 나갈, 다음과 같은 세력들로 구성된 정치 집단 동맹이 등장해 왔다. 즉, 다자주의 질서와 인권 제도를 강력히 지지하는 유럽 국가들, 국제 정세에서 다자주의와 법의 지배를 지지하는 미국 정치조직 안의 자유주의 집단들, 세계경제 질서에서 좀 더 자유롭고 공정한 무역을 위해 분투하는 발전도상 국가들, 좀 더 정당하고 민주적이며 공정한 세계 질서를 위해 운동하는 국제사면위원회Amnesty International에서 옥스팸Oxfam에 이르는 비정부기구들, 현재의 세계화의 성격과 방식에 반대하는 초국적 사회운동들, 좀 더 안정적이고 관리되는 세계경제 질서를 바라는 경제 세력들 등이 그들이다(Held and McGrew 2002, ch. 8, 9 참조).

이 집단들의 이해관계는 광범한 영역의 이슈를 둘러싸고 불가피하게 갈라질 것이다. 하지만 이들 사이에 중첩되는 중요한 관심 영역이 필경 있을 것이다. 예컨대, 다자주의의 강화, 전 지구적 공공재를 제공할 새로운 기구의 설립, 세계시장의 규제, 책임성의 심화, 환경 보호, 매일 수천 명의 남녀와 아동을 죽음으로 몰고 가는 사회 부정의의 긴급한 개선 등이 그것이다.

물론 이런 목표 아래에 그런 세력들이 어디까지 단결할 수 있으며, 이미 굳건한 기반을 구축하고 있는 지정학적·지경학적 이해들로부터 나오는 맹렬한 저항을 어디까지 극복할 수 있을지는 아직 두고 봐야 할 것이다. 이런 시도에는 많은 노력이 필요할 것이다. 하지만 만일 세계 시민적 통치를 향한 열망이 점진적으로 실현된다면, 아마 인류의 안전과 발전을 위해 얻을 수 있는 것도 많을 것이다.

최근에 민주주의에 대한 관심은 폭발적으로 증가했지만, 거의 대부분 민주주의는 자유민주주의 관점에서 인식되고 있다. 즉, 민주주의는 '정부의 일'에만 적용될 수 있고 경제적·사회적 영역에서는 민주주의가 존재할 여지가 없다고 생각하고 있다. 또한 국민국가가 민주주의에 가장 적합한 장소라고 전제하고 있다. 이 책의 3부에서 나는 이런 준거들에 대해 의문을 제기함으로써, 정치적 사색과 숙의를 위한 새로운 의제의 확립에 기여하려 시도했다. 새로운 의제를 제시한다고 해서 민주주의 이론과 실천이 직면해 있는 오래되고 심각한 문제들이 해결되는 것은 분명 아니다. 하지만 일국 내에서나 국가 사이에서 민주주의를 심화하고 확장하려는 주장이나 논거가 제시된 것은 최소한 기대할 수 있다. 민주주의가 앞으로 다가올 세기에도 그 적실성과 효능과 정통성을 유지해 가려면 이런 진전이 반드시 필요하다.

감사의 말

펭귄 출판사는 다음 책에서의 발췌를 허락해 주었다. Aristotle, *The Politics*, translated by T. A. Sinclair, revised and re-presented by Trevor J. Saunders(Penguin Classics, 1962, revised edition 1981), copyright ⓒ the Estate of T. A. Sinclair, 1962; copyright ⓒ Trevor J. Saunders, 1981.

오리온 그룹의 출판사인 J. M. 덴트 앤 선즈(J. M. Dent & Sons Ltd)는 다음 책에서의 발췌를 허락해 주었다. Xenophon, 'History of Greece' in Cosmo Rodewald (ed.), *Democracy: Ideas and Realities*, 1974.

기존 출판물의 일부 내용을 그대로 사용할 수 있도록 허락해 준 두 출판사에 대해 감사드린다.

이 책의 일부는 이전에 출판된 논문을 개작한 것들이다. 이 책에 맞게 그 내용이 상당히 수정되고 발전되었지만, 원래 논문의 서지 사항을 밝히면 다음과 같다.

- D. Held, 'Central perspectives on the modern state' In D. Held et al. (eds.), *States and Societies*, Oxford: Martin Robertson, 1983, pp. 1-55. 이 논문의 일부는 3장 서술에 도움이 되었다.

- D. Held and Joel Krieger, 'Theories of the state : some competing claims' In S. Bornstein, D. Held and J. Krieger (eds.), *The State in Capitalist Europe*, London: Allen and Unwin, 1984, pp. 1-20. 이 논문의 수정본은 6장의 일부를 이룬다.

- D. Held, "Power and legitimacy in contemporary Britain" In G. McLennan, D. Held and S. Hall (eds.), *State and Society in Contemporary Britain*, Cambridge: Polity, 1984, pp. 299-369. 이 논문의 몇몇 부분은 7장을 구성하는 데 도움이 되었다.

- D. Held, 'Liberalism, Marxism and democracy', *Theory and Society*, 22, 1993, pp. 249-281. 이 논문의 일부는 8장 서술에 도움이 되었다.

- D. Held, 'Principles of cosmopolitan order', In G. Brock and H. Brighouse (eds.), *The Political Philosophy of Cosmopolitanism*, Cambridge: Cambridge University Press, 2005. 9장에서 불편부당주의에 대해 논하는 부분은 이 논문의 일부를 이용한 것이다.

- D. Held and John Keane, "Socialism and the limits of state action", In J. Curran (ed.), *The Future of the Left*, Cambridge: Polity, 1984, pp. 170-181. 이 논문의 내용 일부는 10장에 맞게 수정되어 사용되었다.

- D. Held, "Democracy, the nation-state and the global system," *Economy and Society*, 20(2), 1991, pp. 138-172; and in D. Held (ed.), *Political Theory Today*, Cambridge: Polity, 1991, pp. 197-235. 이 논문의 일부는 11장에서 이용되었다.

옮긴이 후기

1.

저자 데이비드 헬드(1951년 생)는 영국 출신의 정치학자로서, 방송통신대학교 Open University 교수를 거쳐 현재 런던정치경제대학교LSE 정치학부Government Department 교수로 재직하고 있다. 비판 이론에서 출발한 그의 학문적 관심은 민주주의 이론을 중심으로 전개되어 왔는데, 최근에는 세계화 시대의 국제 질서, 전 지구적 거버넌스와 민주주의 문제 등에 천착하여 아치부기D. Archibugi 와 함께 '세계시민 민주주의'의 주창자로 널리 알려져 있다. 주요 저작으로는 『비판 이론 입문 : 호르크하이머에서 하버마스까지』 Introduction to Critical Theory : Horkheimer to Habermas, 1989, 『정치 이론과 현대 국가』 Political Theory and the Modern State, 1989[안외순 옮김, 학문과사상사, 1996], 『세계시민 민주주의』 Cosmopolitan Democracy, 공저, 1995, 『전 지구적 변환』 Global Transformations, 공저, 1999[조효제 옮김, 창작과비평사, 2002], 『지구 규약 : 워싱턴 합의에 대한 사민주의적 대안』 Global Covenant : The Social Democratic Alternative to the Washington Consensus, 2004 등이 있다.

2.

이 책 『민주주의의 모델들』은 1987년에 초판이 출판된 이래 1996년과 2006년 각각 개정되었다. 이 책에서 그는 고대 아테네에서 현대에 이르는 서구 민주주의 사상 및 이론의 다양한 흐름을, '민주주의 모델'이라는 방법론을 이용해 10여 가지로 유형화하고 있다. 이런 방법론은, 저자 스스로 밝히고 있듯이, 자유민주주의를 네 개의 민주주의 모델로 분석한 바 있는 맥퍼슨의 『자유민주주의의 생애와 시대』The Life And Times Of Liberal Democracy, 1976에서 빌려온 것이다. 하지만 헬드는 분석의 대상을 시간적으로(앞으로는 아테네까지, 뒤로는 사회주의 체제 붕괴 이후까지), 범주적으로(자유민주주의뿐만 아니라 사회주의, 마르크스주의까지) 확대함으로써, 고대에서 현재에 이르는 방대한 민주주의 사상과 이론들을 정리하고 있다.

헬드에 의하면 민주주의에 대한 단일한 정의는 존재하지 않는다. 오히려 민주주의는 하나의 사상으로서 또한 정치적 실체로서 근본적인 논쟁의 대상이 되어 왔다. 특히 근대 이래 민주주의가 정치적 정통성의 근거로 자리 매김한 이후로는 민주주의를 어떻게 정의할 것인가를 둘러싸고 자유주의와 사회주의 간에, 현대의 신우파와 신좌파 간에 상반된 해석이 충돌해왔다. 헬드가 '모델'이라는 유형론을 통해 민주주의 역사를 정리한 것은, 민주주의 이론을 사상가들의 개별적 사색이나 사상 내적 발전의 결과로 파악하기보다는, 사회적 맥락 안에서, 즉 사회경제적·계층적 이해관계와의 연관 속에서 파악하기 위한 전략이라 할 수 있다.

헬드에 의하면, 민주주의Demokratia를 어의 그대로 '인민demos에 의한 지배kratos'로 정의하더라도, 누가 인민인가, 인민이 어느 정도까지 지배에 관여해야 하는가, 지배의 범위는 어디까지인가 등을 둘러싸고 근본적인 이견이 존재해 왔다. 이 가운데 헬드가 주목하는 바는 인민의 참여 정도, 즉 민주주의는 어느 정도나 인민이 지배 과정에 참여하는 정체인가를 둘러싼 상반된 해석이다. 이를 둘러싸고는, 민주주의를 시민들이 공공 업무에 관한 의사 결정에 직접 참여하는 일종의 인민 권력으로 이해하는 입장(직접민주주의 또는 참여 민주주의)과, 인민의 참여를 대표 선출에 국한하면서 선출된 대표들이 인민의 이익과 의견을 '대표'하는 책임을 지도록 하는 체제를 민주주의로 정의하는 입장(대의 민주주의 또는 자유민주주의)이 경쟁하고 있다.

헬드가 주목하는 또 다른 측면은, 참여의 성격과 목표를 둘러싼 대립이다. 헬드가 '계발주의'라 부른 한편의 입장에 의하면, 인민의 정치 참여는 근본적인 자기실현의 방식으로 이해된다. 시민이 인간적 존재로서 발전하는 데 있어 정치 참여가 갖는 본질적 가치가 강조되며, 민주주의란 시민적 덕성을 펼치는 과정으로 이해된다. 이와 반대되는 입장(헬드가 '보호주의'라 칭한 것)에 의하면, 정치 참여는 개인적 자유를 보호하기 위한 수단으로서 간주된다. 민주주의는 자의적 권력으로부터 개인의 자유와 이익을 보호하는 데 기여한다는 것이다.

민주주의의 범위는 어디까지여야 하는가, 즉 민주주의는 어떤 영역에까지 적용되어야 하는가를 둘러싸고도 근본적 이견이 존재한다. 자유주의 또는 신우파적 입장은, 국가(공적 영역)와 시민사회(사적 영역)의 구분을 전제로 하여, 시민사회와 그 속에서 활동하는 개인의 최대한의 자유로운 활동을 보장하기 위해 민주주의는 국가의 영역에 엄격히 제한되어야 한다고 주장한다. 이와 대립되는 사회주의적·신좌파적 입장에 의하면, 민주주의는 시민사회 영역에까지 확대되어야 한다.

헬드는 이상과 같은 측면에 초점을 두어 민주주의를 여러 모델로 유형화하고 있지만, 그의 유형론이 민주주의를 분석적·체계적으로 분류하는 것을 목표로 하는 것은 아니다. 그보다 헬드의 민주주의 모델은, 민주주의의 역사적 발전 및 전개 과정을 시대를 따라 추적하면서, 특정 시기에 특정 사회집단이 추구했던 민주주의의 특징을 파악하기 위한 것이라 할 수 있다. 이런 점에서 헬드가 제시하는 민주주의 모델들은, '상호 배타적이면서 전체를 포괄하는(MECE)' 기준에 따라 민주주의의 유형을 구분하기 위한 것이 아니라, 각 시대 민주주의론의 특징과 핵심 내용을 제시하기 위한 서술적·자기 발견적 개념틀로 이해하는 것이 정확할 것이다.

이런 방법론에 입각해 헬드는, 민주주의를 네 개의 고전적 모델과 다섯 개의 현대적 모델로 정리한다. 고전적 모델로는 아테네의 고전적 민주주의, 르네상스기 이탈리아 도시 공화정과 근대 초기에 등장한 공화주의, 근대의 자유민주주의, 자유주의에 대항한 마르크스의 직접민주주의 등의 네 가지를 제시한다. 또한 20세기 이후의 현대적 모델로서는, 19세기 말과 20세기 초기에 등장한 경쟁적 엘리트주의 민주주의, 제2차 세계대전 이후 서구 민주주의론의 중심을 차지했던 다원주의, 1970년대 이후 등장한 신우파의 법치 민주주의와 신좌파의 참여 민주주의, 최근 20여 년 사이에 새로이 등장한 숙의 민주주의 등의 다섯 가지를 소개하고 있다.

이상과 같은 아홉 가지(하위 유형까지 포함하면 모두 열두 가지)• 유형의 민주주의 모델들을 통해 헬드는 민주주의 역사가, 일련의 연속적 발전 과정이 아니라, 경쟁적·대립적 개념들 간의 쟁투의 과정을 거쳐 왔음을 뚜렷이 보여 주고 있다. 특히 사회주의 등장 이후 자유주의와 마르크스주의 양 전통 간의 상호 비판 및 논쟁을 여러 사례 — 자본주의 체제에 대한 마르크스의 비판, 사회주의에 대한 베버의 비판, 제2차 세계대전 후 서구의 사회적 합의를 둘러싼 좌우파의 논쟁(일차원적 사회 대 이데올로기의 종언), 1960년대 말 합의의 침식을 둘

• 헬드는 공화주의를 보호 공화주의(Protective Republicanism)와 계발 공화주의(Developmental Republicanism)의 두 하위 유형으로 구분하고, 자유민주주의 역시 보호 민주주의(Protective Democracy)와 계발 민주주의(Developmental Democracy)의 두 하위 유형으로 구분한다. 다원주의도 고전적 다원주의(Classic Pluralism)와 신다원주의(Neo-Pluralism)의 두 하위 유형으로 구분된다.

러싼 좌우파의 논쟁(정통성 위기 대 과부하 정부), 1960~70년대 신마르크스주의자들의 자본주의 국가 비판, 사민주의적 복지국가 체제에 대한 신우파와 신좌파의 비판, 현실 사회주의 붕괴를 둘러싼 좌우파 간의 논쟁 등 ― 를 통해 분석하면서, 양 전통 간에 민주주의의 의미가 어떻게 상이했는지, 각 전통의 민주주의론의 장단점은 무엇인지, 상호 비판을 거치면서 수렴된 지점은 무엇인지 등을 분석하고 있다. 이런 점에서 이 책은 단지 정치사상만이 아니라, 정치경제학이나 비교 정치, 국제정치의 영역까지 넘나들면서 민주주의 이론을 포괄적으로 다룬 책이라 할 수 있다.

헬드가 지향하는 또 다른 목표는, 각 모델에 대한 비판적 평가와 함께 자신이 구상하는 바람직한 민주주의 모델 ― 헬드는 이를 '민주적 자치'로 명명한다 ― 을 제시하는 것이다. 이를 위해 헬드는 민주주의 이론의 주요한 세 가지 흐름인 공화주의·자유주의·마르크스주의 전통으로부터 장점을 선택해 종합하는 절충적 방법을 택한다. 헬드에 의하면 공화주의는, 시민들의 자유란 정치적 사안에 적극 참여하는 데에 달려 있으며, 정치적 선은 정치적 상호 작용과 숙의를 통해서만 완전히 파악될 수 있다고 주장함으로써, 자유를 유지하는 데 있어 정치 참여가 핵심적으로 중요함을 확인하는 강력한 유산을 남겼다. 하지만 대규모의 중앙집권적 국민국가에서 그런 참여적 정체를 어떻게 확보할 수 있는가라는 문제 제기 앞에서 공화주의는 취약해진다. 이 점에서 국가권력으로부터 개인의 사적 영역을 확보하는 것이 자유의 중심 문제임을 지적한 자유주의는 강점을 갖는다. 그러나 자유주의는 시장을 '권력 없는' 조정 메커니즘으로 간주함으로써 민주주의와 관련해 경제 권력이 가하는 왜곡성을 간과하고 있다. 이 문제에 대한 통찰은 마르크스주의가 가진 강점의 핵심이다. 그러나 마르크스주의는, 정치권력을 경제 권력으로 환원하고 그리하여 중앙집권적 정치권력의 위험성과 정치적 책임의 문제를 간과하는 약점을 안고 있다.

공화주의·자유주의·마르크스주의의 장단점에 대한 이런 비판적 평가를 통해, 헬드가 바람직한 민주주의('민주적 자치')를 실현하기 위한 방법으로 제시한 것은, 결국 자유민주주의 정치체제를 기본으로 하되 공적 문제에 대한 시민들의 숙의와 참여를 가능케 할 실질적인 사회경제적 기반을 확보하는 것이다. 헬드에 의하면, '민주적 자치'를 실현하기 위해서는 자신에게 상당한 영향을 미칠 다양한 형태의 정치적 문제에 시민이 참여하도록 허용하는 집단적이고 숙의적인 의사 결정 체계를 창출해야 한다. 헬드는 그 출발점을 자유주의에서 찾는다. 즉, 권리를 보장하는 헌법, 다원적 권력, 의회와 경쟁적 정당 체제를 포함하는 대의적 선거제도 등은 '민주적 자치'의 필수적 요소다. 그러나 자유민주주의는 형식적 권리·의무와 실제적 권리·의무 간의 괴리 문제를 해결하는 데 실패해 왔다. 시민사회의 구조는 평등한 투표권, 효과적인 참여와 숙의, 정치적 의제에 대한 평등한 통제권 등에 필요한 조건을 창출하지 못하고 있으며, 자유민주주의 국가의 구조도 시민사회의 권력(특히 경제 권력)을 적절히 규제할 수 있는 조직적 힘을 창출하지 못하고 있다. 따라서 헬드에 의하면, 민주주의는 이중의 민주화 과정, 즉 국가와 시민사회 양 영역의 민주화를 통해서만 실행될 수 있다. 국가의 민주화와 함께, 시민들의 평등한 자치권을 가능케 하는 급진적인 권리·의무의 체계가 작동할 수 있게 하여, 시민들이 법 앞의 평등뿐만 아니라 공적 의사 결정에 참여할 수 있는 실제적 능력을 갖게 해야 한다. 헬드는 자신이 구상하는 이런 민주주의 모델을 '자유주의적 사회주의'로 규정한다.

헬드가 새로운 민주주의 모델과 관련해 또 하나 강조하는 것은, 기존의 국민국가의 주권이 세계화로 인해 약화되면서 정치조직의 일국적 형태로서의 민주주의의 효능 그 자체가 의문시되고 있는 상황에 대처할 필요성이다.

국가의 역할이 약화되고, 다국적 자본의 수중에 점점 권력이 집중되는 사태에 대처하기 위해, 일국적 차원에서뿐만 아니라 지역적·전 지구적 수준에서 민주주의를 심화하고 확대해야 한다는 것이다. 헬드는 이를 세계 시민적 기반에 기초한 민주적 자치의 구축, 즉 '세계시민 민주주의'로 개념화한다. 그 핵심은, 지역적·전 지구적 수준에서 민주적 제도를 구축하고 개발함으로써 지역적·전 지구적 차원의 의사 결정에 시민이 참여하고 숙의할 수 있는 광범위한 통로를 만드는 것이다.

헬드가 제시하는 바람직한 민주주의는 공화주의(또는 숙의 민주주의)·자유민주주의·사회주의를 절충한 것이다. 따라서 이론적 일관성이나 독창성은 결여하고 있다고 보인다. 하지만 현실의 문제에 대한 해결책을 모색하는 데 있어서는, 헬드가 보여 주는 중도와 중용의 자세, 점진주의적 자세 등은 큰 장점으로 생각된다. 헬드는 이 책에서, 마르크스가 밀에 대해 평한 바를 그대로 마르크스에게 되돌려서, 마르크스가 '조화될 수 없는 것을 조화시키려' 한다고 평한 바 있다. 어쩌면 이 지적은 헬드에게 다시 적용될 수 있을 것 같다. 하지만 사회 현실이나 현실에 대한 처방은 선악의 이분법이 아니라 선악과 장단점이 뒤섞인 양면성을 그 본질로 하는지도 모른다. 이 점에서 상호 모순적이고 조화되기 어려운 것을 조화시켜 어떤 균형과 중도를 모색하려는 헬드의 작업은 사려 깊은 지혜의 산물로 생각된다.

3.

이 책에서 소개하고 있는 다양한 민주주의 모델들의 민주주의론은 한국 민주주의의 현실과 문제를 분석하고 미래를 설계함에 있어 상당한 지침과 시사점을 제공해 준다. 한국의 민주주의는 1948년 정부 수립과 함께 제도화되었지만, 우리가 본격적으로 민주주의를 제도적으로 실천하게 된 것은 1987년 민주화 이후라고 할 수 있다. 특히 자유선거를 통한 여야 권력 교체를 두 번 경험하게 되면서 우리는 민주 체제를 운영하는 데 따른 무수한 문제에 비로소 대면하게 되었다.

예컨대 민주적 의사 결정의 기본 원칙은 다수결이라고 하지만, 그것은 언제든 '다수의 전제'가 될 수 있기에 입헌주의나 소수 의견의 보호라는 또 다른 원칙에 의해 견제되어야 한다고 말해진다. 상충되는 이 두 원리의 조화를 실천하는 것이 얼마나 어려운지를 우리는, 국회 내에서 여야가 서로 입장을 바꿔 가면서 물리적 충돌을 되풀이하고 있는 근래의 모습을 보면서 실감하게 된다. 선거를 통해 표출되는 인민 다수의 의사는 어느 정도까지 관철되어야 하는가. 민주적으로 선출된 정부의 정책 결정권의 범위는 어디까지인가. 인민 다수의 의사나 민주 정부의 의사 결정 권한은 개인의 권리 앞에서, 이를 성문화한 헌법이나 법률 조항 앞에서 어느 정도 제어되어야 하는가. 예컨대 지난 참여정부에서 추진했던 행정 수도 이전이나 사회경제적 개혁 (부동산 정책, 재벌 정책, 사립학교법, 언론법 등) 시도는, 과연 반대자들의 주장처럼, 입헌주의나 개인의 자유와 재산권을 침해한 반자유주의적이고 반법치주의적인 포퓰리즘적 시도였던가. 이명박 정부에서 추진하는 언론 정책이나 4대강 사업, '법질서' 확립 시도는, 과연 반대자들의 주장처럼, 언론 자유와 법치주의에 반하는 반민주적 시도인가.

민주화 이후 추락을 거듭하는 투표율은 민주주의 공고화에 따른 자연스러운 현상인가 아니면 참여의 위기를 보여 주는 징후인가. 민주화 이후 오히려 심화되는 사회 양극화 현상은, 사적 영역의 문제로서 민주주의와 무관한 것인가 아니면 민주주의의 사회적 기반을 위협하는 징후인가. 미네르바 재판이나 〈PD수첩〉 재판 등에서 보듯이 법원이 집행 권력에 의한 기본권

침해를 견제하는 보루로 나타나고 있는 최근의 현상은, 권력간의 분립과 견제라는 자유민주주의 체제의 장점을 보여 주는 것인가 아니면 일부의 주장처럼 '국가 정체성'의 위기를 나타내는가. 국가의 주요 정책 및 이를 둘러싼 여야 갈등이 정치과정이 아닌 사법 과정(즉, 헌법재판소)으로 이전되어 해소되는 '정치의 사법화' 현상은, 민주주의의 과도함을 억제하는 자유민주주의의 안전장치인가, 아니면 민주주의를 무력화시키는 제약인가.

촛불 시위에서 나타났던 대중적 직접 참여의 분출은, 대의 민주주의의 한계를 극복할 새로운 참여적 정체의 가능성을 보여 준 것인가, 아니면 민주 체제의 안정을 위협하는 요소로서 제어되어야 하는 것인가, 아니면 대의 민주주의의 일상적·제도적 참여의 채널로 인도되어야 하는 것인가. 여야 정권 교체를 거듭하면서 정치적 반대 세력에 대한 불관용과 이념 공세가 오히려 심화되는 현상은 어떻게 극복해야 하는가. '욕망의 정치'로 매도되기도 하는 유권자나 이익집단들의 이익 추구 정치는 민주화에 따른 불가피한 현상인가 아니면 공공성의 실종을 의미하는 우려할 만한 현상인가. 민주화 이후 심화되는 사회·정치적 갈등의 분출에 대해서는, 그것을 민주주의의 사회적 기반으로 받아들이고 갈등의 제도화를 추구해야 하는가, 아니면 사익의 억제와 공공선에 대한 헌신을 촉구해야 하는가.

한국의 민주주의가 당면하고 있는 이런 여러 문제들에 대해 이 책이 즉답을 제공하는 것은 물론 아니다. 하지만 우리보다 앞서 비슷한 문제에 직면했던 사회들에서 전개되었던 깊은 사색의 결과물들은 우리에게 대증 요법적 처방이나 기술 합리적 해결책을 넘어서는 반성적 성찰의 계기를 마련해 줄 수 있으리라 기대된다.

한국 민주주의의 현실과 관련해 헬드의 책에서 주목해야 할 몇 가지 점에 대해 지적할 필요가 있다. 그 첫째는 자유주의의 의미에 대한 재인식이다. 이 책에서 보듯이 자유주의가 갖는 중요한 가치는 국가권력에 대한 경계에 있다. 국가권력으로부터 시민사회의 자율성과 다원성, 자발성을 옹호하는 데에서 자유민주주의는 출발한다. 이에 반해 한국에서 자유주의는 그동안 국가권력과 결합되어 왔다. 소위 한국의 자유주의 세력은 공산주의로부터 자유를 지키기 위해 무엇보다도 강력한 국가를 세우고 지키고자 했다. 국가를 통해 자유를 보장 받고자 한 것이다. 이런 자세는 이후에도 '산업화를 위해', '국가 간 무한 경쟁에서 이기기 위해', '좌파로부터 자유를 지키기 위해' 등등의 명목으로 이어져 오고 있다. 냉전적 국가권력은 지금도 사상과 이념과 양심의 자유, 정치 참여와 결사의 자유 등을 가로막고 일원주의적 가치를 시민사회에 강요하는 억압력으로 작동하고 있다. 국가권력이 특정의 가치나 이념을 스스로의 정체성으로 삼고서 사회 구성원 모두에게 이를 강요할 때 민주주의는 존재할 수 없다.

자유민주주의의 한계에 대한 헬드의 지적 역시 경청할 가치가 충분하다. 사회 양극화 속에서 정치 참여의 정도가 사회경제적 지위에 따라 결정되는 경향이 심해지는 한국의 현실을 볼 때, 민주주의의 기초인 평등한 자치권의 실현을 위해서는 모든 시민들이 정치 활동의 공통적인 구조적 조건을 누려야 한다는 헬드의 지적은 중요한 의미를 갖는다. 헬드는 이 책에서 정치적 평등의 형식적 권리와 실제적 권리 간의 괴리에 따라 사회 하층이 정치로부터 소외되는 '정치 불참의 악순환'을 극복해야 할 필요성을 반복적으로 역설하고 있다. 다른 한편 '삼성 공화국'이라는 말이 생길 정도로 거대 재벌의 정치적 영향력이 민주주의를 압도하고 있는 현 상황을 고려할 때, 경제 권력에 대한 민주적 통제의 실현 역시 한국 민주주의의 핵심 과제가 아닐 수 없다.

이 외에도 사회주의가 왜 정치적 독재로 귀결되었는지, 신자유주의가 어떻게 서구에서 광범한 대중적 지지를 동원할 수 있었는지, 숙의 민주주의가 어떻게 엘리트주의가 아니라 대중 참여의 메커니즘과 결합될 수 있는지, 다국적 자본이 어떻게 민주주의를 위협하고 있는지 등등에 대한 논의도 한국 민주주의의 현실과 관련해 많은 성찰의 기회를 제공해 준다.

4.

이 책에서 다루고 있는 내용은 고대 그리스부터 현대까지, 자유주의에서 공화주의와 마르크스주의까지, 정치경제학에서 국제정치에 이르기까지 광범위한 영역에 걸쳐 있기에 번역을 하면서 능력의 한계를 실감한 적이 한두 번이 아님을 고백하지 않을 수 없다. 생소한 용어나 사상가들의 핵심 개념을 번역하고 옮긴이 주를 다는 과정에서 목포대의 하상복·장시복 교수, 고려대의 곽준혁 교수, 국회의 조영철 박사 등 많은 분의 도움이 있었고, 무엇보다 후마니타스의 박상훈 대표와 안중철 편집장을 비롯한 편집진의 세밀한 지적이 있었기에 그나마 많은 오류를 줄일 수 있었다. 2009년 2학기 "한국 사회와 민주주의" 수업 시간에 이 책의 초역 본을 같이 읽은 목포대학교 정치언론홍보학과 학생들도 옮긴이 주가 필요한 부분 등을 비롯해 여러 가지 유익한 지적을 해주었다. 또한 이 책의 초판 번역본(『민주주의 모델』, 이정식 옮김, 인간사랑, 1989)은 좋은 길잡이가 되어 주었고, 많은 도움을 주었다. 모든 분들께 지면을 빌어 감사의 말씀을 드린다. 하지만 아직도 남아 있을 오류는 전적으로 역자의 책임이다. 독자 여러분의 아낌없는 비판과 지적을 바란다.

2010년 2월

참고문헌

Abercrombie, N., Hill, S. and Turner, B. 1980. *The Dominant Ideology Thesis*. London: Allen and Unwin.

Ackerman, B. 1989. "Why dialogue?" *Journal of Philosophy*, 86.

Ackerman, B. and Fishkin, J. 2003. "Deliberation day." In J. Fishkin and p. Laslett(eds.). *Debating Deliberative Democracy*. Oxford: Blackwell.

Adonis, A. and Mulgan, G. 1994. "Back to Greece: the scope for direct democracy." *Demos*, 3.

Albrow, M. 1970. *Bureaucracy*. London: Pall Mall[김병훈 옮김. 『현대 관리사회와 관료제』. 탐구당. 1978].

Almond, G. and Verba, S. 1963. *The Civic Culture: Political Attitudes and Democracy in Five Nations*. Princeton: Princeton University Press.

_____. (eds.). 1980. *The Civic Culture Revisited*. Boston: Little, Brown.

Anderson, B. 1983. *Imagined Communities*. London: Verso[윤형숙 옮김. 『상상의 공동체』. 나남출판. 2002].

Anderson, P. 1974a. *Passages from Antiquity to Feudalism*. London: New Left Books[유재건·한정숙 옮김. 『고대에서 봉건제로의 이행』. 창작과비평사. 1990].

_____. 1974b. *Lineages of the Absolutist State*. London: New Left Books[김현일 외 옮김. 『절대주의 국가의 계보』. 까치글방. 1997].

Andrewes, A. 1967. *The Greeks*. London: Hutchinson.

Annas, J. 1981. *An Introduction to Plato's Republic*. Oxford: Clarendon Press.

Anweiler, O. 1974. *The Soviets*. New York: Random House.

Aquinas, St Thomas. *De regimine principum*. In *Aquinas: Selected Political Writings*, ed. A. P. D'Entrèves. Oxford: Blackwell, 1948.

Archibugi, D. and Held, D. (eds.). 1995. *Cosmopolitan Democracy: An Agenda for a New World Order*. Cambridge: Polity.

Arendt, H. 1963. *On Revolution*. New York: Viking Press[홍원표 옮김. 『혁명론』. 한길사. 2004].

Aristotle. *The Politics*. Harmondsworth: Penguin, 1981[천병희 옮김. 『정치학』. 숲. 2009].

Astell, M. *Some Reflections upon Marriage*. Dublin, 1730.

Augustine. *The City of God against the Pagans*, 7 vols. London: Heinemann, 1957-72[성염 옮김. 『신국론』. 분도출판사. 2004].

Avineri, S. 1972. *Hegel's Theory of the Modern State*. Cambridge: Cambridge University Press[김장권 옮김.『헤겔의 정치 사상 : 근대 시민사회의 변증법』. 한벗. 1981].

Bachrach, P. and Baratz, M. S. 1962. "The two faces of power." *American Political Science Review*, 56(4).

Baldwin, T. 1992. "The territorial state." In H. Gross and T. R. Harrison (eds.). *Cambridge Essays in Jurisprudence*. Oxford: Clarendon Press.

Ball, T. 1988. *Transforming Political Discourse: Political Theory and Critical Conceptual History*. Oxford: Blackwell.

Barber, B. 1984. *Strong Democracy: Participatory Politics for a New Age*. Berkeley: University of California Press[박재주 옮김.『강한 민주주의: 새 시대를 위한 참여적 정치』. 인간사랑. 1992].

Barnett, A., Ellis, C. and Hirst, P. 1993. *Debating the Constitution: New perspectives on Constitutional Reform*. Cambridge: Polity.

Barry, B. 1989. *Theories of Justice*. London: Harvester Wheatsheaf[서규선·이용필 옮김.『정의론』. 신유. 1993].

_____. 1995. *Justice as Impartiality*. Oxford: Oxford University Press.

_____. 1998a. "International society from a cosmopolitan perspective." In D. Mapel and T. Nardin (eds.). *International Society: Diverse Ethical Perspectives*. Princeton: Princeton University Press.

_____. 1998b. "Something in the disputation not unpleasant." In P. Kelly (ed.). *Impartiality, Neutrality and Justice*. Edinburgh: Edinburgh University Press.

_____. 2001. *Culture and Equality*. Cambridge: Polity.

Bauman, Z. 1991. *Modernity and Ambivalence*. Cambridge: Polity.

Beer, S. 1969. *Modern British Politics*. London: Faber.

_____. 1982. *Britain against Itself*. London: Faber.

Beetham, D. 1981. "Beyond liberal democracy." *Socialist Register*, 1981. London: Merlin Press.

_____. 1985. *Max Weber and the Theory of Modern Politics*. Cambridge: Polity.

_____. 1991. *The Legitimation of Power*. London: Macmillan.

_____. 1993. "Liberal democracy and the limits of democratization." In D. Held (ed.). *Prospects for Democracy: North, South, East, West*. Cambridge: Polity.

_____. 1994. "Conditions for democratic consolidation." *Review of African Political Economy*, 60.

_____. 2005. *Democracy*. Oxford: Oneworld[변경옥 옮김.『민주주의: 끝나지 않는 프로젝트』.

유토피아. 2007].

Beitz, C. 1979. *Political Theory and International Relations*. Princeton: Princeton University Press[정종욱 옮김. 『현대 국제정치 이론: 새로운 국제정치에서의 도덕률과 사회정의』. 민음사. 1982].

Bellamy, R. 1996. "The political form of the constitution: the separation of powers, rights and representative democracy." *Political Studies*, 44(3), special issue.

Banhabib, S. 1992. *Situating the Self*. Cambridge: Polity.

Benn, S. I. 1955. "The uses of sovereignty." *Political Studies*, 3.

Bentham, J. *Principles of the Civil Code*. In *The Works of Jeremy Bentham*, vol, I, ed. Jeremy Bowring. Edinburgh: W. Tait. 1838.

_____. *The Works of Jeremy Bentham*, II vols, ed. Jeremy Bowring. Edinburgh: W. Tait. 1838-43.

_____. *Constitutional Code*, book I. In *The Works of Jeremy Bentham*, vol. IX, ed. Jeremy Bowring. Edinburgh: W. Tait. 1843.

_____. *Fragment on Government*, ed. W. Harrison. Oxford: Blackwell. 1960.

Berelson, B. 1952. "Democratic theory and public opinion." *Public Opinion Quarterly*, 16(Autumn).

Berelson, B., Lazarfeld, P. F. and McPhee, W. 1954. *Voting*. Chicago: University of Chicago Press.

Berlin, I. 1969. *Four Essays on Liberty*. Oxford: Oxford University Press[박동천 옮김. 『이사야 벌린의 자유론』. 아카넷. 2006].

Bernal, M. 1987. *Black Athena*, vol, I. London: Free Association Books[오흥식 옮김. 『블랙 아테나』. 소나무. 2006].

Bessette, J. 1980. "Deliberative democracy: the majority principle in republican government." In R. A. Goldwin and W. A. Schambra (eds.). *How Democratic is the Constitution?* Washington: American Enterprise Institute.

_____. 1994. *The Mild Voice of Reason: Deliberative Democracy and American National Government*. Chicago: University of Chicago Press.

Bobbio, N. 1987. *Which Socialism?* Cambridge: Polity.

_____. 1989. *Democracy and Dictatorship*. Cambridge: Polity.

Bohman, J. 1996. *Public Deliberation: Pluralism, Complexity, and Democracy, Studies in Contemporary German Social Thought*. Cambridge, MA: MIT Press.

_____. J. 1998. "The coming of age of deliberative democracy." *Journal of Political Philosophy*, 6.

Bornstein, S., Held, D. and Krieger, J. (eds.). 1984. *The State in Capitalist Europe*. London: Allen and Unwin.

Bottomore, T. 1985. *Theories of Modern Capitalism*. London: Allen and Unwin.

Bradley, H. 1995. *Fractured Identities*. Cambridge: Polity.

Brittan, S. 1975. "The economic contradictions of democracy." *British Journal of Political Science*, 5(1).

_____. 1977. "Can democracy manage an economy?" In R. Skidelsky (ed.), *The End of the Keynesian Era*. Oxford: Martin Robertson.

Brock, G. and Brighouse, H. (eds.). 2005. *The Political Philosophy of Cosmopolitanism*. Cambridge: Cambridge University Press.

Brown, R. and Scase, R. (eds.). 1991. *Poor Work*. Buckingham: Open University Press.

Budge, I. 1993. "Direct democracy: setting appropriate terms of debate." In D. Held (ed.), *Prospects for Democracy: North, South, East, West*. Cambridge: Polity.

_____. 1996. *The New Challenge of Direct Democracy*. Cambridge: Polity.

Bull, H. 1977. *The Anarchical Society*. London: Macmillan.

Burnheim, J. 1985. *Is Democracy Possible?* Cambridge: Polity.

_____. 1986. "Democracy, the nation state and the world system." In D. Held and C. Pollitt (eds.). *New Forms of Democracy*. London: Sage.

Butler, D. and Ranney, A. 1994. *Referendums around the World*. Basingstoke: Macmillan.

Butler, D. and Stokes, D. 1974. *Political Change in Britain*. London: Macmillan.

Callinicos, A. 1991. *The Revenge of History: Marxism and the East European Revolutions*. Cambridge: Polity[김택현 옮김. 『역사의 복수』. 백의. 1993].

_____. 1993: "Liberalism, Marxism, and democracy: a response to David Held." *Theory and Society*, 22.

Campbell, A., Converse, P., Miller, W. and Stokes, D. 1960. *The American Voter*. New York: John Wiley.

Caney, S. 2001. "Cosmopolitan justice and equalizing opportunities." In T. Pogge (ed.). *Global Justice*. Oxford: Blackwell.

Canovan, M. 1987. "Republicanism." In D. Miller, J. Coleman, W. Connolly and A. Ryan (eds.). *The Blackwell Encyclopaedia of Political Thought*. Oxford: Blackwell.

Carportorti, F. 1983. "Human rights: the hard road towards universality." In R. St J. Macdonald and D. M. Johnson (eds.). *The Structure and Process of International Law*. The Hague: Martinus Nijhoff.

Cassese, A. 1986. *International Law in a Divided World*. Oxford: Clarendon Press.

_____. 1988. *Violence and Law in the Modern Age*. Cambridge: Polity.

_____. 1991. "Violence, war and the rule of law." In D. Held (ed.). *Political Theory Today*. Cambridge: Polity.

Chodorow, N. J. 1989. *Feminism and Psychoanalytic Theory*. Cambridge: Polity.

Cicero. *De re publica*, trans. G. H. Sabine and S. B. Smith as *On the Commonwealth*. Indianapolis: Bobbs-Merrill, 1929[김창성 옮김. 『국가론』. 한길사. 2007].

Cliff, T. 1974. *State Capitalism in Russia*. London: Pluto[정성진 옮김. 『소련 국가자본주의』. 책갈피. 1993].

Cohen, J. 1989. "Deliberation and democratic legitimacy." In A Hamlin and p. Pettit (eds.). *The Good Polity: Normative Analysis of the State*. Oxford: Blackwell.

Cohen, J. and Rogers, J. 1983. *On Democracy*. New York: Penguin.

_____. 1992. "Secondary associations and democratic governance." *Politics and Society*, 20(4).

Cohen, J. L. 1982. *Class and Civil Society: The Limits of Marxian Critical Theory*. Oxford: Martin Robertson.

Cohen, J. L. and Arato, A. 1992. *Civil Society and Political Theory*. Cambridge, MA: MIT Press.

Cohen, J. and Rogers, J. 1995. *Associations and Democracy*. London: Verso.

Coleman, J. 2000. *A History of Political Thought from the Middle Ages to the Renaissance*. Cambridge: Cambridge University Press.

Colletti, L. 1972. *From Rousseau to Lenin*. London: New Left Books.

Connolly, W. 1981. *Appearance and Reality in Politics*. Cambridge: Cambridge University Press.

Cooper, R. J. 1986. *Economic Policy in an Interdependent World*. Cambridge, MA: MIT Press.

Corcoran, P. E. 1983. "The limits of democratic theory." In G. Duncan (ed.). *Democratic Theory and Practice*. Cambridge: Cambridge University Press.

Coward, R. 1983. *Patriarchal Precedents: Sexuality and Social Relations*. London: Routledge and Kegan Paul.

Cox, R. W. 1987. *Production, Power and World Order: Social Forces in the Making of History*. New York: Columbia University Press.

Cranston, M. 1968. "Introduction." In J.-J. Rousseau, *The Social Contract*. Harmondsworth: Penguin.

Crompton, R. 1993. *Class and Stratification*. Cambridge: Polity[정태환·한상근 옮김. 『현대의 계급론』. 한울. 1995].

Crozier, M. 1964. *The Bureaucratic Phenomenon*. London: Tavistock.

Dahl, R. A. 1956. *A Preface to Democratic Theory*. Chicago: University of Chicago Press[김용호 옮김. 『민주주의이론 서설』. 법문사. 1990].

_____. 1957. "The concept of power." *Behavioural Science*, 2(3).

_____. 1961. *Who Governs? Democracy and Power in an American City*. New Haven: Yale University Press.

_____. 1971. *Polyarchy: Participation and Opposition*. New Haven: Yale University Press[최호준·박신영 옮김. 『포리아키』. 거목. 1987].

_____. 1978. "Pluralism revisited." *Comparative Politics*, 10(2).

_____. 1979. "Procedural democracy." In P. Laslett and J. Fishkin (eds.). *Philosophy, Politics and Society*. Fifth series. New Haven: Yale University Press.

_____. 1985. *A Preface to Economic Democracy*. Cambridge: Polity[안승국 옮김. 『경제민주의』. 인간사랑. 1995].

_____. 1989. *Democracy and its Critics*. New Haven: Yale University Press[조기제 옮김. 『민주주의와 그 비판자들』. 문학과지성사. 1999].

de Tocqueville, A. *Democracy in America*, 2 vols. London: Fontana, 1968[임효선·박지동 옮김. 『미국의 민주주의』. 한길사.1997].

Devine, F. 1993. *Affluent Workers Revisited*. Edinburgh: Edinburgh University Press.

Devine, p. 1988. *Democracy and Economic Planning*. Cambridge: Polity.

Dickenson, D. 1997. *Property, Women and Politics: Subjects or Objects?* Cambridge: Polity.

Dominelli, L. 1991. *Women across Continents*. Hemel Hempstead: Harvester Wheatsheaf.

Draper, H. 1977. *Karl Marx's Theory of Revolution*, vol. I. New York: Monthly Review Press[정근식 옮김. 『계급과 혁명』. 사계절. 1986].

Dryzek, J. 1990. *Discursive Democracy: Politics, Policy, and Political Science*. Cambridge: Cambridge University Press.

_____. 2000. *Deliberative Democracy and Beyond: Liberals, Critics, Contestations*. Oxford: Oxford University Press.

Duncan, G. 1971. *Marx and Mill*. Cambridge: Cambridge University Press.

Duncan, G. and Lukes, S. 1963. The new democracy. In S. Lukes (ed.). *Essays in Social Theory*. London: Macmillan.

Dunn, J. 1969. *The Political Thought of John Locke*. Cambridge university Press.

_____. 1979. *Western Political Theory in the Face of the Future*. Cambridge: Cambridge University Press.

_____. 1980. *Political Obligation in its Historical Context: Essays in Political Theory*. Cambridge: Cambridge University Press.

_____. 1990. *Interpreting Political Responsibility*. Cambridge: Polity.

Dunn, J. (ed.). 1992. *Democracy: The Unfinished Journey, 508 BC to AD 1993*. Oxford: Oxford university Press.

Duverger, M. 1974. *Modern Democracies: Economic Power versus Political Power*. Hindsale, IL: Dryden Press.

Edwards, M. and Zadek, S. 2003. "Governing the provision of global public goods: the role and legitimacy of nonstate actors." In I. Kaul et al. (eds.). *Providing Global Public Goods*. Oxford: Oxford University Press.

Eisenstein, Z. R. 1980. *The Radical Future of Liberal Feminism*. New York: Longman.

Elster, J. 1976. "Some conceptual problems in political theory." In B. Barry (ed.). *Power and Political Theory*. London: John Wiley.

_____. 1989. "Deliberation and constitution making." In J. Elster (ed.). *Deliberative Democracy*. Cambridge: Cambridge University Press.

_____. 1997. "The market and the forum: three varieties of political theory." In J. Bohman and W. Rehg (eds.). *Deliberative Democracy*. Cambridge, MA: MIT Press.

Engels, F. "Letter to A. Bebel, March 1875." In K. Marx and F. Engels, *Selected Works*. New York: International Publishers, 1968[최인호 외 옮김. "엥겔스가 쯔비까우의 아우구스트 베벨에게, 1875년 3월 18일/28일." 『칼 맑스·프리드리히 엥겔스 저작 선집』 4권. 박종철출판사. 1997].

_____. *The Origin of the Family, Private Property, and the State*. New York: International Publishers, 1972[이현지 옮김. 『가족, 사유재산 그리고 국가의 기원』. 계명대학교출판부. 2008].

Falk, R. 1969. "The interplay of Westphalian and Charter conceptions of the international legal order." In R. Falk and C. Black (eds.). *The Future of the International Legal Order*, vol. I . Princeton: Princeton University Press.

_____. 1975. *A Study of Future Worlds*. New York: Free Press.

Farrar, C. 1992. "Ancient Greek political theory as a response to democracy." In J. Dunn (ed.). *Democracy: The Unfinished Journey, 508 BC to AD 1993*. Oxford: Oxford University Press.

Featherstone, M. 1991. *The Body, Social Processes and Cultural Theory*. London: Sage.

Figgis, J. N. 1913. *Churches in the Modern State*. London: Longman, Green.

Fine, B. and Harris, L. 1979. *Rereading Capital*. London: Macmillan[김수행 옮김. 『현대 정치경제학 입문』. 한울. 1984].

Finley, M. I. 1963. *The Ancient Greeks*. Harmondsworth: Penguin.

_____. 1972. *Introduction*. In Thucydides, *The Peloponnesian War*. Harmondsworth: Penguin.

_____. 1973a. *The Ancient Economy*. London: Chatto and Windus[지동식 옮김. 『서양고대경제』. 민음사. 1993].

_____. 1973b. *Democracy Ancient and Modern*. London: Chatto and Windus.

_____. 1975. *the Use and Abuse of History*. London: Chatto and Windus.

_____. 1983. *Politics in the Ancient World*. Cambridge: Cambridge University Press[최생열 옮김. 『고대 세계의 정치』. 동문선. 2003].

Fishkin, J. 1991. *Democracy and Deliberation: New Directions for Democratic Reform*. New Haven: Yale University Press[김원용 옮김. 『민주주의와 공론 조사』. 이화여자대학교 출판부. 2003].

Foucault, M. 1977. *Discipline and Punish*. London: Allen Lane[오생근 옮김. 『감시와 처벌』. 나남. 2007].

Frankel, B. 1979. "On the state of the state: Marxist theories of the state after Leninism." *Theory and Society*, 7(1-2).

Franklin, J. H. 1978. *John Locke and the Theory of Sovereignty*. Cambridge: Cambridge University Press.

Fraser, N. 1997. "Rethinking the public sphere: a contribution to the critique of actually existing democracy." In *Justice Interruptus*. London: Routledge.

Frieden, J. 1991. "Invested interests: the politics of national economic policies in a world of global finance." *International Organization*, 45(4).

Friedman, J. 1989. "The new consensus. Part I: The Fukuyama thesis." *Critical Review*(3-4).

Fukuyama, F. 1989. "The end of history?" *National Interest*, 16.

_____. 1989/90. " A reply to my critics." *National Interest*, 18.

_____. 1992. *The End of History and the Last Man*. London: Hamish Hamilton[이상훈 옮김. 『역사의 종말』. 한마음사. 1997].

_____. 1995. *Trust*. London: Hamish Hamilton[구승회 옮김. 『트러스트』. 한국경제신문사. 1996].

Gadamer, H.-G. 1975. *Truth and Method*. London: Sheed and Ward[이길우 외 옮김. 『진리와 방법』. 문학동네. 2000].

Galbraith, J. K. 1994. "The good society." *Guardian*, 26 January.

Gamble, A. 1996. *Hayek*. Cambridge: Polity.

Gewirth, A. 1951. *Marsilius of Padua and Medieval Political Philosophy*. New York: Columbia University Press.

_____. 1980. "Introduction." In Marsilius of Padua, *Defensor pacis*. Toronto: Toronto University Press.

Giddens, A. 1972. *Politics and Sociology in the Thought of Max Weber*. London: Macmillan[김성건 옮김. 『막스 베버의 정치사회학』. 대영사. 1981].

_____. 1979. *Central Problems in Social Theory: Action, Structure and Contradiction in Social Analysis*. London: Macmillan[윤병철·박병래 옮김. 『사회이론의 주요 쟁점』. 문예출판사. 1991].

_____. 1981. *A Contemporary Critique of Historical Materialism*, vol. I. London: Macmillan[최병두 옮김. 『사적 유물론의 현대적 비판』. 나남. 1991].

_____. 1984. *The Constitution of Society*. Cambridge: Polity[황명주 외 옮김. 『사회구성론』. 자작아카데미. 1998].

_____. 1985. *The Nation-State and Violence*, vol. II of *A Contemporary Critique of Historical Materialism*. Cambridge: Polity[진덕규 옮김. 『민족국가와 폭력』. 삼지원. 1991].

_____. 1990. *The Consequences of Modernity*. Cambridge: Polity[이윤희·이현희 옮김. 『포스트모더니티』. 민영사. 1991].

_____. 1992. *The Transformation of Intimacy*. Cambridge: Polity[배은경·황정미 옮김. 『현대사회의 성·사랑·에로티시즘: 친밀성의 구조 변동』. 새물결. 2001].

_____. 1993. "Modernity, history and democracy." *Theory and Society*, 22.

_____. 1994. *Beyond Left and Right: The Future of Radical Politics*. Cambridge: Polity[김현옥 옮김. 『좌파와 우파를 넘어서』. 한울아카데미. 2008].

_____. 1998. *The Third Way*. Cambridge: Polity[한상진·박찬욱 옮김. 『제3의 길』. 생각의나무. 2001].

Giddens, A. and Held, D. (eds.). 1982. *Classes, Power and Conflict*. London: Macmillan.

Gilbert, F. 1965. *Machiavelli and Guicciardini*. Princeton: Princeton University Press.

Gilligan, C. 1982. *In a Different Voice: Women's Conceptions of the Self and Morality*. Cambridge: Harvard University Press[허란주 옮김. 『다른 목소리로: 심리 이론과 여성의 발달』. 동녘. 1997].

Gilpin, R. 1987. *The Political Economy of International Relations*. Princeton: Princeton University Press[강문구 옮김. 『국제관계의 정치경제학』. 인간사랑. 1990].

Gourevitch, P. 1978. "The second image reversed: the international sources of domestic politics." *International Organization*, 32(4).

Gray, J. 1993. *Beyond the New Right*. London: Routledge.

Green, P. 1981. *The Pursuit of Inequality*. New York: Pantheon Books.

Gutmann, A. 1987. *Democratic Education*. Princeton: Princeton University Press[민준기 옮김. 『민주화와 교육: 민주 시민 교육의 이상과 실제』. 을유문화사. 1991].

_____. 1999. "Deliberative democracy and majority rule: reply to Waldron." In H. H. Koh and R. C. Slye (eds.). *Deliberative Democracy and Human Rights*. New Haven: Yale University Press.

Gutmann, A. and Thompson, D. 1996. *Democracy and Disagreement*. Cambridge: Belknap Press.

Habermas, J. 1962. *Strukturwandel der Öffentlichkeit*. Neuwied: Luchterhand[한승완 옮김. 『공론장의 구조변동 : 부르주아 사회의 한 범주에 관한 연구』. 나남출판. 2001].

_____. 1971. *Towards a Rational Society*. London: Heinemann[장일조 옮김. 『이성적인 사회를 향하여』. 종로서적. 1980].

_____. 1973: Wahrheitstheorien. In H. Fahrenbach (ed.). *Wirklichkeit und Reflexion*. Pfüllingen: Neske.

_____. 1976. *Legitimation Crisis*. London: Heinemann[임재진 옮김. 『후기 자본주의 정당성 문제』. 종로서적. 1983].

_____. 1987. *The Philosophical Discourse of Modernity: Twelve Lectures*. Cambridge, MA: Polity[이진우 옮김. 『현대성의 철학적 담론』. 문예출판사. 1994].

_____. 1988. *Theory and Practice*. Cambridge: Polity[홍윤기·이정원 옮김. 『이론과 실천』. 종로서적. 1986].

_____. 1990. "Discourse ethics: notes on a program of philosophical justification." In *Moral Consciousness and Communicative Action*. Cambridge: MIT Press[황태연 옮김. 『도덕의식과 소통적 행위』. 나남. 1997].

_____. 1993: Remarks on discourse ethics. In *Justification and Application*. Cambridge, MA: MIT Press.

_____. 1996. *Between Facts and Norms: Contributions to a Discourse Theory of Law and Democracy*. Cambridge: Polity[한상진·박영도 옮김. 『사실성과 타당성 : 담론적 법이론과 민주주의적 법치국가 이론』. 나남출판. 2000].

Hacker, A. 1967. "Power to do what?" In W. Connolly (ed.). *The Bias of Pluralism*. Chicago: Atherton.

Hacker, K. and Dijk, J. 2001. *Digital Democracy*. London: Sage.

Hall, P. 1986. *Governing the Economy*. Cambridge: Polity.

Hall, S. 1983. "Themes and questions." In *The State and Society*, 3(7). Milton Keynes: Open University.

_____. "The question of cultural identity." In S. Hall, D. Held and A. McGrew (eds.). *Modernity and its Futures*. Cambridge: Polity[전효관·김수진 외 옮김. 『모더니티의 미래』. 현실문화연구. 2002].

Hall, S. and Gieben, B. (eds.). 1992. *Formations of Modernity*. Cambridge: Polity[전효관·김수진·박병영 옮김. 『현대성과 현대문화』. 현실문화연구. 2001].

Hall, S., Critcher, C., Jefferson, T., Clarke, J. and Roberts, B., 1978. *Policing the Crisis*. London: Macmillan.

Hall, S., Held, D. and McGrew, A. (eds.). 1992. *Modernity and its Futures*. Cambridge: Polity[전효관·김수진 외 옮김. 『모더니티의 미래』. 현실문화연구. 2002].

Halsey, A. H. 1981. *Change in British Society*. Oxford: Oxford University Press.

Hansen, M. H. 1991. *The Athenian Democracy in the Age of Demosthenes*. Oxford: Blackwell.

Hardt, M. and Negri, A. 2000. *Empire*. Cambridge: Harvard University Press[윤수종 옮김. 『제국』. 이학사. 2001].

Harrison, R. 1993. *Democracy*. London: Routledge.

Hartmann, H. 1976. "Capitalism, patriarchy and job segregation by sex." *Signs*, 1(3). Also in A. Giddens and D. Held (eds.). *Classes, Power and conflict*. London: Macmillan, 1982.

Hayek, F. A. 1960. *The Constitution of Liberty*. London: Routledge and Kegan Paul[김균 옮김. 『자유헌정론』. 자유기업센터. 1997].

_____. 1976. *The Roads to Serfdom*. London: Routledge and Kegan Paul[김이석 옮김. 『노예의 길』. 나남. 2006].

_____. 1978. *New Studies in Philosophy, Politics, Economics and the History of Ideas*.

London: Routledge and Kegan Paul.

_____. 1982. *Law, Legislation and Liberty*, vol. 3. London: Routledge and Kegan Paul[민경국 옮김.『법, 입법 그리고 자유』. 자유기업센터. 1997].

Hegel, G. W. F. *Philosophy of Right*, trans. T. M. Knox. Oxford: Oxford University Press. 1967[임석진.『법철학』. 한길사. 2008].

_____. 1975. *Lectures on the Philosophy of World History*. Cambridge: Cambridge University Press.[권기철 옮김.『역사철학강의』. 동서문화사. 2008].

Held, D. 1980: *Introduction to Critical Theory: Horkheimer to Habermas*. Cambridge: Polity[백승균 옮김.『비판이론 서설』. 계명대학교출판부. 1988].

_____. 1983. "Central perspectives on the modern state." In D. Held et al. (eds.). *States and Societies*. Oxford: Martin Robertson. Revised and reprinted in D. Held, *Political Theory and the Modern State*. Cambridge: Polity, 1989[안외순 옮김.『정치이론과 현대 국가』. 학문과 사상사. 1996].

_____. 1984. "Power and legitimacy in contemporary Britain." In G. McLennan, D. Held and S. Hall (eds.). *State and Society in Contemporary Britain*. Cambridge: Polity, Revised and reprinted in D. Held, *Political Theory and the Modern State*. Cambridge: Polity, 1989.

_____. 1986. "Liberalism, Marxism and the future direction of public policy." In P. Nolan and S. Paine (eds.). *Re-thinking Socialist Economics*. Cambridge: Polity. Revised and reprinted in D. Held, *Political Theory and the Modern State*. Cambridge Polity, 1989.

_____. 1989. *Political Theory and the Modern State*. Cambridge: Polity[안외순 옮김.『정치이론과 현대 국가』. 학문과 사상사. 1996].

_____. 1991a. "Democracy, the nation-state and the global system." In D. Held (ed.). *Political Theory Today*. Cambridge: Polity.

_____. 1991b. "Introduction." In D. Held (ed.). *Political Theory Today*. Cambridge: Polity.

_____. 1991c. "The possibilities of democracy: a discussion of Robert Dahl, Democracy and its Critics." *Theory and Society*, 20.

_____. 1992. "The development of the modern state." In S. Hall and B. Gieben (eds.). *Formations of Modernity*. Cambridge: Polity[전효관·김수진·박병영 옮김.『현대성과 현대문화』. 현실문화연구. 2001].

_____. 1993a. "Democracy: from city-states to a cosmopolitan order?" In D. Held (ed.). *Prospects for Democracy: North, South, East, West*. Cambridge: Polity.

_____. 1993b. "Liberalism, Marxism and democracy." *Theory and Society*, 22["자유주의,

마르크스주의, 그리고 민주주의." 강정인·김세걸 편역. 『현대 민주주의론의 경향과 쟁점』. 문학과지성사. 1994].

_____. 1993c. "Anything but a dog's life? Further comments on Fukuyama, Callinicos and Giddens." *Theory and Society*, 22.

_____. (ed.). 1993d. *Prospects for Democracy: North, South, East, West*. Cambridge: polity.

_____. 1995. *Democracy and the Global Order: From the Modern State to Cosmopolitan Governance*. Cambridge: Polity.

_____. 2002. "Law of states, law of peoples." *Legal Theory*, 8(1), pp. 1-44.

_____. 2004. *Global Covenant: The Social Democratic Alternative to the Washington Consensus*. Cambridge: Polity.

Held, D. and Keane, J. 1984. "Socialism and the limits of state action." In J. Curran (ed.). *The Future of the Left*. Cambridge: Polity.

Held, D. and Koenig-Archibugi, M. (eds.). 2004. *American Power in the Twenty-First Century*. Cambridge: Polity.

Held, D. and Kriger, J. 1983. "Accumulation, legitimation and the state." in D. Held et al. (eds.). *States and Societies*. Oxford: Martin Robertson.

_____. 1984. "Theories of the state: some competing claims." In S. Bornstein, D. Held and J. Krieger (eds.). *The State in Capitalist Europe*. London: Allen and Unwin. Revised and reprinted in D. Held, *Political Theory and the Modern State*. Cambridge: Polity, 1989[안외순 옮김. 『정치이론과 현대 국가』. 학문과 사상사. 1996].

Held, D. and Leftwich, A. 1984. "A discipline of politics?" In A. Leftwich (ed.). What is Politics? Oxford: Blackwell. Revised and reprinted in D. Held, *Political Theory and Modern State*. Cambridge: Polity, 1989[안외순 옮김. 『정치이론과 현대 국가』. 학문과 사상사. 1996].

Held, D. and McGrew, A. 2002. *Globalization/Anti-Globalization*. Cambridge: Polity.

Held, D. and Pollitt, C. (eds.). 1986. *New Forms of Democracy*. London: Sage.

Held, D. and Thompson, J. B. 1989. *Social Theory of Modern Societies: Anthony Giddens and his Critics*. Cambridge: Cambridge University Press.

Held, D., McGrew, A., Goldblatt, D. and Perraton, J. 1999. *Global Transformations: Politics, Economics and Culture*. Cambridge: Polity[조효제 옮김. 『전지구적 변환』. 창작과비평사. 2002].

Hill, T. 1987. "The importance of autonomy." In E. Kittay and D. Meyers (eds.). *Women and Moral Theory*. Towata: Roman and Allanheld.

Himmelfarb, G. 1989. "Response to Fukuyama." *National Interest*, 16.

Hinsley, F. H. 1986. *Sovereignty*, 2nd edn. Cambridge: Cambridge University Press.

Hirst, P. Q. 1989a. *Endism*. London Review of Books, 23 November.

_____. 1989b. *The Pluralist Theory of the State*. London: Routledge.

_____. 1990. *Representative Democracy and its Limits*. Cambridge: Polity.

_____. 1994. *Associative Democracy*. Cambridge: Polity.

Hobbes, T. *Leviathan*, ed. C. B. Macpherson. Harmondsworth: Penguin, 1968[진석용 옮김. 『리바이어던』. 나남출판. 2008].

Hoffman, S. 1982. "Reflections on the nation-state in Western Europe today." *Journal of Common Market Studies*, 21(1, 2).

Hont, I. 1994. "The permanent crisis of a divided mankind." *Political Studies*, 42, special issue.

Hornblower, S. 1992. "Creation and development of democratic institutions in ancient Greece." In J. Dunn (eds.). *Democracy: The Unfinished Journey, 508 BC AD 1993*. Oxford: Oxford University Press.

Huntington, S. 1975. "Post-industrial politics: how benign will it be?" *Comparative Politics*, 6.

Hutton, W. 1995. *The State We're In*. London: Jonathan Cape.

Hyde, M. 1985. "The British welfare state: legitimation crisis and future directions." Research paper.

Ignatieff, M. 1978. *A Just Measure of Pain*. London: Macmillan.

Jessop, B. 1977. "Recent theories of the capitalist state." *Cambridge Journal of Economics*, 1(4).

_____. 1990. *State Theory*. Cambridge: Polity[이양구·이선용 옮김. 『자본주의와 국가』. 돌베개. 1985].

Jones, A. H. M. 1957. *Athenian Democracy*. Oxford: Blackwell.

Jordan, B. 1985. *The State: Authority and Autonomy*. Oxford: Blackwell.

Jowell, R. and Airey, C. (eds.). 1984. *British Social Attitudes*. London: Gower.

Kaiser, K. 1972. "Transnational relations as a threat to the democratic process." In R. O. Keohane and J. S. Nye (eds.). *Transnational Relations and World Politics*. Cambridge: Harvard University Press.

Kavanagh, D. 1980. "Political culture in Great Britain." In G. Almond and S. Verbs (eds.). *The Civic Culture Revisited*. Boston: Little, Brown.

Keane, J. 1984a. *Public Life and Late Capitalism*. Cambridge: Cambridge University Press.

_____. 1984b. "Introduction." In C. Offe, *Contradictions of the Welfare State*. London: Hutchinson.

_____. (ed.). 1988a. *Re-discovering Civil Society*. London: Verso.

_____. 1988b. *Socialism and Civil Society*. London: Verso.

Kegley, C. W. and Wittkopf, E. R. 1989. *World Politics*. London: Macmillan.

Kelly, P. (ed.). 1998. *Impartiality, Neutrality and Justice*. Edinburgh: Edinburgh University Press.

_____. (ed.). 2002. *Multiculturalism Reconsidered*. Cambridge: Polity.

Kennedy, P. 1988. *The Rise and Fall of the Great Powers*. London: Unwin[이일수 외 옮김. 『강대국의 흥망』. 한국경제신문사. 1997].

Keohane, N. O. 1972. "Virtuous republics and glorious monarchies: two models in Montesquieu's political thought." *Political Studies*, 20(4).

Keohane, R. O. 1984a. *After Hegemony: Cooperation and Discord in the World Political Economy*. Princeton: Princeton University Press.

_____. R. O. 1984b. "The world political economy and the crisis of embedded liberalism." In J. H. Goldthorpe (ed.). *Order and Conflict in Contemporary Capitalism*. Oxford: Oxford University Press.

Keohane, R. O. and Nye, J. S. 1989. *Power and Interdependence*, 2nd edn. Boston: Little, Brown.

_____. (eds.). 1972. *Transnational Relations and World Politics*. Cambridge: Harvard university Press.

King, A. 1976. *Why Is Britain Becoming Harder to Govern?* London: BBC Publications.

Kolko, J. 1988. *Restructuring the World Economy*. New York: Pantheon.

Korpi, W. 1978. *The Working Class in Welfare Capitalism*. London: Routledge and Kegan Paul.

Kramnick, M. 1982. "Introduction." In M. Wollstonecraft, *Vindication of the Rights of Woman*. Harmondsworth: Penguin.

Krasner, S. 1983. *International Regimes*. Ithaca: Cornell University Press.

Krieger, J. 1983. *Undermining Capitalism*. Princeton: Princeton University Press.

_____. 1986. *Reagan, Thatcher and the Politics of Decline*. Cambridge: Polity.

Krouse, R. W. 1983. "Classical images of democracy in America: Madison and Tocqueville." In G. Duncan (ed.). *Democratic Theory and Practice*. Cambridge: Cambridge University Press.

Lafont, C. 2006. "Is the ideal of deliberative democracy coherent?" In S. Besson and J. L. Marti (eds.). *Deliberative Democracy and its Discontents*. Aldershot: Ashgate.

Larsen, J. A. O. 1948. "Cleisthenes and the development of the theory of democracy at Athens." In M. R. Konvitz and A. E. Murphy (eds.). *Essays in Political Theory Presented to George Sabine*. Port Washington, NY: Kennikat Press.

Laski, H. 1932. *Studies in Law and Politics*. London: Allen and Unwin.

Laslett, P. 1963. "Introduction." In Locke, *Two Treatises of Government*. Cambridge and New York: Cambridge University Press.

Lee, D. 1974. "Introduction." In Plato, *The Republic*. Harmondsworth: Penguin.

Lehmbruch, G. 1979. "Consociational democracy, class conflict, and the new corporatism." In P. C. Schmitter and G. Lehmbruch (eds.). *Trend toward Corporatist Intermediation*. New York: Sage.

Lenin, V. I. *State and Revolution*. New York: International Publishers. 1971[김형철 옮김.『국가와 혁명』. 논장. 1988].

Lewin, M. 1988. *The Gorbachev Phenomenon*. London: Verso[하용출 옮김.『고르바초프 현상』. 인간사랑. 1990].

Lewis, P. 1990a. "The long goodbye: party rule and political change in Poland since martial law." *Journal of Communist Studies*, 6(1).

_____. 1990b. "Democratization in Eastern Europe." *Coexistence*, 27.

Lijphart, A. 1984. *Democracies*. New Haven: Yale University Press[최명 옮김.『민주국가론』. 법문사. 1985].

Lindblom, C. E. 1977. *Politics and Markets*. New York: Basic Books[주성수 옮김.『정치와 시장』. 인간사랑. 1989].

Lipset, S. M. 1963. *Political Man*. New York: Doubleday.

Lively, J. 1975. *Democracy*. Oxford: Blackwell.

Livy. *History of Rome*, vol. XIII, bks XLIII-XLV, trans, A. F. Schlesinger. Cambridge, MA: Harvard University Press, 1951.

Locke, J. *Two Treatises of Government*. Cambridge and New York: Cambridge University Press, 1963[강정인·문지영 옮김.『통치론』. 까치. 1996].

Luard, E. 1977. *International Agencies: The Framework of Interdependence*. London: Macmillan.

Lukes, S. 1973. *Individualism*. New York: Harper and Row.

_____. 1974. *Power: A Radical View*. London: Macmillan[서규환 옮김.『3차원적 권력론』. 나남.

1992].

_____. 1985. *Marxism and Morality*. Oxford: Oxford University Press[황경식·강대진 옮김. 『마르크스주의와 도덕』. 서광사. 1994].

McBride, C. 2003. "Self-transparency and the possibility of deliberative democracy.:" *Journal of Political Ideologies*, 8.

_____. 2004. "Deliberative democracy: a review." Paper.

McDonald, F. 1986. *Novus Ordo Seclorum: The Intellectual Origins of the Constitution*. Lawrence: University Press of Kansas.

McGrew, A. G. 1992. "Conceptualizing global politics." In A. G. McGrew, P. G. Lewis et al., *Global Politics*. Cambridge: Polity.

_____. 2005. "The logics of globalization." In J. Ravenhill (ed.). *Global Political Economy*. Oxford: Oxford University Press.

Machiavelli, N.. 1975. *The Prince*. Harmondsworth: Penguin[강정인·김경희 옮김. 『군주론』. 까치. 2008].

_____. 1983. *The Discourses*. Harmondsworth: Penguin[강정인·안선재 옮김. 『로마사논고』. 한길사. 2003].

MacIntyre, A. 1966. *A Short History of Ethics*. New York: Macmillan[김민철 옮김. 『윤리의 역사, 도덕의 이론』. 철학과현실사. 2004].

McLean, I. 1986. "Mechanisms of democracy." In D. Held and C. Pollitt (eds.). *New Forms of Democracy*. London: Sage.

_____. 1991. "Forms of representation and systems of voting." In D. Held (ed.). *Political Theory Today*. Cambridge: Polity.

McLennan, G. 1984. "Capitalist state or democratic polity? Recent developments in Marxist and pluralist theory." In G. McLennan, D. Held and S. Hall (eds.). *The Idea of the Modern State*. Milton Keynes: Open University Press.

_____. 1995. *Pluralism*. Buckingham: Open University Press.

Macpherson, C. B. 1962. *The Political Theory of Possessive Individualism*. Oxford: Clarendon Press[이유동 옮김. 『소유적 개인주의의 정치이론』. 인간사랑. 1991].

_____. 1966. *The Real World of Democracy*. Oxford: Oxford University Press.

_____. 1968: "Introduction." In Hobbes, *Leviathan*. Harmondsworth: Penguin.

_____. 1973. *Democratic Theory: Essays in Retrieval*. Oxford: Clarendon Press.

_____. 1977. *The Life and Times of Liberal Democracy*. Oxford: Oxford University

Press[배영동 옮김. 『전환기의 자유민주주의』. 청사. 1979].

Madison, J. *The Federalist Papers*. New York: Doubleday. 1966[김동영 옮김. 『퍼더랄리스트 페이퍼』. 한울. 1995].

_____. "Reflecting on representation." In Marvin Meyers (ed.). *The Mind of the Founder: Sources of the Political Thoughts of James Madison*. Indianapolis: Bobbs-Merrill, 1973.

Maguire, J. M. 1978. *Marx's Theory of Politics*. Cambridge: Cambridge University Press.

Main, J. T. 1973. *The Sovereign States: 1775~1783*. New York: Franklin Watts.

Mandel, E. 1972. *Marxist Economic Theory*, 2 vols. New York: Monthly Review Press.

Manin, B. 1987. "On legitimacy and deliberation." *Political Theory*, 15(3).

_____. 1994. "Checks, balances and boundaries: the separation of powers in the constitutional debate of 1787." In B. Fontana (ed.). *The Invention of the Modern Republic*. Cambridge: Cambridge University Press.

Mann, M. 1970. "The social cohesion of liberal democracy." *American Sociological Review*, 35. Also in A. Giddens and D. Held (eds.). *Classes, Power and Conflict*. London: Macmillan, 1982.

_____. 1973. *Consciousness and Action among the Western Working Class*. London: Macmillan.

_____. 1986. *The Sources of Social Power*, vol. I. Cambridge: Cambridge University Press.

Mansbridge, J. J. 1983. *Beyond Adversary Democracy*. Chicago: Chicago University Press.

Mansfield, S. 1980. "Introduction." In J. S. Mill, *The Subjection of Women*. Arlington Heights, IL: AHM Publishing.

Marcuse, H. 1964. *One-Dimensional Man*. Boston: Beacon[박병진 옮김. 『일차원적 인간』. 한마음사. 2009].

Margolis, M. 1983. "Democracy: American style." In G. Duncan (ed.). *Democratic Theory and Practice*. Cambridge: Cambridge University Press.

Marshall, T. H. 1973. *Class, Citizenship and Social Development*. Westport: Greenwood Press.

Marsilius of Padua. *Defensor pacis*(The Defender of Peace), trans. and ed. A. Gewirth. First published in English, New York: Columbia University Press, 1956; edition consulted, Toronto: Toronto University Press, 1980.

Marwick, A. 1982. *British Society since 1945*. Harmondsworth: Penguin.

Marx, K. *Capital*, 3 vols. London: Lawrence and Wishart, 1970[김수행 옮김. 『자본론』. 비봉출판사.

2005].

_____. *The Civil War in France*. Peking: Foreign Languages Press, 1970[안효상 옮김. 『프랑스 내전』. 박종철출판사. 2003].

_____. *Critique of the Gotha Programme*. New York: International Publishers, 1970[최인호 외 옮김. "고타강령 초안 비판." 『칼 맑스·프리드리히 엥겔스 저작 선집』 4권. 박종철출판사. 1997].

_____. *The Critique of Hegel's Philosophy of Right*. Cambridge: Cambridge University Press, 1970[홍영두 옮김. 『헤겔 법철학 비판』. 아침. 1988].

_____. *Economic and Philosophical Manuscripts*, In T. B. Bottomore (ed.). *Early Writings*. London: C. A. Watts, 1963[김태경 옮김. 『경제학-철학 수고』. 이론과실천. 1987].

_____. *The Eighteenth Brumaire of Louis Bonaparte*. New York: International Publishers, 1963[최인호 외 옮김. "루이 보나빠르뜨의 브뤼메르 18일." 『칼 맑스·프리드리히 엥겔스 저작 선집』 2권. 박종철출판사. 1997].

_____. "Letter two from the Deutsch-Französische Jahrbücher, 1843." In *Collected Works*, vol. 3. London: Lawrence and Wishart, 1975.

_____. *The Poverty of Philosophy*. New York: International Publishers, 1963[최인호 외 옮김. "철학의 빈곤." 『칼 맑스·프리드리히 엥겔스 저작 선집』 2권. 박종철출판사. 1997; 강민철·김진영 옮김. 『철학의 빈곤』. 아침. 1988].

_____. *Preface to A Contribution to the Critique of Political Economy*. London: Lawrence and Wishart, 1971[최인호 외 옮김. "정치경제학의 비판을 위하여. 서문", 『칼 맑스·프리드리히 엥겔스 저작 선집』 2권. 박종철출판사. 1997].

Marx, K. Value, price and profit. In K. Marx and F. Engels, *Selected Works*. New York: International Publishers, 1968[최인호 외 옮김. "임금, 가격, 이윤." 『칼 맑스·프리드리히 엥겔스 저작 선집』 3권. 박종철출판사. 1997].

Marx, K. and Engels, F. The Communist Manifesto. In *Selected Works*, vol. I. Moscow: Progress Publishers, 1969[최인호 외 옮김. "공산주의당 선언." 『칼 맑스·프리드리히 엥겔스 저작 선집』 1권. 박종철출판사. 1997].

_____. *The German Ideology*. London: Lawrence and Wishart, 1970[최인호 외 옮김. "독일 이데올로기." 『칼 맑스·프리드리히 엥겔스 저작 선집』 1권. 박종철출판사. 1997].

Masters, R. D. 1969. *The Political Philosophy of Rousseau*. Princeton: Princeton University Press.

Mattick, P. 1969. *Marx and Keynes*. Boston: Porter Sargent.

Meyers, M. (ed.). 1973. *The Mind of the Founder: Sources of the Political Thought of James Madison*. Indianapolis: Bobbs-Merrill.

Michels, R. 1962. *Political Parties*. New York: Free Press[김학이 옮김. 『정당 사회학』. 한길사. 2002].

Middlemas, K. 1979. *Politics in Industrial Society: The Experience of the British System since 1911*. London: André Deutsch.

Miliband, R. 1965. "Marx and the state." *Socialist Register*, 1965. London: Merlin Press.

_____. 1969. *The State in Capitalist Society*. London: Weidenfeld and Nicolson.

Mill, J. *An Essay on Government*. Cambridge: Cambridge University Press, 1937.

_____. "Prisons and Prison Discipline." In *Essays on Government*. London: J. Innis, 1828.

Mill, J. S. *Autobiography*, ed. John Jacob Coss. New York: Columbia University Press, 1873[최명관 옮김. 『존 스튜어트 밀 자서전』. 훈복문화사. 2005].

_____. *Centralisation*. Edinburgh Review, C X V, 1862.

_____. *Considerations on Representative Government*. In H. B. Acton (ed.). Utilitarianism, Liberty, and Representative Government. London: Dent, 1951.

_____. "Essays on socialism." In Geraint L. Williams (ed.). *John Stuart Mill on Politics and Society*. London: Fontana, 1976.

_____. "M. de Toqueville on democracy in America." In Geraint L. Williams (ed.). *John Stuart Mill on Politics and Society*. London: Fontana, 1976.

_____. *On Liberty*. Harmondsworth: Penguin, 1982[서병훈 옮김. 『자유론』. 책세상. 2006].

_____. *Principles of Political Economy*. In *Collected Works of J. S. Mill*, vols II and III. Toronto: University of Toronto Press, 1965.

_____. *The Subjection of Women*, ed. S. Mansfield. Arlington Heights, IL: AHM Publishing, 1980[서병훈 옮김. 『여성의 종속』. 책세상. 2006].

_____. "Thoughts on parliamentary reform." In *Dissertations and Discussions Political, Philosophical, and Historical, Reprinted Chiefly from the Edinburgh and Westminster Reviews*. London: Longmans, Green, Reader and Dyer, 1868, vol. 3.

Miller, D. 1983. "The competitive model of democracy." In G. Duncan (ed.). *Democratic Theory and Practice*. Cambridge: Cambridge University Press.

_____. 1989. *Market, State and Community: Theoretical Foundations of Market Socialism*. Oxford: Clarendon Press.

_____. 2000. *Citizenship and National Identity*. Cambridge: Polity.

Miller, J. 1984. *Rousseau: Dreamer of Democracy*. New Haven: Yale University Press.

Modelski, G. 1972. *Principles of World Politics*. New York: Free Press.

Mommsen, W. J. 1974. *The Age of Bureaucracy*. Oxford: Blackwell.

Montesquieu. *The Spirit of Laws*. Chicago: William Benton, 1952[하재홍 옮김. 『법의 정신』. 동서문화사. 2007].

Moore, H. 1987. *Feminism and Anthropology*. Cambridge: Polity.

Moore, S. 1980. *Marx on the Choice between Socialism and Communism*. Cambridge: Harvard university Press.

Morgenthau, H. 1948. *Politics among Nations*. New York: Alfred A. Knopf[이호재 옮김. 『현대국제정치론: 세계평화의 권력이론적 접근』. 법문사. 1987].

Morse, E. 1976. *Modernization and the Transformation of International Relations*. New York: Free Press.

Mortimer, E. 1989. "The end of history?" *Marxism Today*, November.

Moss, L. 1982. "People and government in 1978." Prepared for a Joint Meeting of Applied Statistics and Social Statistics Committees of the Royal Statistical Society(April).

Mouffe, C. 1992. *Dimensions of Radical Democracy*. London: Verso.

_____. 2000. *The Democratic Paradox*. New York: Verso[이행 옮김. 『민주주의의 역설』. 인간사랑. 2006].

Nagel, J. H. 1975. *The Descriptive Analysis of Power*. New Haven: Yale University Press.

Nordhaus, W. D. 1975. The political business cycle. *Review of Economic Studies*, 42.

Nordlinger, E. A. 1981. *On the Autonomy of the Democratic State*. Cambridge, MA: Harvard University Press.

Nove, A. 1983. *The Economics of Feasible Socialism*. London: Macmillan[대안체제연구회 옮김. 『실현 가능한 사회주의의 미래』. 백의. 2001].

Nozick, R. 1974. Anarchy, State and Utopia. Oxford: Blackwell[남경희 옮김. 『아나키에서 유토피아로』. 문학과지성사. 1983].

O'connor, J. 1973. *The Fiscal Crisis of the State*. New York: St Martin's Press.

Offe, C. 1975. "The theory of the capitalist state and the problem of policy formation." In L. Lindberg, R. Alford, C. Crouch and C. Offe (eds.). *Stress and Contradiction in Modern Capitalism*. Lexington: Lexington Books.

_____. 1979. "The state, ungovernability and the search for the 'non-political'." Paper presented to the Conference on the Individual and the State, Center for International Studies, University of Toronto (3 February). Reprinted in C. Offe, *Contradictions of the Welfare State*. London: Hutchinson, 1984.

_____. 1980. "The separation of form and content in liberal democratic politics." Studies in

Political Economy, 3. Reprinted in C. Offe, *Contradictions of the Welfare State*. London: Hutchinson, 1984.

_____. 1984. *Contradictions of the Welfare State*. London: Hutchinson.

_____. 1985. *Disorganized Capitalism*. Cambridge: Polity.

_____. 1996a. *Modernity and the State: East, West*. Cambridge: Polity.

_____. 1996b. *Varieties of Transition: The East European and East German Experience*. Cambridge: Polity.

Offe, C. and Preuss, U. 1991. "Democratic institutions and moral resources." In D. Held (ed.). *Political Theory Today*. Cambridge: Polity.

Offe, C. and Ronge, V. 1975. "Theses on the theory of the state." *New German Critique*, 6. Reprinted in C. Offe, *Contradictions of the Welfare State*. London: Hutchinson, 1984.

Okin, S. M. 1979. *Women in Western Political Theory*. Princeton: Princeton University Press.

_____. 1991. "Philosopher queens and private wives: Plato on women and the family." In M. L., Shanley and C. Pateman (eds.). *Feminist Interpretations and Political Theory*. Cambridge: Polity[이남석·이현애 옮김. 『페미니즘 정치사상사』. 이후. 2004].

Ollman, B. 1971. *Marx's Theory of Alienation*. Cambridge: Cambridge University Press.

_____. 1977. Marx's vision of communism: a reconstruction. Critique, 8(summer).

O'Neill, O. 1991. "Transnational justice." In D. Held (ed.). *Political Theory Today*. Cambridge: Polity.

_____. 1996. *Towards Justice and Virtue*. Cambridge: Cambridge university Press.

Oppenheim, L. 1905. *International Law*, vol. I. London: Longman.

Paine, T. 1984. *The Rights of Man*. Harmondsworth: Penguin[박홍규 옮김. 『인권·상식』. 필맥. 2004].

_____. 1987. *The Thomas Paine Reader*. Harmondsworth: Penguin.

Pangle, T. L. 1973. *Montesquieu's Philosophy of Liberalism: A Commentary on 'The Spirit of the Laws'*. Chicago: Chicago University Press.

_____. 1976. *Social Democracy and Industrial Militancy*. Cambridge: Cambridge University Press.

Panitch, L. 1980. "Recent theorizations of corporatism." *British Journal of Sociology*, 31(2).

Parker, N. 1983. "Democracy and revolution." In *The State and Society*, 2(3). Milton Keynes: Open University.

Parry, G. 1969. *Political Elites*. London: Allen and Unwin[진덕규 옮김. 『정치 엘리트』.

이화여자대학교출판부. 1984].

Parsons, T. 1960. "Voting and the equilibrium of the American political system." In E. Burdick and A. J. Brodbeck (eds.). *American Voting Behaviour*. Glencoe: Free Press.

Pateman, C. 1970. *Participation and Democratic Theory*. Cambridge: Cambridge University Press.

_____. 1971. Political culture, political structure and political change. *British Journal of Political Science*, I.

_____. 1980. "The civic culture: a philosophic critique." In G. Almond and S. Verba (eds.). *The Civic Culture Revisited*. Boston: Little, Brown.

_____. 1983. "Feminism and democracy." In G. Duncan (ed.). *Democratic Theory and Practice*. Cambridge: Cambridge University Press.

_____. 1985. *The Problem of Political Obligation: A Critique of Liberal Theory*. Cambridge: Polity.

_____. 1988: *The Sexual Contract*. Cambridge: Polity[이충훈·유영근 옮김.『남과 여, 은폐된 성적 계약』. 이후. 2001].

Pelczynski, Z. A. (ed.). 1985. *The State and Civil Society*. Cambridge: Cambridge University Press.

Perez-Diaz, M. 1978. *State, Bureaucracy and Civil Society*. London: Macmillan.

Peters, R. S. 1956. *Hobbes*. Harmondsworth: Penguin.

Pettit, P. 1999. "Republican liberty, contestatory democracy." In I. Shapiro and C. Hacker-Cordon (eds.). *Democracy's Value*. Cambridge: Cambridge University Press.

_____. 2003. "Deliberative democracy, the discursive dilemma, and republican theory." In J. Fishkin and p. Laslett (eds.). *Debating Deliberative Democracy*. Oxford: Blackwell.

Phillips, A. 1991. *Engendering Democracy*. Cambridge: Polity.

_____. 1993. "Must feminists give up on liberal democracy?" In D. Held (ed.). *Prospects for Democracy: North, South, East, West*. Cambridge: Polity.

_____. 1995. *The Politics of Presence*. Oxford: Oxford University Press.

_____. 1999. *Which Equalities Matter?* Cambridge: Polity.

Pierson, C. 1986. *Marxist theory and Democratic Politics*. Cambridge: Polity.

_____. 1991. *Beyond the Welfare State?* Cambridge: Polity[현외성·강욱모 옮김.『전환기의 복지국가』. 경남대학교출판부. 1999].

_____. 1995. *Socialism after Communism: The New Market Socialism*. Cambridge: Polity.

Pitkin, H. F. 1967. *The Concept of Representation*. Berkeley and Los Angeles: University of California Press.

_____. 1984. *Fortune is a Woman: Gender and Politics in the Thought of Niccolò Machiavelli*. Berkeley: University of California Press.

Plamenatz, J. 1963. *Man and Society*, vol. 1. London: Longman[김홍명 옮김.『정치사상사』. 풀빛. 1986].

Plant, R. 1985. "Welfare and the value of liberty." *Government and Opposition*, 20(3).

_____. 1992. "Citizenship, rights and welfare." In A. Coote (ed.). *The Welfare of Citizens*. London: IPPR/Rivers Oram Press.

Plato. *The Laws*. Harmondsworth: Penguin, 1970[박종현 옮김.『(플라톤의) 법률』]. 서광사. 2009].

_____. *The Republic*. Harmondsworth: Penguin, 1974[박종현 옮김『국가・政體』. 서광사. 1997].

_____. *The Statesman*. London: Routledge and Kegan Paul, 1952[김태경 옮김.『정치가』. 한길사. 2000].

Pocock, J. G. A. 1975. *The Machiavellian Moment: Florentine Political Thought and the Atlantic Republican Tradition*. Princeton: Princeton University Press.

Poggi, G. 1978. *The Development of the Modern State*. London: Hutchinson.

_____. 1990. *The State: Its Nature, Development and Prospects*. Cambridge: Polity.

Polan, A. J. 1984. *Lenin and the End of Politics*. London: Methuen.

Pollitt, C. 1984. "The state and health care." In G. McLennan, D. held and S. Hall (eds.). *State and Society in Contemporary Britain*. Cambridge: Polity.

Potter, D., Goldblatt, D., Kiloh, M. and Lewis, P. (eds.). 1997. *Democratization*. Cambridge: Polity.

Poulantzas, N. 1972. "The problem of the capitalist state." In R. M. Blackburn (ed.). *Ideology in Social Science: Readings in Critical Social Theory*. London: Fontana.

_____. 1973. *Political Power and Social Classes*. London: New Left Books[홍순권・조형제 옮김.『정치권력과 사회계급』. 풀빛. 1986].

_____. 1975. *Classes in Contemporary Capitalism*. London: New Left Books[박준식・한현옥 옮김.『계급분석의 기초이론』. 세계. 1986. 제5부에 일부 번역].

_____. 1980. *State, Power, Socialism*. London: Verso/New Left Books[박병영 옮김.『국가, 권력, 사회주의』. 백의. 1994].

Rahe, P. A. 1994. *Republics Ancient and Modern*, vol. 2. Chapel Hill: University of North Carolina Press.

Rawls, J. 1971. *A Theory of Justice*. Cambridge, MA: Harvard University Press[황경식 옮김. 『정의론』. 이학사. 2003].

―――. 1985. "Justice as fairness: political not metaphysical." *Philosophy and Public Affairs*, 14(3).

―――. 1993a. *Political Liberalism*. New York: Columbia University Press[장동진 옮김. 『정치적 자유주의』. 동명사. 1998].

―――. 1993b. "Reply to Habermas." In *Political Liberalism*. New York: Columbia University Press.

―――. 1999. "The idea of public reason revisited." In S. Freeman (ed.). *Collected Papers*. Cambridge, MA: Harvard University Press.

Rodewald, C. (ed.). 1974. *Democracy: Ideas and Realities*. London: Dent.

Rose, R. and Peters, G. 1977. *The political consequences of economic overload*. Glasgow: University of Strathclyde Centre for the Study of Public Policy.

Roth, G. 1978. "Introduction." In Max Weber, *Economy and Society*, 2 vols. Berkeley: University of California Press.

Roth, G. and Schluchter, W. 1979. *Max Weber's Vision of History*. Berkeley: University of California Press.

Rousseau, J.-J. *Émile*. London: Dent, 1974[강도은 옮김. 『에밀』. 산수야. 2009].

―――. *The Social Contract*. Harmondsworth: Penguin, 1968[방곤 옮김. 『사회계약론』. 신원문화사. 2006].

Rubinstein, N. 1982. "Political theories in the Renaissance." In *The Renaissance: Essays in Interpretation*. London: Methuen.

Ruggis, J. G. 2003. "Taking embedded liberalism global: the corporate connection." In D. Held and M. Koenig-Archibugi (eds.). *Taming Globalization*. Cambridge: Polity.

Rutland, P. 1985. *The Myth of the Plan*. London: Hutchinson.

Ryan, A. 1974. *J. S. Mill*. London: Routledge and Kegan Paul.

―――. 1983. "Mill and Rousseau: utility and rights." In G. Duncan (ed.). *Democratic Theory and Practice*. Cambridge: Cambridge University Press.

Ryle, G. 1967. "Plato." In *The Encyclopedia of Philosophy*, vol. 6. New York: Macmillan.

Sabine, G. H. 1963. *A History of Political Theory*. London: Harrap[성유보 외 옮김. 『정치사상사』. 한길사. 1997].

Sallust. *The Jugurthine War/The Conspiracy of Catiline*. Hamondsworth: Penguin, 1963.

Sandel, M. (ed.). 1984. *Liberalism and its Critics*. Oxford: Blackwell.

Sartori, G. 1987. *The Theory of Democracy Revisited*. Chatham, NJ: Chatham House[이행 옮김. 『민주주의 이론의 재조명』. 인간사랑. 1989].

Saward, M. 2003. *Democracy*. Cambridge: Polity.

Saxonhouse, A. 1991. "Aristotle: defective males, hierarchy, and the limits of politics." In M. L. Shanley and C. Pateman (eds.). *Feminist Interpretations and Political Theory*. Cambridge: Polity[이남석·이현애 옮김. 『페미니즘 정치사상사』. 이후. 2004].

Scanlon, T. 1982. "Contractualism and utilitarianism." In A. Sen, T. Scanlon, and B. Williams (eds.). *Utilitarianism and Beyond*. Cambridge: Cambridge University Press.

_____. 1998. *What We Owe to Each Other*. Cambridge, MA: Belknap Press.

Schama, S. 1989. *Citizens*. New York: Alfred A. Knopf.

Schattschneider, E. F. 1960. *The Semi-Sovereign People: A Realist View of Democracy in America*. New York: Rinehart and Winston[현재호·박수형 옮김. 『절반의 인민주권』. 후마니타스. 2008].

Schmitter, P. C. 1974. "Still the century of corporatism?" *Review of Political Studies*, 36(1).

_____. 1979. "Modes of interest intermediation and models of societal change in Western Europe." *Comparative Political Studies*, 10(1).

Schumpeter, J. *Capitalism, Socialism and Democracy*. London: Allen and Unwin, 1976[이상구 옮김. 『자본주의, 사회주의, 민주주의』. 삼성. 1990].

Sen, A. 1981. *Poverty and Famine*. Oxford: Clarendon Press.

_____. 1999. *Development as Freedom*. Oxford: Oxford University Press[박우희 옮김. 『자유로서의 발전』. 세종연구원. 2001].

Shapiro, I. 1999. "Enough of deliberation: politics is about interests and power." In S. Macedo (ed.). *Deliberative Politics: Essays on Democracy and Disagreement*. New York: Oxford University Press.

Shklar, J. 1969. *Men and Citizens: A Study of Rousseau's Social Theory*. Cambridge: Cambridge University Press.

Sigler, J. 1983. *Minority Rights*. Westport: Greenwood Press.

Siltanen, J. and Stanworth, M. (eds.). 1984. *Women and the Public Sphere*. London: Hutchinson.

Skinner, Q. 1978. *The Foundations of Modern Political Thought*, 2 vols. Cambridge: Cambridge University Press[박동천 옮김. 『근대 정치사상의 토대』. 한길사. 2004].

_____. 1981. *Machiavelli*. Oxford: Oxford University Press[신승현 옮김. 『마키아벨리』. 시공사. 2001].

_____. 1986. "The paradoxes of liberty." In S. McMurrin (ed.). *The Tanner Lectures on Human Values*, VII. Cambridge: Cambridge University Press.

_____. 1989. "The state." In T. Ball, J. Farr and R. L. Hanson (eds.). *Political Innovation and Conceptual Change*. Cambridge: Cambridge University Press.

_____. 1992. "The Italian city-republics." In J. Dunn (ed.). *Democracy: The Unfinished Journey, 508 BC to AD 1993*. Oxford: Oxford University Press.

Soboul, A. 1962. *Histoire de la Révolution Française*, 2 vols. Paris: Éditions Sociales.

Spencer, M. E. 1979. "Marx on the state." *Theory and Society*, 7(1-2).

Springborg, P. 1992. *Western Republicanism and the Oriental Prince*. Cambridge: Polity.

Sweezy, P. 1942. *The Theory of Capitalist Development*. New York: Monthly Review Press[이주명 옮김. 『자본주의 발전의 이론』. 필맥. 2009].

Taylor, B. 1983. "Eve and the New Jerusalem." London: Virago.

Taylor-Gooby, P. 1983. "Legitimation deficit, public opinion, and the welfare state." *Sociology*, 17(2).

_____. 1985. "Attitudes to welfare." *Journal of Social Policy*, 10(4).

_____. 1988. "The future of the British welfare state: public attitudes, citizenship and social policy under the Conservative government." *European Sociological Review*, 4(1).

Thompson, D. and Gutmann, A. 2003. "Deliberative democracy beyond process." In J. Fishkin and p. Laslett (eds.). *Debating Deliberative Democracy*. Oxford: Blackwell.

Thompson, J. B. 1984. *Studies in the Theory of Ideology*. Cambridge: Polity.

_____. 1990. *Ideology and Modern Culture*. Cambridge: Polity.

_____. 1995. *The Media and Modernity: A Social Theory of the Media*. Cambridge: Polity.

Thompson, W. 1970. *Appeal of One Half of the Human Race, Women, against The Pretensions of the Other Half, Men, to Retain them in Political, and Hence in Civil and Domestic Slavery*. New York: Source Book Press.

Thucydides. *The Peloponnesian War*. Harmondsworth: Penguin, 1972[박광순 옮김. 『펠로폰네소스 전쟁사 상, 하』. 범우사. 1999/2001].

Tilly, C. (ed.). 1975. *The Formation of National States in Western Europe*. Princeton: Princeton University Press.

Tomalin, C. 1985. *Mary Wollstonecraft*. Harmondsworth: Penguin.

Truman, D. B. 1951. *The Governmental Process*. New York: Alfred A. Knopf.

Tully, J. 2002. The unfreedom of the moderns in comparison to their ideals of constitutional democracy. *Modern Law Review*, 65(2).

UIA(Union of International Associations). 2002. Yearbook of International Organizations 2001/2002: Vol. I B (Int-Z). Nunich: K. G. Saur.

Vajda, M. 1978. "The state and socialism." *Social Research*, 4(November).

Waldron, J. 1999a. "Legislation, authority, and voting." In *Law and Disagreement*. Oxford: Oxford University Press.

_____. 1999b: "Rawls's Political Liberalism." In *Law and Disagreement*. Oxford: Oxford University Press.

Wallace, W. 1994. "Rescue or retreat? The nation state in Western Europe." *Political Studies*, 42, special issue.

Weber, M. *Economy and Society*, 2 vols. Berkeley: University of California Press, 1978.

_____. *General Economic History*. London: Allen and Unwin, 1923.

_____. "Politics as a vocation." In H. H. Gerth and C. W. Mills (eds.). *From Max Weber*. New York: Oxford University Press, 1972[전성우 옮김.『직업으로서의 정치』. 나남출판. 2006].

_____. *The Protestant Ethic and the Spirit of Capitalism*. London: Allen and Unwin, 1971[박성수 옮김.『프로테스탄트 윤리와 자본주의 정신』. 문예출판사. 1988].

_____. "Science as a vocation." In H. H. Gerth and C. W. Mills (eds.). *From Max Weber*. New York: Oxford University Press, 1972[전성욱 옮김.『직업으로서의 학문』. 나남출판. 2006].

West, P., Illsey, R. and Kelman, H. 1984. "Public preferences for the care of dependency groups." *Social Science and Medicine*, 18(4).

Whiteley, P. 1981. "Public opinion and the demand for social welfare in Britain." *Journal of Social Policy*, 10(4).

Williams, G. L. (ed.) 1976. *John Stuart Mill on Politics and Society*. London: Fontana.

Williams, R. 1976. *Keywords*. London: Fontana/ Croom Helm.

Williamson, P. J. 1989. *Corporatism in Perspective*. London: Sage.

Winkler, J. T. 1976. "Corporatism." *Archives européennes de sociologie*, 17(1).

Wollstonecraft, M. *Vindication of the Rights of Woman*. Harmondsworth: Penguin. 1982[손영미 옮김.『여권의 옹호』. 한길사. 2008].

Wood, G. S. 1969. *The Creation of the American Republic*. Chapel Hill: University of North Carolina Press.

Wootton, D. 1992. "The Levellers." In J. Dunn (ed.), *Democracy: The Unfinished Journey, 508 BC to Ad 1993*. Oxford: Oxford University Press.

Wright, E. O. 1978. *Class, Crisis and the State*. London: New Left Books[김왕배·박희 옮김. 『국가와 계급구조』. 禾多. 1985].

Young, I. 1990. *Justice and Politics of Difference*. Princeton: Princeton University Press.

_____. 2000. *Inclusion and Democracy*. New York: Oxford University Press.

_____. 2001. "Activist challenges to deliberative democracy." *Political Theory*, 29.

인명 찾아보기

ㄱ
갤브레이스, 존 케네스 John Kenneth Galbraith 522
거트먼, 에이미 Amy Gutmann 459, 460, 461, 476, 483
고드윈, 윌리엄 William Godwin 107
고르바초프, 미하일 Mikhail Gorbachev 415
그람시, 안토니오 Antonio Gramsci 334

ㄴ
나폴레옹, 루이 보나파르트 Louis Napoleon Bonaparte 209, 287
노직, 로버트 Robert Nozick 382~385, 387, 394, 395, 500

ㄷ
달, 로버트 Robert Dahl 307, 309~311, 314~319, 321, 322, 327, 328, 330, 331, 336, 341, 509, 511, 533
대처, 마거릿 Margaret Thatcher 381, 416, 421
드라이젝, 존 John Dryzek 447, 448, 479

ㄹ
라티니, 브루네토 Brunetto Latini 80
레닌, 블리디미르 Vladimir Il'ich Lenin 150, 222, 233, 237, 251, 254, 334, 348, 399, 427, 428
레이건, 로널드 Ronald Reagan 381, 416, 421
로크, 존 John Locke 60, 89, 113, 123, 130~132, 134~137, 140~142, 144~146, 150, 179, 237, 311, 382, 383, 388, 394, 422, 494, 499
롤즈, 존 John Rawls 454, 459
루소, 장 자크 Jean-Jacques Rousseau 62, 79, 94~105, 107, 108, 113, 163, 216, 227, 230, 275, 285, 286, 296, 309, 311, 395, 401, 497, 503, 505, 512, 513, 533
루이 14세 Louis XIV 119, 137
루카치, 죄르지 Lukács György 334
루터, 마틴 Martin Luther 121
룩스, 스티븐 Steven Lukes 326
르봉, 귀스타브 Gustave Le Bon 279
링컨, 에이브러햄 Abraham Lincoln 288

ㅁ

마넹, 베르나르 Bernard Manin 442
마르실리우스 Marsilius 79~86, 89, 94, 503, 505, 512
마르쿠제, 헤르베르트 Herbert Marcuse 360~363
마르크스, 칼 Karl Marx 45, 62, 150, 154, 192~198, 201~206, 208~219, 222~224, 226, 227, 229~232, 235~239, 244, 246, 247, 250, 251, 253, 275, 281, 286, 296, 309, 328, 334~336, 348, 352, 399, 427~429, 431, 432, 495~497, 501, 512, 513, 517, 583, 586
마오쩌둥 Mao Zedong 233
마키아벨리, 니콜로 Niccolò Machiavelli 39, 60, 79, 87~94, 96~98, 125, 129, 140, 153
매디슨, 제임스 James Madison 79, 140, 146~155, 169, 307~309, 312, 315, 438
맥퍼슨, C. B. C. B. Macpherson 25, 396, 400~402, 405~407, 429, 581
몽테스키외, 샤를 Charles Louis de Secondat, Baron de Montesquieu 60, 79, 85, 137~147, 150, 309
밀, 제임스 James Mill 146, 155~157, 159, 161, 163, 189
밀, 존 스튜어트 John Stuart Mill 61, 107, 113, 115, 158, 159, 163~188, 192, 208, 216, 230, 237, 244, 261, 307, 315, 330, 382, 386, 394, 400, 401, 422, 423, 447, 448, 496, 514, 516, 530
밀리반드, 랄프 Ralph Miliband 335, 336, 339, 340, 343

ㅂ

바라츠, M. S. M. S. Baratz 325, 326
바크라흐, P. P. Bachrach 325, 326
배리, 브라이언 Brian Barry 454
버틀러, D. D. Butler 360
베버, 막스 Marx Weber 122, 244~263, 265, 267~277, 279, 281~283, 286, 290, 295, 298, 302~304, 307, 309, 317, 319, 320, 336, 348, 399, 403, 421, 446, 448, 459, 513, 538, 583
베셋, 조셉 Joseph Bessette 440
벤담, 제러미 Jeremy Bentham 146, 155~159, 163, 167, 275, 311, 422, 515
보비오, 노르베르토 Norberto Bobbio 426
부시, 조지 George W. Bush 559, 562
브리탄, S. S. Brittan 365
비트겐슈타인, 루드비히 Ludwig Josef Johan, Wittgenstein 384, 513

ㅅ

생시몽, 클로드 Comte de Saint-Simon 202
세이우드, 마이클 Michael Saward 478
셰익스피어, 윌리엄 William Shakespeare 73
소크라테스 Socrates 51, 54, 59, 384
슘페터, 조지프 Joseph Schumpeter 25, 244, 245, 274~304, 306, 307, 309, 317, 318, 320, 322, 326, 362, 375, 385, 386, 402, 403, 438, 446, 475, 511, 515, 529, 530
스키너, 켄틴 Quentin Skinner 14, 73, 90

스탈린, 이오시프 Iosif Vissarionovich Stalin 17, 198, 268, 314, 334, 399, 427, 428, 432~434
스톡스, D D. Stokes 360

ㅇ

아렌트, 한나 Hannah Arendt 223, 457
아리스토텔레스 Aristotle 35, 40, 41, 43, 45, 56, 61, 69, 74, 84, 89
아우구스티누스 Augustine 68, 69
아퀴나스, 토머스 Thomas Aquinas 69
알몬드, 가브리엘 Gabriel A. Almond 322, 323, 355, 360
애커먼, 브루스 Bruce Ackerman 471
엘리자베스 2세 Elizabeth II 354
엘스터, 욘 Jon Elster 446
엥겔스, 프리드리히 Friedrich Engels 45, 62, 150, 154, 192~198, 204, 211, 223, 250, 254, 334, 512, 513
영, 아이리스 Iris Young 463~465
오닐, O. O. O'Neill 456
오언, 로버트 Robert Owen 202
오페, 클라우스 Claus Offe 339~344, 365, 371, 374, 379, 380, 440~442, 461
올맨, 버텔 Bertell Ollman 229
울스턴크래프트, 메리 Mary Wollstonecraft 79, 105~115, 163, 178, 179, 182, 185, 352, 512, 514
월드런, 제러미 Jeremy Waldron 483

ㅈ

지롤라미, 레미지오 데 Remigio de' Girolami 80

ㅋ

칼뱅, 장 Jean Calvin 121
캘리니코스, 알렉스 Alex Callinicos 413, 414, 426~430, 432, 434~436
케네디, 폴 Paul Kennedy 418
코르쉬, 칼 Karl Korsch 334
코헤인, 로버트 Robert Keohane 418
코헨, 조슈아 Joshua Cohen 449~452
크세노폰 Xenophon 48, 52, 53
키인, 존 John Keane 14, 517
키케로 Cicero 63, 76

ㅌ

털리, 제임스 James Tully 462~464
토크빌, 알렉시스 드 Alexis de Tocqueville 169, 315, 327, 330, 423
톰슨, 데니스 Dennis Thompson 459~461, 483

투키디데스 Thucydides 35, 36
트루먼, 데이비드 David Truman 309, 312, 314

ㅍ

페리클레스 Pericles 36~41, 47, 49, 51
페이트먼, 캐럴 Carol Pateman 396~398, 401~407, 429
페인, 토머스 Thomas Paine 107
푸리에, 샤를 Charles Fourier 202
풀란차스, 니코스 Nicos Poulantzas 336~340, 343
프로이스, 울리히 Ulrich Preuss 440~442, 461
프로이트, 지그문트 Sigmund Freud 513
프톨레미 Ptolemy 80
플라톤 Plato 35, 54, 56, 58~62, 89, 90, 147, 149, 253, 274, 385, 408, 438, 441, 475
피시킨, 제임스 James Fishkin 444~446, 449, 451, 468, 470, 471, 478
핀리, M. I. M. I. Finley 47, 53

ㅎ

하버마스, 위르겐 Jürgen Habermas 365, 371, 374, 379, 380, 448, 449, 452, 454, 459, 580
하이에크, 프리드리히 Friederich Hayek 382, 383, 385~392, 394, 395. 397, 408, 499
헌팅턴, 새뮤얼 Samuel Huntington 365
헤겔, 게오르크 Georg Wilhelm Friedrich Hegel 206~210, 412, 419, 425
헬드, 데이비드 David Held 186, 517, 518, 580~586, 588, 589
홉스, 토머스 Thomas Hobbes 25, 39, 89, 120, 123, 125~131, 135, 136, 145~147, 155, 159, 237, 279, 397, 571, 576
후쿠야마, 프랜시스 Francis Fukuyama 413, 418~427, 432, 434, 435

용어 찾아보기

ㄱ

『가족, 사유재산 그리고 국가의 기원』 194
가치 다원주의 479, 480, 483
개인주의 157, 201, 250, 254, 267, 377, 436, 482, 494
경쟁적 엘리트주의 21, 245, 260, 285, 289, 293, 295, 303, 304, 320, 403, 404, 472, 542, 583
『경제민주주의 서설』 327
『경제와 사회』 276
경제적 자유주의 418, 423
계급투쟁 193, 194, 196, 198~201, 248, 281, 338, 431
계발 공화주의 20, 23, 77, 79, 94, 103, 272, 280, 395, 439, 482, 503, 504, 512, 583
계발 민주주의 21, 125, 184, 189, 280, 357, 397, 482, 583
고전적 민주주의 13, 20, 23, 41, 43, 44, 46, 62, 79, 146, 147, 168, 173, 238, 253, 272, 274, 285~288, 293~296, 313, 439, 468, 470, 482, 509, 512, 583
공산주의 198, 202, 203, 217, 219~223, 227, 229~231, 233, 234, 238, 251, 355, 365, 382, 408, 409, 414, 415, 418, 419, 431, 432, 434, 589
공화주의 20, 21, 61, 66, 71, 74~80, 82, 85~87, 94~96, 105, 108, 115, 116, 123, 125, 140, 147, 153, 154, 160, 169, 238, 280, 449, 503, 505~507, 512, 523, 583~586, 590
과두제 42, 83, 263, 319
과부하 이론 365, 369, 373, 374, 376, 379
과부하 정부(국가) 358, 364~366, 369, 373, 381, 584
관료제 168, 170, 172, 184, 206, 208, 209, 231, 233, 250, 251, 256~260, 263, 267, 268, 270, 273, 276, 283, 292, 294, 303, 318, 332, 361, 392, 399, 427, 506
교황 70, 71, 80, 81, 120, 121
『국가』 54, 55, 59, 60
국가본주의 427, 428, 433
『국가와 혁명』 222
국가의 주권 560, 562, 565
국민국가 12, 21, 28, 70, 104, 139, 153, 162, 184, 189, 245, 248, 251, 254, 309, 393, 425, 429, 489, 490, 506, 511, 542~547, 549~551, 556, 558, 560, 564~566, 568, 569, 571, 572, 574, 577, 584, 585
국민투표식 리더십 민주주의 265, 274, 446
국제법 543, 549, 550, 560~562, 574, 576
국제연합UN 559

국제정치 12, 28, 370, 547, 584, 590
국제통화기금IMF 556
『군주론』 87
권력분립 60, 91, 134, 136, 137, 140, 142, 143, 146, 151, 156, 184, 227, 318, 391
그리스 13, 16~18, 25, 32~35, 40, 41, 45, 48, 60, 62~64, 66, 67, 75, 79, 80, 94, 139, 140, 160, 172, 227, 590
금권정 54
기독교 10, 67~70, 74, 227, 425

ㄴ

나치즘 17, 355, 359, 382
내장된 자유주의 554
냉전 355, 361, 380, 412, 416, 589
네덜란드 118, 131, 349, 558
노동자평의회 427
노예제 33, 47, 68, 198
농노제 68
『누가 통치하는가?』 314, 315
뉘른베르크 재판 562

ㄷ

다국적기업 392, 552, 553
다두제 316, 318
다수결 45, 94, 99, 103, 135, 136, 162, 391, 450, 462, 483, 499, 542, 544, 587
다수의 전제 151, 168, 587
다원론적 마르크스주의 231, 232, 236
다원주의 21, 152, 169, 185, 232, 274, 306~311, 313, 314, 318~327, 330, 333~335, 345, 352, 359, 364, 365, 376, 379, 396, 479, 504, 542, 583
대의 민주주의 173, 176, 185, 188~190, 202, 226, 265, 273, 351, 352, 385, 399, 402, 404, 406, 440, 446, 470, 478, 480, 482, 484, 490, 504, 531, 532, 538, 539, 582, 588
대의 정부 91, 129, 135~137, 152, 163, 166, 168, 172, 175, 179, 184, 186, 340, 372, 516
대의제 150~153, 173, 178, 188, 190, 206, 233, 264, 267, 307, 344, 355, 370, 430, 431
도구적 이성 361, 447
도시 공화국 32, 48, 62, 85, 95, 160, 253, 573
도시 공화정 71, 73~75, 143, 583
독일 70, 120, 121, 189, 192, 206, 245, 259, 265, 276, 314, 561, 567
동독 413, 415, 416

ㄹ

레닌주의 223, 229, 273, 359, 399, 428
로마 63, 64, 68, 70, 75~77, 79, 90, 92, 96, 101, 122, 173, 265
『로마사 논고』 87
『루이 보나파르트의 브뤼메르 18일』 209, 210
『리바이어던』 125

ㅁ

마르크스주의 21, 80, 96, 152, 161, 214, 229~232, 235, 236, 238, 239, 246, 247, 251, 256, 268, 269, 272, 273, 285, 307, 328, 334, 335, 345, 351, 352, 359, 364, 370, 396, 398, 399, 406, 413, 419, 426~435, 459, 468, 494, 495, 500, 503~507, 581, 583~585, 590
명령적 위임 220, 225, 234, 253, 295
무의사 결정 325
『무정부, 국가 그리고 유토피아』 382
무정부주의(자) 24, 230, 395, 396
미국 73, 109, 115, 116, 123, 140, 146, 169, 189, 253, 265, 274, 275, 306, 307, 312~314, 322~325, 328, 329, 354, 359, 376, 415, 417, 418, 434, 445, 470, 471, 473, 553, 554, 558, 559, 562, 563, 567, 576
민족주의 248, 420, 424, 432, 562, 575
민주적 자치 490, 520, 525~529, 532~538, 540, 543, 544, 566, 567, 584~586
민주정체 34, 41, 42, 74, 93, 103, 312, 344, 439, 491, 545
『민주주의 이론 서설』 328
민주주의(의) 위기 342, 350, 358, 364
민회 35, 39, 40, 42, 44, 45, 46, 49, 50, 52, 53, 61, 173
믿음의 동물 67

ㅂ

반세계화 운동 426, 539
『법률』 60
『법의 정신』 141
법의 지배 23, 40, 60, 95, 255, 267, 324, 388~391, 394, 439, 494, 519, 522, 569, 576
법인 자본주의 327, 328, 330, 347, 392
『법철학』 206
법치 민주주의 21, 54, 187, 358, 385, 388, 389, 392, 396, 405, 472, 583
베네치아 71, 74, 79
베를린장벽 414, 415
베트남전 324, 377, 417
보통선거권 184, 189, 204, 225, 245, 491
보호 공화주의 20, 79, 94, 513

보호 민주주의 21, 125, 130, 145, 146, 154, 156, 159, 160, 162, 169, 189, 245, 280, 388, 583
복수의 관점 방식 443, 477
복지국가 159, 187, 281, 357, 360, 363, 382, 393, 408, 520, 584
분배적 정의 390
불가리아 413
불참여 272, 302, 321, 342, 397, 510, 524
불편부당성 454, 457, 460, 466, 481, 540
불편부당주의 100, 453~460, 462, 463, 465~467, 481, 483, 579
브레즈네프 독트린 415
비판 이론 448, 580

ㅅ

사적 영역 18, 105, 113, 123, 143, 178, 582, 584, 587
『사회계약론』 97, 99
사회구성체 196, 197
사회주의 188, 202, 203, 217, 219, 222, 223, 231, 233, 235, 238, 247, 251, 260, 275, 281~284, 293, 294, 328, 338, 359, 371, 380, 393, 399, 413, 421, 427, 429, 433, 434, 494, 506, 581~584, 589
상호성의 원리 443
생산양식 196, 197, 198, 199, 257, 337, 431
생산자산 330, 351, 501, 517, 533
선거 44, 46, 50, 61, 72, 82, 84, 102, 103, 136, 146, 151, 152, 157, 159, 162, 173, 174, 176, 184, 189, 204, 209, 214, 220, 224~226, 229, 232~234, 236, 245, 252, 261~263, 265~268, 273, 279, 282, 290, 291, 306, 311, 313~317, 319, 320, 322, 329, 331, 333, 339, 340, 343, 350, 351, 363, 370, 378, 398, 400, 402, 403, 415, 427, 439, 445~447, 484, 491, 515, 518, 526, 527, 532, 545, 569, 570, 572, 585, 587
선거권 136, 169, 183, 190, 258, 261, 262, 444, 542
선출된 독재 267
세계시민 민주주의 566~569, 571~576, 580, 586
세계화 12, 424, 426, 539, 548~552, 555, 559, 563~565, 573~576, 580, 585
소극적 자유 160, 528
소련 314, 399, 415, 416, 418, 427, 429, 433
소비자 선택 446
소외 215, 256, 271, 323, 401, 445, 510, 589
소유권 70, 85, 101, 103, 123, 132, 133, 147, 204, 205, 211, 219, 254, 256, 328, 330, 339, 496, 504, 533
솔리다르노시치 417
숙의 민주주의 13, 14, 21, 23, 100, 286, 358, 430, 440~444, 448, 450~453, 460, 463, 465, 467, 468, 476~484, 493, 501, 508, 509, 514, 524, 526, 528, 540, 583, 586, 590

숙의적 여론조사 469~473, 476, 478, 480, 524, 526
숙의하는 날 469, 471, 476, 478, 480, 524
순수 민주주의 147, 152
스웨덴 349
스탈린주의 17, 268, 399, 427, 428, 432~434
스파르타 48, 54
스페인 70, 118, 189
시내트라 독트린 415
『시민 문화』 322, 323, 355
시민 배심원 469, 472, 473, 478, 480, 524, 532
시민교육 104, 469, 476, 477, 524
시민권 35, 38, 46, 47, 61, 66, 85, 103~105, 112, 130, 139, 150, 161, 189, 255, 332, 360, 439, 512, 522, 524, 561
시민사회 10, 98, 116, 123, 130, 135, 144, 157, 158, 160, 162, 184, 193, 205~207, 209~211, 215, 217, 294, 331, 338, 357, 371, 377, 389~391, 395, 397, 398, 415, 417, 443, 444, 477, 504, 514, 515, 517, 518, 524~527, 539, 544, 570, 572, 574, 575, 582, 585, 589
시민적 덕성 38, 63, 77, 79, 90, 149, 439, 505, 582
시에나 71
『신국』 68
신다원주의 310, 327, 328, 331~333, 336, 340, 341, 351, 392, 398, 423, 506, 583
신마르크스주의 333~336, 339, 351, 392, 395, 398, 423
신법 69, 80
신성로마제국 70
신우파 358, 369, 380~382, 392~396, 405~408, 421, 423, 493, 495, 581~584
신자유주의 187, 380, 388, 393, 395, 421, 433, 589
신정주의 70
신좌파 324, 358, 377, 382, 395, 396, 398~400, 406, 408, 494, 495, 500, 501, 581~584

ㅇ

아테네 도시국가 39, 40, 52, 63
아테네 20, 32~40, 44~54, 56, 62~64, 66, 73, 84, 89, 92, 96, 160, 173, 227, 280, 309, 321, 396, 470, 512, 528, 581, 583
아프가니스탄 9, 559
엘리트 53, 63, 80, 186, 245, 260, 265, 276, 280, 285, 289, 293, 295, 298, 303, 304, 306, 307, 318~320, 322, 338, 347, 349, 391, 403, 404, 428, 439, 441, 444~447, 467, 470, 472, 542, 563, 583, 590
『여권의 옹호』 107, 109, 113
역사의 종언 412, 418~422, 425, 426, 432
『연방주의자』 146, 148

영국 내전 120, 127
영국 98, 115, 118, 127, 130, 131, 133, 137, 139, 140, 142, 146, 157, 163, 192, 202, 265, 275, 314, 321~323, 346, 349, 354, 355, 359, 360, 376, 379, 422, 475, 518, 567, 580
원초적 상태 454
위해의 원칙 530
유권자 반응 469, 473, 475, 526
유대교 근본주의 10
유럽 연합EU 478, 545, 557, 558, 561, 562, 567
유적 존재 216
의회 127, 128, 131, 134, 136, 144, 170, 176, 224, 226, 251, 259~261, 263, 270, 273, 282, 303, 312, 322, 347~349, 354, 376, 399, 401, 427, 465, 475, 478, 482, 515, 519, 522, 531, 558, 569, 571, 572, 585
이데올로기의 종언 358~360, 362, 363, 377, 419, 583
이라크 9, 475, 559
이상적 담화 상황 454
이세고리아 39
이슬람 10, 419, 424, 425, 426
이중의 민주화 517, 525, 540, 585
이탈리아 62, 70, 71, 73~75, 79, 80, 87, 91, 92, 115, 138, 189, 253, 314, 426, 567, 583
인권 523, 561, 571, 572, 574, 576
인권과 기본적 자유의 보호를 위한 유럽협약 561
인도 248, 553
인민주권 52, 75, 80, 84, 86, 129, 136, 184, 246, 262, 279, 293, 317, 348, 491
인터넷 474, 563, 564
일반 의사 94, 99~102, 206, 226, 286, 288
일차원적 사회 358~360, 583
『일차원적 인간』 362
입헌 국가 118, 124, 130, 138, 355, 390, 391
입헌군주제 136, 139
잉여가치 199, 248, 427

ㅈ

자본주의 192, 193, 195~204, 210, 211, 213,~217, 219, 221, 222, 226, 228, 230, 232, 247~249, 254, 256, 259, 260, 270, 275, 281~284, 293, 328, 334, 335, 337~343, 344, 351, 359, 360, 362, 365, 367, 370, 412~414, 419, 421, 423, 427~430, 432, 433, 435, 500, 504, 517, 583, 584
『자본주의사회의 국가』 335
『자본주의, 사회주의 그리고 민주주의』 275
자연 상태 97, 102, 127, 131~133, 279, 454
자연권 89, 124, 131, 132, 143, 155, 250

자연법 69, 127, 128, 131, 132, 134, 137, 250
자유 시장 157, 176, 187, 204, 207, 332, 380, 389~392, 435, 494, 506
자유민주주의 20, 23, 24, 69, 85, 96, 102, 105, 114, 115, 118, 124, 125, 136, 149, 156, 161, 163, 165, 172, 178, 180, 185~190, 192, 193, 203, 204, 213~215, 231, 233, 235, 237, 268, 269, 275, 277, 280, 294, 306, 313, 317, 320, 324, 329, 333, 335, 338, 339, 341~343, 352, 358, 363, 365, 366, 373, 374, 378, 380, 381, 385, 396, 400, 401, 403, 412, 418~422, 426, 427, 429, 433, 436, 445, 447, 448, 467, 468, 470, 478, 482, 483, 489, 494, 504, 515~517, 532, 545, 577, 581~583, 585, 586, 588, 589
자유주의 21, 24, 35, 39, 60, 77, 86, 92~95, 102, 110, 113, 118, 123~125, 129, 130, 135, 136, 140, 145~147, 149, 153, 157~161, 172, 173, 178, 179, 182, 184, 186, 192, 193, 203~205, 207, 214~216, 223, 226, 227, 235, 237, 238, 244~247, 250, 260, 261, 267~269, 274, 288, 293, 297, 298, 307, 308, 315, 341, 344, 347, 351, 381, 382, 385, 387, 390~392, 395~398, 406, 408, 413, 417, 419~426, 429~435, 439, 442, 445, 475, 479, 493, 494, 497, 499, 500, 503, 505~507, 514, 515, 520, 525, 531, 538, 539, 554, 565, 576, 581~585, 587~590
자유주의적 사회주의 525, 585
자유지상주의적 마르크스주의 230~233
자치의 원칙 490, 491, 494, 497~503, 505, 508, 511, 514, 517~520, 522, 525~528, 533, 535~537, 540, 551, 574
적극적 자유 161
전제적 다수 152, 168
전제정 54, 59, 93, 104, 109, 123, 143, 144, 215, 277, 318
전체 의사 99, 286
절대 군주 120, 167
절대군주제 166
절대주의 21, 66, 73, 80, 86, 95, 118~121, 123, 137, 166, 215, 460
정당 91, 136, 232, 245, 260, 262~264, 269, 276, 290, 294, 303, 304, 312, 313, 317, 348, 350, 359, 360, 363, 368, 399, 400, 403, 405, 419, 444, 472, 478, 504, 513, 515, 516, 518, 526, 531, 585
정당화 위기 358, 364, 365, 367, 369, 373, 374, 376, 379, 380, 416
정치(적) 참여 11, 35, 73, 76, 79, 85, 94, 95, 125, 146, 159, 174, 185, 189, 235, 268, 271, 272, 280, 286, 291, 314, 321, 326, 332, 347, 352, 426, 439, 440, 465, 468, 475, 488, 505, 512, 514, 519, 523, 546, 582, 584, 589
『정치가』 60
정치의 종언 214, 217, 219, 222, 229, 230, 234~237, 432
정치적 동물 43, 67
정치적 선 10, 14, 67, 297, 332, 413, 425, 434, 435, 446, 447, 476, 491~493, 505, 524, 545, 566, 584
정치적 합의 355
『정치학』 40, 41, 74
정통 마르크스주의 198, 233, 398

정통성(정당성) 10, 11, 14, 28, 45, 119, 135, 136, 146, 156, 192, 250, 255, 273, 277, 291, 299, 300, 301, 322, 329, 344, 354, 359, 360, 362, 363, 373~378, 409, 412, 416, 419, 436, 442, 443, 447, 448, 450~452, 457, 461, 463, 466, 468, 481, 482, 491, 498, 499, 509, 538, 540, 544~546, 551, 559, 569, 577, 581, 584
조합주의 334, 342, 344~351
종교개혁 67, 70, 75, 121
종교적 근본주의 424, 575
주네브(제네바) 95
중세 68~70, 80, 118, 120~122, 253, 496, 503
"직업으로서의 정치" 265
직장 민주주의 402
직접민주주의 21, 23, 86, 153, 163, 164, 173, 226, 227, 230, 234, 251~253, 399, 400, 402, 406, 413, 427, 430, 440, 448, 450, 513, 525, 531, 532, 582, 583
집단 정치 306, 309, 312, 317, 320, 381
집정관 71, 90, 95

ㅊ

참여 민주주의 21, 23, 113, 358, 396, 400, 401, 403, 405, 407, 429, 430, 439, 448, 468, 480, 501, 506, 513, 514, 523, 530, 531, 582, 583
참주(정) 40, 58, 59, 89, 91, 304, 315
책임성 46, 48, 162, 176, 188, 223, 227, 267, 268, 326, 331, 333, 337, 368, 398, 399, 422, 432, 436, 438, 472, 475, 482, 491, 492, 494, 507, 516, 518, 523, 535, 538, 539, 545, 566~568, 570, 576
체코슬로바키아 413, 416
최소 국가 157, 380, 383, 384, 389, 421, 435, 494
추첨 40, 42, 44, 46, 50, 61, 72, 102, 103, 252, 470

ㅋ

케인스주의 357, 368, 370, 554
클린턴-르윈스키 사건 475
키오스 34

ㅌ

탈정치화 361, 430
『통치론』 113, 131~133
트로츠키주의 428

ㅍ

파리코뮌 45, 223~225

파벌 52, 55, 58, 81, 87, 92, 101, 146, 149~154, 160, 162, 254, 274, 308, 312, 316, 319, 332, 513, 538
파시즘 17, 355, 359, 419
페레스트로이카 415
페미니즘 115, 161, 424
펠로폰네소스전쟁 48, 54
편향의 동원 325
『평화의 옹호자』 80, 81, 86
폴리스 15, 32, 35, 38, 39, 43, 46, 67, 69, 79, 87, 94, 139, 145, 172
프랑스대혁명 96
프러시아 118, 120, 208
『프로테스탄트 윤리와 자본주의 정신』 122
프롤레타리아독재 220, 221, 223
프롤레타리아혁명 248
피렌체 71, 87

ㅎ

합리화 249, 250, 269, 282, 283, 290
헝가리 413~416
『헤겔 법철학 비판』 210
호엔촐레른 왕가 120
혼합 국가 60, 140
혼합 정부 141, 147
혼합정체(혼합정) 77, 90, 91, 92, 95, 140
환경보호 369
환경운동 358, 539, 564
효용주의 156~159, 167, 285, 307, 308

기타

1688년 혁명 131
1968년 5월 프랑스 324
30년 전쟁 121
9·11 사태 9, 425, 559, 575, 576